珍藏本

纪念版

汉译世界学术名著丛书

罗马帝国衰亡史

（D.M.洛节编本）

上册

〔英〕爱德华·吉本 著

黄宜思 黄雨石 译

2017年·北京

Edward Gibbon
THE DECLINE AND FALL OF
THE ROMAN EMPIRE
An Abridgement by D. M. Low
Chatto and Windus, London, 1986
据伦敦加托和温都斯出版社 1986 年版译出

作 者 画 像

汉译世界学术名著丛书
（120年纪念版·珍藏本）
出 版 说 明

2017年2月11日，商务印书馆迎来120岁的生日。120年前，商务印书馆前贤怀揣文化救国的理想，抱持“昌明教育，开启民智”的使命，立足本土，放眼寰宇，以出版为津梁，沟通中西，为中国、为世界提供最富智慧的思想文化成果。无论世事白云苍狗，潮流左右激荡，甚至战火硝烟弥漫，始终践行学术报国之志，无改初心。

迻译世界各国学术名著，即其一端。早在20世纪初年便出版《原富》《天演论》等影响至今的代表性著作，1950年代后更致力于外国哲学和社会科学经典的译介，及至1980年代，辑为“汉译世界学术名著丛书”，汇涓为流，蔚为大观。丛书自1981年开始出版，历时三十余年，迄今已推出七百种，是我国现代出版史上规模最大、最为重要的学术翻译工程。

丛书所选之书，立场观点不囿于一派，学科领域不限于一门，皆为文明开启以来，各时代、各国家、各民族的思想与文化精粹，代表着人类已经到达过的精神境界。丛书系统译介世界学术经典，引领时代思想，为本土原创学术的发展提供丰富的文化滋养，为推动中国现代学术和现代化进程做出了突出的贡献。

为纪念商务印书馆成立120周年，我们整体推出“汉译世界学术名著丛书”120年纪念版的珍藏本，寄望既利于文化积累，又便于研读查考，同时向长期支持丛书出版的译者、编者和读者致以敬意。

两甲子后的今天，商务印书馆又站在了一个新的历史时间节点上。我们不仅要铭记先辈的身影和足迹，更须让我们的步伐充满新的时代精神。这是商务人代代相传的事业，更是与国家和民族的命运始终紧密相连的事业。我们责无旁贷，必须做好我们这代人的传承与创造，让我们的努力和成果不仅凝聚成民族文化的记忆，还能成为后来人可以接续的事业。唯此，才能不负前贤，无愧来者。

商务印书馆编辑部

2017年10月

中译本序言

英国历史家爱德华·吉本著《罗马帝国衰亡史》全书出版至今已逾二百年。我国出版界传出它的一卷节编本中译本问世的信息,依然令人鼓舞。

爱德华·吉本出身于一个拥有大地产的资产阶级家族。据他追记,其家族在14世纪时开始拥有土地。到16世纪后期,其远祖已获得缙绅的称号。当时风气,农村殷实之家,大都把子弟送往城市习商。这个家族已有几代人到伦敦从事商业活动,并出现过一位周游西欧并远游美洲的旅行家。吉本的祖父爱德华曾任南海公司董事,由于一次船只失事而破产,但他东山再起,又复集资十万英镑。吉本的父亲亦名爱德华,曾就读于剑桥大学伊曼纽尔学院,为托利党人,拥有缙绅称号,一度担任伦敦城的区长,并曾当选英国议会下院议员。吉本的母亲朱迪思·波顿为伦敦商人之女。吉本于1737年出生于伦敦附近的帕特尼镇,是父母的长子。他后来在回忆录中颇以其出身门第而自豪:"我出生于一个自由而文明的国家,一个科学和哲学的时代,一个门第荣耀、家资富有的家庭。"

吉本幼年身体孱弱多病,母亲连生多胎,无力照管,幸赖姨母凯塞琳·波顿悉心看护,几次转危为安。他所受的初级教育很不完整,时常因病中断,10 岁丧母后,又一度辍学,幸赖他生性好学,又得姨母辅导,读了许多古希腊罗马的人物传记,启发了对古典时期历史的兴趣。在入大学之前,他对希腊文和拉丁文都已打下良好基础。

1752 年吉本进入牛津大学莫德林学院,当时只有 15 岁。他对世界历史怀有很浓的兴趣,从古代而及于近代,几乎尽读所能得到的关于阿拉伯、波斯、蒙古和突厥史的英文著作,在他阅读的书单中也列入了中国史籍。可是过了一段时间以后,学院生活使他失去学习兴趣。他更换了一位导师,这是一位"只记得薪俸,不记得职守"的人,对学生既不指导,也乏管理,虽同住一院,却只见过一面,俨然路人。吉本深感无聊,称这段日子为修道院生活,时常离校出游,学院也不加约束。他自幼即对宗教争论感兴趣,惑于天主教秘义的姑母对他也有所影响,牛津的沉闷气息并不能为他解疑释惑。相反,他认为大学要求学生对三十九信条表示信奉之举是"装样子多于诵读,诵读多于信奉"。在彷徨苦闷之中,他接受了化体说,改信了天主教。当时他还自认是受良心驱使,但多年以后自己承认当时过于幼稚,致为诡辩所惑。的确,他这时才 16 岁。

父亲老爱德华得知此事,既惊且痛,向校方举发。学校虽能宽容吉本的懒散,却不能容忍他的改宗,吉本从此离开了牛津大学。父亲为了补救,重新拟订教育计划,把儿子送到瑞士洛桑去读书。

老爱德华为儿子选定的导师兼房东是一位加尔文派牧师,名叫帕维亚尔,是位博学多识的老师。1753 年 6 月底,吉本来到洛桑,就下榻在导师的家里。帕维亚尔在一封信中记下了对新来学生的印象:"瘦小的身材,硕大的头颅,以超人的才能和卓越的议论，为天主教进行了前所未闻的辩护。”面对这个天资极高而又坚信天主教的学生，帕维亚尔为他订下周密的学习计划，循循善诱，把他一步步引向学问的高峰。在这个简朴的家庭里，缺乏莫德林学院那种讲究的宿舍和周到的服侍，但却有着大量的图书和自由的学习空气。从 1753 年到 1758 年的五年时间里，吉本无论在思想方面还是学业方面都有极大的进步，为他后来的事业打下坚实的基础。

吉本取得的第一项收获是在宗教信仰方面。来到洛桑一年半后，他放弃了天主教，重新皈依新教。他承认帕维亚尔的教诲对于他的转变起了重要作用，但他认为最主要的还是通过自己的反思。他逐渐认识到《圣经》所描述的许多现象并不能为人类感官所感知，于是“罗马的种种信条就像梦一样地消逝了”。1754 年圣诞节，吉本到洛桑的教堂领受圣餐。然而这只是他的宗教观在前进中的第一步。随着迤后对哲学与自然科学的研读和他的理性主义世界观的形成，他接受了法国启蒙思想家所传播的自然神论的观点，从而掌握了在《罗马帝国衰亡史》中对基督教传统教义、信条进行批判的武器。

吉本在帕维亚尔指导下主要攻读拉丁文古典名著，兼习希腊文著作。他的课业包括四大部分：历史、诗、演说词和哲学。在两年多的时间里，几乎是竭泽而渔了。他还广泛阅读近人著作，涉及数学、逻辑、政治、法律等方面，其中包括启蒙运动时期法、英思想家孟德斯鸠、洛克等人的著作。他还通过通信向巴黎、苏黎世、哥廷根等大学的教授请教。在离开瑞士之前，他还求见慕名已久的伏尔泰。年过花甲的大思想家在洛桑别墅里接待了这个才逾弱冠

的青年。1758 年 4 月吉本离开洛桑返回英国。后来他把居留洛桑的这五年称作“幸运的流放”。

吉本返英以后,过着富裕而悠闲的生活。他不甘寂寞,以藏书和读书为遣。他曾写道:“在闲暇中我亲爱的伴侣是革命以后的英国作家,他们呼吸的是理性和自由的空气”;并认为这种阅读对于自己深受法语影响的国语也能起到纯洁的作用。他的社会工作极少。七年战争期间,当过一段时间义务职的国民军军官。他曾两度当选议会下院议员,当时正值北美独立战争,他的立场是维护母国利益,反对殖民地独立。一本法文传记说,他在议会八年,对重大问题都深思熟虑,但他从来不曾鼓起勇气,展示才华,在公共场合讲过话。由于得到首相诺思勋爵的赏识,吉本曾在政府部门当过三年的贸易殖民专员,他本人承认,这是一个负担不重而薪俸颇厚的位置。可以看出,吉本对于政治不抱多大兴趣,但对著书立说却有强烈的愿望。

吉本开始从事著述生涯,首先选定的是文学领域。他留学国外时,深感处于哲学时代的法国,对于希腊和罗马文学漠视,归国后打算写一本书呼唤法人对古典的重视。1761 年书成,用法文出版,书名为《论文学研究》。这本小册子在法国、荷兰得到好评,但在本国却受到冷遇。1770 年,他又撰写了一本题为《评〈伊尼特〉第六卷》的小册子,批驳沃伯顿主教对维吉尔这部名著的歪曲。这是吉本用英文出版的第一本书,由于内容系针对沃伯顿这个气焰熏天的人物,所以不曾署名。他在书中指出古代立法者从未制造秘义,伊尼斯也从未跻身于立法者,沃伯顿的种种臆说是对诗人的损害。一位名叫哈利的学者曾经评论说,沃伯顿对维吉尔第六

卷的解释，多年来不曾受到触动，现在一位卓越但匿名的评论家在一篇公正而富于勇气的古典文学评论中“彻底推翻了这个设计拙劣的建筑物，也暴露了这个傲慢的设计师的骄横与无能”。沃伯顿未敢应战，这本小册子渐渐阒然无闻。然而从这里人们可以看到吉本敢于向教会权威挑战的勇气。

吉本自幼培养起对历史的兴趣，然而他起意当历史家的念头却是在他服役于国民军之时。他最初考虑的课题并不是罗马帝国，而是“法王查理八世远征意大利”、“沃尔特·雷利爵士传”、“瑞士解放史”、“美第奇家族统治下的佛罗伦萨共和国史”等许多题目，经过选择，选定了“瑞士解放史”的题目。1767 年，他同好友戴维尔登合作，用法文写出一卷，在一个文学俱乐部中宣读，未受欢迎。休谟在信中对于此书用法文撰写也不表赞同。吉本最后承认此举失败。

至于撰写罗马史的设想，还应追溯一下他前几年赴欧洲大陆的游历。1763 年，他去到巴黎，在这里会晤了许多社会名流，其中有狄德罗、达兰贝尔、爱尔维修、霍尔巴赫等著名学者。然后重访洛桑，拜谒老师帕维亚尔。以后的两年都在意大利度过。他遍访意大利名城，到处探求古迹，寻访名胜，怀千年之往事，发思古之幽情。对罗马这座永恒之城，更是流连忘返。他写道：“我踏上罗马广场的废墟，走过每一块值得怀念的——罗慕洛站立过的，图利(即西塞罗——笔者)演讲过的、恺撒倒下去的——地方，这些景象顷刻间都来到眼前。”还写道：“1764 年 10 月 15 日，当我坐在卡皮托山冈废墟之中沉思冥想时，赤足的托钵僧人正在朱庇特神庙中歌唱晚祷词，撰写一部这个城市衰亡历史的念头第一次涌上我

的心头。”他最早想写的还不是整个罗马帝国。

吉本在1765年回国以后的五年里，一直都为家事、社交、国民军训练以及上述小册子的撰写等活动所占据。1770年父亲病死，自己从国民军退役，他才享受到时间支配的自由，开始筹划撰写书的首卷。他回忆道，在开始的时候，一切都是模糊的，甚至连书的名称、帝国衰亡的范围、导言的界限、各章的划分、叙述的顺序等都有疑问。在第一卷序言中也说，他曾考虑只写两卷本的《罗马城衰亡史》，截止到西罗马帝国的灭亡。但是后来还是决定写到东罗马帝国的覆灭。

要想为这样一部历时长久，地域广阔，内容繁杂的巨著进行结构设计，是十分困难的，作者为此煞费苦心。他在第一卷的前言中将所包括的一千二百多年历史的进程划分为三个阶段。以自图拉真至安东尼家族在位罗马帝国臻于鼎盛时期为开始，叙述它逐步走向衰落，西半部终为蛮族所倾覆，直到6世纪初为第一阶段。以查士丁尼复兴东罗马帝国为开始，包括伦巴德人入侵意大利，阿拉伯人征服亚、非行省，直到查理大帝兴起，建立起第二个，亦即日耳曼人的西部帝国为第二阶段。第三阶段包括时间最久，达六个半世纪，从西部帝国的重建到君士坦丁堡的陷落，书中还涉及十字军的历史及其对希腊帝国的蹂躏。作者出于自身癖好，仍不免对中世纪罗马城市的状况重作一番探究。尽管有了这一框架，要想把千头万绪，枝蔓丛生的史实包容进来，也殊非易事。作者将罗马城作为全书的基本点，条条线索从这里引向四面八方。他将大量历史事件编排组合，不尽按编年顺序，而注重其内在联系，以勾画出罗马帝国逐步走向衰落的各个阶段。这种安排从他的反对者的口

中也博得了“和谐一致”的赞美。

作者对于材料力求竭泽而渔。他对古典著作旧有基础,但仍做更进一步的搜求,举凡直接、间接与所撰书有关的材料,年代记、法典、地理书籍以及钱币、铭刻等等,都在收集之列。他曾以两年的时间(1771—1772)专事这一工作,然而功夫并不止此,在他首卷问世后,又有一些古典著作被发现,人们在迤后的几卷中,可以看到采用的痕迹。

这部巨著原来是按六卷分三次出版的(现行本往往为七卷或八卷)。第一卷出版于 1776 年,内容写到 4 世纪初。第二次于 1781 年同时出版了第二、三两卷,内容也只包括两个多世纪。第三次出版于 1788 年,同时发行三卷,内容包括迤后九百多年的历史。但是这三卷所包括的时间并不均衡,第四卷所记亦仅百余年,详细程度与前三卷相当,而第五、六两卷所承担的则是自希拉克略死后直到东罗马帝国灭亡的八百多年。这最后两卷头绪繁杂,枝节丛生,在欧洲涉及法兰克人及其他蛮族、诺曼人、保加尔人、匈牙利人、俄罗斯人,以及十字军的历史;起自亚洲的则有阿拉伯人、蒙古人、突厥人,还有作者深感兴趣的伊斯兰教的传播,这些在两卷中都占有相当的分量。但是与前四卷相比,每个问题所占的篇幅无疑是较小的,叙述也较为简单。作者在第四十八章中对此作了解释。他认为希拉克略以后的拜占庭帝国,疆土日蹙,政局混乱,朝代的更迭只构成一部衰败与灾难的历史。如果按照前几卷的尺度来处理,只能写得枯燥无味,读来既无趣味,也乏教益。当然,这段历史的材料更加庞杂,而作者的年龄与健康也难以支持他实现更加宏伟的设想了。

吉本的著作态度是严谨的，在动笔之前考虑了文字风格。他不喜编年史的文字枯燥，也不喜演说词的辞藻堆砌，采取了介乎二者之间的笔调。开始撰写时，十分拘谨，第一卷的头一章，改写了三遍，第二、三章也写了两遍，才勉强满意。迤后各章进展顺利，但写到第十五、十六章时，又反复修改了三次，从原来相当于一卷的分量，压缩成现存的规模。他后来回顾各卷的笔路时，认为第一卷虽竭尽心力但仍感粗糙，写第二、三卷时业已成熟，笔致流畅而协调。最后三卷虽更成熟，但因娴熟法文，信笔写来，夹杂进高卢方言。

六卷的写成，前后共用了近二十年的时光。全书出齐的时刻正值吉本 51 岁的生辰。他感到欣慰："二十个幸福的岁月因我修史的辛勤而富有生气，这一成就在人世上给我以名誉、地位和声望，舍此我是无从获得的。"他无妻无子，只有少数好友相伴，而挚友戴维尔登又先他而逝。晚年继续留在洛桑，生活孤寂。1793 年夏，吉本回到伦敦，次年年初病死，享年 57 岁。

我们手中这本是原书的节编本，它将卷帙浩繁的原作删节成一厚册，篇幅仅当原书的三分之一。为了保存原书的体系与精华，节编者对于全书不是平均压缩，而是剪除骈枝，保全主干，对于精华所在，更是整章整节加以保留，因之对于帝国一千二百余年兴替衰亡的历史，勾画出更为清晰的来龙去脉；对于作者就帝国兴亡得失作出的分析论断，悉加保全，不失原旨。

节编本将原书的前三章基本保全下来。这是罗马帝国从鼎盛走向衰微的开端。书的开始先叙述了图拉真以次几个元首的文治武功，然后介绍了 2 世纪帝国的概况，包括疆域、居民、制度、生产、生活、宗教、文化各个方面，特别是对于军制，介绍更详。书中将这一时期称作“黄金时代”，认为是“最幸福而兴旺”的时期。然而从2世纪末开始，帝国逐步走向衰落，终至灭亡。作者试图从几个方面探求导致衰亡的原因。

书中指出，近卫军的暴乱是罗马帝国衰落的最初信号和原因，继所谓贤君而出现在罗马帝位上的是一些暴君。暴君为了保持帝位，依靠近卫军，并重用其长官，于是出现近卫军长官操纵朝政的局面。近卫军受到皇帝的恩宠，逐渐走向腐化，贪欲日增，赏赐不能满足，往往发生哗变，杀死旧君另立新帝，于是废立篡弑之事屡屡发生。近卫军还出售帝位，谁肯出大价钱，便可登位。许多僭主系由近卫军长官被拥立而来。书中第七章有数月之间六帝被杀的记载；第十章中三十僭主之数虽经作者订正，但也指出二十年间登帝位者实为十九人，都系行伍出身，为部下所拥立，且无一人得善终。行省军事长官也有为军团拥立者。一时间，数君并峙，内战频仍，各省独立，国家解体。在此期间，罗马军队兵员成分也发生变化。帝国的兵员最初只募自意大利本土，继而招募自各行省，最后则招募蛮族入伍。来自蛮族的军士积功上升为军官，把持政权，甚或取得帝位，构成帝国长期战乱和衰亡的重要因素。

皇帝与元老院的权力之争削弱了帝国的统治力量。这一斗争由来已久，但以此时为烈。好几个皇帝曾经凭借武力诛杀元老。塞维鲁在位时，将一些来自东方省份的有文化的奴隶塞进元老院，使之成为皇帝特权的拥护者。塞维鲁皇室从其统治中形成了新的准则：皇帝不受元老院和法律的限制，以自己独断专行的意志支配帝国与臣民。作者指出，这一新准则有助于军队势力的加强，消灭

了残存于罗马人头脑中的法律和自由的最后痕迹;并认为塞维鲁是导致帝国衰落的罪魁祸首。

作者一再强调罗马帝国的灭亡实即蛮族与基督教的胜利,因之在这两个问题上着墨甚多,删节本也多予保全。

罗马人将帝国以外的民族统称为"蛮族"。这些居住在帝国周围的民族往往构成帝国的边患。书中最初出现的蛮族是日耳曼人,有专章叙述他们的原始生活,并指出到2世纪后期他们已拥有以铁为锋刃的武器,发动过一次各族联合对帝国的进攻,为罗马兵团所击溃。但是到3世纪时,情况有了变化。帝国面貌依旧,但雄风已消,军纪松弛,边防削弱;而蛮族人口增殖迅速,有战士百万,并从罗马学到作战艺术,因之构成对帝国边境的威胁。法兰克人、阿勒曼人、哥特人此时是帝国最危险的敌人。然而帝国仍有相当的抵御力量。特别是奥勒良在位时整饬纪律,军威复振,威服各族,安定边境。书中对于他的祝捷活动作了详细描绘,在献俘的行列中包括了哥特、汪达尔、萨马提、阿勒曼、法兰克、高卢、叙利亚和埃及等各族战俘。但这已是强弩之末了。作者还评论了帝国在边境安置蛮族的政策。普洛布斯曾招募蛮族一万六千人当兵,分成小队,驻守边疆,并收容蛮族战俘和逃亡者在边境设置新移民区,拨给土地、牲畜、农具,指望能够从中获得兵源以充实边防。然而事与愿违,蛮族人员不习惯务农,不愿受约束,往往流窜,成为暴乱之源。而当民族大迁徙的波涛涌起时,内外呼应,西罗马帝国遂被淹没。东罗马帝国的边患主要来自东方。阿拉伯人的扩张吞食掉其东部领土,土耳其人的崛起摧毁了这个古老帝国。

关于基督教,吉本在其回忆录中写道:"由于我始终相信《福

音书》的传播和教会的胜利与罗马帝国的衰落是密切相连的，所以我着重于这一变革的原因和影响，把基督教徒自己的著述和辩解同异教徒投向这一新教派的公正或憎恨的目光加以对照。”为节编本全文保留的第十五、十六两章即是按照这一意图撰写的。此时吉本的理性主义世界观业已形成，对基督教的传统说教采取了批判的态度。他在第十五章开头的地方写道：“神学家可以……随心把宗教描绘为降自于天，披着原有的纯洁。史学家则……必须发现宗教在久居地上之时，已在一个软弱和堕落的人类中受到了不可避免的错误和腐化相混杂的污染。”他揭去神学家所加于基督教的纯洁外衣，冷静而客观地对基督教久居地上所沾染的尘俗现象作了深入的理性的考察。他的笔法是曲折、含蓄的，有时是借用他人的酒杯来浇自己的块垒的。他介绍诺斯替派的教义时说，这个教派“对以色列上帝作了不敬的描写，把他说成一个易于冲动和犯错误的神，爱憎无常，……不能在这样的性格中看到全知、全能的宇宙之父的特征”。这样的转述虽然冠以“不敬”字样，实际却在张扬异端，贬抑“降自于天”的基督教。书中对基督教大肆宣扬的神迹，例如驱除魔鬼，起死回生，舌割后而能言，耶稣受难后天地冥晦等一一加以否定。尽管这些神迹有教会文献可征，并经神学家、主教、教皇等先后作出见证，然而他却指出即使其中“最有力的见证”也不能“袪除不信者私下的、不可救药的怀疑”，这种怀疑之所以“不可救药”是因为它来源于理性的验证。从这里人们清楚地看到吉本的历史批判精神。

第一卷出版后，引起巨大反响。老友休谟阅后写信给吉本称贺，并指出在第十五、十六两章的处理中不可避免地会引起猜忌，

可以预料一阵叫嚣的到来，也许作者还会在前途遇到一场斗争。此书在读者中赢得赞赏，但也引起一些人的非议。吉本写了一篇《我的辩解》，取得了多数理智的世俗人士乃至教会人士的谅解，但仍有些人詈詈不休，其中不乏知名人物。吉本后来承认，他起初感到惊惧，继而转为愤慨，最后则是置之不理。他继续撰写下去。

第二、三卷获得与第一卷同等的声誉。宗教部分依然保持自由精神，也再次遭到反对者的抨击。抨击主要来自意大利的天主教徒，中心仍然是“神圣见证”问题。他后来回忆此事时写道：“神圣见证的证据今天在任何法庭上都会加以否定，但是偏见造成盲目，权威拒纳良言，我们的拉丁文圣经将永远蒙受这种伪造经文的玷污。”

最后三卷出版依然引起喧嚣。他自思这几本内容纯洁，笔调平和，不解何以会引起如此强烈的谴责。最后他得出结论：“这部《罗马帝国衰亡史》无论在国内还是在国外似乎都击中了要害，也许今后一百年还会继续遭到责难。”

事实果然如此。在19世纪中期，伦敦圣保罗大教堂主教米尔曼在为其所注释的《罗马帝国衰亡史》作序言时，依然对该书加以批判，用意在于防止读者阅读本书后“产生错误印象”。批判主要针对前文所引吉本在第十五章开头的那段话，认为吉本对于“宗教的神圣起源”这一主要问题，采取了巧妙的回避或假意承认的手法。另外还指责吉本对于基督教故意贬抑。这篇序言指出，罗马帝国的进攻者，无论是军事还是宗教方面的，诸如哥特人、匈奴人、阿拉伯人或蒙古人，阿拉里克、穆罕默德、成吉思汗或帖木儿，在书中都写得充实完整，颇有生气；唯独对于基督教的胜利却写成一篇冷酷的批判论文。全书对基督教也不曾只字褒扬。这些大概就是卫道人士对本书深恶痛绝的地方。

但是,广大读者对本书的看法却是截然相反的。吉本深有感受,写道:"公众是很少看错的。"而在学术界,更是受到推崇。第一卷刚出版,休谟即在信中告诉吉本:"此间所有的文化人对尊作一致赞美。"后来的历史学家也对之交相称赞。19 世纪后期至 20 世纪初期英国著名历史学家伯里在其所注的《罗马帝国衰亡史》序言中指出:"吉本在许多细节和若干知识部门中已经落后于时代,这一点只意味着我们的父辈和我们自身不是生活在一个完全无所作为的世界里。但是在主要的问题上,他仍然是我们的超越时代的老师。对于那些使他摆脱历史家的共同命运的明显特点,诸如伴随时代前进的大胆而准确的尺度,正确的眼光,周密的布局,审慎的判断与适时的怀疑,为自己始终如一的态度做出的堪称不朽的掩饰等,是毋庸细述的。"这是对吉本准确而公平的评价。另一 19 世纪著名历史学家弗里曼也指出,吉本始终不失为当代研究所不曾抛弃也不拟抛弃的 18 世纪历史家。今天距本书问世已二百年,人们在七十年代后期英法美意等国的史学杂志上又看到大量关于吉本及其巨著的论文。有些文章从政治、宗教、文学、哲学等角度对这部名著做进一步的探讨,也有些从吉本所处的时代、他的历史哲学、历史兴趣、编纂方法等方面对作者重新加以研究。看来这位 18 世纪的历史家在又经历了一个世纪之后依然不曾被抛弃。

《罗马帝国衰亡史》原文本在我国流传已久,近年来史学界有一些文章介绍和评论吉本及其巨著,可以吴于廑教授的《吉本的

历史批判与理性主义思潮》(载《社会科学战线》1982 年第 1 期)为代表。这些文章的共同看法是“吉本的历史批判精神,与启蒙时代的理性主义思想是一致的,突出表现在对基督教传统教义、信条、教规等所持的批判态度”。这无疑是吉本此书的精华所在。然而,作为 18 世纪的资产阶级历史家,他的史观不可避免地受到时代和阶级的局限。吉本曾写道:“战争和政事是历史的主要课题。”他在这方面的叙述是不厌其详的,但对社会经济则不加重视。抛开社会经济的发展变化来谈论帝国的衰亡,是难以收到探骊得珠的效果的。另外,他过分强调历史人物的作用而忽略人民群众的影响。书中指出:人们的祸福无常,系于一人的品格。贤君在位则国治,暴君在位则国乱。书中虽然列举了多次起义和暴动,诸如造币工起义或巴高达运动,但是都不曾写出起义群众的声势和作用。当然,作者修史远在历史唯物主义诞生之前,对于这些缺点,是不应苛求的。作者在运用史料方面有时失误,对此我们赞同米尔曼的态度:“尽管书中有错误,我认为它将永远是一部卓越的著作。”特别引起我国读者兴趣的是作者在书中一再提及中国。他自承读过有关中国的材料。书中叙述奥勒良祝捷大典时,在一长串来自世界各地的使节名单中竟也列入了中国使节。这不禁使我们联想到我国史书中大秦王安敦遣使来汉朝的记载,可能也是商人的假冒。第四十章还有一段波斯僧人受拜占庭皇帝查士丁尼之嘱从中国偷运蚕子的离奇故事,其失实之处已在齐思和教授的《中国和拜占庭帝国的关系》(《北京大学学报》1955 年第 1 期)文中得到订正。

吉本此书,风行甚久,英国出版商竞相刊印,因之版本甚多。

外国书商也争相出版译本。吉本生前已出现法、德、意等文字译本。目前则有更多种文字的译本流传。名家也纷为注释，如英国伯里、法国基佐的注本都备受重视。作为一部学术著作，其流传之广，声誉之隆，在史学界是罕有其匹的。中译本最早系由王绳祖、蒋孟引合译的第十五章单行本（商务印书馆，1964 年），后来又由李树泖、徐式谷续译了第十六章，与第十五章一起收入《外国史学名著选》（商务印书馆，1987 年）。今天这本节编本的中译本面世，可以说是先睹为快。节编者 D. M. 洛是英国作家，著有诗文集和小说数种，对于吉本也深有研究，曾发表论著。从本书前面的节编者引言和对书中内容的删存去取来看，可知他对于这部名著沉浸甚深，因而能在节编中取舍得当，详略适宜，并尽量保存了原著中博学多识与文字典丽相结合的特点。加之中译者译笔流畅，文字传神，希望读者读后不致有未窥全豹的遗憾。

戚国淦

1994 年 1 月

目　　录

① 书中章号一如吉本原著。——译者

帝国的瓦解

形势逆转

新帝制

基督教的兴起

向 东 推 进

对基督的承认和异端的出现

异教的反改革斗争

基督教的再度受宠

引　言

xi

因《罗马帝国衰亡史》一书现有版本最少者亦不下六卷之多，而且多不止于此数，现编印此一删节本目的不过在于为该书赢得更多新读者，并为原已对该作甚为熟悉的读者备下一较为轻便版本而已。

罗马帝国及其衰亡过程，直到今天，仍可说是欧洲及近东地区最重大之历史事件，而对于这一事件进程描述之完美，任何书籍亦无法与吉本此作相比。无人不知，此书乃无与伦比之博学多识与无可匹敌之文学技巧的巧妙结合。而二者究如何因而相得益彰却常为人所忽视。尽管吉本此书成书年代距今已久，其后从中又时或有所发现并常有专文论述，但无可否认此书之所以能长久盛行不衰并常使人爱不释手，实多有赖于其超凡的艺术成就。然而，若《衰亡史》已完全失去其史学价值，则除少数文艺研究者外，仅以其文学价值而阅读此书者恐怕也将为数不多了。因此，欲为此书编一摘选本势非对此两方面成就同时兼顾不可。如仅为求得史料完备，将此方面有用材料剪贴拼接成篇，则必将严重损伤此一伟大作品，而使读者无法窥测原作的真正价值了。因此，必须把此书作为一个整体来看待，慎重考虑如何在缩小其篇幅的同时，仍保持它的有机统一体的形象。

历史上首次称《衰亡史》为使古代世界与现代世界相衔接之桥梁者乃尼克尔夫人。吉本本人自称曾生动描写了非罗马文明[1]与宗教的胜利。不论我们的观点和信仰如何,此一论点却绝不容疑议。吉本在其所架桥梁的古代一端,已详为此一背景作下准备,并于其综述要领的三大章中讲明自己的中心思想。此三章几未作任何删节已全部保留在新本中,因不如此便不足以使读者全面理解吉本的意图和结论了。删节的例子可见之于有关罗马诸省及军事力量的各章中,因此类特殊问题一般现代作品所作论述已更为详备。在讲明背景之后,整个叙述则始终随帝国政府之起伏和发展线路前进,直至 476 年前后西罗马帝国之最后解体。在此过程中,有些章整章被删,有些特别复杂之叙述则代之以简略概述。

本书后半部所涉及时间,几近一千年,这与自公元 180 年至 476 年这段要短得多的时间,形成了对照。因此吉本的叙述便不
xii 可避免地常需匆匆带过或简略概括,因而处处暴露出他对拜占庭历史所知有限,评论亦多欠当。尽管如此,我们却不能忘记吉本所写的最佳篇章大部分仍在该书后半部中,而他对于终使君士坦丁堡走向灭亡的各种事件安排的周密,仍为后人所不及。本删节本则始终坚持这一中心脉络,而对某些次要问题则不免忍痛割爱。而即使对这些较次要问题亦尽量保留其大旨。比如,伊斯兰教的兴起虽被保留,而阿拉伯人往西直到西班牙的征服和文化扩张便

---

[1] 此处原文为 barbarism 实即“野蛮文化”之意。因在古代史中,罗马人把帝国以外的民族一律称作野蛮人,这显然是完全不切实际的。因此,后来在英语中 barbarian 一字也具有了“非罗马人”的含义。这不免给翻译带来一定困难,请读者留意。在以下的译文中,仍拟尽量保持其本来面目:能通处仍一律译作“野蛮人”。——译者

全部删去,因当时西班牙并不在帝国范围之内。因此,关于现代欧洲国家发展情况的叙述以及神圣罗马帝国的进展情况抑或全部删去,或大加砍削。另一方面,对意大利的几次重大入侵以及在西罗马帝国崩溃之后对罗马的掳掠却差不多仍全部保留下来。罗马自始至终什么时候也不失为一座皇都,对她的万千苦难吉本从来也不曾忘怀。

罗马无所不在的思想实为史学家吉本所具备的一项重要优秀品德。他始终毫不含糊视罗马帝国为一单一整体,而其后之作者却无一人有此思想。即使在罗马领土已被东、西两政府分割为二时,罗马仍为一帝国而并不存在两帝国一说;同时虽然后来君士坦丁堡已不再使用拉丁语,而该城的希腊公民却仍十分正确地自视为罗马人,并称自己所使用语言为"罗马语",因而在口语中,现代希腊语至今仍保留此一名称。因此,当 1453 年征服者穆罕默德二世直捣君士坦丁堡的时候,当时倒下的并不仅仅是这一城市;可以称之为建于公元前 27 年的罗马帝国亦随之彻底瓦解了。然而,吉本的叙述却并未到此结束。

吉本曾在一段早已闻名于世的文章中讲述过他所以撰写《衰亡史》的缘起。还说到他最初计划原拟"仅以那一城市的衰败为限,而非帝国的彻底解体"。而且仅仅是在新计划已接近实现之前不久他才决定作此改变。但是最初的意图他却始终未曾忘怀。是以在整个这部作品中,他时而仍禁不住要对该城日益衰落的景象作一番描述,而且在他对新罗马的最后崩溃已作出绘声绘色、令人惊心动魄的描绘之后,却还要为他这部杰作锦上添花另加上一篇措辞平静的后记;借以描述中世纪和 16 世纪罗马所处状况,但这段描写，总的讲来，和他在他唯一的那次拜访中所作极为细致的介绍实已无大差异。在他撰写这发思古之幽情的数章的时候，他的思想无疑又回到了他开始写作的早期，同时他的读者也被带回到了那仔细展开背景和点明主题的最开头的几章中去。《衰亡史》真可说恰似一部伟大、深沉的交响乐曲，一开头言明的主题，最后被发挥时却溶解在对随之而来的可怕的彻底崩溃的沉思之
xiii 中，不过，在这崩溃景象的上空却已出现了一些文艺复兴和这位历史学家生活和工作其中的现代世界的黎明的光辉。作家的生活和工作竟是如此紧密地交织在一起。

既然并非每一个开始阅读《衰亡史》的读者都曾读完此书，他们也便有可能根本不了解该书的完整计划。现在这删节本终能使该书首尾同处于一张封皮之中，[①]那么在这方面也可能会对他们有所帮助。

著名的描绘基督教兴起过程的第十五、十六两章，于此删节本中将全部保留。因此处若作任何删节必将使人不免感到，在此重大问题上，编者实有意图置本人观点于吉本及其读者间之嫌。自从 1776 年该书首次经巧加安排，以此二章为其最高潮的四开本问世以来，它们便一直被视为吉本论述基督教问题的著名杰作，而且对许多人来说，这也是他们所熟悉的唯一的两章。这其实是很不幸的。因此，在这里其后许多讨论神学和教会发展情况的篇章都

---

① 编者当然完全知道，在吉本开始撰写最初数章时，他并未曾决定将这部历史直写至 1453 年。但作者最后安排却仍使该书结构达到完善境界，此一考虑并不足以表示我们对其完美程度有所怀疑。

予以保留了。完全抛开阿里乌主义,[①]三位一体说和上帝之子化身说的发展,我们对野蛮人入侵的历史及东罗马帝国的内部发展史便完全无法理解。这里我想应该让大家想到,纽曼主教[②]曾不无感伤地说过,吉本实为我们所有之唯一教会史学家。时间和勤奋已对这一情况有所改变了。不管怎样,一些最有价值的教会史学家都无不和吉本异口同声斥责不加深究的轻信、无稽的迷信以及有意的欺骗,并同声哀叹,在一切宗教史中几乎到处都出现了一种脱离原始理想而趋向于世俗野心的现象。吉本乃是使宗教史成为世俗研究课题的第一人。他的一切继承人绝大部分也只是在方法和程度上和他略有所不同而已。关于这一问题这里还必须略多讲几句。有些作家很容易倾向于谈论吉本对基督教的反感。不错,在他的文章中他曾轻率地谈论过诸如吉尔伯待·默里[③]的作品就在我们自己的这一时代也已被斥为"为害无穷的废话"一类话题。但吉本对"福音的简单、纯洁的观念"可从未进行过攻击。对基督教的道德观念,他也从未像后来的某些不可知论者那样横加指责。他对真诚和勇敢追求理想的态度始终怀着崇敬之心。这里,我们只要想一想他对待西普里安[④]、阿塔纳西乌斯[⑤]和约翰·克里索斯托姆[⑥]等人的态度便行了。另外,还可以想一想他曾如

① 古代基督教的一派学说,最早由亚历山大里亚长老阿里乌倡导。反对"三位一体"教义,主张基督是上帝后造之人,而不是神,其品级低于上帝;反对教会占有财富。325 年的尼西亚公会议斥之为异端。——译者

② 19 世纪英国主教,同时是神学家和作家。——译者

③ 近代英国古典学者和政治家。——译者

④ 3 世纪迦太基主教,第一个著名教会学教师。——译者

⑤ 4 世纪亚历山大城主教。——译者

⑥ 4 世纪末五世纪初君士坦丁堡主教和作家。——译者

何对变节者尤利安[1]的宗教观念和行为也同样无所偏袒地加以讽刺。在这里,借口吉本对宗教生活怀有无限同情那是没有用的。
xiv 他的思想在大陆哲学家们的熏陶之下已趋于成熟。关于那些哲学家,利顿·斯特雷奇[2]在评论杜德凡夫人的一文中曾说,“那一代人的怀疑主义可说已达到了登峰造极的程度;持这种主义的人对任何问题已不屑进行驳斥;他们只是根本不予理睬。对宇宙的神秘以及对此类奥秘进行解释的一切说法,他们全都同样抱着冷若冰霜的态度。”如果吉本从帕斯卡尔[3]处学来的“严肃而温和的讽刺”,由于反复使用最后不免有点让人厌烦,那我们便应该和 J. B. 伯里一样回想起,在 18 世纪那“鼾睡”的教会很有可能会忽然醒来对亵渎上帝的行为进行迫害的时代,采取旁敲侧击的手法是一种必不可少的预防措施。

他那个时代的教会人士,也还有些普通人并不理解,也无法理解,吉本究竟意欲何为。他们也未曾进行过深究。他们只看到那和现存秩序紧密相连的制度受到了攻击,于是便立即感到十分惊恐。由于没有更好的道理可讲,他们于是便采取了辱骂原告代理人的这一古典式的方法。那目标乍一看似乎很容易便能击倒。吉本身体肥胖且爱穿着——此二者的结合在英国人眼里简直不可原谅。于是,在整整一个世纪中,先对他的外貌加以嘲讽,然后对他的人格进行没完没了的攻击,几乎已成为一种习惯了。自那以后,对他的品质开始有了一些更为清醒的评价,那些愿意弄清真相的

① 361—363 年在位的罗马皇帝。——译者

② 又译里敦·斯特莱切,近代英国传记作家。——译者

③ 17 世纪法国数学家、物理学家和哲学家。——译者

人已慢慢认识到,我们仍可以对这个人的怪诞之处进行嘲笑——不然也许显得有些不近人情了——但我们必须充分认识到吉本是一个品德高尚、思想纯正的人。他的最亲近的朋友们都承认他为人十分热情,而他的这些品质也全都弥漫在他的历史著作之中。

非常自然,人们都会拿罗马帝国所经历的过程和现代欧洲史的进程进行比较。在安稳舒适的六十年之前,布赖斯子爵①曾把奥古斯都的帝国和不列颠帝国作了一个十分有趣的对比。那些在今天感到自己正生活于一种迅速崩溃的文明之中的人们,可以从罗马帝国的衰亡过程中找到许多共同的东西。这个将留待读者自己去探求。在这里,针对着吉本对待他所选定的题目所持态度讲一点个人看法,也许并不是完全多余的。

吉本在开始这一工作之前,曾把他的大部分青少年时期用于热心钻研古代文献,特别是一些拉丁作家的作品,因而他的观点曾深受这些作家的影响。几乎在写作整个这部作品的过程中,他的态度都仿佛他本人就是帝国较兴盛时期的一位极有教养的元老。对这样一位深信两安东尼时代真是黄金时代的元老来说,帝国的衰亡当然是再自然没有的事,而且他的那种信念,即使后来的发现已证明当时的所谓经济上的稳定实在大有问题,也并不曾因此而有所削弱。既已投身于这一不仅从旧日的繁荣来看,而且从古典文学和哲学成就来看也都已日趋衰败的理论,吉本的叙述至少直到西罗马帝国灭亡这段时间中看不出有任何明显的矛盾。他对丧失政治自由所表现的传统哀叹并不曾有碍于他对自奥古斯都的初

① 19—20世纪初英国新闻记者、政治家及历史学家。——译者

xv 期帝政政府至戴克里先和君士坦丁的政权机构所进行的许多政策和行政上的革新作出极有见地的描述。再说，对于那些起源于亚细亚，先被戴克里先及其继承人所采纳，后进而在全欧盛行的宫廷仪式，他的厌恶情绪和他对宗教的冷漠态度几乎是不相上下的。

由于吉本的这种始终以元老或罗马人自居的态度自然使得他把蛮族的入侵总看作是一重重毁灭的巨浪。但如果他能和伯里一样从另一个立场来看待这一问题，他便会看到那些入侵并非全都以破坏为目的，而常常只不过意在亲身进入古代文明的美好的领地而已。这种观点上的不同必然使人对诸如日耳曼人在帝国疆域之内定居之类的问题一样，抱着完全不同的看法。更何况，这些人的确随身带进了许多希腊、罗马世界未曾发现，而有助于增进欧洲人生活的东西。

但是，吉本所信奉的关于帝国衰败的理论绝大部分都使他在认识拜占庭文明的过程中迷失了方向。在这里为了消除他的错误影响，我们便必须求助于现代作家。有一个问题我们的读者也许都应当加以考虑。随便一句话判定君士坦丁堡已处于继续瓦解之中，而结果它却作为欧洲的主要堡垒存在了一千多年之久，这究竟是怎么回事呢？

然而，西罗马帝国和东罗马帝国实际都已结束，这的确也是事实。后来的史学家全都忙于搜寻它们败亡的原因，而忽略了对那一过程作简要的叙述。在这类调查中看不出什么明显的彼此一致的结论。我们可以仔细阅读一下吉本对于西罗马帝国灭亡的冷静的叙述。我们发现，在那里他并没有一心要寻找出其所以灭亡的原因，而倒是一再表示惊异，如此复杂的一个组织如何竟能在长达数百年中维持其存在。我们已曾见到一些一般认为更为坚固得多的帝国机构常常仅在数年之内便已土崩瓦解，因而在这里不能不对吉本的智慧深表钦佩，同时也和他一样感到惊异。

在对这些情况全都了解以后，我们便会感到吉本这样站在罗马世界的立场上来撰写他的历史，不仅不是缺点，倒是一个优点。这样便使我们得以进入那一世界的中心，并能听到一篇在古代权威的光照之下进行的专心致志的历史叙述，其细节之完备任何其他现代作品均无法与之相比。到最后，吉本的作品更完全超越罗马帝国的历史细节，成为了一篇早已为人所公认的散文史诗；在这部史诗中，一切历史经历都在无比广阔的范围内重新加以衡量，而即使在他看来历史不过是“人类的罪行、愚蠢和不幸遭遇的记录”，他的宽广的视野和同情心也使他的地位仅次于那些伟大的诗人而已。

除了一个十分明显的例外，删节本在前后秩序的安排上全都一如吉本原作。那例外便是被称作“前言”的开头一章。这一章，已经说明，乃是由第三章中节选而来。以此作为本书起点似乎比以第一章的开头部分为好，而限于篇幅又不可能把两部分同时选 xvi
入。因而决定，在秩序问题上，让这一篇成为一个仅有的例外，但这绝非自认为自己的判断更高于作者。既然书中的每一章都是一个经过仔细孕育和精心安排的整体——都是上面所说一部伟大的交响乐中的一个乐章，而且所有的乐章一般都有一个明确的十分动人的结尾——因此在这里总希望能尽可能多地把一些章完整地保留下来。而这样做的结果便必然要求将另一些章整章删去，以

作为补偿。凡选用的章都保留原来的章号。读者据此便很容易在全本中找到。删去的章的章号也在节本中一一注明。既已将全章保留似乎也便不必要额外再加以说明了。但是,保留全章的理想却显然不得不大打折扣。如有部分删节这里采取了两种标明的办法,如删去部分相对地说并无大碍于叙述的连续,便在删节处标以一行星号。对于删节较多部分则用斜体字[①]加进一段简略概述。这类概述既求尽量简洁,也力求做到不漏掉必要的交待。由于删节的情况各不相同,显然已不可能完全保留原来各章的小标题。因而在删节本中的小标题有些只得另写。为节省篇幅,原来吉本加在各段边头的小标题也只得割爱了。现在,仅只在有限范围内,在过长的段落之中加进一些通行标题,以便于读者阅读。在许多情况下,这些标题和原书每段的边头标题都是完全相同,或差不多一样的。

对吉本原作的更改仅限于此类外观形象,对他的正文未作过任何改变,也不曾为了上下文的衔接擅自作过任何处理。除了早已普遍实行的按现代英语要求改变旧式拼写之外,其他一切全都只为了一个目的:出一部吉本所写原作。这个本子所采用的底本为威廉·史密斯发行,最早于1854—1855年间问世的迪安·米尔曼本。这是一般认为最为可靠的一个本子。有些吉本在世时印行的版本也有一些明显的印刷错误。其中有些一直就那么保留在各种现代版中,而且有些现代版本又额外增加了一些新的疑点。但

① 中译本改排为仿宋体。——编者

我们总不能说《衰亡史》就没有一种版本是正确无误的吧。[①] 在现在的这个本子中有几处可以肯定的错误已顺笔改正,另有一处在脚注中提出修正意见。拼写的现代化在这里又向前推进了一步;但有些明显带着十八世纪气息的已废的字体却没有为了一味追求统一的风格而轻易将它牺牲。

市上早已有了一些《衰亡史》的删节本和节选本。其中却没有一部附有大家在这里看到的那些脚注,或至少是远不如这里所选之多。这里的脚注全都为一般人所最感兴趣者,而且其中绝大部分都没有使人读来感到不便的拉丁文和希腊文引文。这些脚注全都是当年吉本写下的原样,有许多自然是从现已绝版或目前已极难找到的旧版本中抄来,只是有关他的话的出处的说明已被划去了。这些注不仅能有助于读者对正文的理解。它们还能从各个角度反映出该书作者的性格,完全可以作为他的谈话录单独编印成册。它们已使得一代一代读者从中获得教益,得到乐趣,甚至偶尔还听说,感到惊愕。没有这脚注的充分的辅助作用,《衰亡史》作为一个整体所反映的作者的人格无疑将大大减色。

D. M. 洛

1960 年于复活节岛,克拉文山。

① 关于这个不同版本的校勘问题请参看 J. E. 诺顿小姐的《爱德华・吉本作品参考书目》(牛津,1940 年)第 40 页。J. B. 伯里的宏伟的版本不幸使得约六十八个早已存在的错误永久化了。还有一个现代重印本自己又造出了许多重大失误。

两安东尼[1]治下的黄金时代

① 当指 138—161 年在位的安东尼·皮乌斯和 161—180 年在位的马尔库斯·奥雷利乌斯·安东尼。——译者

前　　言
（摘自第三章）

如果让一个人说出，在世界历史的什么时代人类过着最为幸福、繁荣的生活，他定会毫不犹豫地说，那是从图密善去世到康茂德继位的那段时间。那时广袤的罗马帝国按照仁政和明智的原则完全处于专制权力的统治之下。接连四代在为人和权威方面很自然地普遍受到尊重的罗马皇帝坚决而温和地控制着所有的军队。涅尔瓦、图拉真、哈德良和两位安东尼全都喜爱自由生活的景象，并愿意把自己看成是负责的执法者，因而一直保持着文官政府的形式。如果他们那一时代的罗马人能够安享一种合乎理性的自由生活，这几位君王是完全可以享有恢复共和制的荣誉的。

这些帝王的一举一动总会得到过当的报酬，这里有他们的成就所必然带来的无边的赞颂；还有他们对自己善德感到的真诚的骄傲，以及看到自己给人民带来普遍的幸福生活而感到的由衷的喜悦。但是，一种公正的但令人沮丧的思绪却为人类这种最高尚的欢乐情绪增添了酸苦的味道。他们必然会常常想到这种完全依赖一个人的性格的幸福是无法持久不变的。只要有一个放纵的青年，或某一个猜忌心重的暴君，滥用那现在被他们用以造福人民的专制权力，直至毁灭它，那整个局势也许就会立即大变了。元老院和法律所能发挥的最理想的控制作用，也许能有助于显示皇帝的品德，但却从来也无能纠正他的恶行。军事力量永远只是一种盲目的无人能抗拒的压迫工具；罗马人处世道德的衰败必将经常产生出一些随时准备为他们的主子的恐惧和贪婪、淫乱和残暴叫好的谄佞之徒和一些甘心为之效劳的大臣。

罗马人的这种阴郁的恐惧心理不是完全没有道理的，他们早有过这种经历。一篇罗马帝王的年表所能展示的一幅有关人性的鲜明而多变的图像，是我们在现代史中那些性格复杂和难以捉摸的人物身上根本无法见到的。在那些君王的行为中，我们可以探寻出最极端的邪恶和最高尚的美德；可以看到我们的同类中的最
2 完美的高尚品德和最下流的堕落行径。在图拉真和两安东尼的黄金时代之前的是一个铁器时代。这里要列举出奥古斯都之后的几代人所不齿的后继者的名字来几乎都是多余的。他们之所以没有完全被人遗忘，只是由于他们的无与伦比的罪恶行径和他们曾进行活动的辉煌舞台。愚昧、残酷的提比略、狂暴的卡利古拉、软弱无能的克劳狄乌斯、荒淫残暴的尼禄、禽兽一般的维特利乌和胆小如鼠、不齿于人类的图密善早已被认定只能遗臭万年！在八十年的时间中（中间就除开韦伯芗统治下情况不明的短暂的喘息时间）罗马一直呻吟在极其残酷的暴政的蹂躏之下，这暴政彻底消灭掉了奉行共和制的古老家族，而且在那一不幸时代出现的一切美德和才能也都受到了致命的摧毁。

在这些恶魔的统治之下，还有两种特殊情况伴随着罗马的奴隶制，一是昔日的自由观念的影响，一是他们所取得的广泛的土地扩张，因而使得这些奴隶们的遭遇比其他任何时代或国家的暴政

下的牺牲品都更为悲惨。由此更进而产生了,1. 受苦难的人的高度敏感;和 2. 绝无可能逃出压迫者的魔掌。

I. 有一个塞菲王族由于生性残暴已极,他们家中的长榻、饭桌和床铺经常会被他们自己的亲信的血所玷污。而当波斯还在该王族的后代统治之下的时候,据记载,有一位当时的贵族曾说,在他从苏丹的座前走出来的时候,没有一次不曾伸手摸摸,看看自己的头是否还在。每日每时的经历也许会使人觉得鲁斯坦的多疑是完全无可厚非的。然而,那仅用一根线吊在他头上的利剑却似乎并不曾干扰这个波斯人的睡眠或打乱他内心的平静。他清楚地知道,只要那位暴君一皱眉头,他就可能会立即化为灰烬;但是,一阵雷击或一次中风也同样可以一举而置他于死地;一位智者就应该能够在享受着短暂的生命的时候完全忘记掉人生的各种灾难。他以被称作皇帝的奴仆而感到无比威风;他自己完全可能只是在某一片他完全不知道的国土上,从一对无知的父母手中买来的孩子;然后从婴儿时期起便在皇帝的内宫受到严酷的训练。他的名姓、他的财富、他的荣誉,全都不过是一位主子的赏物,那么他便也可以完全公正地收回他赐予的一切。鲁斯坦的才智,如果他有任何才智可言的话,只足以使他根据偏见进一步相信自己的习惯正确。在他的语言中,除了绝对的专制主义就根本不存在另一种形式的统治。东方的历史告诉他,人类的情况从来就是如此。[①] 古兰经,以及这部圣经的解释者,都让他相信苏丹是先知的后代,是上天的

① 查丁说,欧洲的旅游者曾在波斯人中间散布了一些有关自由和我们的温和政治的想法。他们实际完全是害了他们。

代理人;使他相信忍耐是穆斯林的最高品德,绝对服从是臣民的天职。

3 罗马人对奴隶制的认识是完全不同的。尽管长期生活在他们自身的腐败和军人的狂暴行为的重压之下,他们却在相当长的时间中始终保存着他们的自由生活的祖先们的情绪或至少是对自由的向往。赫尔维狄乌斯和特拉西亚,以及塔西佗和普林尼所受的教育,与加图和西塞罗所受的教育是完全相同的。从希腊的哲学思想中他们吸收了有关人性尊严和文明社会如何得以形成的最公正、最开明的思想。他们本国的历史也已教导他们应该尊重一个自由、道德和取得成功的共和国;使他们厌恶恺撒和奥古斯都的罪恶成就;而且在内心深处对那些他们不顾羞耻地百般谄媚的暴君表示无比的轻蔑。他们作为行政官和元老都成了那一度曾制定全球法令,而且在名义上现在仍然控制着专制君王的行动的伟大的议会成员,而事实上它的权威早已常被滥加利用,以为暴政的最下流的目的服务了。提比略和那些接受他的教导的帝王们都力图用执行法律的形式来掩盖他们的屠杀,也许暗地里忍不住十分欣喜,自己竟能使元老院和他们手下的牺牲品都变成了自己的同谋。就靠着这个会议,这些罗马人中最后的一批全都以虚构的罪名和真正高尚的品德被一一判刑了。对他们进行控诉的那些奸佞之徒,使用一种那些无所依附的爱国人士经常用以在他的国家的保民官前对一个具有危险性的公民进行控告的语言;而这种为公众服务的活动还将在金钱和荣誉方面获得很高的报酬。那些奴颜婢膝的法官口口声声地说他们将维护共和国的威严,而其实这种威严在它的最高的护法官手中早已遭到了破坏,他们对他的宽容态度的

欢呼声比谁都叫得更响，而其实对他随时可能表现出的无与伦比的残暴又比谁都更为惶恐万状。那暴君看到他们的这种下流行径自然极为鄙视，而对他们暗中的怀恨心情则报之以对整个元老院的由衷的公开的仇恨。

II. 欧洲被分割成许多独立国家，但却依靠宗教、语言和习俗方面的大致相似而彼此联系在一起的情况，对人类的自由起了一定的推动作用。现代的一位暴君，尽管在自己的思想中和在人民群众中听不到反对他的呼声，但看一看别的国君的作为、对马上遭到指责的戒心，同盟国的劝导和对敌人的恐惧，都使他不能不稍稍有所收敛。他所要加害的人，在逃出他的狭窄的国土之后，将很容易在一片更安适的土地上找到一个安身之处，他可以凭自己的能力重新聚集一笔财富，获得发泄自己不满的自由，或许还能找到进行报复的手段。但罗马帝国的领土却布满全球，只要这帝国完全在一个人的掌握之中，那整个世界便成了他可以禁锢他的仇家的万无一失的监狱。专制帝王统治下的奴隶，不论对他的判决是在罗马城和元老院拖着金光闪闪的镣铐，还是到塞里法斯[1]的荒山 4
秃岭或是到多瑙河冰封的滩头去度过一生，都只能在默默的忍耐中等候命运的安排。反抗只能招致死亡，逃跑根本不可能。他的四周无不处在大片海洋和荒野的包围之中，他绝无可能超越过去而不被发现，并被抓住送还给他的更被激怒的主人。在他囚禁地

① 塞里法斯是爱琴海上的一个布满岩石的小岛，岛上居民以十分无知和愚昧著称。这个奥维德的流放地，通过他的正当但显得有些卑怯的哀悼诗篇，早已闻名于世了。看来，他可能仅只是得到一个命令，让他离开罗马城若干天，自己设法前往托米。连守卫和狱卒都是不必要的。

区的边界以外，他不论如何搜寻，所能看到的也只有海洋、无法生存的荒野、怀有敌意的野蛮人的部落和一些独立国土的首领，他们只会十分乐意牺牲一个可厌的逃犯[①]以换取罗马帝国的保护。“不论你到了哪里”，西塞罗曾对被流放的马塞卢斯说，“记住你同样是处在征服者的淫威之下。”

① 在提比略的统治下，有一罗马骑士曾试图逃往帕提亚人地区。他在西西里海峡被截获；但他那种做法实在徒劳无益，就连最爱猜忌的暴君也不屑于对此进行惩罚。

第一章　罗马帝国的疆域和概况 5

罗马疆域的扩张在共和国政府的统治时期，便已基本完成；那时主要依赖元老院的政策、执政官员的积极的好胜心和人民的勇武精神，罗马取得了大片土地，后来的罗马皇帝绝大部分都只不过是坐享其成而已。最初的七个世纪充满了一次接一次的胜利；但直到奥古斯都时代才放弃了野心勃勃的征服全球的计划，并开始在公共议会中实行一种较为温和的政策。由于奥古斯都的天性和实际处境使他倾向和平，他也便很容易发现，罗马以其目前所处优越的地位，实在已无所需求于战争，而倒应唯恐轻开战端；他更看到，在边远地区进行战争已日益艰难，胜败更为难卜，土地的占领更难以稳定，而且也已更无实利可图。此外，他自己的经历也更进一步坚定了他的这些明智的想法，最后终于使他相信，依靠他的顾问们的谨慎的努力，他们可能不难从那些最为凶恶的野蛮人手中，取得为罗马人的安全和威严所必需的一切必要的让步。最后，完全躲开使自己和他的军团暴露于帕提亚人箭雨之下的危险，通过一次体面的协议，他终于收回了在克拉苏的一次败仗中被夺去的旗帜和被抓去的俘虏。

在他统治的初期，他的将军们曾试图征服埃塞俄比亚和阿拉伯费利克斯。他们在那片热带地区向南行进了约一千英里，但炎

热的气候很快击退了这批侵略者，保护住了那些居住在荒野地区中从不好战的土著人。欧洲北部诸国价值甚微，几乎不值得花费人力、财力去占领。日耳曼的大片森林和沼泽地带住满了一个宁死也不愿丧失自由的强悍的野蛮民族；他们在第一次受到攻击的时候，似乎已不得不屈服于罗马强大的威力，但是，很快在一次凶猛的不惜决一死战的行动中，立即又恢复了独立，让奥古斯都看到最后尚未知鹿死谁手。在这位皇帝去世时，元老院公开宣读了他的遗嘱。他作为一项宝贵遗产留给他后来的继承人的是，建议他们永远只求保守住似乎是大自然为罗马划定的战线和疆界之内的
6 那一片土地：西至大西洋边；北至莱茵河和多瑙河；东至幼发拉底河；南边则直到阿拉伯和非洲的沙漠地带。

为了人类的宁静生活，让人欣慰的是，明智的奥古斯都所推荐的温和制度，竟被他的充满恐惧和邪恶思想的几位继位者所接受了。终日沉湎酒色，或一味施行暴政的早期那几位罗马皇帝，几乎从不在部队或在各地方省区露面；他们也绝不容许他们手下的将领自行其是，表现出极大的英勇去取得他们自己由于疏懒，无心取得的战功。一个臣民享有善于用兵的名声被视为是一种侵犯皇家政权的无礼行为；紧守自己奉命把守的疆界，绝不希图向外扩张，已成为每一个罗马将军的唯一职责和利害攸关的大事，否则那被征服的野蛮人所将遭受到的祸患很有可能会同时立即降临到他自己头上。

在基督纪元的最初一百年中，罗马帝国唯一的一次兼并活动是占有不列颠省。在恺撒和奥古斯都的一连串继承人中，这是唯一的一个以前者为榜样，而抛弃后者的教导的例证。不列颠在地

域上接近高卢使得它似乎正在向罗马军队招手；一支珍珠捕捞队带来的虽然可疑却十分诱人的情报勾起了他们的贪婪之心；尽管不列颠被看作是一个独特的、孤立的世界，对它的征服在总的大陆政策中却也算不得什么例外行动。在经过一次由最愚蠢的皇帝发动、最无主见的皇帝维持，最后并由最胆怯的皇帝结束的长达约四十年之久的战争之后，该岛的大部分地区终于屈服于罗马的统治之下。属于布立吞人的各个部族，全都有勇而无谋，热爱自由而缺乏团结精神。他们一时疯狂地拿起武器，一时又全部缴械，或彼此屠杀，一日几变，毫无定准；由于他们全都各自为政，结果自然很快一个接一个被消灭了。卡拉克塔库斯的坚韧、波阿犹凯的绝望、德鲁伊特的狂乱信仰都既未能使他们的国土免于遭受奴役，也未能阻止帝国将军们的稳步前进，这些将军，在他们的王座正被人类中最无能、最下流的统治者百般玷污的时候，始终维护着国家的荣誉。就在图密善为自己假想的危险恐惧万分，不敢出宫门一步的时候，他的军团却在善良的阿古利科拉的指挥之下在格兰扁山区，彻底击败了重新集结起来的喀里多尼亚人；而他的舰队，在准备向一片从未进入的水域冒险试航的过程中，借机在该岛沿岸的各个地区展示了罗马军队的威力。这时他便认为不列颠是已经被征服了；阿古利科拉当时计划着，只要能再拿下爱尔兰，那这次行动便算取得了完全的、一劳永逸的成功，而且他认为，要攻占爱尔兰实在是轻而易举的事，只需一个军团和少量辅助兵力就完全可以了。同时占领西边的那一小岛也许大有好处，因为如果让布立吞人亲眼看到在他们四周所有的人都已无获得自由之望，也不存在一个 7
自由人，那他们定会不再那么执拗不肯戴上奴隶的枷锁了。

但是阿古利科拉的显赫战功马上使他失去了统治不列颠的权力;他的合理的但过于庞大的侵略计划也便就此告终。这位小心谨慎的将军,在离职之前,为便于确实占有该岛并保证长期统治下去做了安排。他曾注意到,该岛被彼此相向的海湾,或者按现在说法,被那些苏格兰河口,给分割成了大小极不相等的两部分。在一条约四十英里长的狭窄地带,他划出了一条布置兵力的防线,在这条线上后来在安东尼·皮乌斯的统治时期,建筑了一条以石块为基础用泥炭砌成的围墙。这面离现在的爱丁堡和格提斯哥两城不远的安托尼努斯墙,当时被定为该罗马省的边界。在该岛以北,土著的喀里多尼亚人仍不顾一切维持着自己的独立,其所以能如此,虽得力于他们的勇敢,同时也颇得力于他们的贫穷。他们的骚扰一般都被击退,并受到一定的惩罚,但他们的国家却始终未曾屈服。这片具有全球最温和、最富足的气候条件的土地上的主人,轻蔑地抛开了冬天受到暴风雪侵袭的阴沉的山区、蓝雾弥漫的湖泊和寒冷凄凉的草原,留下它让一群群光着身子的野蛮人在无边的森林中去和一群群野鹿互相追逐。

这便是从奥古斯都去世到图拉真继位这一时期中罗马的边界情况和帝国政策的大要。图拉真这位善良的王子曾受过军事教育,完全具有一位将军的才干。他的前辈帝王们所维持的和平局面现在已一次次被战争和向外侵略活动所打破;罗马的军团,在经过相当长一段时间之后,终于又看到自己处在一位尚武的帝王的统治之下了。图拉真的第一次行动是向居住在多瑙河彼岸的一个极为好战的部族达西亚人进军,他们在图密善统治期间曾公然冒犯罗马的威仪而并未受到任何惩罚。除了一般野蛮人所有的强悍和凶恶之外，他们更有一种厌恶生命的情绪，这是因为他们真诚地相信灵魂不灭和轮回转世之说。达西亚王德克巴卢斯的表现完全不愧为图拉真的一个对手，直到他的一些仇敌宣称他已用尽一切可以利用的资源，已是智穷力竭的时候，他始终未曾对自己和全族公众的命运感到过绝望。这一令人难忘的战争，除曾有短期停顿外，前后延续了五年之久；由于这位罗马皇帝可以毫无限制地动用全国的力量，他最后终于迫使那些野蛮人彻底投降了。这一新增的成为奥古斯都设想的第二个例外的达西亚省，周长约 300 英里。它的天然边界是德涅斯特河、蒂萨河或提比斯库斯河、下多瑙河和
黑海。至今从多瑙河岸到现代史上的著名地区本得一带，直到土 8
耳其和沙俄帝国的边界，还隐约可见一条军用通道的痕迹。

图拉真极端好名；在人类对自身的杀戮者发出的欢呼声仍高于对人类的造福者的情况下，对显赫军功的追求便将永远是最伟大人物的一人罪行。由一代代的诗人和史学家传留下来的对亚历山大的赞誉在图拉真的心中燃起了危险的誓与之一比高低的火焰。这位罗马皇帝也和他一样发起了侵入东方国家的远征；但他最后却只能发出一声长叹，可恨年事已高，自知已绝无能与那位菲利普的儿子齐名之望。然而图拉真的胜利，尽管转瞬即逝，却是立见成效，而且十分显赫的。由于内部不和而解体的日益衰败的帕提亚人在他的部队所到之处闻风逃窜。他于是高唱凯歌沿底格里斯河而下，从亚美尼亚山区直达波斯湾。他是第一个，也是最后一个曾到那一遥远海域航行的罗马将军，这给他带来了莫大荣誉。他的船队对阿拉伯沿海的市镇大肆蹂躏，而图拉真还自我吹嘘，说他的兵力已几乎到达印度的国土了。感到惊愕的元老院的成员每

天都能得到被他征服的新地名和新国家的情报。他们被告知博斯普鲁斯、科尔基斯、伊比利亚、阿尔巴尼亚、奥斯若恩的国王,甚至帕提亚人的专制君主也都接受了这位罗马皇帝的加冕;住在山区一向独立的米底人和卡杜克亚人的部落也都请求得到他的保护;而且位于亚美尼亚、美索不达米亚和亚述的一些富有国家也都变成了罗马的行省。但图拉真的死却立即使得帝国的光辉前景暗淡下来;于是,那么多遥远的国土,在那只置它们于控制之下的强劲的手已不再能制约它们的时候,它们是否全会要极力挣脱套在它们身上的枷锁倒恰好成了一种让人恐惧不安的根源。

有一个古老的传说,说是当罗马诸王之一修建起朱庇特庙的时候,在所有地位较低的众神中只有护界神(他按当时的习俗,以一方巨石的形象出现,守护着各处的边界)拒绝让位给朱庇特。从他的这种固执态度中得出的有利推论,更被占卜官加以利用,认为这是一种无可怀疑的朕兆,表明罗马帝国的边界将绝无可能后退。这一预言的提出,正像通常出现的情况一样,在相当长的时间中,都对它的实现起着极大的作用。但是,护界神尽管曾抗拒过朱庇特的神威,却不得不屈服于哈德良皇帝的权势。哈德良继位后的第一件事是放弃图拉真在东部占领的一切土地。他让帕提亚人重新选举了自己的独立自主的君王,从亚美尼亚、美索不达米亚和亚述诸省撤回了罗马派去的驻军;同时,按照奥古斯都的设想,再
9 次确定以幼发拉底河作为帝国的边界。对亲王们的公开行动和私下动机进行指责的评论,一直把可能是出之于哈德良的谨慎和温和性情的行为,归之于他的嫉妒心理。那位皇帝的时而猥琐不堪,时而宽宏大量的多变的性格,的确可能使人难免产生那种怀疑。

但是,无论如何,除了这样承认自己无能保卫图拉真已扩张的土地之外,他也再没有别的办法更能使得他的前任格外显得功绩辉煌了。

图拉真的充满野心的黩武精神和他的前一任皇帝的温和政策形成奇特的对照。哈德良无休止的活动和安东尼·庇乌斯的温和、娴静的态度相比起来,自然也不会显得不那么突出了。前者的生活几乎是始终处在永无止境的旅途之中。由于他具有多方面的,包括军人、政治家和学者的才能,他通过完成自己的职责便可以完全满足了自己的好奇心。完全不顾季节和气候的变化,他始终光着脚徒步在喀里多尼亚的雪地和上埃及的酷热的平原上行军;在他统治期间,帝国所有的省份没有一处不曾受到这位专制帝王的光临。而安东尼·庇乌斯的平静生活却是在意大利的心腹地带度过的;而且,在他指导政务的二十三年之中,这位善良的皇帝所曾经历的最长的一次旅行是从他在罗马的皇宫移到他退隐的拉鲁芬别墅而已。

尽管他们在性格上十分不同,对于奥古斯都的总的设计,哈德良和两个安东尼却都是同样接受和遵照执行的。他们全都坚持尽力维护帝国荣誉,但无意再进一步扩大帝国领土。通过每一次善意的远征,他们力求获得野蛮人的友情;并试图使所有的人相信,罗马帝国的建立,并非出于领土野心,而完全是出于热爱秩序和公正和平的结果。在长达四十三年的时间中,他们的完全出于善意的努力终于取得了成功;而如果我们把几次曾使边疆地区的军团采取行动的小冲突除外,哈德良和安东尼·庇乌斯的统治的确提供了一个普遍和平的前景。罗马的名字在地球最边远地区的民族

中也受到了极大的尊敬。最凶悍的野蛮人也常把他们自己之间的争端提请罗马皇帝裁决;据当时的历史学家记载,他们还看到,有一些外国使臣以作为罗马子民为荣,曾自己提出愿意归顺,却遭到了拒绝。

此处略去关于当时武装力量和各省情况的概况介绍。

10 罗马帝国的基本概念

上面列举的这一长串省份的名称(它们中的许多部分后来都建成了强大的王国),几乎已使得我们不得不对古代人的虚荣心或者愚昧表示宽容了。为当时范围广泛的统治权不可抗拒的力量和罗马皇帝的真真假假的温和态度所眩惑,他们竟然会对那些任其享受着野蛮的独立的遥远国土采取不屑一顾的态度,有时甚至是已将它们完全忘怀;他们慢慢竟然随便把罗马帝国和整个地球混为一谈了。但是一位现代史学家的气质和知识却要求他必须使用一种更为清醒和准确的语言。为了更准确地说明罗马的伟大,他可以说,罗马帝国,从安东尼边墙和北部边界达西亚到阿特拉斯山和北回归线的宽度便超过 2000 英里,而从西海洋到幼发拉底河的长度则更超过 3000 英里;它位于温带中北纬 24°到 56°之间最美好的地区;面积估计不少于 160 万平方英里的土地,其中大部分都是肥沃的熟地。

第二章　罗马帝国的团结和国内的繁荣。行省和纪念碑。农业的进步。 11

要评定罗马的伟大绝不能单看它大面积地迅速扩张。在俄罗斯沙漠地带所建立的君主国家曾管辖过地球上大部分土地。亚历山大在越过赫勒斯海峡后的第七个夏天就在希发西斯河的岸边建立起了马其顿胜利纪念碑。在不到一百年的时间内,天下无敌的成吉思汗和他的莫卧儿族[①]的王公们把他们的残酷的蹂躏,从中国海一直推向埃及和日耳曼地区,并在那里建立了为时不久的帝国。但罗马威力的牢固结构却是依靠几代人的智慧建立和保存下来的。图拉真和两安东尼的唯命是从的行省是靠法律联合起来,并加以艺术装点的。它们有时也可能会遭受执行统治权的代理人的一时的无理摧残;但政府治理的一般原则仍始终是明智、简明和宽厚的。他们仍可以信奉他们祖先的宗教,在荣誉和社会地位方面,他们也逐步有所提高,最后已差不多达到和他们的征服者同等的地位。

I. 帝王和元老院在宗教问题上的政策始终既照顾到子民中的开明人士的思想,也照顾到迷信较深的子民们的习惯。在罗马世

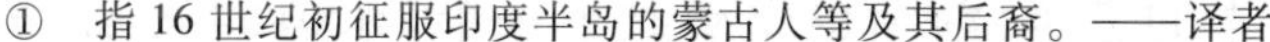

① 指16世纪初征服印度半岛的蒙古人等及其后裔。——译者

界流行的形形色色的宗教活动，罗马人民一概信以为真；哲学家一概斥为虚妄；行政官却一概认为有用。这样一来，忍耐不仅带来了相互宽容，甚至还带来宗教上的和谐。

人民的迷信既不会因为掺杂进一些神学思想上的矛盾而彼此难容，也不曾受到任何思想体系枷锁的约束。热忱的多神论者，虽然自己热衷于本民族的宗教信仰，却同样以其极简单的信念承认全世界各种不同的宗教。恐惧、感激、好奇、一个梦或一个预兆、一件简单的意外事件或一次远距离旅行，全都可以增加他们的信仰的内容，扩大他们的保护神的名单。异教徒的神话是用各种不同，但并非彼此不能相容的材料编织而成的。只要我们承认，曾经为他们本国的利益生活过和为之而死去的智人和英雄都应被视作强有力的不朽人物，那就等于普遍承认，他们即使不应受到全人类的
12 膜拜，至少也应受到全人类的尊敬。千千万万的树林之神和千千万万的河流之神，虽寂静无声，在他们的所在地却都能发挥各自的影响；唯恐激怒台伯河的罗马人当然不可能去耻笑向尼罗河的仁慈的河神献祭的埃及人。可见的自然力量，天上的行星，地上的各种元素，在全宇宙中都是完全一样的。那看不见的精神世界的统治者也便必然同样是用虚构和寓言的模子铸成。每一种美德，甚至每一种邪恶，都需要在神的身上有所体现；每一种技艺和职业都需要自己的保护神，而这神的特性，不论在多么遥远的年代或国土，全都毫无例外地一律是以他的崇拜者的性格为模式的。这样一个由脾气各异、彼此利害矛盾的神灵组成的共和国，不管按何种体系组合，也都必须有一位最高长官能发生调节作用，而且他，随着知识和献媚术的进步，渐渐也就被赋予一个“永恒的父亲”和一

位“万能的君主”的最完美的品德。古代的精神是如此温和，以致大家都不很在意各民族之间的差异，而倒是只注意到它们在宗教信仰方面的相似。希腊人、罗马人和野蛮人，当他们在各自的神坛前相遇时，很容易便彼此都感到，尽管他们各自信奉的神名称不同，敬神的仪式也不同，而他们所敬奉的实际是相同的神灵。荷马的高雅的神话已为古代世界的多神论提供了一个美丽的，而且几乎是到处通用的形式。

希腊的哲学家是根据人性，而不是根据神性建立起他们的道德观念的；不过，他们也把神性作为一个发人深思的重要问题来进行思索；在进行深刻的研究的过程中，他们展示出了人的理解能力的强大和虚弱。在那四个著名的学派中，斯多葛派和柏拉图派力图调和存在于理性和虔信宗教之间的尖锐矛盾。他们给我们留下了最为崇高的明证，让我们看到了第一动因的存在及其完美性；但是，由于他们不可能设想出物质实际产生的过程，斯多葛派哲学中的制作者和他的作品是难以完全区分的；而反过来，柏拉图和他的门徒们的精神上帝却都更像是一种理念，而并非实体。学院派和伊壁鸠鲁派的意见没有太多宗教意味，但当前者以其简单的科学诱使他们对最高主宰的意旨表示怀疑的时候，后者由于全然无知却劝导他们根本不要承认它的存在。由争胜的风气所促进，为学术自由所支持的探索精神已使公众的哲学教师划分成了各种各色，彼此相互竞争的学派；而从各个地方来到雅典和罗马帝国其他文化中心的头脑敏锐的青年不论在哪里却都受到同样的教导，要他们拒绝并鄙视一般群众所信奉的宗教。本来嘛，怎么可能让一个哲学家把一些诗人的无聊故事和由古代留传下来的一些支离破

碎的传说，看作是关于神的真实记载；或者让他把那些满身缺点，
作为一个人看也让人厌恶的生物当作神来崇拜呢？为了对付这么
13 一些无足轻重的对手，他屈尊对他们使用了理智和辩论的武器；不
过琉善的讽刺显然是一种更有效、更有作用的武器。我们完全可
以断定，除非一个作家已发现他的国家所信奉的神灵早已成为上
流社会和知识界暗中鄙弃的对象，他是绝不会随便把他们拿来让
人公开加以嘲笑的。

尽管在两安东尼时期，非宗教的活动十分盛行，但教士的利益和人民的迷信却仍受到足够的尊敬。古代哲学家在他们的作品和谈话中，都肯定理性的独立的威严，但他们的行动却仍然听命于法律和习俗。他们含着怜悯和宽容的微笑来看待粗俗的人所犯下的种种错误，但却仍然十分认真地奉行他们的父辈曾经奉行的各种仪式，热忱地参拜各种神庙，有时甚至公然地去参加一些迷信活动，在教士的袍服之下，完全掩盖住他们的天神般的情绪。抱有这种思想状态的人对他们各自不同的信仰或礼神方式问题是不会争论不休的。他们根本不在乎群众的愚蠢行为实际以何种方式表现出来；他们不论是走近利比亚，还是奥林匹亚，还是卡匹托里亚的太阳神庙都同样貌似虔诚，而内心却怀着轻蔑。

现在很难设想，罗马议会究竟出于什么动机竟会采取了带着迫害精神的政策。那些行政长官不可能由于一种虽然并非违心却实属盲目的顽固思想而采取此种策略，因为这些行政长官自己也都是哲学家；何况雅典的学院已经为元老院制定了各种法律。他们也不可能是为自己的野心或贪欲所迫，因为这人世的权力和神权实际全都掌握在同一只手中。主教全系从最有声望的元老中选

举出来；而最高主教长的职务经常都是由皇帝本人兼任。他们完全了解并十分重视宗教的价值，因为它是和国家行政联系在一起的。他们尽量鼓励那些有利于提高人民品德的各种庆祝活动。他们把占卜术当作一种方便的推行某种政策的工具；一般人都相信，不论在今世还是来世，任何伪证罪都必将受到报复之神的严厉惩罚，他们也十分尊重这一十分有用的信念，把它看作是维系社会生存的最坚强的纽带。但是，他们除了承认宗教的一般劝化作用，还相信各种各样的崇拜神灵的方式也都同样能产生有益的效果；而且相信，已曾在任何一个国家长期试行，受到时间考验的礼神方式必是对该国的气候和居民来说最合适的方式。贪婪和对艺术品的喜爱常常使得一个被征服的国家的庙里的神像和各种装饰物被洗劫一空；但是，在仍然奉行他们的祖先所奉行的宗教的问题上，他们全都会感觉到罗马皇帝的宽容，甚至得到它的保护。高卢省似
乎是，但也不过仅仅似乎是，在这一般的宽容中的唯一例外。罗马 14
皇帝提比略和克劳狄，在为了消灭以人为祭品的莫须有的借口的掩盖下，彻底消灭了掌握在督伊德僧侣手中的危险的权力；但他们的教士，他们的神灵和圣坛，直到最后彻底消灭一切异教以前，却全都以隐蔽的方式继续存在。

作为一个伟大的君主国首都的罗马城，随时都有从世界各地前来的臣民和外国人到这里定居，他们全都带来他们所在地的他们所喜爱的迷信方式。帝国的每一座城市都有权维持本城的古老仪式的纯洁性；而罗马元老院，却有时利用其所掌握的一般特权，插手制止这种外来宗教活动的泛滥。最让人厌恶和最猥琐的埃及迷信活动就常常遭到禁止；塞拉庇斯和伊西斯的神庙都被捣毁，他

们的信徒也被从罗马和意大利驱逐出去。但盲目信仰的狂热却胜过了冷酷的软弱无力的政策。被放逐的人回来了，信徒的数目成倍增长了，重新修复的庙宇比原来的更为堂皇，塞拉庇斯和伊西斯终于在罗马神祇中占据了一席之地。这种宽容也没有违背古老的政治原则。在最为纯正的共和国时期，希比利和埃斯库拉庇乌斯[①]便常有外国使臣严肃地迎请到本国去；答应给被围困的城市的保护神更高的荣誉，以对他们进行诱惑的做法更是司空见惯。罗马渐渐变成了它的子民的公共庙宇；该城的自由之风已为人类所有的神祇所共享。

II. 保存古代公民的纯粹血统，不容任何外族血统掺入的褊狭政策，阻止了雅典与斯巴达的繁荣并加速了它们的灭亡。目光远大的罗马的才智之士轻虚荣而重抱负，认为将不论发现于何处，不论是来自于奴隶或外族人，来之于敌人或野蛮人的高尚品德和优点，全部据为己有，乃是一种更明智，也更光荣的行为。在雅典共和国最为繁荣的时代，公民的总数渐渐从 30000 降至 21000 人。反过来，如果我们注意研究罗马共和国的发展过程，我们可能会发现，尽管战争、殖民活动不断消耗原有的人口，罗马公民，在塞维尔·图里乌[②]进行第一次人口调查时才不过 83000 人，而到同盟者战争[③]开始时期却已经增加到，仅是可以拿起武器为国效命的总人数，已不下 63000 人。当罗马的同盟者要求享有同等的荣誉

① 前者为古时小亚细亚人所信奉的自然女神，后者为罗马医神。——译者

② 传说中的（公元前 6 世纪）罗马第六位国王。——译者

③ 公元前 90—98 年罗马的意大利同盟者为争取罗马公民权而进行的战争。——译者

和平等权利的时候，元老院宁愿先进行一次兵刃相见的较量，也不肯作出屈辱的让步。萨谟奈人和卢卡尼亚人为他们的冒失行为付出了沉重的代价；但其它一些意大利国家，由于它们相继一一都转而俯首听命，最后全被允许投入了共和国的怀抱，并转眼对消灭公众的自由也尽了一份力量。在民主政府的统治之下，公民行使着君主的权力；但如果这种权力落到一个暴乱的群众手中，那它便必 15
会先是被滥用，然后便彻底丢失。但当人民的议会被皇帝的行政机构所控制的时候，那征服者和被征服的民族的差异便仅仅在于，他们是第一等的最荣誉的公民而已；他们的增长无论如何迅速，也绝不会再面临同样的危险了。然而，那些听从奥古斯都教导的最明智的帝王，却无比小心地维护着罗马这个名称的威严，把存在于罗马城的自由风气谨慎而慷慨地普遍加以推行。

一直到罗马人的特权已逐步推广，为帝国的全体居民所共同享有的时候，在意大利和各省之间仍存在着一个十分重要的差异。前者始终被认为是人民围绕的中心，并是整个政体的坚强的基础。意大利乃是皇帝和元老院的诞生地，或至少也是他们居住的地方。意大利人的产业全都免税，对意大利人，地方司法官也无权随便加以处置，他们的完全依照首都的形式建立的市自治机关被授权，在最高权力机关的直接监督下，行使司法权力。从阿尔卑斯山山脚下直到卡拉布里亚最边远的地区的一切土生的意大利人全都是罗马的公民。他们的部分差异已被人忘怀，他们在不知不觉中已由于语言、习俗和社会制度的相同而联合成一个大的民族，其重要性已和一个强大的帝国不相上下。这个共和国正以自己的宽厚政策为荣，也常常得到她的养子的效忠和侍奉。如果她把罗马人的殊

荣始终只限于让罗马城内的古老家族享有，那这个不朽的名声势必会在许多方面失去了他的最耀眼的光辉。维吉尔的出生地是曼图亚，贺拉斯自己都说不清他应该算是阿普利亚人还是卢卡尼亚人，那位够资格讲述一串串罗马人辉煌的胜利过程的历史学家，我们是在帕多瓦找到的。一心为国的加图家族发祥于托斯库卢姆；阿尔平兰那个小小的市镇同时具有养育过马略和西塞罗的荣誉，二人中的前者，在罗慕洛和卡米卢斯之后，应该被尊为罗马的第三缔造者；后者，在他把他的国家从喀提林的阴谋中救出之后，更使它能和雅典在善辩方面一决雌雄。

外省情况

帝国的各个省城（如上一章所述）则完全不具有任何公众力量或宪法上的自由。在埃特鲁里亚、希腊和高卢，元老院首先最关心的是解除那里的危险的联合行动，因为它告诉世人，既然罗马靠分而治之的办法获得统治一切的力量，它们就可以通过联合来进
16 行反抗。那些貌似出于感激或慷慨暂时被容许握住权杖的王公，一旦完成了分派给他们的任务，把那被征服的民族完全置于控制之下，他们立即便会被从王座上踢开了。那些曾为罗马效力的自由城邦一开始都会得到作为名誉上的同盟者的奖赏，但很快便不知不觉落入实际被奴役的地位。无论任何地方，人民的主权全都掌握在元老院和皇帝的使臣们的手中，而且这种权力是绝对的，不受任何限制。但是，同样那种曾保证意大利的平静和顺从的较为健康的治理原则也逐渐扩展到了新征服的遥远地区。通过引进殖

民地和使那些最忠顺、最有成就的省份加入到自由罗马中来这两种策略，一个罗马民族便逐渐在各省形成了。

“罗马人不论征服了任何地方，他也便在那里住下”，这是塞涅卡通过历史资料和亲身经历所得出的正确论断。土生的意大利人，为欢乐的生活或实际利益所诱，都迫不及待地要去享受胜利的果实；而我们可以说，在亚洲被控制后的约 40 年中，在米特拉达特的残酷命令之下，一天之内就有 80 万罗马人被屠杀了。这些自愿的流放者绝大多数都从事商业、农业和税务活动。但在皇帝使军团永久化之后，地方省市全都住满了士兵和退役军人，这些人不论曾否因服兵役受到过土地或财产赏赐，一般都和自己的家属一起在他们曾度过自己的青春时期的地方定居下来。在整个帝国，特别是在西部，凡是土地最肥沃的地区，或交通最为便利的地方，全都专门留作建立殖民地之用；其中有些属于平民，有些则属军用性质。这些殖民地在一般生活情况和内部政策方面，完全代表了他们的祖辈的做法；而由于他们很快通过友情和姻戚关系甚受当地人喜爱之后，他们终于也对罗马这个名称怀着崇敬之意，并希望在适当的时候能分享罗马人的荣誉和优越条件，而这种愿望十有八九都是不会落空的。各省城市的地位和繁华程度在不知不觉中也已变得和殖民地相近；而且在哈德良统治时期，那些从罗马的怀抱中分化出来的社会，和那些后来被接受的社会相比，其处境究竟孰优孰劣，还是一个值得争论的问题。所谓的“拉丁权利”始终只给与它已表示十分偏爱的城市。只有文职官员在他们任期届满以后，可以具有罗马公民的资格；但由于那类职务总以一年为期，常常只不过在几个主要家庭之间交替轮换而已。那些被允许在军团

中佩带武器的来自省区的人;那些执行过行政职务的;总而言之,凡是曾执行过公务或表现出某种特殊才能的人都会得到一笔报酬,只是这所得报酬的价值却随着皇帝日益慷慨而变得更加微薄了。然而,甚至在两安东尼时代,那时城市的自由已为它们的大部
17 分臣民所享受,这种自由也附带有非常具体的利益。绝大部分人民,有了那个称号,便能得到罗马法律可能给他们带来的实际利益,特别是其中有关婚姻、遗嘱和继承权的等等条目;而幸福之路却只对那些得到恩宠或确有成就的人敞开着。那些曾在阿勒西亚包围过尤利乌斯·恺撒的高卢人的孙子们现在都是军团的指挥官,各省的总督,或已进入了罗马的元老院。他们的野心并没有扰乱国家的安宁,相反,却和它的安全和伟大紧密地连接在一起。

罗马人对于语言和民族形象的关系问题十分敏感;因而用武力来推广对拉丁语的使用成了他们最为关心的一件事。古代的意大利、萨宾、埃特鲁里亚和威尼斯的方言早已被人遗忘;但在各省区,东部人不像西部人那么容易接受胜利者教给他们的语言。这种明显的差异使得帝国的两半染上了迥然不同的色彩,这色彩虽在罗马的繁荣如日中天的鼎盛时期在某种程度上显得有些模糊不清,但在夜幕降临到罗马世界的时候,却慢慢显得十分耀眼了。西部国家的征服者同时给他们带来了文明。那些野蛮人一旦被驯服,他们的头脑便马上很容易会接受有关知识和礼貌的任何新印象。维吉尔和西塞罗的语言,尽管不可避免地会变得有些杂乱,却在非洲、西班牙、高卢、不列颠和潘诺尼亚等地被普遍采用,而且仅只是在山区,或在农民中还保留着不多的普尼亚和克尔特的特殊用语。教育和学习在不知不觉中使得那些国家的土著居民具有了

罗马人的情绪；而意大利又在时尚和法律方面，对它的拉丁省份起着带头作用。他们越来越热情地追求，同时也越容易得到了，在该国所能享有的自由和荣誉；在文学和武力方面提高了国家的声望，最后还更为它产生了一个连那些西庇阿们[①]也不会反对他们的国人拥戴的皇帝图拉真。希腊的情况和那些野蛮人是大不相同的。他们在很久以前就已经完全开化，并已腐化堕落。他们的较高的识见不会容许他们放弃自己的语言，他们过分的虚荣又不会让他们接受外来的制度。他们却在他们已失去祖辈们的美德之后，仍然还保留着祖辈的偏见。在他们被迫不得不尊重罗马征服者高超的智慧和力量[②]的时候，他们却表示对他们的粗俗的举止十分厌恶。希腊人的语言和情绪的影响也并不完全限制在那一度闻名于世的国家的狭窄范围之内。他们的帝国，通过逐步向外殖民和侵
占曾经覆盖了亚德里亚海直到幼发拉底的广阔地区。亚洲也布满 18
了希腊城市，马其顿君王们的长期统治向叙利亚和埃及输入了一次无声的革命。在他们的豪华的宫廷里，这些帝王们把雅典人的高雅和东方人的奢侈结合起来，宫廷做出了榜样，他们治下的高级官员们自然都起而效尤，只不过规模要小得多罢了。这便是罗马帝国被分划成拉丁语区和希腊语区的大致情况。在它们之外，我们还可以加上由原来在叙利亚和特别是在埃及的人组成的第三个特殊区域。那些野蛮人始终使用着自己祖先的古老的语言，使自

① 公元前 3 世纪初及前 2 世纪期间，罗马曾有多个西庇阿接连担任执政官等要职。——译者

② 从狄奥尼修斯到利本纽斯，我相信，从没有一个希腊批评家提到过维吉尔和贺拉斯的名字。他们似乎压根儿不知道罗马有什么大作家。

己孤立于一般人类交往之外,这便阻挠了他们自身的进步。前者的懒散和怯懦性颇使他们遭到征服者的鄙视,后者的乖戾和残暴更引起了征服者的仇恨。这些民族都屈服于罗马的权势之下,但他们从来不希望,同时也不配享有罗马城的自由;我们看到,在托勒密王朝被毁后 230 多年的时间内就从不曾有一个埃及人进入过罗马元老院。

胜利的罗马本身已受到了希腊艺术的诱惑,这话虽几乎已是老生常谈,却仍值得一提。那些在现代欧洲仍然备受推崇的不朽的作家们,很快就变成了意大利和西部诸省研究和模仿的对象。但是,罗马人的高雅的娱乐却并不曾干预他们公正的政策原则。一方面他们承认希腊文的优美,另一方面却又不忘拉丁语的端庄,在有关民政和军事管理的文件中永远只能使用后者,这是绝对不可通融的。这两种语言在整个帝国同时在两个不同的领域中发挥作用:前者是科学的自然用语;后者是一切公共事务的合法的专用语言。那些同时从事文学活动和其他活动的人一般对两种语言都很精通;而且,在任何省份也几乎不可能找到一个受到广泛教育的罗马公民会既不懂希腊文,又不懂拉丁文。

正是依靠这样一些制度,帝国的各个民族才在不自觉中融入了罗马这一称号和罗马人民之中。不过,在每一个省份和每一个家庭的中心却仍然存在着一种不愉快的情况,也就是说,有些人仅是承担着社会的重担,却并未享受到社会的福利。在古代的自由城邦中,家庭奴隶经常受到残酷的虐待。在罗马帝国完全建立起来以前,完全是一个暴力和掠夺的时代。奴隶绝大部分是在战争中被俘虏的数以千计的野蛮人,或者是以非常便宜的价格买来的,他们原都过惯了自由的生活，因而全迫不及待地想打碎身上的枷锁，进行报复。面对着这样一股内部敌人，他们不顾一切的暴乱已曾不止一次使共和国濒临毁灭的边缘，如以为了自我保存的伟大法则来衡量，订下最严厉的规章制度，行施最残酷的制裁，似乎都是无可非议的。但是，欧洲、亚洲和非洲的主要民族在一个君王的
法则之下联合起来之后，外来的物资供应已不再像过去那么丰盛， 19
罗马人不得不采取了更温和但也更乏味的繁殖方式。在他们的众多家庭中，特别在他们的田庄上，他们鼓励奴隶结婚。天生的情感、受教育的习惯以及一份带有附加条件的财产的占有，都能有助于减少被奴役者的痛苦。奴隶的存在已变得更有价值；虽然奴隶的幸福仍以主人的心情和处境为转移，主人的仁慈，已不像过去常受到恐惧的限制，却受到了从自身利益考虑的鼓励。道德方面的进步，由于皇帝的品德或政策的改善而得以加快了；根据哈德良和两安东尼的法令，人类中最卑贱的阶层也应受到法律保护。关于奴隶的生死问题的裁决权，过去虽有规定，但常被滥用，现在则全由行政官掌握，任何私人无权过问。地下的监狱被全部拆除；而且，遭受伤害的奴隶，对自己所受的不可忍耐的待遇如能提出正当申诉，便可以或者获得释放，或者另换一个较温和的主人。

希望，这是我们处于不幸中时的最好安慰，对罗马奴隶也同样存在；而如果一个奴隶有任何机会使自己显得十分有用，或者极为讨人喜欢，他自然便完全可以希望通过数年的勤劳和忠诚的表现赢得一份无比珍贵的礼物——自由——作为给他的报酬。主人的仁爱常常完全是出于虚荣和贪婪这类实际并不很正派的动机，因而使人感到国家法令有必要阻止，而不是鼓励那种过火的不分青

红皂白的慷慨行为，以防止它成为一种危险的滥用。古代司法中有一条原则，奴隶没有属于自己所有的国家；他在获得自由的同时，也便获得作为一个成员进入他的恩主所在的政治社会的权利。这一原则的后果将是由于把罗马城的特权滥用在大群低贱的乱七八糟的人身上而使它失去了作用。因此及时作出了新的规定；只有具有正当理由，并得到行政官批准，通过法律手续被正式予以释放的奴隶可以获得此种殊荣。甚至这些有幸获得自由的人所能享受的也只限于一般生活上的公民权，而被严格排除在政治和军事的圈子之外。他们的儿子，不论有多大功绩和如何富有，也同样被认为绝不配在元老院中占有一席之地；必须要等到第三代或甚至第四代，这奴隶的出身才能完全抹掉。并不用打破等级的界限，一个遥远的希望甚至也呈现在那些几乎要被骄傲和偏见排除于人类之外的人们的面前。

一度曾有人提出应规定一种特殊的奴隶服装，以表明他们的身份；但马上便有人不无道理地担心，那样做有可能会使他们清楚
20 知道自身的强大而带来某种危险。不用去弄清，严格地说，许许多多，成千上万到底是多少，我们似乎也不妨宣称，被作为财产看待的奴隶所占比例，肯定要比只能算作一种开支的仆人数目要更大得多。明显地具有天才的青年都被送去学习技艺或科学，他们的价格依靠他们的技术或才能的高低来决定。不论是依靠脑力劳动还是依靠技术的任何一种职业，几乎全都可以在一位富有的元老的家中找到。为排场和声色的享乐服务的人员成倍增长，简直超过了现代奢侈生活所能想象的程度。商人和制造业主从经济方面考虑，都宁愿购买而不愿雇佣工人；在农村，被雇佣的奴隶被看成

是最廉价、最有效的劳动工具。为了进一步证实早已普遍流行的看法，也为了说明奴隶总人数究竟有多大个数目，我们不妨举几个极特殊的例子。有人发现曾有过如此悲惨的情况：在罗马的一间大厅里共生活着四百个奴隶。这四百个奴隶原属于非洲的一个极为普通的寡妇，她把他们赠给了她的儿子，而自己却还保留着更大一部分财产。奥古斯都治下的一个已获得解放的自由人，尽管在内战时期，他的财产蒙受了很大的损失，死后却留下 3600 头牛，25 万头（原文如此——译者）小牛犊，以及几乎和小牛犊算在一起的 4116 个奴隶。

承认罗马法律的罗马公民、地方人口和奴隶究竟各有多少，这虽是一个重要问题，但现在已根本不可能作出精确估量了。我们获悉在克劳狄乌斯皇帝担任人口统计官时期，他所统计的罗马公民共为 6945000 人，这个数字再加上适当比例的妇女和儿童，总数应在两千万左右。更低一级的子民共为多少现在无法肯定，各种说法不一。但是，在我们把各种有影响的因素仔细加以考虑之后，我们似乎可以估计，在克劳狄乌斯时期存在的地方人口大约为不分年龄、性别的全部公民的二倍；奴隶数则至少和在罗马世界居住的自由人的总数相等。按这一不很严密的估算来看，那罗马帝国的总人数便将升至约一亿二千万。这一人口数量可能已超过了现代欧洲的人口，而且是自有史以来，在一个统一政府统治下组成的人口最为众多的社会。

43

罗马人所采取的温和的、包罗极广的政策也便很自然带来了内部的和平和团结。如果我们看一看亚洲的君主国，我们看到那些国家在中央是独裁统治，而对边陲地区却鞭长莫及；对税款的征集或司法权力的推行，都得靠驻军的力量；敌对的野蛮人在国家的中心地区，建立起自己的势力范围，世袭的地方霸权篡夺了各省的统治权，许多臣民，虽然不可能得到自由，却随时都想发动叛乱。但罗马世界人民的顺从却是一致、自愿和始终如一的。被征服的民族，完全和一个伟大的人民融合在一起，便完全放弃了重新获得独立的希望，不，甚至连那种愿望也不存在了，他们几乎已不再感觉到罗马的存在与他们自身的存在有什么区别。罗马帝王已经建立起来的政权，毫不费力地笼罩着他们所统治的广大国土，在泰晤士河河岸或尼罗河河岸推行这一政权，可说完全和在第伯河河岸一样通行无阻。建立军团的目的是为了打击公众的敌人，而行政官员却很少需要军队的帮助。在这个普遍都有安全保障的国家，皇室成员和一般人民的闲暇时间和财富全都被用来给罗马帝国锦上添花。

罗马的纪念碑

在众多由罗马人建造的不朽的建筑中，被历史所忽视的何其多，而能逃脱时间和野蛮行径的摧毁的又何其少！然而，就是现在在意大利和外省仍到处可见的那些气势磅礴的废墟也完全足以证明那些地方必然一度曾建立过十分文明和强大的帝国。仅是它们的伟大，或它们的美也完全足以引起我们极大的注意了；更为有趣的是，这里还有两种重要情况把令人欣慰的艺术史和更为有用的人类社会生活史连接在一起了。这里的许多建筑都是私人花钱修建的，但其用心却几乎全都是为了公众的利益。

人们很自然地会想到，罗马建筑中的绝大多数，以及其中最重要部分想来必然是由那拥有无限人力和财力的帝王们建造的。奥古斯都常常吹嘘说，他接受下来的首都是一座砖城，而他交出的却是一座大理石城了。它的辉煌的根源实是韦伯芗的严格的经济政策。图拉真的建筑表现了他本人的天才。哈德良用以装饰帝国各省市的公共建筑，不仅是按照他的命令，而且是在他的亲自监督下修建的。他自己便是一位艺术家；他热爱艺术，艺术也有助于显示他的君主的光辉形象。艺术也受到两安东尼的鼓励，因为它增进了人民的幸福。但是，如果说帝王们是建造他们所统辖的地区的第一批建筑师，他们可绝不是仅有的建筑师。在他们做出榜样之后，很快他们的重要臣民全都会起而效法，这些人毫不畏缩地向世界宣布，他们有魄力能够构思出，也有足够的财力能完成，世上最崇高的事业。几乎在大圆形场馆的奇妙结构还未曾在罗马得到应
用以前，规模虽必然要小一些，但设计相同、材料相同的建筑便已 22
用自己的钱、目的为自己所用，在卡普亚城和维罗纳城修建起来了。阿尔坎塔拉巨桥上的铭文表明这座横跨塔古斯河的桥梁是由几个琉西塔尼亚的村镇捐资修建的。当普林尼被委以绝非帝国最富有或最重要的比提尼亚和本都两省的行政责任的时候，他发现在他管辖内的各个城市正互相竞争着，修建各种具有实用价值的景观，以求引起这方人的好奇心和本市公民的感激之情。总督的责任则只是帮助他们解决一些困难，在风格上给以一定指导，有时设法阻止他们不要因为彼此争胜而不计工本。罗马和各省的富有的元老们全认为这样来装点和美化自己的时代和国家简直就是自己的不可推卸的责任；这种社会风尚的影响经常可以补偿了鉴赏

力或慷慨方面的不足。在大群的私人捐助者中,我们这里将特别提出生活在两安东尼时代的一位雅典公民希罗德斯·阿提库斯。不管他的行为是出于何种动机,他的宏伟的形象完全可以和一些最伟大的帝王相比。

希罗德斯家族,至少在它忽然得到一笔意外之财之后,是从客蒙和米太亚德、提修斯和克克罗卜斯、埃阿科斯和朱庇特一代相传下来的。但是,一如许多神灵和英雄的后代一样,最后却陷入了最为悲惨的境地。他的祖父曾受到严厉的法律制裁,他的父亲朱利乌斯·阿提库斯,要不是发现了埋在祖先遗产中的最后一点残余,一所旧房子中的一大笔财产,便必然会在贫困和屈辱中死去了。根据法律,皇帝有权对这笔财产按比例分成,明智的阿提库斯,采取了立即公开承认其事的办法,阻止了告发人的多嘴。而刚刚继位的公正的涅尔瓦却表示他分文不要,并命令他把那天赐的财物无所顾忌地花掉。那位小心谨慎的雅典人坚持说那笔财产实在太大,超出了一个平民所应拥有的数量,而且他也真不知道该如何花掉它了。那就胡花吧,那和善的君主带着善意的暴躁说,因为它是属于你的。许多人都认为阿提库斯是完全按照皇帝最后的指示行事的,因为他把那后来又通过一次极为有利的婚姻更为增大的财产的绝大部分用在公益事业上了。他为他的儿子希罗德谋得了管理亚洲自由城市的行政官职务;这位行政官注意到特洛阿斯河的水源不足,便从慷慨的哈德良那里弄到手三百万德拉克马(约合七万镑),用来修建了一条新水渠。但在施工过程中,发现实际费用超过了原来估计数的两倍,负责财务的人开始叫苦不迭,直到阿提库斯表示不足的经费也许可以由他自己负责来支付,这才使他

们不再抱怨了。

希腊和亚洲的最有能力的教师被请来指导对年轻的希罗德的 23
教育。他们的这位学生很快也便成了一位在当时的风气下只重无用的空论的雄辩家。这种空论永远只限于在学院中进行，根本不屑于登上讲坛或进入元老院。他获得了罗马执政官的荣誉；但他大部分时间却在雅典和他在雅典城郊的别墅中，过着追求哲理的退隐生活。他身边永远有一群诡辩家围绕着，他们毫不勉强地承认，在这位富有而又慷慨的辩论对手面前，他们全都自愧不如。可以显示他的天才的纪念物现在都已毁灭了；有些庞大的遗址仍保存着他的远见卓识和慷慨好施的美名；现代旅游者曾测量过他在雅典所修建的运动场遗址的面积。它长600英尺，整个用大理石修建，可以容下本市的全体市民，整个工程花了四年时间才完成，那时他是雅典运动会的负责人。为纪念他的妻子雷吉拉，他为她修建了一所在整个帝国无与伦比的戏院：所用木料是清一色的雪松，形式奇特的雕刻随处可见。由伯利克里设计用以演奏音乐、排练新悲剧的大剧场可说是艺术对野蛮取得胜利的庞大的纪念碑，因为这里的主要结构所用木料几乎全是波斯船上的船桅。尽管卡帕多西亚的一位国王曾派人对这古老建筑进行修复，后来却又渐次毁败了。希罗德却重新恢复了它的古老的美和雄伟。这一闻名遐迩的公民的慷慨行径还不仅限于在雅典城内。为大地狭修建的气势非凡的海神庙、科林斯的剧院、德尔斐的运动场、色摩匹雷的浴场以及意大利坎努希厄姆的水渠也完全不足以消耗尽他所拥有的财富。伊庇鲁斯、色萨利、埃维亚、维奥蒂亚和伯罗奔尼撒半岛的人民全都曾得到过他的恩赐；在希腊和亚洲城市中的许多铭文

都把希罗德·阿提库斯称作是它们的施主和恩人。

在雅典和罗马两共和国中，简单朴素的平民人家全都享有同等的自由权利；而那些专为公用的气势宏伟的建筑物则代表人民的主权；这种共和精神即使在已出现个人财富和君主制以后也并未完全消失。最善良的皇帝总喜欢在关系民族荣誉和民族利益的工作中表现他们的气魄。尼禄的金殿自然引起了极大的愤恨，但他为满足自己的奢侈生活而侵占的大片土地，却在接下去几代皇帝的统治时期，被大运动场、提图的浴场、克劳狄乌斯柱廊、和平女神庙和罗马守护神庙等更有价值的建筑所占据。这些作为罗马人
24 的财产的不朽的建筑都曾用希腊所产生的最美的绘画和雕刻加以装点；在和平之神庙中还开办了一所十分令人好奇的[①]图书馆，以满足文人学士的好奇心。离图书馆不远便是图拉真的讲坛。它的四周是一座四边形的高大的柱廊，有四座凯旋门直通其中作为它的宏伟、阔宽的出入口：正中心处耸立着一根大理石的石柱，高110英尺，用以表明被切去的山峰的高度。这石柱至今仍显示出它的古老的美，充分表现了达西亚[②]的建造者在那里所取得的多次胜利。这位久经沙场的老兵是在回忆他在多次战役中的经历，而通过民族光荣意识的联想，这位爱好和平的公民把自己和胜利的荣誉联系在一起了。首都的其它各地以及帝国的各省也全都以同样慷慨的精神以各种宏伟的公共建筑加以美化，到处都充满了圆形剧场、剧院、神庙、柱廊、凯旋门、浴场和水渠，它们无不从不同

① 至少很有可能在这里吉本的意思是要说“收藏极丰的”。——D. M. 洛

② 古罗马帝国行省，相当于今罗马尼亚大部分地区。——译者

的角度，有利于一般平民的健康、宗教信仰和消遣。特别是这最后提到的水渠十分值得我们注意。它们的设计之大胆、结构之坚固及其用途之广泛都使它们可以算作是表现罗马人天才和力量的最上乘的纪念物。首都的水渠完全有资格被称作出类拔萃，但缺乏历史知识的好奇的旅游者，如看到斯波莱托、梅茨，或塞奇维亚的水渠定会很自然地认为，那些省城过去肯定是某位强大的帝王的住所。亚洲和非洲的荒野上曾一度到处是繁华的城市，它们的众多的人口，甚至它们的存在本身，都全依靠着那常年供应清水的人工水渠。

我们曾计算过罗马帝国的居民的数量，也曾注意到它的公共建筑工程的浩大。看一看它的城市的数量之多和面积之大将使我们可以肯定其人口数量，却不得不成倍增大其公共建筑。在这里，我们且来看看与此有关的几个零散的例子，但同时又不能忘了，由于民族的虚荣和语言的贫乏，常有些概念不清的城市名称被轻率地同时加之于罗马和劳伦土姆，也许是很有趣味的。一、据说古代意大利共有城市 1197 座；不管这古代指的是那一个时代，我们也没有任何理由相信，全国人口在两安东尼时代少于罗慕洛统治时期。拉丁区的一些小城邦，因受帝国优越的影响的吸引，已全被包容在帝都之内。意大利的长期呻吟在传教士和总督的暴政之下的那部分地区一直还只经受着比较能够忍耐的战争灾祸；而它们所经受到的刚刚开始的衰败的症候却因山南高卢的迅速改进而得到补偿。维罗纳的辉煌在它的遗址中尚有踪迹可寻；但维罗纳却并 25
不如阿魁利亚或帕迪阿、米兰或拉韦纳更为闻名于世。二、求得进步的精神已越过了阿尔卑斯山，甚至在逐渐被开发以便于修建方

便和高雅的住处的不列颠森林地带也已感受到了它的影响。约克是政府所在地;伦敦已由于商业发展富了起来;巴斯[①]以其具有医药效用的水而远近闻名。高卢可以吹嘘自己共拥有1200座城市;而且,尽管在北部地区,甚至连巴黎都包括在内,它们中的许多只不过是居民不多、刚具雏形的粗陋的小镇,而南部诸省在富有、高雅方面却和意大利不相上下了。有许多高卢的城市——马赛、阿尔勒、尼姆、纳博讷、图卢兹、波尔多、奥顿、维埃纳、里昂、朗格勒和特里弗——它们古代的格局完全可以不次于,甚至更高于,它们目前的境况。至于西班牙,那地方作为一个省份时曾十分兴盛,但作为一个王国却完全衰败了。由于滥用自身的力量,由于受到美洲的压榨和迷信思想的影响而弄得民穷财尽,我们如果拿着普林尼开列的韦帕芗治下的360座城市的名单,我们可能会认为它的自傲情绪实在该死。三、300座亚洲城市曾一度承认迦太基的统治,它们的数目在罗马皇帝的治理之下看来也并不曾减少;迦太基自身也从灰烬中复活并显出了新的光辉;同时那个首都,连同卡普亚和科林斯很快便恢复了过去的一切有利条件,而这是和独立的主权并不相干的。四、东方诸省让人看出罗马的宏伟和土耳其的野蛮文化形成对照。被无知称作出自神奇力量的古代建筑的废墟遍布未曾开垦的田野,但却几乎不能为被压迫的农民和流荡的阿拉伯人提供一个容身之处。在几位恺撒的统治下,仅是亚洲本土就有5000座因自然条件优越而变得富足的,并为精美的艺术品所装点的人口众多的城市。亚洲的11座城市曾争夺建立供奉提比略

① 原文Bath,实为浴场之意。后被用作该处一大片地区的地名。——译者

的神庙的荣誉。元老院对它们各自的优、缺点都进行了细致的考察。其中有四个被认为无能当此重任而被排除在外，其中就有其光辉形象至今在其废墟中犹依稀可见的拉奥狄凯亚。拉奥狄凯亚以出产羊毛精品闻名，每年从养羊业得到的税收十分丰富，在那次竞争开始前不久，还通过一位慷慨公民的遗嘱获得价值40万镑的遗产。如果这些情况表明了拉奥狄凯亚的贫穷，那么那些被视为更有条件的城市该当是何等富足，特别是帕加马、西麦拿和以弗所诸城，它们曾在很长时间中互相竞争，自称是亚洲首屈一指的城市。叙利亚和埃及的首都在帝国中具有更为高超的地位；安条克和亚历山大始终以不屑的眼光看待那一大群缺乏独立性的城市，它们自身也只是勉强屈从于罗马的威严罢了。

所有这些城市，通过公共的大道，彼此全连接在一起，并和首 26
都相连，大道从罗马的运动场出发，穿过意大利，遍布各省，然后一直通到帝国边疆的尽头。如果我们仔细探索从安东尼土垒到罗马、又从这里到耶路撒冷的长度，我们将发现这一从帝国的西北端到东南端的交通长链，按其实际长度计算，将不下于4080罗马里。公路一段一段都有明确的清楚标明地段的界碑，连接各省的道路全成一直线，不论是天然障碍还是私人产业都直穿而过。逢山开洞，遇到最宽阔的激流也架起宽广的大桥。道路的中部筑成高台，在上面可以俯瞰四周的村庄，路基由沙子、碎石和三合土铺成，最面上铺着石块，或者，比如在离首都不远的地方，铺上花岗石。这便是罗马公路的坚固的结构，它的坚实程度使它能够经受了十五个世纪的风雨。道路通过十分便利的交往把相距最远的省份的居民也都连接在一起；但它们的主要目的却是为了便于军队的调动；

任何一片国土,在它的任何部分都已完全处于征服者的兵力和政权的实际控制之下以前,便不能算作已完全被征服。尽早获得情报以及迅速使命令下达的优越性使得罗马皇帝尽力在他们的广阔的统治区域内到处建立了正规的驿站。全国各地每隔五六英里便有一所驿站,每个驿站经常有 40 头马匹备用,依靠一站一站接力的办法,沿着罗马大道一天跑上 100 英里完全不在话下;要求使用驿站必须得到皇帝的批准;不过尽管一开始它们的用途仅限于公务来往,后来慢慢也为私人的事情提供便利。在海上罗马帝国的交通也差不多和陆地上一样方便和畅通。许多省份围绕着地中海,并把它包围起来;意大利则像一个巨大无比的海岬,直伸到那个大湖的中心去。意大利沿海没有任何安全港口;但人的勤劳弥补了大自然的不足;特别是由克劳狄乌斯皇帝修建,位于第伯河口的奥斯提亚人工港可算是伟大的罗马重视实用价值的见证。从这个离首都仅十六英里的港口遇上顺风一条船常常只需七天就能到达赫尔枯勒斯圆柱,九天或十天就能到达埃及的亚历山大。

农业的进步

不论有人认为或公开声称过于庞大的帝国会招致何种恶果,
27 一个强大的罗马可是颇有益于人类进步的;传播罪恶的自由交往自然也同时会推动社会生活的进步。在更早的远古时代世界的划分是不均衡的。东方不知从什么时候起便已掌握了各种技艺,享受着奢侈的生活;而西部却仍居住着粗野、好战的野蛮人,他们或者讨厌农业,或者对农业还全然一无所知。只是在一个已建立起来的政府的保护之下，气候条件较好地区的农产品和更为开化民族的手工业才慢慢传入欧洲的西部诸国；在公开的、有利可图的商业活动的鼓舞之下，这才大力发展农业，改进工业。从亚洲和埃及进口到欧洲的不论是动物类还是植物类的产品，其种类之多不胜枚举；但一部历史作品择其要者稍加讨论，显然是绝不会有损它的权威性或完全无益的。1. 几乎今天在我们欧洲园林中所生长的一切花、草、水果，都莫非由外国引进，关于这一点，有许多仅凭它们的名字也可以推断出来：苹果最早产于意大利；而当罗马人尝到味道更有特色的杏、桃、石榴、香橼和柑橘的时候，他们竟然把这些新的水果一律称作苹果，只不过各加上一个出产国的国名以资区别。2. 在荷马时期西西里岛上已到处是野生的葡萄藤，非常可能在附近的大陆上也有；只不过那葡萄未曾经过人工培育，当地的野蛮居民也一定不会发现它有任何可口的味道。1000 年之后意大利可以吹嘘说，80 多种产量丰盛的著名的葡萄三分之二以上都产自它的国土。不久后，高卢的纳博讷省也幸运地引种成功；只是在塞文山脉以北由于气候过于寒冷，在斯特拉波时代大家还认为在高卢的那一部分地区种植葡萄根本不可能成熟。但这种困难后来终于逐渐克服了；我们有一定的理由相信，勃艮第的葡萄园在两安东尼时期就已经存在了。3. 西方世界的随着和平向前延伸的橄榄，当时便被视为和平的象征。在罗马已经建立近两个世纪之后，意大利和非洲都还并不知道那有用的植物为何物；它后来终于在那些国家培育成功，然后从那里又传到了西班牙和高卢的心腹地带。古代人认为它需要一定的温度，而且只能在滨海地区才能繁茂的可笑的错误思想，通过勤劳的反复实验，终于在不知不觉中破除

了。4.亚麻的种植技术从埃及传到了高卢，使全国立即富足起来，尽管种植亚麻的土地却可能会因此变得贫瘠了。5.人工种植牧草
28 在意大利和各行省的农民中已变得十分普遍，特别是苜蓿[1]，其名称和产地均源于米底。这样在冬季便能保证供给牛群充足的、高质量的草料，于是便很自然增加了饲养牛羊的头数，同时也更增强了土地的肥力。在所有这些进步之外还可以加上人们对矿产和渔业开发的密切注意，这类产业可以吸收大量劳力，因而既增加了富人的生活乐趣，也增加了穷人的谋生之道。科卢梅拉的精彩的论文曾描绘过在提比略治下西班牙畜牧业的领先地位；而我们还应看到，那种在年轻的共和国经常遇到的饥荒，在广阔的罗马帝国的土地上可是十分少见或从未发生过的。在某一省份偶然出现的匮乏，很快就会由较幸运的邻省的较好收成予以补偿。

农业是制造业的基础；因为大自然的产品原是各种工艺品的原材料。在罗马帝国的控制之下，一个勤劳智慧的人民的劳动力始终以各种不同的方式被用于为富人服役。那些幸运的宠儿在他们的衣着、饮食、住房和农具之中无不体现出精美、舒适、高雅和豪华的气派，或者说包含了能满足他们的虚荣心和肉体享受的一切。这种被加以奢侈恶名的豪华生活，历代以来，莫不遭到道德家们的严厉斥责；也许很可能，如果每一个人都只占有生活的必需品，不求多余，那必会更为有益于人类的道德和幸福。但是，在目前这种不够完善的社会中，奢侈虽可能来源于罪恶和愚昧，却似乎也可能是防止财产分配不均的唯一办法。不曾分得任何土地的勤劳的工

① 这名称原指英语名称。——译者

匠和手艺人从土地占有者手中得到一份自愿付出的税款；而后者从本身利益考虑也便会竭力增加土地的产量，因为那产品能为他买到更多的生活享受。这种任何一个社会都会感觉到它的特殊效用的运动，在罗马世界更以其强大的活力扩展开来。如果不是制作贩卖奢侈品工商业在不知不觉中，把罗马军队和政府从勤劳的臣民手中夺去的一切又还回给他们，那各个省份定会很快便被压榨一空了。只要这种流通始终限于帝国范围之内，它便会使得政治机器总呈现出某种程度的新的活力，而它们的后果，有时是有用的，反正也绝不会变得有害。

但要把奢侈品的流通总限制在一个帝国的范围之内那可不是
件容易事。古代世界，最遥远的国土也常被掳掠一空以满足罗马
的排场和高雅生活。西徐亚的森林能提供高级毛皮。琥珀是从巴
尔干海边陆运到多瑙河地区来的；野蛮人发现一些完全无用的商
品竟能卖那么高的价钱感到惊奇不已。巴比伦的地毯和其它一些
东方的手工艺品销路甚好；但最为重要却鲜为人知的一种国际贸 29
易却在阿拉伯和印度之间进行。每年夏至前后必有一支由 120 只
船组成的船队从埃及的一个港口米奥斯—霍米斯驶出，在红海上
行进。由于到时一定有季节风相助，它们只要大约四十天便能越
海而过。马拉巴尔的海岸或锡兰①岛是它们一般航行的目标，从
更为遥远的亚洲国家来的商人也都希望把他们的货物运到这里的
市场上来。埃及船队返航的时间一般定在 12 月或 1 月；只要它们
所载值钱的货物能转移到驼背上，从红海运到尼罗河边，并沿河而

① 现在的斯里兰卡。——译者

下直达亚历山大里亚,那它便可以立即在帝国首都出手。从东方来的都是些细软的玩意儿;丝,一磅的价格据估计不低于1磅黄金;宝石,其中除了钻石,价值最高的便是珍珠;[①]此外还有各种各样在宗教仪式或铺张的葬礼上燃烧的香料。这一趟海运所能得到的难以想象的巨额报酬完全足以弥补一路上所受艰辛和所冒危险了;但这利益完全是从罗马臣民身上得来,其中只有少数个人靠损害公众的利益而大发其财。由于阿拉伯人和印度人全都满足于使用本国的产品和各种手工制品,在罗马方面可以拿来进行贸易的便只有,或至少主要依靠,白银。有人抱怨为了购买女人的装饰品,国家的财富已无可挽回地流入外国和敌国去。这一问题的严重性使得元老院也不得不慎重加以考虑了。一位勤于钻研但勇于提出批评的作家估计每年流出的白银足有80万磅。这种因为看到眼看必将越来越贫穷的暗淡前景,而感到的不满一直长时间普遍存在。然而,如果我们按普林尼时代,以及按在君斯坦丁统治时期所确定的白银和黄金的比例来看,我们将发现在那一时期白银实际是大大增加了。我们丝毫没有理由相信,黄金越来越少了;因此很显然白银的生产已越来越普遍;不论印度和阿拉伯的出口量如何庞大,他们也远远不可能搜尽罗马世界的财富;而且,矿场的生产量已完全足以抵消商业上的需要。

尽管人类普遍倾向于颂古非今,对于帝国的安宁、繁荣景象,不论是各省人民还是罗马人都同样具有深切感受和公正的评断。

① 当时两个最大的珍珠捕捞场仍在现在的霍尔木兹和科摩林角。我们如尽可能用现代地理来说明古代地理情况,罗马的钻石乃由孟加拉的久麦尔珀矿区供应。对这一问题,《Voyages de Iavernier》中曾有记述。

“他们承认首先由充满智慧的雅典人所发明的有关社会生活、法
律、农业和科学的真正原则，只是靠着强有力的罗马才能牢固地建 30
立起来，在它的可喜的影响之下，最凶狠的野蛮人也在一个平等的政府和共同语言的条件下团结起来了。他们肯定认为，由于各种技艺的进步，人类的数量眼看增加了。他们赞美日益辉煌的城市景象和阡陌相连，装点得像个大花园一般的美丽的农村面貌。他们庆幸获得了许多民族可以共同享有的欢乐、持久的和平，完全忘记了过去存在于各民族之间的古老的仇恨，也再不为未来的战祸担忧了。”尽管由于这些文字中充满了花言巧语、危言耸听的气味，使人不免生疑，但其基本内容却是完全符合历史真实的。

要让当代人的眼睛，在一片安居乐业的景象中观察到暗藏着的衰败腐化因素，那几乎是不可能的。长时期的和平和单一的罗马人的统治慢慢向帝国的活力中注入了隐蔽的毒素。人的头脑渐渐都降到了同一水平，天才的火花渐次熄灭，甚至连尚武精神也烟消云散了。欧洲的土著是英勇、强悍的。西班牙、高卢、不列颠和伊利里亚都能为军团提供上等的士兵。他们还保留着个人的勇敢，但他们已不再具有公共的勇气，那是要靠对独立自主的爱、民族荣誉感、对危险的警惕以及发号施令的习惯才能培育出来的。他们的君主凭自己的意愿为他们安排的法律和总督他们都必须接受，自己的安全保卫工作也完全得交托给一帮雇佣兵。他们过去的那些最勇敢的领导人的后代，全都安心于做一个普通子民和公民。最有抱负的人都往皇帝的宫廷或卫队里挤；被抛弃的一些省份，逐渐失去了政治力量或凝聚力，不知不觉中变得人人只顾自己过着懒散闲适的生活。

几乎和和平和高雅生活无法分离的对文学的喜爱，在哈德良
和两安东尼的臣民中普遍存在，这几位皇帝自己也都是好学不倦
的。这种好学精神可说弥漫着帝国的整个国土；北部的各布立吞
部落早就喜欢讲究语言艺术；在莱茵河和多瑙河两岸，荷马和维吉
尔的作品早有人辗转传抄，并加以研究；丰富的报酬使得最细微的
文学上的成就也会被发掘出来。希腊人在物理学和天文学方面已
取得了极大的成功；托勒密的观察记录、伽伦的作品都有一些学者
在专门进行研究，这些学者获得了比他们更多的发现，并改正了他
们的错误。但是，如果我们把无与伦比的琉善除外，整个这一个懒
散时代并不曾产生过一个具有独创性天才的作家，也没有一个在
高雅的写作技术方面有任何突出成就。柏拉图和亚里士多德，芝
诺和伊壁鸠鲁的权威依然统治着各个学院；他们的那些体系，带着
31 盲目的敬意，由一代代门徒传授下来，阻止了一切更大的发挥人的
思维能力，进一步开阔人的头脑的大胆尝试。诗人和雄辩家们所
表现的美，并没有点燃和他们的相类似的火花，却只是促使人们进
行呆笨和奴性的模仿；或者，如果有人敢于脱离开那些范本，他们
也便同时离开了情理和正道。当文学再次复兴的时候，曾经长时
间沉睡的想象的青春活力、民族间的竞争、一个新的宗教、各种新
的语言和一个新的世界却唤醒了欧洲的天才，但是，罗马各省的
人，他们受的是统一的人为的外来教育的训练，现在却在各个方面
正和那些大胆的前人进行一番力所不及的竞争，那些前人，通过用
自己本来的语言表达了自己的真实感情，已经在各个方面占据了
荣誉的地位。诗人的名字几乎已完全被遗忘；雄辩家的地位被诡
辩家所占据。由批评家、编纂家和评论家所掀起的乌云遮住了真

正的学识的光辉，紧随着天才的没落而来的便自然是日趋低下的趣味。

时代稍晚，生活在一位叙利亚女王宫廷中的崇高的朗吉努斯却保存了古代雅典人的精神，他看到他的同时代人变得如此情操低下、勇气涣散、天才被压抑的堕落情景，曾深感悲伤。“正像有些孩子，”他说，“由于他们的手脚过多地受到限制因而只能长成侏儒一样，在同样情况下，我们的娇嫩的头脑，受到奴性的成见和习惯的严格约制，也必然不可能正常发展。或者，不可能发展到它应有的规模，像我们所崇拜的古人一样，而那些生活在一个由人民负责的政府的统治之下的古人，他们在写作时是和他们于其它工作时一样自由的。”[①]这种，如果我们仍沿着这个比喻讲下去，人类微型化的情况使得人类一天天地变得更小，使得在罗马世界居住的真会全都是一些侏儒了，一直要等到北部可怕的巨人破门而入才使这矮小人种得以有所改变。他们重新恢复了具有人的气概的自由精神；而且，在经过十个世纪的革命之后，自由终于变成了文学趣味和科学的幸福的母亲。

① 对于朗吉努斯我们这里也可以说，“他自己的示范行为本身也更为加强了他所提出的各种法则。”他并没有大胆地直接表明他的情绪，而只是无比谨慎地含蓄地表达出来；他借助于一个友人之口讲出了他的意见，而且，据我们从那些残缺的文稿中所能读到的内容来看，他自己似乎也对它持否定态度。

32 第三章　罗马帝国的体制。帝国体系概况。

要问什么是君主政体，似乎显然便是指在一个国家中，法律的实施、财政的管理和军队的指挥权全部集中在，不管加之以什么样的尊称的一个人手中的体制。但是，如果没有一种坚强的，随时警惕着的力量保卫着人民的自由，那一个拥有如此巨大权力的行政官必然很快便会堕落成一种专制政府了。在迷信盛行的年代，教士们的影响可以被用来伸张人民的权利；但由于皇座和圣坛的关系是如此密切，教会的旗帜竖立在人民一边的情况，从来都极为少见。必须有勇武的贵族和意志坚决的平民，他们自己拥有武装并占有一定的财产，由他们来组成一个立宪议会，才有可能形成一种均衡的力量，以防止具有野心的君主的无理作为，而维护住自由的宪法。

罗马宪法的防线一道一道全被独裁者的野心所攻破；所有的藩篱也全都毁在三执政的无情的铁腕之下。在亚克兴一战胜利之后，整个罗马世界的命运便完全为屋大维的意志所左右，他先由于被其叔收养而被称为恺撒，后又由于元老院的谄媚而被加之以奥古斯都称号。这位征服者统领 44 个训练有素的军团，它们深知自身力量的强大和宪法的虚弱。它们在 20 年内战时期历尽各种严酷的战难和流血牺牲，由于一直总是从恺撒家族领取并期待获得最慷慨的报酬，全都热心为这个家族卖命。至于长期处于共和国官员们的压迫之下的各个行省，全都盼望着有一个人能成为这些小暴君的主子，而不是他们的同谋。带着暗自庆幸的心情看着贵族阶级遭受屈辱的罗马人民所需要的，仅仅是面包和一些文艺表演而已，而此二者奥古斯都全都毫不吝惜地予以满足。几乎全都热衷于伊壁鸠鲁哲学[①]的富而好礼的意大利人，他们安于眼前安适、宁静的生活，根本不愿让对过去骚乱不安的自由生活的追忆来搅扰眼前这甜蜜的梦境。元老院由于失去了权力，也便失去了原来的地位；许多原来高贵无比的家族都已灭绝了。有理想和有能力的共和主义者全都死在战场上或被放逐。议会的大门有计划地 33
为一千多个不同等级的人敞开，但他们并不因此而获得荣誉，却倒只是辱没了自己所处的地位。

改组元老院是奥古斯都要废除那一暴君，宣称自己是国家主人的第一步。他已当选为监察官；在忠于他的阿格里帕[②]的协作下，重新审查了元老的名单，开除了少数几个有犯罪行为或顽固不化的元老，说服近200个元老自动请退，以免受到被除名的羞辱，把元老的资格提高到必须拥有约合1万镑的资产，并为自己赢得了元老院首席元老的尊称。这一称号过去一直只是由监察官加之于最有声望、贡献最大的公民的。但是在他采取这些办法以恢复元老院尊严的同时，也完全破坏了它的独立性。一旦立

① 公元前3世纪一般被称为享乐主义的哲学学派。——译者

② 当时权力最大的军事将领。——译者

法机构由行政官来任命，自由立宪的原则便从此不可挽回地消失了。

在准备按此模式组织议会之前，奥古斯都发表了一篇经过仔细研究的讲演，演说词表露了他的爱国热忱，却掩盖住了他的野心。“对他过去的作为，他深感不安，但也认为情有可原。对父母的孝心时刻要求他为他父亲的惨死报仇；他自己的仁慈天性有时又使他不得不对严峻的必然规律让步，并迫使他违心地和两个无赖共事：在安东尼还活着的时候，共和国不能容许他把她随便交到一个堕落的罗马人和一个出身野蛮民族的皇后手中。他现在可以自由地履行他的职责和按照自己的意愿行事了。他已庄严地使元老院和一般人民完全恢复了他们的古老的权利；他唯一的愿望是能和他的同胞们在一起生活，同他们一起分享他给他的国家带来的幸福生活。”

这里我们真想求助于塔西佗（如果他曾在这届议会中工作过的话）让他来描绘一番元老们的各种不同的情绪；包括那些受到压抑而不露声色的元老们。完全相信奥古斯都的真诚是十分危险的；而如果对它将信将疑那可就更加危险了。君主制和共和制究竟孰优孰劣，认真的研究者们彼此看法不一；罗马帝国目前的庞大，普遍存在的道德败坏，军人们的胡作非为，给赞成君主制的人增添了新的论据；而对政府的这种一般看法却又因为每一个人所怀有的不同希望和恐惧而被大加歪曲。在这种极其混乱的情绪之中，元老院的回答却是众口一词，坚定不移的。他们拒绝了奥古斯都的辞呈；请求他绝不要抛弃掉依靠他才终于得救的共和国。这位狡猾的暴君在经过一番体面的推辞之后，终于服从了元老院的

决定;同意以现已众所周知的前执政官[①]和大将军的名义管理各省地方政府和指挥罗马所有的军队。但他只答应以 10 年为期。34
甚至在 10 年届满之前,他希望国内不和带来的创伤将已完全愈合;到那时那已恢复旧日的健康和活力的共和国将不再需要如此非同一般的一位行政官的危险的干预了。关于这种种在奥古斯都生前曾多次重复表演的喜剧的记忆,由于罗马的终身君主在他们的统治届满 10 年的时候全都要举行类似的盛大纪念活动,而一直保存到了帝国的末期。

罗马军队的将军,对士兵、对敌人和对共和国的臣民,几乎都可以占有并行使任何属于一个专制帝王的权利,而毫无违背宪法原则之嫌。对士兵来说,甚至在罗马建国的初期,对自由的渴求早已让位给向外扩张的希望和正当的军事训练。那位独裁者,或者叫作执政官有权征集罗马青年从军服役;有权对不听指挥或由于胆怯不服从命令的人处以最严厉和最带有侮辱性的惩罚,从公民中除名,没收其财产,或将他卖给人家为奴。由波喜阿斯和塞姆普罗尼阿斯法令加以肯定的最神圣的自由权利,在战争时期已全被废止。这位统帅在他的军营中掌握着绝对的生杀之权;他的司法权不受到任何形式的审判和讼诉程序的制约,他所做的判决必须无条件地立即执行。选择谁作为罗马的敌人的权力一般操在立法机构的手中。关于战争与和平的事关重大的问题先需由元老院严肃讨论决定,最后由人民批准。但是一旦军团的部队到了远离开意大利的任何地方,那些将军们便有权在他们认为于国家有利的

① 意谓虽原来的任期已满,现将仍以此名义继续执政。——译者

情况下，指挥他们用任何方式，对任何人进行战斗。他们能否获得胜利者的荣誉，不取决于他们所进行的事业是否合乎正义，而只在于是否取得了战争的胜利。在胜利的掩护下，特别是在他们不再受到元老院的代理人的控制的时候，他们实际行使着没有任何限制的专制权力。当庞培在东方用兵的时候，他随意奖赏他的士兵和同盟者、废除某些国家的君主、重新划定一些国家的疆界、建立殖民地，并任意分配米特拉达特[①]的财富。在他回到罗马之后，仅仅通过一次议案，他的一切作为便全部获得了元老院和人民的认可。这样一种对待士兵和对待罗马敌人的权力是任何一个共和国的将军从来不曾得到或拥有的。他们同时还是那些被征服的省份的总督或君主，具有行政和军事领导双重身份，既管司法，又处理财政，集国家的行政和立法权力于一身。

从本书第一章的叙述中，大家对于军队和各省已如何全部交
35 托给奥古斯都由他去统治的情况应该已有了一个大致的了解。但是，由他一个人来亲自指挥那么多处在遥远边陲的军队显然是不可能的事，于是元老院也便像过去对待庞培一样，容许他把他的庞大职务分派给一定数量的副职官员去承担。从地位和权限上看，这些军官似乎不低于古代的前执政官，但他们实际却处于极不稳定的依附地位。他们依靠上级的意愿接受任命，他们的工作成绩则全部理应归之于上级的有益的影响。他们是皇帝的代理人。只有皇帝是共和国的军事统帅，他的不论是行政上还是军事上的统辖权，一直延伸到被罗马所征服的一切地区。不过，他却常常把他

① 当时的本都国王。——译者

的权力交托给元老院的某些成员，这自然使元老院颇为满意。皇室的副职将领的身份近似高级常务执政官或一般执政官；军团由元老院的某些元老指挥；埃及专区长官是对罗马骑士的唯一重要任命。

在奥古斯都被迫接受如此慷慨的一次授权活动之后不到六天，他决心作出一点小小的牺牲以满足元老院的骄傲情绪。他向他们表明，他们已使他的权力实际扩大到了超出目前的悲惨条件所能许可的程度。他们已拒绝了他希望交出对军队和边区繁重的领导工作的要求；但他必须坚持，请允许他将那些比较安宁和安全的省份仍归之于行政长官的温和的管理之下。奥古斯都在划分省份的时候，便已既考虑到他自己的权力，也考虑到共和国的荣誉。元老院的前执政官，特别是那些出身亚洲、希腊和非洲的，都比在高卢和叙利亚行使职权、由皇帝派遣的副职军官享有更高的荣誉。前者随时有一群侍卫官护卫着，而后者的身边却只是一些士兵。已曾通过一条法律，表明不论皇帝走到哪里，他所特别委派的官员将立即代行正常情况下的总督的职务；而根据惯例，新征服的地区都属于由皇帝的管辖范围；而且，很快人们便发现，在帝国的任何地区，元首，这是奥古斯都最爱用的一个称呼，都享有同等的权利。

作为这一假想的让步的补偿，奥古斯都得到了十分重要的实权，使他已成为罗马和意大利的主宰。奥古斯都不惜危险地违反那古老的格言，元老院批准他保留军事指挥权，使得他即使在和平时期，在首都的心脏，也随时有一大群卫兵保卫着。按实际情况，他的指挥权应仅只限于那些立下军事誓言应服兵役的公民；但由于罗马人天生的奴性，一些行政官、元老和一些骑士都自愿对他宣

誓效忠，一直到这种原不过是一种个人讨好的行为，在不知不觉中竟然变成了一年一度宣誓效忠的严肃仪式。

36 尽管奥古斯都认为军事力量是最牢固的靠山，他却明智地认为，它是一种可厌的统治工具而拒绝使用。以古代备受尊敬的行政官的名义进行统治，并巧妙地在他个人身上体现出开明的司法制度的光辉，既符合他的天性，也符合他的政策的需要。正是因为抱着这种想法，他听任元老院加之于他终身享有的执政和司法的双重权利，这权利他后来的继位者全都同样享有。执政官接替了罗马君主，并成了国家威严的代表。他们监督着各种宗教仪式的进行，征募和统领军队，接见外国使臣，主持元老院和人民议会。国家财政的总控制权掌握在他们手中；他们虽然很少有时间亲自过问公正执法的事，他们却被看着是法律、正义和公众安宁的最高保护者。这些还只是他们的一般权限；而在元老院授权给第一个执政官，由他负责国家安全以后，这一条文便使他立即超越一切法令，为维护自由，暂时行使着专制的权力了。保民官的性质，从各个方面讲，与执政官是不同的。前者的外貌谨慎、谦虚；但他们的为人是神圣不可侵犯的。他们所掌握的权力主要是为了反对而不是为了主动采取行动。按规定，他们的责任是维护被压迫者的利益，赦免某些罪行，对人民的敌人提起公诉，以及在他们认为必要时，只需一句话就可以停止政府的一切活动。只要共和国还存在，种种重要的限制都能使不论是执政官还是保民官可能通过他们的司法权力产生的危险影响受到削弱。首先，当选后一年的任期届满他们的权力便终止了；其次，前者的职权由两人分担，后者更分属 10 个人；而且由于他们的利益在公、私两方面都互相冲突，他们

的这种对立状况，在绝大多数情况下，不但不会削弱，而反倒加强了宪法的稳定性。但是，如果执政官和保民官的利益联合起来，如果它们的权力又终身落在一个人手中，军队的统帅又同时既是元老院，又是罗马公民大会的主事人，那就根本不可能阻止他行使帝王的特权，也极不容易对他的这种权力加以限制。

在这些愈集愈多的荣誉之外，奥古斯都的政策很快又使他获得了最高祭司长和监察官这两个显贵和重要的头衔。前一职位使他有权处理有关教会的一切问题，后一种则使他有权随时检查罗马人民的行为和财产状况。如果这许多互不相干的独立的权力出现了彼此不完全协调的情况，温驯的元老院便随时准备作出最大限度、异乎寻常的让步以求尽可能加以弥补。罗马皇帝，这些共和国的最高负责人，被免除了许多给他带来不便的法令的限制和制 37
裁；他们有权召开元老院会议，可以在一日之内提出几个不同的动议，有权推荐接受国家荣誉的候选人，扩大城市的范围，凭他的意愿处置国家财政收入，对外宣战或停战，批准和外国缔结的条约；而且还有一个包罗极广的条文，允许他们有权，在他们认为有利于帝国，于公事、私事、于人事或神事有好处的时候，按自己的意愿处理一切问题。

当有关国家行政的种种权力全集中于这帝王般的执政官一身的时候，共和国的一般执政官便全都退居幕后，完全失去活力，也几乎无事可做了。奥古斯都十分认真和细心地把古老的行政单位的名称和形式全都保存下来。原来的一定数目的大小执政官和保民官每年都得举行就职仪式，继续干一些完全无关紧要的工作。这类荣誉对好虚荣而又抱有野心的罗马人仍具有极大的诱惑力；

而那些帝王们自己，虽然终身享有担任执政官的权利，却常常也极愿不惜屈尊和一些最有声望的公民们一同分享那一年一度宣誓就职的荣耀。在选举这些执政官的时候，奥古斯都统治下的人民，全都可以尽情揭露失控的民主所造成的种种危害。那位狡猾的君王，不但丝毫不会表示出不耐烦的神色，却总是十分谦恭地为他自己和他的朋友拉选票，一丝不苟地和一般的候选人一样参加一切活动。在他后来的统治期间，他所采取的把一切选举都改在元老院进行的第一个步骤，最早也许是他的议会提出的，于是公民大会便从此永远消失了，皇帝们也便从这个危险的群体中脱离出来，这个群体不仅并没有恢复自由，却只是干扰了，也许还几乎破坏了已建立的政府。

马略[①]和恺撒，通过宣称自己是人民的保卫者，推翻了他们的国家的宪法。但是一旦元老院受到压制，并被解除武装，这样一个由五六百人组成的议会，马上便会被看作是一个更易于对付、更有用的统治工具。奥古斯都和他的一些继承者都完全是在元老院的声威的基础上建立起他们的新帝国的；他们在任何场合也都不会忘记使用贵族的语言和原则。在行使他们自己的职权的时候，他们总要听取大国民议会的意见，在至关重要的战争与和平问题上，更似乎是完全听从它的决定。罗马、意大利和内地各省全都处于元老院的直接管辖之下。有关民事问题，全由最高法院最后裁决，至于刑事问题，如罪犯是一些具有一定社会地位的人，或犯罪行为威胁到罗马人民的和平和尊严，则将由一个专门为之组成的法庭

① 公元前1至3世纪罗马政治家和将领。——译者

来审理。行使司法权力竟慢慢变成了元老院经常为之忙碌的一项 38
严肃工作；在他们面前提出的一些重大案件的辩护词集中表现了古代的出色的辩才。元老院既是国务会，又是判案的法庭，自然享有相当大的特权；但从它实际应该代表人民的立法权力来讲，君主的特权也只存在于这个议会之中。一切权力都需由它授予，一切法令得由它批准。常委会规定在卡兰茨日、能日和艾茨日[①]每月举行三次。会上的辩论大体上是不受限制的；那些以元老的名誉为荣的君王们也和其他元老同坐在一起，参加表决，赞成或反对某一议案。

帝国体系概况

这里打算用几句话再简单讲一讲帝国结构的概况；这一套组织系统是由奥古斯都建立的，后来的那些深知自己的利益所在，也知道人民利益何在的君主也都依样奉行，整个这一套，我们完全可以称之为在共和国形式掩盖下的君主政体。罗马世界的主子们把自己的王座安置在一片黑暗之中，让谁也看不见他们的无可匹敌的力量，谦恭地自称是元老院负责的执事，他们决定，同时也服从元老院制定的最高法令。

法庭的外貌和行政机构的形式是互相适应的。如果除掉那些由于一时愚蠢不惜破坏一切自然和社会法则的暴君，皇帝们，对于

① 根据古罗马历法，每月第 1 天为卡兰茨日，3 月、5 月、7 月和 10 月的第 15 天和其它各月的第 13 天为艾茨日，艾茨日前 9 天为能日。——译者

那些可能激怒国民，而又无助于增大他们的实权的空排场是十分厌恶的。在一切日常生活活动中，他们都装着和他们的臣民不分彼此，保持平等的互相拜访和宴请的关系。他们的生活习惯、他们的宫殿、他们的餐桌也都不过和一些十分富有的元老大致相同。他们的家庭，不论人数如何众多或多么豪华，全不过由家养的奴隶和被释放的男奴[①]组成。奥古斯都或图拉真因不得不雇用一些最下流的罗马人承担那类奴仆工作，可能会不免感到脸红，在现代英国的一位有限专制的君王的家庭和卧室中，这类工作却是最体面的贵族们全都求之不得的。

让人把皇帝神化是他们的行为中唯一脱离惯常的谦虚谨慎态度的一个例证。这种下流的、亵渎神灵的献媚方式的创始者是亚洲的希腊人，而第一批被神化的对象则是亚历山大的继承人。这种做法是很容易从帝王转移到亚洲的总督们身上的；罗马的行政官便常被通过一连串的建坛、建庙、举行庆典、供奉牺牲的闹剧而
39 被尊为地方神灵。十分自然，那些君主们是不会拒绝前执政官们已经接受过的荣誉的；不论是前者还是后者，从各省获得的这种神化的荣誉所表现的，倒不完全是罗马人的奴性，而更是政府的专制。但那些征服者很快便开始对被征服民族的谄媚手法进行模仿了；第一个恺撒的目空一切的气质使他轻易便同意了，在他活着的时候，让他在保护神中占据一个席位。他的较为温驯的继承者拒绝了这一十分危险的狂妄作为，而且其后除了疯狂的卡利古拉和

① 一个无能的君王常常完全受制于他的家人。奴隶们的巨大权力更加重了罗马人的羞辱；元老院常常会讨好一个雅典娜或一个那喀索斯（当指以才智或美貌得宠的女性或男性奴仆。——译者）。而在现代，一个被宠的奴仆却有可能是一个正人君子。

图密善之外，再也没有人恢复那一做法。奥古斯都也确曾允许某些省城给他建庙，但条件是对君主的崇拜必须和对罗马的崇拜联系在一起；他允许人们进行可能是以他为对象的迷信活动；但他感到仅由元老院和人民把他作为一个人来崇拜也就够了，明智地把是否应公开将他神化的问题留给他的继承者去考虑。任何一个生前死后不曾被视为暴君的帝王死去以后，元老院一定严肃宣告他已跻身神灵之列，这早已成为一种习惯了；被尊为神的仪式总是和葬礼同时进行。这种合法的，但似乎应该是不明智的渎神活动，与我们的较为严厉的生活原则难以相容，只是天性驯良的多神论者虽略感不满却仍表示接受；不过这却被看作是出于策略上的需要，而并非正规的宗教活动。我们如果拿两安东尼的美德和赫耳枯勒斯或朱庇特的恶行相比，那自然是对那些美德的玷污。甚至恺撒或奥古斯都的性格也远远超过了民间所祀奉的那些神明。前面的这些人生活在那么一个开明的时代，只能说是他们的不幸，因为他们的一切作为都已被如实记录下来，使之不可能像热情的普通平民所希望的那样，随意掺进一些神话成分和神秘色彩了。一旦他们的神的地位被法律所肯定，这件事也便立即被人遗忘，可说既无助于提高他们的声望，也无助于增加后代帝王的荣誉。

在谈到帝国政府的时候，我们常常用那个众所周知的头衔奥古斯都来称谓它的机智的创始人，而其实这个头衔是在帝国政府已经几乎建成之后才加在他头上的。屋大维这个鲜为人知的名字来之于名为阿里西亚的一个小镇上的一个卑贱的家庭。这名字沾满了流放者的血迹；如果可能，他是极希望完全抹掉他过去的生活经历的。那个闻名于世的恺撒名号是在他成了那位独裁者的养子之后加上的；但他完全知道，他绝不应希望能和那位出类拔萃的人物相提并论，或和他一较高低。元老院有人提议对他们的这位负责人加一新称号；在经过一番严肃的讨论之后，在众多名字中选定了奥古斯都，并认为这个名字最能代表他的酷爱和平和力求圣洁的性格。于是奥古斯都便成了个人的，而恺撒却成为一个家族的
40 荣名。前一名号自然在受此荣名的皇帝死去之后便不再使用；至于后者，不论通过收养或女性姻戚关系如何被许多人滥用，却只有尼禄是最后一位有幸确实能称得上和尤利乌斯[①]有血缘关系的帝王。但在他故去的时候，近一百年的习惯已使那些名号和皇帝的威严紧密相连，难以分割，因而这种做法，从共和国毁败直到现今，始终由一代代皇帝——其中有罗马人、希腊人、法兰克人和日耳曼人——保留下来。但不久其间也出现了差异。奥古斯都这个神圣的名字后来仅只有君王本人可以采用，而恺撒这个名号却可以比较自由地用在他的亲属们身上；而且，至少自从哈德良继位以后，这个名字只有国家的第二号人物，被视为王位继承人的人才可以采用。

奥古斯都何以对他所破坏的自由宪法又怀有由衷的崇敬之心，这只能从这位思想细密的暴君的勤于思考的性格来理解。冷静的头脑、冷漠的感情和怯懦的天性使得他在19岁时便戴上了伪善的假面具，而且其后终身如此。他用同一只手，也许还是用同一种心情，签署了对西塞罗的放逐令和对秦纳[②]的赦免令。他的善

① 当指尤利乌斯·恺撒。——译者

② 罗马贵族政治家，曾任执行官。——译者

良，甚至连他的邪恶，全都完全是一种伪装，也正是由于自身的不同利害关系的驱使，才使他始而是罗马世界的敌人，继而又成了它的慈父①。在他制定保证皇帝权限的那套巧妙的体系的时候，他的温和态度完全是出之于恐惧。他希望创造出一个政治自由的假象来欺骗人民，并用一个文官政府的假象来欺骗军队。

I. 恺撒被杀时的情景一直都呈现在他的眼前。他对他的亲信一直不惜以重金和各种荣誉头衔予以犒偿；可他明明看到阴谋反对他叔父的正就是他的最得宠的朋友们。军队的忠心也许可以在有人公开谋反时保卫他的权势；但他们无论如何警惕也无法保证他不会被一个抱定决心的共和派用一把匕首刺死；而那些至今还怀念布鲁图斯②的罗马人，对于一个肯模仿他的行为的人一定会大加赞赏。恺撒所以会遭到如此下场，既由于他过分显示自己的权势，也由于他拥有的实权本身。执政官或保民官的称号完全可以让他平静地统治下去的。而皇帝的称号却使得罗马人民武装起来置他于死地。奥古斯都深深体会到人类完全是靠名号统治着；他也根本不相信，如果慎重其事地让元老和罗马人民相信，他们现在仍然享有古代的自由权利，他们便可能会甘愿让人奴役。一个无能的元老院和软弱的人民会很高兴接受这种可以聊以自慰的假 41
象，只要奥古斯都的继承人们出于善心，或甚至出于谨慎，尽力维

① 当屋大维来到恺撒的宴会厅的时候，他的脸色像一条变色龙一样不停地变换颜色；最初是煞白，接着变红，然后又变黑，最后他更装出一副维纳斯和格雷斯女神的神态。尤利安在他的精彩小说中所描绘的这一形象是公正而典雅的。但是，对他的性格的改变他认为确系由于内心发生了变化，并把这归功于哲学的影响，那就未免有点过分抬举了哲学和屋大维。（琉善——《诸恺撒》）

② 罗马政治家，刺杀恺撒的凶手之一。——译者

持着那一假象。真正促使那些谋反者起而反对卡利古拉、尼禄和图密善的动机是自我保存,而并非争取自由。他们攻击的目标是暴君本身,而并非要推翻皇权。

的确,似乎也有一次发生的情况是令人难忘的:元老院在不下70年的忍耐之后,却忽然无效地企图恢复那些早已被遗忘的权力。在卡利古拉被刺、皇座空虚的时候,执政官们在朱庇特庙召开了一次会议,会上谴责了已死的恺撒,向少数几个三心二意站到他们的旗帜之下来的军分团提出了争自由的口号,并在84小时中充当了自由共和国的独立的最高领导。但在他们正进行精心安排的时候,禁卫军却作出了决定。格尔马尼库斯的兄弟,愚蠢的克劳狄乌斯这时已在他们的营地之中,穿上了皇帝的紫袍,决定用武力来支持自己竞选。自由的梦从此告一结束;元老们一觉醒来,所面临的却是无可逃避的可怕的苦役。这个被人民所抛弃,并受到武力威胁的软弱无力的会议立即被迫听从禁卫军卫士的决定,只得欣然接受了克劳狄乌斯出于谨慎向他发布并出于慷慨始终未曾收回的赦免状。

II. 军队的傲慢无礼使得奥古斯都产生了一种更为不安的恐惧。市民的绝望,在任何时候,至多也不过使他们试图干一些士兵随时都可能干的事。他自己既已引导广大的人民去破坏自己的一切社会职责,那他对他们的权威又如何能够作准!他听到过他们造反时的呼喊声;现在他看到他们静下来进行思考更感到十分可怕。一次革命是花费巨额酬金买来的;而如果再来个第二次革命那所要支付的酬金便可能加倍。军队表明自己对恺撒家族无限忠诚;但这种群众性的忠诚是变化莫测,难以持久的。奥古斯都把充

满罗马人偏见的可怕头脑中的一切剩余力量全都动员起来,以为自己所用;依靠法律制裁来增强严格的纪律性;同时,把元老院的权威置于皇帝和军队之间,公然要求他们对他,这个共和国的最高行政长官效忠。

从这一巧妙制度的建立到康茂德之死这漫长的 220 年间,一个军事政府必然带来的危险,在很大程度上,始终被拖延下来。十分侥幸,军队很少意识到自身的强大和文职政府的软弱无能,而这一点,不论在这以前还是以后,一直都是产生这类灾难的根源。卡利古拉和图密善都是在皇宫之内被他们自己的家臣刺杀的:前者的死在罗马引起的骚乱始终只限于罗马城的四门之内。而尼禄的败亡却使整个帝国都被卷了进去。在短短的 18 个月中有四位帝王倒在短剑之下;各部队之间争强斗胜的疯狂行径震撼着整个罗 42
马世界。除了这一尽管十分激烈,却为时短暂的军事骚乱之外,自奥古斯都至康茂德的这两个世纪却平安过去,既未曾沾染上内乱的血迹,也未受到革命的骚扰。皇帝的选举活动由**元老院主持**,并得到**士兵们的同意**。各军团谨守自己的效忠誓言;必须通过对罗马年鉴的仔细审阅才有可能发现三次关系不大的叛乱,这些叛乱全都在几个月中被平息下去,甚至都没有形成内战威胁。

在选定君主时,王位的暂时空虚常常是一个危机四伏的时期。罗马皇帝们,为了免除军团因大局暂时未定而感到的忧虑,也为了消除在选举中进行不正常活动的诱惑,总赋予他们预定的继承人以极大的临时权力,使他能够在他们死后,立即行使继承权,以使帝国人民不会十分注意到君主的更换。就这样,奥古斯都,在几次过早死亡切断了他的大有希望的前程之后,把他的最后希望寄托

在提比略身上，他为他的这个养子同时获得了监察官和保民官的权力，并颁发了一条法令，使得那未来的君主对各省份和部队来说都具有和他同等的权力。就这样，韦伯芗大力压下了他的长子的慷慨胸怀。备受东部军团推崇的提图斯不久前曾指挥这部分军队征服了犹太[①]。他已是威震四方，但由于他的善良心性被他的少年气盛的行径所掩盖，他的意图总不免遭到怀疑。这位谨慎的君王对那些无稽的风言风语根本不予理睬，他依然使提图斯获得了与一位帝王的地位相等的全部权力；而这位感恩的儿子也便始终甘心作为一个娇惯的父亲的忠心的管家。

明智的韦伯芗不遗余力地采取一切办法以保证完成眼前这次成败未卜的提升。军队的誓言，士兵的效忠，一百年来已经成为一种习惯，永远以恺撒家族和姓氏为其对象；尽管这个家族一直完全靠收养的形式才一代代延续下来，罗马人却仍然把尼禄看作是格尔马尼库斯的孙子和奥古斯都的家族继承人，而对他无比崇敬。要说服禁卫军卫士心甘情愿放弃为暴君的事业效力可不是一件容易事。伽尔巴、奥托和维特利乌斯的迅速倒台使军队开始懂得罗马皇帝实际是他们的意志的产物，同时是使他们可以自由行动的工具。韦伯芗的出身是很低微的；他的祖父是一个普通士兵，父亲是一个很小的税务官；他完全靠自身的才能，在年事已高的时候，使自己升到了统领整个帝国的地位；但他的才能虽有实用，却并不能使他名声显赫，而他的美德又因为他过于简朴，甚至有些寒酸，而大为减色。这样一位亲王考虑到自己的真正利益在于有一位儿

① 耶路撒冷附近古代巴勒斯坦所属地区。——译者

子，他的更有光彩的和善的性格可能会使公众只想到弗拉维家族未来的光荣，而不再注意到他的低微贫贱的出身。在提图斯的温 43
和的治理下，整个罗马世界度过了一阵短暂的幸福时刻，而且他的令人爱戴的名声，在不止 15 年的时间中，保卫了他的弟弟图密善的恶行。

涅尔瓦在图密善被刺杀后几乎还没有穿上紫袍，便已发现他自己的衰老的身躯已无力遏止住在他前任的暴政下已急速加剧的公开叛乱的浪潮。善良的人都十分尊崇他的温和的性格；但日趋堕落的罗马人却需要有一个更为坚强的人物，能以其公正的态度使罪犯们知所畏惧。尽管他有好几个亲属，他却选定了一个与他毫无姻亲关系的人。他收养了当时已 40 岁，在下日耳曼指挥着一只强大兵力的图拉真；而且很快，通过一次元老院的文件宣称他是他的共事者并是他的王位继承人。这实在是一件令人十分感伤的事，在我们为尼禄的罪恶和愚行的令人作呕的叙述弄得疲惫不堪的时候，我们却只能从一些含义不清的片段或意图难以捉摸的颂词中去探索图拉真的实际行为。在图拉真死去 250 多年之后，元老院，在按照惯例宣告一位新皇帝继位的文告中，还表示希望他在造福人民方面超过奥古斯都，而在善良方面超过图拉真。

我们可能很容易相信他的国家的父亲曾一再犹豫，应不应该把统治国家的大权交托给他的亲属哈德良这样一个性格多变、真伪难分的人。在他临终之前，机警的皇后普洛提娜或者打消了图拉真的犹豫，或者大胆设法使得收养成为了现实；这一点大概是不容怀疑的，于是哈德良也就平平安安地被公认为他的合法继承人了。上面也曾说过，在他的统治之下，帝国一直处在和平安宁，繁

荣昌盛之中。他鼓励发展艺术，改革法律，加强军事训练，并亲身到各省去视察。他的博大而活跃的才智既能照顾到国家全局，又能对各种行政方面的问题洞察入微。但是他的心灵的主导情调却是好奇和虚荣。由于这种情绪总占据上风，也由于它们常被不同的目标所吸引，这便使得哈德良，一时成为一位了不起的皇帝，一时成为一个可笑的舌辩之士，一时又成为一个充满嫉妒心的暴君。他的行为的总的趋向是公正和温和，这是完全值得赞扬的。可是，他在刚继位的最初几天便处死了四个他一向仇恨的任执政的元老，而他们全都一直被认为是帝国的功臣；而一种长时期不愈的痛苦不堪的疾病最后又使他变得喜怒无常，性情残暴。元老院拿不定主意究竟该称他是暴君，还是该尊他为神；最后加之于他的称号是应虔诚的安托尼努斯的请求决定的。

哈德良的反复无常的性格影响了他对继承人的选定。在权衡了好几个他既尊重又痛恨的才智出众的人物之后，他收养了一个
44 轻浮、淫荡的贵族埃利乌斯·维鲁斯，他以他出色的美貌曾得到安提努斯的情人的青睐。但是当哈德良正为自己的掌声和靠一大笔捐赠才买得其同意的士兵们的欢呼声所陶醉的时候，夭折的命运却把这位新恺撒从他的怀抱中夺走。他仅留下一个儿子。哈德良把这孩子交托给安东尼家请他们照看。皮乌斯[1]收养了他；而且，在马尔库斯继位的时候，还让他和自己具有同等的统治权。这位年轻的维鲁斯虽然满身恶习，却也有一种美德——他十分尊重他的那位更为明智的共事者，自愿把那令人操心的国家大事全让他

① 当指安东尼·皮乌斯。——译者

去管。那位博学的皇帝尽量掩盖住他的愚蠢，为他的早死悲悼，并竭力使他在死后也留下一个美名。

等到哈德良心绪一平定下来，既不感到高兴，也不十分失望的时候，为使自己流芳百世，他决心要选择一位具有最高品德的人来充实罗马的皇座。他的慧眼毫不费力地发现了一个一生言行无可指责的50来岁的元老和一个大约17岁的青年，他的老成的态度使人一望而知将来必具有极高品德。他于是宣称那年岁大的将成为他的儿子和王位继承人，不过他也必须同时收养那个年轻人作为儿子。这两位安东尼（因为我们这里讲的正是他俩）就这样在42年的时间中始终坚持不变，以这种明智和仁德的精神统治着罗马世界。尽管皮乌斯也有两个儿子，他首先考虑的是国家的富强，而不是家庭的利益，他把女儿福斯丁娜嫁给了年轻的马尔库斯，从元老院获得了保民官和前执政的权利，以高尚的不屑情绪，或者更是不知何为妒忌的心理，参与了各种繁忙的政务。而在马尔库斯方面，他也十分尊重他的这位恩人的为人，的确爱之如父，尊之如君王；而且，在他去世后，他也完全以他前任的原则和做法为范本来治理国家。他们两人的共同治理，可能是在整个人类历史中唯一一个始终以大多数人民的幸福作为唯一奋斗目标的政府。

提图斯·安东尼·皮乌斯一直被公正地称做第二努马[①]。这两位皇帝的最突出的特点同样都是热爱宗教、正义和和平。而后一位的处境则使他的这些美德具有更广阔的用武之地。努马只不过能够制止了一些邻近村庄的村民互相抢夺成熟的庄稼。安东尼

① 努马·蓬皮利乌斯公元前7世纪古罗马皇帝。——译者

却给整个地球的大部分地区带来了和平与安宁。他的统治的一个奇特的特点是给历史提供了极少史料；因为，说穿了，历史往往不过是人类的罪行、愚蠢和不幸遭遇的记录而已。在私生活中，他为人善良而和蔼可亲。天性的纯朴使他从来也没有虚荣和作伪的表现。他绝不因为自己富有而追求过度的享受，而倒是十分喜爱纯正的令人开心的社交生活；在他的欢快、开朗的行为中充分显露出他的善良的灵魂。

45 马尔库斯·奥雷利乌斯·安东尼的美德则显得更为严厉和复杂得多。那是通过许多次有学识渊博的人参加的会议，许多次耐心的演说和无数个午夜的辛劳，好不容易得来的成果。在刚刚 20 岁的时候，他便接受了斯多葛派[1]的严格的思想体系，它教导他要做到身体听命于心灵，感情服从于理智；要把高尚品德视为唯一的善，道德败坏视为唯一的恶，一切身外之物全都无足重轻。他在一个忙乱不堪的军营中所写的《沉思录》至今尚存；他甚至曾屈尊在相当公开的场合作过哲学报告，这是哲人的谦恭或皇帝的威严都难以容许的。但他的一生却可说是对芝诺的教导的最高尚的体现。他对自己严厉，但对别人的缺点却十分宽厚，对全人类公正而仁慈。阿维狄乌斯·卡西乌斯在叙利亚发起一场叛乱，后来他自杀了竟然使他感到非常失望，因为这样便使他失去了一个因为能使一个仇敌成为朋友而感到欣慰的机会；后来他更用事实证明了他这种想法绝非虚妄，因为在元老院情绪激昂，要求重惩那个叛徒的追随者的时候，他却采取了十分宽容的态度。他对战争十分厌

[1] 约于公元前 300 年由芝诺创立的一种古希腊哲学学派。——译者

恶，认为它是对人的天性的屈辱和摧毁，但在必须进行正当防卫的时候，他却无所畏惧地接连八个冬天在冰封的多瑙河岸边亲冒矢石进行战斗，一直到在那严酷的气候中他的虚弱的身体终于不支而倒下。他死后一直受到对他感恩戴德的后代的无比崇敬，而且在他去世一百多年之后，还有许多人在他们家的神龛中供奉着马尔库斯·安东尼的雕像。

对旧政权的挑战

第四章　康茂德的统治

斯多葛派的严酷训练也未能根除的马尔库斯的温良态度,同时也正是他的性格中最可爱的一面和他唯一的缺点。他的超人的理解力常被他的从不疑人的好心肠所蒙蔽。一些专门研究皇室成员心性自己却不露声色的奸巧之徒,装出一副神圣的哲学家的神态和他接近,以十分厌恶财富和荣誉的姿态出现,而借以大捞财富和荣誉。他对他的弟兄、他的妻子和他的儿子所表现的过分的宽容完全超过了个人良好品德的限度,而他们的罪恶的榜样和后果却使公众大受其害。

皮乌斯的女儿、马尔库斯的妻子福斯丁娜既是远近闻名的美人,也同样是人所共知的风流人物。一位严肃、纯朴的哲学家根本无法对付她的淫荡的轻佻,或者也无法改变她那无穷尽的总希望换换胃口的情欲,这种情欲常会使她在最下流的男人身上也能找到某些特别可取之处。古代的爱神一般说来是个非常淫荡的神灵;一位皇后的爱,由于在她那方面总要求一些男人公然跟她调情,是很少有什么感情上的顾虑的。在整个帝国中,似乎仅仅只有马尔库斯不知道,或不曾注意到福斯丁娜的反常行为;那类行为,根据历代以来的偏见,都认为是对受伤害的男人的一种侮辱。她的好几个奸夫都被委以高位或肥缺,而且,在他们在一起的 30 年

的生活中，他始终表现得对她无比关怀和信任，而且直到她死后还对她十分尊敬。在他的沉思录中他感谢上帝给了她如此忠贞、如此温柔、在处事做人方面出奇纯朴的妻子①。唯命是从的元老院，在他的恳切要求下，正式尊她为女神。在她的庙中塑有她的神像，把她和朱诺、维纳斯和色雷斯同等看待；而且明文规定，每到他们结婚的那一天，所有男女青年都一定要到他们的这位忠贞不贰的保护神的圣坛前宣誓。

儿子的令人发指的罪恶行径在父亲的纯贞善良的品德上蒙上了一片阴影。一直有人指责马尔库斯，不应该为了偏爱一个一钱
47 不值的孩子而牺牲千百万人的幸福，不该不在全共和国，而在他自己家里选定一个继承人。不过，凡此种种，焦急的父亲也全都了解，他曾找到许多最有学问、品德优良的人来帮助他，开阔年轻的康茂德的胸怀，纠正他的日益发展的恶习，使他能不致愧对他即将继承的皇位。但教导的力量一般是很少真能发挥作用的，只除了对一些生性正派的人，但对那些人这类教训又几乎是多余的了。一位严肃的哲学家的一篇不合口味的训词，一个浪荡公子哥们儿只需轻轻咕哝几句，不用一分钟便会全给抹去；而马尔库斯在他刚刚 14 或 15 岁时便让他完全参与皇家政权的管理工作，实际是自己把那辛辛苦苦取得的一点教育成果又全给粉碎了。这之后他只不过又活了四个年头；但那已完全足够使他悔恨自己不该一时冒失，把那个鲁莽的青年推向不论是理智还是权威都无法加以约束

① 世人一直全都嘲笑马尔库斯的轻信；但达西埃夫人却让我相信（一位太太的话想来是可信的），如果一个妻子存心要花招儿，丈夫是没有不受骗的。

的地位。

扰乱社会内部安宁的罪恶行径绝大多数是由有关财产问题的必需的,但不平等的法律造成的,它通过只容许少数人占有许多人渴望得到的东西,戏弄着人的欲望。在我们的种种欲望和贪欲中,对权力的追求却是最为专横和最不得人心的,因为一个人的威风必须建立在许多人的屈服之上。在社会动乱时期,社会法则失去了效用,它们的位置却很少会被人道的法则来加以补充。争胜的热情、胜利的骄傲、失败的失望、旧恨的记忆、对未来祸患的恐惧,全都能促使人头脑发热,而掩盖住同情心的呼声。正是出于这种种动机才几乎使得每一页历史都沾满了本民族的血迹;但这些动机却不能解释康茂德的无端的残暴,因为他实在已无所希求,人类可以得到的享受他已应有尽有了。这位马尔库斯的爱子,在元老院和军队的欢呼声中继承了他父亲的皇位;在这位欢欣的青年登上王座的时候,他看到在他四周既没有需要打发掉的竞争者,也没有应予以惩罚的仇敌。在这个风平浪静的高位上,论说十分自然他定会倾向于热爱人类,而不是厌恶人类,倾向于走他的前代皇帝所走过的温和、光荣的老路,而避开尼禄和图密善所遭受到的遗臭万年的命运。

然而,康茂德也并不像人们所描述的那样,是一头生来喝不够人血的老虎,从儿童时候起就能干出最不人道的行径。自然所赋予他的实际是一种怯懦而并非罪恶的天性。他头脑简单、生性怯懦,使他很容易成了侍候他的人的奴隶,他们也便极力使他日趋败坏。他原来因听命于人而形成的残暴,逐渐变成了习惯,最后更成为他的主要性格特征了。

父亲死后，康茂德感到让他去指挥一支庞大的军队，并负责进
行针对夸第人和马科曼人的一场艰苦的战争实在太麻烦了。原来
48 被马尔库斯放逐的那些下贱、放荡的年轻人现在又在新皇帝身边
恢复了原来的地位和权势。他们尽力夸大越过多瑙河到那些蛮荒之地去进行战争的艰苦和危险；他们竭力让这位惯于懒散生活的皇帝相信，他的令人恐惧的威名和由他的指挥官领导的军队便完全足以征服那些惶恐的野蛮人，或者就可以让他们接受比任何实际征服所能取得的更为有利的条件。他们巧妙地挑动他的享乐情绪，反复拿罗马的安闲、热烈、高级享受的生活和既无闲暇，也无条件寻欢作乐的潘诺尼亚人的帐篷进行对比。康茂德对这些悦耳的劝告甚感兴趣；但在他还在自己的意愿和他对他父亲时候的顾问们残存的几分畏惧之间犹豫不决时，那个夏天在不知不觉中已经过去，他进入首都的凯旋式便拖延到了秋天。他的漂亮的外貌、入时的穿着和人们假想的美德使他颇得公众的欢心；他刚刚使那些野蛮人获得的体面的和平更引起普遍的欢欣；他迫不及待要进入罗马的心情也被天真地理解为出于热爱祖国；他的放荡的享乐生活也因他才不过是一位 19 岁的皇子而未曾受到过多指责。

在他当政的头三年里，靠着那些忠心耿耿的顾问们的努力，原来的政府的形式，甚至精神基本保存下来；因为这些顾问都是马尔库斯特意推荐给他儿子的，对他们的才智和忠诚他还不能不勉强表示尊敬。这位年轻皇帝和他的一帮放荡的亲信在皇家权势所容许的范围内尽情地享乐；但他手上倒也并没有沾上人的血迹；而且他甚至倒显得十分慷慨大度，这种气质也有可能慢慢会变成一种真正的美德。一个十分重大的意外事件终于对他的摇摆不定的性

格起了决定性的作用。

有一天晚上，皇帝正穿过一座露天剧场中的一条阴暗狭窄的通道回到皇宫去，一个在路边等着他的刺客忽然举着一把长剑向他冲过去，嘴里大叫着："这是元老院的决定。"这一句威胁的言语妨碍了实际行动的进行；刺客被禁卫军抓住，并立即供出了主谋的名字。祸端并非发自国人，而是起于宫墙之内。皇帝的姐姐、卢修斯·维鲁斯的遗孀卢西娜，妒忌皇后的统治地位，不甘于充当二等角色，把武器交给刺客让他去刺杀她的弟弟。她的第二个丈夫克劳狄乌斯·蓬皮安努斯是一位才华出众、忠贞不贰的元老，她并没有让他预闻其事；但在她的一大群奸夫中（因为她完全模仿福斯丁娜的行径）她发现有一些具有野心的亡命之徒，除供献蜜意柔情之外，还愿在更粗暴的行动方面为她效劳。这一帮谋反分子受到了法律的严厉制裁，那位恶毒的公主先被流放，后又被处以死刑。

但刺杀这个字眼却从此深深印入康茂德的头脑之中，并留下
了对整个人类恐惧和仇恨的不可磨灭的印记。那些原来因常常坚 49
持己见使他心怀畏惧的大臣，现在他都怀疑他们全是暗藏的敌人。在过去的几位皇帝的统治下其道不行因而已接近消灭的告密人，现在看到新皇帝一心要在元老院中寻找不满和反叛情绪，立即又大肆猖獗起来。原来马尔库斯一直把元老院看作是国家最重要的一个咨询机构，完全是由最有成就的罗马人组成；而现在在任何方面的出色表现却都成了罪名。占有大量财富更会刺激告密人的口味；坚持廉洁奉公实际暗含着对康茂德的不端行为的无言的斥责；重大贡献则表明一种带有危险性的超人才能；另外，父亲的友情便

必然招致儿子的仇恨。可疑就等于铁证;审讯等于判决。一位重要的元老被处决,许多可能为他的不幸忧伤或怀着复仇心理的人也必须同时处死;而在康茂德一旦尝到人的血腥味之后,他的同情和悔恨之心便完全死去了。

在这些无故死于暴政之下的牺牲品之中,最让人为之痛心疾首的莫过于昆提良家的马克西穆斯和孔狄亚努斯两弟兄了,他们两弟兄的深厚情谊使他们的名字永远留在人们的记忆之中,长期受到后人的爱戴。他们学习的情况和职业、他们的追求和欢乐,一直全都一模一样。他们占有一笔巨大的财产,可从来也没有谁想到要自己另搞一套:他们共同写作的一篇论文现在还能找到一些片段;可以看出在他们生活中的一切行动都莫不是在同一个灵魂的指导下,两个肉体同时进行的。两安东尼重视他们的品德,看到他们弟兄如此同心而感到高兴,在同一年中把他们俩都提升为执政官;马尔库斯更委托他们俩一同管理希腊的行政事务,并掌握重大的兵权,就在这期间他们取得了对日耳曼人一次战争的辉煌胜利。康茂德的仁慈的残酷终使他们更同时死去了。

这暴君的疯狂,使他在杀害了一些最高贵的人士,一些元老之后,终于更回过头来向帮助他行使暴政的主要工具发泄愤怒。当康茂德完全沉浸在无辜者的血泊和尽情的享乐中的时候,他把烦琐的政务全交给佩伦尼斯去管;这个怀有野心的奴颜婢膝的大臣,虽是靠谋杀他的前任才获得了现在的地位,却也具有相当的活力和才能。他依靠捏造各种罪名的办法把贵族们的被没收的财产全拿来满足自己的贪欲,因而积累下了一笔巨大的财富。皇帝的禁卫军也在他的直接指挥之下;他的显得颇有军事才能的儿子已成

为伊利里亚军团的最高指挥官。佩伦尼斯觊觎罗马帝国;或者在康茂德的眼里,犯有等于那个意思的罪行,如不加以制止,出其不备将他剪除,他很有可能会希望得到皇位。在帝国的一段历史中,一个大臣的死原只是小事一桩;不过促成这一事件的情况实在有些非同一般,这也证明纪律这根神经已经松弛到了何种程度。不 50
列颠军团,对佩伦尼斯的行政措施感到不满,组织了一个由选举产生的150人代表团,奉命开往罗马,直接向皇帝陈述他们的不满。这种军人请愿活动,通过他们所表现的坚决态度、通过引起边防军内部的分裂、通过过分夸大不列颠军队的力量,更通过唤起康茂德的恐惧心理,强制提出了必须处死那一大臣以息众怒的要求,并得到了批准。一支边远驻军的这种狂妄行为以及由此而显示出的政府的虚弱,无疑已形成了可怕的大动乱的前兆。

不久后,一个从极其细微的事件开始的新的动乱更表明了军事管理问题上的疏漏。忽然,开小差的风气在一些军队中流行开来,但那些逃兵并不是就此迅速逃跑或找个安全地点躲藏起来,却是全跑到大路上去拦路抢劫。一个胆识远在自己的地位之上的名叫梅特纳斯的士兵把这一帮土匪集中起来,形成了一支小小的队伍,打开牢房,帮助奴隶们自行解放,竟能横行无忌地在高卢和西班牙许多富足的、无人防守的城市中公开抢劫。一直对这种抢劫行为观望不前,也许自己也在参与其事的各省的总督们,最后终于被皇帝的一个十分严厉的命令吓得从消闲的清梦中惊醒过来。梅特纳斯顿时发现自己已处在重重包围之中,眼看必将遭人擒获。现在他的最后一条路便只有铤而走险了。他命令他的追随者化整为零,三五成群化装成各种各色人物;越过阿尔卑斯山,等到自然

女神节那天趁乱在罗马城里集中。他要杀掉康茂德，自己登上那空出的皇帝宝座，表现出了非一个无知的土匪所能有的野心。整个行动步骤安排得是如此协调，届时他的隐蔽着的部队已经布满了罗马街头。但就在他的计划已临近实现的时刻，他的一个同谋者出于嫉妒揭露了他的计划，使它被彻底粉碎了。

多疑的君主常会从人类的最低层中物色心腹，天真地以为那些除了他们的恩宠别无靠山的人，自然除了他们的恩人绝不会和任何别人交好。佩伦尼斯的继任克利安德生为弗里吉亚人，这个民族的既顽固而又甘做奴隶的天性，除了拳头，是没有任何其他办法能予以改变的。他原作为一个奴隶从他的故土被送到罗马。后又作为一名奴隶进入了皇宫，由于他在满足他主子的各种情欲方面颇为有用，很快便被提升到了一个罗马公民所可能爬到的高位。在思想方面他对康茂德的影响远远超过了他的前任；因为克利安德既无任何能力也无任何品德会引起皇帝的嫉妒或不信任。贪得无厌的情绪是他的灵魂的主宰，也是他处理行政事务的重大原则。
51 执政官、贵族和元老的职位全都由他公开出卖；谁要是不愿拿出自己的大部分财产来购买这种空头的不光彩的荣誉，便会被认为是怀有二心。对于地方官中的一些肥缺，这位大臣和当地总督都要分享那官员从人民手中剥削来的收入。至于司法部门只要有钱行贿什么事都好办。一位有钱的罪犯即使已被公正地判决，不但很容易翻案，而且还可以随心所欲对原告、证人和法官治以重罪。

就这样在短短三年之中克利安德便已积累下任何一个自由人也从未曾有过的巨大财富。康茂德对这个狡猾的佞臣在最适当的场合奉献在他足前的无比豪华的礼品感到完全满意。为了安抚公

众的嫉妒心理,克利安德以皇帝的名义修建了供人民公用的浴场、游览园地和运动场。他还因而自我吹嘘说,罗马人见到政府的这些令他们眼花缭乱的慷慨作为必会十分欣喜,也便必然会对每天都能见到的血腥场面不那么在意了;他们将会不再记得因有超群的功绩先皇曾让自己的一个女儿下嫁给他的元老比罗斯;他们也将会忘掉贤德的安东尼家族的最后一位代表阿里乌斯·安东尼努斯被处决的情景。前者忠贞之心超越了谨慎,竟企图向他的小舅子揭穿克利安德的真实面貌。后者对这件事作出了公正的判决,而一位亚洲的前执政官却敌不过一个一钱不值的幸臣,他竟因此也送掉了性命。在佩伦尼斯倒台以后,康茂德的恐怖统治,在很短的时间内,似乎有向仁政转变的趋向。他取消了他的一些最无理的法令,回忆自己干了许多为人民所痛恨的事,并把自己由于年轻缺乏经验而犯下的许多错误全归之于误信了那位奸佞的大臣的意见。但他的悔过仅只延续了30天;而在克利安德的暴政之下,人们倒常常对佩伦尼斯表示怀念了。

瘟疫和饥荒更进一步使罗马人的灾难达到了登峰造极的地步。前一次灾难所以会发生只能说完全是由于激怒了上帝,罪有应得;但在首相的财富和权利的支持下进行的对谷物的垄断显然是造成第二种灾难的直接原因。人民的不满许久以来已在私下流露,这一回忽然在一次参观马戏的集会中爆发出来。人们抛开他们一向十分喜爱的娱乐节目,却去追求更为痛快的复仇的喜悦,他们如潮水一般涌向郊区皇帝常去休息的一座皇宫,在怒吼声中,要求交出人民的敌人的头颅。掌握着禁卫军指挥权的克利安德马上命令一支骑兵队出击,驱散造反的群众。群众仓皇向市里逃窜;有

些人已被杀死,更多的人被踩死;但等骑兵追到大街上的时候,从屋顶和窗口扔出的雨点般的石头使他们根本无法前进了。卫队中
52 的步兵,早就对禁卫军骑兵队的特权和骄横耿耿于怀,立即加入了人民的队伍。这骚乱已变成了一场正规战争,一场大屠杀眼看要开始了。最后禁卫军由于寡不敌众,只得退了下去,于是人群的巨浪立即以加倍汹涌的气势又回头向那皇宫的门里冲去,这时康茂德正安卧在奢侈豪华的寝宫中,全城中只有他尚不知已爆发内战。因为谁要是前去把这一不受欢迎的消息当面告诉他,他便会必死无疑。要不是两个妇女,他姐姐法迪娜和他最宠爱的情妇大胆前去见他,他大约必会就这么在高枕安卧中送掉性命了。她们披头散发、满脸流泪,跪在他的脚下,以充满恐惧紧迫的言辞向这位惊悼失措的皇帝讲明总理大臣的各种罪行和人民的愤怒,并告诉他只在几分钟之内他和他的皇宫就要大祸临头了。康茂德从他的欢乐的美梦中惊醒过来,下令把克利安德的人头扔给宫外愤怒的人民。这一人们期待已久的景象立即使骚乱平静下来;甚至现在,马尔库斯的儿子也还有可能重新得到他的臣民的爱戴和信赖。

但是,在康茂德的头脑中一切善良和人道的情绪都已消灭尽净了。在他把帝国的烦琐的治理事务全交给那些一文不值的宠臣的时候,他珍视统治权的唯一原因是他能靠它无尽无休地发挥他的淫荡的性欲。他的时间全花费在一个养着来自各个地方、各种身份的三百个美女和三百个男孩的后宫中;其中任何一个人如果诱奸无效,这位残暴的淫棍便立即武力解决。关于这种超出人性或人格所许可的范围,不顾一切任意乱交的情景,古代历史学家曾有许多详细记载;但是我们实在难以将那些如实的描写翻译成可

以入目的现代语言。在发泄情欲之外的空闲时间，则进行一些最下流的娱乐活动。一个文明时代的影响和煞费苦心的辛勤的教育，在他的粗野、残暴的头脑中没有留下丝毫希望求知的印记；他可说是罗马皇帝中对求知丝毫不感兴趣的第一人。连尼禄也在音乐和诗歌这类高雅的艺术中颇有造诣，或至少像是那么回事；如果他不曾把他的轻快的消闲时间变成为关系到他的生活和野心的严肃事务，那我们对他的追求也不会过于苛求的。但是康茂德从他还是一个很小的孩子时候起，便表现出一种对一切理性的或高雅的东西无不厌恶的情绪，而对一般俗人的爱好——马戏或运动会、斗剑以及捕猎野兽他却无比喜爱。马尔库斯为他的儿子找来的各门学科的大师对他讲的一切，他完全无心去听并十分厌恶；而一些摩尔人或帕提亚人教他掷标枪、射箭，他却十分高兴学习，而且很快就能在眼神的稳定，手臂的灵巧方面和技术最高的教师不相 53
上下。

这群追随着他的奴仆，他们的发迹本必须以主子的堕落为重要依靠，自然对他这种不求上进的行为百般叫好。一些别有用心的谄媚的言辞倒使他想到希腊的赫耳枯勒斯正就是依靠一些这类性质的赫赫功绩，打败勒梅安的雄狮、杀死埃里曼托斯的野熊，才获得了神的位置，并在人的记忆中成为不朽的英雄的。他们只是不曾说明，在人类社会形成的初期，凶猛的野兽常常和人争夺荒野的土地，一次击败这些野生动物的战斗完全是一种无罪的对人类大有裨益的英勇行为。在罗马帝国这个文明国家中，野兽早已不在人前活动，远离开了人口集中的城市。现在再跑到他们栖息的荒野中去惊扰它们并把它们搬运到罗马来，让皇帝在众目睽睽之

下亲手将它们杀死，这事对皇帝来说十分荒谬可笑，对老百姓来说也只会感到是一种威胁[①]。康茂德完全不了解其间的差异，一心只想到以赫耳枯勒斯作为光辉的榜样，并自称为（我们现在在他的勋章上还能看到）罗马的赫耳枯勒斯。在皇家的徽章上还可以看到在皇座边放着棍棒和狮子的图案；康茂德的塑像在许多地方竖立起来，全都把他塑成，在他每日进行的残暴的娱乐活动中，他一心想要在勇武和灵巧方面与之媲美的那位神灵的形貌。

在这种逐渐使他天生的一点羞耻之心丧失殆尽的颂扬声的刺激之下，康茂德决定要在罗马人面前表演那迄今为止还只限于在皇宫之内对少数身边的幸臣表演的功夫。到了指定的一天，出于谄媚、恐惧和好奇等等各种各样的动机，无数的观众被吸引到圆形剧场上来；这位皇帝表演家的非同一般的技艺马上引起了一阵阵他确也当之无愧的叫好声。不论他是看准那野兽的头还是心脏，同样一出手便能命中，使之立即毙命。用一种形似月牙的箭，康茂德能在一只鸵鸟迅速奔跑中切断它的细长的脖子。一只黑豹被放了出来，这位弓箭手一直等着它直向一个浑身发抖的罪犯扑去。就在这一刹那箭飞了出去，黑豹应声倒下，那个犯人却安然无恙。剧场的狮房的门被打开，立即有一百头狮子同时跑了出来；但在它们愤怒地绕着竞技场奔跑的时候，一百支箭从箭无虚发的康茂德手中飞出，使它们一只只倒地死去。不论是大象的厚皮还是犀牛

① 非洲的狮子迫于饥饿常跑到没有遮拦的村庄和开垦过的土地上来；它们可以横行无忌地到处祸害。这些兽王是专为皇帝和首都人民取乐之用的；不幸的农民，即使是为了自卫杀死一头，也会受到非常严厉的惩罚。这一“狩猎法”到霍诺里乌斯时代才有所改变，最后被查士丁尼完全取消。

的鳞甲都挡不住他的攻击。埃塞俄比亚和印度送来了它们的最独
特的产物；有几种在圆形剧场被杀害的动物，除了在绘画中，或甚 54
至是在想象中，过去谁也不曾见到过[①]。在这类表演中，场上总采取了最可靠的防范措施，以保护这位罗马的赫耳枯勒斯，以防止有任何一头野兽，可能不考虑皇帝的威严和这神的神圣性不顾一切地向他扑过去。

但是，群众看到他们的君主竟然自愿加入格斗士的行列[②]，并以在一种被罗马的法律和习俗公正地斥为最可鄙的职业中一显身手为荣，连他们中地位最低下的一些人也感到羞辱和愤怒。他选用了**圆盾手**的服装和武器，他和**执网斗士**的战斗一般是圆形剧场血腥的竞技活动中最生动的一场。**圆盾手**戴着头盔，手执一把长剑和一个圆盾；他的裸体的对手手里就只有一张大网和一把三刃叉；他要用网套住对方，或用叉把敌人刺死。如果一掷不中，那他便必须一边逃开圆盾手的追逐，一边准备用他手中的网进行第二次攻击。这位皇帝总共进行过七百三十五六次这种战斗。这一光辉战绩曾被十分详细地记录在帝国的国事记录中；他不可能把任何丢人的场面略去，他从格斗士的共同基金中提取津贴，其数目之庞大已成为罗马人民的一项新的、最为可耻的赋税负担。我们很容易认定在所有这些格斗中这位世界的主宰永远都是胜利者：在

① 康茂德还杀死过一头鹿豹或长颈鹿，一种最高、最温驯、最无用的四足巨兽。这种奇特的动物只生长在非洲的内陆地区，自文艺复兴以来在欧洲便从未见到过；虽然布封先生（在他的《自然史》卷八中）曾试图对它加以描绘，他却未敢画出它的图形来。

② 这类冒着生命危险供人取乐的格斗士一般都只由奴隶和战俘充当。——译者

圆形剧场他的胜利不一定全都充满血腥味;但当他在格斗士学校,或在他自己的宫廷中进行练习时,他的可怜的对手常不免荣幸地受到康茂德亲手赐予的一次致命的御伤,不得不就此用自己的血结束自己谄媚的一生。他这时对赫耳枯勒斯的称号又感到讨厌了。现在任何名字也不如一名出色的圆盾斗士的名字保罗斯听来更为悦耳了。这名字被刻在他的一个巨大的塑像上,同时在元老院的既悲痛又赞赏的巨大的欢呼声中也曾一再出现。琉西娜的仁德的丈夫克劳狄乌斯·蓬皮安努斯是元老院中唯一一个不曾辱没自己的职位的元老。作为父亲,他容许他的儿子们,从他们的安全考虑,前往参加在圆形剧场进行的各种活动。作为一个罗马人,他声称他的生命虽掌握在皇帝手中,但他绝不能眼看着马尔库斯的儿子随便侮辱自己的人格和尊严。尽管他抱着这么一种勇敢的决心,蓬皮安努斯却终于逃脱了那暴君的仇恨,有幸体面地保住了自己的性命。

康茂德现在在犯罪和无耻行径方面已达到了登峰造极的地
55 步。在朝臣们谄媚的欢呼声中,他自己也已清楚看出,他只配受到他的帝国中任何一个有头脑、有品德的人的唾骂与仇恨。他对这种仇恨的觉察、他对任何别人的好名声的嫉妒、他对危机四伏的处境的正当恐惧,以及他在日常消遣中所养成的以杀人为乐的习惯,都进一步刺激着他的凶残的本性。史料中保存下了一长串因他的怀疑而被杀害的当政的元老的名单,他曾出于无端的怀疑立即迫不及待地要查出任何不幸和两安东尼家族有过不管多么遥远的关系的人,立即全部处死,甚至连一些原来和他一起作恶、一起寻欢作乐的人也未能幸免。他的残暴最后终于置他自身于死地。他曾经杀害了许多最高贵的罗马人而未受到任何惩罚；但他一旦引起自己家里的人的恐惧也便立即招来了自身的毁灭。他的最受宠爱的情妇马西娅、他的内侍埃克勒克塔斯和他的卫队长莱塔斯，看到了他们的伙伴和前任所遭到的命运，决心阻止，或者由于那暴君一时的疯狂，或者由于人民忽然爆发的愤怒，随时可能降临到自己头上的灭顶之灾。在他捕猎野兽回来正感到疲惫不堪的时候，马西娅抓住机会给她的情人送上了一杯酒。康茂德上床睡觉了，但当毒药发作加上酒醉，他在床上来回折腾的时候，一个强壮的青年，一位职业摔跤手走进他的卧室里来，毫不费力地将他掐死。在罗马城或甚至宫廷中有任何人怀疑到皇帝已死之前，他的尸体已被运出了皇宫。这便是马尔库斯的儿子的下场，一个遭人痛恨的暴君，凭借着人为的统治力量竟能在 13 年时间中，压迫着论个人体力和办事才能都不在他之下的数百万臣民，而最后要将他消灭却也竟是如此容易。

在关于康茂德的叙述中，吉本完全相信了被这位皇帝的行为所激怒的一些思想保守的人所发出的怨言。康茂德具有非罗马的观点，并对传统的自由观念进行挑战。他开始要使罗马改变过于中央集权的格局。作为“罗马的赫耳枯勒斯”和“新升的太阳”，他超越旧的各民族的礼拜方式，并使之统一起来，他为塞维鲁家族开辟了道路。谋害他的那些人代表着一股反动势力。这些阴谋家把最高统治权交给了一位年纪很大、思想保守的元老佩提那克斯。佩提那克斯在试图进行几项改革之后，被他的禁卫军杀死。他仅只统治了 86 天。

军事寡头政治的形成
和东方文化的流入

第五章　禁卫军出卖帝国。塞普提米乌斯·塞维鲁的兴起。

杀人的刀剑在一个广大的王国中比在一个小市镇上更能使人 56
感觉到它的威力。最有才能的政治家们已曾计算过,任何一个国家,如果容许全人口百分之一以上的人吃粮当兵,什么事也不干,那这个国家未有不民穷财尽的。但是,尽管这种相对的比例可能都大致相同,军队对社会其余部分人口的影响却因军队实力强弱的不同而有所差异。除非有一定数量的军人完全团结一致,同心同德,任何军事科学和训练也都不会真有什么作用。人数太少,团结得再好也不顶用,人多而指挥不灵,什么事也办不成;这一机器也和任何其它机器一样,过于精巧,或让它的弹簧受力过大,它的力量也会完全被毁。要弄清这一点只要想想,绝没有一个人仅凭天生的力气,特别的武器或什么特种技能,就能制服一百个人,使他们永远处于他的统治之下。一个市镇上或一个小地区的暴君很快会发现,身边的一百个武装人员要用来保护自己,不受 10000 农民或公民的侵犯,那力量可未免太小了;但是,如有 10000 名训练有素的士兵,在一个暴君的统领下,却能让一千万臣民俯首帖耳;而且如有 15000 名卫队就可以让一个人口最多的巨大首都的满街人民全吓得敢怒而不敢言。

罗马禁卫军的失控的疯狂行为是罗马帝国衰败的最初朕兆和动力,而他们的总人数实际还完全没有达到上面最后提到的那个数目。禁卫军的建立始于奥古斯都。那个狡猾的暴君感觉到法律也许能起一点装点作用,但显然只有军队能实际维持他篡夺来的统治,于是逐步建立了这一支强大的禁卫军,随时用来保卫他的人身安全、威吓那些元老,并用以防止或尽快摧毁刚露头的反叛活动。这些士兵都受到特别的优待,工资加倍,而且还享受着许多特
57 权;但由于他们强大威力可能会使罗马人民在万分惊愕之余,同时更感到十分愤怒,因而在首都只驻扎着三个分队;其余的人则分散驻扎在附近意大利的市镇上。但经过50年的和平和奴役之后,提比略采取了具有决定性意义的一步:一举钉死了套在他的国家身上的镣铐。在为了减轻驻军对意大利造成的沉重负担,以及为了加强对禁卫军的训练等好听的借口之下,他把他们全部集中到罗马的一个永久性的军营中来,在各方面都更大大加强了他们的力量,而且占据了最险要的地点。

对专制帝王的王位来说,这样一支无比强大的奴仆卫队永远是必要的,但常常也是致命的。既然如此这般把禁卫军引进了皇宫和元老院,一些皇帝总教导他们,一定要时刻看到自身力量的强大和民政机关的虚弱;教导他们,以轻蔑的态度看待他们的主子的罪恶行为,并抛开只有靠远距离和神秘感才能保持的对那种假想力量的敬畏。长期处在这种由一座富饶城市提供的安逸、奢侈的生活之中,自身具有莫大权力的意识培养了他们的骄横;渐至使他们不可能不感到君王的生死、元老院的权威、公众的财富、帝国的安危实际全都掌握在他们的手中。为了使禁卫军不致沉溺在这危

险思想之中，一些最坚强、地位最为稳固的皇帝也不得不恩威并用、赏罚兼施，尽量满足他们的骄纵，争取他们的欢心，对他们的越轨行为一味姑息，用大量赏金以买得他们的完全不可恃的忠诚；这赏金自从克劳狄乌斯一步登天以来，便成为每一个新皇帝继位时不能不支付的合法报酬。

禁卫军的鼓吹者更企图从理论上肯定他们靠武力获得的权力；声称，依据最纯正的宪法原则来看，皇帝的任何任命都必须得到他们的同意乃是绝对必要的。执政官、将军和地方官的任命权，尽管近年来已被元老院篡夺，实际却是罗马人民的古老的不容怀疑的权利。但是，上哪儿去找罗马人民呢？我们总不能认为和许多奴隶和外乡人混杂在一起充满罗马街头的人群就是罗马人民吧；他们只不过是一群充满奴性的群氓，在精神方面，也和在物质方面一样，穷得一无所有。然而，这些国家的保卫者，他们是从意大利青年中挑选出来的精英，受过军事和品德方面的训练，是真正的人民的代表，也便最有权利来选定共和国的军事首领。这类论断不论如何于理难通，而当凶横的禁卫军像那位野蛮的罗马征服者一样，把他们的刀剑作为理论根据抛出的时候，自然谁也无言对答了。

禁卫军残暴地杀害佩提那克斯的事实已彻底粉碎了皇帝宝座的尊严；他们接下去的行为则更进一步使得它威风扫地了。军
营中已再没有任何首领，因为甚至引起这场风暴的卫队长莱塔斯， 58
也明知众怒难犯，明智地躲开了。在这一片疯狂的混乱之中，皇帝的老丈人，罗马市的总督苏尔皮西阿努斯，他是在听到第一个兵变消息时被派往军营去的，原曾想尽力使激怒的群众安静下来，但一

些杀人犯用长矛举着佩提那克斯的头颅欢呼着回到军营里来的情景却使他立即沉默下来了。尽管历史已使我们惯于看到,在狂热的野心的驱使下,任何原则、任何其他考虑是都不会发生任何作用的,但是,在如此恐怖的时刻,在皇位刚刚被一位和他如此亲近、如此出色的皇帝的血涂满的情况下,苏尔皮西阿努斯却竟然还极力想爬上那一宝座,这可真是一件绝对让人难于置信的事。他已经开始在使用那唯一有效的论证,并正为君主的尊严讨价还价,但这时禁卫军中更为小心谨慎的一些人,唯恐这样私下成交,他们将不可能为如此昂贵的一件商品卖得一笔公正的价钱,于是跑到军营外面去,大声高呼,宣称要将罗马世界公开拍卖了,谁出价最高便将归谁。

这一混账已极的做法,这种军人专横的最无理的表现,使得全城的人都普遍感到悲伤、羞耻和愤怒。拍卖的事最后传到了狄狄乌斯·尤利安努斯的耳中,这位非常富有的元老,不管人民在遭受什么苦难,都整天忙于山珍海味的吃喝。他的妻子和女儿,他的奴仆和住在他家的一些闲人毫不费力气就使他相信他正该去占据这个皇帝宝座,更一再敦促他千万不能错过这个千载难逢的机会。这位狂妄的老人于是立即赶到苏尔皮西阿努斯还正在和禁卫军讨价还价的军营的围墙外面,开始和苏尔皮西阿努斯比着出价。这一项下流的交易在几个忠诚的信差的帮助下进行着,由这些信差来回传递消息,一次次告诉他们那另一位候选人已出价多少。苏尔皮西阿努斯已答应给一个士兵 5000 德拉克马(大约 160 多镑);这时急于获得皇位的尤利安努斯一下提出 6250 德拉克马,也就是 200 镑以上了。军营的大门立即为这位大买主敞开了,他立即被尊为罗马皇帝，并接受了士兵们的效忠宣誓，他倒也还有点剩余的良心，当场宣布对于苏尔皮西阿努斯和他争夺王位的事，一概不予追究。

现在该轮到禁卫军来满足出卖皇位时议定的条款了。他们把这位他们一边侍奉着一边深感厌恶的君主安置在他们的队伍的中心位置，四周用他们的盾牌包围着他，排成作战时密集的方阵，带领他穿过市中心空无一人的街道。元老们奉命全体集合，原来和佩提那克斯关系特殊的朋友以及和尤利安努斯有个人恩怨的一些人现在都感到有必要在这一值得庆贺的革命中显得格外的兴高采烈。在尤利安努斯和他的士兵挤满元老院之后，他开始大谈他是如何在自由选举中获得了胜利，自己的品德是如何高尚，以及他如何完全相信自己深受元老院的爱戴。谄佞的元老院成员同声为他 59
们自己和人民的幸福表示祝贺；声称将对他效忠，并把所有应属于皇帝的一切重大权限全都交他掌管。离开元老院，尤利安努斯仍由原来那支军队陪同前往接管皇宫。一进去，他第一眼见到的是佩提那克斯的无头的尸体和为他准备的一顿十分简单的晚餐。前者他看了看完全不以为意，后者却使他不禁嗤之以鼻。他立即下令备办下无比丰盛的筵席，饭后掷骰子、观看著名舞女皮拉德斯的舞蹈，直乐到深夜。然而，有人注意到，在那尽力讨好他的人群已散去，他被独自留在黑暗、孤独和可怕的沉思中的时候，他却通夜不曾入睡；他也许不能不反复想到自己实在不该冒失地干下这么一件蠢事，想到一些品德高尚的前代皇帝的命运，以及不是靠能力获得，而是靠金钱买来的这个皇位是如何靠不住，如何危险。

他完全有理由感到不寒而栗。在他登上这个世界的宝座之

后，他发现他不但再没有一个朋友，甚至连一个追随者也找不到了。禁卫军自身对他们出于贪婪昧心接受的这位皇帝也感到可耻；另外，所有的公民都无不认为他的忽登高位是一件十分可怕的事，也是对罗马帝国名声的莫大侮辱。贵族们，由于他们的显著的地位和大量财产不得不格外小心谨慎，尽量掩盖着自己的真实情绪，总带着满意的微笑，以尽心尽职的态度来对待皇帝伪装的温善。但人民，却借着数目众多和身份不明的掩护，敢于随意发泄自己的不满情绪。罗马的街头和公共场所不时回响着他们的呼叫和诅咒声。愤怒的群众曾公然向尤利安努斯提出质问，并拒绝他给他们的大笔的钱，另外，他们认识到光是他们自己的仇恨不可能有任何作用，于是便向边境上的军团大声疾呼，要他们重新恢复罗马帝国被辱没的尊严。

潘诺尼亚的军团拥戴塞普提米乌斯·塞维鲁为罗马皇帝，在越过阿尔卑斯山以后，更得到了元老院的承认。尤利安努斯被处死。接着塞维鲁击败了其它王位争夺者，叙利亚的总督尼格尔·培斯凯尼乌斯和不列颠总督阿尔比努斯。

塞普提米乌斯·塞维鲁

一个专制君王的真正利益一般是和人民的利益一致的。他们的众多的数目、他们的财富、他们的安宁和安全乃是他的真正伟大的最好的，也是唯一可靠的基础；而且即使他毫无高尚品德可言，出于谨慎的考虑，也可能会代替品德指使他走上同一条道路。塞

维鲁把罗马帝国看作是他自己的财产，一旦抓到手中他便要对这
么一件无价之宝尽心尽力地加以培育和改善。一些健康的法令，
雷厉风行，很快就纠正了自马尔库斯去世以来，在政府的各个部门 60
普遍存在的各种弊端。在司法方面，皇帝的裁决一般都能做到仔细、明智和公正；有时如稍稍偏离公正原则，那一般也是为了照顾穷苦的被压迫的人民；这也并非真是出于仁慈，而只是一个专制君主，要显得自己肯于屈尊，并力图使他所有的臣民全降至同样绝对依附于他的地位的一种自然倾向。他不惜花费重金进行建设的兴趣、处处讲究排场，特别是常常分给人民大量谷物和物品的做法，都是得到罗马人民欢心的绝对有效的办法。内乱引起的灾祸完全消除了。又一次在地方各省也出现了安宁、繁荣的和平景象；许多由于塞维鲁的慷慨得到恢复的城市被称为他的殖民地，并建立了许多公共纪念物，以表示人民的欢欣和对他的感激之情。罗马在这位好战的确有成就的皇帝的统治之下又重振了昔日的声威，他的确有资格骄傲地宣称，他接手治理的是一个内忧外患频仍的国家，而交出的却是一个沐浴在牢固、普遍和公正的和平之中的国家。

尽管内战的创伤似乎已完全愈合，它的致命的毒性却仍然潜伏在国家机构的机体之中。塞维鲁具有相当的活力和才能；但是第一位恺撒的勇武精神，或奥古斯都的周到的政策，都难以制止踌躇满志的军团官兵的傲慢。由于感激、由于错误的政策，也由于似有必需，塞维鲁竟然决定放松严格的纪律。他让那些士兵都戴上金戒指以满足他们的虚荣心，让他们带着妻子安闲地住在军营中，尽量让他们过着舒适生活。他把他们的军饷加到比过去任何时候

都多，并且先是告诉他们等着，遇有任何危险事务或喜庆节日可能会有额外的犒偿，后来则更变成了公开讨要。渐渐一个个养尊处优、自高自大并由于享有危险的特权而显得比一般人民位高一等，很快已完全无能进行艰苦的军事行动，却只会欺压人民，而且也完全不能接受任何正当的管束了。他们的官员由于自己高超的地位更是始终享受着奢侈豪华的生活。现在还能看到现存的塞维鲁的一封信，哀叹军队的无法无天状态，敦促他的一位将军，从高级军官作起开始进行必要的改革；因为，他颇有见地地说，一个军官如果得不到士兵的尊敬，他便永远也不能使他们服从他的命令。如果这位皇帝按照这一思路继续想下去，他将会发现，这一普遍存在的腐败政策的最主要的根源，也许并不是他们的最高统帅所作出的榜样，却应归之于那种十分有害的纵容。

那些杀掉他们的皇帝，把帝国出卖掉的禁卫军受到了犯下叛

61 国罪的正当惩罚；但尽管危险，却不能没有的卫队，很快便由塞维鲁以一种新的模式建立起来，而且人数变成了过去的四倍。从前这些士兵仅限于在意大利境内招募，现在由于邻近各省的人也逐渐学会了罗马人的较温和的态度，召兵范围已扩大到了马其顿、诺里孔和西班牙。于是，按塞维鲁的规定，原来那些只能装装样子、根本不能打仗的文雅的军队，将由不时从所有边区各军团抽调出来的一些最有力量、最有勇气和最忠诚的人来代替，让他们进入他们所向往的禁卫军的行列，也以此作为给他们的报酬和荣誉。在这一新规定之下，意大利的青年都不再习武了，首都人民怀着惶恐的心情，观望着出现在罗马街头的成群结队的奇特形貌和举止的野蛮人。但塞维鲁却自我吹嘘说，各外军团从此将会把被挑选出

来的禁卫军看作是整个军威的代表;靠着这一支在装备和人员配备方面都大大优于可能用来和它对抗的任何兵力为50000人的部队,便永远可以粉碎任何叛乱可能取得胜利的希望,并保证使帝国永远处在他和他的后代的掌握之中。

于是,这支受宠的强大的部队魄司令官便立即成了帝国的第一重要职位。由于政府已堕落成为军事专制政府,原来不过简简单单是一个禁卫军首领的卫队长,现在却不仅统帅着全部军队,同时还管辖着国家财政,甚至法律。在每一个行政部门,他都能代表皇帝本人,并行使他的一切权力。第一个享有并滥用这种巨大权力的是塞维鲁的得宠的总理大臣普劳提阿努斯。他的统治延续了10年,直到他和皇帝的大女儿结婚的时候,这件事看似将使他永远福星高照,不料却倒招来了他的毁灭。[①] 由于看到普劳提阿努斯的巨大野心和可怕的危险性,在宫廷里已逐渐滋生对他的仇恨情绪。并已有逐渐发展成为一次革命之势,当时还仍然喜爱他的皇帝被迫不得不勉强同意将他处死。在他倒台之后,一位负有盛名、极为出色的法学家被任命担任了这责任重大的禁卫军队长职务。

直到塞维鲁临朝以前,各代皇帝,通过他们对元老院的真实或虚假的尊重,通过他们对奥古斯都所制定的细致的民事政策的亲切关注,表现出了他们的高尚品德,甚至明智的头脑。但塞维鲁在一味讲究服从的军事训练中度过他的青年时期,成年后更习惯于

① 他滥用职权的一个最大胆、最无理的行为是,就为了在他的女儿和年轻的皇帝结婚时可以像一位真正的东方皇后前后簇拥着一支长长的宦官队伍,他竟然阉割了一百个有些已经结婚甚至已做父亲的男人。

如发布命令一般的专制主义。他的说一不二的顽劣态度使他无法发现，或难以承认，在皇帝和军队之间保持一个不论多么有名无实
62 的缓冲力量是大有好处的。他耻于承认自己是那个对他十分厌恶而又因他一皱眉头便浑身战栗的集体的奴仆；只要命令能使他的要求得到满足，他便一概靠命令解决问题；他在各个方面都按照一个君主和征服者的风度行事，而且毫不掩饰地行使着全部司法权力和行政职权。

对元老院的胜利是轻而易举，同时也是极不光彩的。每一个人的眼睛和心事都全集中在同时拥有国家的军力和财富的最高行政官的身上；而既非由人民选出又无军队保护，又得不到公众精神上的支持的元老院，则只能靠旧观念这个微弱的行将崩溃的基础勉强维系着它的日渐削弱的权威。关于共和制的精辟的理论已在不知不觉中消失，让位给更自然、更具体的对君主制的感受了。在自由和罗马的荣誉等观念逐渐传到对旧政府或者一无所知，或者只抱有厌恶情绪的各省去的时候，赞美共和制的美好传统便已渐渐归于消灭了。两安东尼时代的希腊历史学家，怀着恶意的欢乐心情，曾注意到，虽然这位罗马君主，囿于已经过时的偏见，不自称为王，他实际享有国王的一切权力。在塞维鲁的统治下，元老院里充满了从东方备省前来的高雅、能言善辩的奴隶，他们通过巧妙地阐述“奴道”的原则，使对人谄媚变成为了合理行为。这些新的特权的鼓吹者，一方面对人灌输服从的天职，一方面也必然大谈自由的危害，颇得到朝臣们的欢心，一般人民也似乎能勉强接受。法律学家和史学家异口同声宣扬说，皇权的占有并非来之于代表们的委托，而是由于元老院已无可挽回地放弃了自己的权力；还说皇帝

已经从民法的限制中解放出来。他可以随心所欲处置他的臣民的生命和财产,也可以把帝国作为他私有的财产任意处理。最杰出的民法学家,其中特别是帕皮尼安·保罗斯和乌尔皮安都在塞维鲁家族的庇护下大行其道;而已和君主制体系紧密相连的罗马的法理学却被认为已完全成熟并已达到完善的程度。

塞维鲁的同时代人,对他治下的和平、体面的生活甚为满意,也便不再记得为达到这种生活所经历的种种残暴活动了。后代的人,亲身尝到他的理论和榜样所带来的苦果,也便正当地把他看作是招致罗马衰亡的罪魁祸首。

63 # 第六章　塞维鲁王朝。卡拉卡拉和格塔。埃拉伽巴卢斯。亚历山大·塞维鲁。妇女对朝政影响的增长。

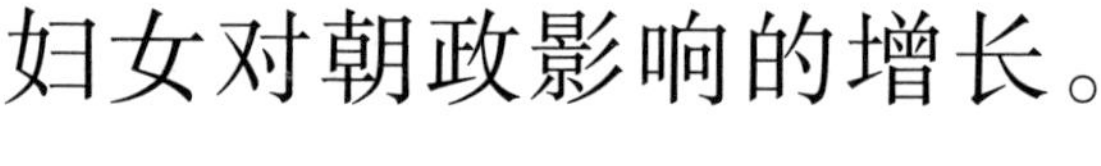

要登上伟大的地位,不论如何艰难和危险,一般总还可能,通过对它本身的力量的意识和运用,使人保持一种积极的精神:但是占有皇帝的宝座却不能给一个充满野心的头脑带来长时期的满足。这一令人忧伤的真理塞维鲁就曾有所感受,并曾公开予以承认。命运和才能使他从一个地位低下的人忽然变成了人类的主宰。“他几乎什么都干过”,他曾对自己说,“但一切都毫无价值。”不是为了获得,而是为了保有一个帝国而忧心忡忡、年迈和病痛的折磨、无心求名并已满足于既已拥有的权力,因此,对他来说,一切生活前景都已不复存在了。如何才能使他的家族永远称雄于世已成为他的抱负和他作为父亲的柔情中唯一愿望。

和大多数非洲人一样,塞维鲁非常热衷于魔法和占卜,对于圆梦和解释各种朕兆都大有研究,更十分精通法理星象学;这种学问,除了在现代,历代以来都始终控制着人的头脑。当他还是里昂尼斯高卢的总督的时候,他失去了他的第一个妻子。为挑选第二个妻子,他决心只在福星高照的女人中去找;所以,他一发现在叙利亚的埃米萨有一位小姐天生皇后命，便马上向她求婚并得到了她的同意。尤利亚·多姆娜（这是她的名字）完全对得起福星所许诺给她的一切。她甚至到了年事已高的时候还仍然十分妖艳，她有生动的想象力、坚定的意志和明智的判断，这在妇女中是极为少见的。她的温柔的性格在她丈夫的阴沉、多疑的脾性上没有留下深刻的印记。但在她儿子统治时期，她相当明智地处理了许多重大国家事务，并因而享有一定的威望，有时还用她的温和主张改变了她儿子的一些近于狂乱的行为。尤利亚自学文学和哲学都获得相当成功，并因此闻名于世。她热心支持各种艺术，是所有才智之士的朋友。文人学士为感激而发的恭维总说她品格高尚；但是，我们如果可以相信古代历史中的流言飞语，贞洁恐怕远不是尤利亚皇后的最突出的品德。

两个儿子，卡拉卡拉和格塔是他们联姻的果实，也是帝国注定 64
的继承人。这两个虚浮的儿子很快便使父亲和罗马世界的殷切希望全部化为了泡影，他们全都表现出一般王储所有的那种无所事事、稳坐钓鱼台的架势，认定好运自会为他们弥补才能和勤劳之不足。他们彼此之间丝毫无有好强争胜之心，却几乎从孩童时候起，便显然有一种彼此水火不相容的情绪。

他们的这种仇恨，成年后更为加剧，再加上双方的别有用心的心腹巧妙的挑唆，更爆发为先是孩子气，渐渐成为认真的互不相让的竞争；于是戏院、马戏团和朝臣全都划分成了两派，各都凭着对各自头目的希望和恐惧行事。谨慎的皇帝，通过各种苦口婆心的劝告，并晓之以利害，力图消除那日益增长的仇恨。两儿子之间令人不快的不和给他的一切生活前景蒙上了阴影，威胁着要推翻他费尽心机、用无数人的血浇铸起来、并一直使用一切力量和财富保卫着的皇座了。他以不偏不倚的态度对待他们俩，任何赏赐都绝对一视同仁，对两人都同时加以奥古斯都的称号，都赐给受人尊敬的安东尼的名号；以致使得罗马世界第一次出现了三皇并立的局面。然而，甚至这种对等看待的做法也只不过是在他们的斗争中火上加油，凶猛的卡拉卡拉一味强调自己的长子权，较为温和一些的格塔则尽力争取人民和士兵的好感。完全绝望的父亲塞维鲁在无可奈何中预言说，他的弱小的儿子必将牺牲在较强的儿子的屠刀之下；而他，转过来，也必将因为自己的罪恶行径招致自身毁灭。

在这种情况下，有情报说在不列颠已爆发战争，并说北部的野蛮人已向一个边区省发动进攻了，这时塞维鲁倒感到十分高兴。虽然他的部将们的警惕完全足以逐出远来之敌，他却决心要抓住这个光明正大的借口让他的两个儿子从只能堕其心志、纵其情欲的罗马的奢侈生活中摆脱出来；让他们趁着还年轻去体验一下艰苦的战争生活和治理工作。尽管他年事已高（这时他已是60多岁了），再加上痛风病，不得不让人用担架抬着，他仍然在他的两个儿子、满朝文武和一支强大军队的陪同下，亲身来到了那个遥远的小岛。他立即越过哈德良和安东尼土垒，带着一举完成长期未完成的彻底征服不列颠的打算，进入了敌人的国土。他一直深入到该岛的北部边缘地区，但却始终未曾遇见一个敌人。隐蔽着的喀里多尼亚的伏兵紧跟在他的部队的后方和两侧却一直未被发现，他们不顾气候严寒和冬天的严酷条件，越过苏格兰的丘陵和沼泽地带，据说使罗马人共牺牲了不下五万余人。在强大的一再的

攻击之下，喀里多尼亚屈服了，交出了他们的部分武器和大片土
地。但是他们的外表的归顺所维持的时间实际比可怕的战斗进行 65
的时间还短。等到罗马军团一撤退，他们便又恢复了自行其是的敌对状态。他们的这种时刻兴风作浪的态度激怒了塞维鲁，他又向喀里多尼亚派去一支军队，还让他们带着他的最不留情的命令。不是去征服，而是要彻底消灭掉所有那里的土著人。只是由于他们的这个恶劣的敌人的死亡才使得他们幸免于难了。

既没有出现什么重大事件，也没有产生什么重要结果的喀里多尼亚之战没有任何引人注目之处；但是，据人们猜测，塞维鲁的这次侵略行动是和不列颠历史或不列颠传说中的最光辉的时代联系在一起的，而这确也有相当的可能性。由于最近一本书的出版[1]而使其名声（包括他手下的众英雄和诗人的名声）得以在我们的语言中重新复活的芬戈尔，据说就在那个令人难忘的时刻，曾指挥喀里多尼亚人的军队避开塞维鲁的主力，而在卡戎河边取得了一次决定性的胜利，并使得世界之王的儿子卡拉库尔从他的部队中逃出，沿着他曾得意一时的战线逃跑了。有关苏格兰高地的这类传说，至今仍有一片片疑云缭绕；而且现代批评家的认真研究也还未足以完全拨开那些疑云；但是，如果我们真能相信那一令人开心的假说，认为芬戈尔确有其人而且奥西恩确有诗集传世，那互相竞争的不同民族之间的实际情况和处世态度的强烈对比必会使得一些惯于哲学思维的头脑感到极大乐趣。这种对比是绝不会有利

① 当指詹姆斯·麦克弗森（1763—1794）冒称所译（实自作）奥西恩诗集一书。奥西恩为传说中的3世纪盖尔诗人和英雄。此事当时曾引起极大轰动。——译者

于较为文明的人民的，关于这一点，我们只要看一看塞维鲁的不顾一切的复仇心情和芬戈尔的慷慨大度；卡拉卡拉的怯懦、毫无人性的残暴和奥西恩的勇敢、善良和高雅的天才；看看那个被雇来的头目，他出于恐惧或自身利害的动机，也和那些听到莫尔文国王的声音便会吓得拿起武器的生来自由的战士们一样，在皇家的旗帜之下尽心服役；简单一句话，只要我们想一想那未受教诲的喀里多尼亚人，随着年岁的增长便会同时更具有了热情的自然的美德，而堕落的罗马人却日益陷入为争夺财富和奴役他人的无耻的罪恶中去，便完全够了。

卡拉卡拉和格塔

塞维鲁的日益恶化的健康状况和他最后的一次疾病更加激发了卡拉卡拉灵魂深处的野心和罪恶念头。他已感到迫不及待，而且对分得一部分帝国的局面也觉难以容忍，于是，他不止一次企图进一步缩短他父亲已所剩无多的残年，并试图（但并未成功）在军队中挑起一次兵变。老皇帝本来就曾多次批评马尔库斯的十分无理的宽容态度；他本来只需采取一个公正的果断措施便完全可以使罗马免受他的混账儿子的暴政之苦。完全处在同样的情况之中，他体会到法官的严厉，如何会随时被父亲的柔情所冲淡。他磨破嘴皮，他发出各种威胁，但就是不能实际惩罚；他这最后的也是仅有的一次宽容态度，对罗马造成的危害更甚于他的一长串的残暴行为。头脑的昏乱更刺激了他肉体的痛苦；他因为不能速死而
66 烦躁，他的烦躁也便加速了他的死亡。他于 65 岁、光荣而卓有成

效地在位第18年时死于约克。临死时他还在劝说他的两个儿子同心协力，并让他的两个儿子都到部队中去工作。他的有益的规劝始终也并未打动这两个冒失的青年的心，或甚至他们根本也不曾理会；只是更为恭顺的军队，不曾忘怀他们对死去的主子的效忠宣誓和他固有的权威，拒绝卡拉卡拉的请求，同时宣称他们两弟兄都是罗马皇帝。两位新皇帝立即不声不响离开喀里多尼亚，回到了首都，为他父亲举行了祀神似的殡仪盛典，同时在欢呼声中被元老院、人民和各省奉为两个合法的皇帝。哥哥的地位似乎比弟弟略高；但事实上，他们俩平等地、各自独立地管理着国家。

这样一个分裂的政府，即使由两个原来相亲相爱的弟兄来治理，最后也必然彼此难以相容。现在却由这两不相让，谁也不希望，而且也不相信可能和解的仇人来支撑，那要想长期存在下去自然是绝不可能的事。谁都可以看到，最后只能由一人来统治，那另一个便必将倒下；于是两人全按自己的打算来猜度对方的用心。为了不使自己遭到毒杀或刺杀，全都采取了最严密、精细的防范措施。在他们匆匆穿越高卢和意大利的旅途中，他们从未在同一张桌上用餐，或同在一间屋里睡觉，让各省的人也全都看到这两弟兄十分不和的丑恶情景。到达罗马以后，他们立即将广大的皇宫一分为二。在他们各自的生活区域之间不容许有任何通道；所有的门和过道都有士兵把守，完全和对待被围困的敌人一样，岗哨林立，并严格按时换班。两个皇帝只在公共场合，在他们的痛苦万分的妈妈面前相会；这时两人也都有无数随从和武装人员包围着。即使在这种举行盛大集会的时候，不论如何粉饰也无法掩盖他们俩彼此内心的仇恨。

这种隐藏着的内战早已使得整个政府十分不安了，这时有人
提出了一个似乎对互相仇视的两弟兄都会有好处的办法。有人建
议，既然两人在思想上已根本不可能和好，那他们便应该判断利害
关系，把帝国分成两半。分割的方案也已经相当细致地草拟出来
了。一致同意，卡拉卡拉作为长兄，应当继续占有欧洲和西非部
分；但他必须把亚洲和埃及的统治权让给格塔；格塔可以考虑到，
从富足和广大来讲并不次于罗马的城市亚历山大里亚或安条克去
建都；大量的军队将长期驻扎在色雷斯海峡的两边，以守卫两敌对
王国的边界；来自欧洲的元老都应服从罗马君主的统治，而亚洲出
身的元老则追随东方的皇帝。正在进行中的谈判被皇后尤利亚的
67 泪水打断了，本来刚一提出这个主意，所有的罗马人便十分惊诧，
而且愤怒万分。这片巨大的强占来的土地经过时间和政策的手的
捏合已成为紧密相连的一个整体了，现在没有无比强大的力量是
无法将它撕开的。罗马人完全有理由担心，这被肢解的两部分很
快必将通过一次内战仍归一个主子统治；而如果这分裂永远继续
下去，那各省的分裂势必将带来这一直来坚若磐石的帝国生命的
结束。

如果这些条款得以实施，那这欧洲的君主可能很快便成为亚洲的征服者了；但卡拉卡拉却得到了一个虽然更为罪恶，却更为轻而易举的胜利。他假装同意他妈妈的请求，答应到她的住处和他弟弟见面，商谈和解的条件。在他们正在进行谈判的时候，几个事先隐蔽得很好的百人队队长拔出剑来直向不幸的格塔冲去。他的母亲在慌乱中勉强把他抱在胸前；但实际已无济于事。连她的手也被割伤，并沾满了她小儿子的鲜血，这时她更看到她的大儿子正

激动地起劲为那些刺客助威。卡拉卡拉在这件事已办妥之后，便马上满脸恐惧神色，匆匆向他唯一的避难所禁卫军的军营跑去，并立即跪倒在军营所供奉的保护神的神像之前。士兵们想拉他起来，安慰他一番，他却断断续续、语言错乱地告诉他们，他刚刚遭到了一次莫大的危险，但侥幸逃脱了；意思说，他终于使他的敌人的阴谋未能得逞，他现在决心要和忠于他的部队生死与共，士兵们一直都喜欢格塔，但现在抱怨已完全无用，要报复显然十分危险，而对于塞维鲁的儿子他们却仍怀有尊敬之心。他们的不满在一阵咕咕哝哝中很快便全部消失，而卡拉卡拉也立即使他们相信追随着他是完全合算的，因为他从他父亲统治时期积累下的财富中拿出极大一部分慷慨地分给了他们。现在，士兵们的情绪是他的权势和安危之所系的唯一重要条件。他们表示支持他便使元老院不得不立即宣告对新皇帝效忠。这个一味谄媚的集体，随时都准备见风使舵，听从命运的安排；但由于卡拉卡拉希望压下一开始时公众的愤怒情绪，在提到格塔的名字时还总带着几分尊敬，而且还为他隆重地举行了一个罗马皇帝的葬礼。后代的人，因怜悯他的不幸，避而不谈他的罪恶行为。我们总想着这位年轻的王子完全做了他的充满野心的哥哥的无辜的牺牲品，却不曾想到他自己只是没有力量，而并非不愿去完成那同样的报复和谋杀活动。

卡拉卡拉的罪行未受到任何惩罚。但不论是忙于公务，是寻求欢乐，还是各种谄媚的言辞却都不能使他逃避良心的谴责；在精神极度痛苦不安的时候，他承认在头脑昏乱中常看到他父亲和他弟弟像活着的时候一样满脸怒容前来责骂和威胁他。他的这种犯罪意识原可以使得他尽力让人类看到他的高尚品德，从而相信他 68

的那些血腥举动实是身不由己不得已而为之。但卡拉卡拉的悔恨却只不过使他力图从世上消灭掉能使他想起他的罪行，或想起他的被谋杀的弟弟的一切。在他从元老院回到皇宫的时候，他看到他的母亲在几位贵妇人的陪同下，正对着她的过早死去的小儿子痛哭。满怀妒忌的皇帝竟对她们以立即处死相威胁；这一判决终于对马尔库斯仅剩的一个女儿法迪娜执行了；而甚至痛苦万分的尤利亚也不得不止住悲戚，压住叹息，对那刺杀事件报以微笑和赞同。有人计算，大约有两万多男男女女，仅以被随便指为是格塔的朋友而被处死。他的卫兵和奴仆、他的担任重要职务的大臣、和他一起玩儿乐的伙伴、凡通过他的关系在军队或地方得到提升的官员，再加上长串长串的瓜蔓抄，全都包括在流放的名单之中；几乎是不放过任何一个和格塔有过任何微不足道的联系、曾为他的死悲伤，或曾提到过他的名字的一切人。和父亲同名的赫尔维乌斯·佩提那克斯就因为在不恰当的时候开了一句玩笑便送掉了性命。出生于一个似乎以热爱自由为传统特点的家庭也足以构成了特拉西亚·普瑞斯库斯的罪名。最后，这类因特殊原因而受到株连或怀疑的人终于全都处理完了；后来，当一位元老被指控为政府的秘密敌人，而皇帝就因为一般看来这人确是个很有钱的品德高尚的人，他便认为这就已经够了。根据这类不可辩驳的原则他常常会作出最为残暴的结论。

如许多无辜公民的被杀只有他们的朋友和亲人暗中为之落泪。禁卫军长官帕皮尼安的死却被作为一件大不幸的事公开进行了追悼。在塞维鲁在位的最后 7 年中，他一直执行着国家的最重要的职务，并通过他的有益的影响，始终领导皇帝走在公正和仁政的道路上。塞维鲁充分认识到他的品德和能力，因而在临终前恳求他要尽力维护皇室的昌盛和团结。而帕皮尼安的忠心耿耿，为国效劳的作为却恰足以更加拨旺了卡拉卡拉对他父亲时代的大臣早已怀有的怒火。在格塔被刺杀以后，这位卫队长官奉命利用他的全部技巧和辩才发表一篇为那一残暴事件辩解的演说。哲人塞涅卡也曾以阿格丽皮娜的儿子和杀她的凶手[1]的名义向元老院写过一封类似的信。“犯下杀害亲人的罪行可远比为之辩解容易”，是帕皮尼安当时的回答；他毫不犹豫地在死亡和正义之间作出了自己的选择。这种避开宫廷中的明争暗斗，不遇事随俗，抛弃职业上的使乖弄巧手段，出淤泥而不染的凛然正气，较之他的一切重大 69
职务、他的各种作品，以及他作为一位法学家在罗马法学界长期保持着的崇高名声，都更给帕皮尼安这个名字增加了更为灿烂的光辉。

在此以前，一直使罗马人最感幸福，或在生活艰苦时最为欣慰的是，皇帝们的罪恶意图受到了压制，而他们的美德得以发扬了。奥古斯都、图拉真、哈德良和马尔库斯都经常在他们的广阔的国土上亲自到各处去视察，他们的行踪所至都能让人们看到明智和仁德行为的印迹。提比略、尼禄和图密善等人则几乎始终居住在罗马或其近郊的别墅中，对他们的暴政直接受害的，差不多仅限于元老和骑士等人。但卡拉卡拉却可说是人类的共同敌人。他在杀害格塔大约一年之后，便离开了首都(而且再也没有回来过)。在他

① 即指尼禄。阿格丽皮娜为使自己的儿子尼禄能登上皇位杀死了自己的(第三个丈夫和叔父)克劳狄。尼禄继位后随即派人杀死了自己的母亲。——译者

其后的统治时期,他一直在帝国的几个省份,特别是东部几省中度过他的岁月,而所有那些省份,一个接一个,都变成了他行使掠夺和残暴的据点。元老院由于对他的瞬息万变的情绪恐惧万分,只得每天不惜花费巨资为他提供吃喝玩乐的场所,而他则总嗤之以鼻,立即赏给他的卫兵们去享受;他们还在各个城市为他修建宏伟的行宫和戏院,可他自己既从来不去看看,也从来不下令立即撤除。最富有的家庭,都由于交纳无理的罚金或财产被没收而一贫如洗,人民中的绝大部分都由于巧立名目、日益增多的赋税而穷苦不堪。在国内完全平静无事的时候,稍有一点不如他意的事,他便会在埃及的亚历山大里亚发布命令进行大规模屠杀。自己躲在一个极安全的地点,塞拉庇斯[①]的神庙中,他观望并指挥杀害了数以千计的罗马公民和外乡人,从不考虑被杀人数共有多少,或他们各犯有什么罪,因为他曾经毫不动感情地通知元老院,所有的亚历山大里亚人,包括所有已被杀和幸免的人,全都同样有罪。

塞维鲁的明智的教导在他的这个虽非全无想象力和辩才,而同时却毫无判断力和人性的儿子的头脑中并未留下任何深刻印象。一个为暴君所赞赏的危险格言却深得卡拉卡拉的称许,并被他到处加以滥用——“保证能得到部队的欢心,对其他的臣民全可视如粪土。”但是,他父亲的慷慨还多少受到必须谨慎从事的约束,他对部队虽十分纵容,但从不曾放弃坚决的领导。而这儿子的一味放纵却成了他的全部统治策略,其结果便必然既毁掉了军队,也毁掉了整个帝国。军队的战斗力不是通过严格的军营中的训练

① 应为古埃及人所信奉的黄泉之神,后亦为希腊罗马人所接受。——译者

而日益加强，却是在城市的奢侈生活中全部消磨殆尽。过多的月薪和额外的赏赐使国家财政支绌，而军人却人人富有，而事实上必须使他们经常处于清苦生活之中，他们才可能平时谦恭知礼，战时为国效命。卡拉卡拉态度横暴、傲慢；但和部队在一起时，他却甚至忘了自己的尊严，让士兵们跟他一起没上没下地打闹，完全不考虑自己作为将军的重要职责，在穿着和态度上也处处模仿普通士兵。

像卡拉卡拉这样一种性格和行为的人是既不可能赢得爱戴， 70
也不可能获得尊敬的；但是，只要他的罪恶活动对军队有利，他便可以确保免遭叛乱之灾。一次由他自己的妒忌心理引起的阴谋活动最后却终于置这个暴君于死地了。禁卫军的领导权由两个大臣分担。军事部分交托给亚得文图斯，一个颇有经验但能力有限的军人；民政事务则由奥皮利乌斯·马克里努斯掌管，他凭着自己熟练的办事能力，冠冕堂皇地使自己爬到了那一高位。但他能否获得宠幸却完全得随皇帝反复无常的情绪而定，而且皇帝的极轻微的怀疑或任何一点意外情况都完全可能使他性命不保。一个善知过去未来的亚洲人不知是出于恶意还是荒唐的幻想，忽然作出一个十分危险的预言，断定马克里努斯和他的儿子注定要统治罗马帝国。这一说法很快在全省传开；后来把那人捆绑起来带到罗马，他却在该城的负责人面前坚持说，他的预言绝不会有错。这位行政长官曾得到紧急的命令，要他弄清这两个卡拉卡拉**继承人**的情况，于是立即把他审讯那个亚洲人的经过向当时正设在叙利亚的皇宫报告。但尽管送信人日夜兼程而进，马克里努斯的一个朋友却仍然设法把这迫在眉睫的危险告诉了他。皇帝拿到了从罗马来

的公文;但他那时正忙于参加赛马,连拆也没拆开便全部交给了禁卫军队长,告诉他其中不关紧要的事由他代为处理,如有什么重要事情再向他报告。马克里努斯从公文中得悉自己的厄运,决定全力阻止其事。他设法挑起一些下级军官的不满,决定假手于最近曾被拒绝提升为百人队队长的士兵马文提阿利斯。卡拉卡拉的虔诚促使他要从埃德萨到卡雷著名的月神庙去进一次香。有一支马队护卫着他;但在半途中因事必须停下来的时候,他的卫兵本来都必须和他保持一定的距离,而这时马尔提阿利斯却假装有事向他走过去,用匕首将他刺死,这勇敢的刺客立即被禁卫军中的一个西徐亚的弓箭手杀死。这个魔鬼的一生也就这么结束了,他的一生是整个人类的耻辱,可恨罗马人竟能容许他进行若干年的统治。对他无限感激的士兵只记得他对他们的偏爱和慷慨,全不管他一生的罪恶,竟强迫元老院出卖自己的尊严和宗教的尊严也把他尊为神灵。当这一神灵还在人世的时候,他认为只有亚历山大大帝是一位值得他敬佩的英雄。他自己用了亚历山大的名字和旗号。组建了马其顿方阵式的卫队,迫害亚里士多德的门徒,并且以一种
71 孩童的狂热唯一一次表露出对品德和荣誉的关心。我们很容易想象,在纳尔瓦战役和征服波兰之后,查理十二(他虽然仍然缺乏菲利普的儿子的那种更为高雅的成就)也许可以自吹说,他在勇敢和宽厚待人方面不在他之下;但卡拉卡拉的一生却没有干过任何一件事说得上近似那位马其顿英雄的行径,只除了他也曾大量屠杀他自己的和他父亲的朋友。

马克里努斯被禁卫军推上了皇帝宝座。他企图改革军队

的打算使他遭怨恨。塞普提米乌斯·塞维鲁的姨妹尤利亚·梅萨声称她的孙子是卡拉卡拉的孩子。他被推为皇帝并袭用了安东尼的名字。马克里努斯失败被杀，于是安东尼和他的满朝文武便开始向罗马进发。

埃拉伽巴卢斯

由于新皇帝全部身心只在于吃喝玩乐一类最无聊的事情上，他的奢侈无比的从叙利亚到意大利的行程竟花费了好几个月的时光，他在尼科米底亚度过了他取得胜利后的第一个冬天，在那里一直拖延到第二年夏天才威风凛凛地进入首都。在他到达之前，他下令把他的一幅惟妙惟肖的肖像立即挂在元老院的胜利之神的圣坛上，这画像虽然十分逼真，却使罗马人清楚地看到了他的形貌的猥琐。在画中，他穿着一身金光闪闪的丝绸的牧师服装，学着梅德人和腓尼基人的打扮，衣襟宽松飘洒；他头上戴着一顶三重冕，多条颈圈和手镯上都镶嵌着价值连城的珠宝。额头染作黑色，两颊涂上不自然的红色和白色。一些态度严肃的元老都不禁发出一声哀叹说，罗马人在长期经历过严厉的本国暴君的统治之后，现在又该俯伏在华贵的女性的东方暴政之下了。

在埃米萨[①]，以埃拉伽巴卢斯的名义，在普遍相信是从天上落在这块圣地上的一根圆锥形的黑石柱之下，向太阳神进行了膜拜。安东尼把自己得以荣登宝座的好运完全归之于这位保护神，也不

① 即今叙利亚的霍姆斯。以其太阳神庙著称。——译者

是完全没有道理的。在他的统治期间，他所干的唯一一件严肃的事，便是出于迷信的对神的感恩。要让那位埃米萨之神高于地球上的其他一切宗教的神祇是他热情追求并引以自豪的一个伟大目标；而且他对埃拉伽巴卢斯这个称号（因为他自称为教皇，并极其乐意采用这一神圣的名字）比对帝王的一切宏伟的称号都更感兴趣。在一次走过罗马街头的庄严的仪式中，地上洒满了金粉；那镶嵌着宝石的黑色的石头放在一辆由六匹一色雪白、装备豪华的马匹拉着的车上。这位虔诚的皇帝自己抓着缰绳，两边由他的大臣们护卫着倒退着缓缓行进，说是这样他便可以享受永远和神同在的幸福。在修建在帕拉丁山的一座无比雄伟的神庙中，奉献给埃
72 拉伽巴卢斯神的各种祭礼无不极尽其奢华、庄严之能事。最醇的酒、最奇特的牺牲、最稀有的香料全都毫不吝惜地堆放在他的圣坛上。在圣坛的四周由叙利亚姑娘组成的合唱队，和着野蛮人的音乐节奏，跳着最为淫荡的舞，而一些最为严肃的国家和军队的重要人物，则穿着腓尼基的长袍，带着虚假的热情和掩盖着的愤怒，煞有介事地干着那极端无聊的勾当。

皇帝的狂想使他曾企图把安希利亚和巴拉狄昂[①]以及努马[②]曾表示忠心信仰的一切神圣的象征全都移到这座神庙里来。许多小神全按其身份的高下守护着这威严的埃米萨之神；但即使这样，他的朝臣还显得有欠完备，因而最后把一位最受人尊重的女神也弄到了他的床上。最初拟选作他的伴侣的是帕拉斯[③]；但考虑到

① 巴拉狄昂为雅典娜神像。安希利亚不详，当亦为一女神像。——译者

② 传说中的罗马国王。——译者

③ 雅典娜女神的另一别名。——译者

她的好战的凶狠姿态也可能会吓退一位叙利亚神灵的柔情，于是，受到亚洲人崇拜被称作阿斯塔特的月神被看作是太阳神的最合适的伴侣。她的塑像，连同作为嫁妆送到她庙里去的丰富的奉献全部在鼓乐声中由迦太基送到了罗马，而举行这次神秘婚礼的那一天在首都以及在帝国全国全都进行了欢庆。

一个有理性的好色之徒总始终对温和的自然要求抱着一定的尊敬，并力图通过社会交往、人与人的亲密相处、淡化这方面的情趣和想象，以使感官的需要得到更高尚的满足。但是这位埃拉伽巴卢斯（我讲的是那个叫这个名字的皇帝），由于被自己的青春、自己的国家和幸运所毁，发疯一般毫无节制地沉溺在最低级的淫乐之中，不要多久也便对这种自己沉溺其中的享乐感到厌恶和腻味了。于是，他不得不求助于各种人为的刺激力量：成堆的各样的女人、各种备色的酒和佳肴、经过精心设计的各种姿态和春药全被用来挑拨起他的已经衰败的情欲。这是这位君主唯一关心并加以扶植的一门学问[①]，这方面出现的新名词和新发现，构成他的统治时期的唯一特色，并使他在后人中留下万代骂名。一种心血来潮似的肆意挥霍填补了欣赏能力和高雅情操方面的空虚；而当埃拉伽巴卢斯疯狂无度地大量抛撒人民的财富的时候，他自己和他的一些谄媚者却都大声赞扬这种在温和的前代皇帝时期闻所未闻的精神面貌和宏伟气势。颠倒冷暖不同的四季顺序、戏弄臣民的热情和偏见、破坏一切自然和社会礼仪的法则都在使他最为开心的

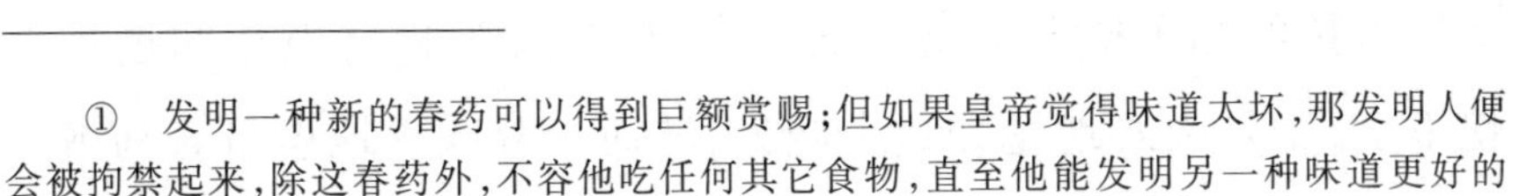

① 发明一种新的春药可以得到巨额赏赐；但如果皇帝觉得味道太坏，那发明人便会被拘禁起来，除这春药外，不容他吃任何其它食物，直至他能发明另一种味道更好的春药为止。

娱乐项目之列。成队的情妇、一日三换的妻子,其中有一个是从灶
73 神的神庙拉来强加蹂躏的女尼,仍无法满足他的已无能为力的情欲。这位罗马世界的主人还极喜欢学女人打扮,喜爱纺纱杆更胜于权杖,他把帝国的最高职位全分配给他的无数的情人;其中有一个甚至公开被赋以皇帝的,或者按他更为经常自称的说法,皇后的丈夫的头衔和权限。

也许有人会觉得这里所讲埃拉伽巴卢斯的罪恶和愚蠢恐难免夹有许多想象成分或出于偏见的夸大。然而,我们仅以其公开暴露在罗马人民面前、并得到当时严肃的历史学家证实的一些情景来看,我们也不能不认为其无法形容的卑劣下流程度实为任何一个时代或国家所罕见。东方帝王的淫荡行为总限制在后宫的四墙之内,非一般人所能窥视。荣誉和高贵感又使得现代欧洲的宫廷讲究较高尚的娱乐、顾全体面、尊重公众舆论;而那些堕落和极端富有的罗马贵族却不惜使自己的一切凡能从由各种民族和各种社会习俗汇成的汹涌的污流中所能找到的罪恶要求全能得到满足。他们生活在他们的奴隶和食客之中,既无因犯罪而受到惩罚之虞,也不怕任何人批评。至于皇帝本人,他对他的各级的臣民都同样不屑一顾,完全可以毫无顾忌地尽情享受皇家荒淫奢侈的特权。

人类中最下贱者也敢于痛斥在他自己身上也完全存在的别人的狂乱行为;而且很容易会找到年龄、性格或地位方面的微小差异,以表明其间完全有理由分别看待。无法无天的士兵把放荡的卡拉卡拉的儿子推上了皇帝的宝座,现在又为自己愚昧的选择惶愧不安,于是厌恶地抛开这个魔鬼,转而十分欣喜地思量着马梅亚的儿子他的表弟亚历山大一开始所表现的美德。狡猾的梅莎感觉

到她的孙子埃拉伽巴卢斯最后必将毁于自身的罪恶，于是为她的家族又寻找到了另一个更为牢靠的支柱。他利用年轻皇帝的宗教狂热抓住一个适当的机会，求他将亚历山大收为养子，并加给他恺撒的称号，以保证他自己所担任的神职不致因尘世的烦恼而中断了。这位令人喜爱的王子居于这第二号人物的地位很快就得到了公众的喜爱，并引起了那暴君的妒心，他决心要，或者让他同流合污，或者结束他的生命，以了结这一危险的竞争。他的计谋累遭失败；他的许多次无效的阴谋都被他自己愚蠢的胡言乱语泄露出去，而使得那些被细心的马梅亚安排在她儿子身边的善良而忠诚的仆人们能及时采取对策。在一阵狂热情绪的推动之下，埃拉伽巴卢斯决心用武力来解决靠诡计无法完成的事，通过一项专制的命令剥夺掉他的恺撒的地位和荣誉。消息传到元老院没有什么反响，
但在军营中却引起了轩然大波。禁卫军的士兵发誓要保卫亚历山 74
大，并要向那有辱王座的人报仇。埃拉伽巴卢斯浑身发抖流着眼泪请求他们留他一条命，只要让他能和他心爱的希尔罗克里斯在一起就行了，这情景终于使得愤怒的禁卫军心软下来；他们同意授权他们的队长密切注意亚历山大的安全和皇帝的行径。

这样一种妥协是根本不可能长时间存在下去的，即使像埃拉伽巴卢斯这样一个十分下流的人也绝不甘心在如此屈辱的条件下完全仰人鼻息作他的皇帝。没有多久，他通过一次危险的尝试，要想试探一下士兵们的情绪。他放风说，亚历山大已死，自然马上就有人怀疑他已被谋杀，于是，军营中本来尚未完全平静的情绪立即变成了一种狂怒，兵营中的这场风暴显然非让那个受欢迎的青年亲自露面，并恢复他的权利便无法平息了。这一新的事件再次证

明他们完全喜欢他的表弟,而对他本人十分厌恶,皇帝在一怒之下试图惩罚几个领导叛乱的头目。他这一不识时务的严厉态度马上带来了他的一些亲信、他的母亲和他本人的死亡。埃拉伽巴卢斯当即被愤怒的禁卫军杀死,他的被肢解的躯体被拖过罗马街头抛到第伯河中去。元老院评定他势必将遗臭万年,这一公正的评价也完全得到了后代的承认。

亚历山大·塞维鲁的即位

埃拉伽巴卢斯的表弟亚历山大被禁卫军推上皇帝的宝座,取代了他的位置。他和他改用其名姓的塞维鲁家族的关系和他前一代的皇帝完全一样;他的美德和危险处境使他获得了罗马人的欢心,急于表示慷慨的元老院又在一天之内给他加上了各种代表皇帝威严的称号和权力。但因为亚历山大才不过是个腼腆的守本分的 15 岁的孩子,政府的管理大权实际是掌握在两个女人——他妈妈马梅亚和他祖母梅莎——手中。梅莎在亚历山大登上宝座之后不久便死去了,她死后,马梅亚更成了她儿子和罗马帝国的唯一摄政王。

妇女对朝政影响的增长

在任何一个时代和国家两性中总是较聪明的一性,或至少是较强壮的一性,掌握着国家政权,而让另外一性去管理家庭生活中的烦恼与欢欣。但是,在世袭的君主国家,特别是在现代欧洲的那类国家中，骑士精神和继承法已使我们习惯于完全承认一种奇特的例外；一个女人也能掌握着一个巨大王国的绝对统治权，尽管事实上谁都认为不论是对政治方面，还是军事方面的工作她全都一 75
窍不通。但是，由于罗马皇帝仍然被看作是共和国的将军和行政官，他们的妻子和母亲，尽管也被加上奥古斯妲[①]一类尊贵的称号，从来也没有真正享有过帝王的荣誉；而让一个女人来进行统治，那对于一些结婚不是为了爱，或爱情中绝无柔情和尊敬可言的原始罗马人来说，简直是一种荒谬绝伦的事。傲慢的阿格丽皮娜的确真希望能分享他交给她儿子的那个帝国的各种荣誉；但她的这种必然遭到每一个关心罗马尊严的公民厌恶的疯狂野心却被机智而坚决的塞涅卡和布罗斯所打消了。一代代皇帝的聪慧或冷漠使得他们都没有大胆去冒犯他们的臣民的这种偏见；一直到了荒淫无耻的埃拉伽巴卢斯，他才以他妈妈索埃米阿斯的名字玷污了元老院的名声——她的名字被和执政官们的名字放在一起，她还作为一个成员签署了立法议会的正式文件。她的更为明智的妹妹马梅亚却拒绝了那种无用的、引起反感的特权，后来更通过了一项严肃的法律永远不容妇女进入元老院，并言明谁如违反了这一规定便将把她的头奉献给地狱之神。马梅亚具有男性的野心，她所追求的是实权而不是排场。她在她儿子的思想之上维持着一个绝对的永久的帝国，而在他的感觉中，他妈妈是绝不能容忍任何对手存在的。亚历山大在她的同意下，和一位贵族的女儿结了婚；但他对岳父的尊重和对皇后的爱都和马梅亚的情感或利益不相一致。

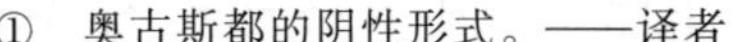

① 奥古斯都的阴性形式。——译者

那贵族很容易被以叛国罪名处决，亚历山大的妻子也受尽屈辱，被赶出王宫，并流放到非洲去。

尽管这类出于嫉妒的残酷行径和一些贪污行为使马梅亚受到人们的指责，但她的治理措施总的来讲是同样既有利于她的儿子也有利于帝国的。在元老院的同意下，她挑选了 16 个最明智、品德最为高尚的元老组成永久性的国家政务会，任何重大的公共事务都须通过它讨论决定。由既充分了解又十分尊重罗马法律的著名人士乌尔皮安主持其事；这种贵族政治的谨慎而坚决的态度终使帝国政府恢复了秩序和权威。他们在清除了罗马城中外来的迷信活动和奢侈行为，清除了埃拉伽巴卢斯的随心所欲的暴政的残余之后，便致力于从政府机构的各个部门中清除掉他所安插的无能的废物，并全部换上品德高尚、确有能力的人才。有知识、热爱正义是被推荐担任文职的唯一条件；勇敢、严守纪律是担任军职的唯一标准。

但是，马梅亚和她的明智的顾问们最为关心的还是如何塑造这年轻皇帝的性格，因为说到底，他个人的气质最后必将为罗马世界人民的幸福与苦难之所系。幸运的土壤能帮助，甚至用不着，人力的耕耘。透彻的理解很快使亚历山大认识到高尚的品德只会使
76 自己受益，知识是一种乐趣、勤劳更属必需。天生的善良、温和的性格使他完全能抗拒情欲的影响和邪恶的诱惑。他对他母亲的始终如一的关怀以及他对明智的乌尔皮安的尊重使得他在无经验的青少年时期便能自觉抵制谄媚的毒害。

他的简单的生活情况日记为我们提供了一位颇有成就的皇帝的令人欣喜的形象，除了在形式上不能不有所差异之外，完全可以

作为现代君主学习的榜样。亚历山大每天起床很早；他每天起身后的第一件事是进行个人的向神礼拜活动，而他的宫内教堂里挂满了那些曾改进和改善人类生活完全应当受到后人感激和景仰的英雄人物的画像。但是，由于他相信对人类的贡献才是神灵最喜爱的奉献，他上午大部分时间总和他的政务会成员在一起，以超出他的实际年龄所许可的耐心和精细，和他们一起讨论国家公务和决定一些民事案件。他常用文学的美来调剂这种枯燥乏味的事务工作；还常常留出一部分时间来以用于他所喜爱的诗歌、历史和哲学的研究。维吉尔和贺拉斯的作品、柏拉图和西塞罗的共和国等书决定了他的情趣，扩大了他的视野，并使他对人和政府都具有了最崇高的认识。紧接在这些思想锻炼之后的是身体的锻炼；亚历山大身材高大，灵活而强健，在体操技巧方面大多数和他年岁相当的人都比不过他。在洗个澡，吃过一顿清淡的早饭稍事休息之后，他立即精力充沛地投入一天的紧张工作；而直到罗马人的正餐，晚饭时候，他始终和他的秘书们一起口述许多直接写给大半个世界的主子的信件、抗议书和请愿书的回复。他的饭桌上经常仅只有最清淡的简单食物；不论什么时候，他自己有什么打算需要征求意见，一群经过精心选择、知识渊博、品德高尚的朋友便会被邀请前来，其中自然总包括乌尔皮安。他们的谈话是毫无拘束和颇有效益的，中间休息时间则让人念几段让人开心的美妙的作品，用以代替富有、奢侈的罗马人常常叫到饭桌边来助兴的舞女、喜剧演员，甚至格斗士的表演。亚历山大的穿着简单朴素，态度谦虚和蔼；每到一定时候，他的宫殿总要对所有的臣民开放一次，不过像在伊琉欣努的神秘剧中一样，总有一个声音在大声叫喊着，给人以有益的

教导:“绝不让任何思想不够纯洁正直的人进入这神圣的宫墙。”

这样一种始终如一从不给邪念和恶行留下多余时间的生活情调,显然比保存在兰卜里迪乌斯作品中的那种种无关紧要的细节描写,更足以证明亚历山大政府的明智和公正。自康茂德即位以后,罗马世界在长达40年的时间中,不停地饱受四个暴君的各种
77 罪恶行径的折磨,在埃拉伽巴卢斯死后,它才得以享受了13年国泰民安的太平年景。地方各省,不再受卡拉卡拉和他的狂妄的儿子的巧立名目的赋税的压榨,在一些通过亲身经历相信只有能得到人民爱戴才是获得君主宠幸最好的唯一的办法的行政官的治理之下,也在和平和繁荣中兴盛起来。由于对罗马人民无害的奢侈生活也稍加限制,更通过亚历山大的慈父般的关怀,食物的价格和借债的利息都逐渐下降,而他的比较谨慎的慷慨恩赐,既能缓解大多数群众的匮乏使他们能愉快地生活,也不会伤害勤劳人民的积极性。元老院的尊严、自由和权威已完全恢复了;每一个正直的元老都能有机会毫无畏惧、毫不紧张地亲自和皇帝交谈。

由于皮乌斯和马尔库斯的德政而显得异常高贵的安东尼努斯这个名字曾通过过继关系传给放荡的维鲁斯,然后又通过血缘关系传给残暴的康茂德。到塞维鲁的儿子时期,它又变成了光荣称号,从他们传给年轻的迪阿杜米尼阿努斯,然后可耻地落到了奸恶的埃米萨大祭司的头上。亚历山大虽一再受到元老院费尽心机,而且也许是出于真心的请求和敦促,却始终高傲地拒绝了这借来的称号的光辉;而他却通过终生的努力一心要恢复真正的两安东尼时期的普遍荣誉和幸福。

吉本知道,尽管对塞维鲁·亚历山大的传统的描绘显然过于理想化,他确实是一位温和的认真负责的统治者。他的改革计划使他失去人心,更由于波斯和日耳曼边境日益扩大的危险局势,使他完全失去了对军队的控制权。吉本在第六章的结尾处离开正题讲了许多有关帝国财政的情况。

帝国的瓦解

第七章　出身野蛮人的皇帝。戈狄安一世至三世。阿拉伯人菲利普。

在全世界流行的各种形式的政府中，似乎再没有比世袭君主制更容易遭人讥笑的了。父亲死后，整个国家便像一群牛一样，遗传给对人类以及对他自己还全然一无所知，处于襁褓之中的儿子，而这时最英勇的军人和最明智的政治家，全得放弃他们对帝国的自然权利，来到皇子的摇篮之前双膝跪下，严肃声称将对他绝对效忠。我们在讲述这一情景时谁能忍住不发出愤怒的苦笑？一部讽刺作品或一篇激昂的演说可以把这一明显的荒唐做法描绘得淋漓尽致，但是，我们的更为严肃的思想对这种撇开人的感情，建立起一种代代相传的简单规则的一大有用处的偏见却又只能表示尊重；我们对任何一种剥夺广大人民群众为自己选定主子的危险的，恐怕还应说是，理想的权力的做法，都只能欣然赞许。

茶余酒后朋友们闲聊，我们完全可以设想出一种空想的政府形式，其中政权的交替将通过全社会自由、公正的选举以保证它永远落入最理想的人物手中。可是，经验却早已彻底推翻了这种神话，并告诉我们在一个庞大的社会中，要大家来选举君主是永无可能选出最明智的人物，也根本不可能使选出的人合乎最大多数人

的心意的。在人群中只有军队紧密地团结在一起,因而可以有统一的意志,同时也有足够强大的力量把他们的意志强加于他们的同胞,但是,士兵的既易于粗暴行事又同时充满奴性的习性使他们极不适宜于充当一个司法机构,或甚至一个民政机构的保卫者。正义、仁德,或政治智慧等等品德,由于他们本身全不具备,也便不可能对别人的这种品德表示赞赏。勇敢永远会得到他们的钦佩,慷慨必能买到他们的选票;但前一种美德常常表现在最野蛮的人身上;而后一种则只有拿公共财产作牺牲才有可能办到;而这二者却全可以被一个觊觎王位的野心家用来对付已占有王位的人。

这种无可争议的出身特权,在得到时间和舆论的认可之后,可说已成为人世间最简单明了、最不致挑起争端的一种特权了。这种得到普遍承认的权利可以消除许多无端制造纷争的希望,同时一种明确的安全感也使在位的君王免去了许多残暴行径。我们正是得力于这一观念的确立,才使得欧洲的许多温和的君主政府得
79 以一代一代和平过渡。至于它所产生的缺点,我们不能不说,那就是亚洲的专制君王,由于常需杀开一条血路才能爬上他父亲的皇座,往往不得不发动内战。然而,即使在东方,这竞争的范围通常也只限制在皇室诸王子之间,一旦那个最幸运的竞争者用明枪或是暗箭清除掉他的弟兄们之后,他便再不用担心一般臣民怀有觊觎王位之心了。但是罗马帝国,在元老院的权威彻底丧失之后,便已整个儿陷入一片巨大的混乱之中。各地方省市的皇室家族,甚至一些贵族家庭,早已被傲慢的共和派作为战利品拴在他们的战车前面。罗马的古老家族已一个接一个在几世恺撒的暴政下相继没落;而当那些王子被共和政体的形式所束缚,并因他们后代的接

连失败而感到无望时，要继承制的观念在他们的臣民的头脑中生根显然已是绝不可能的事。既然谁也不可能靠出身来获得登上皇位的权利，那便人人都可以自认为有此德能。这样一来，野心家的最大胆的希望将从法律和偏见的健康的约制中被解放出来，人类中最卑下的成员也可以，而且并非完全胡闹，抱着希望，等待有一天凭着勇气和机遇在军队中获得高位，然后，只要通过一次犯罪行为，便能从他的无能的、不受人民欢迎的主子的手中夺过治理整个世界的权力。在亚历山大·塞维鲁被杀，马克西明登位以后，任何一个在位的皇帝都不可能不随时担心自身的安全，而边境上的每一个野蛮的农民却都可能希望，自己有一天能爬上那威风的但十分危险的地位。

大约在上述事件发生之前32年，皇帝塞维鲁从一次东方远征中回来，在色雷斯停留下来举行军人运动会，以庆贺他的小儿子格塔的生日。全国各地的人都成群结队前来一睹他们的君王的风采，这时有一个身材十分高大的年轻的野蛮人，用他的粗野的方言，诚恳地请求能允许他参加摔跤比赛。很显然，如果一个罗马士兵被一个色雷斯的农民摔倒，那无疑会大大有损于训练有素的罗马军队的名声，于是从军营中找来最强健的人和他交手，不料他竟然一连气摔倒了16个对手。他为他的胜利赢得了一些小奖品，同时获准参加了军队。第二天这个幸福的野蛮人，在一群新兵中有似鹤立鸡群，按照他本地区的习俗，和他们一起舞蹈、欢庆。他一发现自己正引起皇帝的注意，便立即跑到他的马边去，徒步和那马并步前进，他跑了很长一段路也毫无倦色。“色雷斯人，”塞维鲁惊奇地说，“你在这一阵长跑之后还能跟人摔跤吗？”“我非常愿意

试试，”那个不知疲倦的青年回答说；接着，几乎一口气又摔翻了7个军营中最强壮的士兵。作为他这无与匹敌的勇气和能量的奖赏，他得到了一个金项圈，并马上被指派参加了永远追随着君王的骑兵卫队。

80 马克西明，这正是他的名字，虽然出生在帝国境内，却是个不同野蛮民族的混血儿。父亲是哥特人，母亲则属阿兰民族。在任何场合他都能表现出和他的强健相对应的勇气，他天生的凶悍，在对广阔世界有所认识以后，已很快得到收敛或被掩盖起来。在塞维鲁和他儿子的统治时期，他已升为百人队队长，并一直受到这两位皇帝的恩宠和尊重，塞维鲁本人是非常善于知人的。知恩感不容许马克西明在刺杀卡拉卡拉的凶手之下工作。荣誉感又使得他拒绝了埃拉伽巴卢斯加之于他的女性的侮辱。亚历山大登位以后，他又回到宫廷，这位皇帝将他安置在一个对朝廷极有用，对他自己十分光荣的位置上。他被指派担任司令官的第四军团马上成为全军最为纪律严明的卫队。士兵们常把他们喜爱的英雄称作埃杰克斯和赫耳枯勒斯①，由于他得到士兵的普遍赞许，他接连被提升，一直到作了全部军队的最高指挥官；要不是他原来的野性显然尚未能全部消除，皇帝也许会将自己的妹妹嫁给他的儿子了。

这些恩宠并没有使这个色雷斯农民更为忠诚，却反更燃起了他的野心，使他认为只要他处在一人之下，那便还不能说他的地位已和他的才能相等了。尽管他完全不了解什么是真正的智慧，但他却绝不缺乏自私的机警，这便使他清楚地看到皇帝已完全失去

① 分别为荷马史诗《伊利亚特》和希腊神话中的英雄。——译者

了军队的欢心，并使他想到他应该进一步加深这种不满，以便自己从中取利。有心的分裂活动和肆意的诽谤什么时候也不难对最好的皇帝的执政情况倾泻毒液，甚至诡诈地把他的美德也指责为某些在外表上容易和它相混的罪恶。对于马克西明的代理人的谗言，士兵们听得津津有味。他们对自己如此忍气吞声，竟然在长达13年的时间中一直支持着一个像个娘儿们一样的叙利亚人，这个一味听命于母亲和元老院的怯懦的奴隶，并接受他加在他们头上的严酷的训练感到十分可耻。现在是时候了，他们大声叫喊着，立即把那个无用的虚假的政府首脑除掉，为自己选一个受过军营训练、经过战争磨炼、知道军人的光荣，定会把帝国的财富拿来和他的伙伴们分享的真正的军人来做他们的皇帝和将军吧。那时，在皇帝的亲自指挥下，一支庞大的军队正集中在莱茵河畔，皇帝几乎是刚刚从波斯战场上回来，又不得不立即向日耳曼蛮族进军。他把士兵训练和征募新兵的重要工作全交托给马克西明了。有一天，当他走进训练场的时候，军队，不知是一时冲动还是有计划的预谋，忽然一致尊他为皇帝，他自己一再表示否认的叫喊完全被士兵们的呼声压了下去，于是他们便匆匆赶去杀害亚历山大·塞维鲁，以最后完成他们的叛乱。

关于他死时的具体情况其说不一。那些认为他至死也不曾了 81
解马克西明完全忘恩负义和充满野心的作家们认为，他在士兵们完全可以看得见的地方简单地吃过一顿饭之后，便回去睡觉，而在那一天的大约七点钟他自己的一部分卫兵冲进御用帐篷里来，连砍数刀，把他们的这个善良的、从不疑人的皇帝杀害了。我们还可以听一听另一种的确看来更为可信的说法：在离开总司令部数英

里的地方，马克西明被一个人数众多的分队紫袍加身，他这时对自己的成功主要寄希望于那支庞大军队的隐藏着的心愿，而并非他们的公开的宣言。亚历山大还有足够的时间来唤醒他的卫队的忠诚思想，但是他们的极不坚决的效忠表示等到马克西明一露面便完全被打消了，马克西明宣称他是一切军人的朋友，通过各军团的欢呼他已被普遍承认为罗马皇帝。马梅亚的儿子看到自己已被出卖和抛弃，立即退到帐篷里去，至少是希望在自己死到临头的时候，不致受到众多群众的侮辱。在他身后紧跟着一个军团司令和几个百人队队长，他们实际是死神的使者；但是，他本应该充满男子气概，豪无畏惧地接受这他一生中的最后一击，而他的于事无补的哭泣和哀求却使他的生命的最后时刻显得大为失色，并使他的无辜和不幸原应引起的正当同情变成了轻蔑。他大声叫喊着，指责他的母亲马梅亚，认为是她的狂妄和贪婪给他带来了这场灾祸。她当时也和她的儿子一同死去。他的最忠心的朋友全都做了士兵们第一阵狂怒下的牺牲品。剩下的则留待这位皇位篡夺者慢慢残暴地加以处置，其中处罚最轻者也被免去一切职务，无情地赶出朝廷和军队之外去。

从前的暴君，如卡利古拉和尼禄、康茂德和卡拉卡拉，全都是放荡、无知的青年，从小生于宫廷之中，被帝国的骄傲、罗马的奢侈生活和别有用心的阿谀奉承的言辞所毁。马克西明的残暴却是出自另一根源：唯恐遭人鄙视。虽然他是依靠士兵的拥戴成事的，他们爱他是因为他具有和他们自己相近似的品德，但他清楚地知道，他的低下的野蛮人出身、他的粗野的外貌、他对文明生活的各种制度的无知与不幸的亚历山大的和蔼的神态形成一种对他自己极为

不利的对照。他不会忘记，在他的身份还比较低下时，他曾常常等待在某些狂傲的罗马贵族的门前，而最后却被他们的傲慢的奴仆拒之门外。他也还记得少数在贫穷中救济过他，曾经帮助他实现他的希望的朋友。但是，那些曾一脚将他踢开，和那些曾经保护过这个色雷斯人的人却都犯有一个共同的罪行，都清楚知道他的低下出身。就因为这一罪行许多人被处死了；而通过对他的几个恩人的处决，马克西明便已用血的字迹写下了他的无法抹去的生性下流、忘恩负义的历史。

面对着他的臣民中出身特别高贵或才能出类拔萃的许多人，82
这个暴君的阴暗、残忍的心灵，不可能不处处疑神疑鬼。不论什么时候只要一听到谋反的声音，他便会变得无尽无休的残忍横暴。有一个企图谋杀他的计划不知是实有其事，还是完全出于他的想象，一个兼任执政官的元老马格努斯被指控为这一计划的主谋。于是，没有任何证据，不经过任何审讯，不容有任何辩解的机会，马格努斯便被同另外4000个据说是他的同谋者一同处死了。在意大利以及在整个帝国到处是蛆虫一般的密探和告密人。仅因遭到随便一个人的指控，曾经做过几个省的总督、指挥过军队，曾得到过执政和胜利勋章的首席罗马贵族，也会被捆绑起来用车押解着匆匆赶去面见皇帝。没收财产、流放，或简单处死，都被看作是他的宽容。对有些不幸的牺牲者他下令给缝在刚杀死的牛马皮中，另一些则被扔给凶猛的野兽，或用棍棒打死。在他进行统治的3年中他始终懒得去罗马或意大利走一走。他的营帐，有时从莱茵河畔移到多瑙河岸边去，便是他的严酷的独裁统治的中心，这种独裁统治置一切法律和正义的原则于不顾，完全靠公认的刀剑的力

量支撑着。任何一个出身高贵、学业有成或熟悉民政事务的人都不容和他接近；一个罗马皇帝的宫廷却使得古代奴隶和格斗士首领的观念又复活了，他们这类人的野蛮力量早已给人们留下了深刻的可怕亦可恶的印象。

只要马克西明的残暴始终只限于对待著名的元老，或甚至只限于那些在宫廷或在部队之中甘愿让自己受命运捉弄的大胆的冒险家，那绝大部分人民对他们的苦难根本不会在意，或者也许还会感到几分高兴。但是，这暴君的贪婪，在士兵们的无厌的贪求的刺激之下，最后侵犯到公共财产了。帝国的每一个城市都有独立的财政收入，主要用于为广大市民购买谷物和支付运动会和文娱节目的开支。当局一声令下，整个这一大笔财富立即全被没收，拨归皇帝的金库使用。神庙里最有价值的金银供器全被拿走，神灵、英雄和帝王们的铜像全被熔化掉，铸成了钱币。这类冒犯神灵的命令不经过骚乱和屠杀是很难顺利执行的，在许多地方，人民宁冒杀身的危险也要保卫他们的神坛，也不愿袖手旁观，干看着自己的城市遭到战争的掠夺和洗劫。那些分得从神庙中掠夺来的财富的士兵本身，在拿到钱时，也止不住心情忐忑；因为尽管在进行抢夺时
83 他们已横下一条心，事后他们却也害怕受到他们的朋友和亲戚的责骂。一种愤怒的呼声响彻罗马世界全境，呼喊着要向人类的共同敌人报仇；最后，由于一个对个人进行压迫的法令，一个平静的没有武力的省被迫直接针对着他起来谋反了。

非洲的地方财政长官，真不愧为这么一个主子的得意奴仆，他居然认为对富有的人科以巨额罚金或没收其财产乃是皇室财政收入的一个最有油水的来源。针对意大利某些富有的青年曾作出一

种极不公正的判决,目的实际是要剥夺掉他们所获得的大部分遗产。在这种无路可走的情况下,他们已感到完全绝望,于是决心要么设法阻止自身的毁灭,要么彻底完蛋了事。他们费尽气力终于让那个十分贪婪的财政官允准对他们宽限三天,然后就利用这三天的时间,集中了一大批对老爷们的命令一味盲目服从的奴隶和农民,拿起棍棒和板斧等一些生锈的武器把自己武装起来了。组织这次阴谋的头目们,在他们获准前往会见地方财政长官时,用暗藏在衣服里面的匕首将他刺死,然后,借助于追随他们的声势浩大的队伍,他们夺下了提斯德鲁斯小镇,在那里举起了反对罗马帝国君王的义旗。他们寄希望于人们对马克西明的仇恨,并十分正确地决定推举戈狄安做罗马皇帝,以代替那个可恶的暴君,因为戈狄安的仁慈的品德早已得到罗马人民的爱戴和尊重,而他在该省的威望必会使他们的这一举动为人民所重视并立即稳住局势。但他们所选定的对象前执政官戈狄安却实心实意地拒绝接受这一危险的荣誉,含着眼泪请求他们容他能平静地结束他的清白的晚年,不要让他在风烛残年中再沾染上内乱的血污了。他们威胁着强迫他接受了皇帝的紫袍,实在说,这也确是他能逃脱多疑的马克西明的残暴的唯一避难所;因为,根据暴君的逻辑,谁被认为具有当皇帝的资格便是死罪,谁思考过这个问题便是已经谋反了。

戈狄安家族

戈狄安家是罗马元老院中名声最为显赫的一个家族。从父亲方面说,他是格拉古的后代;从母亲方面说,图拉真皇帝是他的先辈。一笔巨大的财产使他能够维持着自己的显赫出身,在享受这笔财产的时候,他更表露出高雅的情趣和善良的天性。罗马皇宫在大庞培入主以前,早已在几代人的时间中,都由戈狄安家族占有。宫里以陈列大批古老的海军战利品而闻名,也装点着许多现代绘画。他在通往普拉内斯特的路边修建的别墅,以其无比华美和广阔的浴场、三座长 100 英尺的宏伟的大厅和一座由 200 根昂
84 贵的被称为大理石四绝的石柱支撑着的廊柱而闻名于世。公共娱乐活动全由他自己掏钱,而且每次都有数百头野兽和格斗士参加,那气派似乎完全超出了一个普通臣民所应有的享受;另外,别的一些执政官虽也颇为慷慨,但他们最多限于在罗马进行有数的几次庄严的节日仪式,而戈狄安,当他作营造官的时候,在一年中每个月都要举行一次,而当他做了执政官时,更扩展到在意大利各个主要城市中同时进行。他曾两次被光荣地委以执政官的重任,一次由卡拉卡拉,一次由亚历山大委任,因为他具有能获得善良的君主的尊重而又不致引起暴君们的妒心的非凡才能。他的悠久的岁月都平静地用于研究文学和享受罗马荣誉;而当元老院提出加给他前执政官头衔并已得到亚历山大批准的时候,他看来是十分明智的请求交出指挥军队和管理几个省份的权利。在这位皇帝生存期间,非洲人民在他的忠诚的代理人的治理之下,一直过着幸福的生活;在野蛮无理的马克西明篡夺王位之后,戈狄安尽力减缓了许多他未能事先制止的苦难。在他迫不得已接受皇帝的紫袍的时候,他已有 80 余岁高龄;他堪称是幸福的安东尼时代的十分难得的最后的余庆,他在自己的行为中重现了两安东尼的美德,这在一部三十卷的高雅的诗集中得到了充分的表现。作为他的副职官员随同

这位德高望重的前执政官一起前往非洲的他的儿子，后来也同样被称为皇帝。他的做人态度稍欠纯正，但他的性格却也和他父亲一样和蔼可亲。22 个正式娶下的妻妾和一所藏书六万二千卷的图书室，表明了他的兴趣的广泛；而根据他遗留下的产品来看，显然不论是前者还是后者都确系为了实用，而并非装装样子而已。罗马人民承认小戈狄安的长相极像西庇阿·阿非利加[1]，但他们更为高兴的发现那母亲却是安托尼努斯·皮乌斯的孙女儿，他们按他们自己一相情愿的设想，把公众的希望寄托于他们认为自那以后一直蛰伏在一种奢侈的懒散悠闲生活之中的美德的复活。

当戈狄安父子已使这次人民选举的骚乱平息下去以后，他们便把皇宫迁到了迦太基。在那里，他们受到了重视他们的美德的非洲人的热烈欢呼。那些非洲人，自从哈德良的访问之后，一直再也没有见到过一位罗马皇帝的威仪了。但这种空洞的欢呼声却既不能加强，也不能进一步肯定戈狄安父子的权利。他们出于原则，也出于自身利益考虑，必须求得元老院的认可；于是一个由地方最高尚的人士组成的代表团便立即派往罗马，以便向元老院陈述他们的同胞为何采取此一行动及其经过情况，说明他们长时间以来早已忍无可忍，最后才不得不如此积极行动。新皇帝父子写给元老院的信十分谦虚、崇敬，一再说明他们接受皇帝称号实是出于无 85
奈，但他们现在仍把对他们的任免和他们的命运交给拥有最高权力的元老院裁决。

元老院对这件事既无意见分歧，也毫无异议。戈狄安父子的

① 公元前 3—2 世纪以善战闻名的罗马将领。——译者

高贵出身和姻亲关系立即把他们和一些最有声望的罗马家族联系在一起。他们的财富已培育了许多依附于他们的元老,他们为人正直又使他们获得了许多朋友。他们的温和治理,令人不禁想到,已开辟了不仅是通向民治政府,而且甚至是共和政府的道路。对军事暴力的恐怖曾第一次迫使元老院忘掉亚历山大的被杀,并使他们批准了对一个野蛮农民的选择,现在却产生了相反的效果,使得他们要重申自由和人性的受损的权利了。马克西明已公开表明了对元老院的仇恨,而且是不可调和的;最大限度的恭顺也不能平息他的怒气,最为小心谨慎的忠诚也不能消除他的怀疑;甚至仅为自身安全考虑他们也只能承担这一冒险事业可能带来的风险,因为这事如果不成功,他们便必将是第一批的牺牲者。关于这类问题,也许还有其他一些更为机密的问题,在一次由执政官和地方行政官参加的会议上进行了辩论。等到他们一作出最后决定,他们便按照一种古老的,意在唤醒大家的注意,并对他们的决定保守秘密的机密方式在卡斯托神庙召开了元老院全体成员大会。“诸位尊敬的元老,”执政官叙拉努斯说,“戈狄安父子,两位都具有高贵的执政官头衔,一位是你们的前执政官,一位是你们的副总督,现在已在全非洲人民一致同意下被推举为皇帝。让我们向,”他大胆地接着说,“提斯德鲁斯的青年们表示感谢;让我们向慷慨地把我们从一个可怕的魔鬼手中拯救出来的迦太基人民致谢——你们在听我讲话时为什么如此冷静?如此胆怯?你们为什么这样不安地彼此对看着?这样犹豫不决?马克西明是人民的仇敌!愿他的仇恨随着他的肉体一起消灭吧,愿我们能长期享受戈狄安家父亲的谨慎和仁爱,也让我们长期享受戈狄安家儿子的英勇和忠贞!”

这位执政官的高贵的热忱终于把元老们从委靡状态中唤醒。于是一致决定，戈狄安父子的当选获得批准；马克西明和他的儿子以及他的追随者都被定为国家的仇敌；现在谁要是有勇气和幸运将他们消灭掉，便将获得一笔丰厚的报酬。

当那个皇帝不在的时候，禁卫军的一个分队留在罗马保卫着，或者应该说是管制着首都。卫队长维塔利亚努斯在迅速执行，甚至在阻止那暴君的残酷命令方面，早已充分表现出了他对马克西明的赤胆忠心。现在只有他的死能够挽救元老院的声威和元老们的生命于危难之中了。在已作出决定的消息尚未透露出去之前，一个财务官和几个军团司令官奉派去结果他的一心为主子效力的
生命。他们大胆而坚决地执行了命令；然后，手举着鲜血淋漓的匕 86
首，他们跑过街头，向人民和士兵们宣布了关于这一可喜可贺的革命行动的消息。于是到处是一片自由奔放的热情，更伴随着捐献大量土地和财物的慷慨许诺；马克西明的雕像被推倒了；帝国的首都在欣喜若狂中接受了两戈狄安和元老院的领导，意大利其他部分也立即决定步罗马后尘。

现在，在那个长期以来一直只是在专制的暴虐和军队的横行下忍辱含垢的议会中，又焕发起一种新的精神。元老院终于又抓住了驾驭政府的缰绳，它准备以冷静的无畏精神，通过武力为自由的事业奋斗。在担任执政官的元老中，有不少曾以他们的功绩和工作能力受到亚历山大皇帝的青睐，要在他们中选出 20 个具有军事指挥才能，能征惯战的将领来是并不难的。然后，便把意大利的财务全交托给他们。他们全都被委以重任，各自在一个部门负责，受权征募和训练意大利青年，奉命在各港口和大路上设防，以阻止

马克西明随时可能发动的进攻。许多从元老和骑士中选出的代表同时被派往各地去会见一些省的总督,诚恳地请求他们急速行动起来,急国家之难,并派往各地的少数民族地区,提醒他们不要忘了自古以来他们和罗马元老院和人民的友谊联系。代表们普遍受到的尊重和欢迎,以及意大利及各省对元老院所表现的友好情谊也充分证明,马克西明的臣民已落到非同一般的苦难境地,以致他们对政治压迫的恐惧更甚于武力对峙了。这种可悲情景的意识所唤起的坚持不懈的愤怒情绪,在其他那种为了少数分裂主义的、别有用心的领导人的利益而勉强支撑起来的内战中是极为少见的。

因为,当戈狄安父子的事业正在许多地方热烈展开的时候,他们本人却都已不复存在了。迦太基的无力的朝廷很快就受到了毛里塔尼亚总督卡佩里阿努斯前来进攻的威胁,他带着一小队老兵和大批凶恶的野蛮人向一个忠于新皇帝但并无战斗力的省份进攻。年轻的戈狄安带着几个卫兵和一些只习惯于迦太基的平静奢侈生活,从未受过军事训练的群众,身先士卒向敌人冲去。他的无补于实际的勇气只不过为他自己买得一个在战场上光荣牺牲的美名而已。他的年事已高的父亲,前后统治了不到36天,一听到失败的消息便结束了自己的生命。迦太基在完全失去防卫力量之后,只得对前来的征服者敞开了城门,于是整个非洲便完全暴露在一个为了满足主子的无餍的贪欲不得不大量屠杀和掳掠的奴隶的残酷蹂躏之下。

87 元老院现在受托,一方面抵抗马克西明,同时还选举出了两个皇帝,普皮努斯(吉本的原文为马克西穆斯)和巴尔比努斯。马克西明准备着要以使人们预先尝一尝野蛮人入侵滋味的方式进入意大利。

在罗马和非洲的剧变正以惊人的速度此起彼伏的时候，马克西明的精神状态完全处于疯狂之中。据说在他得悉戈狄亚努斯父子造反，元老院已决定反对他的时候，他的反应已完全超出了一个常人的表现，实际已变成了一头野兽。由于无法向远在天边的元老院发泄他的愤怒，他竟威胁着要杀死他的儿子、他的朋友，以及一切走近他身边的人，紧跟在戈狄亚努斯父子已死的可喜消息之后的，又是元老院肯定已放弃了一切请求宽赦或进行谈判的希望，已经另选了两个皇帝来填补死去的两父子的位置，而且对这两人的才德又不可能完全不让他知道。这时唯一能使马克西明感到安慰的就只剩下痛快的报复了，而报复却又非使用武力不可。亚历山大已把军团的兵力从帝国各地集中起来。在接连取得对日耳曼人和萨尔马提亚人的三次重大胜利之后已提高了他们的声望、肯定了他们的训练方式，甚至通过在野蛮人的青年中挑选兵员进一步扩大了军团人数。马克西明一生都在战争中度过，严厉而忠实的历史也不能不承认他具有军人的英勇，或甚至一个经验丰富的将军的才能。我们也许会很自然地以为像他这样性格的一位皇帝，一定不会拖延时日，坐观反叛力量日趋稳定，而定会立即从多瑙河畔直向第伯河岸边进发，他的胜利的军队，一方面因受到元老院轻蔑的刺激，一方面又恨不得立即把意大利的一切全都掳掠来归自己所有，必会迫不及待、心急火燎，力求尽快了结这轻而易举又可以大发横财的一战。然而，如果我们能够相信那一时期含糊

不清的史料记载，看来似乎是因有某种对国外的战争使得向意大利的进军一直推延到了第二年的春天。从马克西明行动谨慎的情况来判断，我们也许可以认为一些带有偏见的人过分夸大了他性格中野蛮特点；他的狂热情绪，尽管使他急躁不安，究竟还没有超出理性的控制；同时这个野蛮人实具有苏拉的慷慨精神，在制服罗马的敌人以前不能允许自己先去图报私仇。

当马克西明的部队秩序井然地来到尤利安阿尔卑斯山脚下的时候，他们十分惊愕地看到，意大利前线竟是那样的人烟断绝，一片荒凉。在他们未到之前，原来的居民全都放弃了自己的村庄和无法防守的城镇，牛羊被赶走，食物被运出或者毁掉，桥梁被拆毁，总之，一个入侵者要想在这里找到任何栖身和充饥的东西都不可
88 能了。这是根据元老院委派的将军们的明智的命令作出的安排，他们计划要进行持久战，通过饥饿慢慢置马克西明的军队于死地，并在他们对意大利几个主要城市的围困中消耗掉他的力量，至于在那些城市中却储备了从被放弃的村镇集中起来的足够的人员和食物。首先受到侵略军的进攻，并挡住这一攻击的是阿魁利亚城。从海德里亚海峡尽头流出的一些河流因冬雪融化而暴涨，使马克西明的部队遇到了一个完全未曾料到的障碍。最后，想尽办法经过种种困难终于搭起了一架简易桥梁，把他的部队运到了对岸，把阿魁利亚城附近的美丽葡萄园全给铲平，把郊区的住房全给毁掉，用那些建筑的木料做成器械或塔架，用以在该城的四面围攻。原来由于长期和平自行坍塌的城墙，现在在这突如其来的紧急情况中也都已匆匆修复。但是，阿魁利亚的真正可靠的防卫力量还在于齐心协力的全体公民；他们中不分阶层，全都并未惊慌失措，而

是由于他们知道那暴君是何等残暴无情，而反为这极端的危险所激励。他们的勇敢更得到了元老院委派的20名武官中的两人，克里斯皮努斯和门诺菲卢斯的支持和引导，他们两人仅带领着极少的一点正规部队来到这被围困的城市投入了战斗。马克西明的军队多次进攻都被击退，他的攻城器械被放火烧毁；更由于有人说，他们的守护神贝列努斯已在亲自出战以保卫他的信徒们，阿魁利亚人更完全相信，他们必胜无疑了。

马克西穆斯皇帝为了确保拉文纳这一重要地点的安全，并尽快作出军事部署，已经来到该城，他从理性和政策的角度对这一战事作出了更为客观的估计。他一眼便看出一个孤零零的小城要想长时间抵抗一支大军的不停的进攻是根本不可能的；他而且十分担心，敌人很可能会对阿魁利亚的拼死抵抗感到厌倦了，忽然间丢开这无结果的围困，直接向罗马进军。到那时帝国和自由事业的命运必然只能靠一战的胜败来作出最后决定。可哪里能有一支可以和莱茵河和多瑙河畔训练有素的军团对抗的部队呢？已经在十分慷慨但不够强健的意大利青年中招募了一批新兵，还有一支由日耳曼人编成的辅助部队，但到了接受真正考验的时刻要完全依靠他们，那可是太危险了。这的确都是值得担忧的问题，而在这时内部的叛乱却惩罚了马克西明的罪行，而使罗马和元老院得以免除了一场，如果那发疯的野蛮人获得胜利，将必不可免的巨大灾难。

阿魁利亚的人民几乎并没有尝到被困城中的苦难；他们的军械库中弹药充足，城里有几处泉眼保证他们有取之不尽的清水。而马克西明的士兵们却正好相反，在严冬中无栖身之处，疾病流 89

行,再加上更可怕的饥饿难忍。田野上全是一片荒凉,河水中到处是死难者的尸体和血污。一种绝望和不满情绪在军队中蔓延开来;由于他们对外面的情况得不到任何消息,他们便很容易相信整个帝国已都和元老院一条心,只有他们还死心眼儿甘心牺牲在这攻不破的阿魁利亚的城墙之下。那暴君的凶恶脾气由于接连失败,更变得横暴不堪,而他把他的失败全归之于军队的怯懦;这时他的不合时宜的无理的残暴,却不但并不能产生威慑力量,却只引起了仇恨和必然的报复之心。禁卫军中的一部分人,为他们的居住在离罗马不远的阿尔巴的妻子儿女的安全提心吊胆,动手执行了元老院的判决。这个被他的卫队所抛弃的马克西明和他的儿子(他已被他父亲加以皇帝的荣誉),以及为他推行暴政的几个负责的大臣一起,被杀死在帐篷之中了。看到了挑在矛头上的头颅,阿魁利亚的公民们相信围城已告一结束;于是城门大开,为饥饿的马克西明的部队开办了价格优惠的市场,这支部队也便和大家一起严肃表示,今后将忠于元老院和罗马人民,忠于他们的合法皇帝马克西穆斯和巴尔比努斯。这便是那个一般被认为缺乏一个文明人或甚至人之所以为人的一切情感的残暴的野蛮人罪有应得的下场。他的身躯和他的灵魂倒是互相适应的。马克西明身高 8 英尺,有许多关于他的无与伦比的体力和食量的传闻,简直让人完全无法相信。如果他生长在一个更为蒙昧的时代,传说和诗篇很有可能会把他描绘成一个随时凭着他的超人的力量与人类为敌的恶魔般的巨人。

暴君的死在罗马世界普遍引起的欢乐情绪,是只可意会难以言传的,据说这一消息仅在 4 天之内便从阿魁利亚城传到了罗马。

马克西穆斯回转罗马的行动完全是一次凯旋仪式;他的合作皇帝和年轻的戈狄安都出城来欢迎他;然后三位皇帝在几乎从意大利各个城市派来的使臣的陪同下,一同进入首都,他们受到各种表示感谢和带有迷信成分的奢华的奉献,并受到元老院和人民的由衷的欢呼,他们全都相信紧接在铁蹄时代之后的必将是一个黄金时代。两位皇帝的行动颇孚众望。他们亲自过问司法问题;二人中一人的严厉和另一人的宽厚正好可以相互调剂。马克西明加在遗产和继承权上极不合理的税则现在全被取消或至少是减少了。纪律又重新得到了恢复,同时在元老院的建议下,皇室的大臣们实施了许多明智的法令,因为他们力图在这个军事暴政的废墟上重新建立起民治的政体。“我们把罗马从一个魔鬼手中拯救出来时希 90
望得到的报酬是什么呢?”马克西穆斯在一片自由和自信的气氛中问道。这时巴尔比努斯脱口而出地回答说,“是元老院的爱、人民的爱和全人类的爱。”“可悲呀!”他的更有远见的合作者回答说,“可悲!我担心士兵们的仇恨和他们的仇恨将带来的无比严重的后果。”从后来发生的情况来看,他的担忧绝非庸人自扰。

> 马克西明死后没有多久那些禁卫军便杀死了普皮努斯和巴尔比努斯。在经过戈狄安三世短暂的统治之后,通过士兵们的投票选举,帝国便落入了一个“出身是阿拉伯人,因而……以抢劫为业的”菲利普手中。

阿拉伯人菲利普

当菲利普从东部回到罗马时,他一心想抹掉人们对他过去的罪行的记忆,并获得人民的欢心,于是不怕奢华、不嫌靡费,慎重其事地大办世俗的文娱节目。自奥古斯都开始兴办或重新使之振兴以来,克劳狄、图密善和塞维鲁都曾大办过,现在则是为庆贺罗马建国整整1000年,第五次筹办了。对于这种世俗文娱节目的安排处处力求在那些迷信头脑之中激发起深沉而庄严的崇敬情绪。前几次每次相隔的漫长时间全都超过了一个人的一生;因而既然观众中过去谁也不曾见到过,那也就谁也不可能对自己许愿说,他还将看到第二回。在接连三夜中,在第伯河畔表演了各种神秘的向神奉献牺牲的仪式;马齐乌斯广场上回荡着音乐、舞蹈声,并被无数的灯笼火把照得一派通明。奴隶和外乡人全都不得参加这类国家庆典。一个由出身高贵家庭、父母均健在的27个男青年和同样数目的处女组成的合唱队,乞求慈悲的神灵赐福给活着的人并为正在成长中的一代祝福;并通过咏唱圣诗,求神灵,根据对古老的神谕的体会,使他们仍能保持罗马人民的美德、忠贞和帝国的完整。菲利普的这些文娱节目和表演的壮观场面使得广大群众不禁为之眼花缭乱。虔信宗教的人被利用来举行一些迷信仪式,少数有头脑的人则不免十分不安地思索着帝国过去的历史和它未来的命运。

自从罗慕洛带领一小队牧羊人和逃犯在离第伯河不远的山区扎下根来以后,10个世纪已经过去了。在最初的400年中,罗马

人在贫困学校的艰苦磨炼中学会了战争和管理政府的才能:通过对这些才能的大力发挥,并依靠命运的帮助,他们在接连3个世纪的时间中,完成了一个统辖欧、亚、非三洲许多国家的专制帝国。91
最后的300年是在外表的繁荣和内部的没落中度过的。占罗马人口五分之三由士兵、行政官和司法官组成的民族群体已融入人类大集体之中,和数以百万计的仅接受罗马人的名称而无罗马人精神的充满奴性的各省市的人民难以区分了。一支从边民和野蛮人中招募来的雇佣兵是唯一一支保护他们的独立,同时又破坏他们的独立的力量。通过他们的乌七八糟的选举,一个叙利亚人、哥特人或一个阿拉伯人全可以被推上皇帝宝座,并赋予他们专制权力,以统治各被征服地区以及几世西庇阿治下的国土。

罗马帝国的版图现在仍然从西海洋直到底格里斯河,从阿特拉斯山脉直到莱茵河和多瑙河。在那些鄙俗的人的昏花的眼中,菲利普似乎是一个不次于哈德良或奥古斯都的强有力的君主。外形仍是原来的外形,但强健的体魄和活力却已不复存在了。人民的勤奋在无尽无休的压迫之下一再受到打击,终至完全消除。军团的纪律,在其他一切品德都被消灭之后,一直全靠它支撑着伟大国家的局面,现在也被皇帝们的野心所破坏,或因他们的无能完全松弛了。边界的防卫能力,过去一直便是依靠有生力量,而并非依靠工事,现在已在不知不觉中削弱;最美好的一些省份现在也完全暴露在野蛮人的掠夺或占领的野心觊觎之下,他们很快也便将发现罗马帝国已处于衰亡之中了。

当帝国政府在很长时间中一直为边界战争所困扰的时

候，一次重大的即将来临的野蛮人的入侵又构成了一种新的威胁。在东方，帕提亚人的强大的阿尔萨息王朝[①]已经完结，新的威胁来自波斯。在北部边界，一直对罗马人还极不熟悉的东日耳曼人现正积极积蓄力量。吉本以两章（八章和九章）的篇幅讨论了这些问题。

① 亦称安息王朝。乃是帕提亚人（亦称安息人）于公元前后各约240年期间统治伊朗的王朝。——译者

第十章　瓦勒良和伽利埃努斯统治时期的种种不幸。哥特人的入侵。波斯人对亚美尼亚的进犯和瓦勒良的被俘。 92

菲利普于249年被杀，一个极有才能的人德基乌斯继承了皇位。他亲赴前线与哥特人进行战斗，他和他的儿子都在罗布鲁什卡一战中阵亡。接下去是加卢斯和埃米利安努斯的短暂的统治，253年瓦勒良当了皇帝，并很快让他的儿子伽利埃努斯参与统治工作。吉本对伽利埃努斯的报道一概采取了蔑视的态度。现代批评家大都为他恢复了名誉。但不管怎样吉本所描写的瓦勒良和伽利埃努斯统治时期的灾祸却是基本符合事实的。

瓦勒良穿上紫袍的时候已差不多60岁了，他所以能当皇帝，不是由于人民群众的一时高兴，或由于军队的一阵欢呼，而是得到了整个罗马世界的一致推举。在他逐步获得国家荣誉，步步高升的时候，他完全无愧于一些仁德的亲王对他的眷顾，他还自称是暴君的仇敌。他的高贵的出身、温和但无懈可击的处世态度、他的学识、谦虚谨慎的为人以及他的经历使他受到元老院和一般人民的

普遍尊敬；而如果（根据一位古代作家的观察）人类可以完全自由地推选自己的主子，他们的选择肯定会集中在瓦勒良身上。也许这位皇帝的实际才德并不能和他的名声相符，也许他的能力，或至少他的精神已受到他已临暮年的懒散和冷漠性情的影响。正是由于深感自己日渐衰老才使他决定让一个更年轻、更有活力的合作者来同他共主国事；时势的紧迫对一位将军的迫切需要绝不次于一位得力的王子；曾任罗马监察官的经历完全可能会指引他，如何将那御用紫袍用作对军事才能的奖赏。但是，瓦勒良放弃了定然会巩固他的统治、更能让后人怀念的正确的选择，却一味从感情或虚荣考虑，把那最高荣誉加给了他的儿子伽利埃努斯，一个由于一直处于无职无权地位其罪恶行径尚不及败露的青年。父与子的联合统治维持了大约 7 个年头，伽利埃努斯的单独统治又继续了大
93 约 8 年。但整个这段时间充满了不断的叛乱和灾祸。由于罗马帝国在这段时候从四面八方同时受到国外侵略者的盲目、疯狂的攻击，和国内王位篡夺者的充满野心的蠢动，我们不打算一味把可疑的时间因素看作是事物更自然的安排，从中去寻求清晰的脉络。在瓦勒良和伽利埃努斯统治时期，罗马的最危险的敌人是——1. 法兰克人；2. 阿勒曼尼人；3. 哥特人；4. 波斯人。在这几个总名称下，我们可以涉及一些不甚重要的部落的冒险活动，现在如一一提到它们的一些奇奇怪怪的生僻的名称，只会给读者的记忆力造成负担，并惑乱他们的视听罢了。

I. 由于法兰克人的后代组成了现代欧洲最大和最开化的民族之一，为了弄清他们的无知的祖先，已经耗尽了人们的聪明和才智。在似乎可信的传说之外又加上了各式各样的猜想。凡有可能

透露出他们的渊源的任何一般文字都曾被逐字研究，任何一个地点都经过详细调查。一直有人猜想这个著名的集中居住的好战民族的祖先是潘诺尼亚人，是高卢人，是北部地区的日耳曼人。最后，最为明智的批评家们，抛弃了出于想象的理想的征服者大移民的理论，渐渐承认了一种以其简单明了而使人更觉可信的设想，他们估计，大约在公元240年前后，下莱茵河和威悉河地区的原来的居民，以法兰克的名称组成了一个新联邦。现在的威斯特伐利亚地区、黑森的领地及不伦瑞克和吕讷堡公爵领地便是古代乔西人的地盘，他们凭着无法逾越的沼泽地，完全不把罗马的军力放在眼里；那里也是以阿尔米纽斯[①]的名声自豪的切鲁西人的地盘；是以拥有坚定、无畏的步兵而十分强大的卡蒂人的地盘，也是另几个力量较弱不甚出名的部落的所在地。热爱自由是这些日耳曼部落的最主要的特点；享受自由是他们的最大财富。他们无愧于，他们也自称他们护维着，法兰克人或自由人这光荣的称号；这称号掩盖住了但却也并未消灭掉联邦中各个邦自身的名称。彼此的默许和相互的利益确定了第一个联合法令，它慢慢又被习惯和经历所加固。法兰克联盟也许可以说和海尔维第亚[②]联合体有些相似之处；参加的每一个行政区都保留自己的独立自主权，遇到和大家有关的问题，彼此在一起进行商议，但不承认任何领导权威或代表会议的决议。但是，这两个联盟的原则又是极不相同的。瑞士的明智和诚恳的政策为它赢得了二百年的和平。一种摇摆不定的精神、无

① 公元前后的一位日耳曼部落领袖。——译者

② 古代克尔特人国土，在今中欧瑞士西部地区。——译者

止境地掠夺的贪欲，以及任意撕毁最严重的国际条约等已成为法兰克人的可耻的性格特点。

94 对于下日耳曼地区的人民的勇武精神，罗马人是早就领教过的。现在他们的全部力量的联合表明他们有可能对高卢地区发动更为强大的进攻，因而要求当今皇帝的皇储和同事伽利埃努斯亲临前线指挥。当这位王子和他的幼小的儿子在特里夫皇宫显露出皇家威仪的时候，那里的军队却已经在波斯蒂尤默斯将军的强有力的指挥下进行战斗，这位将军虽然后来背叛了瓦勒良，一直可是忠心耿耿，始终不忘竭诚为该君主国的最大利益效命的。语言含混的赞扬之词和各种勋章隐约宣告了一长串的胜利。一些战利品和头衔证明（如果这类东西可以为证的话）现在常被称作"日耳曼人的征服者和高卢的救星"的波斯蒂尤默斯当时确已声威四震。

但是，仅有的一件我们比较明确知道的简单事情，却在很大程度上，一举抹去了那些只图虚荣和颂扬过当的纪念物。莱茵河虽然被尊为数省的安全屏障，却并不能完全阻挡住法兰克人的大胆进攻。他们的迅雷不及掩耳的毁灭性活动从该河边直延伸到比利牛斯山脚下；他们的破坏活动也并不是到此便结束了。过去从未受到过威胁的西班牙完全无力抵抗日耳曼人的入侵。在 12 年的时间中，伽利埃努斯治下的大部分地区，那片富庶的国土，一直就是强弱悬殊、具有毁灭性的战斗的战场。一个和平省份的繁荣的省会塔拉戈纳被掳掠，甚至几乎被彻底毁灭了，以致到了晚至在五世纪进行写作的奥罗修斯时代，在巨大城市的废墟之中，尚能看到点点破烂不堪的村舍，诉说着野蛮人的凶残。当这片土地已被洗劫尽净再无任何东西可供掳掠的时候，那些法兰克人在西班牙港

口抓到一些船只，坐上它进入了毛里塔里亚地区。遥远省份的居民完全被这些疯狂的野蛮人给吓坏了，他们仿佛是从另一个世界忽然从天而降，因为他们的名字、神态，以及他们的面色，对非洲海岸边的居民来说，都同样完全陌生。

II. 在易北河那边，现在叫作卢萨斯的马基塞特的上萨克森地区，有一片作为斯威弗人迷信活动中心的神秘的森林。任何人，在没有依照他们的像奴隶一样俯伏在地的姿态，公开表示相信他们的统治一切的神灵以前，是绝不容许进入他们的这片圣地的。爱族思想，也和信教热情一样，使这片森农林，或称森农人的森林变得更为神圣了。普遍相信，这个民族最初便是在这块神圣的地点诞生的。在指定时期，众多的有幸带有斯威弗人血统的部族都要派遣使者到那里聚会；通过野蛮的仪式和以人为牺牲的祭礼以使大家永远记住他们是出于同一个血统。到处存在的森农人的名称布满了从奥得河到多瑙河岸边一切属于日耳曼人的内陆地区。他们和其他日耳曼人不同之处在于他们都留有长发，并把头发挽成
松松的球状固定在前额上；他们喜欢使用一种能使得他们的人在 95
敌人眼里显得更崇高、更可怕的装饰。由于日耳曼人都热衷于获得战功，他们全都自称为最勇敢的森农人；他们的两个分别叫乌西皮特人和滕克特里人的部落，纠集了一支强大的军队与独裁者恺撒相遇，最后自己宣称，在一支连不朽的神灵都无法与之匹敌的军队的压力下溃败，根本算不得什么耻辱。

在卡拉卡拉皇帝统治时期，有一次有无数的斯威弗人出现在缅因河岸边寻找食物、寻找掳掠的机会，或企图显示武力。这支匆匆自愿组成的军队慢慢集结成了一个巨大的永久性的民族，而由

于他们实际来自许多不同部族，于是便取名为阿勒曼尼人，或全体人①，用以同时表明他们的不同来历和他们的共同的勇敢。这后一点罗马人在他们多次敌对的进攻中很快便领略到了。阿勒曼尼人主要在马上战斗；但他们的马队由于同时掺杂有从青年人中挑选来的最勇敢最灵活的人组成的轻步兵，而显得威力更大了，这些步兵由于经过长期训练全都能在长行军、在迅猛的出击或在最紧迫的溃败中不落马队之后。

这一伙好战的日耳曼人过去曾对亚历山大·塞维鲁的充分准备感到意外，现在他们对他的继承人，一个和他们一样勇敢和凶恶的野蛮人，所显示的兵力也惊愕万分。但是，由于他们仍在帝国的边界地区徘徊，他们却使得在德基乌斯②死后出现的混乱情况更为加剧了。他们使得高卢地区几个富庶的省份遭受到严重损害：他们第一次揭开了遮盖住意大利的虚假的威武面纱。一支人数众多的阿勒曼尼人跨过了多瑙河，穿过雷蒂亚省的阿尔卑斯山，进入隆巴迪平原，直抵拉文纳，几乎就在罗马城的视野之内展示了野蛮人的胜利的旗帜。这种侮辱和危险终于在元老院成员心中又点燃了他们的古老道德观念的火花。两个皇帝现在都远在外地指挥战争，瓦勒良在东部，伽利埃努斯在莱茵河边。罗马人的一切希望和办法都全得靠他们自己了。在这危急关头，元老们负起了保卫共和国的责任，把原来留下守卫首都的禁卫军全调动出来，然后再从平民中征募一些最强壮、最乐意参加的人员填补上他们空出的位

① 这意思当然是说，这个新部族使用的名称已差不多是现代英语（Alemanni = Allman）了。——译者

② 公元249—251年在位的罗马皇帝。——译者

置。阿勒曼尼人忽然看到一支比他们的人数更为众多的军队出现在自己眼前,不免甚为惊愕,他们于是满载掳掠物品,退到了日耳曼人地区;他们的撤退,在不善战的罗马人眼里却被看成是一次胜利。

当伽利埃努斯得知他的首都已被从野蛮人的占领下解救出来的时候,他并不感到高兴,却对元老院的勇气颇为吃惊,因为有一天它也会像打击外国侵略者一样,挽救共和国使之不受国内暴政的蹂躏。他的恐惧和忘恩负义的情绪,在他制止元老们参加军事活动的命令中已充分表露出来,那命令甚至不许他们走近军团的 96
军营。但他这种恐惧是全然没有道理的。生活奢侈富有的贵族们,很高兴能仍然恢复自己懒散的天性,把那不让他们参与军事活动的侮辱性的命令,当作一种恩惠欣然接受;只要他们能够充分享受他们的浴场、他们的戏院,和他们的别墅,他们十分乐意把关系帝国安危的更危险的事务交到农民和士兵的粗糙的双手中去。

下罗马帝国的一位作家还曾讲到另一次关于阿勒曼尼人入侵的更为强大,但也显得更为光荣的事件。据说,在米兰附近的一次战斗中,伽利埃努斯亲自带领着仅一万罗马人,一战击败了三十万好战的敌人。当然,对这个让人难以置信的胜利,我们可以归之于历史学家的轻信,或归之于皇帝手下某些将领肆意夸大战果。伽利埃努斯为了保卫意大利使之不受日耳曼人的侵犯所采用的可完全是另一种性质的武器。他娶下了属于斯威弗部落的马科曼人的一位国王的女儿琵琶,这个民族在他们的战争和胜败记录中常常和阿勒曼尼人相混了。作为联姻的代价,他在潘诺尼亚地区划给她父亲一块宽广的居住点。她的不加粉饰的自然美似乎使得那朝

三暮四的皇帝把他的爱情集中于这个女儿一身了,两方政策上的联盟因这爱情的纽带而更加牢固了。但是充满偏见的傲慢的罗马人却始终拒不承认一个罗马公民和野蛮人联姻的这种亵渎神灵的做法;他们竟给这位日耳曼公主加上伽利埃努斯之妾的侮辱性的称号。

哥特人的入侵

III. 我们已经描绘了哥特人从斯堪的纳维亚,或至少是从普鲁士向玻里斯提尼斯河口移民的情况,并追随着他们从玻里斯提尼斯胜利地一路打到了多瑙河边。在瓦勒良和伽利埃努斯的统治之下,多瑙河一线一直不停地受到日耳曼人和萨尔马提亚人的侵扰;不过罗马人倒也以异乎寻常的坚决做到了始终寸步不让。那些战祸连年的省份还能为罗马军队提供无穷无尽的兵源;而且这些伊利里亚的农民中不止一个两个表现出将军的才能,并实际达到了将军的地位。虽然野蛮人的飞骑队始终不停地在多瑙河岸边出没,有时甚至深入到意大利和马其顿地区,钦派的将领一般却总能阻止它们前进,有时甚至切断它们的归路。但是,哥特人的仇恨的浪潮却被引进了另一条完全不同的渠道。集中在他们的新定居点乌克兰的哥特人很快变成了尤克逊海[①]北岸的主人:在这个内陆海的南边则分布着小亚细亚的几个弱小而富有的省份,它们拥有足以诱使野蛮人闯入的一切,却完全没有能抗拒他们入侵的力量。

① 即今黑海。——译者

玻里斯提尼斯河岸离开古人称之为克尔松涅斯—陶里卡的克 97
里木—鞑靼半岛的狭窄的入口处不过60英里之遥。以绝妙的艺术手法美化古代故事的欧里庇得斯的无比动人的悲剧，其中之一发生的地点就被安排在这里。狄安娜的血腥的牺牲、奥列斯特和皮拉德斯的来临以及高尚品德和宗教对野蛮和凶残所取得的胜利，全都有助于表明一个历史真实：原来那半岛上的居民陶里人，通过逐步和沿海边定居的希腊人的交往，他们的粗野的态度，在某种程度上得到了改变。小小的博斯普鲁斯王国的首都便是建立在密俄提斯湖[①]借以流向尤克逊海的通道上，它的国民则是由退化的希腊人和半开化的野蛮人组成。它从伯罗奔尼撒战争时期起，一直作为一个独立国家生存下来，最后却被怀有野心的米特拉达特吞没，结果连同他原有的其他一些土地，也全部落入重兵压境的罗马人之手了。从奥古斯都统治时期起，博斯普鲁斯的国王一直是帝国的虽然卑微但并非无用的同盟者。通过送礼、用兵以及在地峡前修筑一条轻便的工事，他们抵御住出没无常的萨尔马提亚人的掳掠，使他们无法进入那片因其特殊地理条件和港口众多的便利，可以直接威胁尤克逊海和小亚细亚的国土。只要国王的权杖按正常的继承关系代代相传，各代国王还都忠诚而有成效地行使了他们的这一重要职责。内部纷争，不知名的王位篡夺者，由于恐惧，或出于私利，也曾容许哥特人进入博斯普鲁斯的心腹地区。那些征服者在得到大片多余的荒废的肥沃土地之后，更得到一支足够把他们的部队运往亚洲的海军力量。那些用在尤克逊海上航

① 即今亚速海。——译者

行的船只构造十分奇特。那是一种完全用木料拼成的轻便的平底船,全船无一铁器,在遇到风暴来临时,常常用一面斜屋顶把全船遮盖住。哥特人就在这种漂浮的房屋里,漫不经心地把自己完全交托给深不可测的大海的安排,船只更由一些其忠诚和技能都同样可疑、强拉来服役的水手驾驶。但是,尽情掳掠的前景却驱散了一切对危险的恐惧,而一种天生的无所畏惧的性格又使他们的头脑中产生了一种无异于得之于知识和经验的更为合乎理性的信念。具有此种大无畏精神的勇士必曾时常抱怨他们的向导的怯懦无能,因为他们在不能保证大海必将风平浪静之前,绝不肯轻易冒险出航。同时他们还在任何情况下也绝不把船驶出陆地的视野以外去。所有这些,至少正是现代土耳其人的做法;很可能他们在航海技术方面并不亚于古代博斯普鲁斯的居民。

98 哥特人的船队,沿着在其左侧的塞卡西亚的海岸前进,第一次出现在罗马省份的最边远的城市皮提乌斯城下;该城拥有一个十分便利的港口,围着坚固的城墙。在这里他们遇到了完全意想不到的顽强的抵抗,论理这么一个由少数卫戍部队守卫的遥远的据点是不可能做到这一点的。他们被打退了;他们的这次失意似乎立即减少了人们对哥特这个名字的恐惧。在一位职位甚高、才能出众的官员苏克西阿努斯守卫着那一线的时候,他们的一切努力全都无效;但是,他们被瓦勒里安调到一个地位更高但毫不重要的职位上去以后,他们便又恢复了对皮提乌斯的进攻;而且,以彻底毁灭掉那个城市,清洗掉了他们过去的耻辱。

环绕尤克逊海最东边的水面,从皮提乌斯城到特雷比藏德大约有 300 英里路程。哥特人所走的路线使他们已能望见由于亚尔古英雄[①]的远征而闻名于世的卡尔基斯了；他们原打算去洗劫位于发西斯河口的一座极其富足的神庙，但未能成功。因万人溃退而闻名的特雷比藏德原是古希腊的一个殖民地，由于哈德良皇帝的慷慨而获得财富和荣誉，那位皇帝在一段长期荒废的海岸边修建了一座安全的海港。这城市地面广阔，人口众多；四周的双重城墙似乎已可以挡住哥特人的疯狂进攻，而且除一般的卫戍部队之外，又额外增添了一万援兵。但是，任何有利条件也不能弥补纪律松弛、不加警惕的缺点。特雷比藏德人数众多的守军整天只顾饮酒作乐，谁也无心去守卫那难以攻破的防御工事。哥特人很快就发现了被围部队疏于防守的情况，他们高高地堆起大捆大捆的柴禾，在寂静的深夜，手持刀剑爬进无人防守的城里去。一次对人民的大屠杀立即开始了，而士兵们却从另一边的城门逃命去了。最神圣的庙宇和一些最辉煌的建筑也一并遭到彻底毁灭。哥特人劫掠到的物品无法计算；附近农村的财富也因把特雷比藏德看作是安全地点全都存放在这里。他们抓获到的俘虏更是不计其数，得胜的野蛮人大摇大摆穿行过广阔的本都省，一路未遭到任何抵抗。他们在特雷比藏德劫掠来的财富完全装满了他们在港口搜罗到的一支极大的船队。在海边抓到的强健的青年全捆起来让他们划船；那些对这第一次海上远征感到十分得意的哥特人欢欣鼓舞地回到了他们的博斯普鲁斯王国的一些新的定居点。

哥特人第二次远征的人数和船只都更增多了；不过他们另选了一条路线，他们抛弃了已被洗劫一空的本都省，沿着尤克逊海西

① 希腊神话，即随伊阿宋至海外觅取金羊毛的英雄。——译者

岸前进,越过玻里斯提尼斯河、德涅斯特河和多瑙河宽阔的出海
99 口,一路上俘获大量渔船以壮大他们的船队,然后向作为欧、亚两大陆分界、尤克逊海向地中海泄水的狭窄通道靠近。卡尔西顿的守军原扎营在朱庇特·乌利乌斯神庙附近,在一个可以控制那海口通道的海岬上;由于这支队伍在数量上超过哥特人的军队,野蛮人的这种令人可怕的进攻原是不足为道的。但是,他们也就只是在数量上超过对方而已。他们冒失地放弃了他们的有利地位,轻易让武器和钱财储备最丰富的卡尔西顿落入征服者手中。在他们正犹豫着不知该由水路还是由陆路向欧洲或是向亚洲进发,寻找战机的时候,一个私逃的奸细向他们指出曾一度作为比提尼亚国王都城的尼科米底亚是一个极其富有而且易于攻下的城市。他给那支离开卡尔西顿仅六十英里之遥的前进中的军队作向导,指引它进行无抵抗的进攻,然后分得一部分掳掠的财富;因为哥特人已完全学会了酬劳他们其实十分厌恶的敌方奸细的政策。尼斯、普鲁萨、阿帕米亚、基乌斯等等曾经在繁华方面和尼科米底亚争胜或以之为榜样的一些城市全都陷入同样的灾难之中,这灾难,仅在几周的时间之内,毫无节制地蹂躏遍了整个比提尼亚省。温和的亚洲居民一连气享受了三百年的和平已完全消除了人们习武的风气,并打消了对危险的恐惧。古老的城墙任其自行毁坏,最富有的城市的税收全被用来修建浴场、神庙和戏院。

库济库斯所以能抗拒住米特拉达特的全面进攻,主要依靠了明智的作战法则,一支拥有 200 艘军舰的海军力量和三个储藏着武器、军用机械和粮食的军火库。现在该城仍然是财富和奢侈品最集中的地方;但古代的强大却已不复存在了,只除了地势——它

仍然处在普罗蓬提斯的一个小岛上，仅有两架桥梁和亚洲大陆相连。哥特人在最近一次掳掠了普鲁萨之后，便向这里进军，并来到了离这个他们决心加以毁灭的城市仅仅 18 英里的地方；但由于一个偶然情况，库济库斯的毁灭的命运被推迟了。正赶上多雨季节，奥林匹斯山一切山泉的总蓄水库阿波罗尼湖的水涨到了少有的高度。那条叫作林达斯库的小河忽然变成了一道宽广的激流，阻止了哥特人的前进。伴随他们向可能停泊着他们的舰队的海滨城市赫提克利亚撤退的，是装满从比提尼亚劫掠来的财物的连绵不断的车队和被他们肆意燃烧的尼斯和尼科米底亚的熊熊大火。有记载含含糊糊地说，似乎曾进行过一场战斗才使他们不得不退走了。但是，即使曾获得一次完全的胜利也实际无关紧要，因为即将来临的秋分已在催促他们速归。在 5 月之前或 9 月之后到尤克逊海上航行连现代土耳其人也认为，不容怀疑，完全是一种最冒失、最愚蠢的行为。

当我们听说哥特人在博斯普鲁斯装备起来的第三支船队共有 100
帆船 500 艘的时候，我们必会匆匆在心中算计出它的总兵力来了，但是明智的斯特拉波明确告诉我们，本都和小西徐亚的野蛮人所使用的海盗船最多只能容纳 25 或 30 人，那我们便可以有理由肯定，在那次强大的远征中船上所载战士最多也不过 15000 人而已。他们已受不了狭窄的尤克逊海的约束，这一回决定把他们的毁灭的历程从辛梅里安直向色雷斯的博斯普鲁斯推进。当他们几乎已来到那些海峡的中部的时候，他们忽然又被赶回到了那些海峡的入口处；一直到第二天刮起了顺风才在几小时内又把他们送到平静的普罗蓬提斯海或湖中去。他们在库济库斯小岛的登陆立即便

给这个古老、高贵的城市带来了毁灭。从那里再次穿过赫勒斯滂海峡的狭窄的通道，然后在那群岛之间，或者说在爱琴海上蜿蜒航行。俘虏和逃兵的帮助对于把握船只的航向、指导一些临时的对希腊海岸以及对亚洲海岸的袭击，必然产生了不可或缺的作用。最后，哥特人的舰队在离开雅典仅仅5英里的比雷埃夫斯下锚了，这时雅典也已正做好准备，打算进行强有力的抵抗。奉皇帝之命加固海边城市以阻止哥特人进攻的机械师克莱奥达姆斯已开始修复自苏拉以来一直任其坍塌的古城墙。他的技术成果作用不大，那些野蛮人很快就变成了缪司和艺术的出生地的主人。但当征服者纵情掳掠和狂欢的时候，他们的停泊在比雷埃夫斯港只有极小的兵力守护的船队却意想不到的遭到了勇敢的德克西普斯的攻击，他和机械师克莱奥达姆斯一起逃出雅典，匆匆组织了一队自愿军，其中有农民也有士兵，带领他们在一定程度上为自己的国家报仇了。

但是，这一英雄业绩不论对日趋没落的雅典历史会增添何等光彩，实际却只是更进一步激怒，而并非削弱了北方入侵者的无所畏惧的野心。在希腊的每一个地区同时燃起了一片火海。从前在彼此之间曾进行过多次重大战争的底比斯、阿尔哥斯、科林斯和斯巴达现在全无能组织起一支应战的军队，或甚至保卫住他们的已遭破坏的工事。陆地和海上的战祸从东部的最远点苏尼乌姆一直连绵到西海岸的伊庇鲁斯。直到哥特人已进入意大利的视线之内的时候，即将来临的危险才终于惊醒了无所事事的伽利埃努斯的甜蜜的美梦。这位皇帝也拿起了武器，他的出现似乎压下了敌人的气焰，分解了敌人的力量。很快赫鲁利人的头目瑙洛巴图斯接
101

受了体面的投降，带领一大批本民族的人自愿为罗马效劳，并被加以过去从未让一个野蛮人玷污的执政官的荣誉。大量的哥特人，因不耐乏味的海上航行的危险和艰苦，攻入了梅西亚，企图杀出一条路越过多瑙河回到他们在乌克兰的定居点去。要不是罗马将领之间的不和为那些野蛮人敞开了一条逃路，他们肯定会全军覆没了。这支毁灭大军的残余部分仍回到了他们的船上，通过赫勒斯滂海峡和博斯普鲁斯往回航行，途中还劫掠了特洛依海岸，这个因荷马而变得不朽的名称，也许将超越哥特人的战功永远存在于人们的记忆之中。当他们一发现自己已安全进入尤克逊海这个大盆地中的时候，他们便立即在离开海穆斯山山脚不远的色雷斯的安基阿卢斯舍舟登陆，纵身跃入那里的令人无比痛快的温泉浴中，一洗多日来的疲劳。剩下的路程已经不远，而且也便于航行了。他们的这个最大的第三次海上远征的种种遭遇大致如此。也许有人会觉得难以想象，最初的那15000名勇士如何能经得住如此大胆的冒险行动必然会带来的人员消耗和多次分兵。但是，在他们的人员由于阵亡、船祸和热带气候的影响而逐渐消耗的时候，他们同时又得到了渴望集中到抢劫的旗帜之下来的大批土匪和敌方逃兵，以及一批批难得抓住这个光明正大的获得自由并得以寻机报复的好时机的逃亡奴隶的不断补充。在这些次的远征活动中，哥特民族自认为经历了极大的危险，并获得了无与伦比的荣誉；但那些在哥特的旗帜之下进行战斗的其它一些部落，在那一时期的不完备的史料中，有时有所区分，有时便和哥特人混同在一起了；而由于那些野蛮人的船队系从塔奈斯河口驶出，一个含混但人们比较熟悉的名字西徐亚人便常被用来指这个混杂的群体。

在人类的一般灾难中，不论一个多么高大的人物死去了，或不
论多么宏伟的一栋建筑倒塌了，不久后人们都会毫不经意地淡忘
了。但我们对在经过七次破坏而每次的修复都显得比原来更为富
丽堂皇的灾难之后，最后终于被第三次由海上入侵的哥特人烧个
精光的以弗所的狄安娜神庙却难以忘怀。这一神圣的宏伟建筑是
希腊的艺术和亚洲的财富共同努力修建起来的。支撑着这一建筑
的共有 127 根爱奥尼亚型的大理石柱；它们全是虔诚的君主捐赠
的，每根高 6 英尺。祭坛则系用普拉克西特列斯大师的雕刻装饰
而成，他也许是从在当地最受欢迎的传说中选出了拉托娜的圣子
的诞生、阿波罗在杀死库克罗普斯后的藏匿，以及巴克斯对待被击
102 败的亚马孙女战士的宽容等场面。然而以弗所的庙宇的长度仅只
有 425 英尺，约为罗马圣彼得庙的三分之二。在其他方面，它就更
不如那一现代建筑技术的崇高产品了。一个基督教的十字架的外
展的两臂便需要比椭圆形的异教神庙更大的宽度才能容下；即使
向古代最大胆的艺术家建议，让他在空中修建一个和万神殿一样
规模、一样大小的拱顶，他也必会给惊呆了。不管怎样，狄安娜庙
却一直被人们视为人间奇迹而加以赞美。波斯、马其顿以及罗马
等等一代一代帝国都莫不视之为神圣并尽力增加它的光彩。但波
罗的海的无知的野蛮人却完全没有欣赏优美艺术的情趣，他们厌
恶一种外国迷信带来的精神上的恐惧。

另一个和这几次的入侵有关的情况，也许很值得我们注意，但只是我们完全有理由怀疑，那可能只是一位近代学者的幻想。他告诉我们，在哥特人洗劫雅典城的时候，他们已把所有的图书都集中起来，要不是他们的一个比他的弟兄们更懂得策略的首领，用几

句颇有深意的话打消了他们原来的计划，他们定会一把火把希腊的全部学问从此给消灭尽净了，他说，让希腊人去迷恋他们的书本吧，这样他们就会无心学习武功了。这位明智的首领（如果这件事真的可信的话）完全采用了无知的野蛮人的逻辑。差不多在这同一时期，在一些更为文明、更为强大的民族中，各种各样的天才都曾显露头角；而科学的时代一般总同时是军事进步和军功显赫的时代。

波斯人对亚美尼亚的进犯和瓦勒良的被俘

IV. 波斯的新的君主阿尔塔薛西斯和他的儿子沙普尔（我们前面已经说过）已打败阿尔萨息家族而取得胜利。在那个古老家族的众多亲王中，仅只有亚美尼亚的皇帝科斯洛埃斯保住了他的性命和独立。他依靠自己的较强大的国力、依靠不断利用敌方的逃兵和不满分子、依靠和罗马人的联盟，以及最重要的，依靠他自己的勇气保卫了自己。在三十年战争中的常胜将军，最后被波斯国王沙普尔派遣的间谍刺杀。亚美尼亚的爱国的，力图维护皇室的自由和尊严的官员，代表皇帝合法的继承人提里达特斯向罗马请求保护。但科斯洛埃斯的儿子还是一个婴儿，盟军又远在外地，而波斯的国王却亲自带头率领着一支强大无比的军队向边疆开来了。他的国家的未来希望，年幼的提里达特斯被一个忠心的仆人救出，亚美尼亚在 27 年多的时间里一直委屈着作了大波斯王国的一个省份。由于一战而胜而趾高气扬，更尽量利用罗马人的种种

103 灾难或堕落，沙普尔迫使卡雷和尼西比斯的强大守军投降，随即把毁灭性的灾难和恐怖带到了幼发拉底河两侧的大片地区。

一条重要边界的丧失、一个忠心的自然形成的盟国的被毁，以及沙普尔的庞大野心的接连胜利，使罗马人不能不深刻感到羞辱和危急。瓦勒良自我安慰说，他的将领的森严的戒备完全足以保证莱茵河和多瑙河地区的安全；但他却仍然决定，不顾自己年事已高，亲临前线，保卫幼发拉底河一线。在他穿过小亚细亚的时候，哥特人的海军行动暂时终止，有关省份暂时获得一种完全不可持的平静。他渡过了幼发拉底河，在埃德萨的城根附近和波斯国王相遇，一战而败，并作了沙普尔的俘虏。这一重大事件的细节史料全都含糊不全；然而，借助于现有的一点微弱的光线，我们仍可以发现在罗马皇帝方面实在出现了许许多多的冒失行为、错误和罪有应得的不幸。他把一切都交托给了他的禁卫军卫队长马克利安努斯。这个下流的大臣使得他的主子只是在他的被压迫的臣民面前威风凛凛，而在罗马的敌人的眼里却显得可鄙已极。由于他的软弱的或居心叵测的建议，皇家军队被陷入一种勇气和军事技巧都无所用其技的境地。罗马人几次企图冲破波斯防线的强大努力都在遭受重创的情况下被击退；而沙普尔，以远远超过对方的兵力包围住罗马军营，完全不慌不忙，静等着日益猖獗的饥饿和瘟疫来为他赢得胜利。罗马军团内的放纵的抱怨声很快变成了对瓦勒里安的控诉，认为瓦勒良是他们的一切灾难的根源；他们发出叛乱的呼声，要求立即投降。曾企图用大量黄金买得一条败走的退路。但波斯人由于稳操胜券轻蔑地拒绝了那笔钱；他们扣住使臣，列阵来到罗马的防护工事前，坚持要和罗马皇帝面谈一切。瓦勒良这

时已完全处于只能把自己的生命和威严交给敌人去处理的地步。会谈的结果自然全在意料之中。皇帝做了俘虏，他的惊慌失措的军队全放下了武器。在这个大获全胜的时刻，沙普尔的傲慢心情和策略需要促使他选定了一个完全任他玩于股掌之上的继承人登上了空出的皇位。一个来自安条克的罪行累累的逃兵基里阿得斯被选定来玷污罗马的皇座；而这波斯胜利者的意旨，不管如何荒唐，也不可能不得到这支被俘虏的军队的公开认可。

这位皇奴迫不及待地希望通过一次出卖自己祖国的行为来赢得主子的欢心。他带领沙普尔越过幼发拉底河，通过卡尔基斯向东部的都城进发。波斯马队的行动是如此迅速，如果我们认为一
位非常公正的历史学家的话可信的话，安条克城突然被攻进的时 104
候，城里懒散的民众还正瞪着眼在观看戏院表演的节目。安条克的宏伟的建筑，不论公有私有全都或者被洗劫一空，或者给彻底毁掉；无数的居民不是被杀，便是被敌人掳去，埃米萨高级祭司的决心曾暂时遏止住这毁灭的巨浪。他穿着一身祭司的服装出现在大队农民面前，他们虽然仅只有一些弹弓作为武器，却决心要从琐罗亚斯德①的追随者的肮脏的手中救出他的上帝和他的财产。但托罗斯及其他许多城市的被毁令人悲痛地证明，除了这一特殊例证之外，对叙利亚和西利西亚的征服也都几乎并没有中断波斯军队前进的步伐。托罗斯山的狭窄通道的有利条件被轻易放弃了，本来对一支以马队为主的敌人来说，在这里当可以进行一场占有明显优势的战斗。这样便让沙普尔得以对卡帕多西亚的省会恺撒里

① 伊朗古袄教创始人。——译者

亚形成了包围，恺撒里亚虽不过是个二等城市，却可能拥有四十万居民。在那里指挥战斗的是德谟斯提尼，但他可说并非由皇帝委派，而是自愿保家卫国。他在相当长一段时间中一直守住这座城市，直到最后由于一个医生的出卖该城陷落的时候，虽然敌人曾下令一定要尽最大努力将他活捉，他却仍然在波斯人中杀开一条血路逃跑了。这位英雄首领从也许会褒奖，也许会严惩他的倔强精神的强敌手中逃脱了；但数千追随他的国民却大都惨遭屠杀，沙普尔因而一直被指责残酷无情地虐待俘虏。毫无疑问，这种做法很大一部分应归之于民族仇恨，很大一部分应归之于受挫的骄傲情绪和疯狂的报复心理；但总的说来，可以肯定，同样那个在亚美尼亚显露出一位立法者的温和性格的皇帝，在那些罗马人面前却露出了一个征服者的凶相。他看到不可能在罗马帝国的所在地建立任何永久性居民点，于是只求把这几省的人民和财富全运往波斯去，以使在自己的身后仅留下一片荒野。

在东部帝国正对沙普尔闻风丧胆的时候，他收到了一份无愧于最伟大的帝王的礼物——一支满载奇珍异宝价值连城的物品的驼队。随同这份丰厚的奉献还有由帕尔米拉最有声望、最富有的元老奥登纳图斯的十分尊敬但绝不卑躬屈节的一封信。“谁是这个奥登纳图斯”（那位傲慢的胜利者说，他并且命令说那些礼物应该扔到幼发拉底河里去），“竟敢如此大胆公然给他的主子写信？如果他只是希望我减轻对他的惩罚，那他就应该反绑着双手，爬行着来到我的宝座的脚前。如果他稍有犹豫，灭顶之灾便立即将降
105 临在他的头上，他的整个国家民族的头上。”这种把这位帕尔米拉人逼上绝境的做法立即唤醒了潜伏在他心灵中的一切力量。他真

和沙普尔相见了，但却是刀兵相见。他以他自己的精神唤醒了从叙利亚村庄和沙漠地带的帐篷中聚集起来的一小支队伍，带领着它出没在波斯大军的周围，干扰他们的撤退，伺机抢夺他们的财宝，而且还抢夺到一些远比珠宝更为贵重的东西——那位伟大皇帝的几个女人；终于迫使他最后不得不显出几分慌乱的神色重新返回到幼发拉底河彼岸。奥登纳图斯依靠这一次的功绩为他未来的名声和发迹奠定了基础。被波斯人百般屈辱的罗马帝国的威严终于由一个叙利亚人或帕尔米拉的阿拉伯人给保全住了。常常只不过是仇恨和谄媚的喉舌的历史的声音谴责沙普尔狂妄地滥用了战胜者的权力。我们被告知，身着紫袍，但戴着枷锁的瓦勒良被作为失势的伟大人物的典型，拴在街头示众；还说，凡是波斯君主上马的时候，他脚下蹬的便是罗马皇帝的脖子。尽管他的同盟者一再规劝他要记住命运的无常、要担心罗马有一天再度得势，并告诉他应该使这非同小可的俘虏成为和平的保证，而不要当成泄愤的对象，但沙普尔却完全置之不理。在瓦勒良因过度的羞辱和悲哀死去以后，他的皮被填进干草，做成人形，在几代人中一直保存在波斯的最著名的神庙里；成了一个比爱虚荣的罗马人经常建立的假想的铜像或大理石雕像更为真实得多的纪念碑。这故事十分动人，也颇有教育意义，但其真实性却十分可疑。现存的东部亲王们写给沙普尔的信件一望而知全系伪托；说一个充满妒心的君王，即使对自己的竞争对手，会如此公开侮辱帝王的尊严，也是完全不通人情的。我们无法弄清不幸的瓦勒良在波斯究竟受到什么样的待遇，但我们至少可以肯定，这唯一的一个落入敌人之手的罗马皇帝是在被关押的绝望中度过他惨淡的余生的。

长时期对他的父亲和合作者的严厉指责勉强忍耐着的伽利埃努斯得到关于他的不幸遭遇的消息不禁暗自欣喜,并公然表现得十分冷淡。“我知道我父亲也只是一个凡人,”他说,“但是,既然他表现得如此勇敢,我很满意。”当罗马为它的君王悲伤不已的时候,他儿子的毫无人性的冷漠被一些下流无耻的朝臣吹捧为坚强的英雄本色和斯噶多精神的表现。他在独据帝国皇位后表现得十分突出的轻佻、多变和翻云覆雨的性格,我们这里也无法细加描述。任何一项技艺只要他想干,他天生的才能都能让他取得成功;但由于他只有天才而毫无判断力,他几乎什么都干过,只除了真正重要的作战和治理国家的工作。他通晓许多种新奇的但完全无用
106 的技能,是一个口若悬河的演说家、一个典雅的诗人、一个能干的园丁、一位做菜能手和一个十分可鄙的皇帝。当国事危急需要他到场作出决策的时候,他却在和哲学家普洛提努斯高谈阔论,把时间消磨在一些无关紧要或无聊的事情上,或准备加入希腊的某迷信教会,或设法在雅典的最高法院获得一个席位。他的无度的挥霍形成了对普遍贫困的侮辱;对他的胜利的公然嘲笑更加深了公众的屈辱感。对于接连不断传来的入侵、失败和叛变的报告他见到后只是淡淡一笑;然后装出一副不屑的神态,挑出某个已丢失的省份的特产,毫不在意地问道,罗马要是得不到埃及的亚麻布和高卢的壁毯的供应是不是马上就会毁灭掉了?不过,在伽利埃努斯的一生中,有那么几回,由于受到某种强烈刺激,也会忽然变得颇像一个英勇的军人和残酷的暴君了;一直到他杀够了人或遭到难以对付的反抗时,他才会在不自觉中又恢复他天生的温驯、懒散的性格。

政府的缰绳握在如此无力的一只手中的时候,在全国各省都有一大批人起来反对瓦勒良的儿子,企图篡夺皇位,实在是完全不足为怪的。也许是出于某种异想天开的想法,要想拿罗马的三十位暴君和雅典的三十僭主作一对比,才使得奥古斯都王朝历史的作家选择了这个后来渐为大家普遍接受的数目。但是,不论从哪方面看,这个对比是没有意义和难以成立的。在由一个城市的压迫者联合组成的三十人议会,和在帝国广大的国土上,无一定规则此起彼伏、名姓不确、各自独立的竞争者之间我们能找出什么相似之处呢?再说,除非我们把一些曾被加以皇帝称号的妇女和儿童都算进去,我们也无法凑足三十之数。伽利埃努斯的统治,尽管乌七八糟,却仅只出现了19个觊觎王位的人:东部有基里阿德斯、马克利安努斯、巴里斯塔、奥登纳图斯,高卢和西部省份有波斯蒂尤默斯、洛利阿努斯、维克托里努斯和他的母亲维多利亚、马略和泰特里库斯。在伊利里康和多瑙河区域,有莫格努乌斯、里基里阿努斯和奥勒留;本都有萨图里努斯,伊索里亚有特雷贝利阿努斯;皮索在特雷沙利;瓦伦斯在阿哈伊亚;埃米利安努斯在埃及,以及在非洲的塞尔苏斯。要把这些鲜为人知的每一个人的生死细节一一加以说明,那无疑将是一件十分繁重的工作,而同时又既无趣味,也无教益。这里我们也许只需研究一下最能代表那个时代的特点,当代人的处世态度、他们的抱负、他们的动机和他们的命运的一般特点,以及他们企图篡夺王位的举动产生了一些什么样的具有毁灭性的恶果,也就完全够了。

许多人都知道,暴君这个丑恶的名称古代人常用以指称非法篡夺最高权力的行为,完全没有滥用那一权力之意。不止一两个 107

举起义旗反对伽利埃努斯皇帝的叛乱分子都是出色的品德高尚的模范，而且差不多全都具有相当的才能。他们曾以自己的才德受到瓦勒良的赏识，并逐渐获得帝国的最重要的职位。那些以奥古斯都自称的将军们都或者以其出色的指挥能力和严格的纪律而得到部队的尊敬，或者以其英勇和辉煌战果而为部卒所崇拜，再或因胸怀坦荡、慷慨待人而获得众人的爱戴。他们获胜的战场往往就是他们被推举为皇帝的场所；甚至那个最不堪的皇位觊觎者军械士马略也具有出类拔萃的大无畏的勇气、无敌的体力和赤裸裸的忠诚。以他当时的下贱的职业论，无疑要把他一下抬上高位不免显得有些可笑；但他的出身却也不能说比其他那些出身农民家庭，作为一个普通士兵参军的争夺皇位的人们更为低微。在一个天下大乱的时期，每一个活跃的天才都会按自然的安排各得其所；在一个全面处于战争状态的时代，军事才能就是走向荣誉和伟大的通道。在那 19 名暴君中，只有泰特里库斯是元老；也只有皮索出身贵族。努马的血液，通过二十八代的遗传流动在卡尔乎尼乌斯·皮索的血管之中，而皮索更是通过母系的亲缘才得以有权在自己家里悬挂着克拉苏和大庞培的画像。他的祖先曾一再被加以共和国所能给予的各种最高殊荣；而且，在所有罗马的古代家族中，仅只有卡尔乎尼乌斯有幸度过了几代恺撒的暴政。皮索的个人品德为他的同族人增添了额外的光辉。下令杀掉他的王位篡夺者瓦伦斯，后来也曾万分悔恨的承认，即使是一个敌人也应该尊敬皮索的圣洁；另外，尽管他死于反对伽利埃努斯的武装叛乱，元老院在皇帝的慷慨许诺下，却下令为如此高尚的一个叛乱分子加上了许多纪念性的美名。

瓦勒良的军事将领们对他们一向尊敬的父亲感恩不尽。但都不愿侍奉他的那个奢侈、懒惰、无出息的儿子。罗马世界的皇位已无人以任何方式的忠诚对它加以支持；对这样一位皇帝造反的叛国罪很容易会被看作是爱国行径。然而，如果我们认真研究一下那些篡位者的行为，便会发现他们似乎在更多的情况下是迫于恐惧，而并非受到野心的驱使。他们害怕伽利埃努斯的惨无人道的疑心；他们同样也害怕他们的军队随时可能暴发的暴力行为。如果军队忽然对他们产生危险的好感，贸然声称他们有资格继承皇位，那他们便必会被定为消灭的对象；在这种情况下，即使最谨慎的考虑也会促使他们决心且先当几天皇帝再说；就是说，他们宁可通过一战试试自己的运气，也不能干等着刽子手的屠刀加身。当士兵们一阵欢呼把这个并不乐意的牺牲品推上君王宝座的时候，他们有时已在为他们即将面临的不幸暗自悲伤。“你已失去”，萨 108
图尼努斯在登上皇位的那天说，“你已失去一位有用的司令官，而使自己成了一个非常可怜的皇帝。”

后来接连发生的革命证明萨图尼努斯的担心不是没有道理的。在伽利埃努斯的统治下冒出来的 19 名暴君，其中没有一个曾享受过平静的生活，或寿终正寝的。每当他们一披上那血淋淋的紫袍，他们实际便已是用那促使自己起而造反的恐惧心理和野心在鼓舞着他们的追随者。在内部阴谋活动、军事叛乱和内战的重重包围之中，他们实际是战栗着置身于悬崖的边缘，在那里，在经过或长或短心神不宁的一段时间之后，他们终归将落得个粉身碎骨的下场。不论如何，这些朝不保夕的君王倒也完全能得到他们各自的谄媚的军队和省份所能加之于他们的各种荣誉；但是，他们

这种以叛乱为基础的权力却永远得不到法律或历史的认可。意大利、罗马和元老院始终都忠于伽利埃努斯的事业，而且一直仍把他看作是帝国唯一的君主。的确，这位皇帝曾屈尊接受过奥登纳图斯的胜利纹章，他以他对瓦勒良的儿子始终表示的尊敬态度也完全配享有这种殊荣。在罗马人的普遍赞同下，经过伽利埃努斯的同意，元老院给这位勇敢的帕尔米拉人加上了奥古斯都称号；并且似乎把东部的统治权交托给他，而实际上那地区早已属他所有，而且在那里，他可以完全独断独行，所以后来，他更把它当作私产一样，遗传给他的远近闻名的遗孀芝诺比娅了。

如果一位哲学家有可能处于人类普遍存在的灾难之中而完全无动于衷的话，这种从农舍到皇宫、从皇宫到坟墓永远不停的迅速转移，也许会使一个冷漠的哲学家感到很有趣。这些朝不保夕的皇帝的选定、他们的权势和他们的死亡都同样对他们的臣民和追随者具有毁灭性的作用。为他们自寻死路的高升所必须付出的代价，马上便必须以巨额赏赐的形式向军队支付，而这钱还得掏自那已被榨干的老百姓的腰包。不管他们的人格多么高尚，用心多么纯正，他们也会发现，为了把他们的篡夺事业进行下去，除了经常进行掠夺和残杀之外实在也别无他法。当他们倒下的时候，便必有一批军队和一些省份跟着倒下。我们现在还能看到由伽利埃努斯将在伊利里康自行称帝的英格努乌斯镇压下去之后，发给他的大臣们的一份野蛮之极的命令。“仅只是”，那个貌似温和却实际毫无人性的皇帝说，“消灭掉那些手执武器的人是绝不够的：战争的可能对我同样是极大的威胁。一切不论年龄大小的男性都必须根除；只要在屠杀儿童和老人的问题上能想办法保全我们的名声。

让那些说过一句反对我，反对我，瓦勒良的儿子，许多王子的父亲 109
和兄弟的话或抱有反对我的思想的人全都死掉。记住英格努乌斯已被推举为皇帝：撕碎他、杀死他，把他剁成碎片。我现在是在亲笔给你们写信，我希望让你们也具有和我相同的感情。”当国家的武装力量在内部个人的纷争中消耗殆尽的时候，一些无人防守的省份便为任何外来的入侵者敞开大门了。最勇敢的皇位篡夺者，迫于无法应付的形势，只得和共同的敌人签订受尽屈辱的条约，以求以高昂的代价买得野蛮人的中立或帮助，甚而至于容许敌对的、独立的民族进入到罗马王国的心腹地带来。

以上便是在瓦勒良和伽利埃努斯的统治下，野蛮人，还有那些暴君们如何使各省分崩离析、使帝国陷于屈辱和毁灭的最低点，似乎从此永无翻身之日的具体情况。在十分贫乏的资料的许可之下，我们已按前后次序，尽可能清楚地描绘了那一灾难重重的时期的一般状况。但还有几件特殊的事件需要讲一讲——I. 西西里的混乱局势；II. 亚历山大的风波；和 III. 伊索里亚人的叛乱——这些事件可能会使我们对那幅可怕的图景更能有个清楚的认识。

I. 不论任何时候，如果由于连连得手而又不曾受到任何惩罚，因而日益壮大起来的土匪队伍，非但不逃避国家法律的制裁，反而公开加以蔑视，那我们便可以完全肯定，政府极端虚弱的情况连社会的最底层也已有所感，而且在加以利用了。西西里的地理位置使它得以免受野蛮人的侵害；这个被解除武装的省份也没有能力支持一位王位篡夺者。这个一度繁荣，现在也还十分肥沃的岛屿的灾难却来之于更下等人之手。一群由奴隶和农民组成的乌合之众一度统治着这片惨遭抢劫的国土，并使人想起更古时候的奴隶

战争。农民或者成为它的牺牲品,或者亲自参与其事的大破坏活动可能已彻底毁灭西西里的农业;更由于那里的主要房地产都是富有的,常常把一个旧日的共和国的土地全圈入一个农庄之中的,罗马元老的财产,这些个人对这一都城所造成的伤害,实际比哥特人或波斯人的侵占造成的伤害更深,也不是完全没有可能的。

II. 亚历山大里亚的基础设计高超,是由菲利浦的儿子亲自构思和完成的。这座仅次于罗马的美丽、形式整齐的伟大城市占地周长 15 英里;居住着三十万自由人,外加至少同样数目的奴隶。和阿拉伯和印度进行的获利丰厚的交易通过亚历山大里亚港到达帝国首都和地方各省。这里没有游手好闲之人。有的人被雇用吹玻璃,有的织亚麻布,更有的制造纸莎草纸。不分男女老少都有机会从事手工业生产,甚至盲人和腿脚残废的人都有适合于他们的工作可做。但那由多民族混杂的亚历山大里亚人民,用埃及人的

110 迷信和倔强把专好虚荣和变化无常的希腊人团结在一起了。一件极不相干的小事,暂时买不到肉或豆了,谁对谁偶尔礼貌不周了,在公共浴室错乱了尊卑秩序,或甚至在宗教问题上发生一点争吵,任何时候都可能在广大满怀无法消除的疯狂怨毒的人民群众中引发起一场叛乱。在瓦勒里安被俘之后,他的傲慢的儿子松弛了法律的威严,亚历山大里亚人也便尽量放纵自己的愤怒情绪,于是他们的不幸的国土也便变成了内战的战场,而且长达(除了几次短暂的难以完全肯定的休战时期)13 年之久。这个受害城市各区之间的交通全被切断,每一条街道都血迹斑斑,每一所比较坚实的建筑物都变成了据守的碉堡;甚至直到亚历山大里亚城的一部分已彻底变成一片瓦砾之后,战乱也并未停息。那宽广、雄伟的布鲁琼

区，连同它的宫殿和博物馆以及埃及的帝王和哲学家的住所，在一个世纪之后还被说成是，早已变成了现在这样的一片荒凉。

III. 在小亚细亚的一个极小的省份伊索里亚称帝的特雷贝利阿努斯的不甚引人注目的叛乱却产生了一些离奇的令人难忘的后果。称帝的那一套闹剧很快便被伽利埃努斯手下的一位军官给消灭了；但他的追随者感到赦免无望，决心不但要脱离罗马皇帝的管辖，而且也不再做罗马国的臣民了，于是他们忽然又回到他们实际一直并未完全脱离的野蛮状态中去。他们的乱石嶙峋的山区以及塔尔苏斯河的一条长大的支流，构成了他们的坚固的根据地。在土地肥沃的山谷中进行耕种可以供给他们必需的食物，抢劫的习惯保证了他们的奢侈品的来源。就这样伊索里亚人长期作为一个未开化的野蛮民族存在于罗马王国的心腹之中。一代一代的皇帝，不论是使用武力，还是安抚政策，都无法使他们归顺，最后只得承认自己的虚弱，在这一块敌对的、独立的地区的四周修起一长串坚固的工事，而这工事常常也并不能完全制止住这群家贼的骚扰。这些伊索里亚人渐渐更向海边扩张他们的地盘，以至把西利西亚的西部山区也归并进去，那里过去原是无所畏惧的海盗的巢穴，共和国在大庞培的指挥下，曾不得不对他们使用过全部的兵力。

我们的思想方法总习惯于把人世的休咎和宇宙的变异联系在一起，因而这一历史上的黑暗时期便被装点着一连串的水灾、地震、非同一般的流星、反常的天昏地暗，以及其它许多信口编造或夸大其词的灾异。但有一次长时间存在的普遍的饥荒可确曾为害甚烈。这自然实际是既彻底破坏即将到手的产品，更使未来的收成化为乌有的长期掠夺和压榨的必然结果。饥荒之后，一般总必

111 会继之以瘟疫，这是由于食物短缺和饮食不洁所致。但从 250 年一直延续到 265 年的那次无比猖獗的瘟疫的形成，想必也还有其它一些特殊原因，那次瘟疫毫不间断地在罗马的每一个行省，每一座城市，甚至每一个家庭里肆虐。中间有一段时候，仅在罗马城每天便差不多有 5000 人死亡，许多曾逃脱野蛮人屠戮的城市却因瘟疫断绝人烟了。

我们知道一个极有趣的情况，对于这个悲惨的人口死亡比例的计算也许有些用处。在亚历山大里亚对于所有有权领取配给粮的人都有准确的记录。我们发现原来从 40 岁到 70 岁的总人数和在伽利埃努斯的统治结束以后还活着的从 14 岁到 80 岁的领粮人的总数是相等的。把这个准确可靠的数字应用于最正确的死亡率计算表，显然可以证明过半数的亚历山大里亚人民已被消灭了；如果我们能按此比例来计算别省人口的死亡情况，我们完全可以估计战争、瘟疫和饥荒，在不多几年的时间中，已将人类中的半数吞噬了。

形势逆转

第十一章　芝诺比娅和帕尔米拉王国。奥勒良的祝捷盛典和死亡。

继伽利埃努斯之后接连出现了好几位坚强有力的皇帝，他们，用吉本的话来说，“完全无愧于罗马世界复兴者的光荣称号。”新皇帝克劳狄改组了军队，并对哥特人取得了一次决定性的胜利。他的继承人奥勒良最后把哥特人限制在达契亚省境内，并从达契亚边界撤军，从此结束了哥特战争。接着，他打退了阿勒曼尼人的一次入侵，镇压了已夺得高卢、西班牙和不列颠统治权的篡逆者泰特里库斯。打败泰特里库斯的一战吉本算在公元 271 年，但现在一般都认为其实是发生在 274 年，紧跟在芝诺比娅败亡之后。

奥勒良几乎刚一抓获泰特里库斯并夺得他所占据的几个省份之后，便立即麾师向东，投入了征服东部著名帕尔米拉女王芝诺比娅的战斗。现代欧洲曾出现过不止一个能够维护帝国荣誉、肩负帝国重任的著名妇女；就在我们今天也并不乏此类出类拔萃的女性人物。但是，如果除开其成就不尽可信的塞密拉米斯不算，芝诺比娅也许可算是唯一一位，其非凡的天才完全超越了亚洲的气候条件和社会习俗加之于她们女性的奴性和无能。她自称是埃及马

其顿王室的后代，美貌不在她的祖先克利奥帕特拉之下，而在贞洁和勇敢方面则远在那位女王之上。芝诺比娅一直被看作是一个最可爱、最英勇的女性。她肤色微黑（因为在谈论小姐太太时这类小事却十分重要）。她的牙齿雪白如贝，一双黑色的大眼睛闪烁着不同一般的神采，却又是那样温柔，令人迷恋。她的声音洪亮而优美。她的不次于男人的理解力因刻苦学习而更形完美。拉丁文对她并不完全陌生，但她对希腊文、叙利亚文和埃及文都同样十分精通。她为了自己使用方便，自编了一套东方历史概况，并在崇高的朗吉努斯[①]的指导下自由地比较荷马和柏拉图的彼此不同的美。

这位成就非凡的妇女最后嫁给了奥登纳图斯；这个出身微贱的人，最后竟成了整个东部的统治者。她很快成了一位英雄的朋
113 友和伴侣。在战争间歇期，奥登纳图斯酷爱打猎活动；他常在沙漠地区对狮子、豹子和大熊等等野兽穷追不舍；对于这种危险的娱乐，芝诺比娅的热情也不在他以下，她早已养成耐劳的体魄，从来讨厌坐在带篷的车子中，一般都身着戎装骑马代步，有时候更会一连几英里步行着带领部队前进，奥登纳图斯所以能获得成功大部分要归功于她的绝伦的细心和坚韧。他们对大国王作战所取得的辉煌胜利，他们两次一直把他驱赶出泰西封的门户之外，从此为他们的共同声誉和权威奠定了基础。他们所指挥的军队以及他们所拯救的那些省份，除了他们的常胜的首领之外，再不承认有任何其

① 崇高的朗吉努斯——旧有“朗吉努斯论崇高”一文，一直被认为系朗吉努斯所作。——译者

他的君主。罗马的元老院和人民全尊重这个为他们的被俘的皇帝报仇的外族人，甚至瓦勒良的儿子也承认奥登纳图斯是他的合法的共事人。

在对亚洲的肆意掳掠的哥特人进行了一次成功的远征之后，帕尔米拉皇帝回到了在叙利亚的埃米萨城。战场上的常胜将军，在那里却被内部的叛乱置于死地，而他所最喜爱的娱乐，狩猎活动恰好是他的死因，或是他致死的条件。他的侄子麦尼奥公然在他之前投掷标枪；而尽管对他这种错误行为提出指责，他却再次坚持不改。作为一国君主，也作为一项运动的参加者，奥登纳图斯被激怒了，他派人牵走了他的马匹（这在野蛮人中被视为一种侮辱），并将这个冒失的青年关了一段时间禁闭。这一冒犯行为很快便被遗忘，但那次惩罚却结下了冤仇；麦尼奥邀了几个大胆的同伙，在一次盛大的宴会上把他叔叔杀害了。奥登纳图斯的一个并非芝诺比娅所生的儿子，一个性情温和、生性腼腆的年轻人，希罗德也同他父亲一起被杀死。但麦尼奥的这一血腥举动所换得的只不过是得以报仇的一时之快。他还没来得及为自己加上奥古斯都的头衔便被芝诺比娅用他在她丈夫的灵前献祭了。

在几个最忠实的朋友的帮助下，她立即登上了空出的王位，坚强有力地统治着帕尔米拉、叙利亚和东部约五六年之久。在奥登纳图斯死后，元老院仅为表彰他的个人成就赋予他的权力便宣告结束；但他的善战的遗孀，根本不把元老院和伽利埃努斯放在眼里，竟使一个被派来对付她的罗马将军，不得不抛弃掉自己的部队和名声急急退回到欧洲去。芝诺比娅从不像一般女性统治者会因为一时感情冲动手忙脚乱，她始终在最明智的政策原则的指导下，

把政府管理得井井有条。如果事情以宽恕为上，她能立即使自己的怒气冷静下来；如果必须进行惩罚，她又能压下怜悯之心决不手软。她的严格的节约态度曾被人指责为贪婪；但在一切需要花钱的正当场合，她却显得十分慷慨大方。阿拉伯、亚美尼亚和波斯等邻近的国家都害怕与她为敌，力求和她结盟。奥登纳图斯原来
114 的统治地区，就从幼发拉底河一直延伸到比提尼亚的边界，而在这之外，他的遗孀又加上了她的祖先留给她的国土，人口众多、物产丰富的埃及王国。皇帝克劳狄完全承认她的才能，他很乐意在他全力进行哥特战争的时候，由她重振东部帝国的国威。但是，芝诺比娅的行为也不无令人费解之处；她或曾设想建立一个独立的敌对王国，这至少也不是绝对不可能的事。她在一般罗马帝王的礼仪之外又引进了亚洲宫廷里的巨大排场，她强使她的臣民像对待居鲁士[①]的继承人一样对她进行崇拜。她让她的三个儿子都受到拉丁教育，并常让他们穿着皇家的紫袍在军队中露面。她始终自己保有着王冠，使用着一个雄伟的、含义不明的头衔，东方女王。

当奥勒良面对一个只有她的性别可能使人看不起的对手跨进亚洲的时候，他的出现很快使得已被芝诺比娅的武力和阴谋所动摇的比提尼亚省仍表示忠心归顺。自己始终走在他的军团的最前面，他接受了安锡拉的投降，在经过一段时间坚持不懈的围攻之后，在一个叛变的市民的帮助下进入了提亚纳城。这个虽然凶狠但光明正大的奥勒良把那个叛徒交给愤怒的士兵们去处置：而一

---

① 公元前6世纪的波斯国王。——译者

种出于迷信的尊重却又使他对这位哲学家阿波罗尼[①]的同乡仍采取了宽容的态度。安条克的市民在他临近的时候全都弃城逃走，这位皇帝立即贴出安民告示，号召逃走的居民回来，而且对那些凡属迫不得已，并非自愿在帕尔米拉女王军队中效力的人一律不予追究。这种出人意料的温和作法立刻使得叙利亚人民心归顺，以致直到埃米萨城一带，人民的愿望进一步支持了军队的声威。

芝诺比娅如果漫不经心容许西部皇帝进入她的都城四周 100 英里范围之内，那她的名声便可能会大大减色了。东部的命运是在两个大战役中决定的；这两次战斗各方面的情况是如此雷同，彼此简直难以区分，只除了第一次战斗在安条克附近进行，第二次却是在埃米萨附近进行的而已。在两次战斗中帕尔米拉的女王都曾亲自到场鼓舞士气，而把执行她的命令的具体任务交托给已在攻占埃及的战斗中显示出军事才能的扎伯达斯。芝诺比娅的人数众多的军队绝大部分由轻弓箭手和全身铠甲的重骑兵组成。奥勒良的摩尔和伊利里亚的马匹阻挡不了敌方的沉重的攻击。他们在一
片真真假假的混乱中奔逃，使得帕尔米拉人疲于奔命地追赶，并伺 115
机和他们混战一场，最后终于使这个无法突破，自身却运转不灵的马队队列陷于混乱之中。这时候箭囊已空的轻步兵一旦到短兵相接时便全无防卫能力，无遮拦的身躯任凭兵团的刀剑刺杀，奥勒良早已特别选定这批原来驻扎在上多瑙河的老兵，他们的勇武精神早已在阿勒曼尼战斗中经历过严峻的考验。在埃米萨一战失败之

① 提亚纳的阿波罗尼的出生年月几乎和耶稣·基督相同。他的生平事迹（指前者的生平）被他的一些门徒说得天花乱坠，让我们简直说不清他是一位哲人、一个骗子，还是一个疯子。

后，芝诺比娅发现自己已无可能再组织起第三支兵力了。这时直至埃及边境，所有原来向她臣服的民族都已转而投到征服者麾下，他还更派出他的最勇敢的一位将军普罗布斯，率领一部分队伍，占领了埃及境内的诸省。帕尔米拉成为奥登纳图斯的遗孀的最后一个据点了。她退到她的首都的城墙之内去，做出一切顽强抵抗的准备，完全像一位无所畏惧的女英雄庄严声称，她的最后统治只能和她生命的最后时刻一同结束。

在阿拉伯荒凉的沙漠之中，很少几处经人耕作的田土高出地面像几个小岛点缀着这一片沙的海洋。甚至塔莫尔或帕尔米拉这个名称，它在叙利亚语和拉丁语中的意思也都是为那温和地区提供阴凉和葱郁的棕榈树林。这里空气清新，被几处无比珍贵的泉水浇灌的土壤可以生产水果和谷物。一个具有如此优越的条件，又处于波斯湾和地中海之间、离两处都不甚远的地方很快便成了把相当数量的丰富的印度商品运往欧洲各国的商队经常来往之地。帕尔米拉在不知不觉中渐渐变成了一座富有的独立的城市，而且，由于它通过互利的商业活动可以作为连接罗马和帕提亚两个王国的纽带，得以一直保持着屈从的中立地位，最后，在图拉真的胜利之后，这个小小的共和国便落入了罗马的怀抱，作为一个虽也光彩却处于从属地位的殖民地，繁荣昌盛达 150 余年之久。如果我们可以根据现有的有限的铭文来判断，只是在太平时期，富足的帕尔米拉人才修建了那些庙宇、宫殿和具有希腊建筑风格的廊柱，它们散落在数英里范围之内的废墟至今仍为好奇的参观者所流连。奥登纳图斯和芝诺比娅的显赫成就似乎使他们的国家散发出了新的光芒，而帕尔米拉在一段时间内成了可以和罗马抗衡的

国家：只是这一竞争的代价是无比沉重的，后来许多代的人都成了这一转眼的灿烂景象的牺牲品。

皇帝奥勒良在越过埃米萨和帕尔米拉之间的沙漠地带时经常受到阿拉伯人的骚扰；他也没有办法随时保护着部队，特别是他的物资不受大胆而活跃的土匪队伍的抢劫，他们瞅准时机突然进袭，而对军团的迟缓的追击他们可以毫不在意。对帕尔米拉的围攻才是眼下最困难、最紧迫的工作，这位永远精力充沛的皇帝亲自在前 116
线督战，以致自己也中了一箭。“罗马人民”，奥勒良在一封普通信中说，“总以轻蔑的口气谈起我正和一个女人进行的这场战争，他们完全不了解芝诺比娅的为人和力量。我们简直不可能说清她做了多少战争准备，集中了多少石头、弓箭和各种投掷武器。每一段城墙都配备有两三台投石炮，她的军用机械还能抛掷火种。担心受惩罚的恐惧使她不惜完全豁出命去。然而，我仍然一切都信赖至今一直对我的事业表示支持的罗马保护神的保佑。”但神的保护究竟不可持，围攻的前途也难以预卜，奥勒良仍觉得更明智的办法是提出较为有利的投降条件；对那女王来说，任她体面地撤退；对市民来说，恢复他们古老的特权。他的建议被严词拒绝，而且除拒绝外，还伴着一些侮辱性的言辞。

芝诺比娅所以能如此坚决，也因为她想着不要多久饥饿必会迫使罗马军队重返越过沙漠地带的老路；而且她也确有理由相信，东部皇帝，特别是波斯国王，必会派兵保卫他们的这位天然盟友。但是，奥勒良的好运和坚韧的意志终于克服了一个个难关。恰在这时发生的沙普尔的死亡又使波斯议会不暇他顾，前来解帕尔米拉之围的数量有限的援军或者被皇帝的武力阻截，或者被他花大

价钱收买自去。从叙利亚各地派来的护驾的军队接连不断来到皇帝的军营,外加上在埃及得胜的普罗布斯的部队也回来了。只有在这时候芝诺比娅才决定逃跑,她骑上她的驼队中跑得最快的骆驼,已经逃到幼发拉底河边,离帕尔米拉仅约60英里的地方,却被奥勒良的轻骑兵追上,抓住带回献在皇帝的驾前了。她的首都不久也就投降,并得到了意料不到的宽大处理。所有的兵器、马匹、骆驼,再加上大量的金银、珍珠、宝石、丝绸全都归征服者所有,皇帝仅留下600弓箭手作为镇守的驻兵便回到了埃米萨,在那里利用一段时间,在这一使得自瓦勒良被俘以后一直拒不臣服的诸省重新归顺罗马的重大战争之后,认真地进行一次赏功罚过的工作。

当这位叙利亚女王被带到奥勒良面前的时候,他严厉地问她,她凭什么要以武力反对罗马皇帝?芝诺比娅的回答机智地同时既表示尊敬,也表现了自己的坚强。"因为把一个奥勒留或一个伽利埃努斯看作是罗马皇帝,我感到不能容忍。我只承认你是我的征服者和君王。"但女人的坚强一般都是虚假的,很少能坚持下去,长久不变。到审讯的时候,芝诺比娅完全泄气了;在士兵们叫
117 喊着要将她立即处死的怒吼声中,她浑身颤抖了,忘记了她曾以之自比的克利奥帕特拉的不屈的绝望处境[①],卑鄙地靠牺牲自己的名声和一些朋友买得一条性命。她把她的坚决抵抗的罪过全归之于他们操纵着她的女性的软弱的建议;把残酷的奥勒良的复仇的仇恨全转移到他们头上。在作为她的恐惧的牺牲品的众多的,也

① 当指公元前1世纪埃及女王克利奥帕特拉七世。她先后曾成为尤利乌斯·恺撒和安东尼的情妇。在亚克兴战败后,为避免成为屋大维的俘虏,用毒蛇自杀。——译者

许完全无辜的人中还包括有朗吉努斯，他的名声必将远远超过出卖他的女王和处死他的暴君的名声而长存。天才和学识无法感动一个凶恶的无知无识的士兵，但士兵们却帮着使朗吉努斯的灵魂高翔并得到和谐。他没有任何怨言，平静地跟着刽子手走去，饱含着对他的不幸的女主人的怜悯之情，并力图给为他痛苦的朋友们以安慰。

奥勒良东征回师，已经跨过了作为欧、亚两洲分界线的海峡之后，却得到情报说帕尔米拉人杀死了他留在那里的总督和守兵，又重新举起了叛旗，使他立即怒不可遏了。他毫不踌躇当即转身麾军向叙利亚进发。安条克对他能如此迅速回师不禁十分惊愕，孤立无援的帕尔米拉城深切感觉到他的愤怒情绪所造成的不可阻挡的巨大压力。我们看到奥勒良自己写下的一封书信，他承认应该把处死的人限定在武装造反的人的范围内，但许多老人、妇女、儿童和公民都一起被杀害了；而尽管他主要关心的是重建一座太阳神庙，而由于他对残存的帕尔米拉人忽动怜悯之情，他终于允许他们重建供他们居住的城市。但毁掉一座城市却比重建它要容易得多。商业和艺术中心，芝诺比娅经营的王都慢慢变成了一个无人在意的市镇，一个不关重要的堡垒，最后更成了一个破败的小村落。现存的帕尔米拉市民，总共不过三四十户，大都在宏伟的神庙的庭院中修筑起了他们用土垒起的农舍。

等待着不知疲倦的奥勒良的还有另一件、最后一件工作：出兵镇压一个在帕尔米拉反叛期间在尼罗河岸渐成势力的，虽无大名声却颇为危险的反贼菲尔穆斯。骄傲地自称为奥登纳图斯和芝诺比娅的朋友和盟友的菲尔穆斯实际只不过是埃及一富商。在和印

度经商的过程中,他和萨拉逊人和布伦米人结下了极为亲密的关系,而这两个民族以其夹居红海两侧的地位,使他们极易进入上埃及地区。他煽动埃及人起来争取自由,并由他们带领着大批愤怒的群众,攻进了亚历山大里亚城,在那里他自己穿上皇帝的紫袍,铸造钱币、发布命令,并招募军队,至于军队的给养,他胡乱吹嘘
118 说,光是他做纸张生意的一些收益便足够支付了。这样的军队一旦奥勒良的大军真正来临时是无能自卫的。这里似乎已用不着说,菲尔穆斯很快被击败、抓获、拷打并处死了。到这时奥勒良完全可以祝贺元老院、人民,和他自己,在仅仅三年的时间中,他又使罗马世界恢复了普遍的和平和安宁。

奥勒良的祝捷盛典和死亡

自罗马帝国兴建以来从来也没有任何一位罗马将军像奥勒良一样对这么一场祝捷盛典真正当之无愧;也从没有过一次祝捷大会像这次这样无与伦比的盛大和气派。排在庆祝队伍最前面的是20头大象、4头虎王和来自北部、东部和南部不同地域的200多种珍奇动物。在它们后面跟着1600个专门在竞技场上进行残酷的娱乐活动的格斗士。亚洲的财富、那许多被征服的民族的兵刃和旗号、叙利亚女王的华贵的餐具和服饰,都排列成完全对称的艺术图案展示在观众面前。从地球上最遥远的国土,从埃塞俄比亚、阿拉伯、波斯、巴克特里亚纳、印度和中国派来的使臣,一个个全穿着耀眼的无比华贵的服装,充分显示出罗马皇帝的声威,罗马皇帝自己也向人们展示了许多感恩的城市奉献给他的各种礼品,特别是

大批金质的王冠。一长串被强拉到庆祝大会上来的——哥特人、汪达尔人、萨尔马提亚人、阿勒曼尼人、法兰克人、高卢人、叙利亚人和埃及人的俘虏更具体地证实了奥勒良的辉煌战功。每一个民族的战俘都佩戴着各不相同的标记。亚马逊女杰的称号则被加在10个在战场上被抓获的哥特族的女战士头上。但观众的眼光对那么多俘虏并无兴趣，却全集中在泰特里库斯皇帝和东方女王身上。前者和他的被他加以奥古斯都称号的儿子，都穿着哥特人的裤子[①]、橘黄色的束腰上装和紫袍。芝诺比娅的苗条的身材带着黄金做成的镣铐；套在她脖子上的一条金锁链则由一个奴隶用手举着，沉重的珠宝的重量几乎要使她站都站不住了。她步行推着一辆她曾梦想坐着它进入罗马城的豪华的四轮马车前进，后面跟着还要更为富丽堂皇的奥登纳图斯和波斯王的两辆四轮车。奥勒良的凯旋的战车（这车原是哥特国王的），在这个特殊的场合一直用四头鹿或四头大象拉着。元老院、人民和军队中最有声望的人
物全紧跟在这个庄严的游行队伍的后面。由衷的欢乐、惊奇和感 119
恩之情使得由人群中发出的欢呼声响彻云霄；但泰特里库斯的出现却使得元老院的欢乐情绪蒙上了一层阴影；他们甚至压不住一阵窃窃私语，抱怨过于狂傲的皇帝不该让一个罗马人，一位过去的行政官如此当众受辱。

但是，不管奥勒良在对待他的这些不幸的对手时如何为所欲

① 使用bracae或短裤或裤子在当时的意大利仍被看作是野蛮的哥特人装束。不过罗马人已逐渐向这种装束靠近了。用fasciae或长带裹着腿或大腿在庞培和霍拉斯时代，被认为是身体虚弱或女气的表现。在图拉真时代只有有钱人用作一种豪华的穿戴。但后来却为最下层的人民所接受了。

为，他最后实际对他们所表现的宽大实为前代帝王中所罕有。过去一些企图保卫自己的王座或自由终未成功的皇族亲王，在祝捷的游行队伍一登上太阳神庙的时候，往往全被勒死在狱中。而这些企图篡夺王位的人，他们的失败虽已坐实他们的叛国罪，却被允许在富裕、体面的生活中了其余生。皇帝把离首都约 20 英里、坐落在第伯河边或蒂沃利的一所小院赠给了芝诺比娅；这位叙利亚王后后来慢慢完全变成了一位罗马妇女，几个女儿都嫁在高贵人家，她的后代在 5 世纪时还依然存在。泰特里库斯和他的儿子后来都恢复了原来的职位，财产也全部发还。他们在西连山上修建了一座高大的宫殿，刚一落成便特意邀请奥勒良前往参加晚宴。他一进门便又惊又喜地看到了一幅描绘他们的这段奇特历史的绘画。在画中，他们正向皇帝献上一顶王冠和哥特的权杖，同时又从他手里接过代表元老院成员高贵身份的勋章。父亲后来还被委派去担任卢卡尼亚的行政官，很快便和这位被废的国王结成友谊并过从甚密的奥勒良有一次竟不在意地问他，你不觉得治理意大利的一个省份比统治阿尔卑斯山以北大片地区更为惬意吗？儿子后来一直是元老院受人尊敬的成员；而且再没有任何别的一个罗马贵族像他那样受到奥勒良及其几代继承人的尊敬。

奥勒良的祝捷庆典节目繁多，尽管天刚一亮就开始进行，庄严迟缓的游行队伍直到 9 时才登上太阳神庙[①]；而在皇帝回到皇宫的时候，天已经全黑下来了。庆典之后再加上许多戏剧表演，马戏团节目、捕捉野兽、格斗士的格斗和海上表演等等。会上人民和军

① 此处原文为“Capital”，似只能是“Capitol”之误。——译者

队都得到了丰厚的赏赐，一些对首都有利或为首都人民所喜爱的机构也纷纷捐资为奥勒良的荣耀添彩。从东方掳掠来的财物一大部分献给了罗马的诸神；太阳神庙和其它所有的庙宇都闪烁着表示皇帝虔诚的各种奉献的金光；仅只是太阳神庙就得到一万五千镑黄金。这最后一笔财富是皇帝在这次庆典后不久，在基里那尔小山旁修建，专门献给奥勒良认为是自己的生命和好运的父母的神灵的豪华建筑。他的母亲原是一座太阳神庙的下级女祭司；把 120
一切奉献给光明之神正是这位幸运的农民从儿童时候培养起来的一种情绪；他的每一步高升，在他统治期间所获得的任何一次胜利，都更加深了他出于感激之情的迷信。

奥勒良军队已击败了共和国国内和国外的敌人。我们因而肯定地认为，由于他的合理的严格治理，各种犯罪和分裂活动、各种罪恶的投机取巧活动和对罪恶行径的默许等等在一个无力的、一味高压的政府的治理下必会疯狂发展的祸害，定然会在罗马世界完全根绝了。但是，如果我们仔细想一想，腐化堕落发展的速度如何远远超过惩治的效果，如果我们记得对社会混乱放任不管的年头远远超过了分配给奥勒良进行军事统治的几个月时间，我们便不得不承认那几度出现的短暂的太平时光是完全不足以完成艰巨的复兴大业的。就连他企图恢复钱币成色的努力都遭到了强大叛乱势力的反对。皇帝在一封私人信中曾充分发泄了他的烦恼情绪："不用怀疑"，他说，"众神灵已经发下命令，一定要让我的一生永远在幸福中度过。眼下一次起于萧墙之内的叛乱已引发了一场内战。铸币厂的工人，在一个不久前我委任他管理炉前工作的奴隶费利奇西穆斯的怂恿下，起来造反了。最后他们已被镇压下去；

但在这场斗争中，我的原来驻扎在达契亚和多瑙河边军营中的七千士兵都被杀害了。”另外有一些作家也对这一事实加以肯定，他们还补充说，这事是紧跟在奥勒良的祝捷庆典之后发生的；并说决定性的一战在西连山上进行；铸币厂的工人在钱币中掺假；皇帝发放好钱，通知人民把手中的坏钱拿到国库去兑换。

我们也可以满足于如实报道这一非同一般的事件，但我们却无法隐瞒，按目前这种说法来看，这个故事是多么前后矛盾，令人难于置信。铸币舞弊活动倒很宜于在伽利埃努斯的治下发生；另外，我们还不能不看到，具体进行犯罪活动的人必会害怕奥勒良的毫不通融的赏罚分明的态度。但不论如何犯罪受益的总只限于少数几个人；我们也难以想象，他们用什么计谋能把受到他们伤害的人民武装起来以反对被他们出卖的国王。我们也许会十分自然地想到，这些犯罪分子只会和告密人和其他一些压迫人民的官员一样遭到人民的厌恶；而改进钱币质量的工作则只会和在图拉真的广场烧毁一些废旧账单的行动一样为人民所欢迎。在一个对商业原则的理解还极不完备的时代，采用严酷的极不明智的办法也许完全可以达到最理想的目的；但像这样一种偶然的不满却很难引发起并支持着一场内战。不断征收加在土地或生活必需品上的难
121 以承受的赋税，最后可以激怒那些不愿，或不可能抛弃自己的国家的人们。但那情况和不论采用任何方式来恢复钱币的正当价值的做法是绝对不同的。暂时的邪恶很快便将为永久的利益抹去，实际损失将由人民群众分摊；而如果少数几个有钱人明确感到财富减少，那随着他们的财产的损失，他们便同时将失去随财产而来的一定程度的权势和重要性。不论奥勒良可能采取什么说法来掩盖

那次叛乱的真实原因,他的改进铸币质量说只能给一些已经拥有极大权力但心怀不满的人作为一种无力的借口。罗马虽已完全失去自由,却仍为分裂活动所苦。皇帝由于自己出身平民一直深为关心的人民,始终生活在对元老院、对骑士阶层、对禁卫军官兵极大的不满之中。没有这些——第一掌权、第二掌财、第三掌兵——的人们的参与,谁也不可能组织起一支军队能和在一位好战的君王的领导下,曾征服西部和东部的多瑙河畔久经锻炼的军团在战场上对抗。

不管被不尽可信的归之于铸币厂工人的那次叛乱的原因或目的究竟是什么,奥勒良可是不遗余力地最大限度利用了他的胜利。他天性冷酷。身为农民出身的军人,他很难动恻隐之心,却能在对人的残酷折磨和死亡面前全然无动于衷。从很小便受到军事训练,他把市民的生命的价值看得无足重轻,在军营中因一点小事便会受到严厉惩罚,他因而把军队的严格纪律要求也应用到民事法律中来。他对正义的要求往往变成一种盲目的狂热情绪;不论什么时候,如果他感到他本人或公共的安全受到威胁,他便会完全不考虑是否确有证据和处分应按律量刑。罗马人竟然用无缘无故的叛乱来报答他的汗马功劳,彻底激怒了他的狂傲的脾气。首都最有声望的人家全都卷进了这一犯罪的阴谋或有重大嫌疑。急切的报仇心理促使他进行血腥的迫害,连皇帝自己的一个侄儿也未能幸免。刽子手(如果我们可以借用当代的一位诗人的说法)已累得再无力举刀,监牢里已拥挤不堪,不幸的元老院在为它的最出色的成员的死亡或缺席而哭泣。奥勒良的骄傲情绪也和他的残暴行径一样使得那个议事机构感到难以容忍。对民事制度的种种限制

全然无知或不屑一顾，除了军事头衔，他拒绝以任何其他名义行使他的职权，始终以征服者的身份治理着一个经他解救并制服的帝国。

一位最有才智的罗马皇帝曾说道，他的前任奥勒良的才能更
122 适宜于指挥一支军队，而不宜于统治一个帝国。意识到自己的天性和经验已使他在某些方面非人所能及，在那次祝捷盛典过去仅仅几个月之后，他又一次进入了战场。那时候让急躁不安的军团官兵到某一对外作战的战场上去进行一番演练可能是一个明智的办法，再加上波斯国王，因瓦勒良的受辱而自鸣得意，仍在那里毫无顾忌地冒犯罗马帝国的威严。皇帝亲自带头带领着不专靠数量，却靠它的纪律和勇气令人生畏的一支军队，竟一直开过了作为欧亚分界线的海峡。在那里他体会到，最绝对的权威却完全无力防范绝望带来的反抗。他的一个秘书被告犯有敲诈勒索罪，他对其发出威胁，而谁都知道他的威胁很少是说说就算了的。那罪犯现在仅有的最后一线希望是使军队里的一些重要军官陷入和他相同的危险，或至少是相同的恐惧之中。他模仿他的主子的笔迹，写下了一份长长的血腥的名单，让他们看他们自己的名字也在将被处死的人名之中。他们丝毫也未怀疑这是一个骗局，更未加以验证，便决心杀死皇帝以求自保。在奥勒良行进在从拜占庭到赫拉克利亚的途中的时候，他遭到了由于他们的特殊地位他们本来可以来往于皇帝身边的一群阴谋分子的进攻，在经过一阵时间不长的反抗之后，他就死在他一直十分喜爱和信赖的穆卡波尔将军的刀下了。他死后部队的人感到惋惜，元老院对他厌恶，但是普遍认为他是一个好战的、幸运的皇帝，他对一个已日趋堕落的国家所进

行的改革虽然过于严厉，却是十分必要的。

在奥勒良死后，元老院最后一次行使它的职权，选举了M. 克劳狄·塔西佗。军队承认了他的领导，他在征讨阿兰人的一战中获得胜利。在他被杀后，军队选举了M. 奥勒利乌斯·普罗布斯。他在莱茵河和多瑙河上曾两度获胜，然后他在西米乌姆被杀。他的继承人M. 奥勒利乌斯·卡鲁斯在对波斯人开战的初战中神秘地死去。他的儿子继皇帝位。但这时在卡尔西顿的一群军官另选出了C. 奥勒利乌斯·瓦勒里乌斯·戴克里先。卡鲁斯的幸存的儿子卡里努斯在西部统治了一段时间。在马古斯（莫拉俄）一战戴克里先获得胜利，因而成了罗马世界的唯一主子。以上是此处删去的第十二章的内容。

新　帝　制

第十三章　戴克里先的统治和他的三共治者。他的祝捷大会和新秩序。宫廷礼仪的发展。戴克里先的退位和死亡。艺术的衰落。

戴克里先的统治比其先代任何一位皇帝都更为显赫，而他的出身却比他们中任何一位都更为贫贱、低下。过去，对才能和飞扬跋扈的过分强调常常掩盖了理想的贵族特权；但从此以后，在人群中的自由人和奴隶之间却划下了一条清晰的界线。戴克里先的父母原是一个罗马元老阿努利乌斯家的奴隶；他自己除了由他妈妈在那里出生的一个位于达尔马提亚的小镇的名字而得名外，也再没有任何其他什么可以炫耀的名号。十分可能，他父亲在那主人家获得了自由，并不久得到一个在当时像他这种人常有可能得到的文书工作。吉利的神谕或更可能是由于自觉才能出众的意识，使得他的颇有抱负的儿子力求能进入军界，从而获得一官半职；看看他如何依靠计谋和偶然机遇使他能够一步步实现那些神谕中的预言，能够向世人显示他的才能，真让人感到这实在可说是个奇迹。戴克里先一步步高升，竟然达到负责梅西亚政府、获得执政官荣誉的地位，并获得了指挥宫中卫队的重大权力。他在对波斯的

战争中显露出了非凡的才能；而在纽麦里安死后，这个奴隶通过他的对手们的陈述和评判，竟被宣称为最合适的皇位继承人。恶毒的宗教狂热在指责他的共治者马克西米安野蛮、残暴的同时，却又使人对戴克里先皇帝的个人勇气产生怀疑。我们很难相信像他那样一个在军团中一直受到尊重，并为那么多善战的皇帝所喜爱的幸运士兵会胆小怕死。然而，诽谤的言论也总会巧妙地专找对方薄弱的部位揭露和攻击。戴克里先虽在完成自己的职责或必须亲冒矢石时从不缺乏足够的勇气；但他却似乎没有一位英雄人物的无所畏惧的豪迈气概，为了追求名声甘冒危险，厌恶作伪，在个人武功上力求得到同辈人的敬仰。他的才能有实用而不显眼——生来强健的头脑因多种经历和对人类的研究更日益增强；精于处世；
124 在他身上体现了慷慨和节俭、温和和严厉的明智的结合；在军人的坦率的掩盖下隐藏着极深的心计；对既定的目标永远锲而不舍；手段却不妨灵活；最重要的，他善于使他自己及别人的热情全用于为他的野心服务，而且更能运用颇能惑人的借口使他自己的野心带上正义和公共利益的色彩。和奥古斯都一样，戴克里先可以被看作是一个新帝国的奠基人。和恺撒的养子一样，他是一位极出色的政治家，而不是一位出色的军人；所有这些皇帝，凡在使用策略可以达到目的的问题上，从来都不使用武力。

戴克里先的胜利的最引人注目之处是他的异乎寻常的温和。一个习惯于对征服者的宽大政策欢呼的人民，如果对他们带着任何情绪公正地采用一般的处死、流放、没收财产等等处罚，便会在无比有趣的惊愕中，看到一场内战，只不过它的火焰已在战场上熄灭了。戴克里先把卡鲁斯家族的首席大臣阿里斯托布鲁斯引为心

腹，尊重他的敌手的生命、财产和地位，甚至让卡里努斯的大部分奴仆仍继续按各自原来的位置供职。很有可能出于小心谨慎的动机也有助于帮助机智的戴克里先推行仁慈的政策：在这些奴仆中，有许多人因为秘密出卖旧主人而得到他的欢心；另有一些则由于他们心怀感激仍忠于不幸的旧主人而得到他的尊敬。奥勒良、普罗布斯和卡鲁斯的深刻的判断能力已为政府和军队中许多重要部门安排下确有能力的官员，现在如将他们全部撤换便只能损害公众的利益，而丝毫无助于推进新皇帝的事业。然而，这一类的举动却立即使得所有的罗马人对新的一代统治抱有最美好的希望，皇帝则更公开宣称，对于他的前代皇帝的种种美德，他最渴望效法的是马尔库斯·安东尼的仁爱思想，从而对那一先入之见进一步加以肯定。

在他的统治时期他首先关心的似乎是表明自己的真诚和温和 217
态度。以马尔库斯为榜样，他让马克西米安作为他的共治者，并先给他加上恺撒的头衔，继而又加封他奥古斯都。但他这样做的动机以及他所以选择他的目的，与他所景仰的前辈可是完全不同的。马尔库斯让一个任性的青年享受到穿着紫袍的荣耀，完全是为了个人报恩而不惜牺牲国民的幸福。而戴克里先在国家处于危险之中的时候，让一个朋友和曾和他自己一起共过事的军人来共同肩负治国重任，却是同时为东部和西部增强了防御力量。马克西米安出身农民家庭，而且和奥勒良一样出生在西米乌姆地区。他大字不识，什么法律规章一概不看在眼里，一股乡土气息和笨拙的举止，在他荣登最高职位时仍随时透露出他的低下的出身。打仗是他唯一熟悉的行当。在长期担任军职的生活中，他曾在帝国的各

条战线上大显身手;而且,虽然他的军事才能多表现在服从命令,而非自行指挥,虽然他也许始终未曾达到一位卓越将军的造诣,靠他的勇敢、坚毅和经验,他却能够负责完成最艰巨的军事行动。甚至连马克西米安的邪恶对他的恩人也同样大有用处。从无怜悯之心,对事情可能发生的任何后果都从不畏惧,对于那位机智的皇帝为实行他的某种政策随时可能提出又随时可能取消的任何残酷行动来说,他可以说是个再顺手不过的工具。等待为了预防或出于报复已对他献过血腥的牺牲之后,戴克里先及时出面调停,轻描淡写地对他的共治者过于严厉的做法批评几句,救下剩下的几个他本来无心惩治的人,然后便可被用黄金时代和黑铁时代进行对比;这是人们普遍加之于他的统治原则的美誉,以别于另一种他们所说的黑铁时代。尽管他们两人性格各异,这两位在位的皇帝却始终维持着他们发迹前结成的友谊。马克西米安尽管具有后来对他自己和对公共安宁为害无穷的傲慢、暴躁脾气,却完全习惯于尊重戴克里先的天才,并承认理性的地位永远高于蛮横的暴力。出于骄傲或出于迷信的动机,这两位皇帝一位自称为约夫乌斯,另一个自称为赫耳枯勒乌斯(按照他们的御用宣传家的说法),世界在智慧的无所不见的朱庇特[①]的监视下运行,赫耳枯勒乌斯的无敌于天下的铁臂则从地球上清除掉一切妖魔和暴君。

但是,甚至全能的约夫乌斯和赫耳枯勒乌斯也无能承担治理国家的重任。明智的戴克里先发现四周全受到野蛮人攻击的帝国,需要在各个方面安置重兵和一个皇帝。出于这一考虑,他决定

① 即约夫。——译者

再次分割他手中的难以驾驭的权力，用一个较低一级的恺撒的称号，把它分给两个才德卓著的将军，让他们和他享有同等的君权。于是以阿门塔里乌斯为姓，原来以牧牛为业的伽勒里乌斯和因为脸色苍白常被人称为克洛卢斯[①]的君士坦提乌斯两人便荣登了二皇帝的高位。在描述赫耳枯勒乌斯的国土、出身和为人的时候，我们已经讲了伽勒里乌斯在这些方面的情况，伽勒里乌斯常被不无道理地称作年轻的马克西米安，而实际有许多情况表明他在品德和才能方面都明显高于前者。君士坦提乌斯的出身不像他的共治者那么低下。他的父亲尤特罗皮乌斯是达尔达尼亚的一位很有地位的贵族，他母亲是克劳狄皇帝的侄女。尽管君士坦提乌斯的青年时期在军队中度过，他却生性和蔼、善良，很久以前人们都已认为他正应登上他后来登上的位置。为了以家族的亲密关系增强政治上的联系，两位皇帝分别成为两个恺撒的父亲，戴克里先认伽勒 126
里乌斯为子，马克西米安认君士坦提乌斯为子；而且还让他们俩全抛掉原来的妻子，各把自己的一个女儿嫁给养子为妻。这四位皇帝共同把罗马帝国的广大国土全部瓜分。高卢、西班牙和不列颠方面的防务由君士坦提乌斯负责，伽勒里乌斯驻守在多瑙河畔以保卫伊利里亚数省。意大利和非洲则被视为马克西米安的势力范围；戴克里先特地为自己保留下了色雷斯、埃及和富庶的亚洲地区。每一个人在自己的统辖范围内都是最高统治者；但他们的共同权威遍及整个帝国，他们中的每一个人都随时准备为他的共治

① 原文 Chlorus 疑系借用 Chlorosis（一种使人脸色发绿的贫血病）一词。——译者

者出主意或亲临效力。两位身居高位的恺撒尊重两位皇帝的权威，而三位年轻的皇帝，由于感激和顺从又全无例外地承认他们共同的，实际成全他们的父亲。在他们之间完全不存在互相猜忌的权力之争；他们团结在一起形成的独特的和谐景象一直被比作一段协奏的乐曲，完全靠首席乐师的技巧调节和保持着整个曲子的协调。

马克西米安镇压了一次高卢的农民起义。卡劳西乌斯由于控制了海峡舰队在不列颠自立为帝，但他很快被刺杀，君士坦提乌斯也便立即将不列颠收复。两恺撒守卫着莱茵河和多瑙河前线。戴克里先在镇压下埃及的一次叛乱后，转而集中注意力于东方。他在亚美尼亚安置了一位友好皇帝提里达特斯，把底格里斯河以西的地区全让给波斯，从而赢得了历时40年之久的和平。

戴克里先的祝捷大会和新秩序

戴克里先刚一进入他的统治的第20个年头，便举行了一次盛大的罗马祝捷大会以纪念那个重要的节日，以及他在军事上所取得的胜利。拥有和他对等权力的共治者马克西米安在那个光荣日子里是他唯一的陪衬。两位恺撒虽也曾多次出征并攻城略地，但根据严格的古训，他们的功绩应完全归功于两位父亲和皇帝的有
127 益熏陶。戴克里先和马克西米安的祝捷大会也许不如奥勒良和普罗布斯的祝捷会场面宏大，但它在几个方面却享有更高的名声、气

魄更大。非洲和不列颠、莱茵河、多瑙河和尼罗河都各自提供了自己的战利品;而且最为突出的一件装饰品性质十分独特:在对波斯一战取得胜利之后,更征服了一些重要的土地。代表河流、山岭和省份的模型有人抬着走在皇帝的车子的前面。被俘虏的大国王的几个妻子、姊妹和儿女们的画像构成一幅新的大可满足人民虚荣心的动人场景。在后人的眼中,这次大会最为突出的却是另一种不怎么光彩的特点。它是在罗马城举行的最后一次庆典。在这时期之后,皇帝们再也不曾攻克外域,罗马从此也不再是帝国的首都了。

罗马城的所在地曾由古代各种仪式和想象中的奇迹使之神圣化。某些神灵的存在,或对某些英雄的记忆,似乎使得这个城市的任何一部分都具有生气,而这个世界帝国也早已奉献给了太阳神庙。土生的罗马人能感觉到并承认这一可喜幻想的力量。它来之于他们的祖先,在他们早年的生活习惯中得到进一步发展,并在某种程度上受到和政治效用有关的意见的保护。政府的形式及其所在地点已亲密地融合在一起,一般认为,我们已不可能舍弃其一而不同时毁灭其二。但首都的统治权却随着征服地域的日益扩大而逐渐消失了;地方省份慢慢升高到同样的水平,被征服的民族都获得了罗马人的名称和特权,但并没有接受他们的偏好。但是,在很长一段时间中,古代制度的残余和习俗的影响却保存了罗马的尊严。罗马皇帝,有些也许出生于非洲或伊利里亚,全都尊重他们被接纳的这个国家,把它看作是他们的权力的依据和他们的宽阔领土的中心。战争的紧迫性往往要求他们长时间待在前线;但是,只有戴克里先和马克西米安是最早两位,在和平时期,一般也居住在

省市里的皇帝;他们的行动,不管我们说可能出于什么个人动机,但从国家政策的各个方面来考虑,却都是无可指责的。西部皇帝的朝廷大都安置在米兰,这地方位于阿尔卑斯山脚下,为了观察野蛮的日耳曼人的动静,显然远比安置在罗马要便利得多。米兰很快便显出了一个帝国都城的气派。据记载,这里房屋众多,质量优良;人民举止高雅、大方。这里有一个马戏场、一座戏院、一个铸币厂、一座皇宫,和以他们的建造者马克西米安的名字命名的几处浴场;廊柱里装饰着各种雕像,一圈双层围墙,更增加了这座新首都的美;虽与罗马邻近而并无逊色之感。力求在宏伟方面与罗马争
128 胜也是戴克里先的夙愿,他利用他的全部闲暇时间和东部所有的财富尽力美化位于欧亚交界处的一座城市尼科米底亚,这地方离开多瑙河和幼发拉底河的距离几乎彼此相等。由于君王的爱好,并由人民出资,尼科米底亚在几年的时间里所显现的宏伟气魄看上去简直像是数十年的经营的结果,成为一个在人口数量上仅次于罗马、亚历山大里亚和安条克的城市。戴克里先和马克西米安的一生是行动的一生,他们一生中相当大一部分时间都花费在军营中、在经常发生的长距离行军中;但一旦国家公务容许他们有一段闲暇,他们似乎都极愿意回到他们十分心爱的尼科米底亚和米兰的住所去。直到戴克里先的统治届满 20 年,他到罗马举行他的祝捷大会以前,十分值得怀疑,他是否曾到过一次那帝国的古都。即使在那次盛会期间,他在罗马停留的时间也未超过两个月。对那里人民的放荡不羁的态度感到厌恶,他在第 13 天便忽然决定离开了罗马,本来还预计他将前往元老院讲话,并将接受代表执政官地位的勋章的。

戴克里先对罗马和罗马的自由所表现的不悦,并非由于一时冲动,而是他的最灵巧的政策的结果。这位乖巧的皇帝早已拟定了一个后来才由君士坦丁家族完成的新的帝国政府体系;而由于旧体制的形象仍被视为神圣,保留在元老院的头脑中,他决心从那里清除掉所剩无几的权力和思想上的残余。我们还可以回想起,大约在戴克里先登位七八年前,罗马元老院的短暂的崇高地位和巨大的抱负。在这种热情还存在的时候,许多贵族都鲁莽地表现了对自由事业的热忱;而当普罗布斯的继承人们撤回对共和派的支持之后,那些元老都掩盖不住他们的无可奈何的愤恨心情了。马克西米安作为意大利的君主受托消除这种,不一定有多大危险,但十分讨厌的情绪,这个任务对他的残暴性格来说却是再合适没有了。元老院中最有名望、戴克里先一直装着十分尊敬的一些成员,被他的共治者指控犯下了纯属想象的秘密谋反的罪行;而占有一座高级别墅或一片良田都被视为是犯罪的有力证据。禁卫军的军营一向对这罗马的权威机构采取压制的态度,现在却开始对它多方保护;那些一向十分傲慢的军队现在意识到自己的权力日益削弱,自然也便倾向于把自己的力量和元老院的权威联合起来。通过戴克里先的小心谨慎的步骤,禁卫军的人数在不知觉中日益减少,他们的特权也全被取消,他们的位置已逐步由伊利里亚的两个忠诚的军团所替代,这两个分别重新命名为约夫团和赫耳枯勒 129
斯团的部队,担负着皇帝的警卫任务。但是,戴克里先和马克西米安加之于元老院的虽然不易看见却最为致命的伤害,则是他们从不在元老院露面所必然产生的后果。只要皇帝还住在罗马,元老院虽可能受到压制,但它却极少可能被全然弃置不顾。奥古斯都

的继承者行使着他们觉得怎么好,或他们愿意怎么,便怎么制定他们的法令的权利;但那些法令却都要得到元老院的批准。这样在对它的研究和最后颁布的过程中还保存了古代的自由的模式;而一些尊重罗马人民偏见的明智的皇帝则不得不在某种程度上采取适合于共和国总行政官或第一执政官的语言和行动。在军队中或在地方各省市时,他们显示出君王的威严;而当他们定居在距首都较远的地方的时候,他们便永远抛开了奥古斯都告诫他的后继者一定不可抛弃的伪装。在行使司法和行政权力时,君主只是和大臣们商量商量,而不必听取全国性的议会的意见。直到帝国的最后一段时间,元老院这个名称仍然能引起人们的敬畏,它的虚荣的成员仍然以拥有元老这一光荣称号而沾沾自喜;但是,这个多少年来一直作为权力来源和权力行使工具的会议却被人们恭而敬之地逐渐全部遗忘了。与皇帝的朝廷和实际行政机构失去一切联系的罗马元老院,实际已成为卡匹托里亚山丘上的一座令人起敬但毫无用处的古迹纪念碑了。

在罗马皇帝眼前已见不到元老院和他们的古都的时候,他们便很容易会忘掉了他们的权力从何而来,属何种性质了。正是执政官、前执政、监察官和保民官等等的行政职务构成皇帝的权利,而人民也只是通过这些官员才能看到它的共和国的出身。现在这些低下的头衔全被扔在一边了;如果他们还用皇帝或**最高统帅**这一称号来表明他们的崇高地位,这个词却已被赋予新的更为庄严的含义,它已不再仅是指罗马军队的将军,而成为罗马世界的主宰了。一开始带有军事性质的皇帝这一名称,后来和一个较卑下的称谓联系在一起了。多米努斯(Dominus[1])或主子这个称呼,最原始的含义并非表示统治他的臣民的一国之君,或统治军队的总司令员的身份,而只是表示对自己家养奴隶握有绝对权力的主人。正是从这个令人可厌的角度来看待这个词,才使得最早的几位恺撒厌恶地把它抛弃掉了。后来他们的厌恶心理无形中越来越减弱,这名称也变得不那么刺耳了;直到最后,我的主子和皇帝的称谓不仅常见于谄媚的言辞中,渐渐更进入了正式法令和公共纪念碑铭文之中。这类高大的称呼已足以勾起和满足最极端的虚荣心了;而如果戴克里先的一些继承人现在仍然拒绝国王的称号,那似乎倒可能是由于他们不好意思,而并非真的由于谦恭。不论在任 130
何使用拉丁语的地区(它在整个帝国各地一直是官方语言),只为他们所专用的皇帝的称谓,永远比成百的野蛮人酋长也都那么叫的国王要显得更为尊贵得多;再或者,这一称谓,往最好里说,也不过来源于主子或来源于塔克文[2]。但是,东部在这个问题上的感受可与西部大不相同。从最早的历史时期开始,亚洲的君主便以希腊文的巴赛勒斯(BASILEUS),或国王闻名于世;而且由于普遍认为它便代表着人群中最突出的一个人物,于是东部臣服的各省也便全使用这个谦恭的称谓来称呼罗马的君王,甚至神的属性,或至少是神的称号也被戴克里先和马克西米安僭用了,并由他们传给了他们的继承人。不过这种过头的恭维之词,由于失去了意义,很快也便不再包含有亵渎神明的意思了;何况当人的耳朵对那声

① 拉丁语,等于英语 Lord(主子)。——译者

② 原文 Tarquin,公元前6世纪半属神话传说的罗马国王。——译者

响已习以为常之后，不管它多么过火，听起来也只不过是一个模模糊糊表示敬意的词而已。

宫廷礼仪的发展

从奥古斯都到戴克里先一般市民在和罗马皇帝随便交谈时，对他们表示的敬重通常和他们对元老和行政长官所表示的尊重是不相上下的。他们唯一的特殊标志是那御用或军用的紫袍，而元老服装则用一条较宽的、骑士阶级则用一条较窄的，同样那种尊贵颜色的带子或绶带作为他们的特殊标志。是戴克里先的傲气，或者更是出于政策考虑，使得这位机智的皇帝把波斯宫廷中的盛大气派引进到罗马来了。他开始又试着戴上了王冠，这罗马人十分厌恶的代表皇权的可厌的装饰品，卡利古拉当初戴上它便一直被看作是一种绝望的疯狂行为。戴克里先和他的几位继承人的豪华的袍子系用真丝和金线织成；人们愤怒地注意到连他们的鞋上也嵌满了最贵重的宝石。由于不断增加一些新的仪式和礼节，要想当面一睹圣颜一天比一天更加困难。皇宫的钱财由一些一开始被称作内宫官署的机构严格看守着。寝宫则交托给一些十分警惕的阉人看守。他们的人数和影响的日益增大可说是皇权日趋专制的绝对不容怀疑的标记。一个臣民如终于能够面见圣颜，不论他的地位如何，都必须俯伏在地，按东方的规矩，对他的主人或主子的圣体膜拜。戴克里先是一个很有头脑的人，他在较长时间的公私
131 生活中，对他自己和对人类都已有一个较正确的估价；我们也难以想象，他这样用波斯的一套礼仪来代替罗马宫廷的旧制，真就是为

满足个人虚荣这么一个十分低下的目的。他只是错误地以为，摆出无比豪华和高贵的气派，便可以使一般人民不敢存非分之想；使公众始终无法见到他本人，便可以使一个君王减少接触人民群众和士兵粗暴行动的机会；而且以为长期俯首贴耳的习惯将有助于在不知不觉中增加人的崇敬心情。和奥古斯都装出的谦卑一样，戴克里先也是始终在那里进行戏剧表演；但必须承认，这两台喜剧，前者远比后者具有更开明、更合乎人情的性质。一者的目的是掩盖，一者的目的则是尽量展示出，皇帝对罗马世界所拥有的无限权力。

戴克里先所建立的新体系的第一条原则便是炫耀。第二条则是分割。他把帝国、行省、一切行政和军事的分支机构全都分割成小块儿。他在政府这架大机器下面增添更多的轮子，以使它运行的速度减慢，却更为保险。不管这些革新的举动将会带来什么好处和缺点，责任在很大程度上都必须由它的最初发明人去负；但由于这一新政策的格局是在其后的几代皇帝逐步改进和完成的，那么对它的研究不妨且等到它完全成熟和接近完善的时候再说。因此，且为君士坦丁的统治时期保留一个更为准确的新帝国的图像，这里我们将满足于，按戴克里先亲手勾画的蓝图，描绘一下它的主要的、至关重要的轮廓。他找到三个共治者和他一起行使最高权力；由于他深信一个人的能力不足以应付公共防务的需要，他把四帝分治的办法并不看成是一种临时的权宜之计，而看作是一种治理国家的根本法则。按照他的设想，两个年长的皇帝应头戴王冠，并使用奥古斯都的称号以资区别；而由于个人喜爱或看重可能影响他们的选择，他们应该经常把两位低一级的共事人叫来协助他

们工作；那两个恺撒，在轮到他们自己升高到第一位统治者的时候，便应该不间断地补充新一代的皇帝。帝国被分成四个部分。东部和意大利地位最高，多瑙河和莱茵河地区则最为多事。前者需要奥古斯都亲临主事，后者则可交由两恺撒治理。军团的力量掌握在四个合伙君王手中，而要一举接连摧毁四个强大对手的巨大艰险必会使得一个最大胆的野心勃勃的将军也望而却步。在行政方面，两皇帝被认为享有管辖整个王国的统一权力，他们的法令，由他们共同签名，在由他们的共同的议会和他们自己批准发布
132 后，各省都必须遵照执行。尽管有这么多的预防措施，罗马世界的政治上的联合不久便逐渐解体，而分裂的原则却越来越发生作用，以致在短短几年的时间中，便出现了东、西帝国的永久的分裂。

戴克里先体系还有另一个非常实际的弊端，这里也不应完全忽略过去；那就是他的政府机构必然花钱更多，因而赋税和对人民的压榨也相对加重。原来能使奥古斯都和图拉真的简单的崇高地位得到满足的由奴隶和自由人组成的一般家庭现在不时兴了，在帝国的不同地方却建立起了三四个宏大的朝廷，因而同时有三四个国王，在一味追求虚荣的排场和奢侈方面彼此并和波斯君王争强斗胜。安插在国家机关各部门的大臣、行政官、一般官员和奴隶的数目成倍增加，已非昔日可比；而（如果我们可以借用当时十分流行的一种说法）“当收受的人所得份额超过奉献的人所提供的份额的时候，各省市便必将感受到赋税的沉重压力。”从这一时期直到帝国消亡，完全不难随时听到一阵阵连绵不断的发自人民内心的抱怨和呼号。各个作家根据他自己的宗教信仰和特殊处境，分别挑选出戴克里先，或君士坦丁，或瓦伦斯，或提奥多西乌斯，作

为他咒诅的对象；但是，在一个问题上他们的意见却是完全一致的，那便是，全都认为公众的赋税，特别是土地税和人头税过重是他那个时代的日趋严重的难以忍耐的灾难。根据这一彼此一致的共同点，一个能够从一些讽刺和恭维言辞中剔出真情的公正的历史学家，便会倾向于让他们所指责的这些皇帝共同承担责任，并把这种赋税不断加重的原因主要归之于他们的完全相同的行政体系，而并不认为是他们的个人罪恶所致。戴克里先皇帝确实是那一体系的创始人；但是，在他的统治时期，这一日趋严重的邪恶却一直被限制在温和和谨慎的范围之内，他应当受到指责的是他开创了那个罪恶的先例，但他并未实际实行对人民的压榨。还有一点应当说明的是，他在财政问题上始终本着谨慎和节约的精神；而且，在支付掉一切正常的经费开支之后，皇帝的金库里总还有足够的储备可以供合理的赏赐或国家紧急需要之用。

戴克里先的退位和死亡

在戴克里先统治的第 21 个年头，他终于实践了他决心退位的
重大决策；这件事如果发生在大安托尼努斯或小安托尼努斯身上
当会显得更为自然得多，因为现在的这位皇帝，实际从未真正获得
或真正行使过最高权力。戴克里先为世界开了一个光荣退位的先
例，只可惜后代帝王起而效法的却为数不多。这里我们自然必会 133
想到查理五世的类似行径，这不仅因为一位极有辩才的现代历史
学家已使得英国读者都已极熟悉他的名字，而且还由于这两个皇
帝的性格十分相似：他们的政治才能都远在他们的军事天才之上，

他们的未可尽信的高尚品德绝大部分出于伪装，而非天性使然。查理的退位看来颇受时运变迁的影响；他的得意的计谋给他带来的失望促使他放弃了他发现已不足以满足他的野心的权力。但戴克里先的统治却正在接连取得胜利一帆风顺的时候；也还似乎不是在他击败了他所有的敌人，完成了他的一切计划之后，他才开始严肃地想到退位问题。不论是查理，还是戴克里先，都并没有达到衰迈的年龄；因为他们一个才不过 55 岁，另一个也不过 59 岁；但是这两位皇帝的繁忙的生活、他们经历的战争和旅行、他们对国事的忧虑以及他们日理万机的实际操劳，已损害了他们的体质，使他们疾病缠身，未老先衰。

尽管天气严寒，阴雨连绵，戴克里先在他的祝捷大会刚一结束之后，便立即离开意大利，绕行伊利里亚诸省向东部进发。由于气候条件恶劣和旅途劳累，他很快便染上一种慢性病；尽管他每日不计里程，一般都坐在一顶封闭的肩舆中让人抬着，但在那年的夏末到达尼科米底亚以前他的病情便已严重恶化，并令人感到惊愕了。接下去整个一个冬天，他都一直待在皇宫里，他病危的情况引起了普遍的发自内心的关注；但一般人却只能从皇帝侍从人员的脸色所透露的欢欣和惊惶来判断皇帝病情的变化。有一段时候他已死去的谣言到处流传；而且一般都认为其所以要对他的死秘而不宣，只是因为伽勒里乌斯恺撒不在，唯恐会引起麻烦。但是，最后直到 3 月 1 日他又一次公开露面了，但他当时是那样瘦弱、苍白，以致原来和他非常熟悉的人都难以认出他来了。在一年多的时间中，他一直在对个人健康和国家大事的忧虑之中勉强支撑着，现在已到了该结束这一痛苦斗争的时候了。为了身体健康，他需要完全

放松，随心所欲地生活，但国家事务却强迫他躺在病床上指导一个庞大帝国的行政。他决心在光荣的安闲中度过他的残年，要把自己的荣誉置于命运的掌握之外，把世界这个舞台完全交给他的更年轻、更为活跃的共治者去管。

退位仪式是在距离尼科米底亚约3英里的一块开阔的平原上举行的。皇帝登上一个高大的宝座，在一篇充满情理和威严的演 134
说中，向在这一特殊场合聚集在这里的人民和士兵，宣告了他的意图，等到他一脱掉身上的紫袍，他便立即从人群的关切的目光下撤出，坐上一辆挂着帷幔的车子穿过市区，一刻不停地向他早在自己的家乡达尔马提亚选定的他所喜爱的退隐地奔去。就在那同一天，5月1日，马克西米安，按照早已取得的协议，也在米兰辞去了皇帝圣职。甚至在罗马祝捷会的盛况中，戴克里先也在思考着他辞去政府职位的计划。由于他希望马克西米安一定服从他的安排，他或者已让他作出一般性许诺，一定按照他的恩公的决定采取行动，或者已让他明确保证，不论什么时候，只要他向他提出劝告，并作出榜样，他也便一定步下皇帝的宝座。这种约定，虽曾经过在卡匹托里亚山丘朱庇特庙的圣坛前的神圣盟誓，对性情凶狠、一向追求权势，既无意求得眼前安静，也无心买得身后美名的马克西米安来说，是不一定能发生完全的制约作用的。然而，不管如何勉强，他却终于屈服于他的更为聪慧的共事人多年培育成的凌驾于他之上的权势，退位之后立即退隐到卢卡尼亚的一座别墅里去，而在那里，像他那样一个脾气烦躁的人，恐怕几乎是不可能获得长时间的安宁的。

出身奴隶家庭，爬上皇帝高位的戴克里先，在平静的生活中度

过了他最后的9年。理性指示他急流勇退,对退隐后的生活,他似乎十分满意,一直受到那些从他手中接过统治世界大权的皇帝们的无比尊重。长时间忙于事务的头脑极少有和自身进行交谈的习惯,而在丧失权力之后,它们主要懊恼的是无事可干。为孤独提供多种娱乐的读书和拜神活动并不能集中戴克里先的注意力;但他却保留了,或至少是发现了,一种对一些最无害、最自然的消遣的爱好,他把他的闲暇时间的极大一部分用在建筑、种植和养育花草等等活动之中。他对马克西米安的几句回答的确很值得我们深思。那个急躁不安的老人请求他再着皇帝紫袍,重新握起驾驭政府的丝缰。他只是淡淡一笑,丝毫也不为这种诱惑所动,并冷静地回答说,他要是能够让马克西米安看到他亲手在萨洛那种植的白菜,他一定再也不会劝他为了追求权力,放弃享受眼前的欢乐了。在他和朋友们的谈话中,他常常谈到,在一切技能中最难掌握的莫过于治理国家的技能;他每在谈起这一他最爱谈的主题的时候,总不免带着几分只能是来自于亲身经历的激情。“有多少时候”,他常爱说,“四五个大臣为了他们共同的利益愿意联合起来欺骗他

135 们的君主!由于他的特殊的崇高地位,他无法了解任何一件事的事实真相;他只能用他们的眼睛来观看一切,只能听他们的歪曲事实的报告。他把最重要的职位交给罪恶的,软弱无能的人,他无端伤害他的臣民中最有品德和才能的人。”通过这种下流的技能,他接着补充说,“一些最好、最明智的皇帝也将被他们的朝臣所出卖,并陷入他们的贪污腐化中去。”对伟大的正当估价,和为了确保永垂不朽的名声,都会增进我们对退隐生活的向往;但这位罗马皇帝在当时的世界中所占据的位置是如此重要,使他根本不可能

一心一意去享受闲居生活的舒适和安全。对于在他退位以后帝国所遭受的苦难,他不可能完全不问不闻。对某些灾难可能产生的后果,他也不可能完全漠不关心。恐惧、悲伤和不安不时会找上门来,干扰他在萨洛那的平静生活。他的柔肠,或至少是他的高傲情绪,因他妻子和女儿的不幸受到莫大的伤害;戴克里先在临终之前更因受到一些侮辱而深感痛苦,对这样一位多位皇帝的父亲和他们自己的事业的第一玉成者,李锡尼和君士坦丁本该有所顾忌的。有一个尽管其真实性十分可疑,到今天我们还能看到的材料,表明他是自愿通过死亡解脱了他们加之于他的淫威。

在我们了结对戴克里先的生活和为人的研究之前,我们还将花费一点时间来观赏一下他退位后生活的地点。属于他的出生地达尔马提亚省的萨洛那是该省的一个主要城市,距阿魁利亚和意大利边境约200罗马里(按公路长度计算),距过去皇帝们来到伊利里亚前线时一般停留的地点西米乌姆约270里。有一个破落的村子至今还保留着萨洛那的名称;但晚至16世纪,一座戏院的残余,以及一片混乱的残破的拱门和一些大理石柱仍在述说着它们昔日的风光。在距城六七英里的地方,戴克里先修建了一座宏伟的宫殿,从这一浩大的工程,我们可以推断,戴克里先不知多久以前便已在思考他的退位计划了。选定这么一个既有益于健康又便于享受奢侈生活的退隐地点并不需要借助于自己是本地人这一特有的偏好。"这里的土地干爽、肥沃,空气洁净、清新,而且,尽管夏季天气极热,这地方却很少受到经常在伊斯的里亚海岸和意大利某些地区肆虐的狂风的袭击。从皇宫望去,眼前的一派美好景象的诱人程度也不在那土壤和气候的优越条件之下。向西是一弯

亚得里亚海边的肥沃的海岸，在那里无数小岛分布其中，使得那一带海面完全像一片大湖了。北边是海湾，从那里可以通向萨洛那的古城；清晰在望的海湾那边的田野和亚得里亚海向南和向东伸
136 展的广阔的水域形成恰到好处的对照。向北，一群不规则的高山挡住了我们的视线，那山离这里距离适中，山上到处可以看到村落、树林和葡萄园。”①

尽管君士坦丁，出于一种十分明显的偏见，故意对戴克里先的宫殿表示不屑一谈，但他们的一位只能见到它的荒废、破败情景的继承人，却使用了高度赞美的词句叙述着它的宏大气魄。宫殿占地在9—10英亩之间，整体成方形，两侧矗立着十六个钟楼。两边的长度近600英尺，另两边则将近700英尺。全部用从附近的特劳，或特拉古蒂乌姆石场采来，其美丽程度几乎不在大理石之下的软石建造，四条彼此以直角相交的街道，把这片大建筑分割成若干部分，一座非常高大，至今仍被称作金门的拱门直通正厅。通道的尽头是一座用花岗岩石柱装成的列柱中庭，在它的一侧我们看到埃斯库拉庇乌斯的方形神殿，另一侧则是朱庇特的八角神殿。这后一位神戴克里先尊为其命运保护神，前一种神则被看作是他的健康的保卫者。拿现在残存的遗迹和维特鲁维乌斯的说法作一番比较，我们发现他对这片建筑的许多部分，如浴场、卧室、中庭、长

① 见亚当的《戴克里先在斯帕拉特罗的宫殿遗址》，第6页。我们还可以据福蒂斯神父的说法，再补充一点情况：卢卡曾提到过的海德尔河盛产上等鲈鱼，有一位极有才华的作家，也许是一位僧人，把这看成是戴克里先所以决定在这里隐退的主要原因之一。这位作家还注意到，在斯帕拉特罗，人们对农业的兴趣又兴旺起来；而且在离城不远的地方，最近有一个由一群读书人组成的社团建立了一个实验农场。

形大会堂以及西济克斯式、科林斯式和埃及式大厅的描绘都有一定程度的精确性，或至少相当近似。它们形式多样，比例协调，但它们却全都具有从情趣和便利的角度来看，现代人无法接受的两大缺点。这些宽敞高大的厅堂全都既没有窗户，也没有烟囱。屋内的光线全靠从屋顶供给（因为那些建筑似乎全都仅只一层），并依靠沿墙壁安装的管道供暖。整个中心厅堂的西南边有一排长517英尺的廊子作为屏障，那里在自然景色之外如再配合上各种雕刻和绘画的美，便必将构成一个十分高贵并令人赏心悦目的游逛场所。

艺术的衰落

这一宏伟建筑，如果位于一片荒无人烟地带，自然不免也会受
到时间的损伤；但是，也很可能它将逃脱贪婪的人类造成的破坏。137
一个名叫阿斯帕拉图斯的村子以及在许久以后出现的斯帕拉特罗市镇都在它的废墟上成长起来。现在那金门正通向一个市场。浸礼会的圣约翰强占了埃斯库拉庇乌斯的庙址；朱庇特神庙，在圣母的保护下，已变成了一座基督教教堂，关于戴克里先的宫殿情况的这一段叙述我们主要得感谢我国我们同时代的一位极有才能的艺术家，他完全出于单纯的好奇心，曾深入到达尔马提亚的心腹地带。但是，我们却也难免怀疑他的设计和刀法多少有些美化了他本意要如实复制的原物。一位最近去过那里的颇有见解的旅行家告诉我们，斯帕拉特罗的可怕的废墟，不仅能表现出在戴克里先统治时期罗马帝国的无比的博大和宏伟，它同时也表明了艺术的衰落。如果那建筑的情况果真如此,那我们便必然会相信,绘画、雕刻定然更经历过一个更为显著的衰败过程。指导建筑实践的不过只是几条笼统的,甚至是机械的原则。但是,雕刻,而尤其是绘画,要进行模仿的不仅是自然界的各种形象,而且还要表现出人的心灵的特点和热情。在这类崇高的艺术中,仅有灵巧的手是没有多大用处的,它还必须插上想象的翅膀,并有最正确的鉴别力和观察能力作为指导。

这里几乎用不着说,帝国的政治动乱、士兵的横行、野蛮人的入侵,和日趋严重的专制政府,都是对天才,甚至对钻研学问极为不利的。一连串伊利里亚皇帝的继位者恢复了帝国,却并没有恢复科学。他们的军事教育并无意要激起他们对文学的爱好;甚至戴克里先的思想,尽管在处理国事方面显得十分活跃,面面俱到,却完全和深入研究和思考问题无缘。法律和物理学两种职业,具有普遍用处,也能获得一定利益,因而不论什么时候总有足够的具有一定才能和知识的人来从事这方面的工作;但是,学习这两种行当的学生似乎完全引不起活跃在那一时期的大师们的兴趣。诗歌的声音沉默了,历史书全变成了干巴巴、思路不清的节本,既无兴趣,也无教益作用。一些闲扯淡的虚假的舌辩之士现在仍在朝廷供职,拿着皇家的薪俸,他们除了拍皇帝的马屁或为皇权辩护之外,别无任何才能。

不管怎么,新柏拉图学派的兴起和迅速发展却标志着学术和人类衰败时期的来临。亚历山大里亚学派使得雅典派的声音沉寂下去;一些古老的派别都纷纷站到更时髦的旗帜之下来,而他们则标榜自己的体系,方法新颖,态度严肃。这些大师中有许多——如

阿摩尼奥斯托提努斯和波菲利——都是精于思想、勤于思考的人 138
物；但是，由于他们没有弄清哲学的真正目的，他们的努力倒是更有助于损害，而非增进人类的理解能力。新柏拉图派完全忽略了适合于我们的情况和能力的知识，忽略了整个道德、自然科学和数理科学领域；他们竭尽全力进行徒托空言的形而上学的论争，企图使得柏拉图和亚里士多德的思想在一些他们自己其实和所有其他人一样毫无所知的问题上，彼此协调一致。把他们的理智消磨在这类虽似深刻却不切实际的思索之中，他们的头脑则完全暴露于空洞的幻想的侵袭之下。他们狂妄地自信握有使灵魂得以从肉体的禁锢中解脱出来的奥秘；声称能和魔鬼和各种精灵随意交谈；实际是，通过一次十分奇特的变革，把对哲学的探索，变成了对法术的研究。古代的智士便曾耻笑一般人民的迷信；现在托提努斯和波菲利的门徒们，经过用一层薄如纸的寓言形式对它加以装扮之后，却又成了它的狂热的辩护人。由于他们在关于信仰的几个神秘问题上和基督教徒的意见一致，他们便以进行内战似的狂怒对他们的神学体系的其余部分大肆攻击。新柏拉图派在科学史中几乎不配享有任何地位，但在教会史中也许免不了会随时提到它的名字。

139 第十四章　君士坦丁在罗马。他的司法改革。

戴克里先的政府组织的致命祸端是马克西米安和君士坦提乌斯都各有自己的儿子马克森提乌斯和君士坦丁。父子之情压倒了选举制度的权威。伽勒里乌斯试图把君士坦丁和他父亲分开。但那年轻人终于在不列颠与他父亲会合,并于他在约克去世之前加封他为奥古斯都。同年马克森提乌斯毁弃原来的盟约,东山再起。

在君士坦丁的主要策略中,战争纠纷和政治花招构成一条主线。当马克森提乌斯在意大利和非洲推行暴虐统治时,君士坦丁管辖着高卢地区,他后来出兵意大利。马克森提乌斯在罗马郊区的米尔番桥边战败被杀。正是在这一战役之前据说君士坦丁看到了上帝显灵,因而决定改信基督教。

君士坦丁在罗马

在对这一胜利的利用方面,君士坦丁既不曾因其宽厚而受到赞扬,也没有因过于强暴而引起非议。他采取了如果他战败他本人和他的家人也必将受到的处置办法,将那暴君的两个儿子处死,彻底根除了他的整个家族。马克森提乌斯的一些重要追随者，既然曾分享他的富贵和罪恶，当然也料想必将和他同归于尽；但是，当罗马人民大声吆喝要求将更多的人置于死地的时候，这位征服者却从人道的观点出发，坚决抵制了那种夹杂着讨好和忿恨情绪，主要表示恭顺的呼声。对告密的人加以惩罚，以示此风不可长；在暴政之下遭到迫害的无辜都从流放地召回，并发还他们的财产。一种全面大赦令在意大利和非洲迅速使人心安定下来。使人人安居乐业。君士坦丁第一次赏光亲临元老院的时候，在一篇有节制的演说中概述了他自己的辛劳和功绩，保证尽可能对那里的众位要人加倍关心，并许诺将重新恢复元老院的古老的尊荣和特权。心怀感激之情的元老院也便用它当时还有权授予的空洞的尊贵头衔来报答他的毫无意义的许诺；而且，并未敢冒失地表示对君士坦丁的权限加以批准，却通过一项法令封他为统治过罗马世界的第 140
一级的奥古斯都。于是，为使他的这次胜利名垂青史，立即举行了各种赛会和庆祝活动，并由马克森提乌斯出资修建几座大建筑物以纪念他的成功的对手的荣耀。君士坦丁的凯旋门至今仍是艺术衰落的可悲的见证和最无聊的虚荣的独特证明。由于在帝国的都城不可能找到一位力能胜任装点那一公共纪念物的雕刻家，竟然一不考虑对图拉真的怀念，二不考虑于情理是否妥当，竟然将图拉真凯旋门上的雕像全部挖走。至于时代不同和人物不同，事件不同，性质亦不相同等问题，一概不予理会。帕提亚人的俘虏跪倒在一位从未带兵越过幼发拉底河的皇帝脚前；而细心的文物学家至今仍能在君士坦丁的纪念物上找到图拉真的头像。新纪念碑上凡是古代雕刻留下空隙必须加以填补的地方，一望而知全是一些最

粗劣、最无能的工匠的手艺。

最终完全取消禁卫军卫队是一种谨慎的做法，同时也是一种报复措施。那支在数量和特权方面经马克森提乌斯予以恢复，甚至更为扩大的骄横的队伍，自始至终受到君士坦丁的压制。他们的坚固设防的兵营被拆毁了，少数逃脱一刀之苦的禁卫军官兵被分散到帝国边境的军团中去，在那里可以使用他们，但他们却再不可能兴风作浪了。通过大大削减一向驻扎在罗马城里的军队，君士坦丁给元老院和人民的威风以致命的打击，被解除武装的首都从此毫无自卫能力，完全暴露在远离都城的主子的凌辱和蔑视之下。我们可以看到，罗马人正是为了保住行将消灭的不受勒索之苦的一点自由才拥戴马克森提乌斯登上皇位的。结果他以自由捐赠的名义向元老院勒索。他们于是请求君士坦丁的帮助。他击败了暴君，改自由捐赠为固定赋税。元老，据各自按财产作出的申报，被分为若干等。最富有的每年交纳 8 磅黄金，第二等 4 磅，最后一等 2 磅，而那些由于贫穷可以申请免税的也需交纳 7 个金币。除了正规的元老院成员，他们的儿子，他们的家臣，甚至他们的亲戚也都分享元老的空洞的特权，并分担元老阶层的沉重的赋税；君士坦丁为什么会热心增加如此有用的一类人的数目，我们当然就丝毫也不以为怪了。在击败马克森提乌斯之后，得胜的皇帝在罗马待了不过两三个月，在他其后的一生中他也不过又来过两趟，那是为了庆贺他统治 10 周年和 20 周年的庄严庆典。君士坦丁几乎
141 永远处在流动之中，让各军团演习或到各省去视察。特里夫、米兰、阿魁利亚、西米乌姆、纳伊苏斯和塞萨洛尼卡，在他在欧洲和亚洲接壤处修建起新罗马以前，都是他临时居住的城市。

· · ·

君士坦丁先和李锡尼结盟，后来又和他开战了。在西巴利斯和马底亚的几次战斗之后，双方又言归于好。

君士坦丁的司法改革

君士坦丁和李锡尼的和好，虽然由于彼此的仇恨和嫉妒，由于对相互造成的伤害记忆犹新，由于担心随时战端又起，而各怀鬼胎，却也在8年多的时间中保持了罗马世界的平静。由于一系列的正规帝国法令都差不多开始实行于这一时期，要抄录出一些曾经花费掉君士坦丁许多闲暇时间的民法条文来，是极容易不过的事。但他所设计的和新政策体系和宗教直接有关的最重要的制度却是在他统治后期较平静的几年中才完全建立起来的。他的法令中有许多，就其与个人权利和财产的关系以及就其实际实施的过程来看，都更应当归之于私自的，而不是帝国公众的法律制度；他还公布过许多完全属于地方性的临时法令，实际不属于一般历史应加注意的范围。但在这里，从众多的法令中我们打算选出两条；一条因其极大的重要性，另一条则因其十分奇特；前一条还由于它为人民造福不浅，后一条则实在有点过于残酷。1. 在古代十分流行的抛弃或杀害幼婴的做法在地方各省，特别是在意大利，一天比一天更为盛行起来。这是苦难生活的直接结果；而这苦难主要是由难以忍受的沉重赋税和催缴赋税的官员对欠税人的百般凌逼和残酷迫害造成的。人民中无钱无势的人家，不但不以人丁兴旺为可喜，反认为及早不让孩子面临他们自己所无法忍受的生活苦难，正是父母对儿女的最大关怀。君士坦丁的恻隐之心，也许被当时

的某些因绝望而发生的过于悲惨的事件所激动，他先向意大利各城市，后又向非洲发布了一项命令，指示对那些带着自己的儿女面见地方行政官，证明自己由于贫穷对他们确实无力教养的父母，都将立即获得足够的补助。但是，由于补助过多，条文也过于含糊，根本不可能长时间普遍施行。这项法律，虽然也许值得嘉许，但事实上只起了一点揭露公众苦难的作用，而并未能真正缓解人民的苦难。对那些自己生活美满，根本不可能发现在一位慷慨大度的帝王的统治之下还存在罪恶或苦难的御用演说家们来说，它至今
142 仍是一件对他们进行有力驳斥的铁证。2. 君士坦丁的反强奸的法律对人性中这个最为可恕的缺点却显得略无宽大心怀；因为按该条文对上述罪状的描述，则不仅限于使用暴力强迫，而连采用温柔的手段勾引一个 25 岁以下的未婚妇女离开父母家宅的都应包括在内。"得手的奸污犯将被处以死刑，而且似乎简单处死还不足以偿其辜，他将被或者活活烧死，或者在竞技场上让野兽撕成碎片。那处女如果出面声称她是自己愿意跟他，那不但不能救下她的情夫，却只会使得自己遭受和他相同的命运。这当众进行的酷行将由有罪的或受害的女方的父母执行；如果出于人的仁慈本性使他们不愿将这受到伤害的事张扬出去，并于事后双方正式结为姻亲，以挽回他们的家族的荣誉，那他们自己便将受到流放和财产充公的惩罚。奴隶，不论男女，如确犯有强奸或诱奸罪，一律活活烧死，或用另一种奇巧的，由口中灌入若干熔铅的酷刑处死。由于这种罪行具有公共性质，甚至对外来游客也可提出控告。起诉不受罪行发生时间的年代限制，判刑可以延及这种不正常婚姻的无辜的后代。"但是，每当一件罪行引起的恐怖远不如惩处的酷刑本

身的时候,严酷的刑法仍不得不对共同的人的感情让步。这一敕令中的最为无理的部分,后代皇帝一般都予以修改或完全废除了;甚至君士坦丁自己也常常通过赦免令对他的通令的过于严酷之处予以缓解。这真可说是这位皇帝的独特的幽默,他在制订一条法令时显得那么严格,甚至残酷,而在执行的过程中他又显得那么手软,甚至不惜违法。不论是在这位皇帝的性格中,还是在他的政府的体制中,几乎再找不到比这更具有决定性意义的缺点了。

323 年在君士坦丁和李锡尼之间再次爆发内战,在经过亚德里亚堡和克里索波利斯战斗和李锡尼的死之后,君士坦丁便从此独揽了帝国的统治大权。

基督教的兴起

第十五章　基督教成长的五大原因。适宜于它迅速发展的条件。原始基督教徒的人数和处境。

对于基督教的成长和确立的过程进行一番公正而又合理的探索,可以说是罗马帝国史至关重要的一个部分。在那个巨大的机体或外遭强敌入侵,或内部缓慢腐败的情况下,一种纯洁、低级的宗教却于不知不觉中深入人心,在沉静和隐蔽中逐渐成长,因遭到反对而精力倍增,终于在朱庇特神庙的废墟上竖起了胜利的十字架的旗帜。基督教的影响也并非仅限于这一时期,或仅限于罗马帝国的范围之内。在经过一场长达十三四个世纪的变革之后,这一宗教至今仍为欧洲一些在艺术、学识以及武力方面在人类中较为优越的民族所信奉。由于欧洲人的努力和狂热,它已经在亚洲、非洲最遥远的海岸广泛传播;并通过他们的殖民地,从加拿大直到智利,在古代人闻所未闻的一个世界中也牢固地建立起来。

但是,这一探索,不论如何有用或有趣,却伴随着两个特殊的困难。教会历史资料的贫乏和众多疑点使我们几乎很难驱散笼罩着基督教开创时期的迷雾。伟大的公正原则,又常常迫使我们不得不揭示出一些平庸的福音导师和信徒们的不足征信的说法;而且对一个不十分留心的旁观者来说,他们的错误似乎已对他们所

持的信仰投下了一片阴影。可是只要他们不仅想到神的启示是由何而来,而且想到是对谁作出的时候,那对虔诚基督教徒的攻击和不信教者的虚假的胜利,便都会立即不复存在了。神学家可以纵情描绘宗教仅披着她的天衣冉冉自天而降的愉快情景。而史学家所承担的任务可不那么轻松。他必须揭示出,她在和一个软弱、堕落的族类一起长时间居住在地球上时,不可避免必将沾染上的错误和腐化现象。

我们的好奇心很自然地促使我们要对基督教信仰究竟是通过什么手段对世上所有已建立的宗教取得如此巨大的胜利的问题作一番研究。对于这个问题,有人可以提出一个十分明显但又能令人满意的回答:那就是,这是由于其教义本身具有令人信服的证

144 据,以及它的伟大创造者的支配一切的神力。然而,在这个世界上

真理和理性是很难如此顺当便能为人所接受的,而上天的智慧也常常屈尊以人心中的情欲和人类的一般处境,作为执行其旨意的工具,因此我们似乎仍可以带着必需的恭顺,丢开基督教教会何以,能迅速发展的第一动因,大胆地问一问其次要原因究竟都有哪些?看来大约有以下五个方面的原因使它处于最有利的地位,给了它极大的帮助:——I. 基督教徒的一成不变和——如果我们可以大胆这样说的话——毫不容人的狂热情绪,这种情绪虽确乎出自于犹太教,但已清除掉了那种非但不设法诱导,反而阻碍非犹太教徒接受摩西戒律①的狭隘的不友好的精神。II. 关于来世生活的

① 《圣经·出埃及记》第 20 章:耶和华在西乃山向摩西传十诫。其中有“除了我以外,你不可有别的神”,不可崇拜偶像等等。——译者

教义，这一教义更由于一些能使这一重要真理增加分量和影响的新情况的出现而得到了加强。III. 一般传说原始基督教教会具有的神奇力量。IV. 基督教徒纯真、严谨的品德。V. 基督教世界的内部团结和纪律——它在罗马帝国的中心逐渐形成一个独立的日益壮大的国家。

得之于犹太人的基督教徒的顽固的宗教狂热

I. 我们前面已经讲述了古代世界在宗教问题上的和谐，以及一些彼此极不相同，甚至互相敌对的民族如何也极容易接受，或至少是尊重，彼此不同的迷信方式。只有一个民族拒绝参与全人类的交往。许多世代以来，被视为最下贱的奴隶，在亚述和波斯王朝的统治下痛苦呻吟的犹太人，在继亚历山大之后的几个王朝时期从阴暗之中走了出来；由于他们的人数先在东方，后又在西方以惊人的速度增长，很快便引起了其他民族的好奇和惊愕。他们赖以保持他们的特殊宗教仪式的沉静、顽劣的脾气及其不友好态度似乎表明他们是一个特殊的种族，不惜公开承认，或毫不掩饰，他们对人类其余部分的不可调和的憎恨。不论是安条克的暴力，[①]还是希罗德（旧译希律王）的计谋，还是邻近民族的榜样，都未能说服犹太人把希腊人的典雅的神话和摩西的教义结合起来。罗马人根据普遍宽容的原则，保护了一种他们十分厌恶的迷信。宽厚的

① 当指叙利亚国王于公元前168年间企图强使犹太人希腊化的斗争。——译者

奥古斯都曾经客气地下令要在耶路撒冷的神庙里为他的繁荣昌盛献祭；而那些同样应向卡匹托里亚丘的朱庇特礼拜的亚拉伯罕后代中最卑贱的人们本应是他自己和他的弟兄们憎恶的对象。然而
145 征服者的温和态度并不足以压制下他们的臣民的带有妒意的偏见，他们看到那些异教的标记不可避免地传入一个罗马行省，不免感到十分惊恐和愤慨。卡利古拉要将自己的雕像供入耶路撒冷神庙中的企图，由于一个对此类偶像崇拜的渎神行为的恐惧，更甚于对死亡恐惧的民族的一致反对而遭到失败。他们对于摩西戒律坚信不疑的程度，不次于他们对外来宗教的憎恶。宗教狂热和虔诚的细流，如逼入一条狭窄的通道，也会猛力奔流，有时甚至被激成一股巨浪。

这种对于古代世界似乎显得如此可厌或可笑的毫不通融的顽固态度，由于上帝有意向我们揭示了他的特选子民[①]的神秘历史，而更具有了可怕的性质。但是，这种在生活在第二神庙管辖下的犹太人身上表现得如此明显的对摩西宗教的衷心或甚至半信半疑的信奉，如果和他们的先辈的绝不轻信的态度相比起来，便显得更为令人吃惊了。当耶和华在西乃山的雷鸣闪电中传授戒律的时候，当海潮和行星为了方便以色列人而暂停活动的时候，当表示信奉或拒绝主将受到尘世的奖赏或惩罚的时候，他们却始终对眼前可见的神王的权威进行反抗，在耶和华的圣所中供奉各民族的偶像，模仿那些常在阿拉伯人的帐篷中或腓尼基的各城市中进行的各种荒诞的仪式。等到上天理所当然地撤回对这个不知感恩的民

① 即指犹太人。——译者

族的保护的时候，他们的信仰却得到了相当程度的加强和净化。摩西和约书亚[1]的同时代人曾经丝毫不以为意地目睹了这些无比惊人的奇迹。在各种灾难的压力之下，对于这些奇迹又深信不疑，终于使得后代的犹太人免于沾染普遍流行的偶像崇拜的习气；而且这个十分独特的民族，完全违反已知的一般人类思想的准则，和他们耳闻目睹的实际见证[2]相比起来，似乎更易屈服于和相信他们的远代祖先的传统。

犹太教非常适宜于进行自身防卫，但它却从来无意于征服；很有可能新入教的人从来也没有超过叛教者的人数。神的诺言最初仅对一个家庭发出，那特殊的割礼也只限于在一个家庭中进行。当亚伯拉罕的后代繁衍得多如海中沙的时候，那位曾亲口向他们传授一套戒律和各种仪式的神，宣称自己是真正的以色列全民族的上帝；这样以一种特有的关怀和爱护，把他最喜爱的人民和其余的人类分离开来。对迦南土地的征服，伴随着许多奇妙的，也伴随着许多血腥的情况，以致获得胜利的犹太人便从此和他们所有的邻人处于不可调和的敌对状态之中。犹太人曾奉命铲除某些偶像崇拜最甚的部落，而他们对于神意的执行，很少由于人性的软弱而 146
迟迟不前。他们被禁止同外族通婚或结盟；对于不得接纳外族参加礼拜仪式的禁令在有些情况下是永久性的，几乎一般都一直要延续到第三代、第七代，甚至第十代。对非犹太人宣讲摩西教义的

①　圣经所传犹太人的始祖。——译者

②　“这百姓藐视我要到几时呢？我在他们中间行了这一切神迹，他们还不信我要到几时呢”？（民数记第14章，第11节。）从整个摩西的历史来看，要证明这位神灵确有理由抱怨实在再容易不过，只不过那未免有些亵渎了。

义务，从来也没有写入律条之中；犹太人自己也无意自愿承担起这一责任。

在接纳新市民的问题上，这个不友好的民族所追随的并非罗马人的宽大政策，而是希腊人的出于自私的虚荣。亚伯拉罕的后代听人说只有他们才是那神的契约[①]的继承人而感到沾沾自喜，他们担心轻易和世上异族分享他们的遗产，会降低了它的价值。与人类更多的接触虽扩大了他们的知识范围，却并未纠正他们的偏见；以色列的上帝如果获得一个新信徒，他倒更应当感谢多神教的随和的心性，而并非由于他自己的传教士的积极行动。摩西的宗教似乎仅为一个特殊国家和一个独特民族而立；而如果严格按照命令的规定每个男子必须一年三次亲自前往朝拜主耶和华，那犹太人就根本不可能向那片狭窄的希望之乡以外发展了。这一障碍倒是由于耶路撒冷神庙的毁灭而消除了；但犹太教的绝大部分却也因而随之毁灭；那些许久以来对于关于一个空无一物的圣所的奇异报道感到诧异的异教徒，现在更无法理解一个没有神庙和祭坛，没有祭司和牺牲的宗教能以什么为崇拜对象，又以什么作为崇拜的工具。可是，甚至就在犹太人处境十分恶劣的时候，他们仍然念念不忘他们的独自享有的高傲的特权，避免而不是寻求与外族人的交往。他们仍然以不可动摇的毅力尽力执行戒律中他们所能执行的那一部分。他们的一些特殊的节日、只食某些特殊肉类以及其它一些无关紧要但十分繁琐的生活细节，都使其它的民族

① 《圣经·出埃及记》第34章中记有耶和华和以色列人“定约”情况。此处所谓“契约”想系指此而言。——译者

十分厌恶和反感，而那些民族的不同习惯和偏见他们又绝对反对。仅仅是那个痛苦的甚至具有危险性的割礼一项，就完全足以拒绝一个志愿皈依者于犹太教礼拜堂的大门之外。

在这种情况下，用摩西的戒律的力量武装自己，而又从它的桎
梏中解脱出来的基督教便在世界范围内应运而生了。在新的体系 147
中，也和在古代的旧体系中一样，始终着眼于培养专一的相信宗教的真理和同一上帝的热情；因而现在在关于最高神灵的本质和意旨的问题上，向人们透露的任何情况，都必须有助于增强他们对这一神秘教义的崇敬。摩西和先知们都具有神的权威，这一点已被承认，甚至被确认为基督教的最牢固的基础。自世界之始，便有连续不断的预言向世人昭告救世主即将来临，并为长时间期待着的那一天作好了准备，这救世主，按照犹太人的粗略的理解，常常被表现为一位国王和征服者的形象，而并非一位先知，一个殉道者和上帝的儿子。通过他为世人赎罪作出的牺牲，那些神庙中的不完美的牺牲立即被结束和消除了。现在一种纯洁的，同样适用于一切不同气候的地区，适用于人类所处的一切情况的精神崇拜，代替了那些徒有形式和图像的礼拜仪式；而且在入教礼中使用更为无害的水代替了原来使用的人血。获得神的恩惠的机会不像过去仅限于亚伯拉罕的后裔，而被普遍许诺给了自由人和奴隶、希腊人和野蛮人、犹太人和非犹太人。一切能够使一个皈依者由地下升到天上、能增强他的虔诚、保证他的幸福，或甚至能够满足那种在虔诚的幌子下潜入人心的秘密的骄傲的特权，却仍然仅为基督教教会的成员所专有；但是，与此同时，所有的人都容许，甚至被邀请，获得这一光荣的称号，它不仅被作为一种恩惠向人们提供，而且是

一种强加于人的义务。因而，在亲戚朋友中传播他所得到的无法估量的幸福，告诫他们千万不要拒绝接受，因为那将被视为罪恶地冒犯仁慈的但无所不能的神灵的意旨，而受到严厉惩罚，便成了一个新入教者的最神圣的责任。

不论如何，基督教教会从犹太教堂的束缚中被解放出来却是一件经过相当长的时间和困难的工作。加入基督教的犹太人把耶稣看作是他们的古代神谕所预言的救世主，尊他为品德和宗教方面的先知的导师；但他们又固执地死守着祖先的各种仪式，并试图将它强加于数目日益增多的非犹太人信徒。这些加入基督教的犹太人以摩西戒律起源于神，以及它的伟大创作者的永恒完美为据提出的论证却也有其一定的可信之处。他们肯定，其一，如果在永恒的时间中始终不变的神原打算取消那些曾有助于于众人之中区分出他的选民的神圣仪式，那他在取消它的时候也必会和当初宣告时一样的明确和严肃：其二，那就不但不应一再声明，或者假定，
148 或者肯定摩西的宗教具有永久性，而且应该把它说成是一个仅仅只适用于救世主来临以前这段时间的临时计划，而那位救世主自会教给人类一种更为完美的信仰和宗教：其三，救世主自身以及在人世上和他交往的他的门徒们便不但不应自己作出榜样，不惜繁琐地遵守摩西戒律，倒应公开向世人宣布废除那些陈旧无用的仪式，那也便不致使基督教在那么多年中和犹太教会的许多教派糊里糊涂地混在一起了。这类议论似乎一直被用来为日益失去其存在理由的摩西戒律进行辩护；但是我们的饱学的圣职人员却已不辞辛劳对旧约全书中含糊的语句和使徒们的意义不明的行为作出了大量解释。这里，我们应该逐步揭示福音教义的整个体系，并以

十分慎重和委婉的态度作出与犹太教的意向和偏见都难以相容的裁决。

耶路撒冷教会的历史生动地证明了这种谨慎措施的必要，也证明了犹太教在它的各教派的思想上产生的深刻印象。最早的一批15名耶路撒冷主教全都是受过割礼的犹太人；他们所领导的会众完全把摩西的戒律和基督的教义结合起来了。一个在基督死去仅仅40天后建立起来，而且在许多年中一直在他的使徒直接监督下活动的，教会的原始传统，会被看作是正统基督教的一面旗帜，那是很自然的事。远方的教会经常求助于他们的可尊敬的“母会”，并慷慨捐资以解救她的急难。但是，当许许多多富有的教会团体在帝国的各大城市，安条克、亚历山大里亚、以弗所、科林斯和罗马建立起来以后，各基督教殖民地对耶路撒冷原有的敬重便在不知不觉中减弱了。曾为教会奠定基础的犹太入教者，或后来所说的拿撒勒人，很快就发现自己已陷入由多神教的各种教派来到基督的旗帜之下的日益增加的会众的包围之中：而那些经他们的特别使徒的同意，摆脱了摩西宗教仪式的不堪忍受的沉重负担的非犹太人，最后却又拒绝让他们的更为拘谨的同教弟兄分享当初他们曾为自己的活动苦苦争取的容忍。犹太人的神庙、城市和公共教会的毁灭，使拿撒勒人十分伤心；因为他们在习俗方面，虽然不是在信仰上和那些不敬神的同胞始终保持着亲密的关系；关于他们这些同胞遭受不幸的原因，异教徒认为是由于最高神灵的鄙弃，而基督教徒却更为恰当地说，是因为他的震怒。拿撒勒人从耶路撒冷的废墟上撤出来，来到约旦河东岸一个名叫佩拉的小镇，在那里，这个古老的教会在寂寞、凄凉之中度过了60多年的时光。

149 他们仍然能享受经常朝拜圣城的欢乐，并抱着有一天还能重建这些天性和宗教都教导他们既爱且敬的神庙的希望。然而，最后在哈德良的统治下，犹太人的不顾死活的宗教狂热给他们带来了极大的灾难；罗马人，为他们屡屡叛乱的行为所激怒，不惜以非同一般的严峻态度行使他们的胜利者的权力。皇帝在锡昂山上修建了一座被称作埃利亚。卡皮托利纳的新城，并赋予它以殖民地的特权；他宣称任何犹太人如果胆敢走近该城便将受到极为严厉的惩罚，并在那里安置一队罗马步兵以加强对命令的执行。拿撒勒人现在只有一条路可以避开这对他们普遍适用的禁令了，而在这里现世利益的影响增强了真理的力量。他们选举出马尔库斯作为他们的主教，他是一个非犹太民族的高级教士，而且非常可能出生于意大利或某个拉丁省。在他的劝导之下，这个教区的绝大部分人都放弃了一个多世纪以来他们一直奉行的摩西戒律。通过这样自愿牺牲掉旧日的习惯和成见，他们才买得了自由进入哈德良殖民地的权利，并更为牢固地和正统基督教会团结起来。

当锡昂山重新恢复了耶路撒冷教堂的名声和荣誉的时候，创立异端邪说和制造分裂的罪名便被加在剩余的一小部分拒绝追随拉丁主教的不知名的拿撒勒人身上。他们依然保存着在佩拉的旧日的住地，逐步向大马士革附近一带的村庄扩展，并在叙利亚的现在名叫阿勒颇，当时被称为贝罗依的城市中，组建了一个影响不大的教会。拿撒勒人这个称呼用在那些信仰基督的犹太人身上，被认为未免过于尊贵，因而很快，因为他们被认为智力低下、处境贫困，而获得伊比奥尼派这个轻蔑的称呼。在耶路撒冷教堂重新恢复数年以后，一个衷心承认耶稣为救世主，但仍继续奉行摩西戒律的人，是否也有得救的希望，却成为一个可疑的引起争议的问题了。殉道者查士丁由于天性仁厚，对这个问题作了肯定回答；虽然他讲这话时十分犹豫，但他仍然决定为这种不完全的基督徒着想，表示如果他们只是自己实行摩西的各种仪式，但并不认为它普遍运用或需要而加以推广，则仍可得救。然而当有人追问贾斯丁教会的态度如何的时候，他承认在正统基督教徒中，有很多人不但把那些犹太弟兄排除在得救的希望之外，而且在一般的朋友交往、互相宴请和社交生活中，也拒绝与他们接触。凭常理也可以想到，更为激烈的意见必会压倒一些较温和的看法；因此在摩西的信徒与基督的信徒之间，始终存在着一条使两派分离的鸿沟。不幸的伊
比奥尼派被一种宗教视为叛教者加以拒绝，而另一个宗教又认为 150
他们是异端分子而加以排斥，这便使他们看到，他们非采取一个更为明确的立场不可了；因而，虽然迟至公元4世纪时还可以找到这一逐渐消亡的教派的一些残迹，但它实际已在不知不觉中消融在基督教教会或犹太人的教会之中了。

当正统基督教教会对摩西的戒律保持着一种既不过分尊敬也不无端予以藐视的中正态度的时候，许多异端派别都陷入了错误和放肆的相等而又相反的两个极端之中，伊比奥尼派以犹太教的已被普遍接受的真理为据，断言它永远不可能被废除。但是诺斯替教派，却根据他们所想象的不完备之处，同样轻率地推断它从来也不是神的智慧的产物。有些反对摩西和先知权威性的说法极容易被一些抱有怀疑思想的人所接受；虽然这些意见只可能来之于我们对遥远的古代宗教的无知和我们无法对神的安排作出正确判断。诺斯替派的虚妄的科学一听到这些反对意见如获至宝，并同

样无礼地加以大肆宣扬。而由于那些异端派别大多数都反对追求感官乐趣，它们对于早期主教的多妻、大卫的风流韵事和所罗门的嫔妃充斥的内宫，都愤然加以责难。对于迦南土地的征服，以及对那些纯朴的土著居民的灭绝，它们更不知道如何结合正常的人性和正义的观念来加以解释。但是，当它们想到几乎犹太人历史的每一页都为一连串暗杀、处决、屠戮的血淋淋的事件所玷污的时候，它们只得承认巴勒斯坦的野蛮人，对他们的崇拜偶像的仇敌所表现的同情，并不次于他们对他们的朋友和同胞所表达的同情。撇开戒律的不同派别，说到戒律本身，他们断言一个仅仅以血腥的牺牲和繁琐的仪式为内容，它的赏与罚又纯粹为肉体和尘世的性质的宗教就决不可能激发起向善之心或使人致力于克制情欲的冲动。对于摩西的上帝创造人类和人类走向堕落的说法，诺斯替教派只是亵渎地加以嘲讽，他们对于神在六天劳动之后便要休息一天之说，一直到亚当的肋骨、伊甸园、生命树和知识之树、会说话的蛇、禁果以及由于第一代祖先犯下轻微的过失因而对全人类进行惩罚的种种说法，他们连听也不耐烦听。诺斯替教派把以色列的上帝亵渎地描写为一个易于冲动和犯错误的灵物，对人喜怒无常，恨则刻骨仇恨，以卑下的妒忌心情看待人们对他的迷信的礼拜，并使自己有所偏私的恩泽仅施于一个民族，并局限于短促的尘世的一生。在这样一种情况下，他们看不出他在什么地方具有明智的全能的宇宙之父的特征。他们承认，犹太人的宗教不像非犹太人的偶像崇拜那么有罪；但是他们赖以作为基本信念的是，他们视为
151 首次显露的最灿烂的神的光辉而加以崇拜的基督降临人世是为了

把人类从他们的种种错误中拯救出来，并向人类昭示一个真理和完善的新体制。最博学的神父，离奇地不惜降低身份，也贸然接受了诺斯替教徒的诡辩。他们承认他们的说法在字面上和任何一条信念和理智的原则都难以相容，但他们认为自己隐藏在一幅宽广的寓言的帷幕后面便绝对安全，不怕会受到任何攻击，因而公然把这种寓言向一切摩西教势力微弱的教区散播。

早有人颇有新意但不一定真实可信地指出，在图拉真或哈德良时代，也就是在基督去世大约一百年之后，教会的处女般的纯真一直还从未受到分裂或异端邪说的破坏。我们可以更恰当地说，在那一时期，救世主的信徒们，不论在信仰还是在实践方面，都享有比以后各个时代所能容许的更多的自由。及至对圣餐的理解在不知不觉中越来越狭窄，得势的教派所发挥的精神影响越来越严酷的时候，它的许多最有名望的追随者，在被要求放弃个人意见时，反被激怒而更坚持自己的观点，力图探求他们的错误原则的结论，并公开竖起了反对教会统一的叛旗。诺斯替教派一向被认为是被称为基督教徒的人群中最和蔼、最博学和最为富有的一部分；而这一显示学识优越的名称[①]，可能是他们自己以此自豪而自己定下，也可能是他们的嫉妒的对手出于戏弄加在他们头上的。他们几乎毫无例外地属于非犹太民族，他们的主要创始人似乎全都不外是叙利亚或埃及人，那地方的温和的气候使得人的身心都倾向于懒散的虔诚的遐想。诺斯替教派把许多从东方哲学，甚至从

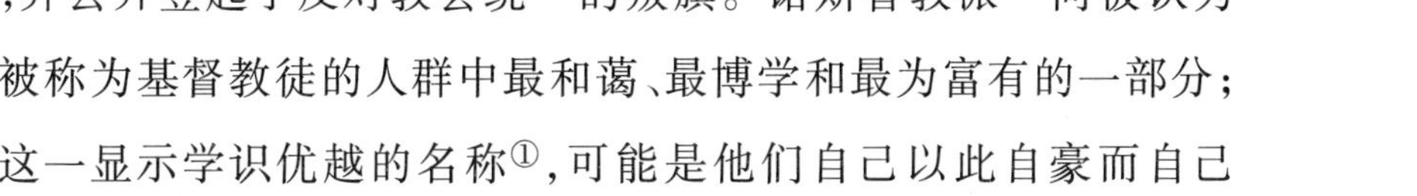

① 诺斯替教派为存在于公元2世纪的一个重要教派。“诺斯替”原文为Gnostic，含有具有丰富知识的人的意思。——译者

琐罗亚斯德教①中得来的崇高而晦涩难解的教义，如物质的永恒性，双重原则的存在以及不可见的世界的神秘的神职体系等等，和对基督的信仰混杂在一起了。他们一旦投身于那个广大深渊，他们便完全为一种混乱的想象所支配；而由于错误的道路本来就千变万化、无穷无尽，他们竟于不知不觉中分成了50多个教派，其中最著名的有巴西里德派、瓦伦提尼安派、马西昂派以及更后一段时候的摩尼教派。每个教派都能夸耀自己的主教和会众，医生和殉道者；这些异端教派不理会教会所采用的四福音书，却自行编写了许多历史、按他们各自的教义的需要安排基督和十二使徒的言行。诺斯替教派很快在广阔的范围内获得了成功。他们的教派遍及亚洲和埃及，也在罗马建立起来，有一段时候甚至深入到西部诸省。
152 他们绝大部分兴起于1世纪，盛行于3世纪，而在4或5世纪，由于更为时髦的争论的流行和政府统治权力的高涨而受到了压制。尽管他们常常扰乱宗教内部的和平，玷辱宗教的声誉，但他们实际却有助于、而非有碍于，基督教的发展。那些非犹太族的信徒，他们虽对摩西戒律怀有强烈的反感和偏见，却仍可以加入许多基督教教派，它们并不要求在他们的未经教化的头脑中找到任何先有神的启示的信念。他们的信仰是在不知不觉中加强和扩大起来的，而教会通过对许多最顽固的敌手的征服，最终总可以得益不浅的。

但是，不管在关于摩西戒律的神性或责任问题上，在正统基督

① 琐罗亚斯德为公元前6世纪一波斯先知。其所创宗教的基本教义为：善与恶均为绝对概念。人可以自行选择善行而达到完美。该教在伊斯兰教兴起以前曾是波斯的国教。——译者

教、伊比奥尼派和诺斯替教派之间存在着多么大的意见分歧，他们却都同样受到一种排他的狂热和对偶像崇拜的憎恶的不断的激励，而这偶像崇拜却正是使犹太人有别于古代世界其他民族的标志。那个把多神教系统看作是人类的欺骗和谬误相结合的产物的哲学家，尽可以在一副虔诚的面具之下，隐藏着一种鄙视的微笑，而毫不担心这类嘲弄或顺从将会使他自己遭到任何一种看不见的，或按他的理解，凭空想象的神力的痛恨。但是，异教的建立在原始基督教教徒的眼中却看得更为可厌和可怕。在整个教会和许多异端教派中，普遍存在的一种情绪是，魔鬼是偶像崇拜的创造者和保护者，也是它所崇拜的对象。那些作乱的神灵[①]，虽然已失去天使的地位，被投入了地狱，但他们仍然可以在人世上到处游荡，折磨有罪的人的肉体，迷乱他们的心灵。魔鬼很快就发现人心天然倾向于信仰神灵，便极力加以破坏，他们巧妙地消除人类对他们的创造者的崇拜，篡夺了至高无上的神的地位和荣誉。由于他这一邪恶计谋的成功，他们立即使自己的虚荣和报复之心得到了满足，并得到了他唯一还渴望得到的一种安慰：有希望使人类的各个民族卷入他们的罪恶和苦难之中。人们已公开声明，或至少是据一般设想，魔鬼已在他们自己之间分割了多神教中的一些最主要的角色：一个拥有朱庇特的名字和特点，另一个装扮成埃斯库拉庇乌斯，第三个变成了维纳斯，第四个也许是阿波罗；而且他们凭借长时间的经验和来去如风的气质，完全能够以熟练的技巧和庄严

① 关于撒旦纠集堕落的天使作乱的故事，米尔顿在《失去的天堂》中有详细描写。——译者

的姿态扮演他们所担任的角色。他们潜伏在神庙中,创立各种节日和祭礼,编造神话,发表神谕,常常还可以表演一些奇迹。一些由于恶神附体的基督教徒对所有荒唐的现象都能马上作出解释,
153 他们全乐意,甚至极希望能相信异教神话中的最荒唐的故事。但是,一个基督教徒的这类信念却伴随着恐怖,因为对一种民族宗教所表现的极微末的敬意,他也会看成是对魔鬼直接崇拜的表示,并且是一种对上帝的尊严的冒犯。

由于这种意见的存在,一个基督教徒力求保持自己的纯洁,不为偶像崇拜所玷污,便成了他的首要的但颇为艰苦的职责。各民族的宗教并不单纯是在学校中奉行或在神庙中宣讲的抽象信条。多神教的无数神祇和祭祀仪式,都和各种情况的工作、娱乐以及公私生活紧密地交织在一起;要想完完全全避开和它们的联系,而同时又不放弃人类的一切交往,以及自己的一切社会职务和娱乐,似乎是不可能的。有关战争与和平的重大决策,事前或事后都要举行庄严的祭礼,行政长官、元老和军人都必须前往主持或参加[①]。公开的欢庆场面是异教徒的充满欢乐的礼拜活动的一个重要组成部分,当朝皇帝和人民为庆祝某一神灵的特殊节日而举行的各种竞赛,被看作是诸神必会接受的最好的祭品[②]。一个出于对神的敬畏,避开那可厌的竞技场或戏院的基督教徒,发现自己在一切欢

① 罗马元老院经常是在庙中或某一圣地举行集会。在他们正式议事之前,每一个元老都得先向圣坛上奠酒和撒乳香。

② 参见德尔图良:De Spectaculis。这位严峻的改革家对欧里庇得斯的悲剧也和对格斗士的打斗一样难以宽容。演员们的服装特别使他反感。脚下穿一双极厚的高底靴,这样对神极不尊重地妄图显得比自己真正的身高高出许多。

乐宴会上都会陷入可怕的陷阱的包围之中，因为到处都有他的朋友们在召唤着慈悲的神灵，并纷纷酹酒以相互祝福。当一个新娘假装挣扎着不肯出门被迫在盛大婚礼中跨过她的新居的门坎时，或是当一个凄惨的送丧队缓缓向火化堆[1]行进时，一个基督教徒在这种十分有趣的场合，却被迫只好离开他的最心爱的亲人，也决不愿去沾染上那些邪教仪式所必然带来的罪过。任何与偶像的制作或装饰有丝毫关系的技术或行业都属罪恶的偶像崇拜活动；这可是一个严厉的判决，因为这将使得社会中从事自由职业或手工业行业的绝大部分人都陷入永恒的苦难之中。如果我们放眼看看那众多的古代遗迹，我们将会觉察到，除了直接表现神灵和用以对
他进行礼拜的圣器而外，希腊人凭借他们的想象制作出来用以奉 154
献神明的优美的形象和动人的故事，一开始莫不全是异教徒的房屋、衣服和家具上的最华美的装饰。甚至音乐和绘画艺术以及辩才和诗歌的技巧也莫不出于同一个与神灵无关的来源。在神父们的笔下，阿波罗和缪司是地狱精灵的喉舌；荷马和维吉尔则是它的最出色的奴仆；而充满他们的天才作品并使之生动有力的美丽的神话，则注定只能用以歌颂魔鬼的光荣业绩，甚至在希腊和罗马的普通语言中，也充斥着许多大家熟悉的亵渎的用语，一个粗心的基督教徒也可能一不小心脱口而出，或者听见了也不在意[2]。

① 对古代葬礼（在米散努斯和帕拉斯的葬礼中）维吉尔所作的描写，其准确程度不在他的评论家塞菲乌斯的说明之下。火化堆本身就是一个圣坛，在火焰上不停地浇洒各种牺牲的鲜血，每一个协助火化的人身上都洒满了驱邪的法水。

② 德尔图良的偶像崇拜。如果一个异教朋友（也许在打喷嚏的时候）按一般的习惯说一声“朱庇特保佑你”，一个基督教徒便应该对这把朱庇特视为神灵的说法表示抗议。

这种到处埋伏着随时准备向不曾提防的信徒发动袭击的危险的诱惑,在庄严的节日里则更以加倍的力量对他们发动进攻了。在整个一年之中,它们都被组合和配置得如此巧妙,以致那迷信活动往往具有娱乐,而且常常还带有善行的外貌。在罗马的宗教仪式中,有些最神圣的节目目的是要庆贺新年,为公众和私人的生活祝福;尽情在神前悼念死者,怀念生者;确定不可侵犯的财产界限;在大地春回的时候求神保佑五谷丰登;表示对罗马城的奠基和共和国的建立这两个重大年月永志不忘;以及在农神节人人纵情狂欢的时候恢复原始人类的平等。通过基督教徒在远非如此令人惊愕的场合也会表现出的犹豫和矜持来看,在这里可以想见他们对这种种渎神的宗教仪式是如何深恶痛绝了。在普通欢庆的节日里,古代人按习俗都得在自己的大门上装饰着灯笼和桂枝,头上戴着花环。这种无害的典雅的风俗可能一直作为一种民间传统而加以宽容了。然而,非常不幸的是,大门是在宅神的保护之下,桂枝是月桂女神崇拜者的圣物,而花环虽常常戴在头上作为喜庆或哀悼的象征,最早却使用于迷信活动的仪式之中。在这类问题上被劝说顺从本国风俗、遵守行政长官的命令的战战兢兢的基督教徒不免始终忧心如焚,唯恐受到自己良心的谴责,受到教会的责难和被神所抛弃的惩罚。

这就是为了维护福音教义的纯洁,使它丝毫不受偶像崇拜的风气的污染,所必不可少的常备不懈的警惕心情。在公众或私下进行的迷信仪式中的一些旧传统,那些已建立起来的宗教的追随
155 者,由于所受教育和习惯的影响,一直仍在漫不经心地奉行着。但是,每当他们那么做的时候,他们便给基督教徒提供了一个公开表

示和再次肯定他们激烈反对的机会。通过这类经常发生的抗议活动，他们对自己的信仰的坚贞得到了不断加强；而随着这种宗教狂热的增加，他们也便能以更强大的力量进行那场反对魔鬼帝国的神圣战争，并取得更大的胜利。

关于来世生活的学说

II. 在有关灵魂永生的问题上，西塞罗在他的著作中以最生动的笔墨描绘了古代哲学家的无知、谬误和困惑。他们如果想让他们的门徒免除对死亡的恐惧，便告诉他们一个十分明显但不免有些悲惨的道理：人的生命的最后解脱实际同时也解除了人生的苦难；不复存在的人，也便不再有任何痛苦。但也有少数希腊和罗马的智者对人性抱有一种更崇高，而且在某些方面也更正确的理解；尽管我们也必须承认，在这种崇高的探索中，他们的理智常常为他们的想象所左右，而他们的想象又常为他们的虚荣心所激励。当他们看到自己的智力所能及的范围是如此广阔而自鸣得意，当他们在极其深刻的思索或极为重要的劳作中，大力施展各种记忆、想象和判断的才能，当他们想到自己对一种超越死亡和坟墓的界限、万古流芳的名声的苦苦追求的时候，他们便绝不愿把自己看成无异于田间野兽，或者认为他们一向对他的高贵无比赞赏的一种生物，也只能被局限在尺土之内和几年的岁月之中。他们带着这种一相情愿的成见，于是便进而求助于形而上学的科学，或更应该说是形而上学的语言。他们很快发现既然没有任何一种物质的特性可以运用于思维活动，那么，人的灵魂便必然是一种与肉体完全不

同的实体，它纯洁、简单、只作为一种精神存在，不可分解，而在脱离形骸的禁锢之后，便必能感受到更高级的美德和幸福。从这些似是而非的崇高的原则中，那些踏着柏拉图的足迹前进的哲学家得出了一个非常不合理的结论，因为他们不但肯定人的灵魂将从此永生，而且过去也一直长存，这样他们是十分轻易地把人的灵魂看作是弥漫和支持着整个宇宙的无限的自在的精神的一部分了。这样一种脱离人的感官和经验的学说，也许可以为一个具有哲学头脑的人消闲解闷；或者，在寂寞无聊之中，它有时也能为低沉的心志带来一丝安慰；但是人在学习时所获得的淡薄印象却很快便
156 被现实生活中的事务和各种交往所磨灭。我们十分清楚地了解，生活在西塞罗和最初几位恺撒时代的著名人物，包括他们的行为，他们的品格和他们的动机，使我们完全可以断定，他们在人世上一生的所作所为从来也完全没有因认真相信死后将受到赏或罚而有所考虑。在罗马法庭上以及在元老院中，最有能力的演说家丝毫不怕引起听众的反感，公开揭露这种学说纯属荒唐的无稽之谈，并说它早已被每一个受过开明教育、头脑清醒的人所摒弃。

因此，既然哲学所能作出的最崇高的努力也只不过是模模糊糊地向人指出，人们有一个对未来世界的愿望、希求，或至多是其存在的可能性，那么除了神的启示，也便再没有任何东西可以肯定那个据说所有脱离肉体的灵魂都将前往的不可见的世界的存在，并对它的具体情况作一番描述了。但我们可以看到希腊和罗马的民间宗教也有一些固有的缺点，使它难以承担它自身的重任。1.它们的神话的整个体系没有任何一个确凿的牢固的支架；异教徒中最明智的人早已否认了它所窃取的权威。2.关于地狱情况的描

写早已任凭画家和诗人的幻想去处理,他们在其中安置的是许多幽灵和妖魔,而加之于他们的奖赏和惩罚又毫无公正可言,以致一个对人心来说最为亲切的严肃的真理,竟被一堆乱七八糟的幻想所压抑和玷污了。3. 希腊和罗马的虔诚的多神教教徒也很少把关于来世生活的学说看作是一个基本信条。众神的意旨,就其与公共社会的关系而非与私人的关系而言,主要显现在这个世界的可见的舞台上。人们在朱庇特或阿波罗的圣坛前祈求的愿望清楚地表明他们的崇拜者所关心的只是今世的幸福,而对于来世的生活则或者毫无所知,或者毫无兴趣。关于灵魂不灭这一重要真理,在印度、亚述、埃及和高卢一直大事宣扬,并获得一定的成功;但既然我们不能把这种差别归之于那些野蛮人的超越的知识,我们也便只能把它归之于一个已确立的祭司制度的影响,那些祭司拿道德的动机用作一种推动人的野心的工具。

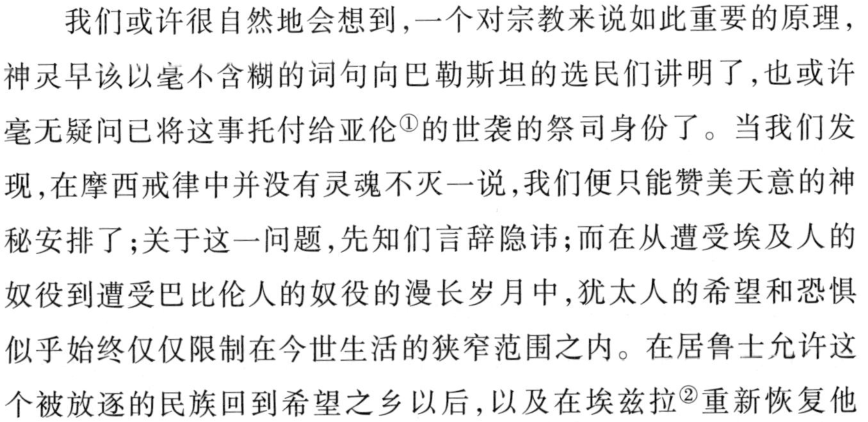

我们或许很自然地会想到,一个对宗教来说如此重要的原理,神灵早该以毫不含糊的词句向巴勒斯坦的选民们讲明了,也或许毫无疑问已将这事托付给亚伦[①]的世袭的祭司身份了。当我们发现,在摩西戒律中并没有灵魂不灭一说,我们便只能赞美天意的神秘安排了;关于这一问题,先知们言辞隐讳;而在从遭受埃及人的
奴役到遭受巴比伦人的奴役的漫长岁月中,犹太人的希望和恐惧 157
似乎始终仅仅限制在今世生活的狭窄范围之内。在居鲁士允许这个被放逐的民族回到希望之乡以后,以及在埃兹拉[②]重新恢复他

① 《圣经·出埃及记》中所讲摩西的哥哥。——译者

② 居鲁士和埃兹拉分别为公元前 6 世纪波斯皇帝和公元前 5 世纪犹太人领袖。——译者

们的宗教的古代记录以后，在耶路撒冷不声不响出现了两个著名的教派，撒都该派和法利赛派。前者的成员多来自社会中较为高贵和富裕的人家，他们严格遵守摩西戒律的明文规定，虔敬地拒绝承认灵魂不灭之说，原因是，他们奉为他们的信仰的唯一准则的圣书并未肯定这一说法。法利赛派则在圣经之外又加上了一些权威性的传统说法，他们在传统的名义下，接受了一些东方民族的哲学或宗教的纯推理性的教条。于是关于命运或宿命论、天使和精灵，以及死后将受到奖或惩的等等说法，都被列入新的信条之中；而由于法利赛派处世态度严肃，早已把犹太人团体纳入他们的教派中来，灵魂不灭之说因而在亚斯漠尼家族的君主和大祭司的统治时期成为在犹太教中普遍存在的情绪。让犹太人为使多神教者满意，满足于表示一种冷漠的，不动感情的同意，这是和他们的性格不能相容的；而一旦他们承认有一个死后世界的观念，他们就会以一向被视他们的整个民族特点的狂热全力信奉。不过，他们的狂热情绪并没有为它增加可信的证据，甚至也没有加强它存在的可能性：因此，这个为自然所提供、为理性所赞同，并为迷信所接受的关于生命和永生的学说，仍须依靠基督的权威和榜样来肯定它具有神的真实。

现在向人类提出，只要接受福音教的信仰并遵守它的教条，便保证可以获得永恒的幸福，对于如此优厚的条件，罗马帝国中各种宗教、各个等级，以及各个行省都有为数众多的人欣然接受，那是完全不足为奇的。古代基督教徒，由于受到对现世生活的鄙弃的激励，很自然地相信灵魂的永生，而关于这一点，近代多疑的、不完备的信仰，却不能使我们具有任何充分的概念。在原始基督教教

会中,真理的影响因有一种不论它的实用价值和古老程度如何值
得我们尊重,但与实际经验却难以相容的意见,而大为加强了。当
时人们普遍相信,世界的末日和天国已近在眼前了。这一奇妙事
件的即将发生在使徒们的预言中原已说到,而且那说法由他们的
最早期的信徒一直保存下来,那些对基督自己的言论一字一句都
能理解的人们,则不得不盼望着,在曾目睹基督混迹人间,并尚可 158
为犹太人在韦伯芗或哈德良治下所受苦难作见证的那一代人完全
去世之前,“人的儿子”将第二次光辉灿烂地在云端中出现。17 个
世纪的变革已经教会我们不要对神秘的预言和启示过于深究;但
只要我们容许这一错误为了明智的目的在教会中继续存在下去,
它便会对基督教徒的信仰和实践产生极为有利的影响,他们将永
远怀着十分敬畏的心情,期待着一个新时刻的来临,那时整个地球
和各个人种的人类都将在他们的神圣的审判者面前战栗。

古代在民间普遍流行的千年盛世说和基督的第二次降临是密切相关的。由于创造世界的工作是在 6 天之内完成的,根据据说起源于先知以利亚的传统说法,这 6 天的长度按规定的情况来计算,应共合 6000 年。按这同一比例推算,我们可以知道这个用于劳作和竞争的漫长时期现在差不多已经过去,随之而来的便将是欢乐、安息的 1000 年了;那时基督将带着大队功德圆满的圣徒和少数逃脱死亡或神奇地得以复活的一些人,同来治理人世,一直到指定最后让人类全部复活的那一天。这种希望是如此使信徒们喜不自胜,于是,**新耶路撒冷**,这个幸福天国的所在地,很快便以人的想象所及的最轻快的色彩装饰起来了。但这种仅仅只有纯净的精神欢乐的幸福,对于这里的看来还仍然具有人的天性和感情的

居民来说,似乎未免过于清高了。一个充满田园生活乐趣的伊甸园已经不再适合于已在罗马帝国中普遍存在的先进的社会生活。于是一座用金子和宝石做成的城市被修建起来,而且要使附近的郊区到处都超现实地堆满谷物和美酒;这里的幸福、善良的人民,在自由享受那自天而降的物产的时候,绝不会受到任何保护私有财产的法律的限制。这种肯定千年盛世必将来临的说法,从曾经亲自和使徒们的嫡传弟子有过交往的殉教者查士丁和伊里奈乌斯,直到曾充当君士坦丁的儿子的师傅的拉克坦提乌斯,一代一代的神父都曾不厌其详地反复加以申说。尽管这个说法可能并没有被普遍接受,但似乎在正统基督教信徒中,它始终是占主导地位的思想;而且它似乎正好和人类的希望和恐惧心理一拍即合,因而必然在很大程度上促进了基督教信仰的发展。但是,在基督教会的庞大结构已临近完成的时候,这种临时的支撑便被抛到一边去了。基督亲自治理人世的论点,最初被当作是一个奥秘的寓言看待,后来渐被看作是一种可疑而且无用的意见,到最后更被看作是异端和宗教狂热分子的荒唐杜撰而被抛弃了。这是一个至今仍构成神圣教义的一部分的神秘的预言,但它也被认为可能有利于那已被破除的思想,因而一直勉强逃脱了遭到教会禁止的命运。

159 在基督的门徒得到许诺可以得到暂时统治人间的幸福和光荣的时候,那不信奉基督教的世界,却被指明将遭受最可怕的灾难的袭击。新耶路撒冷的修建工作将和神秘的巴比伦的毁灭[①]同步前进;而只要在君士坦丁以前进行统治的皇帝信奉偶像崇拜,那适用

① 《圣经·启示录》第18章曾预言巴比伦将忽然遭到毁灭的情景。——译者

于巴比伦的一切就会同样落到罗马城和罗马帝国头上。一连串凡能损害一个繁荣的民族的道德和肉体方面的灾害已准备就绪;内部纷争和来自北部蛮荒地区的最凶恶的野蛮人的入侵;疫疠和饥荒;彗星和日蚀、月蚀;以及地震和洪水。所有这些还都仅仅不过是罗马将面临的空前浩劫的先兆和预警,到那时候,西庇阿和恺撒家族统治过的国土便将被天火焚毁;那七座山之城,连同它的宫殿、它的神庙和它的凯旋门都将埋葬在火和硫磺的巨泊之中。不过,好虚荣的罗马倒还可以聊以自慰的是,他们的帝国正好与整个世界共存亡;这世界一如它曾一度毁灭于洪水一样,注定要经历第二次由火带来的迅速的毁灭。关于这将普遍出现的天火问题,基督教徒的信念有幸和东方的传统说法,和斯多噶派的哲学,以及和大自然的通则十分符合;甚至这个从宗教的角度考虑选作大火发生的起点和主要场地的国家,从自然和物质的条件来看,也最适合于达到此一目的——那里有深邃的洞穴,有硫磺的矿床,以及连爱特纳、维苏威、利帕里等也不过只能算得其中一部分的众多的火山。一个最冷静、最无所畏惧的怀疑论者,也难以拒不承认,非常可能现在的世界体系将最后毁灭于一场大火。至于那些更多的以传统的权威和对圣书的解释,而非以理智的不尽可信的推断,作为自己的信念基础的基督教徒,则怀着恐惧的心情十分相信并随时期待着这个必然的、即将来临的事件发生;而由于他们的心中永远记着这个可怕的想法,因而他们认为在帝国发生的一切灾祸,全都是这个世界已濒临毁灭的无可置疑的先兆。

仅由于对神的真实性的无知或不信,而对异教徒中一些最明智、最高尚的人便治以重罪的做法,似乎是现代人的理性和人道的

观念所无法接受的。但是,始终具有更为坚定的信仰的原始基督教教会本来就毫不犹豫地把在人类中绝大部分归之于应受永恒惩罚的一类。在福音之光升起之前曾求助于理性之光的苏格拉底或其他一些古代哲人,也许还可以容许抱有获得善果的希望。但是谁都肯定,那些在基督诞生或去世以后,仍然顽固地坚持崇拜魔鬼
160 的人,便既不配,也不可能得到被激怒的神的正义的宽恕了。这种在古代世界中并不存在的严酷情绪似乎在爱和和谐的体系之中注入了一种酸苦的精神。血缘和友情的纽带常常被不同的宗教信仰的怨恨所折断了。而基督教徒发现自己在这个世界上始终遭受到异教势力的压迫,有时出于愤恨和精神上的自傲,便尽量使自己陶醉在未来的胜利之中。“你们喜爱热闹场面,”态度严厉的德尔图良叫喊着说:“那就等候那最庞大的热闹场面,世界末日最后的永恒审判的到来吧。当我们看到那么多骄傲的君王和出自幻想的神灵呻吟在最底层的黑暗的深渊之中,那么多曾经迫害过上帝的名声的长官消熔在比他们用以焚烧基督教徒的更为猛烈的火焰之中,那么多明智的哲学家和他们的受其愚弄的门徒一起在炽热的烈火中面红耳赤,那么多著名的诗人在基督的而不是在密诺斯[①]的法庭上战栗,那么多的悲剧家显然都更善于表达他们自己的痛苦,那么多舞蹈家——等等的时候,我将会多么快慰,如何大笑,如何欢乐,如何狂喜啊。”但是,这位狂热的非洲人用以描绘地狱情景的虚妄的、毫无情感的俏皮话还远不止此,我们的读者的人道主义精神定会允许我将其余部分掩藏起来吧。

---

① 希腊神话中所说克里特国王,死后成为阴曹的法官。——译者

毫无疑问，在原始基督教徒中，有许多人的性情更适合于他们所信奉的温善和慈爱精神。有许多人会对他们的朋友和同胞面临的危险抱有真切的同情，不惜竭尽最真挚的热情，把他们从迫在眉睫的毁灭之中拯救出来。冒失的多神教徒在遭受到新的出乎意料的恐怖的袭击的时候，不论是他们的祭司还是他们的哲学家都不能为他们提供任何可靠的保护，便常常很容易被永世折磨说的威胁所吓倒。他们的恐惧可能会有助于推进他们的信仰和理智的发展；而如果他们有一天忽然想到，基督教徒的宗教也许可能确是真的，这样一来，要让他们相信，信奉这一宗教可能是他们所能做到的最完全、最明智的选择，便不过是顺水推舟的事了。

原始基督教教会的神奇的力量

III. 据认为基督教徒甚至在活在世上的时候便具有非常人所有的超自然的神力的说法，必然曾使他们自己得到安慰，而且也常
常促使一些教外的人改而信奉基督教。除了一些偶然的，至高的 161
神有时为了宗教的利益暂时停止自然法则的作用，亲自干预而形成的奇迹之外，基督教教会从使徒和他们的最早的弟子们的时代开始，便一直宣称自己始终不间断地拥有各种法力：有言能道神意、眼能见神灵显圣和预言吉凶的天赋，并有降伏魔鬼、医治疾病和使死者复生的能力。和伊里奈乌斯同时代的人经常有神传授他们通晓外语的能力，不过伊里奈乌斯本人在向高卢的土著宣讲福音教的时候，却被野蛮民族的方言弄得十分狼狈了。得自神的灵感，无论是在清醒时，还是在睡梦中见到神灵显形的人传达的，都

被认为是一种十分慷慨的施与，包括妇女和老人，儿童和主教在内的，各个等级的信徒的恩典。当他们的虔敬之心通过长时间的祈祷、禁食和守夜，充分做好接受异乎寻常的感情冲动的准备的时候，他们便在一种迷糊状态中完全失去理智，于极度兴奋中说出从神那里得到的灵感，完全和任人吹奏的喇叭和笛子一样，成了神灵的喉舌。我们可以附带说明一下，这些幻境的目的绝大多数都不外或是揭示教会未来的历史，或是指导教会当前的教务。从那些被允许魔鬼加以折磨的不幸的人们身上驱除魔鬼，被看作不过是宗教的一项寻常的但极为重要的胜利；而且一再被古代护教者指之为基督教的真实的最令人信服的证据。这种可怕的驱鬼仪式通常都在众多的观众面前公开进行。患者的苦痛会当场由驱魔师的法力或法术消除，观众还可以听到被降伏的魔鬼供称自己原是一个古代神话中的小神，不该亵渎神灵妄自窃取了人类的崇拜。但我们只要想一想，大约在公元 2 世纪末的伊里奈乌斯时代，死人复活也完全不被认为是什么稀罕事；而且只要情况需要，当地的教会便会组织大批斋戒的会众一同祈祷，以重演这种奇迹，连那个依靠他们的祈祷死而复活的人也能从此在人们中间长时间生活下去，那么这种神奇的治病的法术，不论治愈的是什么痼疾怪病，也不可能再引起人们的惊奇了。在这样一个时代，信教的人可以拿出那么多战胜死亡的例证来，而那些怀疑派的哲学家却仍然拒绝和嘲笑人能复活的说法，似乎有些让人难以理解。有一位出身贵族的希腊人便曾拿这一点作为全部争论的重要基点，他对安条克的主教提奥菲卢斯说，如果他能够让他亲眼看到有一个人确实死而复生，他便将立刻信奉基督教。但值得注意的是，这位东部的第一个教会的主教，尽管迫切希望能使他的这位朋友皈依基督教，还是觉得以拒绝这一公平合理的挑战为好。

原始教会的奇迹，在得到许多代人的承认之后，近来有人通过极其开明的深入的研究，对它接连进行了攻击；这种研究虽然得到公众的普遍赞许，但在我们自己的以及欧洲其它地方的新教教会的神职人员中，似乎引起了广泛的责难。我们在这个问题上的不同看法，并不完全是来之于某种特殊的论点，而倒是因为受到我们
研究和思考问题的习惯的影响，尤其是我们一向惯于，要让我们相 162
信一件神奇的事情便必须有充分的证据才行的影响。一个历史家的职责却并不要求他在这场微妙而重要的争论中夹入他自己的见解；但是我们也不应该隐瞒，要采取一种可以调和宗教和理性二者的利益的理论确有困难，也难以将这种理论恰当地加以运用，难以不出差错、不自以为是、如实准确地划定那一幸福时代的界限，而不致倾向于把它的成因归之于超自然的天赋。从第一个神父到最后一位教皇，一代接一代的主教、圣徒、殉道者和奇迹，从未有片刻间断；而迷信的进程是如此徐缓，几乎让人无从觉察，使我们根本不知道应当从那个特定环节截断这传统的链条。每个时代都能为那些使它有别于其它时代的奇异事件充作见证，而它的见证在分量和可信程度上似乎并不低于前代所提，这样一来，如果我们不用2世纪时我们慷慨施之于查士丁或伊里奈乌斯[①]的同等程度的信

① 也许多少有些令人奇怪的是，克莱尔沃的伯纳德，记录了那么多有关他的朋友圣马拉奇的奇迹，却从不提到关于他自己的情况，而和他自己有关的奇迹则又由他的朋友和门徒们详加叙述。在连篇累牍的宗教史中，我们能找到一位圣徒肯定自己具有实现奇迹的能力吗？

赖，来对待 8 世纪的尊敬的比德或 12 世纪神圣的伯纳德，那我们就将会在不知不觉中被领上一条责怪自己前后矛盾的道路。如果任何这类奇迹的真实性得依靠它表面上的实用性和正当程度来得到承认，那我们知道，每个时代也都有许多不信教的人需要劝化。许多异端分子需要驳斥，以及一些偶像崇拜的民族需要使它皈依；所以什么时候都不能找到上天应当插手其事的足够的动机。然而，既然每一个接受神的启示的人无不相信神奇法力的真实性，而每一个有理性的人又无不肯定那种法力已不复存在，那么十分明显，那就必然有过**某一个时期**，这种力量或者突然一下，或者逐渐地在基督教教会中消失了。而我们不管把那一时期安排在那一时代，使徒去世的时代，罗马帝国改奉基督教的时代，或者阿里乌斯邪说归于消灭的时代[①]全都一样，生活在那个时代的基督教徒竟会毫无所感，这同样都会未免让人感到十分惊讶。或者，他们在失

去神奇力量之后仍然假装着具有那种力量。这样，轻信代替了信仰的职能，狂热被允许冒用神灵感召的言语；把一个偶然事件或人为的安排产生的效果全归之于出于超自然的原因。对于新发生的真正奇迹的经验，应该可以教会基督教世界的人们认清天道的规律，并使他们的眼睛（如果我们可以使用一个很不恰当的说法的话）习惯于“天工”的风格。如果近代的一位最有才能的意大利画
163 家妄自用拉斐尔或科勒乔的名字来装扮他的拙劣的摹拟之作，这狂妄的欺骗行为一定会很快被揭穿，并遭到愤怒的斥责。

---

① 新教徒们一般都把这一时期定在君士坦丁改信基督教的时代。更理智的神职人员不愿承认在 4 世纪出现的奇迹，而那些更为轻信的却对 5 世纪的奇迹也不愿加以否认。

不管自使徒时代以后原始基督教教会对于奇迹问题抱有何种想法，这种在2—3世纪的信徒中如此显著存在的什么都信的温和性格，无疑对宗教的事业和真实性都产生了一些意想不到的有利作用。在现代，一种潜在的、甚至无意的怀疑主义始终纠缠着最虔诚的人的思想。人们对于超自然力量的真实性的承认，多半都不是积极的欣然同意，而只是一种冷漠、被动的认可。我们的理智，或至少是我们的想象，已长时间习惯于观察并尊重大自然始终不变的秩序，对于亲自去观看可见的神的行动实在缺乏足够的心理准备。但是在基督教的初期阶段，人类的情况是绝对不同的。在异教徒中，最有好奇心或最易轻信的人，常常被劝说去参加一个声称确实具有神奇的法力的团体。原始基督教教徒永远立足在神秘的土地上，而他们的思想经过训练已习惯于相信绝对违反常情的事物。他们感觉到，或者自以为感觉到，在他们的四周到处有魔鬼在不断对他们进行袭击，他们依靠从神的显灵中得到安慰，从预言中获得教导，并依靠教会的祈祷使自己出乎意外地从危险、疾病，甚至死亡中被解救出来。他们常常自以为是其目标、工具，或目睹者的真实或想象的奇异事迹，使他们十分愉快地以同样的轻松但却更为合理地去接受福音教历史上确凿有据的奇闻；在这种情况下，不曾超过他们自己的经验范围的奇迹就能启发他们，使他们以高度的信心去接受显然超出他们的理解能力的不可知的奥秘。正是这种超自然的真实所留下的深刻印象一直在信仰的名义下得到了百般赞赏，这样一种心理状态当时被视为获得神的恩典和未来幸福的最可靠的保证，并被描绘为一个基督教徒的最高或唯一的美德。按照更为严厉的学者们的说法，一些非基督教徒也同样可

以实行的美德，在证明我们正确的工作中是没有任何价值或功效的。

首批基督教徒的严厉的道德观

IV.但是，原始基督教教徒总以美德来显示他们的信仰；他们十分正确地认为，能够启发或压制人的理解能力的对神的信念必然同时能净化信徒的心灵，并指导他的行动。基督教中第一批肯定他们的兄弟们的纯洁性的辩护士，以及稍后一个时期赞扬他们的先辈的圣洁的作家，都曾以极其生动的色彩展示了通过对福音

164 教的传播向世人推荐的习俗的改革。既然我的目的只在于说明一些可以用以支持启示说的影响的人的因素，我这里只打算简略地提出可以很自然地使得原始基督教教徒和他们同时代的异教徒或他们的堕落的后代相比起来，显得更为纯洁和更为严肃的两种动力——为过去的罪恶忏悔，以及值得称许的维护自己所属社团名誉的意愿。

很早以前，便有一种由非基督教徒的无知或恶意引起的对基督教徒的责难，说他们诱使一些罪大恶极的罪犯来参加他们的组织，而他们一旦稍有悔改之意便极易被说服，依靠受洗用的净水冲洗掉他们所犯的、各个庙宇的诸神决不会轻予宽恕的罪行。然而这种责难，在对它的歪曲之处获得澄清之后，却和过去曾扩大教会的人数一样，更提高了它的声誉。基督教的朋友们可以毫无愧色地承认，许多最出色的圣徒，在受洗以前，都是最不可救药的罪人。那些过去在尘世上，虽不够完善，却一直遵循着仁爱、宽厚的原则

的人，现在从自己行为端正的意识中便可以得到一种恬静的满足，并进而使他们再不易受到那种忽然暴发出来的羞愧、悲伤和恐惧情绪的侵扰，而正是这种情绪促成了许多激动人心的突然的皈依。福音教的教士，效法他们的神圣的主子，对于那些因过去的罪恶行为受到良心谴责，而且常常是自食其果的男人，尤其是女人，并不采取鄙弃的态度。当他们一旦从罪恶和迷信中挣脱出来，并看到光荣的永生的时候，他们便会决心不仅终生致力于善行而且将终生忏悔。追求完美将成为他们的灵魂的主导情绪。谁都知道，理智只关心冷漠无情的平庸，而我们的热情，却促使我们以勇猛的步伐跨越过两个最遥远的极端中的空间。

当新的信教者已经加入信徒的队伍，并已能参与教堂的各种礼拜活动的时候，他们便会发现，由于另一种不全是宗教，而是一种无害的具有不可忽视的性质的考虑，使他们不致再次陷入他们旧时的混乱生活中去；任何一个特定的会社一旦和自己所属的民族大家庭或宗教脱离，马上就会受到普遍的和招人忌恨的注意。一个会社的人数愈少，它的名声便愈会受到其成员的善行或恶行的影响；每一个成员都有责任极为警惕地注意他本人的行为，同时也要注意他的同教弟兄们的行为，因为他既然可以希望分享大家共同的荣誉，也便必须准备蒙受共同的耻辱。当比提尼亚的基督教徒被带到小普林尼的法庭上的时候，他们恳切地向这位前执政
官保证，他们绝不可能进行任何违法的阴谋，因为他们已立下庄严 165
的誓言决不偷窃、抢劫、通奸、作伪证和诈骗等等扰乱社会公众和私人安宁的罪行。在此后将近一个世纪的时候，德尔图良还带着真诚的骄傲夸耀说，除了宗教的原因，很少有基督教徒死于刽子手

的刀斧之下。他们的严肃的独居生活使他们憎恶当时人的骄奢,而习惯于奉行廉正、淡泊、俭朴,以及一切平凡的家庭美德。由于大部分教徒都从事某种行业或职业,他们便有责任以最大的诚实和最公平的交易方式,消除世俗的人对他们的外表的圣洁极易产生的怀疑。世人对他们的鄙视锻炼了他们的谦虚、温和和忍耐的习惯。他们愈是受到迫害,便愈是紧密地彼此团结在一起。他们之间的互相关怀和毫无猜忌的信赖使许多非基督教徒都十分感佩,也常给一些假情假意的朋友以可乘之机。

关于原始基督教徒的品德,有一个情况确实是真实可信的,那便是连他们的过失,或者可以说他们的错误,都是由于过分重视自己的品德造成的。那些他们的言辞可以证实他们的权威性可以用来影响其同时代人的信念、原则、甚至具体实践的教会的主教和学者们,对圣书的研究全都可说是诚敬有余而技能不足;他们常常对基督和使徒们的严格的教义死板地按字面加以理解,而后来的注释家却明智地以更灵活、更为形象化的方式予以解释。狂热的神父,希图使福音教义的完美性超出哲学的智慧之上,把自我修炼、净化和忍耐的职责推到了一个在我们今天这种虚弱、腐败的状态中几乎不可能达到、更是无法长期保持的高度。一种如此非同一般、如此崇高的教义,必然不可避免地会博得人民的尊崇;但是却又不容易取得那些世俗哲学家的赞许,他们在这短暂的人生中的作为始终只从自然感觉和社会利益的角度来考虑。

在最高尚和开明的天性中,我们又可以区分出两种非常自然的倾向,喜爱欢乐和喜爱行动。前一种爱好如果受到学术和艺术的熏陶、社交游乐的陶冶,并通过对节俭、健康和名誉的关注而予

以纠正,便可以成为个人生活中绝大部分幸福的来源。对行动的喜爱是一种具有更强烈、更难预测性质的原则。它常常导致愤怒、野心和报复行动;但是如能有公正、仁爱之心加以指导则它又将成为一切高尚品德的源泉,而且这些品德如果再配合以相应的才能,则一家、一国或一个帝国便可能因他一人的无所畏惧的勇武精神
而获得安全和繁荣。因此,我们可以把大多数可喜的特性都归之 166
于喜爱欢乐一类,而把大多数有用和令人起敬的特性归之于喜爱行动一类。二者兼备而且彼此和谐地相互结合的性格便似乎就是最完美的理想的人性了。那种冷漠无情和无所作为的性格,自然可以说是二者皆不具备的性格,便应该遭到全人类一致的唾弃;因为它既不能使个人获得幸福,也不能为世人谋得任何公共的福利。但是,原始基督教教徒却完全无意使自己在这个世界上成为可爱或有用的人。

一个思想开明的人,一般总把他的闲暇时间用以增进知识、锻炼理智或想象以及和别人进行无保留的、快意的交谈。但是,这类有趣的消遣却被那些厌恶一切无益于灵魂获救的知识、把一切轻快的谈话说成是罪恶地滥用天赋语言才能的严厉的神父们,或者厌恶地加以拒绝,或者极其小心地勉强接受。在我们现在的生存状态中,肉体与灵魂的关系是那样密不可分,因此我们似乎全都有兴趣,以一种无害的温和的方式领略它的最忠实的伴侣也能体会的各种肉体的享受。然而,我们的虔敬的先辈对这个问题却完全是另一种看法;他们妄图模仿天使的完美,竟然厌恶或装作厌恶,一切尘世和肉体的欢乐。实在说,我们的某些感官乃为我们的自我保存所必需,另一些我们需要赖以维持生命,更有一些能为我们

获得信息;在此种情况下,拒绝使用感官,是根本不可能的事。第一次的欢乐引起的激动被指称为对感官的滥用。那些没有感觉的、等待进入天堂的人所接受的教导是,不仅要抗拒味觉或嗅觉这类平凡的诱惑,而且还应闭耳不听世俗的和声,并以冷漠的态度来看待人类艺术的最完美的成就。华丽的衣服、豪华的住宅、优美的陈设,都被看作是具有骄奢和荒淫双重罪恶的象征:对于肯定自己有罪却不能肯定一定得救的基督教徒来说,俭朴、苦恼的外观对他们更为合适得多。神父们对于奢侈的斥责是非常细致和详尽的;在激起他们的虔诚的愤怒的多种物体中,我们这里可以列举出:假发、除白色以外的任何颜色的衣服、乐器、金银制作的花瓶、鸭绒枕头(雅各就把头枕在石头上睡觉)、白面包、外国酒、公众场合的颂扬、温水浴以及剃须;关于这一点,按德尔图良的说法,这是对自己的面容进行欺骗,并大不敬地妄图改进创世主的作品。但当基督教渐为富有的上流社会人所接受的时候,这些奇怪的规矩,也便如现在的情况一样,只有急于表明自己圣洁过人的少数人去遵守了。但是,要让人类中的低级阶层自称有一种对(命运不容他们得到
167 的)豪华、享乐生活十分鄙弃的美德,那是十分容易,而且他们也十分乐意的。原始基督教徒的美德和早期的罗马人的一样,常常受着贫穷和愚昧的保护。

神父们在任何有关两性交往问题上的严酷的贞操所依据的也是同一个原则——他们对一切可以满足人的情欲,降低人的精神气质的欢乐都深感厌恶。他们常爱津津乐道的一个意见是,如果亚当一直谨守创世主的严命,他便会永远生活在童贞状态之中,而通过其他某种无罪的繁殖方式也会让天国中住满一个无害的永生

的种族。婚姻制度只容许作为延续人种的一种必要的手段和对于自然的无餍情欲的虽是极不完备的一种约束,在他的堕落的后代中进行。正统的道德家在这个有趣的问题上所表现的犹豫,表明了人们在不愿赞同一项他们不能不予以容忍的制度时所感到的窘困。那些为夫妻同床所制定的各种极为荒唐的条款,如果在这里一一列举出来必会使青年人忍不住大笑,而使妇女们为之脸红。他们一致认为一个人结一次婚便完全足以满足自然和社会的一切需要了。情欲的结合被美化为有如基督与教会的神秘结合,并声称这种结合一旦形成便既非离婚也非死亡所能予以解除。再婚被斥责为合法的通奸;任何人犯下如此严重的侮辱基督教纯洁性的罪行的人会立即被排除在教会的荣誉,甚至教会的怀抱之外。既然情欲已被视为罪恶,而婚姻只不过是一种勉强被容忍的过失,那么按同一原则把独身生活看作是最易接近神的完美境界的途径也便合情合理了。古罗马要经常维持着6个童女灶神的制度常感到困难重重[①];而原始基督教教会中却住着大批发誓终身保持童贞的男女。他们中有少数人,包括博学的奥利金[②]在内,认为这是使魔鬼无用武之地的最明智的办法。[③] 在肉欲的进攻面前,有些人无所感觉,有些人却始终能保持坚不可摧。处于非洲温暖气候条件下的童女们,因为鄙弃可耻的逃走行为,便不免和敌人进行短兵

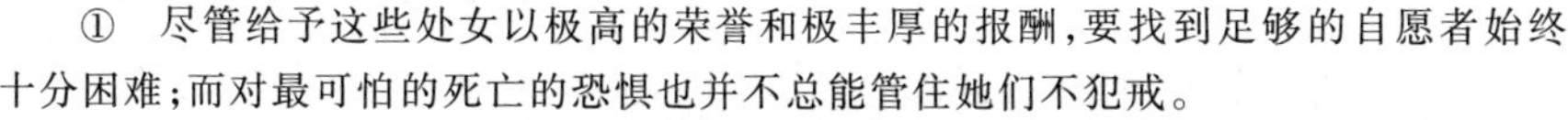

① 尽管给予这些处女以极高的荣誉和极丰厚的报酬,要找到足够的自愿者始终十分困难;而对最可怕的死亡的恐惧也并不总能管住她们不犯戒。

② 早期(3世纪初)基督教神学家。——译者

③ 在奥利金的名声引起嫉妒和迫害以前,这种做法一直不但很少受到责难,倒颇受推崇。他一向本来总将圣书作为寓言看待,但唯独在这个问题上他却采取了坐实文字的态度,这似乎是太不幸了。

相接的战斗；她们只得允许教士和执事跟她们同床，以这样在欲火
168 中仍能保持着清白的贞洁而自鸣得意。但是受屈辱的自然法则有时不免要伸张自己的权利，而这类新的殉教者只不过给教会增添一些新的丑闻[1]而已。可是，在基督教的苦行者（由于他们的十分痛苦的修炼，他们很快便获得这一称号）之中，许多人，由于他们不是那么冒失，很可能取得较大的成功。他们在肉体欢乐方面的损失，从精神上的满足得到了补足和补偿。甚至广大的异教徒也止不住对这种显然不易实行的自我牺牲的美德表示赞赏；那些神父们，也正是在对这些贞洁的基督信徒的颂扬声中，显示出了他们的有似泥沙俱下的悬河般的辩才。以上便是基督教禁欲生活的原则和制度的早期遗迹，它们在以后的年代中，一直和基督教的种种世俗的利益起着平衡的作用。

基督教徒对尘世的俗务的厌恶程度不次于他们对享乐的厌恶。他们不知道如何把我们对人身和财产的保护权和要求大家无限宽恕旧日的冤仇、并命令他们一次受辱不怕再次受辱的忍让精神协调起来。赌咒发誓、地方行政官府的排场以及公众生活中的激烈斗争都为他们的俭朴生活所不容；他们的仁慈的无知使他们怎么也难以相信，在某些人的罪恶行径或敌意企图已威胁到整个社会的和平与安全的时候，利用正义的剑或战争手段把我们的这些同类置于死地是完全合法的。普遍认为，犹太体制的权力是依据一种不很完善的法令，经上天许可，由得到神的启示的先知和有

① 很久以后人们还一直认为丰特夫罗拉特派的创建人也曾企图采取类似的冒失行动。贝勒为了自娱和为他的读者消遣曾大谈这一微妙问题。

神授权力的国王来行使的。基督教徒们感觉到，也公开承认，对现今的世界体系来说，这样一种制度可能是必要的；他们因而愉快地承认他们的异教总督的权威性。但是，他们虽然念念不忘消极服从的箴言，却拒绝积极参与帝国的民政或军事防御工作。有些人在改变宗教之前便已从事这类残暴和血腥的职业，对他们也许可以不予深究；但是让一些基督教徒在不曾放弃所负担的更为神圣的职责之前，便去充当兵士、行政长官或国王的角色，那是不可能的[①]。这种对公共福利的无情的甚至是犯罪的冷漠态度，使他们因而遭受异教徒的鄙视和谴责；他们经常问道，如果所有的人都抱着这个新教派的怯懦态度，那么这个到处受到野蛮民族攻击的帝国的命运又将如何呢？对于这个带侮辱性的问题，基督教的辩护士只能作出含糊的模棱两可的答案：因为他们不愿透露他们的秘 169
密的安全保障；那就是他们料定，不等到使全人类皈依基督教的工作完成，战争、政府、罗马帝国以及世界本身都将不复存在了。可以看出，在这个问题上也完全一样，最初一批基督教徒的处境和他们在宗教上的疑虑是完全吻合的，他们对积极的生活的反感只是有助于使他们免于在政府和军队中服役，而并不妨碍他们在政府和军队中享有荣誉。

① 德尔图良建议他们采取弃教的从权办法；这个主意，如果普遍传开，对于赢得皇帝对基督教教派的支持是不太合适的。

教会管理机构的发展

V. 但是人的性格,不论会因暂时的情感变化而兴奋或消沉到何种程度,终归会逐渐回到它的正常的自然水平,恢复最适合于它当前状态的情绪。原始基督教教徒对人世的事务和欢乐全都毫不动心;但他们的永不可能完全灭绝的对行动的爱好却很快又重新复活,并在教会的管理机构中找到了新的用武之地。一个对帝国已建立的宗教进行攻击的独立的社团不可能不采取某种形式的内部政策,并任命足够数量的教士,让他们不仅在这个基督教共和国中行使精神职能,而且还要在其中行使世俗的领导职能。这个社团的安全、荣誉和壮大,即使是在最为虔诚的人的头脑中,也会引起一种有如早期罗马人对共和国所抱有的那种爱国精神,有时也同样会产生只要可能达到所希求的目的而对所使用的手段如何漠不关心。力图使自己或自己的朋友获得教会荣誉和职位的野心被用一种冠冕堂皇的意图掩盖起来,那就是,他们是把他们为此目的而有责任求得的权力和影响全部用以谋取公共福利。在行使职权的过程中,他们经常要负责查找出异端邪说的谬误或制造分裂的计谋,反对心怀叵测的同教弟兄的阴谋,用恰如其分的斥责点明它们的性质,并把他们从他们试图破坏其内部和平与幸福的社团中驱逐出去。基督教会的神职领导人物所受教育告诉他们,要集蛇的机智和鸽子的纯洁于一身;可是,统治的习惯既会使前者更趋精细,同时也会使后者于不知不觉中遭到腐蚀。任何人不论是在教会里,或是在尘世上被推上任何公共职务的高位,都会使自己由于

能言善辩、行动果敢、阅历丰富和精于世务而为人所敬重；当他们对别的人，也许也对自己，隐瞒自己的行为的秘密动机的时候，他们常常也会陷入积极生活的混乱情绪中去，只不过它们由于渗入了宗教狂热而增加了一定程度的苦涩和顽固的味道罢了。

教会的治理常常就既是宗教争论的题目，又是宗教斗争的对 170
象。罗马、巴黎、牛津以及日内瓦的互相敌对的论战者，全都无不力图使原始的使徒时代的教会模式[1]完全符合他们各自的政策的标准。少数以诚恳、公正的态度对这个问题进行研究的人则认为使徒们放弃了立法的职权，宁愿忍受某种不公正的指责和分裂，也不愿剥夺掉未来时代的基督教徒的自由，不让他们按自己时代和环境的特点来改变他们的教会管理机构的形式。一种得到他们许可，曾在1世纪被采用的政策模式，现在也还可能在耶路撒冷、以弗所或科林斯教会的做法中找到。在罗马帝国的各个城市中建立的宗教团体之间，仅只有共同的信仰和仁爱精神作为彼此联系的纽带。独立和平等形成它的内部组织的基础，而纪律和人类知识的缺乏，则不时靠一些先知的帮助来加以补充，不分年龄、性别，或天生的不同才能，所有的人都能被召去担任这一职务，每当他们感到得到神力的冲动的时候，就可以在由信徒组成的大会上尽量倾吐神灵的意旨。不过这类非同一般的天赋常被这类先知的师长们滥用或误用。他们常在极不恰当的场合显露他们的天赋，任意打乱大会做礼拜的程序，并由于他们的傲气和错误的狂热，特别是在

---

① 法国和英国的贵族派都一直强烈主张主教职位的神的起源。但加尔文派教会的长老不能容忍忽然出来一位上司；而且罗马的教皇也不承认有人能和他平起平坐。

科林斯的使徒教会中，制造了一长串可悲的混乱。等到先知的制度已变得无用甚至有害的时候，他们的权力就被剥夺，他们的职位也被撤销了。宗教的公务此后便完全交托给了已建立起来的教会管事人，主教和长老；而这两个称呼，一开始似乎是用来指明同一职位和同一个人的。长老这个名称表示他们年龄较大或者更表明他们稳重和聪慧。主教这个头衔，表明他们对属于他们管辖的教区中的基督教徒的信仰和为人负有监督的责任。按照各教区信徒人数的多少，便有或多或少的一批主教团长老以平等的权力和共同协商的态度，指导着每一个新形成的教会团体。

但是，最完美的平等的自由必须有一个上级长官加以领导才行：群众会商的制度很快就导致主席职位的设立，这样至少可以授权给一个人，由他来收集会众的意见和执行大会的决议。对于常被每年一度或临时的选举打破的公众宁静的关心早已使得原始基
171 督教徒建立起了一个极受尊重的永久性的领导机构，并从他们的长老中选出一位最明智、最圣洁的人，让他终生执行教会最高长官的职务。正是在这些情况下，主教这个崇高的头衔才开始从长老这一平凡的称号中冒了出来，后者仍是每一个基督教元老会成员的最自然的尊称，前者则被专用于它的新设立的高贵的主席职位。这种似乎在1世纪①结束之前便已开始采用的主教统治形式的优点是如此明显，对于基督教未来的宏大和当前的平静来说是如此重要，因而马上就毫不迟疑地为早已散在帝国各处的会社所采纳，

① 参看启示录。被称作安琪儿的主教当时已在7个亚洲城市中设立。然而克莱门斯的书信（这信写作的时间也可能同样古老）却又不曾帮助我们在科林斯或罗马发现任何主教制度的遗迹。

在很早以前便因合乎古制而得到承认[1],而且直到现在仍被东方和西方最有影响的教会看作是原始的,甚至是神圣的机构而加以尊重[2]。我们用不着说,最早荣膺主教头衔的虔诚、谦卑的长老们是并不可能享有,也或者他们拒绝了,现在环绕罗马教皇的三重冕或德国大主教的主教冠那种权势和排场的。但我们可以十分简略地概括说明一下,他们最初的,虽有时也带有世俗性质,但主要属于宗教方面的十分狭窄的权力范围。它包括掌理教会的礼拜活动和纪律、监督数量和名目都无形中日益增多的宗教仪式、任命由主教分别给他们指派职务的各种教堂执事、管理公共基金,以及处理一些虔诚的教徒们之间不愿在法庭上向偶像崇拜的法官暴露的纠纷。在一个短时期中,这些权力是根据长老团的建议,并经教徒大会的同意和批准后行使的。原始教会的主教只不过被看作是他们的同辈中的排头兵,是自由的人民的忠实的仆人。无论何时,如主教位置因原主教死亡而空缺,便由全体教徒大会从长老中选出一位新主教;其中每一个成员都认为自己具有神圣的担任圣职的资格。

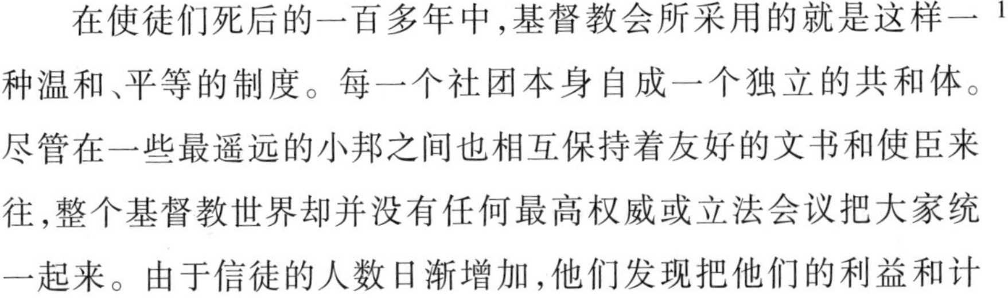

在使徒们死后的一百多年中,基督教会所采用的就是这样一 172
种温和、平等的制度。每一个社团本身自成一个独立的共和体。尽管在一些最遥远的小邦之间也相互保持着友好的文书和使臣来往,整个基督教世界却并没有任何最高权威或立法会议把大家统一起来。由于信徒的人数日渐增加,他们发现把他们的利益和计

① Nulla Ecclesia sine Episcopo 自德尔图良和伊里奈乌斯的时代以来一直便存在,并作为最大的限度。

② 我们在渡过了1世纪的难关之后,便发现主教管理制,直到它受到瑞士的天才和德国的改革家的破坏以前,已普遍建立起来。

划更密切地结合起来，很可能会产生一些好处。到2世纪末期，希腊和亚洲的教会便采取了省宗教会议这个有用的制度，我们完全可以有理由认为，他们的这种形式是以他们自己国家的尽人皆知的一些先例，如希腊的城邦代表会议、亚该亚同盟[①]，或爱奥尼亚诸城市代表会为模式建立起来的。各独立教会的主教必须在指定的春、秋两季在各自的省会集会的做法，很快就成为一种惯例和法律。他们对问题的考虑可以得到少数几位卓越的长老的帮助，也因有旁听的群众在场而受到一些限制。他们制定的被称为教规的法令决定着有关信仰和纪律问题的任何重大争论；人们很自然地会相信，圣灵的灵感必会大量地向这个基督教人民代表的联合会倾注。这种宗教会议制度既符合个人野心，又符合公共利益的需要，因而在短短几年之内，便在整个罗马帝国各地被普遍采用。在各省的会议之间也建立了经常的信函联系，以便彼此就会议进行情况互通信息、沟通意见；不久，正统基督教教会也采取了一个大联邦共和国的形式并获得名副其实的力量。

当某些教会的立法权力在不知不觉中为宗教会议所取代的时候，主教们却通过他们的联合行动获得了更多的行政和决断的权力；而且，在他们一旦意识到他们具有共同利益的时候，他们便可以采用联合的力量，侵犯教士和人民的最基本的权利了。3世纪高级教士在不知不觉中已改劝告的口气为命令口气，为未来撒下了篡夺权力的种子，并用圣书中的寓言故事和武断的辞藻来弥补他们的力量和理智方面的不足。他们提高了主教职位所代表的教

① 希腊伯罗奔尼撒城邦的联盟。——译者

会的团结和权力,对它每个主教都享有平等的不可分割的一部分。
人们常说,君主和行政长官可以吹嘘自己享有尘世的转瞬即逝的
统治权:而只有主教的权威得自于神,并可以从这个世界延续到死
后的世界。主教是基督的摄政者、使徒的继承人,也是摩西戒律中
高级祭司的神秘的替身。他们专有的除授圣职的特权,同时侵犯
了教士和人民选举的自由:而如果他们在教会管理工作上仍在征 173
询长老的意见和人民的意向,他们一定先得反复思考这样主动去
屈尊求教会有什么好处。主教们承认他们的同教弟兄的大会握有
最高权力;可是在他的特定教区的管理问题上,他们每一个人都同
样迫使他的羊群对他绝对服从,仿佛教民真就是这个习惯用的比
喻中的羊群,同时也仿佛牧羊人就是比羊群更高一等。而且这种
服从也并非在一方无需强制,另一方毫不抗拒的情况下形成的。
教会组织中的民主部分,在许多地方一直得到教士内部热心的或
利害相关的反对派的热烈支持。但是,他们对教会的一片忠心,却
被加上了自立宗派和分裂的恶名,而主教的事业得依靠一些积极
主动的高级教士的努力才得以迅速发展,这些人,如迦太基的西普
里安,能把最有野心的政治家的谋略和似乎仅为圣徒和殉教者所
有的基督徒美德协调起来①。

最初破坏长老之间的平等地位的那些原因,同样也在主教中造成了特别显赫的地位,从而也便产生了最高的管辖权力。每当他们于春秋两季在行省宗教会议上集会的时候,各个人在才能和

① 如果被迦太基的主教从他的教会中,并从非洲驱逐的罗法图斯、费利奇西穆斯等等并非最可恶的恶魔,那西普里安的宗教热情大约有时也会胜过他的严酷了。

声望方面的差别,与会成员无不了然于心;广大会众则常为少数人的才智和辩才所控制。但是为使公共会议顺利进行,要求有一种比较正常的不那么招人忌恨的才德;各省宗教会议的永久主席的职位总由该省省城的主教担任;而这些野心勃勃的;很快就会获得总主教和首席主教高级头衔的高级教士于是全暗中准备,从他们的同辈主教弟兄的手中篡夺下不久前主教们所获得的凌驾于长老团之上的同样的权威。而且没有多久,一种争夺最高权势和权力的斗争便在那些总主教们自己之间展开了,他们每一个人都尽力用最夸张的语言,陈述自己所管辖的城市的人间荣誉和优越性;由他负责管教的基督徒的人数之多和富足;从他们中产生了多少圣徒和殉教者,以及他们如何圣洁地保存了,经过一连串正统的主教,从一向被视为他们教会的奠基人的使徒或使徒的门徒传下来的基督教信仰的传统。无论从哪个方面,也无论是从政治还是宗

教的角度来看,谁都很容易预见到,罗马必会受到各省的尊重,并
174 且很快就会使各省臣服。教徒团体在帝国首都占有适当的比例;罗马教会在所有基督教组织中规模最大、人数最多,而且在西部,还最为古老,许多其他的基督教组织都是通过罗马教会传教士的虔诚努力而建立起来的。安条克、以弗所或科林斯,常以有一个使徒作为奠基人而百般自豪,而第伯河的两岸却可能曾获得有两位最杰出的使徒在此传道和殉教的光荣;罗马的主教们总都很谨慎地要求继承凡是圣彼得本人或他的职位所享有的一切特权[①]。意

① 只有在法语中这个著名的对彼得的名字的隐喻是明确的。Tu es Pierre, et sur cette pierre——在希腊、拉丁和意大利语中都不完备,而在条顿语系的语言中则全然不可理解。

大利和各省的主教都愿承认他们在基督教的贵族政治中具有按顺序和联合上的首席地位(他们的原话便是如此)。但是专制君主的权力却被厌恶地拒绝了,雄心勃勃的罗马的守护神从亚洲和非洲各民族身上体会到了一次比她过去抵制她的世俗统治时还要更为激烈的对她的精神统治的抵制。那位以最绝对的权威统治迦太基教会和省宗教会议的爱国的西普里安人坚决而有效地反对罗马教皇的野心,巧妙地把自己的事业和东方主教们的利益联系起来,而且像汉尼拔一样,在亚洲心腹地带寻找新的同盟。如果说这场布匿战争[①]并没有流血,那主要不是由于斗争双方的高级教士态度温和,而是由于他们无此能力。他们仅有的武器是互相辱骂和开除教籍;这种武器,在整个争论的过程中,他们可是也以同样的愤怒和激情拼命向对方投掷的。每当现代的正统基督教徒不得不把那些宗教卫士,以如此突出的、似乎只有在元老院或兵营中才有可能出现的激烈情绪,进行争论的细节,和一个教皇或一个圣徒和殉教者联系起来,对他们进行谴责的时候,总感到十分苦恼。

教会权威的发展引起了僧俗之间的重大差别,而这一点当时的希腊人和罗马人却是根本不知道的[②]。这里俗人这个名称包括全体基督教人民;而僧人,按字义来理解,则专指特别选出让他们从事宗教活动的那一部分人;正是这一类值得赞美的人民构成现代历史的最重要的,但不一定总是最有启迪意义的主题。他们相

---

① 指公元前3世纪和2世纪罗马与迦太基所进行的三次战争。迦太基为腓尼基人的殖民地,罗马人称腓尼基人为布匿,故名。——译者

② Clerus和Laicus(拉丁语:僧人和俗人——译者)的区分,在德尔图良以前便已形成了。

互的敌对情绪，有时会破坏新生的教会的安宁，但他们的热情和活动却会在共同的事业中联合起来，而必然侵入主教和殉教者胸怀的对权力的爱好（经过最巧妙的伪装）自会推动他们去增多他
175 们的教民的人数，扩大基督教帝国的疆界。他们并没有任何世俗的力量，而且在很长时间中他们只是受到民政当局的制裁和压迫，而很少得到他们的帮助；然而他们却早已得到，并已在他们自己的社团内部加以运用两种最有效的治理的武器，赏赐和惩罚；前者来自信徒们的虔诚的慷慨捐献，后者则出自他们的虔敬的恐惧。

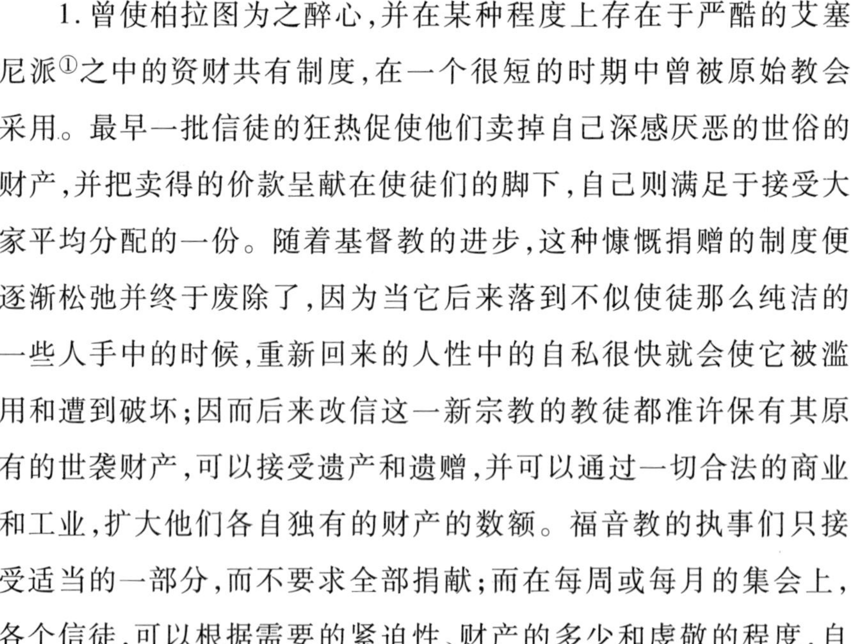

1. 曾使柏拉图为之醉心，并在某种程度上存在于严酷的艾塞尼派[①]之中的资财共有制度，在一个很短的时期中曾被原始教会采用。最早一批信徒的狂热促使他们卖掉自己深感厌恶的世俗的财产，并把卖得的价款呈献在使徒们的脚下，自己则满足于接受大家平均分配的一份。随着基督教的进步，这种慷慨捐赠的制度便逐渐松弛并终于废除了，因为当它后来落到不似使徒那么纯洁的一些人手中的时候，重新回来的人性中的自私很快就会使它被滥用和遭到破坏；因而后来改信这一新宗教的教徒都准许保有其原有的世袭财产，可以接受遗产和遗赠，并可以通过一切合法的商业和工业，扩大他们各自独有的财产的数额。福音教的执事们只接受适当的一部分，而不要求全部捐献；而在每周或每月的集会上，各个信徒，可以根据需要的紧迫性、财产的多少和虔敬的程度，自

① 大约在公元前2世纪到公元2世纪存在于死海附近的一个犹太教派。教徒们在独自建立的居住区中实行财产公有制，追求与上帝的神秘沟通。——译者

愿适当捐助以充实公共基金之用。捐赠数量不论如何微薄，都不会被拒绝；但根据大家经常受到的教诲，谁都知道，摩西戒律中关于按什一制捐赠的条款仍是每一个人的神圣义务；另外，既然在一种不很完备的纪律要求之下，所有犹太人都奉命要交出他们所有财产的十分之一，那么基督的门徒就应该使自己显得更加慷慨，并通过放弃反正很快必将随整个世界一同毁灭[①]的多余的财富以立下功绩。几乎无须说明，每一个教会的忽多忽少没有定准的收入，必会随着教徒的贫或富而有很大的差异，他们本身在偏僻的乡村十分分散，而在帝国的大城市又非常集中。在德基乌斯皇帝时代，行政官员们都认为，罗马的基督教徒拥有十分可观的财富，他们在作宗教仪式时使用金银器皿；他们的新教徒中有许多，为了增加这个教派共有的财富，卖掉他们的土地和房屋，完全置不幸的儿女们的利益于不顾，而他们则常因父母成了圣徒，自己却当了乞丐。对于局外人和敌人的猜测，我们本不应完全信以为真，不过在这个问题上，从下述我们仅知的，曾提出具体数字或表示明确概念的两个 176
情况来看，这种猜测倒是可信，或有可能属实的。几乎就在同一个时期，迦太基主教忽然发出募款赎回被沙漠地带的野蛮人所俘虏的努米底亚弟兄的号召，竟然能从一个远不如罗马富足的社团募集到了十万塞斯特斯(约 850 英镑)。大约在德基乌斯时代一百年之前，罗马教会一次从一个希望在首都定居的本都人手中，获得了一笔数逾二十万塞斯特斯的巨额捐款。这些捐献绝大部分都是

① 在大约公元 1000 年时盛行的同样的意见，也产生了完全相同的效果。绝大多数捐赠人都表示他们知道，“appropinquant mundi fine”。(拉丁语：世界末日即将来临。——译者)

现金；当时的基督教社团既不愿要，也无能力承受，一定份额的地产的拖累。当时有不止一项法令和我们规定的永久管业权的目标一样，禁止任何团体不经皇帝或元老院特许或特殊命令，擅自接受不动产的捐献或遗赠；而对于最初受到皇帝和元老院的蔑视，后来又成为他们的畏惧和妒忌对象的一个教派，他们是不会轻易给予那种恩惠的。不过，据记载，在亚历山大·塞维鲁时期出现的一件事，表明这种限制有时并不起作用或被人钻了空子，也表明基督教徒也可以在罗马境内占有土地。随着基督教的发展和帝国日益增加的政治混乱，这类法律的严格性渐趋松弛；以致到3世纪结束之前，已有许多数量可观的地产被赠与罗马、米兰、迦太基、安条克、亚历山大里亚以及意大利和各省大城市的一些富裕的教会了。

主教是教会的当然掌财人，公共钱财，既无账目，也无人监督，全交他一人掌管。长老们只限于进行一些教务活动，更无权的一些执事只是专门雇用来管理和分发教会平日的进项的。如果我们可以相信西普里安的激烈说法，那就不知道在他的非洲弟兄们之中，有多少人在执行职务时，不仅违反了福音主义的每一条戒律，而且更违反了一切道德原则。这些不忠实的管事，有的把大量教会的财富用以买得肉体上的享乐，有的利用它谋取私利，或任意盗用，或利用它大放高利贷。但是，只要教民的捐献还是出于自愿，不受任何强制，那也便不可能随意滥用他们的信任，对他们的慷慨捐献的一般用途，表明教会作为一个整体仍是可信的。有相当一部分款项专供维持主教和教士们的生活之用；另拨出足够的数量用于公众礼拜仪式，这种仪式中最愉快的一部分是一般称作

agapœ的爱的宴会。此外全部余款都是属贫民所有的神圣财产，177
这份财产由主教考虑决定，按一定比例用以维持本区的孤儿寡母、老弱病残的生活；用以接济外来游子和朝圣者，以及缓解囚徒和被俘人员，特别是因忠于宗教事业而遭受苦难的人们的不幸。一种慷慨的互通有无的做法把最遥远的省区也相互连接起来，规模较小的教会愉快地接受比较富裕的兄弟们的捐赠的帮助。这样一种重在解救人们的苦难，而不重其才德的制度，对基督教的发展产生了很大的促进作用。异教徒从人道主义思想出发，虽然嘲笑这个新教的这一原则，却也承认它有其仁德之处[①]。眼前可以得到救济、将来还可以得到保护的前景，使许多在尘世，由于被忽视，行将沦入贫病和衰老之中的不幸的人们，投入教会的温暖的怀抱。我们同样也还有理由相信，按照当时流行的不人道的做法，常有许多婴儿被父母遗弃，他们也常被虔诚的基督教徒，依靠公共积累的资金，救出死亡，使他们接受洗礼，得到教育，并维持了他们的生计[②]。

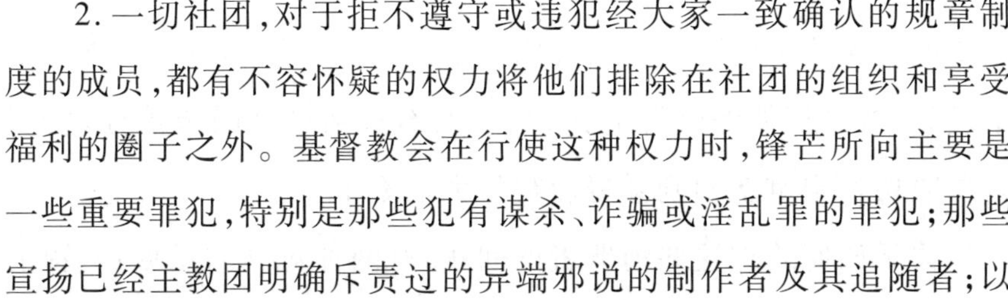

2. 一切社团，对于拒不遵守或违犯经大家一致确认的规章制度的成员，都有不容怀疑的权力将他们排除在社团的组织和享受福利的圈子之外。基督教会在行使这种权力时，锋芒所向主要是一些重要罪犯，特别是那些犯有谋杀、诈骗或淫乱罪的罪犯；那些宣扬已经主教团明确斥责过的异端邪说的制作者及其追随者；以

① 尤利安似乎很不安地指出，基督教的慈善事业，不只是救济了他们自己的，也同样救济了异教徒的穷人。

② 至少对更现代的传教士们来说，他们在同样情况下所进行的类似活动是颇值得称道的。在北京街头每年被遗弃的初生婴儿不下3000名。

及那些在受洗之后,不论是出于自愿还是被迫,进行偶像崇拜活动以玷污自身圣洁的不幸的人们。开除教籍将会产生世俗和宗教两种性质的后果。凡受到这种处分的基督教徒将无权再参与信徒们的任何献祭活动。原来的教友关系和私人友谊关系都将会被全部切断:他将会发现在原来他所最崇敬的人或曾经最喜爱他的人中,自己已成了不敬神灵的他们所厌恶的对象,而且,仅是被一个体面的团体开除这一点就足以在他的品格上留下一个可耻的污点,一般人也都会尽量躲开他,或对他怀有戒心。这些不幸的被驱逐的人的处境也是十分痛苦和悲惨的;而且,在一般情况下,他们的恐

178 惧常常更远甚于他们的苦难。参加基督徒会社的最大好处是有希望获得永生;有一种可怕的说法,说是神灵已把天堂和地狱的钥匙交给了那些有权判定谁有罪的教会统治者了,而他们却无法从自己的心中抹去这一说法。异端分子则由于自己原有明确的目标,并可以自我陶醉,认为只有自己才有真正发现得救的道路的希望,力图在自己另行组织的会众中,重新得到他们已不再可能从基督教徒的大团体中得到的世俗和宗教上的安慰。但那些一时失足犯下过失,或进行偶像崇拜的人,几乎无不感到自己的堕落处境,所以总殷切希望重新回到基督教徒的大家庭中去。

关于如何处理这些悔罪者的问题,有两种对立的意见:一者主张力求公正,一者主张宽大为怀,因而使得原始的教会分成了两派。严格、固执的道德家,永远毫无例外地拒绝他们,即使以最卑下的身份,重新回到曾经被他玷污或背叛的神圣的教会中来;让他们带着有罪的良心永远处于悔恨之中,而只让他们抱着一线微弱

的希望，或许他们从生到死的忏悔也可能会感动至高的神[①]。教会中最纯洁、最体面的人，则在实践和理论方面都抱着较温和的态度。天堂的和解的大门一般都不会对重新回来的悔罪者紧闭；但是，为此而建立的一种严厉、庄重的惩罚方式一方面帮着清除他的罪过，一方面却可以有效地儆戒旁观的人们起而效尤。悔罪的人要难堪地公开认罪，因禁食而形容憔悴，身穿麻布衣服，匍匐在会场门口，含泪请求恕罪，并恳求信徒们代他祈祷[②]。如果罪行的性质十分恶劣，接连几个年头的忏悔，也不足以满足神的正义要求；因而，一些罪人、异端分子或叛教者必须经历缓慢的痛苦的过程和步骤才允许逐步重新回到教会的怀抱之中。至于永远开除教籍的处分，只专用于罪行异常严重，特别是那些已曾体验并玷辱了他们的教会官员对他们的宽厚处理的屡教不改的罪犯。基督教会的惩戒条例的施行，视犯罪情节的轻重和次数的多少，由主教考虑做出不同的裁决。安锡拉和伊利贝里斯两个宗教会议，一在加拉提亚，一在西班牙，差不多于同一时间举行；但是，他们各自的现在还可以见到的教规则似乎代表了两种很不相同的精神。一个受洗后还 179
一再向偶像献祭的加拉提亚人，经过 7 年悔罪便可能得到宽恕；而如果他曾引诱别人效仿，也只在被驱逐的年限之外再加 3 年。但是，一个不幸的西班牙人如果犯了同样的罪行却完全被剥夺掉了和解的希望，甚至直到他死后；他所犯的这种偶像崇拜罪，名列十八大罪之首，而其他 17 项罪过的处罚也都同样可怕。我们在这里

① 一直以最严格、固执的态度坚持这一看法的蒙丹派和诺瓦替安派最后发现，他们自己也被列入被驱逐出教的异端分子的名单之中。

② 厚古薄今的人对这种公升悔罪办法的消失颇感到惋惜。

不妨指出，其中也包括了诽谤主教、长老，乃至教堂执事等的无可缓解的罪过。

慷慨和严格的十分合理的搭配、根据政策原则，同时也根据正义执行的公正严明的赏罚，构成了教堂的人的力量。以慈爱之心掌管着两个世界治理大权的主教，完全体会到这类特权的重要性；他们用维护秩序的堂皇的借口掩盖着自己的野心，在行使必要的教规以防止已经集结在十字架旗帜之下、人数日益增多的部队有人逃离的时候，是不能容许有任何对手和他们抗衡的。从西普里安的武断的文告中，我们可以很自然地得出开除教籍和悔罪的教规是构成宗教的最主要成分的结论；而且对基督的信徒来说，违反道德规范的危害性远不如蔑视主教的谴责和权威为大。有时候我们可能会想象着我们听到摩西的声音，正下令让地球裂开，在销毁一切的火焰中吞没掉那拒绝服从亚伦祭司的叛逆的种族；而有时我们又会假想，我们听到一个罗马执政官在重申共和国的权威，宣称他已不可改易地下定决心，要严格执法。“如果我们对这种目无法纪的行为听之任之，不加惩罚，”（迦太基的主教曾这样斥责他的过于宽厚的同僚）“如果我们对这种行为听之任之，那无疑便将带来主教的严厉权威的灭亡，统治教会的崇高而神圣的权力的灭亡和基督教本身的灭亡。”西普里安曾经放弃了那些很可能是他永远也不会得到的世俗的荣誉；但能对一群不论如何卑微或遭世人鄙视的会众的良心和思想，获得如此绝对的控制权，却比靠武力和征服强加于心中怀恨的人民的专制的绝对权力，更能满足人的内心的骄傲。

在对这个虽然也许令人厌烦却很重要的问题进行研究的过程

中，我试图展示出一些非常有效的，有助于阐明基督教真理的第二位的原则。如果我们在这些原因中发现任何人为的渲染，任何出于偶然的情况，或任何错误和个人情感混杂其中，我们对于人类竟会如此易于为最适合于他们的不完善的天性的外力所动，似乎也 180
不应深感诧异。正是在——专一的热忱、对即将来临的死后世界的憧憬、对各种奇迹的传闻、实行严格的德行规范，以及原始教会的那套体制——这些原因的帮助下，基督教才得以如此成功地在罗马帝国内发展起来。正是由于这第一个原因，基督教徒们才具有了不屈不挠的勇气，使他们绝不向他们决心要加以征服的敌人屈服。接下去的三个原因为他们的勇气提供了最有力的武器。最后一个原因则把他们的勇气团结在一起，指挥他们如何运用他们的武器，并使他们的努力具有那种一小队训练有素、勇猛的志愿兵，常可以据以击败一大群既不知战斗目的何在，也不在意战斗结果如何的乌合之众的不可抗拒的威力。在多神教的各种教派中利用群众轻信的迷信思想诱骗他们的埃及和叙利亚游方的狂热教徒，也许是唯一一种全凭他们的教职获得全部声誉和支持、对自己的保护神的安全和昌盛真正亲切关怀的僧侣。罗马和各省的多神教教士，绝大多数出身高贵家庭、富有资财，他们把出面管理某一著名神庙或公众献祭活动完全看作是一件极光彩的事，十有八九都是自己花钱举行祭神的赛会，而以十分冷漠的态度，按照他们本地区的法律和风尚举行古老的宗教仪式。由于他们在生活中自有正常职业，他们的热情和虔诚很少会为个人利益或与教职有关的习惯所左右。他们长时间生活在各自的神庙和城市之中，所以始终也没有使自己受到纪律约束或管辖的联系；而当他们接受元老

院、大祭司团和皇帝的管辖权的时候,那些行政长官总满足于能轻而易举地在和平和庄严的气氛中维持住人民一般的宗教活动也便行了。我们已经看到了,多神教信徒的宗教情绪是多么彼此各异、多么松散和多么没有定准。他们几乎是毫无控制地听任自己随着迷信的幻想的自然趋势浮沉。他们的生活和处境中的偶然情况决定他们的虔诚的对象和程度;只要他们的崇拜始终可以如此接连滥用在一千个神灵的身上,那他们的心也便几乎不可能对其中任何一位真具有真诚的或生动的感情。

对基督教发展有利的条件

当基督教在世界上出现的时候,甚至这些微弱的不完全的印
181 记原有的力量也大部分都已经消失了。没有外力的帮助原不可能洞察信仰的奥秘的人类的理智,已经在揭开异教徒的愚昧问题上,获得了一次轻而易举的胜利;而在德尔图良和拉克坦提乌斯致力于揭露它的虚假和妄诞的时候,他们不得不借用了西塞罗的辩才和琉善的机智。这些怀疑主义的作品影响所及,远远超出了它们的读者的范围。怀疑思想的风气,从哲学家传到一心享乐或经商的凡人,从贵族传到平民,从主人传到在他饭桌边侍候、全神贯注倾听着他的放纵的谈论的奴仆。在公众场合,人类中具有哲学头脑的一部分人表面上都装着很尊重他们国家的正当的宗教制度,但透过那单薄的勉强的伪装,他们内心的鄙视却不免会显露出来;甚至一般人民,一旦发现他们崇拜的神,不但不被那些从地位或知识角度为他们所尊敬的人们所接受,而且还受到他们的嘲笑的时

候,也不免会对他们一向衷心信仰的教义满怀疑虑和恐惧。古老的偏见的衰落,使得很大一部分人面临陷于痛苦不安境地的危险。怀疑思想和悬而不决的状态,可能使少数喜爱深思的人感到开心。但是,一般群众对各种迷信活动却是那样如鱼得水,如果勉强把他们唤醒,他们则只会因他们所喜爱的幻境的消失而为之痛苦。他们对怪异和超自然事物的喜爱、他们对未来情景的好奇,以及他们总爱把希望和恐惧向这个可见世界之外延伸的强烈倾向都是使多神教得以建立的主要原因。信仰对于凡俗的人是一种如此迫切的需要,因此任何一种神话体系的瓦解,十有八九很快就会有另一种形式的迷信起而代之。如果在紧要关头,充满智慧的上天不曾显露一个真正的完全足以唤起最合乎理性的尊敬和信服,同时又具有可以吸引人民的好奇心、惊异和敬仰的一切的启示,那很快便必会有某些更新、更时髦的神灵出来,占据那些荒废的朱庇特和阿波罗神庙。从人们的实际倾向来看,已有许多人几乎已从他们的人为的偏见中解脱出来,但他们却同样念念不忘并迫切希望使自己的信仰有所寄托,在这种情况下,即使是一个更无价值的目标,也完全可以填补他们心中的空缺,满足他们的无着落的急切情绪。任何人如愿对这一问题进行一番深思,那他对基督教的迅速发展,不但不会感到惊奇,却可能会惊异地感到,它为什么没有获得更加迅速、更加普遍的成功。

前面已经确切而公正地说过,罗马的征服为基督教的征服准备了条件,并加速了它的进程。在本书的第二章,我们曾试图说
明,是在什么样的情况下,欧洲、亚洲和非洲的一些最文明的省份 182
在一个君主的统治之下统一起来,以及后来又如何通过法律、习

俗、语言等最亲密的纽带，团结在一起。一直天真地热望有一个尘世救世主的巴勒斯坦的犹太人，对于神圣先知的奇迹表现得如此冷漠，以致人们认为出版或至少是保存任何希伯来文的福音书都已完全不必要了。关于基督言行的真实历史是在距耶路撒冷相当远的地方，在非犹太族信教人已有极大数量之后，用希腊文编写成的。这些历史一经译成拉丁语，罗马臣民，只除开埃及和叙利亚的农民之外，便全都完全理解，而为了那些农民，后来又专出了特别译本。原为供罗马军团使用的公路，也为基督教传教士开辟了从大马士革到科林斯、从意大利到西班牙极边远地区或不列颠的便利的通道；而且这些宗教征服者也从未遇到过那种通常在把一种外国宗教传入一个遥远地区时所遇到的障碍和阻挠。我们有最充分的理由相信，在戴克里先和君士坦丁统治时期之前，便已有人在帝国各省和所有大城市中传播对基督的信仰；不过关于一些教会建立的情况、组成这些教会的信徒的人教以及他们在不信教的群众中所占比例等等，现在却已无从查考，或者被幻想和虚夸的浮词所淹没了。我们对于基督教的声望在亚洲和希腊、在埃及、在意大利以及在西方日渐增高的情况，尽管所掌握的资料是如此极不完备，下面仍将尽力加以叙述；同时也不会忽略掉它在罗马帝国疆界以外获得的真实或假想的成就。

由幼发拉底河向爱奥尼亚海边延伸的那些富裕省份，是那位非犹太族的使徒显露他的热情和虔诚的主要场所。他播种在肥沃土壤上的福音的种子得到了他的门徒们的辛勤培植；而且看来在最初的两个世纪中，最大的一个基督教社团似乎也就建立在这个区域之内。在建立于叙利亚的社团中，最古老和最负盛名的莫过

于大马士革、贝罗依或阿勒颇和安条克所属的教会。《启示录》的先知的前言描述了亚洲的以弗所、西麦拿、帕加马、提阿提拉、萨尔代斯、拉奥狄凯亚和菲拉德尔菲亚的七个教会，并使它们得以扬名后世；它们的派出单位也便很快遍布于那个人口众多的地区各处。在很早一段时期中，塞浦路斯和克里特岛、色雷斯省和马其顿省都曾热心接受这个新宗教；基督教共和体也很快在科林斯、斯巴达和雅典等城市建立起来。希腊和亚洲教会的古老经历容许它们有充分的时间来发展和扩大组织；甚至诺斯替派和其他一些异端教派的蜂起，也足以表明正统基督教会的兴旺状况，因为所谓异端这个 183
名称总不外是用以指那些人数较少的派别而已。在这些内部的证据之外，我们还可以加上非犹太人自己的供状、抱怨和他们所表现的恐惧。从一位曾研究过人类，并以极生动的笔墨描绘过人类行状的哲学家琉善的著作中，我们可以知道在康茂德统治时期，他的故乡本都便充满了伊壁鸠鲁派教徒和基督教徒。在基督死后 80 年之内，仁慈的普林尼慨叹他曾经徒然试图消灭的罪恶依然无比猖獗。在他写给皇帝图拉真的极为奇特的信中，他肯定神庙几乎全已荒废，神圣的作祭品的牺牲几乎无人购买，一种迷信活动不仅充斥各个城市，甚至已传遍本都和比提尼亚的乡村和旷野了。

用不着去对那些，对基督教在东方的发展表示颂扬或哀叹的作家的说法或动机，进行深入细致的研究，我们也可以笼统地说，他们谁也没有留下足够的证据使我们可以据以正确判断出那些省份的信徒的确切人数。但不论如何，有一个情况总算有幸保存下来，它似乎使我们对这个隐蔽而有趣的问题多少可以略见端倪。在提奥多西统治时期，在基督教沐浴在皇恩的阳光之中长达 60 余

年之后，古老而远近闻名的，共有会众十万人的安条克教会竟有三千人依靠公众的捐献为生。东方皇后的荣华和体面、公认为人口密集的恺撒里亚、塞琉西亚和亚历山大里亚诸城，以及在老贾士丁时期一次地震使安条克居民死去二十五万人的事件，都令人信服地证明它的全部居民恐不下五十万人；而基督教徒人数，不论由于宗教狂热或教会势力如何大大增加，也不可能超过这个大城市总人口的五分之一。但我们如若拿被迫害的教会和胜利的教会、西方和东方、遥远的村庄和人口众多的城市、最近改信基督教的地区和信徒们最早接受基督教称号的地方作一番比较，我们就会发现我们应当采取的比例数会是多么不同了！然而，我们也不能忘掉，在我们从中获得这些有用资料的克里索斯托的作品的另一节中，所列信徒会众的人数，甚至超过了犹太人和异教徒人数。但要解决这个似乎无法解答的难题其实是很容易，也显而易见的。因为这个善于巧辩的传教士只是在安条克的民政组织与教会组织之间进行比较、在因受洗而得以进入天堂的教徒人数和有权享受公众捐献的公民人数之间进行了比较。前者之中包括奴隶、外地人和儿童；后一种名单中他们却全然不包括在内。

184 亚历山大里亚城的广泛的商业活动以及它和巴勒斯坦的邻近，使得新宗教极易传入。首先信奉新教的是许许多多马里乌特湖区的特拉普提人，或艾塞尼人；这个犹太教的教派本来对摩西的宗教仪式的尊重已大不如前了。艾塞尼派的严肃的生活态度、他们的斋戒和逐出教门的规定、资产的公有、对独身的爱好、热衷于殉教，以及他们的虽不纯洁但十分热烈的信仰，便已为原始教会的教规提供了一幅极其生动的图像。基督教神学似乎是在亚历山大里亚城的学校中初步具有正规的、科学的形式的；而当哈德良访问埃及的时候，他所看到的一个由犹太人和希腊人组成的教会，其重要性完全足以吸引住这位好问的君主的注意。但是，基督教的发展在很长一段时间中，一直仅限于这一它本身也只是一个殖民地的城市之内，而直到2世纪末，德米特里乌斯的几个前任仍是埃及教会仅有的几位高级教士。德米特里乌斯亲自任命了三位主教，他的继任者赫拉克拉斯把主教人数增加到了二十人。一群沉默寡言、生性顽固的当地人民冷漠地勉强接受了这种新教义；甚至在奥利金时代，也很少可能遇见一个埃及人，他已战胜过去的偏见不再去杀害当地用以祭神的动物了。但是，等到基督教一旦登上统治的宝座，那些野蛮民族的热情也立即屈服于普遍流行的情绪之下；很快埃及的城市中充满了主教；连蒂巴伊斯的沙漠地带也到处是隐遁的修士。

从外族和外省来的人流永远不停地流入罗马城的宽广的胸怀。任何一种离奇的或丑恶可憎的事物，任何一个犯罪的或有犯罪嫌疑的人都可以希望隐匿在人烟稠密的首都，以求逍遥法外。在这样一个多民族混杂的环境之中，任何一个传播真理或虚妄的教师，任何一个道德的或罪恶的社团的创建者，都极容易找到大批的门徒或从犯。罗马的基督教徒，按塔西佗的记述，在无端遭到尼禄的迫害的时候，数量已经很大，而这位大历史学家的用语，几乎和李维在叙述，始而接受继而又排除酒神巴克斯的祭祀仪式时，所用的笔调一样了。在酒神的信徒们引起元老院采取严厉措施之后，人们也同样担忧，已有数量极大的简直称得上另一个民族的人群，介入那些万分可厌的神秘活动之中。但若细加深究，我们马上

便会发现,实际加入的并未超过七千人;当然,如果考虑到他们将是按国家法令加以处置的对象,那却仍是个相当令人吃惊的数字。我们也应以同样真诚的宽容态度来解释塔西佗和较早时候的普林尼,在他们过分夸大受骗的狂热分子有多少放弃原来对诸神的崇
185 拜时所采取的含糊的措辞。罗马教会无疑是帝国中第一个,也是会众最多的一个教会;我们有一份可靠的记录,记载了大约在 3 世纪中叶,38 年和平时期过去以后,这个城市的宗教情况。那时,这个教会的教士共有主教 1 人,长老 46 人,执事 7 人,副执事 7 人,仪式助手 42 人,以及读经师、驱邪师和看守共 50 人。依靠教徒们的捐献赡养的寡妇、残疾人和穷人共有一千五百名之多。按理推算,或拿安条克作个比较,我们可以大致肯定,罗马的基督教徒约为 5 万人。关于这个伟大首都的总人数也许难以作出准确的推算,但按最低的标准估计,这里的居民想也决不可能少于一百万人,其中基督教徒最多占 1/20。

西方诸省对基督教的了解似乎来之于在它们中间传播罗马语言、思想和习俗的同一类活动。在这一更为重要的情况方面,非洲,还有高卢,都逐渐趋向于步首都的后尘。然而,尽管有许多有利的时机,可能诱使罗马的传教士前往拜访他们的拉丁诸省,而他们实际前往却仍是在他们渡海或越过阿尔卑斯山之前不久的事;另外,在那些广阔的地区,我们也无法找到任何可信的迹象,表明这里曾出现过比两安东尼统治时期更高的信教热或迫害活动。福音教在高卢严寒地带的缓慢发展,和它在非洲的炙热的沙漠中被迫不及待地接受的情况是极不相同的。非洲的基督教徒很快就形成了原始教会的主要集体之一。在这个省份开始采用的,在不重

要的市镇，常常还是在最偏僻的乡村，安置主教的做法大大有助于提高他们的宗教社团的声望和重要性，而这些社团在整个 3 世纪中更受到德尔图良的宗教热情的鼓舞、受到才能过人的西普里安的领导，并由巧于辞令的拉克坦提乌斯百般加以美化。然而如果反过来，我们转眼看看高卢，我们能够看到的也就只是马尔库斯·安东尼统治时期的里昂和维埃纳的人数不多、联合在一起的会众；甚至迟至德基乌斯时代，我们也只知道，只是在阿尔勒、纳博讷、图卢兹、利摩日、克莱蒙、图尔和巴黎等少数城市中确有一些零散的、由少数虔诚的教徒维持着的教会存在。沉默说来倒是适合虔诚的心灵的；但由于它和宗教热情难以相容，我们不免看到，并为那些，由于在头 3 个世纪里未能产生一个教会作家而改克尔特语为拉丁语的省区的，基督教的委靡不振状况而慨然悲叹。从在阿尔卑斯山南麓的诸国中，在学术和知识方面的确处于领袖地位的高卢反射到西班牙和不列颠等遥远省份的福音的光芒，便显得更为微弱 186
了；如果我们可以相信德尔图良的激烈的言辞，那么，当他对塞维鲁皇帝治下的行政长官发表他的辩解书的时候，这些省份便已在基督教信仰的日光照耀之下了。但是关于欧洲西部教会的模糊和不完备的起源问题，现有的记载是那么草率，以致我们若要对它们建立的时间和情况作一番叙述，便必须用很久以后在阴暗的修道院中无所事事的僧侣，在贪婪或迷信的支配之下胡乱编写的传说来填补古代文献的空白。在这些神圣的传奇中，只有关于使徒圣詹姆士的一种，由于它出奇的妄诞，值得在这里提一提。他从金纳萨雷特湖边一个过着平静生活的渔夫，忽然被变成一个勇敢的武士，在对摩尔人的战斗中率领西班牙骑兵冲锋陷阵。最严肃的历

史学家们都曾颂扬他的功绩；康波斯特拉带有奇迹色彩的神龛显示了他的威力；表示某一军阶的宝刀，再加上宗教法庭可怕的拷问，已足以消除任何表示反对的亵渎神灵的议论了。

基督教的发展也不仅限于罗马帝国的范围之内；而按照用预言来说明事实的早期神父的说法，这个新宗教，在它神圣的创立者死后的一百年中，已遍及地球上的每一个角落。“不存在任何一个民族，”殉教者圣查斯丁说，“不论他们是希腊人还是野蛮人，或任何其他人种，不论他们叫什么名字，以及在习俗上如何与众不同，也不管他们如何对工艺和农业一无所知，也不管他们是生活在帐篷中，还是住在大篷车上四处流浪，在他们之中绝不可能没有人曾经以被钉死在十字架上的耶稣的名义，向天父和万物的创造主进行祈祷。”不过这种即使在今天也极难和人类的真实状况相一致的过分夸大的炫耀之词，只能看作是把信仰建立在自己的愿望的基础上的一个虔诚而粗心的作家轻率发出的议论而已。但是，不论是这些神父的信念，还是他们的愿望，却都不能改变历史真实。至今仍然丝毫不容怀疑，后来推翻罗马君主国家的西徐亚和日耳曼的野蛮人，当时完全处在异教思想的黑暗之中；而且，甚至试图使伊比利亚、亚美尼亚或埃塞俄比亚改变宗教的做法，一直到国家的权杖落入一位正统基督教的皇帝手中之前，就不曾取得任何程度的成功。在那个时期之前，由于多次发生的战争和商业活动，倒也可能曾向喀里多尼亚地区的一些部落和莱茵河、多瑙河以及幼发拉底河的边界地区，传播过有关福音教的不完备的知识。在幼发拉底河的彼岸，只有埃德萨在很早就在坚决接受基督教信仰方面表现得十分突出。正是从埃德萨出发，基督教的教义才较

为容易地传入了臣服于阿塔薛西斯的几位继位者的希腊和叙利亚的一些城市；但这些教义在波斯人的心灵上似乎并没有留下任何深刻的印象，波斯人的宗教体系，通过一个训练有素的僧侣集团的努力，和希腊、罗马的不确切的神话传统相比起来，已显然更为巧妙，也更为牢固地建立起来。

原始基督教徒的人数和处境 187

根据这种虽不完备却很公正的对基督教发展的研究，我们或许可以说，由异教皈依基督教的人数，一方面是由于恐惧，一方面也由于虔诚心理，一直都被过分夸大了。按照奥利金的无可辩驳的证据，信徒人数和广大未信教的人群相比起来，仍然是微乎其微的；但是，由于我们没有找到任何可信的资料，我们根本不可能确定，甚至也难以猜测出原始基督教徒的确切人数。不过，即使以安条克和罗马为例作出最高的估计，我们也难以设想在关系重大的君士坦丁皇帝改信基督教以前，帝国居民中已有1/20以上的人站到十字架的旗帜之下来了。不过，他们的信仰、热情和团结的习惯，似乎使他们的人数大为增多了；这些同样也将有助于他们的未来发展的缘由，使他们的实际力量显得更加突出，更为强大了。

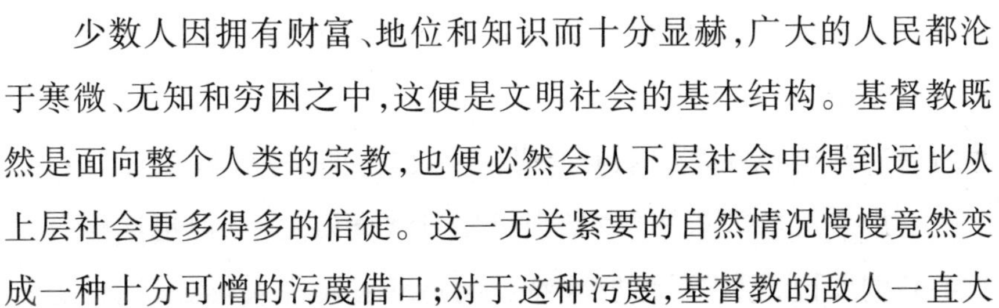

少数人因拥有财富、地位和知识而十分显赫，广大的人民都沦于寒微、无知和穷困之中，这便是文明社会的基本结构。基督教既然是面向整个人类的宗教，也便必然会从下层社会中得到远比从上层社会更多得多的信徒。这一无关紧要的自然情况慢慢竟然变成一种十分可憎的污蔑借口；对于这种污蔑，基督教的敌人一直大

肆渲染，而基督教的辩护者似乎也并不曾全力否认。他们污蔑说，新的基督教派几乎完全由农民和工匠、儿童和妇女、乞丐和奴隶等人类的渣滓所组成，其中只有奴隶也许还有可能把传教士引进他们所属的富有、高贵的家庭中去。那些无名的教师（这是心怀恶意的、不信教的人对他们的攻击）在公开场合虽然沉默寡言，在私下却全都滔滔不绝，武断蛮横。他们小心翼翼地避免和哲学家发生危险的交锋，却尽量混在粗鲁无知的群众之中，向那些由于他们的年龄、性别或所受教育最易接受迷信的恐怖思想的人们灌输他们的学说。

这幅不友好的描绘，虽不能说毫无近似之处，从它对所歪曲的情节的阴暗渲染来看，显然出自一个敌人之手。由于卑微的基督

188 教信仰广被整个世界，也有一些天赋过人或财产丰富而有一定地位的人成为它的信徒。曾向皇帝哈德良呈献明快的护教书的阿里斯提得斯便是雅典的一位哲学家。殉教者查斯丁，直到他幸运地遇见一位老人，或者说遇见天使，改变了他的注意力，使他开始对犹太的先知们进行研究以前，就曾向芝诺、亚里士多德、毕达哥拉斯以及柏拉图等学派求教过关于神学的知识。亚历山大里亚城的克莱门斯过去曾阅读过多种希腊文作品，德尔图良也读过许多拉丁文书籍。朱利叶斯·阿非利加努斯和奥利金大量掌握了他们那个时代的各种学问；而尽管西普里安的风格和拉克坦提乌斯的极不相同，我们仍几乎可以看出这两位作家都是公众的修辞学教师。他们最后甚至也在基督教徒中推广对哲学的研究；只不过并不总是产生最有益的效果罢了；知识可以导致虔诚之心，但也同样可以产生异端邪说，原用以形容阿特蒙的追随者的那番描述，同样也可

以完全适用于抵制使徒的继承者的各个教派。“他们妄图修改圣书，放弃古老的信条，并根据奇异的逻辑概念来组成他们的意见。教会的科学遭到忽视，却致力于几何学的研究，当他们忙于对大地进行测量的时候，他们竟然忘记了天上。他们永远只记得欧几里得。他们景仰的对象是亚里士多德和狄奥夫拉斯图斯[①]；对于伽伦[②]的著作他们更是百般赞赏。他们的错误来之于滥用不信教的人的技艺和科学，他们还通过对人类的理性进行过于精细的研究，败坏了福音教义的纯朴。”

我们倒也并不能完全肯定，出身高贵和富有的人永远和基督教信仰无缘。由于有几个罗马公民曾被带上普林尼的法庭，他很快就发现，在比提尼亚，社会各个阶层中都有为数众多的人背弃了他们的祖辈的宗教。德尔图良曾利用那位非洲前执政的恐惧心理和人道主义思想明确对他说：如果他坚持这种残酷的用心，那他就必须将迦太基人口除去1/10，而且他将在罪犯中找到许多和自己身份相同的人，找到出身最高贵家庭的元老和贵妇人，以及他的最亲密朋友的朋友或亲戚，但德尔图良的这种大胆的挑战，在这里却不如普林尼的这个从不曾遭人怀疑的证词更为可信。不过，现在看来大约到40年之后，皇帝瓦勒良才真相信了这种说法，因为在他的一道命令中，他显然认为已经有许多元老、罗马骑士以及一些有身份的夫人都参加了基督教的活动。教会虽已逐渐丧失其内部的纯洁性，但外部的声势却仍然有增无已；以致到了戴克里先统治

① 公元前4世纪哲学家，亚里士多德的学生。——译者

② 2世纪帕加马的希腊医师。——译者

时期，皇宫、法院甚至军队中，都隐藏着大批的基督教徒，他们都试
189 图把现世利益同未来生活的利益协调起来。

然而，这些例外，或者数量太少，或者时间太晚，都不能完全消除掉横加于第一批基督教信徒头上的卑贱和无知的诽谤。我们不应该利用较晚时候的一些虚构的传说来为自己辩护，更明智的办法倒应是把遭受诽谤的情况变成一个可以使大家受到教育的题目。我们只要严肃地想一想便会认识到，使徒们本身本是上天从加利利渔人中挑选出来的，那么把第一批基督教徒在尘世的处境降得越低就使我们越有理由敬佩他们的品德和业绩了。我们有责任时刻记住，总地说来，天国的门是专为穷人敞开的；受过灾难和人类鄙视的磨炼的心灵，听到神灵许诺给他的未来的幸福会无比振奋；而与此相反，幸运的人满足于自己在尘世的所有，聪明人则会在怀疑和争论之中，胡乱消磨掉他们在理性和知识方面的狂傲的优越性。

我们现在需要用这样一些想法，以安慰我们为失去某些杰出人物而感到的悲伤，在我们眼里，他们这些人似乎才最配接受上天的那种恩赐。塞内加、大小普林尼、塔西佗、普鲁塔克、伽伦、奴隶埃皮克泰图斯，以及皇帝马尔库斯·安东尼等名字，都为他们所生存的时代增添无限光彩，提高了人性的尊严。他们无论在实际生活或沉思默想的生活方面，都使各自所在的地位充满了光辉；他们杰出的理解力，因研究学习而更为增强；哲学从他们的思想中清除了一般人的迷信的成见；他们把自己的时光用于对真理的追求和善行之中。然而，所有这些圣哲（这既是一个令人惊异，又是一个令人关心的问题）都忽视了使基督教的体系趋于完善的问题，或

对这个问题根本不予考虑。他们所讲的话或他们的沉默，都同样表现出他们对这个在当时已遍布罗马帝国各地的日益扩大的教派的鄙视。在他们中间，那些肯于屈尊提到基督教徒的人，也只是认为他们是一群顽固、蛮横的狂热分子，一味强求别人俯首贴耳，屈从他们神秘的教义，却完全提不出一条真正能触动一位有见识、有学问的人的理论来。

这些哲学家是否曾仔细读过原始基督教徒一再为他们自己，也为他们的宗教发布的护教言论，至少是可疑的；但十分值得惋惜的是，竟没有一些更有才能的辩护人出来捍卫这一事业。他们为揭露多神教的荒诞花费了过多的机智和辩才。他们只是通过揭示他们的受害教友的无辜和痛苦来激起我们的同情。但在他们应当讲明基督教的神圣起源的时候，他们却大力强调宣告救世主即将

来临的预言，而不曾讲清伴随救世主来临的各种奇迹。他们经常 190

爱谈的理论或许能有助于启迪一位基督教徒，或使一个犹太人改教，因为他们两者都承认预言的权威性，都不得不带着虔敬的心情来寻求它的含义和它应验的情况。不过，这种劝导方式，如果用于一些既不理解也不尊重摩西的道路和预言风格的人身上，便会大大减弱它的力量和影响了。在贾斯丁及其后的护教者的拙劣的把握之中，希伯来神谕的崇高意义化作了遥远的形象、装模作样的自满，和冷冰冰的寓言；对于一个思想蔽塞的非犹太人来说，由于混杂着一些以奥尔甫斯[1]、赫尔姆斯[2]和女先知[3]的名义强加于他的，

① 希腊神话中能以歌声感动鸟兽木石的歌手。——译者

② 希腊神话中为众神传递信息的神。——译者

③ 那些对更古老的女先知们的预言进行嘲笑的哲学家们应该很容易看出，自殉

似乎和来自上天的真正的灵感具有同等价值的出于虔诚的伪作，因而甚至连那些神谕的真实性也变得可疑了。采取欺诈和诡辩的手段来保卫上帝的启示，总使我们想起那些给自己笔下百战百胜的英雄，加上沉重、笨拙、易碎、无用的盔甲的诗人们的不明智的做法。

但是，异教和哲学世界对于万能的上帝，不是向他们的理性，而是向他们的感觉亲手提出的证据，竟如此毫不在意，我们又如何能原谅呢？在基督时代，他的使徒的时代，以及他们的第一批门徒的时代，他们宣讲的教义都曾为无数的神的奇迹所证实。跛脚的能走路了，盲人能看见了，有病的痊愈了，死者复生了，恶魔被驱除了，自然规律也往往为教会的利益而暂时不起作用了。但是，希腊、罗马的圣哲们却不理睬这些惊人的奇迹，只一味忙于日常的生活和学习，对于受着精神或物质统治的世界的任何改变，似乎完全无所觉察。在提比略统治时期，整个世界，或至少在罗马帝国的一个著名的省份，出现过3小时违反自然的天地一片漆黑的情景[①]。甚至如此神奇的，理应引起人类的惊愕、好奇和虔诚的事件，在一个注重科学和历史的时代，竟然无人注意，就那么过去了。这件事发生在塞内加和老普林尼在世的时代，他们一定亲身经历过这一奇异事件，或很快便得到关于这事的信息。这两位哲学家都曾在

教者贾斯丁到拉克坦提乌斯，许多神父曾一再得意地加以引用的犹太教和基督教的作品全属伪作。在女先知的诗文已完成了它应当完成的职务之后，也便像千年盛世说一样，被不声不响地抛在一边了。基督教的女先知不幸把罗马毁灭的年代定在195年，罗马城建成后948年了。

① 当指圣经所讲在耶稣受难时出现的情景。——译者

他们苦心经营的著作中，记录了他们不倦的好奇心所能收集到的一切重大自然现象，如地震、流星、彗星和日月蚀等。但是他们俩
对于自世界被创造以来，凡人的眼睛所曾亲见的那一最伟大的奇 191
观，却都略而未谈。普林尼的作品中专有一章讲述一些性质奇特、历时较久的日蚀；但他却仅只满足于描述在恺撒被刺后奇特的大光反应，说是在那一年的绝大部分时间里太阳都显得暗淡无光。这一晦暗的季节，显然不能和耶稣受难时反自然的天昏地暗相比，但那个值得记忆的时代的大多数诗人和历史学家，却倒都对它大书特书了。

192 第十六章　罗马政府对基督教徒的作为。罗马皇帝们的态度。西普里安殉教始末。随时变换的迫害政策。戴克里先及其其继承人治下的教会。伽勒里乌斯的宽容敕令。

如果我们严格地考虑到基督教教义的纯洁、它的道德律条的纯正以及在这一福音开始被人们接受的初期阶段大多数基督教徒所度过的纯真而艰苦的生活，我们必会很自然地认为：如此充满善意的一种教义，即使是教外人也必会对它十分推崇；那些有教养的上流社会人士，尽管他们可能会嘲笑关于奇迹的种种说法，也不免会对这一新教派的善行表示尊重；而且那些地方官员对这样一批虽不热心于战争和政治，却能够处处奉公守法的教徒也不但不会加以迫害，还定会尽力予以保护。而另一方面，如果我们再回想一下，由于始终受到民众的信任，由于哲学家们缺乏宗教思想，以及罗马元老院和历代皇帝奉行的政策的支持而到处流行的多神教却普遍受到宽容，我们更会感到简直无法理解，基督教徒究竟犯下了什么新的罪行，他们有什么新的冒犯行为触怒了那古老的一切听

之任之的温和政策，又有什么新的动机促使那些一直安闲地听任一千种形形色色的宗教在他们的温和统治下安然存在的罗马帝王们，使他们忽然一反常态，偏要对这选择了一种独特的但无害于任何人的宗教信仰的臣民严加惩处？

古代世界的宗教政策在制止基督教发展方面，似乎显得格外严厉和蛮横。大约在基督去世 80 年之后，一位素以温和、明智著称的总督竟然作出判决，将基督的几个无辜的信徒处死，而他所依据的更是一位一般认为施政贤明的皇帝所颁布的法令，那一次次向图拉真的继任者们一再提出的申述状中充满了悲惨的呼号，声称在整个罗马帝国的无数臣民中，唯独遵守帝国法令、只不过是顺从良心的呼声谋求获得信仰的自由的基督教徒不能分沾贤良的政府普遍施与全民的恩泽。几位著名殉教者的死难情况的记载措辞
都十分谨慎；而从基督教执掌最高权力的那一天起，教会统治者们 193
重演昔日他们的异教徒仇敌的故技，不惜充分显示出自己在做到残酷无情方面，也同样不遗余力。现在，本章的目的正是要从大堆未经整理、充满谬误和虚构的史料中，设法筛选出（如果有此可能的话）一些真实可信而且较为有趣的史料，力求清晰而合理地对首批基督教徒遭受迫害的原因、程度、持续的时间和一些最重要的情节重新作一番描述。

遭迫害的宗教的一些教派，由于恐惧感的压抑，由于愤怒情绪的刺激，也许还由于狂热的信仰的激励，一般都很难心平气和地去调查，或者热情公正地去欣赏敌人的某些行为的动机；而对这个问题，甚至连那些安全地远离开迫害的烈火、较有头脑的公正的人们，也往往不能公平、清醒地对待。关于罗马皇帝为什么那样对待

原始基督教徒的原因有一种说法似乎较为真实可信，因为这是从公认的多神教教义的精髓中推论出来的。人们早已注意到，世界上的各种宗教之所以能和平共处，主要是由于古代各民族对各自的宗教传统和仪式都不言自明地表示认可和尊重。因此可以想象，某个教派或民族要把自己从这人类的大家庭中分裂出去，声称唯有他们了解神的意旨，而且把该教派以外的一切宗教仪式都斥之为渎神活动和偶像崇拜，那它便必将触怒所有其他教派，使它们联合起来，群起而攻之；容忍的权利是靠彼此的宽容维持着的，如果谁拒绝履行这由来已久的义务，那这种权利也就会很自然地不复存在了。现在，那些犹太人，而且只有犹太人，毫不含糊地拒绝履行那种义务，那么仔细想一想，那些犹太人在罗马政府地方官员手中所受的待遇便将有助于我们了解上述推论究竟有多少事实依据，从而也能引导我们去探明基督教所以遭受迫害的真实原因了。

关于罗马君主和总督们对耶路撒冷神庙的尊重前面已经提到，这里不再重复了，我们这里只想讲明，伴随着耶路撒冷的庙宇和城市的毁灭以及随后发生的许多情况中的任何一件，都足以使那些征服者怒火中烧，并使他们能够以维护政治正义和公共安全一类最冠冕堂皇的理由公开进行宗教迫害。从尼禄到安东尼·皮乌斯王朝，犹太人对罗马的统治一直显示出一种无法忍受的情绪，因而多次引发出近乎疯狂的屠杀和叛乱。在埃及、塞浦路斯和昔兰尼等城市里的犹太人一直不露声色、假装友好地和毫无戒备之心的当地人生活在一起，而他们在那里所进行的种种可怕的残暴活动使任何耳闻的人也不禁为之发指；我们因而不禁倾向于要对

罗马军团严厉的报复拍手欢呼了。因为他们所惩罚的这个疯狂的
民族的愚昧荒谬的迷信似乎已使他们不仅成为罗马政府的仇敌，
而且成了全人类不共戴天的敌人了。犹太人之所以如此狂热，一 194
是因为他们认为，他们没有理由向一个崇拜偶像的统治者交纳税
款，一是因为根据从古代流传下来的神谕，他们一相情愿地相信有
一位威力无边的救世主很快就将降临人间，他将解开他们的枷锁，
并将为他们这些天之骄子建立一个地上王国。著名的巴柯齐
巴[①]，正是通过宣称自己是犹太人盼望已久的救世主，号召全体亚
伯拉罕的子孙起来实现以色列人的梦想，才终于能组织起一支声
势浩大的队伍，和哈德良皇帝浴血奋战达两年之久。

尽管犹太人一再如此进行挑衅，罗马皇帝们的愤怒总会随着胜利的取得而平息；而且战争和危险时期一过，他们也便不再惶恐不安了。由于对多神教的普遍的宽容，也由于安东尼·皮乌斯的温和性格，犹太人很快又恢复了他们的各种古老的特权，并又可以对他们自己的婴儿施行割礼了，唯一的一条无关紧要的限制，只是不得把他们的那个希伯来种族的特殊标志加之于任何皈依犹太教的外族人。残留下来的为数众多的犹太人虽然被排除在耶路撒冷的城区之外，他们却仍可以在意大利和其他各省市建立和维持相当数量的定居点，获得罗马法令所规定的自由，享有市民的荣誉，同时还能免除掉担任那些费力费钱的社会公职的义务。由于罗马人的温和性格或厌恶情绪，这个被征服的教派所建立的教权制度的形式竟获得了法律的认可。固定驻在提比里亚斯的大教长有权

① 公元2世纪初抗击罗马军队的一支起义军的犹太人领袖。——译者

委任下属教士和使徒。行使内部司法权力，并每年从分散在各地的同教弟兄手中收取一定数量的贡奉。在帝国各个主要城市里都有新的犹太教堂被建立起来；那些或是按摩西戒律的规定，或是按犹太教教士代代相传的惯例一直奉行的安息日、戒斋日以及其他节日庆祝活动全可以十分认真地公开举行。这样一些温和政策终于在不知不觉中逐渐改变了犹太人的冷酷态度。他们终于从先知和征服的幻梦中清醒过来，逐渐也安于做驯良、勤劳的臣民了。他们原来的那种对整个人类的仇恨情绪，现在已不再发展为流血和暴乱行为，而是消融在无甚危害的发泄行为之中。他们在经商活动中不放过一切机会掠夺那些偶像崇拜者，暗暗念诵一些难以理解的咒语，诅咒那个傲慢的埃多姆王朝[①]。

既然这些犹太人虽然十分厌恶并拒绝礼拜罗马皇帝和他的臣民所信奉的神灵，却仍能随意过着他们的不受欢迎的宗教生活，我们便不能不想到亚伯拉罕的子孙所以能幸免于遭受基督的门徒所遭受的苦难，其中必另有原因在。他们之间的区别是十分简单和
195 显而易见的，但是，从古代人的情感来看，这差别却至关重要。犹太人是一个民族，基督教徒却只是一个教派；而如果说每一个集体都本应当尊重邻近的另一集体的神圣传统，他们却更有责任坚持他们的祖先建立的制度。神谕的声音、哲学家的教诲和法律的权威全都一致要求他们尽力完成这一民族义务。由于犹太人自视远比常人圣洁，他们有可能激怒多神教徒，认为他们是一个令人憎恶的下流种族。由于他们不屑与其他民族交往，他们这样遭人蔑视

① 原指约公元前 1200 年建于死海西南地区的闪米特人王国。——译者

也许是罪有应得。摩西戒律的大部分内容可能都不过是信口开河，荒诞不经；然而，既然它许多世纪以来一直被一个庞大的社会所接受，他的信徒们当然也可以援例，因此一般人普遍认为他们有权奉行那些他们如果违背便将被视为犯罪的种种教规。但是，这一原则虽然可以保护犹太教堂，却对原始基督教会并无任何好处或保护作用。由于信仰了基督的福音，基督教徒便犯下了所谓的不合常情的、不可饶恕的罪行。他们割断了习俗和教育之间的神圣纽带，破坏了国家的宗教制度，并狂妄地诋毁了他们的先辈长期信仰和崇拜的神圣的一切。而且这种叛教行为（如果我们可以这样说的话）还不仅是一个局部或限于某一地区的问题；因为这些虔诚的叛教者既然摒弃了埃及或叙利亚的神庙，自然同样会不屑于在雅典或迦太基的庙宇中去寻求庇护。每一个基督教徒都以厌恶的情绪抛弃了他的家族、他所在的城市和省区长期保有的迷信思想。全体基督教徒都无例外地拒绝再和罗马、帝国，乃至全人类所崇信的神灵发生任何关系。因此那些受压制的信徒们不论如何要求伸张谁也不能剥夺的听从良心呼唤和自行判断的权利，也全然无济于事。他们的处境也许使人同情，但他们的申辩却始终不能被异教世界的有识之士或一般信徒所领会。按他们的理解，任何一个人竟然会这样对相沿已久、代代相传的信仰产生怀疑，这简直和有人会忽然对本乡本土的风尚、衣着或口音感到厌恶一样荒唐了。

异教徒的惊愕很快变成了憎恨，于是连那些最为虔诚的人都遭受到了不公正的、带有危险性的不信神的恶名。怨毒之心和偏见相互为用，把那些基督教徒完全说成是一群无神论者，而由于他

们胆敢攻击帝国的宗教制度，他们受到罗马地方官员的严厉指责完全是罪有应得。他们使自己和世界各地形形色色的多神教的神庙所奉行的迷信活动全都断绝了关系（他们得意地公开承认这一点）：但是别的人却始终不很明白他们自己究竟信奉什么神灵以
196 及以何种形式的宗教来代替古老的神灵和神庙。他们对“最高的神灵”所怀有的纯洁而崇高的观念完全非异教徒芸芸众生的粗俗头脑所能理解。他们无法体会一个存在于信徒心灵之中的孤零零的上帝，他既不具有任何可见的有形的形体，又不按照习惯做法为他举行祭奠和庆祝，为他设置祭坛、供奉牺牲。曾经超然物外对第一动因的存在和属性进行深刻思考的希腊和罗马的先贤们或是出于理智的考虑或是出于虚荣，总愿意为他们自己和他们少数得意门徒保留致力于这种哲理思维的特权。他们绝对不肯承认人类的偏见是真理的标准，但他们也认为偏见是人性的原始意向的自然流露；他们认为，任何一种敢于置感官于不顾的民众性的信仰和宗教，脱离迷信的程度愈远，便愈将无力阻止不着边际的想象和由狂热情绪产生的幻景。一些才智之士抛向基督教徒的上帝启示说的不屑一顾的目光，只不过使他们更加坚信他们匆匆得出的结论，使他们更认为他们很可能会十分尊重的神性统一观念却被新教派的狂野的激情所损毁，并被它的虚无缥缈的玄想所磨灭了。一篇据称出自琉善之手的著名对话录的作者，在他蓄意以嬉笑怒骂的笔调论述三位一体这个神秘的题目时，却充分暴露出他自己对人的理性的软弱和深不可测的神性的完美全然无知。

基督教的创始人不仅被他的信徒们尊为圣人和先知，而且被当作神来崇拜，也许就不那么让人感到惊奇了。多神教教徒对任

何看来和民间流传的神话似乎稍有相似之处的神物，也不管这种相似是如何牵强附会，都会拿来当作崇拜的对象；而关于巴克斯、赫耳枯勒斯和埃斯库拉庇乌斯的各种传说则早已在某种程度上为他们相信上帝之子会一如常人降临人世的想象铺平了道路。但是，使他们感到吃惊的是，那些基督教徒竟然要抛弃掉那些供奉古代英雄的神庙，而正是这些英雄在世界的幼年时代发明了各种工艺，制定了各种法律，征服了在世界各处为害人民的暴君和妖魔；却宁愿去选择一个鲜为人知的教长作为唯一崇拜对象，而那个教长，近年来，在一个野蛮民族中，已成了本族同胞的怨毒之心或罗马政府的嫉妒心情的牺牲品。广大的异教徒民众只对尘世的眼前利益感兴趣，而对拿撒勒的耶稣赐予人类的赛过无价之宝的生命和不朽却并不在意。在这些贪恋红尘的人们看来，基督的那种于残酷的、自愿忍受的苦难之中保持的坚贞、博爱的胸怀以及他的人
品举止的崇高和朴实，并不足以弥补他缺乏声望、没有一个帝国和 197
无所建树的缺陷；在他们拒不承认基督在战胜黑暗势力和死亡方面所取得的巨大胜利的同时，更对基督教的这位神圣创始人的可疑的出身、颠沛流离的生活和屈辱的死亡多方曲解或甚至多方加以污蔑。

基督教徒在这样坚持以个人情绪代替民族宗教的做法中所犯的每一件过失，都因犯罪人数众多和他们的联合行动而更加严重化了。众所周知，而且也早有人议论过，罗马当局对其臣民中的任何结社活动都极为仇视和十分猜疑；对那些即使全然无害或甚至抱着有益社会的目的而组成的团体，也很难得到政府的认可。那么这些脱离公共的敬神活动的基督教徒的宗教集会自然更显得令

人可疑了:他们的组织原则是不合法的,最后完全可能成为具有危险性的组织,而那些罗马皇帝却没有想到,在他们以维护社会治安为理由禁止这些秘密的,有时在夜间举行的集会时,他们是违背了正义的法则。基督教徒由于信仰关系而表现的违拗更给他们的行为,或甚至他们的用心涂上了一层严重的犯罪色彩;而那些对于俯首听命的顺民或许会立即停止使用武力的罗马帝王却认为,他们的命令能否贯彻执行关系着他们自身的尊严,而这命令有时却正是要使用严厉的惩罚来压制那种胆敢认为世上还有一个凌驾于政府长官之上的权威的独立精神。带着这种精神的叛逆活动,其范围之广和持续时间之长都似乎使它一天比一天变得更有理由受到他们的咒诅了。我们已经看到,基督徒的积极的和卓有成效的宗教热情已使他们在不知不觉中遍及帝国的每一个行省,甚至几乎每一个城市。新的皈依者为了使自己和一个其性质显然与众不同的特殊社会建立牢不可破的联系,似乎都不惜抛弃掉自己的家庭和国家。他们的阴沉、严峻的神态,他们对正当谋生活动和各种人生乐趣的厌恶,加上他们经常散布的大难即将临头的预言,使得异教徒们不免忧心忡忡,担心这个新教派定会带来某种危害,而由于对这一切完全感到玄妙莫测,因而也更加感到可怕。普林尼曾说过,“不管他们的行为宗旨是什么,只凭他们的桀骜不驯的态度就理当受到惩罚。”

基督的门徒进行宗教活动时总尽量避开别人的耳目,这在最初是出于恐惧和必需,但后来却完全是有意为之。基督教徒极力模仿古希腊伊流欣努神秘派的那种极端诡秘的做法,自信这样就会使他们的神圣的组织在异教徒心目中更显得可尊可敬。可是正

像许多事情都不能尽如人意一样，后来的结果却完全与他们的意 198
愿相反。人们普遍认为，他们之所以这样遮遮掩掩，只不过由于他们有些做法根本见不得人。他们的这种被曲解的小心谨慎只是为那些敌视他们的人提供了制造谣言的机会，也使那些怀疑的人更对那些可怕的谣传信以为真了，而在这些四处流传的故事中基督教徒被说成是人类中最邪恶的败类，说他们躲在黑暗的角落里干着最荒唐的下流勾当，并以人的一切尊严和道德品质作为牺牲以取悦于他们的那个不可知的神。有许多人假装着悔过自新的基督教徒，或者出面讲述自称亲眼所见的那个该死的教会举行拜神仪式的情景。他们肯定说，基督教徒作为入教的神秘象征，把一个刚刚出生的婴儿，浑身裹着面粉，捧到一个手持匕首的新入会的教徒面前，由他闭着眼在这个代他赎罪的牺牲品身上胡乱砍杀；而在这一残酷行动完成以后，教徒们便大口大口喝干那婴儿的血，把那还在颤动的小肢体大块撕来吞食，同时通过这共同的犯罪意识以保证彼此永守秘密。更有人煞有介事地证明说，“在这种惨无人道的献祭仪式之后，紧接着是大家一起吃喝，这时全都以狂饮等来刺激各自的兽欲；然后，到了某个预定时刻，灯火突然全部熄灭，于是羞耻之心全被抛弃，人的天性也全被遗忘；大家在黑暗之中全都不顾伦常，姊妹和兄弟，儿子和母亲也可以胡乱交配。”

然而，只要仔细地读一读古代基督教徒的那些申辩书，便足以使任何一个正直的反对派人物对这些说法的虚假性不再有丝毫的怀疑了。基督教徒坚决依仗自身的清白向罗马政府地方官员呼吁，要求查实那些谣言。他们宣布，只要有人能够为诽谤加之于他们的罪行提供任何证据,他们甘愿领受最严厉的惩罚。他们同时还反驳说,这也同样是十分真实和令人信服的,别人胡乱加在他们头上的罪名不仅毫无证据,从情理上来推断也完全不可能。他们反问道:谁能认真地相信,既然福音书上一条条圣洁的戒律对于各种合法的享乐尚且要处处加以禁止,而今却会唆使教徒们去犯那些最值得咒诅的罪行,谁能相信如此庞大的一个宗教团体竟会这样在自己的信徒心目中彻底毁掉自己的声誉;甚至相信这人数众多、品质各异、年龄不同、性别不同的人群对死亡或身败名裂的恐惧尚且无所畏惧,怎么倒会同意违背已被天性和教养深深印入脑中的做人的起码准则呢?这样一种无可辩驳的申辩,除了基督教的辩护士自身行为失当,为了发泄对教会内部敌人的切齿仇恨,不惜损伤共同的宗教事业的利益,是任何东西都无法动摇其真实性或将它驳倒的。他们有时暗示,有时更直截了当地宣称:强加于正

199 统基督教徒头上的那些血腥的献祭活动和淫乱行为,事实上在马西昂派、卡勃克拉特派以及属于诺斯替派的几个小教派中是一直进行着的;而这些派别尽管有可能已成为异端,却仍然受着人之常情的驱使,并仍然遵循着基督教的戒律。其结果是,那些和基督教会脱离关系的分裂派也使用类似的罪名来指控基督教徒,而且在各个方面都有人声称,那种不堪入耳的最淫乱的行径在大批自称为基督教徒的人中,一直普遍存在。一个既没有时间也没有能力看清正统信仰和异端教派之间微妙的分界线的异教政府地方官们很容易会想象,这不同教派之间的仇恨迫使它们揭发出了彼此共同的罪行。政府的地方官员的温和、冷静的态度有时和他们的宗教狂热不相适应,在他们经过公正的慎重调查之后所作的报告中,

总声称那些抛弃了正宗宗教信仰的派别所作的交待在他们看来是完全真诚的，他们的态度也是无可非议的，不管他们那种荒唐、过火的迷信如何会招致法律的惩处等，这对首批基督教徒的安宁或至少对他们的名声来说，总是一件好事。

罗马皇帝们对待基督教徒的态度

历史学的责任应是如实记录过去的史实以供后世借鉴，如果它曲意为暴君的行为开脱罪责或者为迫害活动寻找借口，那它实际是自取其辱。但我们也必须承认，那些看来对原始基督教徒毫无善意的罗马帝王，其罪恶程度和动辄使用暴力和恐怖手段镇压任何不同宗教信仰的臣民的近代君主相比起来，仍可说是小巫见大巫。一个和查理五世或者路易十四相似的君王，从他们的思想情况或从他们的个人感情来说，完全应说能够理解不悖良心的权利、坚持信仰的责任以及过失不一定是犯罪的道理。但是古代的罗马帝王和各地政府官员对那些激励着基督教徒使他们不屈不挠地坚持自己的信仰的那些原则却一无所知，他们也不可能在自己的内心深处发现任何可以促使他们拒绝合法地，甚至也可以说很自然地皈依本国的神圣宗教制度的动机。那有助于缓解他们的罪责的理由一定也同样有助于缓和他们进行迫害的激烈程度。由于他们的行为的动力不是出于来自偏见的狂热情绪，而是出于立法者的温和政策，他们在执行针对卑贱的基督教徒制定的那些法律时，必常会由于蔑视情绪而有所缓和，或甚至由于慈悲心肠而免予处理了。全面地看看他们的性格和动机，我们很自然会得出以下 200

结论:I. 只是在相当长一段时间过去以后,他们才感到政府对这些新教派不能漠然视之。II. 在给任何被控犯有这类奇特罪行的臣民定罪的时候,他们始终都小心谨慎从事。III. 他们从来不滥施重刑。IV. 受攻击的基督教堂也常有一段和平、安宁的时期。尽管那些不厌其烦写下长篇巨制作品的异教徒作家们对有关基督教徒的问题显得十分冷淡,全不在意,我们却仍然可以根据真实的史料来证明这四点可能符合事实的假设。

I. 靠上天的巧妙安排,一层神秘的面纱蒙住了幼小时期的基督教会,而且在基督教徒的信仰趋于成熟,人数大为增多之前,一直保护着他们,不但免遭恶意的攻击,甚至使他们完全躲开了异教徒的耳目。缓慢而循序渐进地抛开摩西所规定的种种礼拜仪式,为更早皈依福音的人提供了一个安全无害的伪装。由于他们大部分都和亚伯拉罕同族,有行过割礼作为他们的特殊标志,直到耶路撒冷圣殿被毁以前,他们一直就在那里举行礼拜仪式,他们把摩西戒律和先知视为神的意旨的体现。那些在精神上接受以色列的天国之说的非犹太人,也被视作犹太人而受到咒诅;由于多神教徒们对于外表的礼拜仪式的重视更甚于实现信仰的内容,这个新教派原一直小心翼翼地掩盖着,或者说只是半吞半吐地吐露出,他们未来的伟大前景和期望,所以也能借助于,原来只给予罗马境内一个著名的古老民族的一般宽容政策,得到一定的保护。也许时隔不久,那些犹太人自己因受到某种狂热情绪和对异端的更大仇恨的刺激,慢慢觉察到他们的拿撒勒兄弟正在背弃犹太教堂的教义:于是他们十分乐意要把这些异端邪说淹没在它的信奉者的血泊之中。但是上天的意旨却已经解除了他们的这个恶毒念头的武装;

虽然他们有时还能行使无法无天的煽动叛乱的特权,他们已不再拥有审判罪犯的司法权力:同时他们发现要在一个冷静的罗马政府地方官员的心中煽起他们自己的那种由狂热情绪和偏见引起的仇恨也确乎不易。各省总督曾宣布随时准备受理危害公共治安的案件,但当他们一听说问题的中心不是具体事实,而只是一些空话,只是关于某些犹太教的戒律和预言应如何解释的论争的时候,他们便觉得,认真地去研究在一些野蛮和迷信的人当中发生的不着边际的意见分歧,未免有损于罗马帝国的尊严。这样,第一批基督教徒的清白无辜倒是受到了无知和不屑过问的保护,异教徒地 201
方官的法庭常常变成了他们躲避犹太教堂疯狂迫害的最安全的庇护所。确实,如果我们愿意接受那个过于轻信的从古代遗留下来的传说,我们也会在这里重述十二使徒漫游异邦的行程,他们的种种神奇业绩,以及他们各自不同的死难情景:但是,经过一番更细致的研究,却会使我们不能不怀疑,这些曾目睹基督创造各种奇迹的人,如何可能会被允许在巴勒斯坦境外,以自己的鲜血来证实他们所言不虚①。从一般人的正常寿命来判断,我们会很自然地认为,在犹太人的不满爆发成为那场必以耶路撒冷的彻底毁灭告终的疯狂战斗之前,十二使徒中的大多数都应该已经死去了。从基督死去到那场令人难忘的暴乱之间经过了很长一段时间,而在整个这段时间中,除了在基督死后 35 年,那场大暴乱发生之前两年,

① 在德尔图良和亚历山大里亚的克莱门斯时代,殉教者的荣誉仅只加之于圣彼得、圣保罗和圣雅各。只是到后来,较晚的希腊人才把这一荣誉逐步加到其余的使徒们身上,他们还谨慎地在罗马帝国疆域之外的某个遥远的国家,为这些使徒选定了传道和受难的场所。

尼禄曾对帝国首都的基督教徒突然进行过一次短暂而残酷的迫害之外，我们没有发现罗马政府改变宽容政策的任何迹象。我们所以能够知道这一独特事件的历史面貌，主要依靠了那位具有哲学头脑的历史学家，仅凭他的人品也足以使我们不能不对这段史料作一番最认真的思考。

尼禄当政的第十年，帝国首都遭到了一场声势空前、前所未有
的大火灾。一座座希腊艺术和罗马业绩的丰碑，一件件布匿战争
和高卢战争中俘获的战利品，最神圣的庙宇和最壮丽的建筑，全都
在这一片火海中化为灰烬。罗马城所划分的十四个区或地段只有
四个区侥幸保持完好，三个区完全被夷为平地，其余七个区经过一
场烈火的焚烧之后呈现出一派断壁残垣的凄惨景象。看来政府也
曾十分留心，不遗余力地缓和这场巨大灾难所产生的心理影响。
所有的皇家花园都为受灾的民众敞开了大门，迅速搭起大批临时
建筑供灾民栖身，同时还以较低廉的价格向灾民提供充足的粮食
和其他必需品。关于重整市容和修筑民房的命令似乎体现了一种
最宽厚的政策；而且，正如在昌盛时期通常会发生的情况一样，罗
马大火，在经过数年之后，倒造就了一座比以前更加整齐和更加华
丽的新城市。但是，在这期间尼禄极力装出谨慎小心和仁慈的态
202 度也全都不足以消除民众对他的怀疑。任何罪行都可能会被加在
这个杀妻弑母的凶手的身上；对于一个自甘下贱居然去登台献艺
的国君，谁都会认为没有什么他不可能干的最荒唐的蠢事。因此
当时谣言四起，竟说是这位皇帝本人放火烧毁了自己的都城；由于
愈是荒诞不经的故事往往愈能为怒火中烧的民众所接受，当时更
有一个耸人听闻，而且被人们坚决相信的说法，说是尼禄曾一面欣

赏着由他亲手点燃的满城大火，一面弹着七弦琴，高唱着古代特洛伊城的毁灭。为了转移靠专制权力也无法压制下去的这种疑心，这位皇帝决定抓出几个虚假的纵火犯以洗刷自己的罪行。“带着这种想法（塔西佗继续写道）他对那几个被斥为基督教徒，早已声名狼藉的人用尽各种奇妙的酷刑。基督是在提比略在位时被巡抚庞提厄斯·彼拉多下令处死的，基督教徒便是来之于他，并以他的名字命名的。这个有害的迷信教派曾在短时期内遭到压制，但它后来又再度发作，而且不仅只出现在这个邪恶教派的发源地犹地亚境内，而且甚至蔓延到了一向能为最下流、最恶毒的活动提供保护的罪恶渊薮罗马城。被抓的人供出了大批的同谋者，这些人最后全部被定罪，但并不是因为他们放火烧了罗马城，而是因为他们憎恨人类。他们在残酷折磨中被处死，同时还受到种种凌辱和嘲弄，有的人被钉在十字架上，有的人被周身缝上兽皮给发狂的猎犬去撕咬，还有些人身上涂满易燃物质，点着了用作照亮黑夜的火把。尼禄的花园更是这惨无人道的景象的集中地点，届时还举行赛马活动，皇帝本人则往往打扮成驾车人模样，混杂在人群之中。基督教徒们所犯的罪真是应该受到严惩，由于人们感觉到，这些不幸的可怜人的牺牲并无益于公共福利，而只不过是满足了一个凶残成性的暴君的嫉妒心理，民众对他们的憎恶很快又变成了怜悯。”以好奇的眼光观察人类进化史的人或许会注意到，尼禄的那些曾经被首批基督教徒的鲜血污染、坐落在梵蒂冈的御花园和竞技场，后来却由于这个被迫害的宗教的胜利和滥加处置而变得更加知名了。在同一块地方，一座比古代的太阳神神庙还更为壮丽的宫殿已经由历代基督教教皇修建起来，这些教皇已经从一个加

利利的卑贱的渔夫[①]的手中获得了统治全世界的权力。继承了罗马皇帝的宝座,为征服罗马的野蛮民族制定了法律,并把他们的精神统治的范围从波罗的海岸边一直扩展到大西洋岸边。

但是,关于尼禄所进行的大迫害活动的记述还不能就此结束,
203 我们还必须作出几点说明,以期解开有关此一问题的几个疑团,并为了解其后的教会的历史演变提供一些线索。

1. 疑心最重的批评家也不得不承认上述这一离奇事件的真实性,以及塔西佗这段著名记述的可靠性。前一点已经为勤奋和治学谨严的苏埃托尼乌斯所证实,他也提到过尼禄曾对一个新的罪恶的教派基督教徒进行过惩罚。可为后一点作证的则有:一些说法相同的古老的手稿;塔西佗的那无法模仿的独特风格;他的可以保证他的著作不致被狂热分子篡改的那崇高的声望;以及他那段记述的主要精神,虽曾指控第一批基督教徒罪恶滔天,却丝毫并未暗示他们有任何异乎常人的超凡的或甚至奇异的能力。2. 尽管塔西佗有可能出生于罗马大火的前几年,他也只能通过阅读史料和从别人的谈话中了解到在他幼年时期发生的那一事件。但他却曾一直默默无闻地生活了许多年,直到他的天才已完全成熟之后,他才开始为公务献身,但当他由于对高尚的阿古利科拉的出于感激之情的怀念,写出使千载之后的人也将为之振奋,并受到教育的最早的一部分历史篇章时,他已是 40 多岁了。在以阿古利科拉的传记和日耳曼人简史一试身手之后,他开始设想,并最后完成了一部更加宏伟的巨著——自尼禄败亡至涅尔瓦即位的 30 卷本罗马史。

① 指耶稣的第一个门徒彼得。——译者

涅尔瓦的治理迎来了一个公正和繁荣的时期，塔西佗的晚年便完
全用以撰写这段时期的历史；但是当他更仔细地研究了他要写的
题材之后，或许他感觉到从自己的荣誉和免遭人怨来考虑，与其颂
扬在朝的专制帝王的美德，倒不如去记述昔日的暴君的罪恶，因而
他决定以编年史的形式描绘了奥古斯都前后相继的四代帝王的行
迹。要将80年间的各种历史事实搜集起来，整理、剪裁和润色成
一部不朽的著作，使这部史书中的每一句话都包含着真知灼见，并
描绘得惟妙惟肖，这样一件工作甚至对像塔西佗这样的一位天才
来说，也完全足以消耗掉他的大半生的时间了，在图拉真统治末
期，当这位战功显赫的君王把罗马的势力扩展到它的旧的疆域之
外的时候，这位历史学家却在他的编年史第二和第四两卷中描写
了提比略的暴政；而当塔西佗按照预定的程序还没来得及写到首
都大火和尼禄对不幸的基督教徒的残酷行径的时候，哈德良必是
已经继承王位了。其间相距仅仅60年，作为编年史家他有责任接
纳当代人的各种观点；但是，作为一位哲学家，他在悉心研究那个
新教派的起源、发展和性质的时候，却很自然地不得不抛弃尼禄时 204
代的认识或偏见，而以哈德良时代的一般见解为依据。3.塔西佗
常常信赖读者的好奇心和想象力，他把许多中间环节的事实和观
点，留给读者自己去补充，而由于过分注意文字简洁，自己也想着
略去为好。因此，我们可以大胆设想必有什么特殊原因导致了尼
禄对基督教徒的残酷迫害，否则，按当时的基督教徒们的隐秘生活
和他们的清白无辜来看，他们原不可能会触怒尼禄，甚至也不会引
起他的注意的；在故乡备受压迫，那时大量聚居在首都的犹太人显
然更容易引起皇帝和民众的怀疑：何况一个已经感到对罗马的压

迫忍无可忍的被征服的民族,不惜采取最残酷的手段来报此深仇大恨,似乎并不是绝不可能的事。但是,犹太人在皇宫里,甚至在暴君的心腹中都有很有权势的辩护人;尼禄的皇后和情妇,美丽的波培娅以及一个受宠的犹太族演员,已经在为这个惹人厌恶的民族说情。现在为了让犹太人不受惩罚,便必须另找到一些替罪羊,于是也就很可能马上有人提出,虽然真正的摩西信徒与罗马大火没有关系,他们当中却产生了一个有害的新教派加利利派,这个教派可是什么罪恶活动都干得出来的。在加利利派这个名称之下,有行为和信仰都截然相反的两类人被混为一谈了:一类是拿撒勒的耶稣的信奉者,一类是高卢人犹大的狂热信徒。前一类人是人类的朋友,后一类才是人类的敌人;他们之间的唯一相似之处在于,在捍卫自己的信仰方面他们都从来绝不让步,因而使得他们对死亡和残酷折磨全然无所畏惧。犹大的追随者在煽动起自己的同胞进行叛乱之后,很快全都葬身于耶路撒冷的废墟之中,而后来普遍被称为基督教徒的耶稣的信徒却遍布在整个罗马帝国各地。处在哈德良时代,塔西佗竟把这类原应更公正、更合理地归之于一个几乎已被人完全淡忘的邪恶教派的罪行和灾难归之于基督教徒,实在是再自然不过的事! 4.不管人们对这种猜想(因为这实际只不过是一种猜想)抱着什么看法,非常显然,尼禄对基督教徒进行迫害所产生的后果,包括它的原因都仅限于罗马城的区域之内;加利利派或基督教徒所信奉的教义本身从来不曾成为惩罚或甚至加以追究的罚证;以后,由于他们曾在较长时间内遭受苦难的观念一直和残暴和无理虐待的观念联系在一起,后来继位的几位较为温和的皇帝便都倾向于尽量宽容这个曾长期受到一个始终与善良和

无辜的人为敌的暴君压迫的教派。

值得注意的是，耶路撒冷的庙宇和罗马的太阳神庙几乎是同 205
时毁于战火之中；看来也同样让人感到奇怪的是，信徒们自愿向耶路撒冷神庙所作的捐献，竟然被一个横暴的征服者挪作修复和装饰太阳神庙之用。罗马帝王向犹太人普遍征收了人头税；虽然每个个人所缴税额十分有限，但这笔税款所派的用途以及征敛手段之严厉，却使人认为是一项让民众不堪其苦的苛政。由于税务官们对许多和犹太人既无血缘关系也无宗教关系的人都可以任意照样收税，那么那些原来借犹太教堂为庇护所的基督徒们自然不可能逃脱了那种贪婪的勒索。基督教徒一向就唯恐沾惹上偶像崇拜的嫌疑，他们的良心自然不容许他们去为一个以太阳神庙朱庇特的身份出现的魔鬼尽力。由于基督教徒中尽管数目日减，却仍有相当数目的人依旧信奉摩西的戒律，他们想掩饰自己的犹太人出身的努力是很容易被行过割礼的事实立即加以揭穿的；而罗马政府的地方官员也没有工夫去研究这两派教义上的差异。在被带到皇帝的，看来更有可能是犹太巡抚的，法庭上受审的基督教徒中，据说曾有两个人，以其出身论，甚至比那些最伟大的君主还要更高贵得多。他们是基督的亲兄弟使徒圣犹大的两个孙子。他们本来具有的继承大卫王位的资格也许很可能会引起民众的尊敬，从而招致巡抚的猜疑；但他们衣着的破旧和谈吐的平庸很快便使巡抚相信，他们既无意也全然无能扰乱罗马帝国的安宁。他们公开承认了自己的王室血统以及他们和救世主的近亲关系；但他们否认有任何世俗的想法，声称他们希望建立的王国是纯属精神世界的天国。当被问到他们的财产和职业的时候，他们伸出了那由于每

日辛勤劳动而长满老茧的双手，说他们完全靠耕种为生，他们在科卡巴村庄附近有一块面积约24英亩的土地，价值约9000德拉克马，或约300英镑。于是，这两个圣犹大的孙子便被巡抚在既怜悯又鄙视的心情之中释放了。

但尽管大卫王室的衰落终使他们免遭暴君的怀疑，当时他的本家族的兴旺鼎盛却使得天性怯懦的图密善感到坐卧不安，而这种不安只能靠那些为他所恐惧、所憎恨或者所尊敬的罗马人的鲜
206 血才能消除。他叔父弗拉维乌斯·萨比努斯的两个儿子，大的很快便以谋反意图被定罪，小的弗拉维乌斯·克莱门斯则只是由于自己怯弱、无能，才得以免于一死。在很长一段时间内，皇上对这个十分老实的亲属恩宠备至，把自己的侄女多米蒂娜嫁给他，把他们生的孩子收为嗣子，将来有希望继承王位，还赐予孩子们的父亲以保民官的荣誉。可是，这位保民官一年的任期还没有届满，他便被以一个微小的借口判刑处死；多米蒂娜也被放逐到坎帕利亚海岸边的一个荒岛上去；另外一大批被株连的人也或者被处死，或者财产被没收了。加之于他们的罪名是宣扬无神论和行同犹太人；按照当时的地方政府官员和作家对基督教徒模糊而片面的理解，由此二者离奇结合而成的罪名，除了基督教徒，加在任何人身上都是绝对不合适的。凭着这样一个似乎可能的解释，并由于过于迫切地希望拿一个暴君的多疑作为他们死得光荣的证据，于是教会便把克勒门斯和多米蒂娜都算在第一批殉教者的名单之中，并把图密善的暴虐行径称为第二次大迫害。但是，这一次迫害（如果可以这样称谓的话）延续的时间却不长。在克勒门斯被处决，多米蒂娜被流放数月之后，原属多米蒂娜的一名深得她的恩宠，但并

未信奉她的宗教的已获得释放的奴隶斯梯芬便在皇宫里刺杀了图密善。元老院加于死去的皇帝种种恶名，他的一些敕令被废除；被他流放的人被赦回；在涅尔瓦温和的统治下不仅无辜的受害者恢复了原来的地位，发还了财产，就连一些罪恶极大的人也获得赦免，或者逃脱了惩罚。

II. 大约 10 年以后，在图拉真的统治之下，小普林尼被他的朋友和主子任命为比萨尼亚和本都地方的总督。他到任不久，很快就发现对于这样一个和他的仁慈心地完全不相容的差事，他完全不知道该根据何种司法准则或法律条文来进行工作。小普林尼从来不曾参与审理和惩治基督教徒的案件，对于基督教徒他仅只知道这个名称，至于他们的罪行的性质如何，该如何定罪，以及该给他们何种惩罚，他全然一无所知。在这种不知所措的情况下，小普林尼便按他惯常采取的策略，对这个新迷信教派的情况写下一篇公正的，有时甚至有些偏袒的奏章呈交给图拉真裁定，请求皇帝屈尊解开他的疑团，开导他的无知。小普林尼一生既热心于求知，也一直在官场中周旋。他从 19 岁开始便在罗马法庭上以出色的辩词一鸣惊人，在元老院占有一席之地，荣任过保民官，而且交游甚广，同意大利以及各行省的各阶层的人都有联系。因此从他的无知中，我们倒可以得出一些有用的信息。我们可以断定，当他担任 207
比萨尼亚总督的时候，当时并不曾有任何有效的反基督教徒的法令或由元老院发布的训令；无论是皇帝图拉真或是在他以前的几位较公正的皇帝，他们的敕令都被收入在民事或刑事法典中，他们谁也没有公开表明过他们对这个新教派有何打算；而且，不论在法庭上曾进行过何种反对基督教徒的活动，其中却没有一件具有足

够的影响和权威性,使它足以构成可供政府地方官员遵循的先例。

图拉真的批复,对比着他那套有关宗教政策的错误思想来看,也算表现了足够的公正和仁慈,因而其后有相当长一段时期,基督徒常据此来为自己辩护。图拉真皇帝并没有表现出宗教法庭审问官的那种热情,一定要查问出点滴的异端邪说,使被判罪的人数越多越好,与此相反,他更关心的倒是保护无辜者的安全,而不是防止犯罪者漏网。他承认要制定一套普遍适用的法律甚为困难;但他颁布的两项较为宽大的法令对一些受折磨的基督教徒倒起了支持和保护作用。他虽然也明令指示地方官员惩办那些已经依法定罪的基督教徒,但出于人道的考虑,又自相矛盾地禁止他们对假定的罪犯进行审讯。他同时还规定不要因有人告发便立即进行追究。对匿名指控,这位皇帝一律拒不受理,认为这种可鄙的做法有损于政府公道;因此他严格规定,如要以信奉基督教异端给人定罪,便必须有光明正大的控告人正式出庭作证。也还完全可能,任何充当告发人这样一个招怨的角色的人,都必须公开说明他产生怀疑的根据,具体指出被控告的基督教徒在何时何地参加过什么秘密集会,而且还要列举出一大批基督教徒对外界异教徒严格保密的种种内部情况。如果他们的指控奏效,他们将招致一个人数众多而又颇为活跃的集体的痛恨,遭到思想比较开明的一部分人的谴责,并将一如在其他任何国家和任何时代一样,被视为卑鄙的告密者。反过来,如果最后证明他控告不实,按照哈德良皇帝颁布的一项反坐法,凡诬告自己的同胞犯有基督教异端罪者,将受到极为严厉,直至死刑的惩罚。个人之间或出于宗教考虑的仇恨,当然有时候也可能会压过了遭受侮辱和危害的极其自然的恐惧;但我

们却也很难想象，对于如此冒险的一种指控，罗马帝国的异教徒们会不经意地轻易一试。

一种常被用来逃脱法网的计谋，颇足以证明他们常常如何有 208
效地制止了一些出于私人仇恨，或出于迷信狂热而定下的害人的计谋。恐惧和羞耻之心只对个人具有强大的节制作用，但在一个盛大的、喧闹的集会上，它的作用便会丧失殆尽了。那些虔诚的基督教徒，有的希望获得，有的又力求逃避殉道的光荣，因而他们或是迫不及待，或者提心吊胆地等待着按规定又将来临的节日庆典和竞技会的到来。一到了这种场合，帝国各大城市的居民全都会聚集到竞技场或者露天大剧场去，那地方的气氛以及在那里举行的各种宗教仪式全都能激发起他们的狂热情绪，而淹没掉他们的人性。当无数的观众头戴花环，满身经过香薰，用牺牲的鲜血净化过自己的灵魂，置身于他们的保护神的神像和祭坛之中，全部沉浸在他们认为是他们的宗教信仰所必不可少的一部分的欢乐之中的时候，他们便会想起，只有基督教徒憎恶全人类共有的诸神，他们怀着阴暗心情拒不参加这庄严的集会，看来就是在对这公共的喜庆活动进行侮辱或表示厌恶。如果帝国最近遭到过任何灾难，比如一场瘟疫、一次饥荒，或一场战争失利；如果第伯河泛滥成灾，或者尼罗河水没有漫进地里；如果发生过地震或者季节的寒暑失调，那么迷信的非基督教徒便相信这全是基督教徒的过错，他们的罪孽和渎神活动，虽得到过分仁慈的政府的宽恕，上天却终于震怒了。在一大群狂乱的、被激怒的暴民中，诉讼案是不会按正当的法律程序进行的；在一个被野兽和格斗士的鲜血染污的露天剧场里是不可能听到怜悯的声音的。巨大人群的不耐烦的吼叫声指控基

督教徒是所有的人和神的公敌，呼吁判处他们最残酷的刑罚，而且会在这个新教派中挑出一两个出头最多的人物，带着无比激愤的情绪呼喊着他们的名字，要求把他们立即抓来扔进狮子房去。主持这类集会的行省长官和地方官，一般都会满足民众的这种要求，牺牲几个最惹人恨的基督教徒，以平息他们的怒火。但是，一些罗马皇帝的明智保护了基督教徒，使他们免遭暴乱群众通过这种任意指控的办法给他们带来的伤害，而且还公正地谴责了这类做法，认为这既不符合他们的坚强统治的要求，也有损帝国政府的公道。哈德良和安东尼·皮乌斯的敕令都明确宣布，集会上民众的呼喊永远不能作为对热心信仰基督教的人定罪或进行惩罚的合理见证。

III. 定罪之后也不一定必将服刑，那些通过证人的证词，或甚至自愿招供，充分说明自己有罪的人也仍然自己掌握着选择生或
209 死的权力。因为使地方政府官员最为忿恨并不是过去的罪行，而是目前的抗拒态度。他们自信对被定罪的人提出了非常宽大的赦免条件，因为他们只要同意在祭坛上敬几炷香，就可以平平安安地在一片掌声之中当场被释放。一个仁慈的法官的责任，大家都认为，应该是竭力感化，而不是惩罚那些迷途的狂热分子。他们根据被告人的不同年龄、性别和具体处境而采取不同态度，常不惜屈尊为他们一一指出活着将如何如何充满乐趣，死亡是何等可怕；他们苦口婆心地劝说，有时甚至于请求他们要多少对他们自己以及他们的家人和亲友有几分同情之心。如果劝说和威胁都不起作用，他们还会使用暴力；于是皮鞭和刑架便会用来以补充劝说之不足。为了制服一个在异教徒看来如此顽固、如此怙恶不悛的罪犯，他们

会不惜使用各式各样的酷刑。古代的基督教的辩护人多曾真实而严厉地指责过他们的迫害者的这种离奇的行为，他们违反一切原则和正当的法庭程序，使用酷刑的目的不是要强迫罪犯承认自己所犯罪行，却是要他否认自己的罪行。其后接连几代的修道士们孤寂无聊，竟以研究早期殉教者所受各种死刑和苦刑为乐，他们更挖空心思自己发明了许多想入非非的离奇的酷刑，特别是他们公然假想，狂热的罗马政府地方官置一切道德观念和公共廉耻于不顾，竟然对那些他们无法征服的人进行奸污，而且下令说对那些拒绝被奸的人可以使用最野蛮的暴力。据说那些视死如归的虔诚的妇女往往被迫受到更严酷的考验，要她们决定，在她们看来宗教信仰和自己的贞洁究竟何者更为重要。奉命前来奸污她们的淫荡的青年事先都曾受到法官庄严的告诫，要他们对那些不愿向维纳斯爱神的祭坛敬香的渎神的处女，必须尽最大的努力来维护爱神的荣誉。可是，他们的强暴行为一般都不能得逞，总会有某种神奇的力量及时进行干预，使这些贞洁的女基督教徒终于免遭即便是身不由己的蹂躏。在这里我们不能不讲明，在比较古老的，也比较更为可信的教会的记录中，却很少有这类夸大其词的污秽的笔墨①。

对早期殉教者所以会作出此种完全不顾事实真伪和有无可能性的描绘，主要是由一个很自然的误解引起的。四五世纪的教会 210
作者妄加猜度，认为罗马政府地方官也必然像他们自己对他们那个时代的异教徒或偶像崇拜者一样，对这些人怀有势不两立的狂

① 杰罗姆，在他的有关保罗和隐士的传说中就讲了这么一个离奇的故事。说有一个年轻人，被捆绑在一张铺满鲜花的床上，忽然有一个美丽、淫荡的荡妇前来对他进行勾引。他为了抑制住自己越来越大的冲动，不得已咬掉了自己的舌头。

热仇恨。诚然,一些由普通人变为朝廷显贵的人也可能会沾染上了民众的偏见,另一些人出于贪欲或个人恩怨也可能会变得和别人一样残酷无情[①]。但是必须肯定,同时我们还可以以早期基督教徒的感激涕零的供状作为证明,绝大多数在各省代替皇帝或元老院行使权力并专被赋予生杀大权的地方官员都是些温文尔雅颇有教养的人,他们尊重法治精神,通晓各种哲理。他们往往拒绝执行可厌的迫害人的任务,对某些控告根本不予受理,或者向被控告的基督教徒指明一些逃脱法律罪责的办法,使他们免遭法律的惩处。每当他们被授予可以自行决断的权力的时候,他们总尽量运用这种权力去解救、去帮助一直遭受迫害的基督教徒,而不是利用它去进一步压迫他们。他们完全没有对被告到他们的法庭上来的基督教徒一个个全都判罪。更没有把那些狂热地坚持新信仰而被判罪的人全都处死。在大多数情况下,他们一般都满足于给他们一些比较温和的处罚,如监禁、流放或者发配到矿山服苦役,让这些在他们手下遭到不幸的牺牲者存在一线希望,万一遇上新主即位、皇室婚姻或者某位皇帝战争得胜等国家庆典,大赦天下,他们也就很快可以恢复原来的处境了。被罗马政府地方官立即处死的殉教者,看来只是从两个极端中仔细挑选的少数人。他们或者是主教或长老,一些在基督教徒中最有地位和影响的人,处死他们对全体教徒可以有杀一儆百的作用;再不然就是些基督教徒中最卑贱的人,特别是那些处于被奴役地位的贫民,这些人的生命被看作

① 卡帕多西亚的总督克劳狄·赫尔米亚努斯就因为他自己的妻子信了基督教,而对基督教徒变得无比凶残。

不值一钱，他们的苦难在古代人看来，根本不值得在意。通过亲身经历和广泛阅读精通基督教史的学识渊博的奥利金，曾经十分明确地讲，真正殉道者的人数是微不足道的。单凭奥利金的权威性实在已足以完全推翻所谓曾出现一支殉道者大军的说法，尽管从遍布罗马各地许多地下墓穴中搜寻到的殉教者遗骨和遗物塞满了 211
许许多多的教堂[①]，他们的神奇业绩更成了连篇累牍的圣徒传奇的主题[②]。而且，奥利金的一般性论断还可以从他的朋友狄奥尼苏斯的具体证词中得到解释和证明，狄奥尼苏斯生活在亚历山大里亚那样一座大城市里，并一直受到狄奥尼西乌斯的严厉迫害，但按他估计因信奉基督教而被迫害至死的殉道者，大约仅只有十男七女。

西普里安殉教始末

就在迫害正在进行的这同一时期，那位能言善辩、雄心勃勃的

① 如果我们记得罗马的平民并不都是基督教徒，而所有的基督教徒并不都是圣徒或殉教者。我们便立即可以判断，把从一个公共坟场中挖出来的一块骸骨或一个骨灰罐随便尊之为神物，其正确性是多么微乎其微。在 10 个世纪的自由、公开贸易之后，一些最有学识的天主教徒也开始怀疑了。他们现在要求有 B. M. 字样，一小瓶被假定为血浆的红色液体或一棵棕榈形象，作为神物或殉教者的证据。但那前二者实际无足重轻，至于最后一项，有些批评家已经指出——1. 那所谓的棕榈树的形象可能只不过是一棵柏树，或者只是一个句点，或在碑文中常用的一个逗号的花体。2. 在异教徒中棕榈树一般被看作是胜利的象征。3. 在基督教徒中，它也不仅用来作为殉道者的象征。常常还作为令人欢欣的复活的象征。

② 作为这类传说的一个典型例证，我们只须想一想，有 10000 基督教士兵在同一天中被图拉真或哈德良一起钉在十字架上一事就完全够了。据说这里是由于有一个既可作一千解，又可作士兵解的缩写字 Mil，于是引起了某种离奇的误会。

西普里安,不仅统治着迦太基,甚至还统治着整个阿非利加的教会。他具备着能使信徒们对他肃然起敬,而使异教徒地方官对他产生怀疑嫉恨的一切品质。这位主教的性格和地位,似乎使他注定要成为最显眼的引起嫉妒和招致危险的目标。然而西普里安一生的经历已足以证明,我们凭着想象过分夸大了这位基督教主教的危险的处境;他所遭到的危险比一些世俗的野心家,为追求富贵荣华而甘愿受到的风险,要小得多。在短短的 10 年当中,先后就有四位罗马皇帝随同他们的家族亲信和追随者死于刀刃之下,而在这期间这位迦太基主教却凭着自己的威望和辩才一直指导着阿非利加教士团的工作。只是在他就任主教 3 年后短短的数月内,他有理由对德基乌斯皇帝的严厉的敕令,对地方长官的猜疑,对在公共集会上要求把基督教徒的领袖西普里安扔进狮子窝的狂喊乱叫感到恐惧。出于谨慎考虑,他感到有必要暂时回避,最后也这样做了。他只身逃到一个无人知晓的偏远的地方隐藏起来,从那里他仍同迦太基的教士及民众保持着经常的联系;在那里他一直等到风暴过去,这样他不但保全了自己的性命,而且于自己的权力或声望也丝毫无损。不过,他这种过于谨慎的做法仍不免遭到一些
212 更严厉的基督教徒的批评和惋惜,并受到一些私敌的辱骂,他们都认为他这种做法是公然放弃最神圣的职责的一种怯懦和犯罪行为。据说他为自己辩护提出的理由是,他认为暂时保存性命以便日后紧急时为教会效命并无不当之处,过去的几位主教已经有例在先,而且他自己还说,他经常受到神的启示,要他这样做。但他的最有效的辩护却是在大约八年之后他决定以身殉教时的视死如归的气概。关于他殉教的真实情况,已有人以高度的热情和公正

态度记载下来。因此，这里只要摘录其中一些最重要的情节便足以使我们对罗马当局迫害基督教徒的方式和精神有一个最清楚的了解了。

当瓦勒良第三次、伽利埃努斯第四次担任执政官的时候，阿非利加总督帕特努斯在自己的私人议事厅里召见了西普里安。他在那里向他传达了他刚刚收到的一道皇帝敕令，要求所有背弃罗马宗教的人立即重新参加自己的列祖列宗一向进行的宗教仪式。西普里安毫不犹豫地回答说，他是一个基督教徒，并且是主教，只信仰唯一的真正的神，现在他每天都在这位真神面前为自己的合法君主，两位皇帝陛下祈祷。他以不卑不亢的态度申辩说，一个公民有权对总督提出的这类令人不快，甚至有些越出法律权限的问题拒绝回答。就这样，西普里安以抗上罪被判处流刑；他立即被遣送到库鲁比斯去，那是泽吉塔那的一个自由的海滨城市，气候宜人，土地肥沃，距离迦太基大约 40 英里。这位被流放的主教在那里过着舒适的生活，并以自己的坚贞不屈态度自负。他的声名传遍了阿非利加行省和意大利；为教导广大的基督教徒，他的事迹被编印成册，广为传播；他的闲居生活也常被基督教徒们的书信、来访和表示祝贺的文书所打断。后来，来了一位新总督，有一段时间西普里安似乎生活得更好一些了。他被从流放地赦回，这时虽然仍不准许他重返迦太基，却让他在首府郊区原来属于他的一个花园里居住。

后来，就在西普里安第一次被捕整整 1 年之后，阿非利加总督加列里阿·马克西姆斯接到了皇帝关于处死一批基督教教父的敕令，迦太基主教意识到自己必将被挑选出作为第一批牺牲者之一，

一开始脆弱的性格使他决定秘密潜逃,以躲开危险和回避殉教者的光荣;但很快他就又恢复了和他身份相称的坚强毅力,于是他又返回花园住地,静待死神的使者来临。奉命前来押解他的两名高
213 级军官让他夹在他俩中间坐上了一辆马车,由于当时总督无有空闲,他们没有把他带往监狱,而把他带到属于他们二人之一的一所私宅里去。他们预备了一桌精美的晚餐来款待这位主教,并允许他的朋友们最后一次来和他相会。而同时,外面的街上已挤满了为自己的精神领袖面临的命运感到焦虑和恐惧的大群的信徒。第二天早晨,西普里安被带上了总督的法庭,总督先询问了他的姓名和案情之后,便命令他向罗马神献祭,并一再要他考虑拒绝献祭的后果。西普里安毫不含糊地断然拒绝了,于是,总督在和身边的陪审人员商量一番之后,便带着不得已的神态宣布了死刑判决。判决书是这样写的:"由于塔西乌斯·西普里安敌视罗马诸神,更由于他私自纠集犯罪集团,在他的诱导下,公然违抗二位至高无上的瓦勒良与伽利埃努斯皇帝陛下的法律,本法庭宣判,将他立即斩首。"处决他的方式,以其温和程度和力争减少死者痛苦的情况而论,可谓前所未有,另外也没有准许对这位迦太基主教动用酷刑逼迫他放弃自己的信仰或供出同谋。

判决一宣布,守候在总督府门口等信的大群基督教徒,立即爆发出一阵"我们愿同他一道死"的呼声。他们的这种强烈的热情的流露对西普里安没有任何帮助,对他们自己倒也不致招来任何危险。在几个保民官和百夫长的护卫下他既没有反抗,也没有受到任何侮辱,他被解往刑场去,那是近郊的一处宽敞的平地,在那里早已挤满看热闹的人群了。忠于他的他原来的执事和副主祭们

获准陪伴着他们的主教。他们帮助他脱下上衣,在地面铺上亚麻布以便承接他的宝贵的圣血,并听取了让他们赠给刽子手 25 枚金币的命令。然后,这位殉教者用双手蒙住了自己的脸,于是一击之下,他的头颅便离开了他的躯体。他的尸体在原处存放了几个小时供好奇的异教徒观看,但是到了晚间便被一支高举着灯笼火把的壮观的队伍搬走,送往了基督教徒的墓地。公开举行的西普里安的葬礼没有受到政府地方官的任何干涉;那些参加送葬和祭奠活动的基督教徒也没有遭到审问或受到惩罚。特别值得注意的是,在阿非利加行省共有那么多的主教,却只有西普里安第一个被认定有资格获得殉教者的桂冠。

西普里安当时有权选择或者作为一个殉教者死去,或者作为
一个叛教者活着,不过这种选择却关系着他死后的毁誉荣辱。即 214

使我们假定这位迦太基主教当初从事基督教活动仅是为了满足自己的贪欲或野心,他这时仍然不能不全力保持自己一直表现出来的面目,而且,如果他还具有一点最起码的男子汉气概,他也只能宁愿去忍受最残酷的折磨,而不能一失足成千古恨,置自己一生的名望于不顾,使自己从此遭受基督教徒弟兄的唾骂,并为异教徒所不齿。但如果西普里安的宗教热情的确曾得到了对他所宣讲的那些教义的信念的支持,那么那殉教者的桂冠对他便只会是一件求之不得的荣誉,而绝不会使他感到恐惧。从前代教父们的一些振振有词,但语义含糊的演说词里,我们很难弄清他们的确切思想,同时也无法确定,那些有幸为基督教事业献身的人们,对于生前十分肯定许诺给他们的不朽的光荣和幸福究竟体会到何种程度。他们不辞辛劳地反复对人们宣讲殉教的烈火将如何弥补人的一切过

失，洗清一切罪愆；并说普通基督教徒的灵魂必须要经过一个缓慢而痛苦的净化过程，那经过了考验的受难者才会立即进入永远幸福的天国，在那里他们将跻身于众先知、使徒和大教长之中，与基督一同统治人世，并协助基督掌管审判全人类的职责。这种可以流芳百世的保证和一般人天生的虚荣心极易吻合，因而常常能给殉教者鼓起勇气。罗马或雅典授予那些为国捐躯的公民们的荣誉，和早期教会对壮烈的殉教者所表达的热烈的感激之情和崇敬相比，便显得只不过是冷冰冰、空洞洞地虚应故事而已。每年都要举行一次神圣的仪式以纪念殉教者高尚品德和所受苦难，最后并以全体进行祈祷作为结束。在那些曾当众坚持自己的宗教信仰的基督教徒中，有些人被执法官从法庭或从监狱里释放出来（这是常有的事）。也会受到和他们殉教未成的行为和他们所表示的决心相应的荣耀。最虔诚的女教徒会纷纷请求亲吻他们曾戴过的镣铐和他们身上的伤口。他们的身体被视为神圣，他们的意见会受到额外的尊重，但他们也常常由于得意忘形、不自检点而滥用了他们靠宗教热情和坚韧精神给他们带来的尊荣①。这类殊荣一方面表彰了那些为信仰基督教而受苦和献身的人的高尚美德，但也显示出这种人实在为数不多。

215 头脑清醒、较为谨慎的现代人，对早期基督教徒的狂热情绪可能只会指责而不会仰慕，也或者虽可能仰慕却决不会去摹仿，因为根据苏比西乌斯·塞维鲁的生动的描述，那时的基督教徒之渴望

① 由于后来采取了对自动忏悔的人也加以这种荣名的做法，假冒殉教者的人数便成倍增加了。

成为殉教者的急切心情更甚于后代人之渴求获得一个主教席位。依纳爵在戴着镣铐穿行于亚细亚各大城市之间时写下的一些书信所表现的情绪,实非普通人的天性所能容忍。他狂热地祈求罗马人,在他被投入露天斗兽场的时候,千万不要出于好心,但实际十分无理地进行干预,夺去他将获得的殉教者的光荣,并声称他已决心要挑逗或激怒那些可能成为他的解脱工具的野兽。也有些故事特别谈到了某些殉教者的勇气,他们真把依纳爵说他要做的事付诸实施了,他们故意引得狮子发怒,催促刽子手赶快行刑,或兴高采烈地往专为他们预备的烈火中跳去,并且在那剧烈的痛苦折磨中表现出无比欢欣的神态。有些故事还讲到有的狂热分子对罗马皇帝为保护基督教徒的安全而颁布的一些限制性法令表示不能忍耐。有些基督教徒有时因为没有人告发他们,就主动坦白自己的信仰,粗暴地去搅扰异教徒公开的宗教仪式,或成群结队地涌到罗马地方官的法庭周围,大喊大叫要求官府拿他们去治罪。基督教徒的这类做法实在太露骨,不可能会不引起早期哲学家们的注意,但他们的反应似乎只是感到惊讶,而很少钦佩之意。他们无法理解,有时候有些基督教徒的坚毅精神竟是那样超出常态,不合常情,究竟是出于何种动机,因而把这种急于求死的激情看成是极度绝望,过于愚顽,或狂热的迷信所造成的离奇结果。“不幸的人们!”总督安托尼努斯对亚细亚行省的基督徒叫喊着说,“不幸的人们! 如果你们真要是对生活如此厌倦了,找一根绳子或一处悬崖不是再容易不过吗?”对于那些除了自己说,另外无人告发的人,在判刑时他极为谨慎(一位博学而虔诚的历史学家曾特别提到这一点),而对这样一个意想不到的情况,帝国的法律又没有做

出任何具体规定;因此他只挑选出少数几个人来定罪,借以警告他们的教友,对其他大多数的教徒他总是带着气愤和鄙夷的情绪全给打发走。但是,不管这种厌恶情绪是真是假,信徒们的这种始终不屈的表现对那些天性易于接受宗教真理的人却颇有正面影响。每到那种可悲的时刻,总会有许多人,出于怜悯,由于敬佩,最后皈依了基督教。悲壮的激情往往从受难者身上传染给旁观者,可是,正像早已有人说过的,殉教者的鲜血变成了基督教发展的种子。

216 随时变换的迫害政策

但是,尽管这种献身精神曾经大大提高,动听的说教仍在继续煽动这种狂热情绪,它却仍然不知不觉地逐渐为正常人性的希望和恐惧、对生的留恋、对痛苦的害怕和对死亡的恐惧的情感所代替。更加谨慎的教会负责人也慢慢体会到,有必要对徒众的那种不顾一切后果的狂热情绪加以限制,也不再轻信那种常会在生死关头全然丧失理性的坚毅精神。随着信徒们的生活日益变得不再那样刻苦和严峻,他们慢慢也便不再热衷于追求殉教者的光荣了;基督的士兵常不肯自愿去干一番英雄业绩以求扬名于世,却往往在他们有责任抵抗的敌人面前狼狈逃窜。不过,他们有三种可以逃避迫害的烈火的方法,其罪行的严重程度也各自不同:第一种是公认为完全无罪的;第二种性质可疑,或至少属于有罪范围;第三种则被视为是具有对基督教信仰直接背叛的罪行。

I. 每当罗马地方官遇到有人告发他的管区内某人信基督教时,他总会把有关情况通知被告本人,给他一定的时间,让他可以先料理好自己的家务，并准备好为他被控告的条款作出答复，所有这些情况，显然会使得后世的宗教法庭的审判官感到无比惊奇。如果被告对自己的坚韧精神把握不大，那在这段宽出的时间里，他就可以有机会即时逃跑以保全自己的性命和荣誉，可以躲到一个无人知晓的偏僻地方或外省去，在那里耐心地等待风头过去，以便再获得平静和安全。这种如此合乎人情的办法，很快便为最神圣的高级教士们的建议和行动所肯定，而且似乎很少受到人们的非议，只除了由于要一丝不苟，顽固坚持古代教规而沦为异端的蒙特鲁派[①]。

II. 其宗教热忱远不及其贪欲强大的行省总督们，往往对出卖证书（一般称之为“免罪证”）的做法采取放任的态度，它可以证明证书持有者奉公守法，并曾向罗马神祇奉献牺牲。凭着这份假证书，那些富裕而胆小的基督教徒就可以让恶毒的告密者无法开口，同时在一定程度上可以安全地维持自己的宗教信仰。这种渎神的做法只要有一点小小的赎罪行动就可以抵消了。

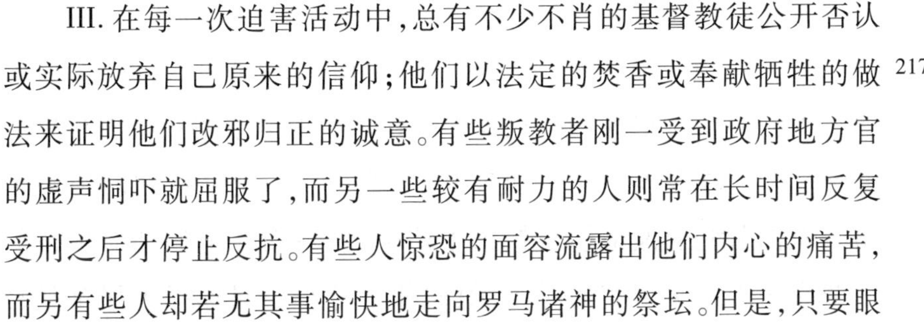

III. 在每一次迫害活动中，总有不少不肖的基督教徒公开否认
或实际放弃自己原来的信仰；他们以法定的焚香或奉献牺牲的做 217
法来证明他们改邪归正的诚意。有些叛教者刚一受到政府地方官的虚声恫吓就屈服了，而另一些较有耐力的人则常在长时间反复受刑之后才停止反抗。有些人惊恐的面容流露出他们内心的痛苦，而另有些人却若无其事愉快地走向罗马诸神的祭坛。但是，只要眼

① 德尔图良认为因惧怕遭受迫害而逃走，实是有意抗拒上帝意旨，因而虽不能说是完全的，但仍属极有限的，背叛行为等等。他曾写过一篇专门讨论此一问题的文章，文中充满了最荒诞的说教和语无伦次的叫嚣。但值得注意的是，德尔图良自己并没有亲尝殉教者的痛苦。

前的危险一过去，这些因恐惧而假作的姿态便也宣告结束。一旦严酷的迫害有所缓和，教堂的门前就又挤满了回来悔过的人群，他们对自己对偶像崇拜的屈服表示十分痛心，一个个以同样的热情请求允准他们重新加入基督教会，但并不一定人人都能获得成功。

Ⅳ. 尽管对基督教徒判决和惩罚的一般原则早有明确规定，但处在这么一个疆域辽阔、各自为政的地方政府的统治之下，这一教派的命运在很大程度上仍取决于他们自己的行为、当时的具体情况，以及最高统治者和他的下属各级官吏的一时的心情。一时的宗教狂热有时便会激起异教徒出于迷信而产生的疯狂情绪，而慎重的思考却又常会压下或减轻这种情绪。各种各样的动机都会驱使行省总督们严格执行法律，也可以使他们放宽尺度；而在这些动机之中，最强有力的一项莫过于他们不仅要注意已公布的敕令，而且更要揣摸皇帝秘而不宣的意向，他的一个眼色就足以点燃或熄灭掉那一次迫害的烈火。每当帝国各地偶然采取一些严厉措施，早期基督教徒就会鸣冤叫屈，甚而至于夸大自己的苦难；但所谓“十大迫害”这个人人皆知的数字却是由 5 世纪的教会作家议定的。他们对于从尼禄到戴克里先时代教会的兴衰祸福应看得更为清晰一些。埃及发生十大瘟疫和《圣经·启示录》提到的怪兽十角等先例首先启发他们也想到十这个数字；而在他们把对预言的信仰应用于历史事实的时候，他们却十分小心只选择了那对基督教事业最为仇恨的朝代。可是，那几次短暂的迫害活动仅足以复活信徒们的热忱和强化他们对教规的信念而已；每一次异常严厉的时刻倒总会有长时间的和平与安宁时期作为补偿。一些君主的漠不关心和另一些君主的宽容态度，使得基督教徒的信仰完全能

得到了,也许并不合法,但实际存在的公众的容忍。

德尔图良的《护教论》里举了两个非常古老,非常奇特,但同时也是十分可疑的皇帝大开恩的例子;那就是提比略和马尔库斯·安东尼所颁布的一些敕令,那些敕令不仅要保护基督教徒的清白无辜,甚至还完全肯定了那些可以证明基督教的教义的真实性的 218
伟大奇迹。这两个例子中的第一个显然有若干可能使不肯轻信的人大惑不解的疑团。它要求我们相信,彼拉多本人曾禀告皇帝,说他自己曾把一个清白无辜的人,而且似乎还是一个圣人,极不公正地判处了死刑;因而,他自己虽无其德,却遭到了有可能成为基督教殉教者的危险;相信那个曾公开表示蔑视一切宗教的提比略却忽然想到要把犹太人的救世主算入罗马的诸神之列;相信那个一向对他唯命是从的元老院居然敢违抗主子的命令;相信提比略不但没有对元老院的抗拒态度生气,反倒很乐意在保护基督教徒的法令得以实施,并在该教会有个明确名称并实际存在以前的许多年,由他来保护基督教徒免受严刑峻法的伤害;最后还相信,关于这样一项异常事件的记载虽然保存在完全公开和绝对可信的文卷之中,却居然没有被希腊和罗马的历史学家所发现,却只显现在这个在提比略死后160年撰写《护教论》的阿非利加基督教徒的眼前了。马尔库斯·安东尼敕令的发布据说是出于感激之情,因为在和马科曼人的一次战争中,由于他向上帝祈祷,竟使他神奇地获救了。好几位异教徒作家都曾连篇累牍地记述过当罗马军团如何陷于困境,暴风雨和冰雹如何及时来临,一时间如何雷电交加,以致蛮族军队如何在恐惧中望风逃窜等等。如果当时军中有些基督教徒,他们当然会把这一切归功于,在危急关头,他们为了自身以及

全军的安全而作的祷告。但是，黄铜和大理石的纪念碑、帝国的奖章以及安东尼的纪功柱却都十分肯定地告诉我们，无论是君主还是民众谁也没有注意到基督教徒的这种重大贡献，因为他们毫无例外把他们的获救归功于天神朱庇特的护卫和天神墨丘利的干预。在马尔库斯临朝的整个那段时间，作为一个哲学家，他始终鄙视基督教徒，而作为一个统治者，他随时在对他们进行惩罚。

命运无常，基督教徒在这位有德之君的治理下所遭受的种种苦难，等到一位暴君即位反倒立即终止了；由于除了他们再没有任何其他人身受过马尔库斯暴政的残害，所以也只有他们受到了康茂德宽容政策的保护。康茂德最宠爱的妃嫔，也就是那个最终策划谋害她的皇帝情人的著名的马西娅，对于受迫害的基督教会一直有一种异乎寻常的偏爱；尽管她不可能让罪恶行为和福音书的戒律彼此调和起来，但是她可能希望通过宣布自己是基督教徒的保护者而为自己的女性的脆弱带来的不正当行为赎罪。在马西娅仁慈的保护下，基督教徒安然度过了残酷暴政的统治下的 13 年；等到塞维鲁家族建立起对帝国的统治的时候，基督教徒和新的朝
219 廷已建立起了一种从属的但更为体面的联系。皇帝被说得终于相信，在他一次身患重病的时候，一个奴仆献给他让他涂身的圣油，对他的身体或精神产生了极有效的作用。因而对宫里的几个信奉新教的男女，他总另眼看待。卡拉卡拉的乳母和侍读都是基督教徒；如果说那位年轻的君主也曾显露过仁慈心怀，那便是他在一个偶然事件中的表现；这件事虽然微不足道，却和基督教事业不无关系。在塞维鲁统治下，民众的愤怒情绪已有所控制；严峻的古老法律也暂时搁置起来；各行省的总督们满足于每年从管区内的基督

教会那里收取一份礼物，以作为他们奉行温和政策的代价或报酬。为确定庆祝复活节的具体时间而引起的争论，使小亚细亚和意大利的主教们互以武力相向，这被看作是这个较为闲暇和安静时期的最重大的事件。直到后来改信新教的人日益增多，似乎终于引起塞维鲁的注意，并使他心怀疑虑之前，教会的安宁一直也并没有受到干扰。为了抑制基督教的发展，他颁布了一道敕令，这敕令虽然只是针对新入教的人而发，但如严格执行起来，那些最热情的布道者和传教士便不可能不遇到危险，遭到惩罚。在这次不甚严厉的迫害中，我们仍然可以看到罗马和多神教的宽容精神，根据这种精神，为了保护那些奉行祖先宗教仪式的人差不多任何借口都可以被接受。

但是，塞维鲁制定的法律很快就随同那位皇帝的权威一起结束了；而基督教徒在经过这样一段忽然袭来的暴风雨之后，一连享受了 38 年的安宁。在这以前，他们通常只是在私人住宅和什么隐蔽地方举行集会。现在他们却可以修建为举行礼拜仪式用的专设的馆所；甚至可以在罗马城内购置供教会使用的土地，还可以公开选举神职人员，选举的方式也堪称楷模，颇得非基督教徒的钦敬。这一段较长时期的平静也使教会的声威日增。那些出身于亚细亚各行省的君主的政府显然都对基督教徒最为温和；这时这个教派的杰出人士不但没有不得不去哀求一个奴隶或一个情妇的保护，却常被体面地作为教士或作为哲学家请进宫去；而他们的那一套早已在人民中传播的神秘的教义，现在也不知不觉引起了他们的君主的好奇心。在马梅亚女王途经安条克的时候，她表示愿意与知名的奥利金谈谈，这个人的虔诚和学识早已闻名东方了。奥利

220 金当然接受了这一殊荣，他虽然不能奢望使这样一个通权达变而又野心勃勃的女人改信基督教，但她却也愉快地听完了他娓娓动听的劝导，最后并体面地打发他返回了他在巴勒斯坦的退隐住所。马梅亚的这种情绪后来被她的儿子亚历山大所承袭，那位皇帝对基督教所表现的十分奇特和不够明智的偏爱，说明了他在思想上的虔敬。他在宫内小教堂里供奉了亚伯拉罕、奥尔甫斯、阿波洛尼和基督的神像，以示对他们的恰如其分的崇敬，因为正是这些圣者曾以种种方式教导人类向无处不在的至高无上的神顶礼膜拜。在他的家属中，有人公开表示信奉一种更为纯洁的信仰，并实际遵守其仪式。在宫廷里，也许是第一次，也有主教来往；而在亚历山大逝世以后，当惨无人性的马克西明对他那个不幸的恩主遗留下的宠信和奴仆发泄自己的愤恨的时候，一大批各种身份的男男女女的基督教徒便被卷入一次不分青红皂白的大屠杀之中，也正是因为他们的缘故，这场杀戮便被不恰当地称作“迫害”。

不管马克西明生性如何残忍，他对基督教徒的愤恨所产生的实际作用范围有限，时间也很短，而且那位虔诚的一直被公认为一心向主的牺牲品的奥利金还仍然保留下来，继续向专制君主们的耳朵里灌输福音书的真理。他给菲利普皇帝、他的妻子和母亲写了好几封劝善的信；等到那位出生于巴勒斯坦一带的君王篡夺了王位，他却立即成了基督教徒的朋友和保护人。菲利普对这个新教派公开表示的好感，甚至偏爱，他对教堂祭司一贯表示的尊敬，使得当时已在流行，说皇帝本人已改信新教的怀疑更显得有声有色了；而且后来还有人据此编造一套故事，说他因为谋害无辜的前代皇帝而犯下了罪行，不得不向上帝忏悔并以苦行赎罪了。菲利

普的统治的结束随着新主子即位立即出现了一个对基督教徒进行残酷压迫的新政府，其残酷的程度使得他们，如果和他们在短促的德基乌斯统治下所受到的待遇相比，他们会觉得他们自图密善时代以来的处境简直可以称之为完全自由和绝对安全的。从这位君主的道德品质来看，我们几乎难以相信，他所以那么干只是出于他对前代皇帝的宠信怀着卑劣的仇恨情绪；而更为可信的是，为了执行他的恢复罗马纯朴旧俗的总计划，他渴望把帝国从他斥之为新近出现的罪恶迷信中解救出来。一些最重要的城市的主教或者被流放，或者被处死：地方官的警惕在长达 16 个月的时间内阻止了罗马教士团进行一轮新的选举；当时的基督教徒都认为，皇帝宁愿遇到一位皇位竞争者，也不能容忍在首都有一个主教。如果我们 221
可以假定，德基乌斯的洞察力已发现在谦恭的伪装之下隐藏着骄傲，或者他能够预见到，世俗的统治权可以不知不觉由精神统治权中产生，那么，他这样把圣彼得的继承者看作是奥古斯都的继承者的最强大的竞争对手，我们也不会感到那么惊奇了。

瓦勒良的治理显得是那么轻率和反复无常，这是和罗马监察官的威严极不相称的。在他的统治前期，他的宽容态度甚至超过了那些被怀疑暗奉基督教信仰的君主们。在最后三年半时间中，他接受一个醉心于埃及迷信的大臣的诱导，采用了他的前代皇帝德基乌斯的论点，并模仿他实行严厉统治。伽利埃努斯的执政增加了帝国的灾难，却恢复了教会的安宁；发给主教的一道按其精神似乎承认了主教的可以公开的职位，因而也就使得基督教徒完全可以自由进行宗教活动了。过去的法令虽未被正式废除，却渐渐听其湮没了；这样（除了被归之于奥勒良皇帝的某些敌意做法

外)，基督教徒一连气度过了40多年的繁荣时期，这对于他们的品德来说，可是较之最为严峻的迫害时期，还要更为危险得多。

当东方被掌握在奥登纳图斯和芝诺比娅手中的时候，萨摩萨塔的保罗担任了安条克大主教的职位，关于他的故事也许可以让我们明了那个时代的状况和特征。那位高级教士的巨大财富本身就足以证明他有罪，因为这财产既非祖先的遗产，也非依靠诚实的劳动所得。但是，保罗把为教会工作看作是一种极为有利可图的职业。他手中的教权成了他贪污受贿、巧取豪夺的工具；他经常向最富有的信徒敲诈勒索，并把很大一部分公共收入据为己用。由于他的阔绰和奢侈生活，在异教徒眼中，基督教变得丑恶不堪了。他的议事厅和他的宝座、他公开露面时的豪华气派、恳求他接见的盈门的人群、由他口述复信的大量来信和请愿书，以及使他永远忙乱不堪的事务等等，都显然更符合于一个民政长官的职位[1]，而与一个早期主教的卑微地位极不相称。每当保罗登坛滔滔不绝向他的教民讲道的时候，他总采取一些形象的说法，像一个亚洲的诡辩
222 家打着戏剧性的手势，这时大教堂里便会响起一阵阵震耳欲聋的喝彩声，以示为他的神奇口才欢呼。对那些胆敢抗拒他的权势，或不肯对他阿谀奉承的人，这位安条克大主教是十分傲慢、十分严厉，毫不客气的；可是，对那些依附于他的教士他却十分宽纵，把教会的金银随意赏给他们，并容许他们和他这位主子一样满足自己的各种世俗的欲望。至于保罗自己更是肆无忌惮地大吃大喝，还

① 出售职位在当时已不是稀罕事；他们打算卖什么官职就会有些教士给买下来。迦太基的主教职位便仿佛是被一位名叫琉西娜的富有的太太给她的仆人马约里努斯买下了。价钱是400福里。一福里是125个银币，所以总数可以在2400镑左右。

把两个年轻美貌的妇女接进主教宫，长期充当他悠闲时刻的伴侣。

尽管萨摩萨塔的保罗是如此罪恶昭彰，如果他能保全住这一正统信仰的纯洁性，那么他对叙利亚首都教会的统治也只会随着他的生命的结束而结束；而且，如果恰在这时教会再次遭到迫害，一次英勇行为也许还会使他被尊为圣徒和殉教者。不幸在涉及三位一体论问题上他轻率地犯下了，而且顽固地坚持了，一些十分微妙的错误，以致激起东方各个教会的狂热情绪和愤怒。从埃及直到黑海，所有的主教都拿起武器行动起来。经过多次会议，发表一系列争吵的文字，公开宣布逐出教门的惩罚，各种含混不清的解释一时被接受，一时又被否定，一次次协议被签订，又被违反，最后，七八十名主教为此特别在安条克集会，终于做出判决，将萨摩萨塔的保罗赶下大主教的宝座，并未经商得教士团和教民的同意，擅自委任了一个新的继承人。这种显然不合常规的做法使心怀不满的派别人数大为增长；而对于宫廷里的各种花招并不陌生的保罗终于设法得到了芝诺比娅的欢心，因而得以占据主教的住所和职位4年有余。奥勒良的胜利改变了东部的面貌，竞相以分裂和异端的罪名相指责的斗争的双方都接到命令，或获准到这位征服者的法庭上去陈述各自的缘由。这一公开的颇为奇特的审判的结果只是让人完全相信，基督教徒的存在、他们拥有的财产和各种特权以及他们奉行的内部策略，即使没有得到法律的认可，至少也是已经得到了帝国行政官员的承认了。身为异教徒和军人的奥勒良自然很少可能会去参加他们的争论，看看究竟是保罗的思想还是他的对手们的思想更符合真正正统信仰的标准。他的决断是以公正和合乎理性的一般原则作为基础的。他认为意大利的主教是所有基

督教徒中最公正、最受尊敬的评审人，而当他得知他们已经一致同
223 意宗教会议的判决的时候，他也就不再表示任何异议，并立即下令
强迫保罗放弃，据他的同教弟兄们判断，原属于一个教职所有，但
一直被他剥夺的一些世俗财产。不过，在我们为他的这种公正欢
呼的时候，我们却不应该忘了奥勒良的策略，是急于想采用种种可
以笼络住任何一部分臣民的兴趣和偏见的办法，从而恢复和进一
步加固各省对首都的依赖。

戴克里先及其继承人治下的教会

在帝国频繁发生的革命运动中，基督教徒仍在和平与繁荣中日益兴盛起来；虽然一般认为著名的殉教者时代始于戴克里先继位之后，这位贤明的君主所采用并一直坚持了 18 年之久的新政策体系，却体现了一种最温和和最开明的宗教上的宽容。戴克里先本人的确不擅长进行深入的思考，而更宜于从事进行战争和管理政务等积极的活动。他的谨慎态度使他反对任何重大改革，虽然他天性不易为宗教狂热或激情所动，对于帝国古代的神灵他却总抱有一种出于习惯上的关心。但是他的妻子普利斯卡和他的女儿瓦勒里娅这两位女皇却有更多的时间可以去满怀敬意倾听有关基督教的真理，而这一宗教谁都承认许多世代以来一直大大有赖于妇女的虔诚之心的支持。贴身侍候戴克里先、享有他的恩宠，并管理着他的家务的大太监琉善和多罗西斯、戈哥尼乌斯和安德鲁以他们的显赫的权势保护着他们已公开信奉的信仰。宫里的许多因自己的职位所在经管着皇帝的各种饰物、衣袍、陈设、珠宝，甚至个

人私产的重要官员们全纷纷模仿他们的榜样；而尽管他们有时不得不陪同皇帝到神庙里敬献牺牲，但是，他们仍可以同他们的妻子、儿女、奴仆一起自由自在地进行基督教的活动。戴克里先和他的共事人常常把最重要的职务委托给一些公开表示绝不叩拜罗马诸神，但却显示出确有治国才能的人才。主教在各自的省区都享有崇高的地位，不仅受到一般民众的尊重，当地的地方官员们自己也对他们另眼相看。几乎在每一个城市里，这古老的教堂都感到原来的规模太小不足以容纳日益增多的大批新入教的会众；于是，在它们的旧址上修建起了更为壮丽和宽敞的建筑，以供信徒们举行公共礼拜之用。优西比乌斯曾经激烈地为之悲叹的风气和原则
的堕落不仅可以看作是戴克里先治下的基督教徒曾经享受和滥用 224
自由的结果，也可以作为确实存在那种情况的证明。繁荣已松弛了纪律的神经。欺诈，嫉妒和恶毒用心在每一个地区的会众中普遍流行。长老觊觎主教职位，并日益野心勃勃为得到这一职位惨淡经营。主教们则互相争夺教会中独掌大权的地位，他们的所作所为全明显表现出他们要在教会中攫取世俗的独断专行的权力；以致仍使基督教徒显得有别于异教徒的那种生动的信仰，常常仅见之于他们的论战著作中，而不多见于他们的日常生活之中。

尽管存在这种表面上的安全感，但一位细心人仍可以觉察到有一些迹象表明，教会正受着一种空前激烈的迫害活动的威胁。基督教徒的狂热情绪和迅速发展已把多神教徒们从冷漠的安卧中唤醒，使他们决心要起而维护习俗和教育一直教导他们应予尊崇的神灵。业已持续了两百多年的一场宗教战争的相互挑衅活动已使怀着敌意的斗争双方到了忍无可忍的程度，一个过去从未听说

新近出现的教派公然鲁莽地指责自己的同胞完全错误，并要使他们的祖先永远处于凄惨的地位，这不免激怒了异教徒。总有办法在死敌的咒骂声中为民间神话辩护的习惯，使得他们在他们的头脑中对于一个他们一向毫不在意等闲视之的宗教体系产生了某种信仰和崇敬的情绪。基督教会声称具有的超然的神力，同时既能使人感到恐惧，也能使人渴望自己能得到那种力量。原来大家奉行的宗教的信徒们也以同样的用奇迹堆起的堡垒把自己保护起来；他们也发明了各种新的献祭方式、赎罪方式和入教仪式[①]；他们企图重振已濒临灭绝的神谕的声威；听到任何一个骗子编造的一些迎合他们的偏见的有关奇迹故事，他们都急切表示相信。双方对敌手所宣扬的一些奇迹也似乎都信以为真；他们一方面满足于把奇迹归之于巫术和魔鬼的力量，一方面却又在恢复和建立迷信统治的问题上彼此一拍即合[②]。哲学，这迷信的最危险的敌人，现在却变成它最有用的盟友了。学院中的树林，伊壁鸠鲁派的花园，甚至斯多噶派的门廊，也和许多形形色色的怀疑学派和不敬神的学派一样，几乎全都荒废了；而许许多多罗马人却都非常希望靠元老院的威力对西塞罗的作品加以取缔和压制。新柏拉图派中最
225 得势的一派则认为，最明智的办法是同那些他们也许瞧不起的祭司们保持联系，以对抗他们有理由惧怕的基督教徒。这些时髦的

① 在众多例证中，我们也许可以引录密特拉派和塔罗波利亚派的神秘的礼拜仪式做个例子；后者在两安东尼时代非常流行。阿普里阿斯（公元 2 世纪罗马讽刺作家——译者）所写传奇既充满虔诚之心也充满了讽刺。

② 一个深深让人感到遗憾的情况是，基督教的神父们，由于承认了异教中的超自然，或他们所认为的魔鬼的威力，实际是亲手毁掉了否则我们将可以从敌手的大量让步中获得的巨大好处。

哲学家一心想从希腊诗人虚构的作品中寻找充满智慧的寓言；并专为他们选出的门徒制订出神秘的献祭仪式；奉劝大家把古老的神灵作为至高无上的神的象征或使者来崇拜，并撰写了许多反福音信仰的长篇的论文，但这些论著后来都被谨慎的正统教派的皇帝付之一炬了。

尽管戴克里先的策略和君士坦提乌斯的仁慈使他们倾向于尽量不违反宽容的原则，但很快便发现，他们的两个共治者，马克西米安和伽勒里乌斯，对基督教徒的名称和他们的宗教都怀有不可调和的仇恨。这两位君王的心灵从未受到科学的启迪；教育也从未对他们的脾性有所感化。他们的伟大来之于他们手中的刀剑，而在他们爬上幸运的顶峰之后，他们却仍然保持着士兵和农夫的迷信的偏见。在治理各省的一般事务中，他们完全遵守着他们的恩主所立下的法令；但是，在他们的兵营和皇宫内部，也由于基督教徒的有欠审慎的过分的狂热不时会提供可以利用的借口，他们却常常可以找到机会秘密地对他们进行迫害。一个非洲青年马克西米利安努斯被自己的父亲作为合格、合法的新兵带到行政长官面前，可就因为他顽固地声称，他的良心不允许他接受当兵的职业，结果被处死刑。对于百夫长马塞卢斯的行为，我们大约不能希望任何一个政府会听之任之不加惩罚的。在一个公共节日里，这个军官竟忽然扔掉他的皮带、武器和军衔的标记，高声大叫，除了那永恒的王耶稣基督之外，他谁也不服从，他将永远不再使用杀人的武器，不再为偶像崇拜的主子效命。士兵们一从惊愕中清醒过来，便将马塞卢斯抓住。他在廷吉城受到毛里塔尼亚地区长官的审讯；由于他对自己所作所为供认不讳，他被判以逃兵的罪名而被

斩首。这类性质的例证更像是有关军法或甚至民法问题,不一定带有很多宗教迫害的味道:但它们却能使皇帝们对基督教产生恶感,为曾经大批解除基督教徒军官职务的伽勒里乌斯的严酷措施提供借口;并有助于肯定一种说法:凡由一群狂热分子组成,其所奉行的原则完全有害于公共安全的教派或者永远毫无用处,或者很快将成为危害帝国安宁的臣民。

在波斯战争的胜利使得伽勒里乌斯的希望和声誉有所提高之
226 后,他和戴克里先一起在尼科米底亚宫共同度过了一个冬天;其时,基督教的命运成了他们秘密商谈的话题。经验丰富的皇帝仍然倾向于采取宽大措施;虽然他当即同意不容基督教徒在内廷或军队中担任任何职务,他却曾不遗余力地强调,任意杀害那些误入歧途的狂热分子是十分危险,也过于残忍的。伽勒里乌斯最后终于强使他同意召集一次仅由国家军队和行政部门的少数重要人物参加的会议。这一重要问题现在当着他们的面提出进行商讨,那些野心勃勃的朝臣马上看出,他们必须凭自己的鼓簧之舌支持恺撒的激烈主张。可以想象在消灭基督教的问题上,凡能引起他们的君王的骄傲、虔诚或恐惧心理的题目,他们一定全都反复谈到了。也许他们还会绘声绘色地说,只要容许一批自行其是的人民在各行省的心腹地带生存和壮大,那帝国解放的光荣事业就不能算已经完成。基督教徒(他们完全可以似乎很有理地说),既然否认罗马的神灵和制度,实际已经自成一个独特的共和国,现在在它还没有拥有任何武装力量以前,还有可能给镇压下去;而它现在已是靠自己的法律和行政官员治理,已经有了自己的金库,它的各个部分已经由经常举行的主教会议紧密联系起来,那些人数众多、十

分富有的会众则无不对主教们唯命是从。类似这样的一些论据似乎终于使戴克里先勉强下了决心，采取一套新的迫害政策；但我们虽可怀疑，却无法肯定讲出宫廷中的种种密谋、个人的见解和彼此之间的恩怨、妇女或太监的嫉妒心情以及一些常常能左右一个帝国和最英明的君主的谋士会议的命运的许多微不足道，却具有决定性作用的原因。

皇帝们的意愿终于为基督教徒们表明了，他们在整个那个凄凉的冬天，一直都在焦急不安地等待着那没完没了的秘密协商的结果。2 月 23 日是罗马的护界神节，也正好在这一天（不知是出于偶合还是有意安排）提出从此将限制基督教的发展。那天天刚一破晓，禁卫军卫队长在几个将军、保民官、税务官的陪同下，来到位于该城人口最稠密、风景最秀丽的一块高地上的尼科米底亚大教堂。大门立即被撞开；他们蜂拥冲进了教堂内的圣所；由于他们并没有找到任何有形的崇拜的对象，他们也便只好把几卷圣书用火烧掉了事。戴克里先的大臣们后面跟随着大队的侍卫和开路先锋，排成作战队形向前推进，他们配备着各种可以破坏城市防线的工具。通过他们的不懈努力，一座早已激起非犹太人愤恨和嫉妒、227
高耸于皇宫之上的一座圣洁的建筑，在几个小时之内便被夷为平地了。

第二天，总的迫害令公布了；尽管戴克里先这时仍然反对流血，使得伽勒里乌斯的疯狂情绪多少有些缓和，因为要按他的提议，凡是拒绝向罗马神灵献祭的人都应当立即活活烧死，但从现在规定的对倔强的基督教徒的惩罚来看，也可算足够严厉和彻底的了。命令规定，帝国所有各省的基督教教堂都要彻底拆毁，凡是敢

于为了宗教崇拜的目的秘密集会的均应处以死刑。那些如今承担起指导盲目的迫害狂活动的可耻职务的哲学家们,过去都曾对基督教这一宗教的性质和精神进行过一番孜孜不倦的研究,而他们既然知道基督教信仰的真正的理论应该是包含在先知、福音书作者和使徒们的著作之中,他们很可能曾建议发布命令,让主教和长老把所有的圣书都交付地方行政长官;然后命令他们慎重其事地公开将那些书籍全部焚毁,否则将受到极严厉的惩罚。依据同一敕令,教会的财产立即被全部没收,这些财产可能分成的各个部分或者高价拍卖,或并入皇室产业,或赐给所有城市和行会,或赏给多方恳求的贪婪的廷臣。在采取了这些取缔基督教的礼拜活动,解散它的管理机构的有效步骤之后,他们还认为有必要让那些仍然顽固地拒不接受他们的祖先传下来的自然宗教,罗马教的人,处于最难堪的境地。出身为自由民的人被宣称不能享有任何荣誉或职务;奴隶已被永远剥夺获得自由的希望;全体人民都被置于法律保护之外了。法官被授权可以接受并审理所有控告基督教徒的案件。但基督教徒却不允许因自身受到任何伤害向法官提出控诉;这样一来,这些不幸的教民便只能受到公共司法机构的严厉惩处,却得不到它的任何好处。这种既痛苦又持久,既不为人所知又屈辱不堪的新形式的殉教活动,也许是真正最使坚定的基督的信徒们难以忍受的一招:另外,无可置疑,在这种情况下,人类的热情和利害关系也总倾向于支持皇帝们的计划。但是,一个贤明的政府有时也必须采取干预的政策,以缓解基督教徒所受的压迫;另外,罗马的君主们也不可能完全消除遭受惩罚的恐惧,或对一切欺诈和暴力行为都听之任之,而不使他们自己的权威和他们的臣民处

于最可怕的危险之中。

这敕令张贴在尼科米底亚的一个最显著的地方，但是几乎还 228
没有等公众看到，便被一个基督教徒撕了下来，他同时还以最恶毒的语言谩骂着，说他对那些不信上帝的专横跋扈的总督既看不起，更十分厌恶。他的这一罪行，根据温和的法律，也相当于谋反，应处以极刑。而且，如果他确实是有地位和有教养的人，这种情况只能加重他的罪责。他被活活烧死，或者更应当说是，被用小火慢慢烤死；那些行刑吏虽然热心为皇帝本人所受到的侮辱报仇，用尽了可以想到的各种酷刑，却始终丝毫未能改变他从容就义的神态，也未能改变他在死亡的痛苦之中仍然挂在脸上的那种坚毅而藐视的微笑。一般的基督教徒，虽然说他的行为严格地说不符合谨慎的原则，却对他的那神圣的炽热的情绪十分钦佩；他们大量加之于自己的这位英雄和殉教者的英灵的赞美之词，更在戴克里先的心中加深了恐怖和仇恨的印象。

不久戴克里先险些遭到一场危险，更使他的恐惧几乎成为现实了。在短短 15 天之内，戴克里先在尼科米底亚的皇宫，甚至他的卧室里先后两次起火，尽管这两次火灾都被即时扑灭，并未造成什么重大损失，但这火离奇地两次重复出现，不能不让人感觉到十分显然这绝不是出于偶然或一时疏忽造成的。基督教徒自然成了怀疑对象；有人认为，这似乎也有一定的可能性，一些走投无路的狂热分子，既无法忍受当前的苦难，更担心立即有更可怕的大祸临头，于是同他们的忠诚的同教兄弟，宫里的一些太监合谋，企图暗害被他们视为上帝的教会的死敌的两皇帝的性命。每个人的胸中都充满猜疑和忿恨情绪，其中特别是戴克里先。一大批或者由于

所担任的职务，或者由于一直受到额外恩宠的人也都被投入了监狱。到处可以见到各种形式的刑讯和逼供，不论在宫廷中还是在市区里，随处都遭到被处决的人的血迹的污染。但是，不论采用什么办法却始终无法得到关于这一神秘案件的任何线索，我们对那些遭难的人看来也只能或者认定他们清白无辜，或者钦佩他们的坚韧不屈。几天之后，伽勒里乌斯仓促退出尼科米底亚，声称如果他迟迟不离开那虔心向主的皇宫，他将会成为基督教徒怒火下的牺牲品了。关于这次迫害的情况，我们只能从那些教会历史学家那里获得一些带有偏见的不完全的资料；而他们对于皇帝何以会如此惊恐万状也完全茫然。他们中有两位作者，一位亲王和一位修辞学家，曾亲眼看到尼科米底亚的那场大火。一个把它归之于雷电和上天震怒，另一个则肯定是恶毒的伽勒里乌斯本人自己放的火。

229 由于这反对基督教的敕令原计划作为一个通令在全帝国范围内施行，又由于戴克里先和伽勒里乌斯虽可能不必等待西部君王的批准，但已肯定知道他们必会同意，因此，按我们今天的政策观念来推论，所有各省的总督必然都曾事先接到密令，让他们在同一天在他们各自的管辖区发布这一宣战书。我们至少可以想象，宽阔的大道和已建立起来的驿站已使得皇帝完全能够把他们的命令以最快的速度从尼科米底亚传达到罗马世界最遥远的地方去；他们不会容许这道敕令在50天之后还不能在叙利亚公布，在将近4个月之后还没有通知到阿非利加的各个城市。这种推迟也许可以归之于戴克里先的遇事谨慎的脾性，他一直对这些迫害措施不很赞成，愿意先在他眼皮底下进行一番实验，然后再去冒在边远省份

必然会引起混乱和不满的风险。事实上，在一开头，地方行政官员也不敢轻易造成流血事件；但是后来允许他们采取其他种种残酷手段，甚至鼓励起他们这方面的热情；而基督教徒们尽管很乐意放弃了他们教堂里的华丽的装饰，却不能下定决心中断他们的宗教集会，或者将他们的圣书付之一炬。一位阿非利加主教费利克斯，出于宗教虔诚的执拗态度，看来曾使政府的某位下级官员十分难堪。他所在城市的狱长把他拴起来，送交前执政官处治。这前执政官又把他转送到意大利的禁卫军卫队长那里去；而费利克斯甚至不肯作出一个含糊其辞的回答，最后终于在因其为贺拉斯的诞生地而特别加以封号的卢卡尼亚的维约西阿将他斩首了。这一事件造成的先例，也许皇帝因此事另发有诏书，似乎从此便允许各省总督有权对拒不交出圣书的基督教徒处以死刑。毫无疑问，许多基督教徒借这个机会得到了殉教者的桂冠；但是也必有同样多的人，通过交出或告密以使圣书落入不信教人之手，而苟且偷生。甚至有不少主教和地方教会监督人都由于作出这种罪恶的顺从而获得了 Traditor[①] 的恶名；而他们的这种过失在阿非利加教会中更造成了许多眼前的丑闻，和许多未来的纷争。

当时在帝国范围内，圣书的不同版本和印数已经多得无数，因此，即使最严厉的清查也不能取得任何重大成果了；就连查禁任何一个教堂里为供公众使用而保存的经书，也需要有一些卑鄙无耻的基督教的叛徒的配合才能办到。但是，只要有政府下一道命令，230
再加上异教徒的努力，要破坏一所教堂却是非常容易的。不过，有

① 似为意大利语“叛徒”之意。——译者

些省份的行政官员感到只要把一些礼拜场所封闭起来就行了。在另一些省份他们又更加严格地按照诏令的条文办事。他们让人拆下门窗,搬走长凳和讲经桌,把它们像火葬柴堆一样一把火烧掉,然后把残存的建筑物也尽力捣毁。说到这类悲惨事件,也许我们在这里可以引用一个非常奇特的故事,只是关于这个故事有许多不同的说法,而且令人难以相信,恐怕只足以挑起,而并不能满足我们的好奇心。在弗里吉亚的一个其名称和位置我们都不得而知的小镇上,看来是那里的行政官员和全体民众都皈依了基督教;该省总督由于害怕在执行皇帝敕令时会遭到反抗,特地取得了罗马军团的一个人数众多的支队的支持。在他们逼近时,市民们全进入教堂,决心或者武力保卫那神圣的教堂,或者就死在它的废墟之中。他们愤怒地拒绝了允许他们撤离的通知,后来士兵们被他们的顽固态度所激怒,便从四面八方纵火焚烧,于是在这一十分奇特的殉教活动中,大批弗里吉亚市民连同他们的妻子儿女,都葬身火海了。

在叙利亚和亚美尼亚边境发生的一些轻微的动乱,尽管都是刚一发起便被扑灭,却为教会的敌人提供了一个貌似有理的口实,散布流言,说这些麻烦全都是那些已经忘掉了他们曾公开声称绝不抵抗和无限服从的誓言的主教们暗中阴谋鼓动的。戴克里先的愤恨或恐惧终于使他越过了他迄今一直保持着的温和态度的界线。在一连串残酷的敕令中宣布他决心要彻底取缔基督教。第一道敕令指示各省总督把基督教会的全体教士全都给抓起来;原为关押重大罪犯的监狱,现在却挤满了大批的主教、地方教会监督人、祭司、读经师和祓魔师。第二道敕令命令地方行政官员使用任何严酷的手段把他们从可厌的迷信中挽救出来，使他们必须回头来礼拜罗马的众神。这一项严酷的命令后来又通过另一道敕令推广到包括全体基督教徒，他们也就因此普遍受到一次残酷的迫害。完全不再像过去，在那健康的温和政策指导之下，控告人都必须先拿出直接和严肃的证据来，现在，发现、追查和折磨最顽固的信徒竟成了帝国官员的职责和兴趣所在。凡胆敢拯救一个被查禁的教派，使之逃脱罗马诸神和诸皇的正当的震怒者，均将处以重刑。然而，尽管法律森严，许多异教徒出于善行的勇气，仍处处掩护了他
们的朋友或亲戚，从而体面地证明，迷信的怒火并未能使他们心中 231
的天性和仁德的情操完全泯灭。

戴克里先在发布了这些针对基督教徒的敕令之后，仿佛他急于想把这迫害工作交给别的人去干，他本人很快就自行脱下了皇帝的紫袍。他的共治者和继位者的性格和处境却有时让他们想强迫推行，有时却又使他们倾向于暂缓执行那些严峻的法律；对于教会史中这一重要时期的情况，除非我们对自戴克里先颁发第一批敕令到教会重新恢复平静这 10 年中，基督教会在帝国各地的状况分别予以考察，我们便无法获得一个正确而清晰的概念。

君士坦提乌斯的温和而仁慈的天性使他绝不愿无端压迫他治下的任何臣民。在他皇宫里担任主要职务的都是基督教徒。他喜爱他们的为人，尊重他们的忠诚，对他们的宗教信仰也从没有任何不满。但是，只要君士坦提乌斯仍然处于恺撒这一次要地位，他便无力公开拒不执行戴克里先的敕令，或者不服从马克西米安的命令。他的权威倒可以有助于减轻他所同情和厌恶的人为的苦难。他勉强同意了捣毁教堂的做法，但又尽量设法保护基督教徒，使他

们免遭民众的怒火和严酷的法律的打击。高卢各省(我们也许还可以将不列颠包括在内)之所以能独享安宁,完全应归功于他们的君主的温和的调解。但是,西班牙的省长或总督达提阿努斯出于狂热或策略考虑,却一心只要执行皇帝们的公开颁发的敕令,而不愿去体会君士坦提乌斯的苦心;因此,几乎不用怀疑,他的省政府必曾沾染上某些殉教者的鲜血。君士坦提乌斯最后升至奥古斯都这一至高无上唯我独尊的地位,使他得以放手实施他的德政,而他统治的时间虽短,也并未阻止他建立起一种宽容制度,并把它通过自己的训示和自己做出的榜样留给了他的儿子君士坦丁。他那幸运的儿子继位伊始便宣布保护教会,后来终于名副其实地成了第一位公开信仰和大力建立起基督教这一宗教的皇帝。他改信基督教的动机,由于情况复杂,可以归之于仁慈的天性、他的政策、他的信念或出于忏悔,也可以归之于在他和他的儿子们强有力的影响之下,使基督教成为罗马帝国主要宗教的那一改革运动的进展,
232 将成为本书第 3 卷中极为有趣和重要的一章①。现在只需说明一点:君士坦丁的每一个胜利都使教会得到一些安慰或恩赐。

意大利和阿非利加两省也经历过一次短暂而残暴的迫害。戴克里先的严厉的敕令被早就仇恨基督教徒,而且喜欢流血和暴力活动的他的共治者马克西米安严格而痛快地予以执行了,在进行迫害的第一年的秋天,这两位皇帝在罗马聚会以庆祝他们的胜利,其后的几项镇压性的法令似乎就是他们那次秘密协商的结果,而地方行政官员则更由于两位君王驾临而格外卖力了。在戴克里先

① 在此节选本中此章似略去。——译者

自动脱下紫袍以后，意大利和阿非利加名誉上由塞维鲁统治，这里的基督教也就毫无防卫地暴露在他的主子伽勒里乌斯的不可调和的仇恨之下。在罗马的殉教者中，阿达克图斯值得后代人的景仰。他出身于一个意大利贵族家庭，由于屡受宫廷封赏，升到执掌皇家私产的财务大臣的地位。阿达克图斯尤为使人注意的一点是，在整个这场普遍进行的大迫害中，他似乎是死难者中唯一一位显贵的人物。

马克森提乌斯的叛乱立即使意大利和阿非利加的教会恢复了平静，这位对其他各阶级臣民多方压迫的暴君，对于受尽苦难的基督教徒却显示了自己的公正、仁慈，甚至偏爱。他完全信赖他们的感激和爱戴，因而自然也必会认为，他们既然在他的不共戴天的仇敌的手中曾遭受过那么多苦难，而且至今还心有余悸，那便势必能保证他可以得到这个现有人数和财富都已颇为可观的一派人的忠心的支持。就连马克森提乌斯对待罗马和迦太基的主教们的态度也可看作是他们宽容态度的证明，因为很有可能，那些最正统的君王也都会采取同样的政策来对待他们各自的教士集团，两位高级教士中的第一位，马塞卢斯由于对在迫害期间背叛或隐瞒自己宗教信仰的大批基督教徒严加惩处，而使首都陷入一片混乱之中。派别之间的愤怒情绪多次形成强大的骚乱；基督教徒们彼此自相残杀；以致将这位狂热似乎远胜于明智的马塞卢斯流放出去，变成了使动乱的罗马教会得以恢复平静的唯一手段了。迦太基主教门苏里乌斯的行为似乎更为无理。该城的一个祭司发表了一篇诋毁皇帝的文字。罪犯躲进了主教府，尽管在当时还不可能提出任何教会豁免权的要求，这位主教却拒绝将他交给司法官员审处。由

于这种反叛性的抗拒，门苏里乌斯被法庭传唤，但在经过短时间的审问以后，他并没有被判处死刑或流放，而是仍让他回到自己的教区去。这便是马克森提乌斯治下的基督教臣民的愉快处境，以致
233 他们如果出于自身需要想弄到任何殉教者的尸骨，他们便必须到一个最遥远的省份去购买。有一个故事讲一位叫阿格拉伊的罗马太太，她出身于执政官世家，家财之丰富竟需要73名管家来管理。在这些管家当中，卜尼法最为女主人所宠爱，而由于阿格拉伊混淆了虔诚同爱情的界线，据说她竟允许他与她同床。她的家产使她完全能满足从东方获取某些圣徒遗骨的虔诚愿望。她于是把相当数量的金子和香料交托给卜尼法，她的这位情人也便在12个马夫和3辆有篷马车的护送下，开始了一次远至西里西亚的塔尔苏斯的长途朝圣旅行。

伽勒里乌斯的宽容敕令

此次迫害的首要策划者伽勒里乌斯嗜杀成性，真是不幸落入他的统治之下的基督教徒的死对头；因此可以想象，许多既不为财富所累，也不为穷困所苦的中等人家，常会背井离乡，到气氛比较缓和的西部去寻求避难所。在他仅指挥着伊里利亚的军队和省区的时候，他已能稍费些周折，在一个对待宣扬福音的传教士比帝国任何其他地方都更加冷淡和厌恶的好战的地区，寻找到或者制造出大批的殉教者。但是，当伽勒里乌斯获得最高权力和东部的统治权之后，他便让他的狂热情绪和残酷行为得到了尽情的发挥，不仅在属于他直接管辖之下的色雷斯和亚细亚如此，而且在马克西

明因感到正中下怀，于是坚决遵从他的恩人的严酷命令的叙利亚、巴勒斯坦和埃及也是如此。但是，他那勃勃的野心经常遭到的失望、六年来迫害政策的经历以及经常缠绕着他的痛苦的烦扰心情，在伽勒里乌斯心中所引起的有益回忆，终于使他明白了，任何暴政即使尽最大的努力也无能使一个民族彻底灭绝或者完全消除他们的宗教迷信。为了弥补他所造成的损害，于是以他本人的名义，同时也以李锡尼和君士坦丁的名义发布了一道通令，通令在开列了一大批皇家种种头衔之后，基本内容如下：

"尽管为了保证帝国的统一和安全有许多重大问题使我们日夜操劳，但我们仍时刻不忘改正各方面的错误，使一切都能恢复罗马的古制，并重振罗马的公众秩序。我们还特别希望使那些抛弃
他们的祖先所建立的宗教和仪式，狂妄地厌弃古代的一切做法，完 234
全凭自己胡思乱想凭空造出一些荒唐的法律和奇谈怪论，并在我们帝国的不同省份自行组成社团的受蒙骗的基督教徒们重新回到理性和合乎自然的道路上来。我们在此前发布的一些意在敦促大家崇敬诸神的敕令已使许多基督教徒陷于危险和苦难之中，其中许多还丧失了性命，而且还有更多的人，由于始终仍坚持其渎神的愚蠢做法，至今不能参加任何正常的公众宗教活动，为此我们本着一向宽大为怀的宗旨，决定对那些不幸的人格外开恩。我们今后将允许他们自由表达各自的想法，只要他们永远不忘对已公布的法律和政府抱着适当的尊敬，他们便可以毫无畏惧，不受任何干扰地在各自的会场中集会。我们马上还将另有一道敕令将我们的意图告知各法院法官和地方行政官员，我们希望我们的宽容将会使得基督教徒们在他们所崇拜的神前祷告时勿忘为我们的安全和繁

荣，为他们自身以及为共和国祈祷。”我们一般是不会在敕令和文告的字里行间去寻找帝王们的真正意图或秘密动机的，但由于这里的这些话出自一个垂死的皇帝之口，也许他的这种处境倒可以作为他的诚意的保证。

在伽勒里乌斯签署这道宽容的敕令的时候，他断定李锡尼必会欣然同意他的朋友和恩主的这一意图，而且任何有利于基督教徒的政策都会得到君士坦丁的赞许。但是，这位皇帝却不敢贸然在前言里写进马克西明的名字，而他的同意与否却是至关重要的，而且他在几天之后就继承了亚细亚各省的统治权。不管怎样，在马克西明建立新的统治的头六个月里，他始终装着采纳他的前任的谨慎的策略；尽管他从不曾费神发布一道通令以保证教会的安宁，他的禁卫军卫队长萨比努斯却向各省总督和行政官员发出通知，大谈皇帝的宽厚，承认基督教徒不屈不挠的顽固性，并指示执法官员停止他们的无效的控诉，对那些狂热分子秘密集会不再加以干预。根据这些命令，大批基督教徒被从监狱和矿山里释放出来。坚强的信徒们唱着胜利的赞美诗返回各自的故乡；那些经受不起狂风暴雨般的摧残的人们则含着悔恨的眼泪要求重新进入教会的怀抱。

但是，这种带有欺骗性的平静转瞬即逝；东部的基督教徒也不可能对他们的君王的为人抱有任何信心。残酷和迷信思想浸透了马克西明的灵魂。前者提出迫害的手段，后者则为他指明迫害的对象。这位皇帝全心全意地崇拜罗马诸神，研究魔法，并相信各种
235 神谕。他视若天上来客百般敬重的先知和哲学家常被他提升到行省负责人的高位，并让他们参加他的最机密的国事会议。这些人

很容易便使他相信，基督教徒所以能获得胜利，完全依靠他们始终有严格的纪律，而多神教的虚弱则主要来之于祭司之间缺乏团结和上下级关系不明。于是，一种显然不过按基督教会的办法照猫画虎的管理体制被建立起来。遵照马克西明的命令，帝国各大城市里的神庙都一一加以修缮和装新，各个神庙里管事的祭司也都全归在一个高级的大祭司的管辖之下，这个大祭司将可以和主教对抗，并推进异教的事业。这些大祭司反过来又得承认市级或作为皇帝本人的直接代理人的省级大祭司的最高权威。白袍是他们的高贵地位的标记；这些新的高级祭司都是从最高贵、最富有的家族中精选出来的。通过地方行政官和祭司团的影响，从各地，特别是从尼科米底亚、安条克和推罗，送上来大批表示效忠的表章，全都巧妙地作为民众的呼声，迎合提出众所周知的朝廷的意图；吁请皇帝坚持法律的公正，而不要一味只顾宽大为怀；表示他们对基督教徒的憎恶，请求政府至少将那些不敬神的宗派逐出他们各自的地区之外去。马克西明在推罗市民的表章上所作的批语至今尚在。他以无比满意的口吻赞扬了他们的热情和虔诚，申斥了基督教徒的不敬神的顽固态度，并通过迫不及待地同意他们流放基督教徒的要求，显示出，他认为自己只是接受了而并非提出了一项义务。祭司和地方行政官员们全都被授权执行他的那些刻在铜牌上的敕令，敕令虽然告诫他们要避免流血，但是对一些执拗的基督教徒却仍然施以最残酷和最恶毒的惩罚。

对于一个如此有计划地制定暴虐政策的顽固而残暴的君王，亚细亚的基督教徒无不谈虎色变。但是，没过几个月，由西部两皇帝颁布的敕令却迫使马克西明不得不暂时中止执行他的迫害计划

了:他轻率地对李锡尼发动的内战占据了他的全部注意力;而马克西明的失败和死亡很快便使得基督教会从它的最后的也是最凶狠的敌人的手中解脱出来了。

在这段关于最初由戴克里先的几道敕令授权进行的这一迫害活动的描述中,我有意略去了某些基督教殉教者遭受苦难和死亡的情景。事实上,要从优西比乌斯的历史书、从拉克坦提乌斯慷慨激昂的演说词以及从最古老的案卷中收集起大堆令人毛骨悚然和
236 厌恶至极的描绘,以便让各种刑架和皮鞭、铁钩和烧红的铁床,以各种各样用火与铁,用野兽和比野兽更加野蛮的刽子手,所能加之于人体的刑具充斥我们的若干书页,原是再容易不过的事。这些凄惨的图景还可以用目的为了推迟死亡,或庆祝胜利,或指引人们去发现那些为基督献身、被奉为圣徒的遗骨的形形色色显灵场面和奇迹加以烘托。但是,在我弄清楚我对这些记述应当相信到何种程度以前,我却无法决定该抄录哪些内容。最严肃的教会史学家优西比乌斯本人就曾间接承认,他重述了一切能为基督教增光的记载,却略去了所有可能使基督教丢脸的东西。这样一种承认不免会使人怀疑,一个如此公开违反历史学基本法则的作者,恐怕对它的另一条法则也未必会严格遵守。而优西比乌斯本人,几乎和任何一个同时代的人相比,都更少轻信的色彩,并更为熟悉宫廷里的各种手腕,也使这种怀疑更为可信了。在某些特定场合,当政府官员为某些个人的利害或冤仇所激怒、当殉教者的狂热情绪促使他们忘记了小心从事的准则,甚至忘记了起码的体面,竟然动手推倒祭坛、对皇帝肆意谩骂、殴打开庭审案的法官的时候,那恐怕不论什么样人类所能想象、最坚强的信念所能受忍的种种酷刑都

会用来加在那些虔诚的牺牲者的身上。然而，有两个无意中提到的情况却让人体会到，一般对那些被司法官员逮捕的基督教徒的处置实际并不像通常所设想的那么不堪。1. 被判在矿坑中劳动的信徒，由于看守的仁慈或疏忽，完全可以在那些阴郁凄凉的住处修建小教堂，自由地表达自己的宗教信仰。2. 主教们不得不去阻止和谴责一些自动向行政官员投案的头脑过于发热的基督教徒。他们中有些被贫困和债务所迫，盲目地希望借机光荣地死去以了结自己悲惨的一生；另一些则天真地希望经过一段短时间的监禁便会洗去自己一生的罪孽；还有一些人则出于一种不光彩的动机，盼着得到一大笔教会给予坐监者的补贴，使他们从此可以过较富足的生活。在教会战胜它的一切敌人之后，被囚的人出于私利和虚荣心的考虑，都极力夸大各自所受苦难的程度。时间或地点的距离使他们完全有充裕的余地可以信口开河地编造：谁谁的伤口如

何顿时自愈，谁谁转眼恢复了健康，谁谁断掉的肢体立即神奇地又 237
重新接上等等，关于神圣的殉教者的各种例证，他们全可以十分方便地用来解决编造的困难和压下别人的改正意见。最夸张的传说，只要有助于为教会增添光彩，便会受到轻信的会众的喝彩，得到有权力的教士团的容忍，并为教会历史采用一些可疑的证据所证明。

关于流放和监禁、苦难和折磨的含含糊糊描述，在一个机伶的演说家的笔下，十分容易被任意加以夸大或冲淡，使得我们不得不决定对一个更为清楚、不易篡改的事实进行一番探索；那就是由于戴克里先、他的共治者以及他的继位者颁布的敕令而丧命的人究竟有多少？近代的传说记载了整支军队和整个城市的市民如何在

一次不分青红皂白的迫害怒潮中被一扫而光的例子。更早一些的作家则仅仅满足于不着边际地悲愤地大发一通牢骚,却都不屑于弄清楚究竟有多少人被容许用鲜血证实了自己对福音的信仰。不过,从优西比乌斯的史书中我们可以看出,仅只有9位主教被处死;而根据他具体列举的巴勒斯坦的殉教者名单,我们可以断定,真正被加上那个称号的基督教徒也不会超过92人[①]。由于我们不了解那一时期一般主教们的热诚和勇气究竟如何,我们也便不可能从这些事实的前者作出任何有用的推断;但其后者却可以帮着确证一个十分重要和极为可能的结论。根据罗马帝国行省划分的情况看,巴勒斯坦的面积可以看作是东帝国的1/16;而既然有些总督不论是出于真诚的还是假装的仁慈,始终不曾使自己的手上沾染基督教徒的鲜血,我们也便有理由相信,那个过去的基督教的诞生地,在伽勒里乌斯和马克西明治下被处死的殉教者至少应

238 占全国殉教者的1/16;那么其全数便可能达到1500人,这个数字如果按这场迫害延续的10个年头平均分配,每年实际牺牲的殉教

① 他在结束这段叙述时明确告诉我们,这便是在整个迫害时间在巴勒斯坦出现的殉教事件。他的书中讲述埃及的蒂巴伊斯的第8卷第9章可能显得有些和我们的保守的估计不甚协调,但那也只会使我们不免对这位史学家的巧妙安排深感钦佩。为那最精巧的残暴行径选定了罗马帝国最遥远、最偏僻的场地,他却说在蒂巴伊斯常常在同一天里就有10~100人殉教。但当他接下去讲他自己前往埃及旅游的时候,他的话却在不自觉中变得更加小心和更为温和了。他不再使用巨大而确定的数字,而只说许多基督教徒,而且还特意巧妙地挑选了两个含糊的字眼,让人既可以理解为他亲眼所见,又可理解为他听人说过;既可以理解为打算执行,也可以理解为已经执行了某种惩罚命令。在这样给自己留下一条安全的退路之后,他就这么把一些模棱两可的段落交到了他的读者和译者手中;他完全有道理想到,反正他们的虔诚必会使他们选择最有利的含义。提奥多鲁斯·墨托奇塔的话也许是带着恶意的,他说,所有像优西比乌斯一样对埃及人深刻了解的人,都喜欢使用一种晦涩的、复杂的风格。

者则为150人。在意大利、阿非利加，也许还有西班牙等省，经过两三年之后，严峻的刑法或者被暂时搁置，或者被废止了，这几省如果也按同样的比例计算，那么，在罗马帝国境内经法院判决处以极刑的基督教徒群众将减至不足2000人。既然无可怀疑，同以往任何一次迫害相比，在戴克里先时代，基督教徒的人数更多，他们的敌人也更加疯狂，这个或许可信的温和的估计数也许可以帮助我们推算出到底有多少原始的圣徒和殉教者为了在世界范围内引进基督教这一重大目标而牺牲了性命。

我们将以一个自动勉强闯入我们的思想的、深可悲叹的事实来结束这一章；那就是：在殉教的问题上，即使我们毫不犹疑，也不去深究，完全承认一切史书上的记载或者虔诚的教徒所杜撰的一切，我们仍然必须看到，基督教徒在他们长时期的内部斗争中彼此之间造成的伤害远远超过异教徒的狂热使他们遭到的迫害。在西罗马帝国被推翻后的那段愚昧时代，帝国都城的主教们把他们的统辖权既扩大到俗人头上，也扩大到拉丁教会的神职人员头上。他们建立起来很有可能会长期抵制理性的微弱力量的冲击的一套迷信体系却终于遭到了从12—16世纪一直存在的以一群改革家的面貌出现的无数大胆的狂热分子的摧毁。罗马教会以暴力保卫他们以欺骗手段得来的帝国；一个和平和仁慈的体系很快就被放逐令、战争、屠杀以及宗教法庭的建立而弄得乌烟瘴气。而由于改革派更受到热爱民权和宗教自由的人们的鼓舞，天主教的亲王们便把自己的利益同教士的利益结合起来，并不惜用火与剑来推行宗教惩罚的恐怖。据说，仅在荷兰地区，查理五世的臣民就有10万余人倒在刽子手的屠刀之下。这个惊人的数字曾得到格劳修斯

的证实，这个人才华出众，学识渊博，在疯狂的教派斗争之中始终保持着冷静的头脑，他还在由于印刷术的发明较易得到情报，但同时也增大了被人发觉的危险的时候，为自己的那个时代和自己的国家撰写了一部编年史。如果我们不能不相信格劳修斯的权威性，那我们就必须承认，仅仅在一个行省和一个君主的统治时期中，被处决的新教徒就远远超过了在三百年时间中，在整个罗马帝国范围内的原始殉教者的人数。但是，如果这一事实实在让人难
239 信的感觉竟然压倒了这些证据的力量，如果我们认定格劳修斯过分夸大了宗教改革派的功绩和苦难；那我们便很自然地要问一问，对于古代的那些出于轻信写下的可疑的极不完备的重要作品，我们又能相信到什么程度；对于一个在君士坦丁的保护之下，独享记述仁德的皇帝被征服的对手或完全失势的前任迫害基督教徒情况的宫廷里的主教和狂热的演说家，我们又如何能完全相信呢？

向 东 推 进

第十七章　新罗马。君士坦丁堡的兴建及其落成。新型政府的职权划分。警察国家的开端。

不幸的李锡尼是君士坦丁的崇高地位的最后一个挑战者，也是为他的胜利增添光彩的最后一个俘虏。这位征服者在度过了一段安宁、昌盛的统治时期之后，留给他的家族的是一个罗马帝国，一个新的都城、一项新的政策和一种新的宗教；而且，他所推行的改革政策一直都受到后代统治者的奉行和推崇。在君士坦丁大帝和他的儿辈统治下的那一时期，许许多多重大事件纷至沓来。一位历史学家，如果不能不辞辛劳，把那些仅只有时间上联系的各种具体材料一一分解开来，他自己便会被那数量庞大、千头万绪的事件弄得束手无策了。在他开始叙述加速帝国衰落的战争和革命之前，他应该先把那些有助于帝国强大和稳定的政治制度详细描绘一番。他应当采取一种古代的俗人和僧人都无法想象的分类法：以基督教的胜利及其内部纷争为线索，这样便能为教育后人以及为便于后人批判提供充分而明确的史料。

在李锡尼被击败并让位以后，他的得胜的对手便开始筹建一座法定在将来将长存于君士坦丁的帝国和宗教，作为东方霸主继续统治下去的城市。最初使戴克里先从那古代政治中心退出的那

些不知是出于骄傲还是出于策略需要的动机，后来由于他的一些后继者的榜样作用和40年的一贯做法，显示出了更大的威力。那些原来依附于罗马并承认它的最高权力的几个王国与罗马的附庸关系在不知不觉中被打乱了；而一位出生于多瑙河畔，在亚洲的宫廷和部队中受过教育，由不列颠军团使之紫袍加身的好战的君王更是把这恺撒的王国根本不放在眼里。原来把君士坦丁视为他们的救星的意大利人一直都恭顺地接受了他不时屈尊向元老院和罗马民众发布的敕令；但是对这位新君王他们却很少有机会有幸一
241 见。君士坦丁在他的盛年时期，总根据和平和战争的不同需要，或者迟缓而庄严地或者不辞辛劳地在他统治的广阔国土的边界上活动；时刻准备着与外来的或国内的敌人一战。但是，随着他逐渐接近鼎盛时期，并日趋衰老的时候，他开始设想如何才能永久地保持他的国家的强大和王权的尊严。在经过权衡轻重之后，他决定把目光集中在欧洲和亚洲的土地上，用强大的兵力压制住生活在多瑙河和塔奈斯河之间的野蛮人，随时警惕着那个一直对一项屈辱条约强加于身的枷锁感到怒不可遏的波斯王的动静。戴克里先当年也正是由于这样一些考虑才选定并大力建设了尼科米底亚居住区；但是，这位教会的保护者完全有理由对已死去的戴克里先十分厌恶，而君士坦丁却又不无野心，愿意建立一座能使自己的名字随之而永存的城市。在与李锡尼交战的后期阶段，他完全有足够的时间，从军人以及从政治家的角度反复考虑拜占庭的无与伦比的战略位置，并注意到它的自然条件如何有利于阻止外来敌人的进攻，同时又四通八达，极有利于经济交往。在君士坦丁之前几代人便有一位极有眼光的古代史学家曾指出地理位置的极大重要性，

并说就是因为这个，希腊这一块十分弱小的殖民地才能拥有海上霸权，并有幸成为一个独立而繁荣的共和国。

如果我们按君士坦丁堡的赫赫威名所及的边界来观察拜占庭，这座皇都的形象可以说近似一个不等边的三角形。它的指向东方和亚洲海岸的钝角尖端直逼色雷斯人的博斯普鲁斯海峡的波涛。该城的北部以海港为界，南面濒临普罗蓬提斯或马尔马拉海。三角形的底边正对着西方，以欧洲大陆为界。但对它令人赞叹的地形和周围的大陆和水域的分布情况，如果不加以详尽的描写，是很难充分地明确理解的。

黑海的水流日夜不停迅速奔向地中海时所经过的那曲折的海峡被称为博斯普鲁斯海峡。这个名字不仅在历史上，实际在古代神话故事中便早已广为人知了。在那陡峭的绿树成荫的海岸上到处布满了庙宇和求神的祭坛，充分显示出了那些踏着阿尔古船的英雄们[①]的足迹重访险恶的黑海的希腊航海家们的无能、胆怯和虔诚。在这一带海岸长期流传着关于淫邪的鸟身女怪占领菲纽斯神殿的故事，流传着关于森林之王阿密科斯在塞斯图斯向勒达的儿子挑战的故事。博斯普鲁斯海峡的尽头是库阿尼恩岛礁，这岛
礁据一些诗人描写，最早全浮出海面，原是天神为防止俗人出于好 242
奇的窥探特意用来守护这黑海入口处的屏障。从库阿尼恩岛礁到拜占庭的顶端的港口，蜿蜒曲折的博斯普鲁斯海峡长达16英里，它的最一般的宽度大约在一英里半左右。在欧、亚两大陆上修建的新城堡则建筑在两座著名的庙宇，塞拉庇斯庙和朱庇特·乌利

① 希腊神话中随依阿宋到海外寻找金羊毛的船员。——译者

乌斯庙的基础之上。而一些由希腊皇帝修建的老城堡,则占据了海峡最狭窄部分的一些地区,那地方和对岸突出的海滩相距仅不过五百步了。这里的要塞在穆罕默德二世企图包围君士坦丁堡时,曾重新修建并予以加固:但是这位土耳其的征服者很可能完全不知道,在他的统治时期近两千年前,大流士皇帝就曾选定这同一地点企图修建一座把两个大陆连接起来的浮桥。在距离那些老城堡不远的地方已发现了被称为克吕索波里斯,或称斯库台的小城,这里很可能就是君士坦丁堡的亚洲郊区。博斯普鲁斯海峡在它开始逐渐展开并和普罗蓬提斯海汇合的时候,正好穿过拜占庭和卡尔西冬之间的一段海域。卡尔西冬城是在希腊人修建拜占庭城的前几年建成的。那些建造者竟然没有看到从地理位置讲,海峡对岸显然比这边更为优越百倍,他们的这一糊涂做法一直被传为笑柄。

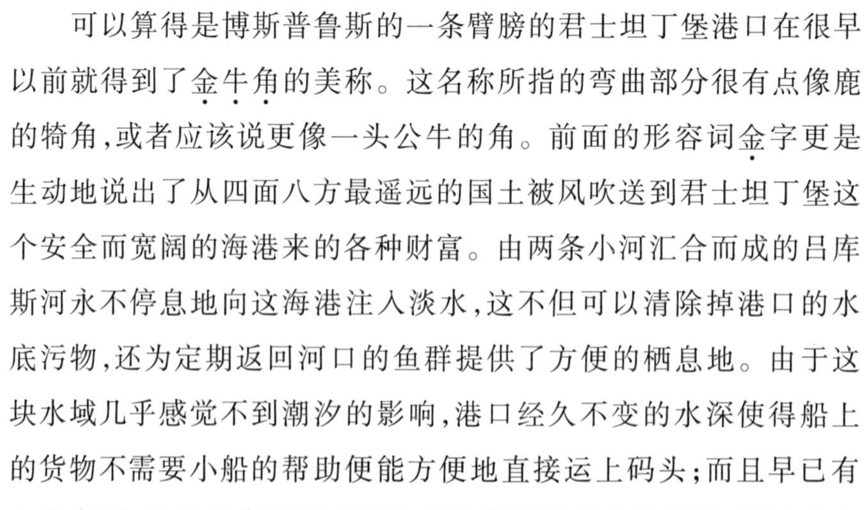

可以算得是博斯普鲁斯的一条臂膀的君士坦丁堡港口在很早以前就得到了金牛角的美称。这名称所指的弯曲部分很有点像鹿的犄角,或者应该说更像一头公牛的角。前面的形容词金字更是生动地说出了从四面八方最遥远的国土被风吹送到君士坦丁堡这个安全而宽阔的海港来的各种财富。由两条小河汇合而成的吕库斯河永不停息地向这海港注入淡水,这不但可以清除掉港口的水底污物,还为定期返回河口的鱼群提供了方便的栖息地。由于这块水域几乎感觉不到潮汐的影响,港口经久不变的水深使得船上的货物不需要小船的帮助便能方便地直接运上码头;而且早已有人注意到,这里经常可以看到许多停靠着的庞大的船只,船头靠在房屋边,而船尾却仍然在海上漂浮。从吕库斯河口伸到海港港口

的这只博斯普鲁斯的臂膀共长 7 英里有余。该港的入口处却仅宽约 500 码，必要时横拉起一根粗壮的锁链便可使港口和城市免遭敌舰的侵袭。

在博斯普鲁斯海峡和赫勒海峡之间，欧洲和亚洲的海岸同时从两边后撤，环抱着马尔马拉海，这里在古代却被称作普罗蓬提斯。从博斯普鲁斯海口出来到进入赫勒海峡的入口处的航程约为 243
120 英里。谁要是穿过普罗蓬提斯的中部向西航行，他便会立即远远看到色雷斯和比提尼亚高地，并发现远处高耸的奥林匹斯山的终年积雪的山峰始终都在自己的眼前。在他的左侧越去越远的是一个深深的海湾，坐落在海湾底部的是戴克里先的皇都尼科米底亚城。他还将经过库济库斯和普罗科那苏斯等几个小岛，然后才能在加利波利抛锚停泊。而在这里，分隔欧亚两大洲的这片海域又收缩起来，变成了一条狭长的海峡。

有些地理学家，利用最精确的测算方法考察了赫勒海峡的形貌和大小，他们认定这条著名海峡的曲折长度是 60 英里，一般宽度为 3 英里。但我们发现这个海峡最狭窄的地方是土耳其古城堡以北，塞斯图斯和阿比杜斯城之间的一段海面。正是在这里，冒险家勒安得耳[①]为了得到他的心上人，曾多次游过这片巨浪。也正是在这里，薛西斯，为了将 170 万野蛮人运往欧洲，在一处两岸距离不超过 500 步的地方用船只搭起了一座无比宽大的浮桥。一片收缩得如此狭窄的海面，似乎绝称不上宽广，而荷马和奥尔甫斯却

① 在希腊神话中，勒安得耳是女祭司希罗的情人，他为了和她相会，每天夜里游过这一海峡。——译者

经常这样来形容赫勒海峡。但是,我们对大小的概念原是相对的:那位沿着赫勒海峡前进的旅客,尤其是那位诗人,在蜿蜒曲折的海流中随波荡漾,极目远望似乎已是天地尽头的四周的田园风光,便会在不知不觉中忘却大海的存在;他们的想象力很容易使他们把这海峡看成是宽广奔腾的河流,河水湍急地在丛林和陆地之中流过,最后,通过一个宽阔的入海口流入爱琴海,或称多岛之海。远古的特洛伊城就坐落在伊季山脚下的一个高地上,居高临下俯视着赫勒海口。注入赫勒海峡的两条永不干涸的小河西摩伊斯河和斯卡曼尔河几乎不能给它增添水量。当时希腊人的军营沿岸延伸约 12 英里,从西格安直到罗提安海岬,军营的两翼则由举着阿加门农战旗的最勇敢的精锐部队守卫。这些海岬中的第一个先被阿喀琉斯和他率领的无敌的战将占领,接着,大无畏的埃阿斯便在另一个海岬上安营了。由于过分自傲而终于成为忘恩负义的希腊人的牺牲品的埃阿斯的坟墓就建立在他曾经奋力保护海军使之免遭愤怒的约夫和赫克托耳的战火破坏的地方;那时已正在兴起的罗提安镇上的居民一直都把他奉为神明。君士坦丁在终于正确地选定拜占庭之前,曾想到把帝国的中心建立在这个著名的,据传说罗
244 马人最初生息繁衍的地方。他首先选作他的新都城地址的便是这片位于古特洛伊城下,面朝罗提安海岬和埃阿斯坟墓的广阔的平原。尽管这个计划很快就被放弃了,但是在这里留下来的一些未完工的雄伟的墙壁和城堡至今仍然吸引着每一位航行经过赫勒海峡的旅客的注意。

我们现在完全可以有根据地来评论君士坦丁堡的优越地位了。它仿佛正是大自然专为一个庞大的君主国家设计的中心点和

都城。这座位于北纬41°线上的皇都正好可以从它的七座小山上俯瞰着欧、亚两大洲的海岸;这里气候温和宜人、土地肥沃、海港宽阔而安全,要往欧洲大陆距离也不远,而且易于防守。博斯普鲁斯和赫勒海峡可以被视为君士坦丁堡的两道大门,占有这两条水上重要通道的君主随时都可以在敌人的海军来犯时将它们关闭起来,而为前来贸易的商船敞开。东部诸省份所以得以保存,在某种程度上应归功于君士坦丁的政策,因为在上一代曾经向地中海心腹地带疯狂显示武力的黑海地区的野蛮人,很快便自认为无法超越这不可逾越的屏障,被迫终止了海盗行径。即使在赫勒海峡和博斯普鲁斯海峡这两道大门都关闭起来的时候,这都城依靠它所圈入的宽广土地,仍能进行各种生产以满足它的众多居民的生活必需和高级享受。在土耳其的压迫下呻吟的色雷斯和比拉尼斯海岸,凭着它的葡萄园、果园和农业的丰收仍然展现出一幅富足的景象;而普罗蓬提斯则一直以拥有取之不尽的最佳鱼类资源著称,这鱼,到了汛期,不需要任何技术,甚至几乎不需要花费多少劳力便可大量捕获。而在这两个通道为了对外贸易完全敞开时,它们则可以更番接纳来自南面和北面,来自黑海和地中海的天然物产和人工制作的财富。凡是从日耳曼和西徐亚森林直到遥远的塔奈斯河和玻里斯提尼斯河的源头,能收集到的任何粗糙的土产,凡是欧洲或亚洲的工艺能制作的任何手工艺品;加上埃及的谷物,最遥远的印度的宝石和调味品都会始终被不时变换方向的风吹送到君士坦丁堡的港口中来,使它在接连许多代的时间内一直是古代的世界贸易中心。

君士坦丁堡的兴建

一个地点同时具备美丽、安全而且富足的条件，这便完全足以证明君士坦丁的选择是无可非议的了。但是，不论在任何时代，一个伟大的城市的诞生总得和一些神话传说或一些非凡人物联系在一起以显示它的威严，因此这位皇帝也便不愿过多地把他的决定归之于难以作准的人的决策，而倒愿意更多地把它说成是依靠永恒的、万无一失的神的智慧作出的。在他的一份法典里，他十分认
245 真地告诉他的后代，他完全是听从神的意旨才为君士坦丁堡奠定了永恒的基础；对这一点，尽管他自己不肯费神说明上天的启示是如何传入他的头脑中去的，但他这种谦虚的沉默所留下的空白却被后来一代一代的作家，凭着自己的聪明才智，充分填补起来。他们详细描绘了当君士坦丁夜宿拜占庭城内的时候，在他的睡梦中天神对他显灵的情景。该城的守护神，一位年老体衰的老婆婆在他面前忽然间变成了一位如花似玉的少女，他于是亲手用帝国的一切伟大的象征为她作装饰。这位君王醒来以后对这吉利的朕兆细细揣摸了一番，然后就毫不犹豫地遵从天意行事了。在一座城市或一个殖民地诞生的日子，罗马人总按照传统的带有迷信观念的旧习，不惜一切地举行隆重的庆典；尽管君士坦丁可能减去了一些异教味道过于浓厚的陈旧仪式，但他却显然十分醉心于在在场的臣民心中留下一个威严而充满希望的深刻印象。这位皇帝手执长矛，步行走在那庄严的队伍的最前面，亲自领导着圈画下这座未来城市的边界线，那圈入的范围越来越大。一直到有些随从在惊

愕之余不得不壮着胆子告诉他说，他所圈入的地面已经超过一座巨大城市的最大面积了。“我还得继续前进，”他说，“一直到引导我前进的不可见的神灵认为应该停止的时候。”对这位超凡的领导者的性情或意图，我们这里不打算进行研究了；让我们还是脚踏实地来描述一下君士坦丁堡的疆域和范围吧。

这座城的实际情况是，皇宫和宫廷园林占据了东面的那一海岬，也就是那七座山丘的第一座，按我们今天的尺度计算，占地150英亩。那土耳其式的对女人专宠、对臣民专制的中心正好就建在一个希腊式的共和国的基础之上，不过我们也可以假定，当时的拜占庭人由于看到那港口的便利条件，急于想超越现在的皇城的边界向那个方向扩大他们的居住区。君士坦丁的新城墙，横跨三角形的宽阔的腰部，在距离古堡垒15斯达底亚[①]的地方，从港口直砌到普罗蓬提斯。这城墙，包括拜占庭城在内，把七座山丘中的五座全都包容进去。而这七座山丘，在走近君士坦丁堡的人看来，一层高似一层，煞是壮观。这位奠基人死去约一个世纪之后，这一新兴城市一侧向港湾上部发展，一侧沿普罗蓬提斯延伸，现在已覆盖了第六山丘的狭窄的山脊和第七山丘的宽广的山顶。由于必须保护这些城郊地区不受野蛮人的不断骚扰，较年轻的提奥多西乌斯兴工建造了足够的永久性城墙把这座城包围起来。从东面的海岬到那金色的门户，横贯君士坦丁堡的最长的一条线约为3 246
罗马里，周长在10～11罗马里之间，面积如果按英制计算，大约合3000英亩。现代旅游者有时把君士坦丁堡的边界一直延伸到连

① 古罗马长度，约合607英尺。——译者

欧洲甚至亚洲边界上的一些小村镇都包括进去，他们的这种虚妄的夸大其词的说法是没有任何根据的。不过佩拉和加拉塔等地区，虽然越出了海港范围，却仍可以看作是该城的一部分，而如果加上这块地方的面积，有一位拜占庭历史学家曾把作为他的出生地的这座城市的周长估算为16希腊里（约合14罗马里）也许就不能说是完全没有道理了。如此宽广的一块地方不能说不配作为一个帝国的都城。但是君士坦丁堡却仍旧必须屈居于巴比伦、底比斯、伦敦甚至巴黎等城市之下。

这位立志要为自己的光辉统治立下永恒丰碑的罗马世界的主人，为了完成这项伟大的工程，可以竭尽他的千百万驯服的臣民的全部财富、劳力和智慧。这次帝国慷慨地花在修建君士坦丁堡上的总费用，通过光是建筑城墙、门廊和渡槽便花去大约250万英镑这个数字，便可以大致估算出来了。覆盖黑海海岸的森林，普罗科那苏斯小岛上的著名白色大理石采石场，都可以提供取之不尽的建筑材料，而且只须经过一小段水路就能源源不断地运往拜占庭港口。千千万万的劳工和技术工人都希望这耗尽无限劳力的工程早日完工；而这位不耐烦的君士坦丁却很快发现，由于技术水平日益下降，现有的建筑师不论在技术上还是在数量上都远远满足不了他的庞大设计的要求。于是，他指示帝国最遥远地区的各省总督立即兴办学校，指派教师，并利用可以获得奖金或特权的诱惑，把大批曾受过较好教育，有一定天赋的年轻人集中起来，学习并从事建筑行业的工作。新城的建筑工作是君士坦丁依靠他的统治势力所能找到的最优秀的人才进行的；但装饰用的作品却全都出自伯里克利和亚力山大时代最著名的大师之手。要想再使菲迪亚斯

和利西波斯的天才复活，那确实超出了一位罗马皇帝力所能及的范围；然而，他们留给后代的不朽的作品却无处躲藏，全部暴露在这位专好虚荣的暴君面前，任其掠夺。在他的命令之下，希腊和亚洲的许多城市的最有价值的珍宝全都被洗劫一空。著名战役的俘获品，具有宗教意义的圣物，技艺极为精巧的神像、英雄像以及古代著名智者和诗人的雕像等全都被用来增强君士坦丁堡的不可一世的辉煌景象；无怪乎历史学家凯德列努斯不无感慨地评论说，这里除了缺少这些令人赞叹不已的艺术品企图体现的杰出人物的灵 247
魂以外，可以说无不应有尽有了。但是，很明显，在这君士坦丁的城中，在一个人的思想受到政治和宗教双重奴役的衰落时期的帝国中，我们是绝不可能找到荷马或德谟斯提尼的灵魂的。

在围攻拜占庭时，这位征服者曾把他的营帐安置在居高临下的第二座山丘的山顶上。为了永久纪念他的这次胜利，他仍选定这个极有利的地位建造了该城的中心广场，这广场看上去可能是圆形的，也可能是椭圆形的。广场的两个遥遥相对的入口做成凯旋门形状。环绕广场四周的柱廊中布满了各种雕像，广场的中心矗立着一根高大的石柱，这石柱现在仅剩下断裂的一段，被人们不经意地叫作“烧焦的柱子”。这柱子原立在一个 20 英尺高的白色大理石基座上，系由 10 块高 10 英尺，周长约 33 英尺的斑岩拼成。在石柱的顶端，大约距地面 120 英尺的高处。矗立着太阳神的巨大雕像。雕像是铜制的，据猜测可能是从雅典或者从一个名叫弗里吉亚的镇上运到这里来的，一般认为出自菲迪亚斯之手。这位艺术大师使他所塑造的白日之神，或者按照后人的说法，实为君士坦丁皇帝本人，右手拿着权杖，左手抓着代表整个世界的地球，头

戴金光闪闪的王冠。那马戏场,或称竞技场,长 400 步,宽约 100 步,也修建得十分气派,两门之间的空间布满了各种雕像和石碑;这里我们可以观察到一件非同一般的古物残余:三条蛇缠绕在一根铜柱上。它们的三个头一度曾支撑过金色的三角祭坛,但在薛西斯被击败以后,得胜的希腊人便把它奉献给德尔斐神庙了。竞技场的美在土耳其征服者的蹂躏下早已失去了原有的光辉,但是仍沿用着阿特梅丹的旧名,这地方实际被当作了他们的驯马场。从皇帝可以坐观竞技节目的宝座前有一条螺旋形的阶梯直通王宫;这里有一群宏伟的建筑,几乎不亚于罗马城的王宫,加上附属的庭院、花园、柱廊等,整个建筑群从竞技场到圣索菲亚大教堂占据了普罗蓬提斯沿岸很大一片地方。我们还可以对大浴场也大加赞赏一番,它在君士坦丁慷慨地用高大的石柱、各种大理石雕刻,以及 60 多座青铜像加以装饰之后,却仍沿用着宙克西普斯这个旧名。不过我们在这里如果着意地去详细描写城中各个不同地点的不同建筑,那我们就会偏离这段历史的大关节了。一言以蔽之,一切凡能有助于显示一座伟大都城的宏伟、壮丽的东西,一切有助于为它的居民提供便利和娱乐的东西,在君士坦丁堡这座城市的四
248 墙之内无不应有尽有。有一份在该城建成后约一百年写成的颇为奇特的文章开列了:1 座学校或学府、1 个竞技场、两个剧场、8 个公共浴场、153 个私人浴场、52 条柱廊、5 座谷仓、8 条水渠或水库、4 座用于元老院会议或法庭审判的宽广的大厅、14 座教堂、14 座宫殿;还有 4388 间在高大和华丽方面显然非一般平民住宅所能比的房屋。

该城的建造者对这个他心爱的城市下一步最为关心的一个严

重问题是人口过多。在紧接在罗马帝国东迁之后的黑暗时期，这一重大问题的远期和近期危害都奇怪地被好虚荣的希腊人和轻信的拉丁人完全忽视了。人们都说并且相信，罗马所有的贵族家庭、元老院成员、骑士阶级以及他们的不计其数的随从人员都跟随皇帝迁到普罗蓬提斯岸边去；相信那荒凉的古都则完全留给了由外来户和当地平民混杂而成的人群；而那早已被改作果园的大片意大利土地马上就完全无人居住和耕作了。在现在的这部历史中，对这些夸大失实的说法我们都将还它个本来面目；但是，由于君士坦丁堡的发展并不能归之于一般的人口增长或工业发展，我们必须承认这块人为的殖民地完全是以帝国原有的许多旧城作为牺牲兴建起来的。罗马城及东部几省的许多富有的元老都曾受到君士坦丁的邀请，让他们到他为自己的住所选择的这块福地来定居。一个主子的邀请往往是难以和命令相区别的，因而皇帝的这种慷慨态度立即赢得了心甘情愿和兴高采烈的服从。他把他在新都城多处修建的宫殿分赠给他的亲信，还分给他们土地和固定津贴，以使他们能维持高贵而体面的生活，他并且还把本都山脉和亚洲的领地划给在都城中的永久住户，作为他们世袭的产业。但是这类鼓励措施和优惠条件是很容易变成多余的，因而很快便被废止了。无论政权中心安置在什么地方，国民收入的相当大一部分总都会被皇帝本人，被他手下的大臣，被法庭的官员以及宫内人员挥霍掉。外省的最富有的人自然都会为这巨大的利益、权势、欢乐和新奇的强大诱惑而垂涎不已。于是，居民中的人数众多的第三阶层，也便在不知不觉中由仆役、手艺人和商人们形成。他们靠出卖劳力，靠满足上层人士的需要或奢侈生活来谋生，在不到一百年的时

间中，君士坦丁堡在财富和人口数量方面已可与罗马城争雄。一片一片的新建筑群根本不考虑卫生条件或生活上的便利，稠密地挤在一起，留下极其狭窄的街道，使得永远拥挤不堪的人群、马匹
249 和车辆几乎都无法通行了。原来圈定的城区范围已渐渐容不下日益增长的人口，新的建筑由两边向大海方向延伸。这新增部分已足够自成一座相当大的城市了。

经常不断地分发酒和油，分发粮食或面包、钱或实物，几乎使罗马的贫穷人民全用不着劳动了。这位君士坦丁堡的创建人这样在某种程度上效法了第一位恺撒大帝的仁政；却遭到了后代的指责。一个由立法者和征服者统治的国度可能会认为他们对自己付出血的代价在非洲大陆取得的收获拥有理所当然的主权；而奥古斯都却更是费尽心机力图使罗马人民感到，现在既然已能过上富裕的生活，便应彻底忘掉过去的自由。然而，君士坦丁的这种荒唐的挥霍不论从公共利益还是从私人利益来考虑都是不可原谅的；为建造他的新都城，每年从埃及强征来的税收实际全用来养活了一大群妄自尊大的懒汉。这位皇帝制定的其他一些法规倒是无可厚非，但却也都无关紧要。他把君士坦丁堡分作 14 个地区或区域，把公众议会尊称为元老院，使这里的公民享受意大利式的特权，并把这座新兴的城市称作殖民地，使它成为古罗马第一位最受宠的爱女。而她的德高望重的母亲却仍然享有着公认的法律上的最高领导地位，而这是和她的年岁、她的威严以及她过去的伟大完全相适应的。

君士坦丁堡的落成典礼

由于君士坦丁对这座城市的无比酷爱，迫不及待地督促加速施工，全部城墙、门廊及其主要建筑在几年时间里，或者，根据另一记载，在几个月的时间里就完工了。但这种超乎寻常的速度却令人不敢恭维，因为许多建筑都是在极端仓促中草率完成的，以致在以后的几代皇帝手中，为了维护某些建筑物不致彻底坍塌，真花费了不少力气。但在这些建筑刚刚建成，显示出一派新奇和宏伟气势时，该城的创始人已在为庆祝它的落成进行筹备了。在这样一个盛大的、值得纪念的节日里，会上所表演的节目和花费之大不难想见；但是还有一个具有永久意义的奇特情况，我们这里却不能不讲一讲。每当该城的生日来临时，按照君士坦丁的命令，都要在一辆凯旋式战车上竖立一尊右手擎着该城守护神小型塑像的君士坦丁包金的木制雕像。仪仗队的士兵，手持白色细蜡烛，身着盛装，随着这庄严行进的队伍一起穿过大竞技场。当队伍行经这位在位
皇帝的宝座对面时，他便从座位上站起来，虔诚地向他的前代皇帝 250
表示感激和尊敬。在这座城市的落成典礼上，还通过一道雕刻于一根大理石柱上的敕令，赋予这座城市**第二罗马**或**新罗马**的名称。然而君士坦丁堡这个名字却始终胜过了那个高贵的称呼，而且，在经过 14 个世纪的变革之后一直保留着它的缔造者的不朽名称。

新型政府的职权划分

新都城的建立一般必然伴随着新的民政和军政管理制度。由戴克里先提出，由君士坦丁加以改进，并由他后面的几位继位者使之完成的一套复杂的政治体系的明确见解，可能不仅仅是通过一个庞大帝国的奇特形象而发人深思，同时还向人们揭示出了帝国迅速衰退的秘密的内在原因。我们在追溯过去的任何一种独特的制度的时候，总不免要联系到更早或更晚的罗马历史；但这种研究的比较适当的时间界线应该包括从君士坦丁继位到颁布狄奥多西法令的这大约 130 年间，从这一段历史中，以及从西部和东部的百官志[①]中，我们可以得到有关帝国情况的最丰富、最有权威性的资料。当然，要讲一讲这些杂乱的内容便不得不在短时间内中断我们的正常叙述；不过却也只有那些不了解法律和社会习俗重要性的读者会感到不满，因为他们出于好奇，只是一味追索着一些转瞬即逝的宫廷变难或某个战役中偶然发生的事件。

罗马人满足于掌握实权的阳刚的傲气，把貌似伟大的形式和虚假场面留给了崇尚虚荣的东方。但是，在他们的从古代的自由生活中所获得的高尚品德渐渐连虚名也难以维持的时候，罗马人的社会风尚也在不知不觉中被亚洲朝廷的气派十足的装模作样的风气所败坏。个人的出众的功绩和影响，在一个共和国中是那样

① 百官志　古罗马文武百官职名录。原件失传，现存 1551 年抄本。它是了解古罗马帝国后期（公元 4 世纪末 5 世纪初）行政组织的主要史料。——译者

引人注目,在君主国家中是那样无足轻重,无人注意,而在罗马帝国的专制制度下则完全被消灭了。他们用以代替它们的是森严的下级服从上级的等级制度,从那些坐在皇座的阶梯上的拥有特殊头衔的奴隶到那些最下贱的滥施权力的工具。这种大量存在的可鄙的依赖关系,十分有利于维护现政权的存在,因为人们会担心一次变故便将断送他们的前程,并中断他们的劳役可能得到的报酬。在这种神圣的等级制(这正是大家常用的一种称呼)中,每一个等级都有一丝不苟的极严格的标记,不同的庄严程度又须靠各式各样毫无意义的严肃的礼节表现出来,这些礼节学起来是一门大学问,做起来些许差错便是大逆不道。由于在傲慢与献媚的交往中采用了大量西塞罗可能几乎听不懂,奥古斯都更可能愤怒地予以禁止的词汇,拉丁语的纯洁性完全被破坏了。见到帝国的高级官员,甚至包括君主本人,总给他们加上一些让人完全莫名其妙的称谓,如**真诚的**阁下、**庄严的**阁下、**高越的**阁下、**高超的**阁下、**崇高和** 251
绝妙的伟大的阁下、**辉煌和雄伟的大人**阁下等等。委任他们职务的命令或证书上总装饰着最能表明其工作性质和高贵地位的图案——在位皇帝的肖像或画像,一辆凯旋的战车,放在一张桌子上覆盖着华贵绒毯,用四支蜡烛照亮的法典;代表他们所管辖的行省的象征性的图形;或他们所统率的军队的名称和旗帜。这些表示官阶的象征物有时真地就陈列在他们的大客厅里;有的则当他们公开露面时出现在他们的浩浩荡荡的仪仗队的最前面;他们的一举一动、他们的服装、他们的装饰物以及他们的随从人员莫不曾经过精心安排,以求引起对那些皇帝陛下的钦差的最大崇敬。罗马帝国政府的这一套制度在一位思想深刻的观察家看来,很可

能会误以为这确实是一台好戏，剧中充满了各种不同性格和职位的演员，一个个都在重复背诵着最初那些人物的语言，模仿着他们的感情。

能在帝国中央政府中占一席之地的重要地方官员可以明确地分为三类：——1. 杰出者；2. 德高望重者或众望所归者；以及 3. Clarissimi，这一类人的称谓也许可以译作尊贵的阁下。在罗马帝国还是简单的罗马时期，最后提到的这个词儿只不过是一个一般用来表示尊重的称呼，但后来却变成专用以指元老院成员的特殊称呼，最后又变为用以称呼那些由元老院选出，担任各省总督的官员了。后来，那些认为自己官职和地位显然高于一般元老，因而必须有所区别的人，为虚荣心所驱使，全都热衷于众望所归者这个新称呼。不过杰出者这个称谓还一直保留着，专用于称呼那些出类拔萃，并为较低的另外两类人所尊敬和服从的人物。这称呼只可以用于：I. 执政官和贵族；II. 禁卫军卫队长，包括罗马城和君士坦丁堡的司令官；III. 骑兵和步兵总司令；以及 IV. 皇宫中负有侍奉皇帝的神圣职责的七位大臣。在那些一般认为应该处于平等地位的杰出的行政官员中，老资格的官员也只能和其他同行享受同等的荣誉。本来乐于不断对臣下施恩的皇帝，时而会通过毫不费力地颁发一些荣誉证书以满足那些迫不及待的朝臣的虚荣心——但绝不是他们的野心。

执政官与贵族

I. 在罗马执政官还是一个自由国家的最早的一批行政官的时

候，他们的权力便来之于人民的抉择。只要在位的罗马皇帝还肯 252
于对他们推行的奴隶制度加以掩饰，他们便还真正是，或者似乎是由元老院的选票选出的。从戴克里先的统治时期以后，这一点点自由的痕迹也被彻底消灭了，那些一年一度被授予执政官荣誉的获胜的候选人还假装着哀叹他们的前任所受到的可耻遭遇。而几代的西庇阿和几代的加图，为了通过一项既无意义而又劳民伤财的公众选举的形式却早已不得不甘冒被人民所拒绝的屈辱的风险，恳求民众投自己的票了；而他们的难得的幸运却使他们进入了一个高尚的品德定能得到一位贤明皇帝给与正当报偿的时代和政府。这位皇帝在写给两位当选的执政官的信中明确声言，他们的官职完全是由他独自决定的。他们的名字及肖像被雕刻在镶金的象牙板上，作为向各行省、各市镇、各级官员、元老院以及向人民赠送的礼品在帝国境内到处散发。他们的庄重的就职仪式一般都在皇帝的住处进行；而在 120 年的时间里，在罗马实际常常并不存在那种古老的行政官了。在 1 月的第 1 天早晨，执政官们全都佩戴上表明他们的高贵地位的标记。他们的服装是紫色的，用丝绒和金丝绣成的袍子，有的还缀有珍贵的宝石。在这个庄严的场合，陪伴他们的是穿着元老服装最有地位的政府和军队中的官员；在他们前面走着的是手里擎着一度绑着明晃晃的大斧，现在却毫无实际用处的束棒的几个侍从。游行队伍从皇宫向大竞技场或城市的中心广场进发，在这里，执政官们登上他们的台子，坐在为他们专设的仿照古代的式样制作的座椅上。于是他们立即开始行使一项司法权力：宣布解放一个专为此一目的被带到他们面前来的奴隶；这一仪式的用意是要再现自由和执政官的创始人布鲁图斯的一次

闻名于世的措施,正式接受告发塔克文阴谋的忠实的温德克斯为自己的同胞。接连几天,这种公开的庆祝活动一直在所有各主要城市里进行着;在罗马是出于传统习惯;在君士坦丁堡是为了学样;在迦太基、安条克和亚历山大里亚,则是由于喜欢热闹和过于富足。在帝国的两个都城里,每年在演戏、杂耍和竞技活动等方面的花销足有 4000 磅黄金,(约合 16 万英镑);而如果如此巨大的开支超出了行政官员的财力或意愿,亏空部分将由帝国的国库予以补助。各执政官在完成了这些传统的活动以后,便可以随意退到幕后去过他们自己的生活,在这一年的剩余时间里安安静静地
253 去回味自己的伟大。他们不再需要主持国家的政务会;不再参与和平还是战争的抉择。他们既无才能(除非他们在责任更大的部门另有职务),实际也无关紧要;而他们的名字也只不过作为记录之用,标明在一年的某一天他们曾坐过马略和西塞罗的宝座。然而,在罗马奴隶制的末期,人们仍然感觉到并且承认这种空名并不亚于拥有实权,甚至比掌握实权更好。执政官的头衔仍旧是野心家一心追求的最辉煌的目标,并且是对高尚品德和忠诚的最高奖励。而那些连共和制影子都厌恶的皇帝们也意识到,只要他们每年接受一次执政官的地位和荣誉,他们就能感受到额外的尊严和威风。

在各个朝代和各个国家中,贵族和平民的划分最为泾渭分明,也最为彻底的,也许莫过于在罗马共和国的初期便已确立的贵族和平民的分界。财富和荣耀、国家机关的职位、各种宗教仪式,几乎全都属于贵族所有,他们令人十分不堪地保卫着自己的纯洁的血统,把依附于他们的平民完全置于奴仆之列。但这种区分和一

个自由人民的精神完全无法相容，因而经过许多保民官的不懈努力，经过长期的斗争，终于被消灭了。平民中最活跃和最有出息的人也积累了大量财富，开始追求荣誉并获得成功，还结交了一些盟友，这样经过几代人之后，他们也以古代贵族的后裔自居了。而另一方面，那些真正的贵族家庭，或者由于一般的自然原因，以及由于频繁的对外和国内战争的消耗，或者由于无能或无钱，在不知不觉中已混入普通人民群众之中，他们的数目直至共和国末期一直没有丝毫增加。现在还能够把自己的真正的纯正的出身追溯到这座城市或这个国家始建的初期的贵族家庭已为数极少，那时，恺撒、奥古斯都、克劳狄乌斯和韦伯芗等人，为了使一批当时还被视为高贵和神圣的家庭能永远延续下去，从元老院中选拔出一些有才能的人使他们成为新贵族。而这种人为的补充（其中总永远包括一些最主要的家族）却很快又被暴君的愤怒、频繁的革命运动、习惯的改变或不同民族的混合所消除。因此，到君士坦丁登上王位时，他们已所剩无几，只不过让人模模糊糊地记得在旧的传统中曾经有一个贵族阶层一直被看作是罗马人中的上等人而已。组织起一个贵族集团，让它在保证王权得以行使的同时也具有限制王权的作用，这可是与君士坦丁的性格和政策极不相容的；但是，如果他真地曾经这么想过，要想随便发一个文告便能批准一种必须得到时间和舆论的认可才能成立的体制，恐怕也已超出他的权限之外了。他的确重新恢复了罗马贵族这个头衔，但他只是把它作
为加之于某一个个人的荣誉，却并不是世袭的称号。他们仅仅听 254
命于那些一年一度具有临时权限的执政官；他们却享受高于国家所有重要官员之上的地位，并可以极随便地接近皇帝本人。这特

殊身份的授予是终身的;而且,由于这些人大多数是在皇宫中生活到老的宠臣或大臣,这个词的根本含义,由于无知或逢迎等原因,已被曲解了;君士坦丁时代的贵族被尊为皇帝和共和国的养父。

卫队长、前执政官和总督

II. 禁卫军卫队长的命运与执政官和贵族的命运是截然不同的。执政官或贵族眼看着自己过去的显赫地位已化为乌有,仅只剩下一个空洞的头衔了。而禁卫军卫队长则逐渐从最低贱的地位步步高升,直至真正掌握着罗马世界的行政和军事大权了。从塞维鲁到戴克里先的统治时期,卫队长和皇宫,法律和财政,军队和行省全部都被置于他们的监督之下;他们就像东方帝国的总理大臣一样,一手握着玉玺,一手握着帝国的大旗。卫队长永远抱有强大的野心,有时对他们所侍奉的主人构成致命的威胁的卫队长一般都受到禁卫军分队的支持;但是,在这傲慢的军队的实力被戴克里先削弱,并最终被君士坦丁所制服以后,那些仍能保住官职的卫队长也便毫不费力地被置于一种有用而恭顺的侍臣的地位了。在他们不再对皇帝的人身安全负责以后,他们也就失去了他们在此以前对整个宫廷中各个部门一直拥有和行使的司法权力。在他们不再直接指挥罗马军队中的精华冲锋陷阵以后,君士坦丁又立即剥夺了他们的全部军队指挥权;而且,最后,通过一项奇妙的变革,卫队中的队长全都变成了各省的行政官。按戴克里先所建立的政府计划,四个亲王每人都有自己的禁卫军卫队长;而且在这个王国在君士坦丁手中又一次统一以后,他仍旧沿用四卫队长的办法,并

仍把原由他们管辖的省份交给他们管理。1. 东部卫队长把他们的
司法权伸展到了地球上在罗马管辖之下的三部分地区,从尼罗河
大瀑布到发西斯河岸边,从色雷斯的山区到波斯的边界。2. 潘诺
尼亚、达西亚、马其顿和希腊等重要省份一度曾接受伊里利亚卫队
长的管辖。3. 意大利卫队长的权力并不仅限于他的头衔所表明的
地区;他实际还统治着远至多瑙河畔的雷西亚,统治着地中海上处 255
于附属地位的岛屿,以及非洲大陆上从昔兰尼到廷吉塔尼亚之间
的大片地区。4. 高卢的卫队长所统辖的地区在这个复合名称之下
包括了相关联的不列颠和西班牙;事实上从安东尼土垒直到阿特
拉斯山脚的整个区域莫不接受并服从他的权威。

在禁卫军卫队长被完全剥夺掉指挥权以后,他们奉命对许多臣服的民族行使的民政管理权已足以满足一个最有能耐的大臣的野心并让他施展他的全部才能了。由于他们具有的才智,他们被委以司法和财政的最高管理权,这两项权力在国家的和平时期,几乎包括了国家和人民各自应承担的全部职责;前者的职责主要是保护遵守法律的公民,后者则是拿出自己应拿出的部分财产以满足国家开支的需要。钱币、公路、邮政、粮食储备、制造业等一切对帝国的繁荣有利的生产活动都受到禁卫军卫队长的控制。他们是皇帝陛下的直接代言人,有权在宣布一项敕令时按自己的意图对它进行解释、加以实施、有时甚至作出某种修改。他们监督着各省总督的活动,免去玩忽职守者的职务,对犯有罪行者予以惩处。下级司法机关的任何重要案件,无论是民事还是刑事案,如须上诉,都可以被送到卫队长的公案前来进行审判;他的判决是最后的判决,绝不容改易;皇帝本人也决不容任何人对这种判决或对他如此

信赖,赋予无限权力的官员表示不满。他的任命是符合他的身份的;如果他一心贪得无厌,那随时都有机会捞到大笔的酬金、礼品以及各种回扣。尽管皇帝再也用不着担心他的卫队长的野心了,但他们却也十分留意通过任期较短或年限不定的办法来抵消他们的这一重要职位的权力。

只有罗马和君士坦丁堡这两个城市,由于它们的特殊地位和无比重要性,不受禁卫军卫队长的管辖。由于这座城市的辽阔地域和按过去的经验,法律的实施一般都十分缓慢而无效,这便使得奥古斯都可以有一个冠冕堂皇的借口在这里专设一位新的行政官,只有他能依靠具有无限权力的铁腕,控制住卑贱的爱闹事的民众。瓦勒里乌斯·墨萨拉雷曾被任命为罗马城的第一任行政官①,只有以他的名声也许可以当此重任而不致引起非议;但仅在他上任几天之后,这位才能出众的公民便辞去了他的职务,以一种真不愧为布鲁图斯的朋友的口吻宣布说,他无法行使这种与公民的自由完全不能相容的权力。后来随着人们的自由意识逐渐淡
256 薄,大家也便越来越体会到了良好社会秩序的优越性;看来最初设想似乎仅专用于对奴隶和流浪汉进行威慑的执政官,现在已可以把他的民事和刑事案件的司法权扩展到把骑士阶级和罗马贵族都包括在内了。一年一度被委托作为行使法律和主持公道的法官的下级执政官,不可能长时间地与通常是皇帝心腹、任期无限的强有

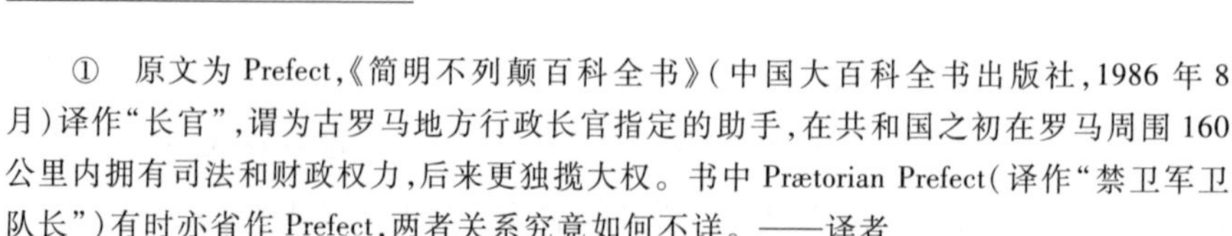

① 原文为 Prefect,《简明不列颠百科全书》(中国大百科全书出版社,1986 年 8 月)译作“长官”,谓为古罗马地方行政长官指定的助手,在共和国之初在罗马周围 160 公里内拥有司法和财政权力,后来更独揽大权。书中 Prætorian Prefect(译作“禁卫军卫队长”)有时亦省作 Prefect,两者关系究竟如何不详。——译者

力的行政官员争夺审判席的控制权。他们的法庭经常无人问津；他们的重要职能也逐渐仅限于花费巨资为人民的娱乐筹办各种运动会了。在罗马执政官的职位变为有名无实的虚架子，而且在首都连虚架子的作用都说不上以后，这些下级执政官便占据了他们在元老院中空出的位置，并很快就被接受为这个重要议会的一般主席了。他们接受来自一百英里以外的起诉案件；并作为一项原则规定一切市政府的权力全由他们授予。罗马的总督在完成他的繁重任务时有 15 个官员做他的助手，其中有些原来职位与他相等，或甚至还是他的上级。这里的各个主要部门都和一个人数众多的监察单位相联系，这个监察单位是专为负责防火、防偷盗和抢劫、防夜间骚乱而设的；同时还管公众所需粮食及其他食物的储存和分配；还负责管理港口、水道、公用水沟以及第伯尔河上的航运和河道；并负责监督市场、剧院的工作和一些私人及公共的工程。他们的警觉保证了一般警察应负责的三个主要方面：——安全、富足和清洁卫生；此外为了表明市政府十分留意保存首都的市容和各种装饰物，还专门委任了一位保管雕像的检察官；或者叫他这批无生命的罗马人的保卫者，这批人，根据一位老作家夸张的计算，其总数不在活着的人之下。在君士坦丁堡建立约 30 年之后，在这座发展中的城市中也曾有过一个为了相同的目的、具有相同权力的近似的行政官员。总之在这两座城市之间以及四个禁卫军卫队长之间彼此的地位是完全平等的。

那些在帝国统治体系中被尊称为众望所归者的一批人在各省的杰出的卫队长和德高望重者行政官员之间形成一个中间层。在这个阶层中，亚洲、阿哈伊亚和非洲的前执政官自视高人一等，对

这一点，由于他们过去的威望特高也便得到了承认；他们审判的案件可以上诉到卫队长那里去作出终审，这可以说是表明他们不能独断专行的唯一标记。然而帝国的民众政府被分为 13 个**主教管区**，每一个管区的面积都相当于一个强大的王国。这些选区中第
257 一个区则处于东方伯爵的管辖之下；我们只要看一看在他的办公室里竟有我们可以称之为秘书、文书或信使的 600 名工作人员在他手下工作，我们也便可以设想他的职务的重要性和杂乱了。埃及的**奥古斯都式的卫队长职务**已不再由罗马骑士担任；但是这个名称仍然保留着；而由于地理位置的特殊和居民的脾性一度使得它不可或缺的非同一般的权力现在仍然握在总督的手中。余下的 11 个主教管区——其中有阿西阿那、庞梯卡、色雷斯区、马其顿、达西亚和潘诺尼亚，或称伊里利亚区；意大利和非洲教区；高卢、西班牙和不列颠教区——则由 12 个**教区代表**，或称**副卫队长**治理，这称呼本身便足以表明他们的身份和从属于人的地位了。这里顺带提一句，下文中将讲到的罗马军队中的中将，那些军人中的伯爵和公爵，也都容许使用**众望所归者**的头衔和称号。

由于在皇帝的政务会中总弥漫着彼此忌妒和争讲排场的空气，他们全都迫不及待地尽力瓜分可以瓜分到的实利并无限制地增加各种具有实际权力的头衔。罗马征服者用一个简单的政权形式统一起来的大片国土现在已在不知不觉中被砸碎成无数小块，分别归入 160 个行省，各自维持着一个花费巨大的庞大的政治机构。其中有 3 个省由**前执政官**治理，这些行政官员的头衔不同，官阶也依次一个高过一个，他们用以代表自己身份的标记也五花八门，而他们的处境，由于一些偶然情况，其舒服程度、油水多少并不

完全一样。不过他们全都(除了前执政官)属于**德高望重者**这一阶层;而且他们都是在皇帝高兴的时候,在各区卫队长或其代理人的管辖之下,被委任以掌管本地区司法和财政大权的重任。卷帙浩繁的法典和法令全书可以为在前后6个世纪中,经充满智慧的罗马政治家和法律家加以改进的各行省政府体系的极细致的研究提供丰富的资料。这里本书作者只须摘取两个制止滥用权力的独特、健康的规定就完全能够说明问题了。1.为了维护和平和秩序,各省的总督都佩戴着执法的利剑。他们可以进行人身处罚,对重大罪行更掌有生杀大权。但他们却无权听任被判死刑的罪犯自己选择处决方法,也不能对一个犯人判处最温和、最有光彩的流刑。这个特权只为行政官所专有,他们可以向犯人处罚高达50镑黄金的罚金:而他们的代理人则仅限于决定处罚几盎司黄金的罚款而已。这种似乎放纵大权而对较小的权力却不肯放松的做法实际出 258
于一个十分合理的考虑,较小权力一般容易被滥用。各省的行政官员的情绪常常很可能会促使他们采取只会不利于臣民的自由和财运的压迫行动;虽然,从谨慎,或者也许从人道的角度考虑,他可能仍然惧怕自己犯下杀害无辜的罪行。我们同样还可以考虑到,流放、巨额罚款或选择较容易的死法等都特别更和有钱人和贵族有关;而那些最容易被省行政官当作满足贪欲或发泄愤怒对象的人,这样便可以躲开他的暗中迫害,而去接受禁卫军卫队长的更严格、更为公正的裁判。2.由于我们完全有理由担心正直的审判官也可能会因牵涉到自己的利益,或有某种感情联系而带有偏见,因而制定了严格规定:凡在本地出生的,不需要皇帝的任何特殊诏令,一律不得在本省政府内任职,并禁止总督或他的儿子与当地居

民联姻；并不得在自己权限所及范围内购买奴隶、土地或房屋。尽管已有如此严格的预防措施，君士坦丁皇帝在他经过了25年的统治之后仍然对司法部门的贪污受贿和欺诈行为十分痛心，并对审判官自己或他的法庭里的官员公开出买和法官面谈的机会、对案件的及时安排或有利的拖延，以及最终如何判决等情况表现了极大的愤怒。而这些违法活动的始终存在，而且也许从未受到惩罚的情况，从那些一再重申的重要法令和一些收效甚微的威胁中已可得到证明了。

所有的行政官员都来自法律工作这个行业。著名的查士丁尼①学院便是查士丁尼为他的国土内热心研究罗马法律学的青年兴办的；这位君王为了鼓励他们勤奋学习，还屈尊向他们保证，有一天他们的能力和才智一定会从共和国政府中得到一份丰厚的报偿。这门有益的学科的基础知识在西方和东方的一些较大的城市中都有学校专门讲授；但其中最著名的一所学校是腓尼基海滨的贝里图斯学校；这所学校自亚历山大·塞维鲁（他也许就是这所给自己国家带来许多好处的学院的创始人）以来的300多年中一直都很兴旺。经过5年正规课程的教育以后，学生们便分散到各个省去寻求机遇和体面的工作；在这个早已被五花八门的法令、技艺和罪恶所败坏的庞大的帝国中，他们并不缺乏无穷的就业机会。仅是东部的禁卫军卫队长法庭便可以为150个法律工作者提供职业，其中64名享有特权，另有每年选出的两名，年薪60镑黄金，主
259 要是为国库的利益充当辩护士。考验他们法律才能的第一个办法

① 当指6世纪拜占庭皇帝查士丁尼一世。——译者

是指派他们去不定期地充当行政官员的陪审推事，从这里他们被提升为他们曾出庭辩护的审判席上的审判长。他们可以得到一个省的管辖权；而且，依靠自己的才能、名声，或强有力的靠山，他们有可能步步高升，直至达到国家杰出者的地位。在法庭的实际工作中，这些人总把说理看成是一种争辩的工具；他们全根据自身的利益来解释法律；这种有害的风气，在他们公开处理国家司法事务时，可能成为他们的性格的一部分。古往今来的许多法律工作者真是都表现得无愧于这个崇高的开明的职业，他们怀着纯真的忠诚竭尽自己的全部智慧担任了这个无比重要的职位。但是，到了罗马帝国司法制度的衰落时期，一个法律工作者的一次普通提升都充满了种种营私舞弊的迹象。这个曾一度被视为贵族的神圣遗产的高尚艺术，现在却落入了一些刚刚抛掉奴隶身份的自由人和平民之手，他们不是靠技巧，而是靠诡诈在经营一项下流的罪恶业务。他们中有些设法钻到别人家里去，目的是要挑起不和，引起诉讼，以便为自己或自己的哥儿们大捞一笔作准备。还有一些把自己关在住房中，为了摆出一副大律师的架子，竟对自己的富有的当事人把一些无关紧要的细节说得天花乱坠，弄得他对事情的简单真相都完全糊里糊涂，或者添枝加叶，把一件绝无道理的事说得头头是道。这些辩护士组成了一个十分体面的人人尽知的特殊阶级，他们的喋喋不休、夸夸其谈的空论充满了整个法庭。他们对公正的名声不感兴趣，大多数被人称作无知的行同土匪的法律指导，他们把他们的当事人带进一个高额花销、拖延时间和接连失望的迷宫，然后，在受过几年无聊的折磨，他们的耐心和财产都已差不多到了尽头的时候，最后便把他们一脚踢开。

皇宫中的七大臣

行政官员和将军们总是在远离朝廷之外，在各行省和军队中行使他们代表皇帝的权力，除此之外，皇帝还把与他更为亲近的七位侍臣加封为杰出者，并依赖他们的忠诚，分别委任他们以管理有关他个人安全、为他出谋划策和他的财产等方面的事务。1. 皇宫中皇帝的寝宫由一名受宠的宦官掌管，这个人，按当时的说法称作Proepositus，意思是神圣卧室长官。他的职责是在皇帝处理国事或娱乐时侍候他，他在皇帝身边所干的一切只是因为沾点御气才显得有几分光彩。在一个确有资格统治的皇帝手下，他们的卧室侍从（我们原可以这样称呼他）一般都是一个有用的身份低下的仆
260 人；而一位机灵的在任何时候都善于处理偶尔听到的不应听到的机密的仆人定能无形中凭着无大用的头脑得到凭尖刻的智慧和坚持正确见解的高尚品德很难得到的高位。提奥多西乌斯的几个堕落的孙子，他们的臣民从来见不到他们，他们的敌人认为他们可鄙至极，竟把他们的卧室长官的地位抬得高过了宫中其他一切主事的大臣；甚至他的代理人，那在皇帝身边服役的一大批体面的奴隶中的第一名，都被认为应当比埃及或亚洲的众望所归的前执政官更高一等。卧室侍从的司法权是得到伯爵，或称监督官的承认的，他的两大职权范围是管理皇帝豪华的衣橱和奢侈的餐桌。2. 对重大公共事务的处理则完全交托给办公室长官，由他凭他的勤劳和才能去办。他是皇宫中的最高行政官员，负责检查民政和军事讲习班的纪律，并接受来自帝国各地与大批特权人物有关案件的上

诉;这些人,作为皇宫里的仆人,都为自己和他们家属获得可以拒绝接受一般法庭裁决的特权。皇帝和他的臣民之间的通信由四个scrinia,或国务大臣的四个办公室管辖。其中第一个负责纪念事宜,第二个负责书信,第三个负责请愿书,第四个负责文献和各种法令、法规。每个办公室都由一名属于众望所归品级的地位较低的长官管辖,而四个办公室的工作共由148名秘书分担,由于这些部门的工作经常要处理各种各样内容复杂的报告或文献资料,这些人大部分是从法律工作人员中挑选出来的。其中还破例任命了一位希腊语的秘书,这在过去却被看作是有失罗马帝国尊严的做法;为了接待来自野蛮民族的使臣,还任命了一些翻译;而在现代国家中起重要作用的外交事务部门在当时却很少引起办公室长官的注意。在他的思想中他更为严重注意的是帝国的驿站和武器的生产。帝国只有城市34座,15座在东部,19座在西部,在这些城市都有有组织的长期雇佣的工人,生产各种各样防御性的铠甲或进攻性的武器以及军用机械;这些东西一般都先储存在兵器库中,有的也直接送往部队中去使用。3.在长达9个世纪的过程中,财务官的职务已经历了重大的变革。在罗马的年轻时期,每年都由人民选举两名较低级的行政官员,以消除执政官亲自管理国库经常引起的非议;对每一个执掌军队指挥权或行省管理权的前执政官和执政官也都配备了类似的助手;随着帝国领土的逐步扩大,原来的两名财务官逐渐增加到了4名、20名,还可能在某一短期内 261
达到了40名;许多最高贵的公民的最大野心是取得一个能使他们在元老院中占一席之地的职位,争取获得共和国的荣誉,这也是一种正当的希望。奥古斯都一方面极力表示支持自由选举,可他同

时又同意自己具有每年推举,或者说提名一部分候选人的特权;他常常习惯于从那些表现出色的青年中挑选出一位来在元老院会议上宣读他的演说或书信。奥古斯都的这种做法后来继任的一些皇帝也跟着摹仿;那个临时性的委托竟然演变成了固定的职位,那受宠的财务官由于具有了一种新的、更引人注目的性质,终能独自逃脱了他的那些完全是虚设的先辈同行们所受到的压抑。由于他代替皇帝草拟的演说具有绝对法令的力量,最后更具有法令的形式,于是他便被认为是立法权力的代表,议会的喉舌和民法条例的原始出处。他有时被邀请去与禁卫军卫队长和办公室长官一起参加帝国的最高司法会议;他还经常接受下级法官解决疑难问题的请求;但由于他并没有许多属于他的管理范围的杂乱的事务,他的空闲时间和才智主要用于培养那种尽管人的趣味和语言的运用已日趋衰落,却仍能使罗马法律保持某种庄严气概的雄辩口才。在某些方面帝国财务官的职务与现代的司法官职务相似;但似乎是由无知的野蛮人开始使用的表示皇帝预闻其事的大印却从来也未出现过。4. 国库财政总管被加以一个十分奇特的称号,神圣赏赐伯爵,用意也许是让人们感觉到每一项支出都是靠君主慷慨解囊。要想弄清一个庞大帝国各地行政和军事部门每年和每天几乎无数的开销的详细情况,那是一个想象力最丰富的人也无能为力的。实际为了管理账目而雇用了分属 11 个不同办公室的好几百人,各办公室按专业分工,负责检查和监督他们各自负责的工作。参与这一工作的人数总会很自然地有日益增多的趋势;所以曾多次想到过最好的办法是把那些无用的多余人员打发回家去,特别是他们中有些人原有可以勤恳劳动的工作可做,却丢开不干而削尖脑

袋钻进了收入丰厚的财务部门。各行省的 29 个收税官，其中 18
人都和国库司库大臣一样被加以伯爵头衔；他还把自己司法权力
扩展到各个开采和提炼贵重金属的矿场、把金属铸成通用货币的
铸币厂，以及一些最重要城市中为国家急需储备各种财宝的金库 262
方面去。帝国的外贸活动也由这位大臣监管，他同样还控制着供皇宫和军队使用的所有毛、麻织品生产厂，生产的各个工序，包括纺、织、染，都在这里主要由大群奴隶身份的妇女进行。这样的工厂在引进纺织技术较晚的西部曾被列举的有 26 座，因而可以想象，在工业发达的东部各省，这样的工厂可能更多了。5. 一个专制君王除了他可以随心所欲地征收和挥霍公众的财政收入之外，皇帝本人作为一个十分富有的公民还占有由伯爵或一个司库大臣管理，范围广泛的私家财产。这些财产中一部分可能是早先的国王或共和国的地产，一部分也许是得之于某些世代着紫的家族；但其中绝大部分却是极不光彩地靠没收和侵占他人财产而来。帝国的财产遍布于从毛里塔尼亚到不列颠的各省中；但是卡帕多西亚的肥沃的土地却诱使这位君王要对那片地区占有相当的份额；而君士坦丁或他的继位者们必曾抓住这个机会利用宗教热忱来掩饰他们的贪婪。他们取缔了科马纳的富有的神庙，尽管这里的战争女神的祭司长曾维护过一位在位亲王的荣誉；他们把居住着战神和她的大臣的 6000 臣民或奴隶的大片献给神灵的土地全部划归私有。但这里的居住者之中真正有价值的可不是他们：在从阿格莱乌斯到萨鲁斯河的那广大平原上大量繁殖着一种以其神俊的体态和无可比拟的速度闻名于古代世界的好马。这种肯定将作为皇宫和帝国竞技活动之用的神圣的动物，依靠法律的保护，一个鄙俗的

养马人都不得随便对它们不敬。卡帕多西亚的这些田产由于其地位的重要，特派一位伯爵监管；在帝国的其他地方则都由低一级的官员监管，而管理私产以及那些公共财产的司库大臣的代理人却到处都是，他们各自独立行使他们的权力，有时甚至控制着各省行政官员的权力。6,7.保护皇帝人身安全，经过精心挑选的骑兵队和步兵队由两名内务伯爵指挥。他们的总数为3500人，分为7个训练组，或分队，每队500人；在东部，这一光荣的任务几乎全部由亚美尼亚人担当。每当有什么公共纪念活动，他们便会列队出现在皇宫的大院里和门廊上，他们高大的身躯、寂静无声的纪律，以及所持的用金银镶嵌的兵刃都能表现出一种不失罗马帝国威严的强大的军威。从这7个分队中再挑选出两队骑兵作为近卫，这近
263 卫的地位是只有最优秀的士兵才有希望获得的特殊荣誉。他们骑着马在内宫值勤上岗，有时还会被派到外省去，以便迅速有效地执行主子的命令。内务伯爵有的后来做了禁卫军卫队长；与卫队长一样，他们都希望由服务于皇宫进而能指挥军队。

警察国家的开端

大批道路的修建以及驿站的建立大大方便了朝廷与各省之间的频繁交往。但是这些有用的设施却有时被滥加利用，造成令人不能容忍的弊端。总共雇用了二三百名驿站员或信差在办公室长官的管辖之下工作，负责通报每年选定的执政官的名册，以及皇帝的敕令或战争得胜的消息。他们不知不觉中竟然擅自报道他们所见到的某些行政官员或某些普通公民的所作所为；因而很快便被

看作是君王的耳目和人民的祸害。在一种软弱无力的有害统治的影响之下，使他们的人数令人难以置信地增加到了10000人，他们完全不顾当时虽然无力却也三令五申告诫他们的法令，竟把那有利可图的驿站业务变成了掠夺性的压榨工具。这些经常与皇宫有联系的密探，在常常能得到好处和奖励的鼓舞下，急切希望能发现某种在进行中的叛乱计划，从轻微的甚至暗藏的不满到打算进行公开叛乱的准备活动。他们的不可侵犯的貌似热忱的面具遮掩住了他们对真理和正义的随意践踏或罪恶的歪曲。他们可以把诬陷的毒箭随意对准任何一个有罪或清白无辜的人的胸膛，只因为他惹怒了他们，或不肯花钱买得他们的沉默。每一个或许出生于叙利亚或者出生于不列颠的忠诚臣民都有被戴上镣铐拉到米兰或君士坦丁堡的法庭上去的危险，或至少会有遭到某种厄运的恐惧；在那里他们将面对那些拥有特权的告密者的罪恶诬陷，为自己的身家性命进行辩解。而按当时采取的一般法律程序，只有绝对的必须才能容许辩解；如果定罪的证据不足，完全可以随意使用酷刑以求得到补充。

这种罪恶的一般称之为**审判委员会**带有很大欺骗性的危险的实验在古罗马的司法界虽允许存在，但并未得到公开承认。罗马人只将这种血腥的审讯办法用在奴隶身上，他们的痛苦，不论从正义或人道的角度来讲，在那些傲慢的共和国人的眼中，是完全不足挂齿的；他们如果没有确凿的犯罪证据，是绝不会同意对一个公民的神圣的肉体进行折磨的。看一看从提比略到图密善这些暴君的
政史，那里也许详细记载了许多滥杀无辜的情况，但是，只要国民 264
自由和荣誉的思想还能发挥一定的影响，一个罗马人在临终时刻

是绝不会受到屈辱性的酷刑[①]的。然而，各省行政官员的行为并不受罗马城的行为准则或罗马人民严格的信条的约束。他们发现酷刑的使用不仅限于对付东部暴君统治下的奴隶，还用于对付只服从受宪法制约的君主的马其顿人；用于靠自由经商而兴盛起来的罗得岛人，甚至还用于对付维护并提高人的尊严的雅典人。由于各省居民的默许，使得各地总督获得了，或者说夺得了随意使用残酷刑具的权力，从强使一些游民或平民罪犯交代出他们的罪行，直至逐渐发展到完全混淆了等级界线，完全置罗马公民的基本权利于不顾。臣民的恐惧心理使他们不得不请求颁布了一系列特殊的豁免令，君王出于自身利益的考虑，也十分愿意颁发这些特别豁免令，这实质上是变相容许使用，或甚至授权广泛使用酷刑。它们保护了所有属于杰出的或德高望重阶层的人；保护主教和他们下属的长老、讲授人文学科的教授、士兵和他们的家属、市政府官员和他们三代以内的子女，并保护所有未成年的儿童。但是，这帝国的新的司法制度却又加进了一条致命的原则，那便是只要一牵涉到叛国罪，其中包括律师经过深文周纳证明某人对皇帝或共和国怀有敌意，那一切特权便全都无效了，那所有的人的地位也便一律变得同样可悲了。由于不容怀疑，皇帝的安全比任何公正和人道的考虑都更为重要得多，因而老人的尊严和青年的无知全都同样被置于最残酷的刑罚之下了。这种无端被告密，被指控为一项全出臆造的犯罪活动的同谋者，或仅仅是被指控为见证人的恐惧永

① 在比索密谋杀害尼禄，仅只有埃比卡里斯(libertina mulier)受到严刑拷问；其他人全都 intacti tormentis(丝毫未受折磨——译者)。这里再要补充一个更轻的例证未免多余，但要找一个更为有力的例子却又十分困难了。塔西佗《历史》XV.57。

远悬在罗马世界一些主要公民的心头。

任何一个一味趾高气扬，或整天垂头丧气的民族都不大可能对自己的实际处境作出正确的估计。君士坦丁的臣民不可能觉察到人的才智和高尚品德的日趋堕落已使他们失去了他们的前辈所具有的尊严；但他们却能感觉到并痛恨暴政的疯狂、纪律的松弛以及日益增多的赋税。但不怀偏见的历史学家，一方面承认他们的确有理由感到不满，同时也会看到一些能减轻他们的苦难生活的有利条件。转眼间便使罗马帝国的伟大失去基础的野蛮人入侵的 265
巨大风暴，至今仍被拒于，或被阻挡在边境地区。整个地球上相当大部分的居民，仍然在培育着艺术和文学，仍然在享受着高雅的社交活动。民政机构的形成、气派和开支都有助于遏止住士兵的胡作非为；尽管法律受到某些特权的破坏或遭到巧辩的歪曲，罗马的司法制度的明智的原则却使得 种东方的专制政府难以想象的秩序和公正感一直保存下来了。宗教和哲学可能对人权有一定的保护作用；自由这个词虽已不再可能使奥古斯都的继承人们感到惊愕，但却也可能提醒他们，他们所统治的并不是一国奴隶或野蛮人。

266 第十八章　君士坦丁其人。他的家庭。他的死。在沙普尔二世统治下波斯的崛起。

这位曾迁移帝国的统治中心，对他的国家的行政及宗教制度进行过如此巨大变革的君王的品性究竟如何，一直是人们注意的中心，并引起了极大的分歧。基督教徒出于强烈的感激之情，不惜使用一切描绘英雄，甚至圣徒的色彩来装点这位基督教会的解放者；而那些遭到压制的人群出于愤怒，又把君士坦丁说成是历史上最可憎恶，而且由于其懦弱和邪恶，有辱帝国尊严的暴君。类似的不同情绪在一定程度上，都一代一代一直保留下来，甚至在今天，君士坦丁的为人仍既有人作为讥讽的对象，也有人百般颂扬。只有真正不怀偏见地把他的最热忱的崇拜者也不加否认的那些缺点和他的不共戴天的仇敌也不得不承认的那些优点综合起来，我们也许才能希望对这位非同一般的历史人物勾画出一个公正的、历史的真实和热忱能以毫无愧色地接受的形象来。但是，如果我们不能从一个恰当而明晰的角度把君士坦丁的统治时期仔细地划分为几个阶段来加以观察，我们马上就会发现，要想把如此不协调的色彩混合在一起，并把如此不相容的性格特点调和起来，结果其所产生的形象很可能完全像个怪物而不像人。

君士坦丁的外形和内心在许多方面都得天独厚。他身材伟岸，相貌英俊，举止高雅；在各种男人的活动中他都表现出强大的体力和灵巧，而且他始终坚持在家庭生活中奉行清淡、节欲的原则，他从青少年时候起直至完全进入老年之后，始终保持着强有力的体魄。他非常喜欢彼此随意交谈的社交活动；尽管他有时会不顾自己高贵的身份随意对人大发脾气，但他那待人以礼的态度赢得了所有接近过他的人的心。有人曾怀疑他的友谊是否真诚；但在有些情况下他确曾表明他并非那种毫无热情、不能和人长久相处的轻薄之徒。没有受过教育的缺点并未妨碍他正确估量知识的重要性；艺术和科学因得到君士坦丁的慷慨支持还获得了一定的 267
发展。他勤奋地处理公务，从来不知疲倦；他十分活跃的头脑几乎不间断地一直用于阅读、写作、思考、接见外国使节、研究臣民们的疾苦和不满。即使那些指责他措施不当的人也不得不承认，他确实具有博大的胸怀才使他能设想出，只有极大耐心才使他能坚决贯彻那无比艰巨的计划，而不被所受教育的偏见和群众的叫喊声所阻挠。在战场上，他成功地把自己的大无畏精神灌输给手下的士兵，并以一个完美的指挥官的才智指挥着他们；我们应该把他对国外和国内的敌人所取得的辉煌胜利归功于他的才能，而不是他的幸运。他热爱荣誉，并把它看作是自己的辛劳的奖赏，或甚至是原动力。自从他在约克接受王位的那一天起，似乎已成为他的主导情绪的无止境的野心，也可以说是由于他自己的危险处境、他的一些对手的为人、他意识到自己的高超的品德，以及他预见到自己的成功将能给无路可走的帝国带来和平和秩序等原因所造成的。早在他与马克森提乌斯和李锡尼进行内战的时候，他就已经为自

己的这一边赢得了人民的好感，他们很自然地把这些暴君的赤裸裸的行径和似乎可以说是君士坦丁施政基础的明智和公正进行了比较。

如果当时君士坦丁在第伯河畔，或甚至在哈德良堡的平原上倒下了，这些除了极少数例外，后人所知道的君士坦丁的为人可能不外乎此。但是，他最后一段时间的统治（根据和他同时代的一位作家的温和的甚至也不无关怀的描写），却使他丧失掉了他已经得到的无愧于后代的罗马皇帝的荣誉。在奥古斯都的一生中，我们看到一位共和国暴君几乎在不知不觉中变成了他的国家以及全人类的父亲。而在君士坦丁的一生中，我们看到的却是一个长期得到他的臣民的爱戴，并使他的敌人丧胆的英雄，为自己的幸运所毒害，或由于赫赫战功而对自己的一切行为无须掩饰，堕落成一位残暴而放荡的君主。在他统治的最后 14 年中他所维持的大体平静的局面只能说是表面的太平，而不能说是真正的繁荣；而进入老年的君士坦丁更被两种彼此对立但也可以调和的恶行、掠夺和慷慨所玷污。在马克森提乌斯和李锡尼宫中多年积累下的财富全被他挥霍一空；这位征服者引进的各种革新措施都得大量增加开支，他的各种建筑、他的宫廷以及他规定的庆祝活动的开销都需要立即开发大量的财源；而对人民的压榨却是能维持这君王的挥霍的唯一的资金来源。他的一些品德低下的亲信依靠他们的主子的
268 无限的慷慨全都十分富有，更肆无忌惮地掠夺和贪污受贿。一种隐蔽的但普遍存在的腐败现象在政府公开的行政机构各个部门中已完全可以觉察到了，而皇帝本人尽管仍然能够得到臣民的顺从，却已渐渐失去了他们的敬爱。他在渐入晚年时刻意追求的动人的

穿戴和举止，只不过使他在人们眼中更显得可鄙。充满傲气的戴克里先所显示的亚洲式的气派在君士坦丁身上却变得只见其软弱和女人气。据说他戴着当时的能工巧匠精心制作的各种颜色的假发，一顶新式的无比昂贵的皇冠；浑身珠光宝气，还戴着项圈和手镯；再加上一件绣着金碧辉煌的花朵的锦缎长袍像水波似的拖在身后。这样的装束，即使出现在年轻、愚昧的埃拉伽巴卢斯身上也会让人感到不可原谅，现在更无处去找一位年事已高的君主的智慧和一位罗马老军人的简朴了。一个由于繁荣和放纵已变得如此松弛的头脑是不可能上升到敢于对人宽恕、以多疑为可鄙的真正宽宏大量的地步的。马克西米安和李锡尼的死按他们从暴君学校所学到的政策原则看，也许可以说是死得其所；但一篇对那些有损君士坦丁晚年名声的血腥的处决，或屠杀的客观描述在一些至诚人士的心中所能勾起的联想，也只能是这样一位皇帝在自己的情绪或利益的支配下，是会毫不犹豫地牺牲掉法律所主持的公道和起码的人性的。

君士坦丁的家庭

那始终一成不变地追随着君士坦丁的胜利旗帜的好运似乎同时也使他的家庭生活充满希望和欢乐。那些统治时间最长，而且使国家最繁荣的他的前辈，如奥古斯都、图拉真和戴克里先，都因没有后代而不安；经常发生的革命运动不容任何一个皇帝有时间在紫袍的庇荫之下壮大、繁衍起来。但是，最先由哥特人克劳狄获得皇位的弗拉维皇族却延续了好几代;君士坦丁本人也把从他皇父那里继承来的荣誉传给了他的后代。这位皇帝曾两次结婚。出身寒门的密涅维娜是他年轻时的合法爱侣,她仅只给他留下一个儿子,名叫克里斯普斯。马克西米安的女儿福斯塔生有三个女儿和三个大家都知道名字十分相近的儿子:君士坦丁、君士坦提乌斯和君士坦斯。君士坦丁大帝的三个无大志的兄弟尤利乌斯·君士坦提乌斯、达尔马提乌斯和汉尼拔利阿努斯都享受到无官职的人所能享有的最高荣誉和最富足的财产。三兄弟中最年轻的一个活着的时候鲜为人知,死时也未留下后代;而他的两个哥哥却都娶了

269 有钱的元老的女儿,亦为这个皇族增添了新的支派。罗马贵族尤利乌斯·君士坦提努斯的儿子中,伽卢斯和尤利安两个名声最大。后来得到户籍官官名的达尔马提乌斯的两个儿子分别叫达尔马提乌斯和汉尼拔利阿努斯。君士坦丁大帝的两个姊妹,阿纳斯塔西娅和尤特罗皮娅,分别嫁给两个出身贵族,并具有执政官身份的元老奥普塔图斯和涅波提阿努斯。他的第三个姊妹君士坦提阿的伟大行径和所遭受的苦难都非同一般。在她的丈夫李锡尼败亡之后,她一直寡居;并且在她的恳求下,他们结婚后生下的一个无罪的儿子才得以在一段时间中生存下来,保留下恺撒的头衔,和某种渺茫的继位的希望。在这个弗拉维家族中,除去这些妇女和她们的亲眷之外,还有按照现代法律术语应被称作皇族血缘亲王的10~12个男性,似乎全应按出生顺序,继承或辅佐君士坦丁的王位。但是,在不到30年的时间内,这个数目众多的兴旺的家族很快就只剩下君士坦提努斯和尤利安两人了,只有他俩在一系列类

似悲剧诗人在悲叹珀罗普斯和卡德摩斯[①]的诗中所描写的重大罪恶和巨大灾难中活了下来。

公正的史学家都把似将成为帝国王位继承人的君士坦丁的大儿子,克里斯普斯说成是一位可爱的、卓有成就的年轻人。关于他的教育,或至少关于他学习的问题全交托给在基督徒中最有口才的拉克坦提乌斯负责;在培养这位杰出的学生的兴趣,唤醒他的良知方面,他可以说得上是一位再称职不过的导师。克里斯普斯 17 岁时就被授予恺撒称号并被赋予管辖高卢各行省的权力,那一地区的日耳曼人的进犯正好可以尽早让他一显他的军事才能。在其后不久爆发的内战中,父亲和儿子分掌兵权;这段历史,特别在强攻李锡尼以优势舰队全力固守赫敕海峡的行动中充分显示了克里斯普斯的英勇和才干。赫勒海战的胜利对结束这一战争起了很大作用,在他们的东部臣民向他们欢呼的时候,君士坦丁和克里斯普斯这两个名字已合而为一,他们高声宣告,整个世界已被征服,现在全处于一位十分仁德的皇帝和他的儿子的统治之下了。一个皇帝在老年时很难得到的公众喜爱却在年轻的克里斯普斯身上布满了光辉。他完全有理由受到朝臣、军队和人民的尊敬,也确实得到了他们的爱戴。对于一个治国多年的有经验的君王,他的臣民很难痛快地承认他的功绩,而常常总不免夹杂着一些不公正的、表示不满的抱怨;而一看到他的继位者开始表现出一点良好的品德便一相情愿地在获得个人和公共幸福方面对他抱有无限的希望。

① 珀罗普斯和卡德摩斯都是希腊神话中的人物。前者曾被其父肢解以供奉神灵;后者为一腓尼基王子,曾杀死一龙并锯开龙牙,从中获得数武士,与他同建底比斯城。——译者

这种带有危险性的人民的爱戴很快就引起了君士坦丁的注意。不论作为父亲还是国王,他不能容忍这样一个与自己处于平等地位的人存在。但他并没有用信赖和使他感恩的做法来确保儿
270 子对自己的忠诚,却是决心要阻止无法实现的野心可能引发的越轨行为。克里斯普斯很快就因看到他的未成年的弟弟被授予恺撒头衔并对高卢各省属他管辖的特殊部门掌握统治权,而他自己,一个已成熟的王子,又在近年内有过重大功绩,却非但没有得到奥古斯都的高位,反而被像囚犯一样关在父亲的王宫里,听任他的一些阴险的敌人对他进行恶意中伤,而毫无自卫能力,自然深感不满。处在这样一种痛苦的境地中,这位年轻的王子恐怕很难做到处处注意自己的举止,或尽量压制着自己的情绪了;我们还可以断言,在他身边一定聚集着许多冒失或怀有二心的随从,他们用尽心机故意挑逗他发泄不满,也许他们还接受到密令,要随时对他告发。就在这一时期前后,君士坦丁发布了一道敕令,明确表示他真的,或假装着怀疑有人正在阴谋策划推翻他本人和他的政府。他还以荣誉或重金报酬为诱饵,呼唤各种层次的告密者可以放胆告发他的执政官或大臣,他的朋友或最贴身的亲信,无一例外;他还庄严宣布,他将亲自聆听这些指控,并将亲自对有害于他的人进行报复;最后,他还用一段祷告结束他的敕令,这祷词倒真是表露出了他对某种危险的担忧,他祈求最高的神灵仍一如既往保佑皇帝和帝国的安全。

按照如此优厚的条件奉邀行事的告密者自然全都通晓宫廷里的争斗艺术,他们都选定克里斯普斯的朋友和亲信作为有罪的告发对象;再说,皇帝既已答应要进行充分的报复和惩罚。他的真诚

显然是无庸置疑的。然而，对这样一个已被他视为势不两立的敌
人的儿子，君士坦丁在表面上却仍保持着关心和信任的态度。他
仍然授予他各种勋章，并和以往一样为这位年轻的恺撒的长久、太
平的统治祝福；一位请求将他从流放地召回的诗人，用同样的热情
歌颂了父亲的宏伟，也歌颂了儿子的伟大。现在到了庄严庆祝君
士坦丁统治20周年纪念大会的时节，为此目的，皇帝决定把他的
朝廷从尼科米底亚迁到罗马，在那里为他准备下了极其盛大的欢
迎仪式。这时每一双眼睛和每一张嘴都极力装着要表达说不出的
幸福，庆祝仪式和伪装的帷幕暂时掩盖住了最阴险的复仇和谋杀
计划。就在这节日期间，不幸的克里斯普斯被皇帝下令逮捕了，他 271
放下了父亲的柔情，却并没有主持法官的公正。审讯极为草率而
且是秘密进行的；看来他也感到让罗马人全都看到这位年轻王子
的厄运未免有失体面。他被押解到伊斯的里亚的波拉去，在那里
不久便或者被刽子手杀害，或者被用较温和的办法给毒死了。态
度和蔼可亲的青年恺撒李锡尼也因克里斯普斯的事受到株连；君
士坦丁最喜爱的妹妹痛哭流涕哀求他保留她这个除了他的地位别
无罪过的儿子的性命，也完全没能动摇他顽固的妒心；她在儿子死
后很快也就死去了。有关这些不幸的王子的故事、他们的犯罪事
实真相、他们接受审判的方式以及他们如何被处死的细节，都已淹
没在不可知的神秘气氛之中了；那位显贵的大主教虽在一部洋洋
洒洒的作品中盛赞他的这位英雄的美德和虔诚，但有关这段悲剧
的细节却小心地避而不着一词。这种悍然不顾遭人责难的做法也
不能不使我们想起现今一位最伟大的君王的完全不同的态度。拥
有全部专制权力的沙皇彼得大帝却把他不得不对自己有罪的，或

至少是已十分堕落的儿子判处死刑的理由完全交给俄国人、欧洲人以及他的子孙后代去评说。

克里斯普斯的无辜早已得到普遍承认，以至于现代希腊人，虽然对他们的那位都城奠基人无比崇敬，但对于他的这一杀死亲生儿子的罪行，因碍于普通人的感情，无法为之辩解，也只能勉强加以掩饰而已。他们只能说，当这位伤心的父亲一发现对他的指控不实，只是由于自己的轻信以致错误地置他于死地的时候，他立即向世人公开表白了他的悔恨和痛苦；并为儿子哀悼了40天，在这期间他从不曾洗浴，并断绝了一切一般的生活享受；还说，为了让子孙后代引以为戒，他给克里斯普斯立了一座金像，上面镌刻着纪念铭文："献给我的被我错误定罪的儿子。"如此深明大义的一篇有趣的故事理所当然必会得到一些更有分量的权威的支持；但是，如果我们查阅一下更早、更可信的作家们的记述，他们却告诉我们，君士坦丁只曾用血腥的屠杀和报复来表达他的忏悔，他为了弥补误杀一个无辜儿子的过失，却处决了一个也许真有罪的妻子。他们把克里斯普斯的不幸归之于他的继母福斯塔的阴谋，是她的无法消除的仇恨或无法满足的情欲使她在君士坦丁的宫廷里重演了希波吕托斯和淮德拉①的悲剧。和米诺斯的女儿一样，马克西米安的女儿诬告她的非亲生儿子对他这个贞洁的王后有乱伦的企图，由于皇帝嫉妒心重，她很容易便因此得到了处死这位年轻王子的
272 敕令，从而除掉了她有理由认为妨碍她亲生儿子得宠的最可怕

① 在希腊神话中，淮德拉是米诺斯的女儿，雅典王子提修斯的妻子。她因勾引非亲生儿子希波吕托斯被拒而自杀。——译者

的对手。但君士坦丁的老母亲海伦娜对孙儿克里斯的早死非常伤心，并进行了报复；没过多久就有人发现，或假说发现福斯塔自己正和一个在御马厩服役的奴隶进行罪恶勾搭。对她的判决和治罪是在这指控提出后立即进行的，奸妇是用特意烧得更热的蒸汽浴池中的高温给闷死的。有人也许会想到，对20年的夫妻生活的回忆，以及考虑到他们的子女，命定的王位继承人的荣誉应该会软化了君士坦丁的铁石心肠，使他能够容忍他的妻子，不管她似乎犯下多大的罪行，在一间独自关押的牢房中去消磨掉她罪恶的余生。但是，现在看来讨论究竟如何做更为恰当似乎是多余的，因为现在我们无法弄清这一段尚有许多疑点和混乱的奇特历史的真实情况究竟如何。那些攻击君士坦丁的为人和那些为他的为人进行辩护的人们都同样忽略了一个在下一位皇帝统治期间发布的两篇重要文告中的两个十分重要的段落。头一段盛赞那位作为女儿、妻子、姊妹和那么多王子的母亲的皇后福斯塔的美德、美貌和幸运。后一段却用明白的语言肯定说，小君士坦丁在他父亲死后3年被杀害，他的母亲却活下来得以为自己的儿子的不幸哭泣。尽管有许多异教和基督教的作家都提出肯定的证据，但我们仍有理由相信，至少不免怀疑，福斯塔实际逃过了她丈夫的盲目怀疑的残暴行径。一个儿子和一个侄儿的死，再加上和她们的死有关的一大批有地位并可能是无辜的朋友的被处决，不论如何，也许已足以表明罗马人完全有理由感到不满，也足以说明他们为什么会在宫门口张贴一些讽刺诗，把君士坦丁的辉煌而又充满血腥气味的统治和尼禄的统治相比。

克里斯普斯死后，帝国王位继承权似乎已落到前文提到的福

斯塔的三个儿子，君士坦丁、君士坦提乌斯和君士坦斯身上。这三位年轻王子先后都被授予恺撒称号，晋升的时间可以说分别为他们的父亲在位的第 10 年、第 12 年和第 13 年。这种做法尽管会导致罗马帝国出现众多的主子，但我们还可以说这完全是出于父亲的偏爱而加以原谅；但这位皇帝究竟出于何种动机，竟不惜置自己的家庭，乃至全体人民的安危于不顾，毫无必要地把他的两个侄子达尔马提乌斯和汉尼拔利阿努斯也提上高位，就令人难以理解了。前一个被授予恺撒头衔，与他的堂兄弟们地位平等，为了讨好后一个，君士坦丁特意创造了一个新奇的称号 Nobilissimus，随着这称
273 号更赏给他一件金紫色的袍子。但在罗马帝国各个时代的所有亲王中，只有汉尼拔利阿努斯曾被破格加以国王称号；即使是在君士坦丁治下，也是一件离奇得无法解释的事，这是凭借帝国的勋章和当代作家的权威性都无法使人接受的。

整个帝国全都对这五位年轻的君士坦丁的公认的继承人的教育问题感到十分关心。各种体育锻炼为他们将来必须应付的疲劳的战争生活和各种繁忙的职务作准备。那些偶尔提到君士坦提乌斯的教育情况或他的才能的人，认为他在跳远和赛跑等体育运动方面能力出众；还说他是神箭手、熟练的骑手，说他对各种不论是骑兵还是步兵使用的武器全都能运用自如。同样艰苦的训练，尽管也许不那么成功，也曾用以增强君士坦丁的儿子和侄子们的头脑。这位皇帝不惜重金请来了最著名的基督教教义、希腊哲学以及罗马法理学方面的教授，至于向这些皇家青年讲授如何治理政府，认识人世这个最重要的任务，则由他亲自去做。但君士坦丁的才干是从逆境中和亲身经历中得来的。在私人生活的自由交往

中,在伽勒里乌斯的充满危险的宫廷里,他学会了如何控制住自己的感情,如何和与自己地位相当的人交锋,以及如何依靠自己的个人行为所表现的谨慎和坚强,以求得眼下的安全和未来的伟大成就。而他的这些命中注定的继承人却生于,并受教育于皇宫之中。身边总围着阿谀奉承之徒,从小便过着奢侈的享乐生活,并总想着自己将继承王位;他们的高贵地位的尊荣又不允许他们从那高位上走下来看看事情真相,因为从那高位上看去,各种各样的人都显得十分平常和单一。君士坦丁对他们的纵容使得他们在极年轻的时候就分担了帝国的统治权;他们用自己管辖下的人民做实验来研究统治艺术。小君士坦丁被指派到高卢地区掌权,他的弟弟君士坦提乌斯则用过去他们父亲的世袭领地换取了更富庶、战事较少的东部各行省。意大利、西伊利里亚和阿非利加都习惯于尊崇君士坦丁的三儿子君士坦斯,把他看作是君士坦丁大帝的代表。君士坦丁还把达尔马提乌斯安插在哥特的边区,后来色雷斯、马其顿和希腊也全都由他统治。恺撒里亚城被选作汉尼拔利阿努斯的住处,计划以本都、卡帕多西亚和小亚美尼亚等省组成他的新王 274
国。为所有这些王子都分别建立了适当的行政机构。为了维护他们的高贵地位和安全,对他们每人都分给一定数量的卫队、军团士兵和一些辅助人员。安排在他们身边的大臣和司令官都是君士坦丁能够托付他们协助那些年轻王子行使他们被赋予的权限,甚至能对他们进行一定控制的人。在他们年纪渐大、经验较为丰富之后,对他们的权力的限制则在不知不觉中放松了,但是,这位皇帝却始终把奥古斯都的头衔留给自己专用;尽管他常往军队和各省委派一些恺撒,但他却始终让帝国的每一部分全都听命于它的最

高首领。塞浦路斯岛上的一个赶骆驼的人发起的可厌的叛乱,或者君士坦丁的政策使他必须积极参与的反哥特人和萨尔马提亚人的战争,都几乎没有扰乱他最后 14 年宁静的统治。

与萨尔马提亚人和哥特人的旷日持久的战争始终伴随着君士坦丁的晚年。

君士坦丁之死

通过打下哥特人的傲气,并接受了这个拱手称臣的民族的效忠宣誓,君士坦丁进一步肯定了罗马帝国的威严;来自埃塞俄比亚、波斯以及最遥远的印度的使节们都来向他的政府所取得的和平和繁荣祝贺。如果他把他的大儿子、他的侄儿和他妻子的死都看作是莫大的幸运,那么直到他进入第三十年的统治时期以前,从公私两方面看,他可一直毫不间断地过着美满幸福的生活;这样长的统治是自奥古斯都以后所有他的前代皇帝都不曾享受过的。在 30 周年的隆重庆典之后,君士坦丁大约又活了 10 个月;他在 64 岁的高龄,在经过短期患病,便在尼科米底亚郊外的阿库里昂宫结束了他的令人难忘的一生;他来到这里原是为了这里的清新空气,他还希望借助于使用这里的温泉浴能重新恢复他日见不支的体力。过于铺张的哀悼活动,或至少是丧礼仪式,超过了以往任何一位皇帝丧事的规模。完全不顾古老罗马城中元老院和人民的要求,故去的皇帝遗体仍然按照他生前最后的遗愿被运到了将以他的建造者命名,以对他表示永久纪念的城市。君士坦丁的遗体被

用各种象征伟大的饰物装扮起来，他身着紫袍，头戴王冠，安置在王宫一处专为此布置得金碧辉煌、照得一派通明的殿堂的一张金床上。朝见的仪式仍然严格按照过去的形式进行。在每天规定的时间里，政府、军队和皇族的重要官员仍旧跪在地上，显得无比严 275
肃的样子来到君主的身边，仿佛他还仍然活着一样严肃地向他表示忠心。出于政治上的需要，这种儿戏的仪式持续了相当一段时间；一些阿谀之徒也不会甘心随便放过这个机会的，他们说，只有君士坦丁受到上天的特殊恩宠，使他死后仍能继续进行统治。

然而，这种统治只能存在于空洞的形式中；没有多久人们便发现，当所有的臣民不可能再希望得到他的任何恩赐，或者再也不害怕他的不满的时候，这位绝对专制的君王的愿望已很少有人在意了。同是这些在他们已死去的君王的遗体前鞠躬到地表示无比崇敬的大臣和将军，已在暗中策划要夺掉君士坦丁指定由他的两个侄儿达尔马提乌斯和汉尼拔利阿努斯继承的那部分帝国的统治权。由于对君士坦丁宫廷中的具体情况了解得太少，我们很难断言那些密谋的发起者所以要这样做究竟是出于什么思想动机；我们至多只能假想他们这样做也许是出于对禁卫军卫队长阿布拉维乌斯的忌妒，并要对他进行报复；此人因受死去的皇帝的宠爱而十分狂傲，有很长一段时间左右着皇帝的意志，并有负于皇帝的信赖。他们为求得军队和臣民的同意，讲的自然是一些更为冠冕堂皇的道理：他们可以振振有词，同时也并非虚妄地说，君士坦丁的亲生儿子必须享有最高权力、指出争权的君王日益增多的危险性，以及现在这么多并没有由于手足之情而相亲相爱的众多彼此敌对的王子已经随时威胁着共和国的安全了。这项计划是在秘密情况

下积极进行的，直至有一天各个部队忽然异口同声宣布，除了不幸死去的皇帝的亲生儿子以外，他们不能接受任何其他人来统治罗马帝国：较年轻的达尔马提乌斯靠友情和利害关系而成为联合对象，被认为继承了君士坦丁大帝相当一部分的才能，但是即使在这种情况下，他似乎也没有采取任何手段用武力来保护他和他的皇兄从慷慨的叔父那里获得的正当权益。处于公众疯狂的怒涛的威慑和压力之下，他们似乎一直被掌握在一些无法和解的仇敌的手中，既无能逃跑，也无力反抗。他们的这种命运就这样一直延续到君士坦提乌斯，君士坦丁的第二个，或许是他最宠爱的儿子的到来。

皇帝临终以前曾提出让孝顺的君士坦提乌斯来主持他的葬礼，这位王子以他近在东部的地位可以很容易阻止远在意大利和高卢的弟兄有所行动。他占据了君士坦丁堡皇宫后的第一件事是
276 消除他的皇亲们的恐惧心理，庄严宣誓他将保证他们的安全。他忙于进行的第二件事则是寻找某种合理的借口，使自己的良心能从这一时冒失作出的承诺中解放出来。这时欺骗的艺术被用来为残忍的阴谋服务了；一件显而易见的伪造文件却得到了一位最神圣的人物的肯定。君士坦提乌斯从这位尼科米底亚主教的手中得到了一份被确认为他父亲的遗嘱的性命攸关的文件；在这文件中皇帝表示怀疑自己是被他的弟兄们毒死，并要求他的儿子们惩罚罪恶的凶手，以为他的死报仇，并保障他们自己的安全。那些可怜的亲王，无论他们能提出什么样的理由来反驳那谁也无法相信的指控，为自己的性命和名誉辩护，也立即被愤怒的士兵们的呼声压了下去，他们当即公然宣称，他们同时是他们的仇敌，他们的审判

官和处决他们的刽子手。在一通乱砍乱杀中诉讼程序的基本精神,甚至起码的形式也屡遭破坏,被屠杀的人包括君士坦提乌斯的两个叔叔和七个堂兄弟,其中以达尔马提乌斯和汉尼拔利阿努斯最为知名;以及曾和新故皇帝的一个妹妹结婚的罗马贵族奥普塔图斯,还有以其权势和财富论都大有可能觊觎皇位的禁卫军卫队长阿布拉维乌斯。如果我们对这血腥的场面的描绘还嫌不够,我们还可以补上,君士坦提乌斯自己曾娶他的叔父尤利乌斯的女儿为妻,而且他还亲自把自己的妹妹嫁给了汉尼拔利阿努斯。这些君士坦丁出于策略考虑,不顾世俗偏见的反对,在不同支派皇族之间结成的姻缘关系仅足以向世人表明,这些王子王孙既然对极近的血缘关系和天真幼小的亲属的苦苦哀求都无动于衷,他们对以婚姻为基础的亲密关系也同样是冷漠无情的。在这样一个大家族中,仅仅只有尤利乌斯·君士坦提乌斯的两个最小的儿子伽卢斯和尤利安被从刽子手的屠刀下救了下来,那些疯狂的刽子手直到杀得心满意足才慢慢安静下来。在他的弟兄们不在的时候最应受到犯罪指责的君士坦提乌斯皇帝后来有一个时期,不免对他年轻无知时候,在一些不怀好意的大臣的怂恿下和军队的无法抗拒的威逼下干出的那许多残害暴行曾一度略感悔恨。

在弗拉维家族的大屠杀之后,三兄弟经过磋商重新分割了帝国各省的领土。年纪最长的恺撒君士坦丁除被加以某种较高职位之外,还获得了以他父亲的名字,也是以他自己的名字命名的都城。色雷斯以及东部地区划归君士坦提乌斯,以作为他可以世袭的领地;君士坦斯则被承认是意大利、阿非利加以及西伊利里亚的合法君主。军队全都接受了他们的统治权的管辖,他们在经过一

段时间的拖延之后同意接受了罗马元老院加于他们的奥古斯都的
277 头衔。这三位王子登基之时,年龄最大的不过 21 岁,其次为 20
岁,最小的一个才不过 17 岁。

波斯在沙普尔二世统治下的崛起

欧洲的好战民族都已集中在那两兄弟的旗帜之下,于是,作为亚洲软弱部队统帅的君士坦提乌斯只得独自承受波斯战争的重担了。在君士坦丁去世的时候,沙普尔登上了东部的王位;他是霍尔木兹或何尔米斯达斯的儿子,纳尔塞斯的孙子。纳尔塞斯在被伽勒里乌斯战败以后已顺从地承认了罗马的统治地位。尽管在沙普尔的长期统治中现在已进入第 30 个年头,他本人却还正当盛年时期,因为由于命运的某种特殊安排,他登位的日期早于他出生的日期。霍尔木兹的妻子在她丈夫死去时正在妊娠期中;由于腹中孩子的性别难以确定以及能否顺利生产都无法预料,不免在萨珊家族的诸亲王中挑起了非分之想。但发生内战的威胁终于由于祭司肯定霍尔木兹的遗孀必将顺当产下一男孩而得以消除。屈从于这种迷信的预言,于是波斯人便毫不迟疑准备为他举行加冕典礼。在皇宫正厅的中央放着一张皇帝的御床,王后庄严地躺在上面;一顶王冠放在可能掩盖着未来的阿塔薛西斯的继承人头部的地方。俯伏在地上的波斯总督们虔诚地对他们看不见的无知觉的君主表示崇敬。如果这段从人民的反应和他的统治时间异常长久来看,似乎不一定全然无据的奇特故事确有几分可信性的话,那我们真不仅要羡慕沙普尔的幸运,同时也应钦佩他的天赋了。生长在波

斯后宫，受着与外界隔绝的柔顺的教育，他居然能认识到锻炼自己的意志和躯体的重要性，而且仅凭自己的才能他完全无愧于在他对绝对专制王权的职责和诱惑还毫无体会时便已登上的王座。他幼小的年纪可说不可避免地必将受到各种内部争端造成的灾难的袭击；他的都城经常受到强大的也门或阿拉比亚的国王泰尔的不断骚扰和掠夺；由于先一代皇帝的一个妹妹，一位公主被掳，王室的尊严也受到了损害。然而，自沙普尔成年以后，骄纵的泰乐、他的民族以及他的国家便全都拜倒在这位初试锋芒的年轻武士的脚下了；他无比明智地采取恩威并用的办法，以求最大限度地利用他已取得的这次胜利，竟使得对他既恐惧又感激的阿拉伯人对他加以 **Dhoulacnaf**，或民族捍卫者的称号。

公元 340 年，君士坦斯在阿魁利亚大败君士坦丁二世，而
成为西部的统治者。统治着东部的君士坦提乌斯必需随时准
备对付沙普尔二世统治下的波斯人的进犯。波斯对亚美尼亚
的入侵对基督教在东方的发展造成极大的威胁。公元 348 年 278
在辛加拉获得的一次胜利由于一时疏忽变成了一次惨败。尼
西比斯的要塞先后经历了三次围困，到 350 年双方终于媾和
了。在同一年，君士坦斯被马格嫩提乌斯消灭，而维特兰尼奥
代表君士坦提乌斯登上了王位。351 年君士坦提乌斯终于在
默瑟的萨瓦河谷击败了马格嫩提乌斯，而于 353 年开始统治
着一个统一的帝国。

279 第十九章　尤利安的兴起。他在高卢地区的行政措施。他对巴黎城的热爱。

帝国被分割的诸省通过君士坦提乌斯的胜利又一次重新统一起来；但由于这位软弱的亲王无论在和平时期还是战争时期都缺乏天生的才能；由于他惧怕自己的军事将领，又不相信自己的大臣；他在军事上的胜利只不过使他在罗马世界建立起了一种宦官的统治。那些不幸的人，那东方古老的对女人专宠和对人民专制的制度的产物，通过对亚洲奢华生活的模仿也被引入了希腊和罗马。他们的人数发展迅速；在奥古斯都时代，招人厌恶的阉人被看成是一些专为侍奉埃及王后的怪物，后来却逐渐进入了贵妇人的家、元老的家和皇帝的宫廷。阉人曾受到图密善和涅尔瓦的严厉限制，受到高傲的戴克里先的重视，并被谨慎的君士坦丁置于下贱的地位；但是他们在他们的堕落的儿子们的宫廷中却日益增多起来，并逐渐了解并掌握了君士坦提乌斯的秘密会议的内幕。人们对这种五体不全的人普遍抱有的反感和蔑视似乎降低了他们的性格，使他们变得几乎真像人们所想象的那样根本不可能再怀有任何高尚的感情，或进行任何有意义的活动了。但是，阉人们却都擅长阿谀奉承和耍弄阴谋诡计，因此他们交替利用君士坦提乌斯的

恐惧、懒散和虚荣完全控制着他的思想。他完全从一面扭曲的镜子中看到帝国的繁荣,因而竟随便容许他们从中拦截住受害省份向皇帝诉苦的诉状;容许他们贪赃枉法、出卖官爵,获取大量财富;通过提高那些从他们手中买得特殊权力的人的地位,而使一些最重要的人物受到屈辱;并听任他们对那些具有独立精神,不屑求得奴隶保护的人发泄他们的仇恨。在这些奴隶中最著名的一个是寝宫侍者尤西比乌斯,君主和整个皇宫全都完全处于他的控制之下,以致一位公正的历史学家讽刺地说,君士坦提乌斯倒能得到他的这位狂傲的宠臣的几分信赖。在他的诡诈的怂恿下,皇帝对不幸的伽卢斯签署了处决令。从而在玷污君士坦丁家族荣誉的长长的滥杀无辜的名单上又增添了一项新罪行。

君士坦丁的两个侄子伽卢斯和尤利安侥幸逃过士兵们愤怒的 280
屠刀的时候,哥哥才不过 12 岁,弟弟刚 6 岁;由于哥哥被认为体弱多病,于是就留在君士坦提乌斯身边依靠他的虚假的怜悯过着十分不稳的依赖生活;君士坦提乌斯知道,如果杀死这两个幼小的孤儿,必将被所有的人认为是赤裸裸的残暴。他们被分别安置在爱奥尼亚和比提尼亚两个城市中,作为他们的流放地和受教育的地方;然而,在他们逐渐长大,勾起皇帝的妒忌之心的时候,他感到为万全之计最好将两个不幸的青年囚禁在恺撒里亚附近的马色兰城堡中。他们在这里的 6 年囚禁中所受到的待遇一半可以说是他们在一个细心的监护人手中所希望得到的,一半则充满了他们对一个多疑的暴君的恐惧。他们的监狱是一座王宫,是几代卡帕多西亚国王的住所;那地方环境优美,建筑壮观,室内十分宽敞。在这里,他们在最优秀的老师指导下进行学习和各种锻炼;被指派前来

侍奉或更应该说是看管君士坦丁的两个侄子的人口众多的一家人倒也无愧于他们的高贵的身份。但是,他们却无法欺骗自己不想到自己已失去财产、自由和安全的保障;不想到自己已和整个社会,和他们所信任或尊敬的人隔绝,每天只能和一些严格按一个暴君的命令行事的奴隶们相伴,度过凄凉的时光,而那暴君对他们已经造成的伤害也使他们绝无和解之望了。然而,最后由于政治形势的紧迫,皇帝,或者更是他的宦官们不得不加给年已 21 岁的伽卢斯以恺撒的头衔,而且,为了在他们之间形成牢固的政治关系,还把公主君士坦提娜嫁给了他。在一次正式会晤中,两位亲王互相保证从此永远不再干相互伤害的事,然后便毫不迟延到各自的住所去了。君士坦提乌斯继续向西进发,而伽卢斯则在安条克定居下来;在这里,他开始以代表皇帝的身份统治着东部地区的五个大教区。在这次幸运的变迁中,这位新加封的恺撒当然不会不关心到他的弟弟尤利安,他这时也同样得到了适合他的身份的称号、表面上的自由和还给他的一份世袭的财产。

后来证明伽卢斯不适合做统治者,并终于被谋杀。尽管一开始谁也不曾想到尤利安有做皇帝的可能性,但随着他日益获得更多的经验和权力,他于 355 年终于获得了恺撒的称号。当君士坦提乌斯正忙于在多瑙河前线作战时,他却在高卢方面击退了阿勒曼人和法兰克人的入侵。他并且立即着手重建和修复高卢地区的一些城市,“这工作是更适合于他的仁慈和爱思索的性格的”。

尤利安在高卢地区的行政措施 281

一种对臣民的安宁与幸福的深切关怀乃是,或至少似乎是,尤利安的行政措施的指挥原则。他把自己住在冬营地的空闲时间都用来处理行政事务;而且常常更喜欢以行政长官,而不喜欢以将军的面貌出现。在他准备出征以前,他总把已呈上来让他审定的大部分公、私案件全交给各省的总督去处理;但是,他在回来以后,总会重新仔细检察他们的处理情况,对法律过严的地方略加缓和,并对法官的判决提出自己的二审意见。他既不受善良的心地愿做好人的诱惑,也不热衷于草率、莽撞地一味实现法律的公正,终于能心平气和,以理服人地压下了一位控诉纳博讷省长敲诈勒索罪的法官过于偏激的情绪。十分激动的德尔菲迪乌斯大声叫着说:“如果只凭自己否认就能定案,那世上还有谁能被定为有罪?”尤利安则回答说:“如果只凭别人认定有罪就能定案,那世上还有谁能算得清白无辜呢?”在和平与战争的处理上,这位君王的利益一般总是和他的人民的利益相一致的;但是如果尤利安的美德夺去了任何一点君士坦提乌斯从一个深受压迫、已是民穷财尽的国家掠夺来的贡品,他便会认为自己受到了伤害。拥有皇家特权的亲王可能有时会出面纠正下级官员的公然的贪污行为,揭露他们进行掠夺的各种手法,并提出新的均等的更简单化的税制。但是整个财政事务已更为安稳地交托给了高卢禁卫军卫队长弗洛伦提乌斯,一个根本不知道什么叫怜悯和同情的泼妇般的暴君;这个傲慢的大臣对任何非常客气和温和的反对意见都抱怨不已,而尤利安

本人却只觉得自己的行为未免过于软弱了。但位恺撒以十分厌恶的心情批驳了一项征收特别税的法令;卫队长送给他签字的一项新的高级诉讼法和一份他据以批驳新税制的关于人民大众的苦难的真实情况的报告,终于激怒了君士坦提乌斯的朝廷。尤利安在写给他的一个最亲近的朋友的一封信中,毫无顾忌、充满热情地表达了他自己的情绪,我们现在也许很愿意读它一读。在讲述了他自己的作为以后,他接下去是这样说的——"柏拉图和亚里士多德的门徒们有可能会采取与我不同的做法吗?我能够抛弃掉那些由我管辖的不幸的臣民吗?难道我不是责无旁贷地必须保卫着他们,使他们免遭那些无人性的强盗的无尽无休的伤害吗?一个放弃职守的保民官将被处死刑,并被剥夺举行葬礼的荣誉。如果我自己,在遇到危险的时候,也放弃了我的更为神圣得多、重要得多的职责,那我有什么资格定他的罪呢?上帝既把我放置在这个高

282 位上,他的一切安排便必会指引我并支持我的。如果我终于必将遭受苦难,我将会因为自己确有一颗纯洁、正直的良心而感到欣慰。真希望上天能让我现在仍有一个像萨卢斯那样的参谋!如果他们认为应该派个人来接替我,我将毫无怨言地拱手让位;我宁愿尽量用短暂的机会做些好事,也不愿意长时间,或永远作恶多端而不受惩罚。"尤利安的不稳定的依附于人的处境使他充分显示出了他的美德,却也掩盖住了他的缺点。这位在高卢地区维护着君士坦提乌斯统治的年轻英雄没有彻底清除政府的弊端的权力;但他却有勇气减轻人民的痛苦和苦难。除非他有能力使罗马人的尚武精神复活,或者能够使与他们为敌的野蛮人学会过勤劳、高雅的生活,那不论是和日耳曼人媾和还是征服日耳曼都不可能合理地

指望能保证人民的安宁。然而,尤利安所取得的胜利却也在一段不长的时间内制止住了野蛮人的入侵,从而延缓了西罗马帝国的灭亡。

尤利安与巴黎城

尤利安的健康的影响使得那些长期遭受到内部纷争、与野蛮人进行战争和国内暴政蹂躏的高卢地区的城市重新恢复了生机;随着享受生活的希望日增,勤劳的精神也逐渐恢复了。农业、制造业和商业都在法律的保护下重新兴旺起来;一些民间合作组织,或curice中又挤满了有用的,受人尊敬的人物:年轻人不再反对结婚;结了婚的人也不再反对生孩子;公众的和个人家的庆祝活动又都按照传统的格局进行;在各省之间经常进行的安全交往显示出国家一派繁荣景象。一个具有尤利安思想情况的人一定会充分感受到他给人们带来的这普遍欢乐情绪;然而对巴黎这座城市,这个他冬天的住所和他特别偏爱的地方,他却格外感到满意和亲切。这座现已占据着塞纳河西岸大片土地的辉煌的都城最初只不过局限于河中的一个小岛,居民靠那河流供给纯净的富有营养的饮水。河水拍打着四周的城墙,只有两座木桥可以通入城中。塞纳河的北边覆盖着一片森林,而在河的南边,现在称作大学的地方原是一大片房屋,其中点缀着一座王宫和竞技场、几处浴池、一条水槽和一个用于操练罗马军队的战神广场。这里严峻的气候条件,由于靠近海洋而得到了调剂;通过实践取得的一些经验,在这里精心种植葡萄和无花果树获得成功。但在特别严寒的冬季,塞纳河水常

结出极厚的冰;那顺流而下的巨大冰块可能会使一个亚洲人联想
283 到从弗里吉亚采石场采来的白色大理石。安条克市的违法乱纪和腐败现象使尤利安留恋他心爱的卢特夏[①]严格而简单的生活态度,那里的人们还不懂得或不屑于搞什么娱乐性的戏剧活动。他愤怒地将女人气的叙利亚人与勇敢、诚实的高卢人加以对比,因而使他对克尔特人性格中过于放纵这唯一的污点也加以原谅了。如果尤利安今天能再来重游法国首都,他可能会去和一些能够理解和教诲一个希腊弟子的科学家交谈;他可能会宽恕了一个从没有因沉湎于奢侈生活而丧失其勇武精神的民族所犯下的生动、高雅、愚蠢的过失;但是他必定会对使人类社会生活的交往得以柔化、净化和美化的无价的艺术的完美性百般赞赏。

① 原文 Lutetia,罗马人对巴黎的称谓。——译者

对基督的承认和异端的出现

第二十章　君士坦丁大帝改变信仰。他对基督教表示宽容的敕令。他见到上帝显灵以及他的洗礼。基督教法定地位的确立。宗教势力和世俗力量的划分。

基督教教会的公开建立可以说是帝国内部的一次既能引起人们经久不衰的好奇心，又能为人们提供极有价值的教益的重大革命。尽管君士坦丁的胜利和他的国内政策已不再继续影响欧洲的局势，但这位君王改变信仰的举动所产生的印象却至今在世界相当大一部分地区中仍未完全磨灭；一条牢不可破的锁链仍把他执政时期的教会体系与今天这一代人的观念、情感和利益联系在一起。

在我们考虑这样一个可以采取不偏不倚的态度，但绝不能冷漠对待的问题时，总有一个意想不到的困难会忽然冒出来——那便是难以判断君士坦丁改变信仰的真实的准确时间。在他的宫廷任职的琉克坦提乌斯似乎迫不及待地要向世界宣告，这位高卢的君王如何堪称光辉的典范；他在称帝伊始便承认了那真正的唯一

上帝的无上威严，并对他无比崇拜。饱学的优西比乌斯[①]却把君
士坦丁的虔诚归之于在他正为远征意大利进行筹划时，在天空忽
然出现的一种神奇景象。而历史学家佐西穆斯[②]则更恶意地断
言，这位皇帝是在双手沾满他大儿子的鲜血之后才公开抛弃掉他
的祖先所信奉的罗马帝国的神灵的。这些名家各执己见的混乱说
法实际是君士坦丁本人的行为所造成的。按照神圣教义的严格说
法，第一位基督教皇帝直到他临死以前是不配使用这个头衔的；因
为他只是在他最后一次患病时，才以教友的身份举行了按手礼，然
后才又按惯例接受洗礼，成为教徒的。君士坦丁对基督教的态度
实际应该说是比较模糊，而且是有所保留的。要真正弄清这位帝
王如何先自称为教会的保护者，后又自称是该教会教徒的这个缓
285 慢得几乎让人难以觉察的过程，必须要有十分细心和精确的研究
态度才行。对他来说，要消除原来所受教育使他养成的各种习惯
和偏见，转而承认基督的神圣权威，并认清他的启示和自己原来崇
拜的多神教完全不能相容等等，都必须经过一段非常艰难的过程。
也许在他的思想上曾经经受过的困扰一定曾教导他，在推进帝国
的宗教改革的重大问题上必须采取谨慎的态度；他对他的一些新
观点也总在能安全而有效地加以推行的情况下，才不露声色地表
露出来。在他的整个统治时间，基督教像一条缓慢但逐渐加快的
河流向前流动着：但它的总的前进方向却不时受到当时变化不定
的局势和那位专制君主的小心谨慎，也许还有一时心血来潮的阻

① 巴勒斯坦恺撒里亚主教(260—339 年)，著有《基督教史》一书。——译者

② 公元 5 世纪前后希腊历史学家，著有公元 3 世纪后期至约 410 年的罗马帝国史。——译者

挠或诱导。他允许他的大臣们用各种最适合于表达他们各自的原则的不同的语言来说明主子的意旨;为了巧妙地使他的臣民在希望和恐惧之间获得平衡,他在同一年发布了两条敕令,一条是下令实行庄严的礼拜日大休假制度,另一条是命令定期实施肠卜祭祀活动。在这场大革命还处于前途未卜状态的时期,基督教徒和异教徒都同样以十分急切的心情注视着他们的君王的行动,但二者的心境却恰恰相反。基督教徒们出于不断高涨的热情和虚荣感,尽量夸大他对基督教的偏爱和对上帝的忠诚。而那些异教徒在他们事出有因的恐惧心理尚未转变为失望和仇恨之前,一直力图对世人,甚至对他们自己,也避而不谈罗马的诸神已不可能仍把这位皇帝视为他们的信徒了。正是这种类似的热情和偏见,使得当时怀有偏见的作家把基督教公然大为风行的情况和罗马史上最为辉煌,也或者最为肮脏的君士坦丁的统治时期联系在一起了。

不管君士坦丁在他的讲话或行动中,曾如何透露出对基督教的虔诚,但他却直到接近 40 岁时仍一直坚持奉行旧教的各种仪式;他这种在尼科米底亚的宫廷中发生也许会被认为是出于恐惧的行径,也可以认为是这位高卢统治者的思想倾向或政策的结果。他的慷慨做法使得多神教的殿堂也得以恢复并富足起来;他的帝国铸造厂出产的纹章上都铸有朱庇特和阿波罗、玛尔斯和赫耳枯勒斯的图像和象征。他对父亲君士坦提乌斯的孝心使这奥林匹斯山的众神像中又增加了他父亲神圣化了的形象。但君士坦丁所最敬奉的却是希腊和罗马神话中的太阳神阿波罗;他还特别喜欢人们把自己比作光和诗之神的化身。那位神灵的百发百中的神箭,他的炯炯有神的目光,他的用月桂枝做成的花冠和不朽的英姿似

乎都表明他正是一位年轻英雄的保护人。阿波罗的圣坛上总是堆
286 满了君士坦丁热心奉献的供品；对他那些轻信的平民却尽量让他们相信他们的皇帝受到神的特许可以用肉眼直接看到他的保护神的威仪；而且不论他在清醒时还是在和神相悟的时候都会有种种吉兆表明他将是永久的和常胜的统治者。太阳被广大人民普遍作为君士坦丁的无敌的指引者和保护神；而异教徒们则显然有理由完全相信他的忘恩负义的信徒如缺乏虔诚，冒犯了这一神灵，他便会毫不留情地进行报复。

在君士坦丁对这几个高卢省份实行有限统治的时期，他的信奉基督教的臣民一直受到这位亲王的权威和他所制定的法律的保护，至于维护众神荣耀的事他明智地把它全留给他们自己去解决。如果我们真能相信君士坦丁自己所讲的话，他说他曾怀着十分愤怒的情绪，亲眼见到罗马士兵对一些仅仅由于宗教信仰不同的罪犯所采取的野蛮的残暴行径。① 在西部和东部他看到了实行暴政和宽容政策的不同结果；而且前者以他不共戴天的仇人伽勒里乌斯的行为为例，使他更加觉得难以容忍，后者却在他垂死的父亲的权威和忠告下使他不能不加以效法。这便使得这个君士坦提乌斯的儿子毅然终止或废除了那些带有迫害性的敕令，并给予所有公开宣称自己是教会成员的人以从事各自的宗教活动的自由。他们因此也便很快就对他们的这位早已暗自对基督的名字和基督教的上帝表示由衷尊敬的君王的仁德和公正产生了信任。

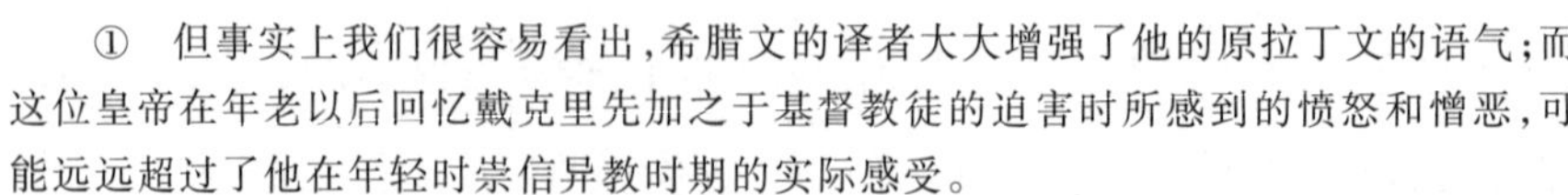

① 但事实上我们很容易看出，希腊文的译者大大增强了他的原拉丁文的语气；而这位皇帝在年老以后回忆戴克里先加之于基督教徒的迫害时所感到的愤怒和憎恶，可能远远超过了他在年轻时崇信异教时期的实际感受。

对基督教表示宽容的敕令

在征服意大利约5个月后,罗马皇帝通过闻名遐迩的米兰敕令庄严而明确地声明了他的主张。这道敕令恢复了正统基督教会①的和平。西部两位君主在一次面对面会晤中,在聪明才智和权势地位上都略胜一筹的君士坦丁使对手李锡尼乌斯欣然同意与他联合。这两个名字和政权的联合使震怒的马克西米安不敢轻举妄动。在这东部暴君死去之后,米兰敕令就成了罗马世界通行的基本法。

这两位皇帝英明地重新恢复了基督教徒们被残酷剥夺的所有公民权及宗教权力。他们规定,凡被没收的做礼拜的场所和集会地,都必须立即无条件、无代价地归还给教会;发布这道严格命令的同时还慷慨许诺:对归还的原以公正合理价格购得的财产,帝国 287
的国库将予以补偿。这些得以使信徒们从此平静下来的有益规定是以广泛和平等的宽容原则为基础的;这种平等无疑会被后来的教派作为一种对他们有利的、高贵的殊荣看待。这两位皇帝向世界宣告,他们已给与基督教徒和所有其他人绝对的自由和权利来选择自己希望加入的,或已经笃信的,或认为对自己最有用的教派。他们认真地解释其中每一个易于含混的词语,排除各种例外情况,并命令各省总督对这份旨在最大限度确立并保护宗教自由

① 原文为catholic church,中文一般译为天主教会。但在本书中该词显然仅指新、旧教分裂前的基督教会,故暂译如此。下同。——译者

的敕令的要点不折不扣地加以执行。他们不惜屈尊向下面的臣民阐述使他们颁布这道宽容基督教敕令的两大原因：一是出于维护万民的和平与幸福的善良愿望，二是希望以此来安慰在天上的造物主，并向他赎罪。他们对在他们身上应验的许多神的恩惠感恩戴德，并且相信，同样的天恩还将永远保佑君王和万民繁荣昌盛。从这些模糊而不太确切的虔诚表现中，可以推断出三种不同的，但非彼此不相关联的假设。首先，君士坦丁的思想可能一直在异教和基督教之间徘徊。第二，根据多神教的一些松散的但十分谨慎的说法，他也可能把基督教的上帝视为组成上天庞大统治集团的诸神中的一员。再或者，他还可能抱定一种富有哲理的更令人开心的想法：尽管有众多神的名字、各种宗教仪式和不同观点的存在，崇信一个共同的造物天主有助于加强所有教派和各族人民的统一。

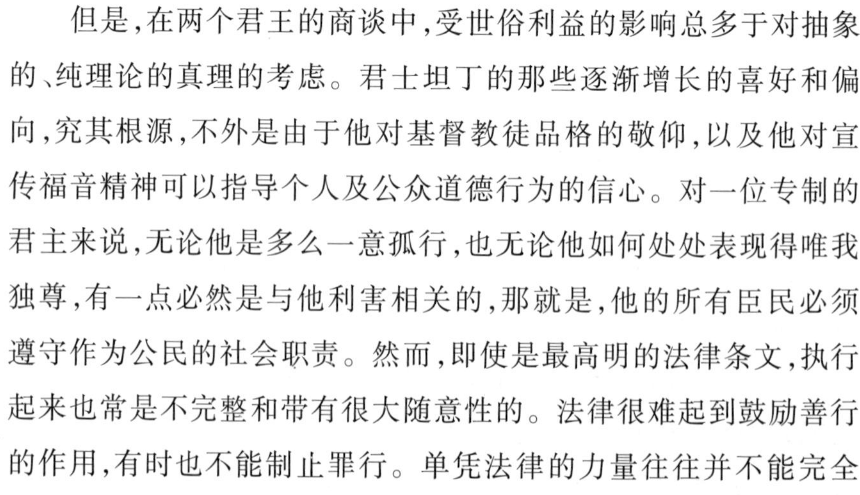

但是，在两个君王的商谈中，受世俗利益的影响总多于对抽象的、纯理论的真理的考虑。君士坦丁的那些逐渐增长的喜好和偏向，究其根源，不外是由于他对基督教徒品格的敬仰，以及他对宣传福音精神可以指导个人及公众道德行为的信心。对一位专制的君主来说，无论他是多么一意孤行，也无论他如何处处表现得唯我独尊，有一点必然是与他利害相关的，那就是，他的所有臣民必须遵守作为公民的社会职责。然而，即使是最高明的法律条文，执行起来也常是不完整和带有很大随意性的。法律很难起到鼓励善行的作用，有时也不能制止罪行。单凭法律的力量往往并不能完全阻止它所谴责的行为，或惩罚它所禁止的行为。因而古代立法者把扩大教育和舆论的影响作为辅助手段。但是曾一度为罗马和斯

巴达带来繁荣和生气的各种准则又都随着帝国的日趋专制和衰败 288
而消失了。尽管哲学仍在一定程度上支配着人的思想，但异教的迷信活动却不能起到鼓励人们行善的作用。处于这种令人失望的情况下，细心的统治者在看到这样一种宗教不断发展壮大时，一定会很高兴；这种宗教在人民中间传播纯正的、充满仁爱的、具有普遍意义的道德体系，对各行各业、对不同生活水平的人都适合，同时被人们尊为上帝的教诲和意志，并被永恒的善恶均有报应的说法进一步加强了。希腊和罗马的历史经验都不能告诉世人，神的启示的观念究竟能在多大程度上推进并改革国家体系；君士坦丁也许不无信服地听从了拉克坦提乌斯的带几分恭维而又极富哲理的言论。这位雄辩的护教学家可能很坚定地相信，并敢于大胆断定，推崇基督教将重现原始时期的纯真与美好；断定真诚地信仰上帝会消除这些自认为起源于同一祖先的人们之间的战乱和纠纷；断定福音书的真知灼见会遏制人们所有的不良欲望和敌意或自私的情感，断定对一个广泛受到真理和虔诚、平等和温顺、合谐和博爱思想激励的民族，她的统治者是可以不用刀剑来维持正义的。

在君王的统治甚至压迫之下，依然主张服从和无条件依顺的这种福音精神，无疑早已被享有绝对权威的君王们视为值得利用和提倡的美德。原始基督教徒建立行政制度的基本思想，并不是出于人民的共用意愿，而是出于上天的意旨。这位独裁的皇帝，尽管他曾经采取大逆不道的残杀手段篡夺政权，嗣后却急于为自己打出受命于天的神圣旗号。这样，他滥用权力的行为就只对上帝负责；他的臣民们却被效忠的誓言紧紧地束缚于这样一位曾践踏过一切自然及社会法则的暴君的统治之下。善良的基督徒们就像

被送入狼群中的羔羊一样来到这个世界上；即使为了保卫宗教，他们也无权使用武力，因而在短暂人生的虚浮利益或占有私欲所引起的争端中杀戮同类，就更是莫大的罪过了。在纪元之初的三个世纪中，广大基督徒表现出了对早在尼禄时代就宣扬逆来顺受的耶稣门徒的忠诚，一直以不搞阴谋，不进行公开暴动等罪恶活动为道德宗旨。哪怕是受到残酷的迫害，他们也未曾想到过揭竿而起或愤然到世界一隅另找一块土地谋生。而后来的那些敢于争取公
289 民和宗教自由权的德国、法国和英国的新教徒门，又因被人称为改革教派并与原始基督徒混为一谈而倍觉受到侮辱。其实，我们或应赞许而不是指责我们的祖先们的进步思想和精神，他们也是相信宗教并不能抹杀人类与生俱来的自主权利的；或应把原始教会的忍辱求全既看作一个弱点，也看作一种美德。必然已有一批毫无战斗力，没有首领，没有武器，没有防御工事的平民，因为在罗马大军的统帅面前作无谓的反抗而自取灭亡了。反之，这些基督徒们，在他们祈求戴克里先息怒或恳请君士坦丁开恩时，却可以有理有据地提出他们信守的顺从和驯服的原则；以及在过去的 3 个世纪里，他们的作为也一直是符合这个原则的。他们甚至会进一步提出，如果皇帝周围信奉基督教义的臣民都学会了忍辱和顺从，帝王的宝座就有了牢固而恒久的基础。

按照上天的总的安排，一切君主和暴君都被看作是上天派来治理或惩罚地球上各个民族的使者。但神圣的历史却又多次提出人所共知的例子，表明上帝又对他的特选子民的治理问题直接进行了干预。他把权杖和宝剑交到摩西、约书亚、吉迪恩、大卫、马卡比父子等英雄的手中；这些英雄的崇高品德就是圣恩的动力或直

接结果，他们的武装斗争的目的是为了挽救教会或保证它的胜利。
如果说以色列的士师[①]只是些偶然任职的临时的行政官员，那么
犹太[②]的国王们却从他们伟大祖先的临终的御体涂油礼中得到一
种世袭的、永远有效的权力，这种权力是不会因他们自己的恶行而
丧失，也不会因他们的子民的一时不满而被剥夺的。同样，那个具
有特殊神力的上天现已不专为犹太人所有，也就完全可能选中君
士坦丁和他的家族作为基督世界的保护人；虔信上帝的拉克坦提
乌斯，以先知的口吻宣称，君士坦丁必将长时间维持他的光辉的普
遍的统治。伽勒里乌斯和马克西明，马克森提乌斯和李锡尼，都是
和神的宠儿分享帝国各省统治权的他的竞争对手。接着，伽勒里
乌斯和马克西明的惨死很快便了结了基督教徒对他们的仇恨，也
满足了他们讨还血债的愿望。君士坦丁反对马克森提乌斯和李锡
尼所取得的胜利清除掉了两个现在仍然反对第二大卫胜利的可怕
的竞争对手；而他的事业看来似乎真需要上天的特殊干预。这位
罗马暴君的性质既有负于皇帝的尊严，也玷污了人类的天性；尽管
基督教徒们也可以受到他的一些心血来潮的恩惠，他们却同时又
和他的其他臣民一道，随时可能受到他的心血来潮的无节制的暴
政之苦。李锡尼的所作所为很快就暴露出他当时对米兰敕令的明 290
智的人道主义的规定表示赞同全系勉强。在他的统治区内他禁止
召开全省的宗教大会；他的基督教的官员全被极不光彩地解职了；
如果他避开了广泛地进行迫害的罪过，或者说可能引起的危险，他

---

① 原文 Judges，《圣经·旧约》有“士师记”一篇，英译篇名即是此字。“士师”实指当时希伯来部落的军事领袖。——译者

② 巴勒斯坦南部古王国，存在于公元前 923—586 年。——译者

对一部分人的压迫却因为他公然撕毁自己自愿作出的庄严诺言，反将更为令人深恶痛绝了。当东部，根据优西比乌斯的生动描写，正处于地狱般的黑暗阴影中的时候，吉祥的来自天堂的光却温暖并照亮了西部各省。君士坦丁的虔诚被认为是完全有理由使用武力的不可辩驳的证明；而他对于军事上的胜利的利用则进一步肯定了一般基督教徒的想法：他们的这位英雄的一切活动全都是受万军之主耶和华的感召和引导的。对意大利的征服产生了广泛宽容的敕令；等到李锡尼的失败一旦使得君士坦丁获得了罗马世界的一切统治权之后，他便立即多次发出通知，敦促所有臣民刻不容缓地效法他们的君主的榜样，皈依神圣的基督教。

认为君士坦丁能爬上高位一事直接与天意有关的想法在基督教徒的思想中引起了两种看法，这两种看法以完全不同的方式帮着证实了拉克坦提乌斯的预言。一是他们的诚挚、积极的忠诚使他们为他用尽了一切勤劳的努力；二是他们充满信心地期待着他们勤奋的努力定会得到某种神奇的神力的帮助。君士坦丁的敌人把他于不知不觉中与基督教会形成的结盟归结为出于利害相关的动机，并说这种结盟显然在实现他的野心方面起了重要作用。在公元 4 世纪初期，在帝国人口中基督教徒还只占很小的比例；然而，在一群日趋堕落的人群中，他们看待主子的更换，就如同奴隶一样漠不关心，而这种宗教团体的精神和团结却可能对他们从良心的原则出发，不惜为他牺牲身家性命的人民领袖有些帮助。父亲的榜样和教导告诉君士坦丁要重视并奖励有才能的基督教徒，在分派公共职务时，他有机会通过选派他能够对他们的忠诚毫无保留地完全信赖的大臣或将军，以加强他的政府。在这些有声望

的传教士的影响下，在宫廷和军队中，接受新教信仰的人数必然会迅速增加；充斥罗马军团各个阶层的野蛮的日耳曼人全部对什么都毫不在意，在宗教问题上他们会毫不考虑就很容易接受他们的主帅的信仰；我们完全可以断言，在他们越过阿尔卑斯山以后，大多数士兵都发誓用手中的武器来效忠于耶稣基督和君士坦丁的事
业了。人类的自然习惯和宗教的利益逐渐消除了长期流行于基督 291
教徒中的战争和流血的惨剧；在君士坦丁的善意的保护下召开的宗教会议上，主教的权威及时被用来核定宣誓的军人应尽的义务，或用以对在教会内部平安无事时放下武器的士兵进行革出教会的惩罚。君士坦丁在他自己的统治区域不断增加他的忠实追随者的人数和热情，而在那些仍然为他的对手所占有或被他们篡权的省份，他们却可以依靠一个强有力的派别的支持。一种不满情绪在马克森提乌斯和李锡尼治下的基督教徒臣民中暗暗滋长；而后者的不加掩饰的仇恨情绪只不过使他们更热心于为他的对手的利益进行斗争。彼此相距甚远的不同省份的主教们之间的定期书信往来使他们可以自由地表达各自的愿望和计划，并可以毫无危险地传递任何可能有助于推动君士坦丁的事业的有用的情报，或在宗教方面做出贡献。因为他已曾宣称，他已为拯救教会拿起武器。

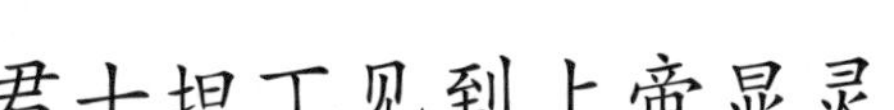

君士坦丁见到上帝显灵

鼓舞着军队，也许还鼓舞着皇帝本人的这种宗教热情，在安抚他们的良心的同时，也增强了他们的战斗力。他们在奔赴战场时充分相信，同一个过去曾为以色列人在约旦河水中开道，并在约书

亚的号角声中让耶利哥城墙立即倒塌[1]的上帝将为了君士坦丁的胜利显现出他可见的真身和威力。教会的历史曾试图证明他们的这种期望是确有道理的，因为它已被大家几乎一致认为是使第一个基督教皇帝改变信仰的原因的那一明显的奇迹所证实了。如此重大的一个历史事件的真实或想象的原由究竟是什么，是值得，也要求，后人去加以研究的；我这里将尽力通过对其中所涉及的**旗标**、**梦境**和**神示**的**符号**逐一进行考虑，并通过把这段奇妙故事的历史部分、合乎自然部分和神奇部分分离开来（所有这些在一篇似是而非的论文中已被巧妙地糅成一个外表华美但完全经不起推敲的整体），以使我们对君士坦丁见到上帝显灵的那段著名的故事有一个正当的估计。

I. 原来只对奴隶和异族使用的一种残酷的刑具现在已在罗马人的眼中变成了令人不能容忍的东西，而犯罪、痛苦和丑恶行为的
292 概念变得和十字架[2]的概念紧密联系在一起了。君士坦丁之所以在自己的统治区域内很快废止了这种连人类的救世主都免不了亲自忍受的刑罚，并非出于仁慈，而是出于他的虔诚；但是，在他能够在罗马城中竖立起自己的雕像，让他右手擎着一个十字架，并附上一篇记述他的战绩，记述他对罗马的解放，并把这一切全归功于这一吉祥形象，这真正力量和勇气的象征的威力的铭文之前，他早已学会对自己所受教育及他的人民所怀有的偏见表示厌恶了。这同

---

① 此处所讲的两段故事分别见于《圣经·约书亚记》第四、六章。——译者

② 基督教作家查士丁、费利克斯·米努乌斯、德尔图良、杰罗姆和马克西穆斯相当成功地研究了几乎所有自然界和艺术形象都莫不带有十字架或类似十字架的形态；如子午线与赤道的交叉、人的脸面、飞鸟、游泳的人、桅杆和桁、犁、**一副旗标**，等等。

一形象也使君士坦丁的士兵们的武器神圣化了；十字架在他们的头盔上闪光，被雕刻在他们的盾牌上，编织在他们的旗帜上；甚至那用以装饰君士坦丁本人的神圣的象征也只不过比一般人所用的用料更考究、做工更精细罢了。但那用于表现十字架所取得的成绩的主要旗帜则被称为拉伯兰旗[①]，这个含义不明但却十分闻名的名称据说是以世界几乎所有的语言为基础定下的。它的基本形象是一根长杆中间横架着一根短棒。悬挂于短棒之下的丝绸幡上十分奇妙地编织着这位当政君王和他的孩子们的形象。长杆的顶端是一顶金质的王冠，王冠里掩藏着一个既表现出十字架形态又包含着基督教的名字的缩写的神秘的图案。拉伯兰旗被交托给50名经过考验的骁勇而忠诚的卫兵保卫；他们所享受的荣誉和待遇使他们都显得与众不同；几次幸运的偶然事件很快引起一种说法，以为保卫拉伯兰旗的卫兵在执行任务时，在敌人的攻击下是刀枪不入的。在第二次内战中，李锡尼便曾感觉到这种神圣旗帜的可怕威力，处于战争困境中的君士坦丁的士兵，一看到它便立即充满了不可战胜的激情和信心，使敌军中的官兵无不惊慌失措，恐惧万分。此后许多愿以君士坦丁为榜样的基督教皇帝派出的远征队中无不高举着十字架的旗帜；但当提奥多西的一些堕落的继承人不再亲自身先士卒带兵打仗以后，这拉伯兰旗便作为一件神圣而无用的圣器陈列在君士坦丁堡王宫中了。它所表现的荣誉还保留在弗拉维家族的纹章上。他们的出于感激的宗教热忱使他们一直把基督名字的缩写图案安放在罗马国旗的正中央。为了共和国的

① 君士坦丁皇帝皈依基督教后所用的军旗。——译者

安全，为了军队的荣誉以及重新恢复人民的幸福生活等庄严的词句无所区分地同时使用在宗教和军事胜利纪念碑上。在保存至今的一枚君士坦提乌斯皇帝的勋章上，伴随着拉伯兰旗的是一行令人难忘的字样：有了它你将无往不胜。

II. 原始基督教徒在遇到任何危险和不幸的时候，都用画十字的办法来保卫他们的精神和肉体的安全，这办法他们在一切宗教活动中使用，同时也使用于日常生活琐事中，实际是把它看作是可
293 以使自己免受一切神灵和世俗的邪恶力量侵害的万能法宝了。君士坦丁以同样谨慎的、循序渐进的步骤最后接受了基督教的真理并承认了它的信条，但他的这种宗教热忱是否正当，那只有教会的权威有足够的力量加以确定。但是曾在一篇正式文章中对宗教的成因作过全面研究的与他同时代的一位作家所提出的证据，却赋予这位皇帝的宗教虔诚一种更可怕、更崇高的性质。他毫不怀疑地肯定说，在与马克森提乌斯决战的前夜，君士坦丁在睡梦中得到神的指示，要他将代表上帝的神圣符号，基督的名字的缩写图案，刻于士兵的盾牌上；并说他遵从了上天的命令，于是他获得了米尔维乌斯桥的一次决定性胜利，以作为对他的勇猛和顺从的酬报。有些问题或许使得一些持怀疑态度的人对这位善于辞令的作家所作出的判断或对其真实性产生怀疑，因为他，或者出于热情，或者出于利害关系，一直是全力支持当时正得势的一派的。他似乎在这次罗马胜利约 3 年之后发表他的有关尼科米底亚的迫害者之死一书的；但是地点相距 1000 英里，再加上 1000 天的时间的间隔，这就完全足够制作出一批得到一部分人轻信，并获得皇帝默认的宣传家来；因为皇帝可能在听到这样一个既能提高自己声望，又有

利于推进他的计谋的绝妙的故事时，并不曾表示反感。同样这位作家，站在当时还掩盖着自己对基督教徒的仇恨的李锡尼的立场上，给他也预备下了一个出以祷告形式的显灵的景象，向他显灵的是一位天使，而且那景象在他与暴君马克西明的军团作战之前，在他的全部军队面前又重新显现了一次。这种奇迹的一再出现，在它不曾起抑制作用的地方，倒是更加激发了人类的理智；但是，如果把君士坦丁的梦境单独拿来加以考虑，我们很自然会从这位皇帝所推行的政策或他对宗教的热情来加以解释。当他时刻不安地等待那决定帝国命运的一天即将到来的烦躁情绪被一阵短暂的、时断时续的睡眠打断时，那令人景仰的基督的形象，这人所共知的他的宗教的象征很可能会贸然自动出现在这位崇拜他的名字，并可能暗中乞求基督教徒的上帝显示神威的帝王的活跃的想象之中。正如一位杰出的政治家会毫不犹豫尽量使用各种军事计谋一样，他也使用了菲利普和塞多留曾如此巧妙并成功地加以利用的宗教方面的骗局。梦来之于一种超自然的力量的安排，这是远古民族普遍承认的，而高卢军队中有相当一部分人早已准备把自己的信念交托给基督教的灵验的象征了。君士坦丁见到的上帝显灵一事的真伪，只有事实本身能予以证明；而这位已越过阿尔卑斯山和亚平宁山脉的不可一世的英雄，可能对在罗马城下一战而败的后果虽感失望，也并不十分在意。由于自身忽然从暴君统治下被
解放出来而欣喜万状的元老院成员和人民，全把君士坦丁的胜利 294
看作是非人力所及的事，但又不敢明说胜利完全是在**众神**的保佑下获得的。在这次战役 3 年之后建立起来的凯旋门，以模糊的语言宣称，依靠他自己的伟大思想，依靠神的**本能**或推动，他拯救了

罗马共和国,并为它洗去了耻辱。一位最早抓住机会为这位征服者歌功颂德的异教徒演说家,却认为只有他有幸能与最高神灵保持秘密的直接交往,关于一般平常人的事他已交托给下级众神管辖;这样他便提出了一个似乎很有道理的理由,君士坦丁的臣民为什么不应该追随他们的君王,也去信奉那新的宗教。

III. 一位以冷静的怀疑态度研究过世俗或甚至宗教历史中的梦和朕兆,奇迹和怪诞事件的哲学家,可能会得出这样的结论:如果目击者的眼睛受到假象的欺骗,那么读者的理解多一半时候都会受到编造的故事的愚弄。任何一件似乎违背正常情理的事物或形象或意外事件,总会有人随意把它看作其背后必有神灵直接参与其事;而处于惊愕之中的群众的想象力有时更会给一些迅速在天空滑过的不同寻常的流星加上想象的形状和颜色,而且还有语言和动作。那扎里乌斯和优西比乌斯是两位著名的演说家,他们在精心制作的颂词中不遗余力地渲染君士坦丁的丰功伟绩。在罗马取得胜利 9 年之后,那扎里乌斯曾撰文描写了似乎是自天而降的神将,还特别注意描绘了他们的美、他们的精神面貌、他们的巨人般的形体、他们的神圣的铠甲所散发的耀眼的光芒,以及他们如何毫不在意听任一些凡人对他们随意观望,听他们交谈;他们同时还自称是被派遣飞往君士坦丁皇帝那里给他助战去的。为了表明这段奇观的真实性,这位异教徒演说家更求助于在他面前听他讲演的全体高卢民族;而他似乎还希望通过现在公开发生的这件事为古代神灵显圣的事找到可信的根据。最初可能源于那一梦境的优西比乌斯的基督教神话,经过 26 年,已纳入一个更正确、更高雅的模式。其中写到在君士坦丁多次行军中,有一次他亲眼看到在

正当午的太阳上方立着一个闪光的十字架形的饰物，上面镌刻着：**以此克敌**几个字。这天上的景象使全军为之震惊，也震惊了当时在选择宗教信仰问题上还没有拿定主意的皇帝本人；但他的这种震惊，再加上当天晚上他所见到的景象却决定了他的宗教信仰。耶稣基督亲自在他的眼前出现了；他向他展示了与天空所见相同的十字架的形象，告诉君士坦丁制作出同样的旗帜，抱着必胜的信心，举着它向马克西穆斯和他的敌人前进。这位饱学的恺撒里亚主教，似乎也感觉到，最近新发现的这段神奇传闻可能会使一些虔诚的读者感到吃惊或难以相信。但优西比乌斯既没有对常常直接 295
有助于分辨事件真伪的事情发生的时间和地点严格加以查证；也没有收集并记录下那众多的想必曾目睹那一惊人奇迹的实际情况的活人的证词；优西比乌斯却满足于仅仅提出已死的君士坦丁提供的一个十分奇特的证据，说是他在事情发生许多年后，在一次无拘无束的谈话中，曾对他讲述过他本人亲身经历的这一段离奇的意外事件，他同时还郑重发誓，保证他所讲的情况绝无虚假。这位饱学的教长的审慎态度和感激之情不容许他怀疑他的胜利的主子所讲的话的真实性；他却也曾明确表示，像这样一件事，如果出自任何一个比他地位稍低的人之口，他是绝不会相信的。这样一种信念的基础是不可能在弗拉维家族失势后继续存在下去；那可能被后来的一些不信教的人百般嘲笑的天空出现的图像，紧随在君士坦丁改变信仰后那一时期的基督教徒根本不予理睬。但是无论是西方还是东方的教会却都采纳了这一段有助于，或似乎有助于，促使一般人民崇拜十字架的神奇故事。在一些勇敢而明智的批评家如实降低这第一位基督教皇帝的胜利成果，并对他所讲的话的真实性表示怀疑之前，君士坦丁见到上帝显灵的故事在迷信的传统中一直占据着十分光彩的地位。

君士坦丁的洗礼

今天的信奉新教的勤于思索的读者，或许会倾向于相信，君士坦丁在讲述自己改变宗教信仰的过程时，一定曾通过一次慎重其事的、有意作出的伪证，以求把虚假说成真实。他们还可能不假思索地断言，他在考虑选择自己的宗教信仰时完全是从自身的利益出发，并（根据一位不信上帝的诗人的描述）相信他是利用教堂的祭坛作为阶梯登上帝国的宝座的。然而这一严酷而绝对化的结论从我们对人性的理解看来，是难以成立的。在一个宗教热十分流行的时期，我们可以看到，一些最有手腕的政治家也不免在某种程度上为自己所挑起的狂热所动；而最正统的圣徒也会止不住要利用自己的危险的特权，以欺骗和弄虚作假的手段来保卫真理的事业。个人利益往往是我们决定信仰什么的标准，它同时也指引着我们的行动；同样那种出于自身世俗的利益考虑可能影响君士坦丁在公众面前的行为和声望的动机必会在不知不觉中促使他选择了这一显然将使他名利双收的教派。公众认为他是被上天派来统治人世的说法满足了他的虚荣，他的成功又使他有理由相信自己享有的最高统治权来自神授，而这种权利却是以基督启示的真实性作为基础的。由于无意夸大的颂扬声有时也可能激发真正的美德，君士坦丁表面的虔诚，如果最初确只是半真半假，也可能会由
296 于人们的赞扬声，由于习惯和榜样的影响，逐渐变成为严肃的信仰

和热诚的皈依。这个新教派的主教和牧师们,以他们的衣着举止论都不配进入宫廷,可他们却被邀去与皇帝一同进食;他们跟随这位专制君王出外远征。他们之中的一位埃及人,也可能是西班牙人,由于在智力上超过这位皇帝,则被异教徒们说成必是使用了某种魔法的结果。用西塞罗的辩才装点过福音书的名句的拉克坦提乌斯和致力于使希腊人的学识和哲理服务于宗教的优西比乌斯都被他们这位君王视为挚友,彼此亲密无间;这些口若悬河的辩论大师,可以耐心地观察着他逐步被说服的缓慢过程,巧妙地使用着他的性格特点和理解能力最易于接受的各种论点。无论得到这么一个皇帝教徒会带来多少实际好处,这位皇帝不同于数以千计的信奉基督教义的臣民之处,不过在于他身着紫袍,而并非由于他有什么异于常人的智慧和美德。对于在一个更为开明的时代使得一位格老秀斯,一位帕斯卡尔或一位洛克加以赞赏或深为信服的道理,这样一个知识有限的军人的头脑却也能完全接受,也不应该被看作是完全令人难以置信的事。这位军人在白天日理万机的工作之余利用晚上的时间,或许佯装利用晚上的时间,勤奋学习圣经教义并撰写神学论文,然后拿到人数众多,掌声雷动的集会上去宣读。在一次至今尚可见到记录的长篇演说中,这位皇帝传教士详细论述了许多有关宗教的道理;但是他却满怀喜悦地畅谈西比林的诗集[①]和维吉尔的第四田园诗。在耶稣诞生之前 40 年,这位曼图亚[②]

① 可能即指犹太教徒和基督教徒于公元 2—4 世纪所编《西比林神谕集》。——译者

② 曼图亚,意大利城市,维吉尔的出生地。——译者

的吟游诗人似乎受到以赛亚[①]的神圣的启示，用充满东方宏伟象征意义的壮丽词句讴歌了圣母的再临，蛇的失败，以及即将出生的上帝之子，天神朱庇特的后代，他将清洗掉人类的罪孽，并用他父亲的美德来统治着和平的宇宙；一代和天神一样的人类将出现和成长起来，整个世界将变成一个原始的公有的国家；一个纯真而幸福的黄金时代将逐渐恢复。这位诗人可能并未意识到他这光辉的预言的秘密含义和目标，它最后被毫无价值地加在一位行政官或一位执政者的幼小儿子的头上了！但是如果对第四田园诗所作的一种华美的，可能实在有些似是而非的解释，真地曾有助于使这第一位基督教皇帝改变宗教信仰，那维吉尔真可算得是最杰出的教士了。

基督教徒们的宗教活动和仪式的进行都十分机密，并不惜故
297 作神秘，竭力避开非教徒，甚至新教友的耳目，借以增加他们的神秘感和好奇心。但是主教们出于小心所制订的种种十分严厉的教规，现在出于同样的小心谨慎的考虑，却对这位帝王新教友完全放松了。因为不惜采取一切迁就办法把他拉入教会圈子里来是至关重要的；因而在这位君王曾承担作为一个基督徒的任何义务之前，他便已获得允许，或至少是默许，他可以享受最大限度的特权了。在教长宣布让异教会众退出时，他却不曾离开大会会场，而是在与信徒共同祈祷，和主教们辩论问题，宣讲最深奥、复杂的神学问题，参加盛大的复活节的各种神圣的守夜仪式，他甚至当众宣称，自己不仅仅是一个参加者，而且已在某种程度上是一位教士和参与基

① 以赛亚，公元7—8世纪希伯来大预言家。——译者

督教各种神秘活动的圣师。君士坦丁的骄傲情绪或许使他不免要，他所作的贡献也使他有资格，摆出一副与众不同的架势；一种时机尚不成熟的过分严格的措施很可能会断送掉他的尚未成熟的改变宗教信仰的果实；而如果教会严厉地把这位已经抛弃供奉着多神的祭坛的君王拒之门外，那这位帝国的主人便没有任何形式的宗教可以信奉了。在他最后一次前往罗马城的时候，通过拒绝引导由骑士组成的军队，拒绝当众向卡匹托里亚丘的太阳神许愿等做法，实际已真诚地宣告放弃并侮辱了他的祖先的迷信传统。在君士坦丁接受洗礼和去世之前很多年，他便已向世人宣告，他本人或他的图像将永远不会出现在偶像崇拜的神庙之中，同时他却向各行省散发了多种奖章和图片，上面都刻画着这位皇帝参加基督教仪式的虔诚而恭顺的形象。

拒绝享受新入教者的种种特权的君士坦丁所表现的骄傲情绪是让人难以解释或轻易加以原谅的。但他的洗礼之所以一再推迟却可以用基督教会古老习俗的一些准则和做法来加以说明。洗礼仪式一般都是在几个教士的协助下，在庄严的复活节和圣灵降临节之间的 50 天里，由主教亲自主持，在本教区大教堂里举行；在这段神圣的日子里，总有一批儿童和成年人被接纳入教会。父母的小心谨慎常常把自己儿女的洗礼推迟到他们已能明白自己所许诺的责任的时候；古代严厉的主教一定要一个新入教的教徒经历两年或三年的见习期，而那些新教徒本身出于各种不同的世俗或宗教方面的原因，也很少表现出急于要拥有完全的新基督徒身份的迫不及待的心情。洗礼仪式一般认为包括全面、彻底地消除一切罪孽，受洗后的灵魂将立即恢复原来的纯真，并从此可以永恒得

救。在那些改信基督教的人中有许多人都认为,匆忙地履行完一种不可能重复第二次的可喜的仪式,轻易抛弃掉一种一去不复返的无价特权是很不明智的。而推迟洗礼却使他们可以放纵自己的
298 情欲来享受现实世界中的一切,而同时又能把确保自己得以赎罪的简便办法掌握在自己手中。[①] 福音书的崇高理论在君士坦丁本人的感情上所留下的印象,与在他思想上所产生的影响相比起来是微乎其微的。为了实现他的野心所指引的伟大目标,他走过了一条黑暗的、血腥的战争和策略的道路;而在胜利之后,他更毫无保留地使自己完全听任命运的摆弄。他从不曾表明,他完全有理由认为他的一切作为远在图拉真和两安东尼的欠完备的英雄主义和不信上帝的哲学思想之上,而进入成熟年龄的君士坦丁却把自己年轻时获得的声誉完全给断送了。随着他对真理的认识的逐渐深入,他相应地越来越背离了仁德的做法。在他统治期间召开尼斯宗教会议的那一年也因他处决,或谋杀了,他的大儿子而弄得乌烟瘴气。仅是这个时期也完全足以驳斥无知和恶毒的佐西穆斯的毫无道理的说法,他肯定说,在克里斯普斯死后,他父亲的悔恨从基督教教士那里得到了他从异教的祭司那里所得不到的清偿。克

---

① 那些对这种有罪的拖延大加反对的神父却不能不承认,即使在临终时接受洗礼也肯定能表示基督教胜利的效验。对于这种小心谨慎的基督徒,极其善于辞令的克里索斯托姆也不过提出了三点反对意见。1. 我们的爱和对美德的追求都应以其本身为目的,而不是为了得到报偿。2. 我们有可能突然死去而没有机会接受洗礼。3. 虽然我们将在天上找到我们的位置,但和那如此辛劳地、成功地、光荣地走过它的预定行程的正义的太阳相比起来,我们却只不过是闪着微光的星星而已。我相信,这种推迟洗礼的做法尽管必然产生极为有害的后果,却从未遭到过全国或某省宗教会议的谴责,教会也从没有对它发布过任何法令或宣言。而在某些比这小得多的事情上主教的护教热情也常会很容易给挑动起来了。

里斯普斯的死使得君士坦丁在选择宗教的问题上不能再犹豫了；他不可能到现在还不了解，教会确实具有一种无比灵验的药方，只不过他自己决定一再推延使用那药方的时间，一直到死亡已临近，他不可能再试图翻悔，也不再存在翻悔危险的时候。在他最后一次病中，他在尼科米底亚宫中召见的几位主教，看到他那样热情地请求并接受为他进行洗礼，听到他郑重宣称，在他的余生中他一定要做到不愧为基督的门徒以及他在受过洗礼，穿上新入教者的白袍以后谦恭地拒绝再换上皇帝的紫袍的做法，无不使主教们受到很大的启发。君士坦丁的榜样作用和他的威望似乎支持了推迟洗礼的做法。后来的暴君都可能因而相信，在他们的长期统治中他们可能双手沾满的无辜者的鲜血全都会立即在那带来新生的圣水中冲刷得一干二净了；这种对宗教教义的滥加解释，危险地威胁着高尚品德的基础。

基督教合法地位的确立

教会对这位把基督教置于罗马世界皇帝宝座上的慷慨的倡导者的感谢之情使他们高度赞扬他的美德，却原谅了他的种种缺点；而那些不忘庆祝这位皇帝圣徒的节日的希腊人，在提到君士坦丁的名字时，很少不特别冠以行同使徒的称号。这样一种比喻，如果指的是那些神圣使徒的品德，那当然便只能说是一种夸张的世俗奉承。但是，如果这种对比只限于指基督福音取得胜利的程度和次数，那君士坦丁的功劳或许并不次于那些上帝的使徒们本身。通过他的宽容基督教的敕令，他排除掉了阻碍基督教前进的种种 299

不利的世俗因素；基督教的众多活跃的教士都得到许诺和慷慨的鼓励，让他们自由地用任何能打动人的理智和宗教热忱的说法去宣扬神的启示的真谛。两种宗教势力真正处于均势状态的时间是很短的，野心和贪婪的锐利眼光很快就一眼看透，加入基督教可能不论是对眼前的利益，还是对将来的生活都有好处。对财富和荣誉的希求、一位皇帝作出的榜样、他的劝诱、他那不可抗拒的笑脸，在通常总是充斥皇宫的唯利是图、奴颜婢膝的人群中，为基督教赢得了不少信徒。通过自愿拆除原来的神庙以显示其日增的宗教热情的城市都被授予某些特权，并能获得人民群众的捐赠；东部的新都城君士坦丁堡则更以其从未遭受过偶像崇拜的玷污的独特优越条件而受到众人景仰。由于社会下层民众总以模仿为其行为准则，因而那些在出身、权势，或财富方面处于优越地位的人士一旦改变信仰，那些附属于他们的群众便立即会纷纷效法。据说在一年中，除相应数目的妇女和儿童外，就有12000男人在罗马接受了洗礼，又说，皇帝许诺赠给每个改变信仰的人一件白袍，外带20个金币，如果这些说法果属真实，那要买得普通人民的得救也未免太容易了。君士坦丁的强大影响是并不仅限于他短促的一生，或他所统治的疆域之内的。他让自己的儿子和侄儿们所受的教育，确保帝国有了一批信仰颇为坚定，更为真诚的王子，因为他们在很小的时候便已被灌输了基督教精神或至少是有关基督教的学说。战争和商业活动已把关于福音教的知识传到罗马帝国以外的地区去，而原来对一种卑贱的、奉令信仰的教派深为厌恶的野蛮人很快便学会对那新近得到那世上最伟大的君王和最先进的民族信仰的宗教表示无限崇敬。那些已聚集在罗马的旗帜下的哥特人和日耳曼人对高举在军团前面的闪光的十字架表示崇敬，而他们的凶猛的同胞又同时获得了宗教信仰和人性方面的教育。伊比利亚和亚美尼亚的国王仍旧崇拜他的保护神；而他的始终保存着基督教徒名称的臣民很快就在他们的罗马教友之间建立起一种神圣的、永久性的联系。波斯的基督教徒，在战争期间有人怀疑他们是宁可 300
不要国家，也不放弃他们的宗教的；但只要在这两大帝国之间一出现和平，麻葛祭司①的迫害精神便在君士坦丁的干预下受到了有效的制约。福音教的光芒照亮了印度的海岸，原来深入到阿拉比亚和埃塞俄比亚的犹太人殖民地都反对基督教的扩张；但传教士的努力由于人们对摩西的启示早已有所了解而在某种程度上更易于收效了；阿比西尼亚人对在君士坦丁时代终身致力于使那些封闭地区的人民改变宗教信仰的弗鲁孟提乌斯仍十分尊敬。在他的儿子君士坦提乌斯的统治时期，本人出身印度的西奥菲卢斯曾被同时授予大使和主教职务。他带着皇帝送给塞伯伊人或荷马后裔的王子的200匹纯种卡帕多西亚马匹踏上了在红海航行的船只。西奥菲卢斯还带去了许多其他有用的新奇的可能引起野蛮人钦羡和赢得他们友情的礼物；他终于花费了好几年的时光，在这片灼热的土地上成功地在各处进行了教事访问。

罗马皇帝们的不可抗拒的力量在这些重大而危险的改变民族宗教信仰的问题上也完全表现出来。军事力量的威慑压下了异教徒们得不到支持的微弱的抱怨声，我们也有理由相信基督教教士

① 曾领导祆教的波斯祭司团：相信善神永远处于遭到恶神反对的斗争之中。此处所谓“迫害精神”可能因此而来。——译者

以及一般人民的欣然归顺完全是出于良心的驱使和感激之情。罗马帝国的宪法中早已确定下这样一条基本原则，就是任何社会阶层的公民在法律面前都是相同的臣民，对宗教的关心既是行政官员的权力也是他的义务。君士坦丁和他的继承者们都不能轻易自以为由于改变了宗教，他们便丧失了任何一方面的皇家特权，也不会认为，他们不能为自己所保护并笃信的宗教制定法律。罗马皇帝对于整个教会仍然拥有最高的司法权；提奥多西乌斯法典的第16卷，在几个不同的标题下，表述了他们在基督教会行政机构中所享有的权力。

精神权力和世俗权力的划分

但是，对希腊和罗马的自由精神从未产生过影响的这种精神权力和世俗权力相互区分的观念却被合法建立的基督教会所接受并加以肯定了。从努马时期直至奥古斯都时期，最高祭司的职务总是由最杰出的元老担任，最后更和帝国的高级官员混在一起了。
301 国家的最高行政官出于迷信或政策需要，一般总亲自行使祭司的职能；无论在罗马还是在各省再也没有任何一派的教士敢于自称比他们更具有人的圣洁性格，或者比他们更能和诸神直接沟通。但在圣坛前的祭奠活动永远由专职教士负责的基督教会中，君王的精神地位却比最大一级的祭司还要低，所以只能坐在教堂内殿的围柱以外，与普通教徒混在一起。皇帝可以作为人民的父亲受到叩拜，但他对教堂的神父却必须表示儿子般的恭顺和尊敬，而君士坦丁对圣徒和忏悔牧师所表示的尊敬很快就让骄傲的主教团也设法取得了。行政和教会司法权力之间的暗中的斗争使得帝国的政府处处感到为难；而一个虔诚的皇帝对于用一只不洁的手碰一碰那神圣的约柜[①]所能带来的罪过和危险不免感到吃惊。把人分为教民和俗人两大类的确在古代的许多民族中都早已盛行；印度、波斯、亚述、犹太、埃塞俄比亚、埃及以及高卢的牧师都是通过宗教的渠道获得世俗的权力和他们所占有的财产的。这些受人尊重的制度逐渐使自己融入各国的社会习俗和政治体制之中，而当时的行政权力机关对原始基督教会的反对或蔑视却反而增强了它的纪律性。基督徒们早已不得不选举自己的行政官员来征集和分配特殊的税收，并以曾得到人民同意经过300年实践的法令的形式，规定了他们教区的内部政策。当君士坦丁皈依基督教的时候，他似乎是和一个特殊的独立社会签订了一项永久性的盟约，而这位皇帝或他的继承人所授予或认可的特权，竟没有人会看作是朝廷的一时的恩宠，而被认为是教会赋予的正当的永远不能剥夺的权利。

掌管基督教教会工作的一共有1800名握有教会及合法的司法权力的主教；其中1000人在帝国的各希腊省区，800人在各拉丁省区。他们各自的教区的范围和边界是在各不相同的情况下，由最早来到的一批传教士的热情和成就，人民群众的意愿和福音书获得传播的程度等情况偶然形成的。主教派教会的教堂一个接一个排列在尼罗河的两岸、非洲海岸以及前执政官管辖下的亚洲地区，直至南部意大利各省。高卢和西班牙，色雷斯和本都的主教都管辖着极大一片土地，他们还委派一些农村副主教代替他们在

① 指犹太教堂中珍藏着石刻十诫的木柜。——译者

下级教区行使职权。一个基督教教区可能遍及一个省，也可能仅
302 限于一个村庄；但所有的主教都有平等的、不可动摇的地位，他们全都得到使徒、人民以及法律赋予的同样的权力和特权。当君士坦丁推行把行政和军事职务分开的政策的时候，一种新的永久性的，始终受人尊敬，有时十分危险的神职官员便在教会和国家内产生了。关于他的地位和特性，可以择要按以下几个方面来讲一讲：I. 人民选举。II. 教士圣职的重要。III. 财产。IV. 行政司法权。V. 教会的谴责。VI. 公开演说的训练。VII. 立法会议的特权。

I. 选举自由在基督教会合法地位建立起来很久以后还依然存在，罗马臣民在教会中享受着他们在共和国中已失去的选举他们必须服从的行政官员的权利。只要有一个主教一闭上眼睛，大主教教区立即发出一份命令，委任某一位副主教代行主教职权，并限期准备进行一次选举。选举权掌握在下级教士手中，因为他们最有资格评定候选人的优劣；也掌握在该城的元老和贵族手中，掌握在所有在地位或财富方面出人头地的人手中；最后还掌握在全体人民手中，他们在指定的那一天，成群结队地从教区最遥远的角落前来，有时候他们喧闹的呼喊声可能会完全压下了理智和法纪的声音。他们的这种呼喊声有时可能碰巧正好落在某个最合格的候选人的头上，也可能选中某个年长的地方教会监督人，或某位高僧，或某位以虔诚和狂热著称的世俗人。然而，求取主教职位，特别是在那些富裕的大城市里，人们所以热心争取获得主教职位，主要是把它当作一种世俗的高官，而并不在乎它在宗教界的地位。利害关系、自私和仇恨情绪、背信弃义和虚情假意的伎俩、人背后的腐化堕落，以及公开的甚至流血的暴力活动等等，过去曾脏污过

希腊和罗马共和国的选举自由，现在也经常影响着圣徒继承人的遴选。一个候选人大谈自己家族的荣誉，另一个则用一桌丰盛的佳肴笼络他的选民，还有第三个，比他的竞争对手更是不择手段，公然提出谁帮助他实现了他的下流无耻的愿望，将可以分摊一份他将能从教会贪污到的财产。民政和教会法令都试图把一般人民群众排斥在这一庄严的重大活动之外。古代宗教法规曾规定具有担任主教资格的年龄、地位等的限制，从而在一定程度上控制了选举人在进行选举时的随意性。各省主教在主教空出的教堂举行会议以任命人民选出的候选人，他们的权威性多少可以控制住他们的情绪，纠正他们的错误。这些主教有权拒绝任命不合格的主教，不同派别的激烈争斗有时可能由于他们的公正的调解而得到解决。教士和教区人民的顺从或反抗在许多情况下，都会形成各种
不同的先例，而且最后全会在不知不觉中成为正式法令和各省的 303
习俗。但有一点是被作为宗教原则普遍接受的，那就是在没有得到教民的同意之前，不得将任何主教强加于一个正教教堂。皇帝，作为和平的保卫者，作为罗马或君士坦丁堡的第一公民，可以有效地公开宣告自己所希望的大主教人选；但这些专制君王都尊重教会的选举自由；因为在他们重新分配国家和军队的职位时，他们容许 1800 个终身任职的行政官员，通过人民的自由选举接受他们的职务。这些不能被免职的行政官员自己也绝不能擅自抛弃那一光荣的职位，这自然是和一般法律的原则相一致的；但明智的宗教会议曾企图使每个主教都有固定处所，不得随意调动，但成效不大。西部纪律松弛的情况确比东部要好得多；但同样那种使得某种规定成为必需的热情却同时也使得它全然无效了。愤怒的主教们彼

此严厉责难的对立情绪只不过帮助暴露出他们的共同罪行和彼此都不够检点。

II. 只有主教具有精神世界的生殖功能。这种非同一般的特权在一定程度上,对于作为一种美德,一种义务,以及最后作为一种必须肩负的责任加于他们的痛苦万分的独身生活可能是一种补偿。古代宗教都专有一种独特的教士,常把一个神圣的种族、一个部落或一个家族作为一种奉献,让它永远为神灵服役。这种体系的建立只是为了占有而不是为了征服。这些教士的孩子们可以骄傲地十拿九稳地接受他们的神圣遗传;而家庭生活的烦恼、欢乐和相互关怀又可以消灭他们的剧烈的宗教热情。然而基督教的圣殿的门却是对每一个渴望进入未来的天堂或得到现世职位的雄心勃勃的候选人敞开的。教士的职务,和军人或行政官员的职务一样,是由那些天生性格和能力促使他们热心于宗教职务,或是有某位有眼光的主教看中,认为他的品行最有利于教会的荣誉和利益的人尽心奉行。那些主教(直至法律制止他们滥用权力以前)可以强制一些三心二意的人行动起来,保护受苦的人,而任何一次委任教职的按手礼总永远会授予他们世俗社会的某些最珍贵的特权。整个基督教会教士的人数可能比罗马军团的人数更多,皇帝却免除了他们的一切公私劳役、一切市政职务、一切个人赋税和奉献,而对一般公民来说那可是难以忍受的沉重负担;他们担任的圣职就算抵消了他们对帝国应尽的全部义务。每个主教都对自己委任的牧师拥有绝对的、不可动摇的支配权;而每个主教派教会的教士
304 们,连同它的独立的教区各自形成一个永久性的正常的社会;而君士坦丁堡和迦太基的大教堂都维持着一个拥有 500 名圣职人员的

特殊机构。[1] 由于当时迷信盛行，把犹太教或异教圣书中的各种盛大仪式都引入了基督教会，他们的职位和人数都在不自觉中迅速增加了。大队大队的执事、副执事、侍僧、祓魔师、读经师、唱诗班以及看门人等都各自在自己的职位上为盛大的礼拜仪式增添气势和光彩。教上的称号和特权还常被推而广之授给许多热心支持教会皇权的虔诚的教友。曾有 600 名 parabolani，或称云游教士在亚历山大里亚的病榻边为病人祈祷，1100 名 copiatae，或称掘墓人在君士坦丁堡埋葬死者；成群结队来自尼罗河畔的僧侣布满了，整个淹没了，基督教世界。

III. 米兰敕令的颁布使教会的收入和安宁都有了保障。基督教教徒不仅重新获得了被戴克里先的迫害政策夺去的土地和房屋，而且对他们在行政官员的默许下一直占有的财产也从此具有了真正的主权。在基督教已成为皇帝和帝国的宗教以后，全国的教士马上便有权正大光明地要求得到一定数量的生活费：而对一般人民来说，每年征收一定数量的税款可能倒使他们摆脱掉了迷信活动所要求的奉献加之于他们的更沉重的负担。然而随着基督教的日益壮大，它的要求和开支也逐渐增大，教士队伍仍只能依靠信徒们的供奉才能维持生活并富裕起来。在米兰敕令已发布 8 年之后，君士坦丁又公开许可他的全部臣民可自由地将自己的财产遗留给神圣的基督教会；这样便使得信徒们在活着时候因生活奢

① 60 名地方教会监督人或牧师。100 名执事、40 名女执事、90 名副执事、110 名读经师、25 名领唱人，以及 100 名看门人；总数为 525 人。这个略加压缩的数字是皇帝为了缓解教会的困难亲自定下的。因许多原因教会原来都负债累累，还借高利贷，形成更上层机构的重大负担。

侈或贪心而受到约制的对宗教的慷慨在临死时候便如潮水般一起发泄出来。有钱的基督教徒免不了跟着学习他们的君王的榜样。一位虽然富有,但并没有世袭遗产的专制君王,有可能不论如何行善也没有善果;君士坦丁不免过于轻信,以为如果他牺牲勤劳的人的利益来养活一帮闲人,并把共和国的财富全分给圣徒们就可以得到上天的恩宠了。那个将马克森提乌斯的头带到非洲去的使臣可能还受皇帝之托带着给迦太基主教克基利安的一封信。皇帝在信中通知他,他已命令该省的金库把一笔3000福尔或18000镑白
305 银的巨款支付给他本人,还将进一步指示他们设法解决阿非利加、努米底亚和毛里塔尼亚各地教会的困难。君士坦丁的慷慨随着他的宗教热情和他的罪恶行径一同迅速增长。他命令各城市分配一定数量的粮食以充实教会慈善事业的基金,而不论男女只要甘愿过着僧侣生活的便都将受到他们的君王的特殊宠爱。从位于安条克、亚历山大里亚、耶路撒冷、君士坦丁堡以及其他地方的基督教大教堂全可以清楚看到一位年已衰迈的皇帝要想与完美的古代建树争雄而显露出来的只图炫耀的宗教热忱。这些宗教建筑的形式多为简洁的长方形,但也有的两边涨出而形成圆顶建筑,还有伸出两臂,成为十字架形的。所用木材大部分是利巴纽斯的雪松;屋顶上铺的可能是镀金的铜瓦;墙壁、柱子、地面等则都用色彩斑驳的大理石镶面。装饰圣坛用的是大量最珍贵的金银、珠宝、绸缎,而这华贵的宏伟永远是靠地产投入作为它的牢固的基础的。在从君士坦丁的统治到查士丁尼的统治的两个世纪里。帝国的1800座教堂由于不停地得到皇帝和人民赠与的不容侵犯的财富而日益富有起来。合理分配给主教的年收入可能是600英镑,这样可以使

他们和富人和穷人保持差不多相等的距离，但他们的财富的标准却随着他们所管辖的城市的升级和繁荣而无形中提高了。一份虽不完整[①]但真实可信的租税清单详细列举了分属于意大利、阿非利加和东部几个省的三座罗马长方形大教堂——圣彼得、圣保罗和圣约翰·拉特兰大教堂——的房产、作坊、果园和农庄的收益。它们除了留作专用的油、亚麻、纸张、香料等租税外，每年还将生产22000金币，或12000英镑的税金。在君士坦丁和贾士丁尼时代，主教们便早已不再得到，或实际已不配得到他们的教士和人民的真正信任了。各教区教会的收入总分为四部分，一部分主教自己支配，一部分归下级教士，一部分救济穷人，一部分用于公众礼拜费用；对这项神圣的委托有无舞弊情况经常受到严格的核查。教会的财产仍然要按章向国家缴纳各种税款。罗马、亚历山大里亚、塞萨洛尼卡等城市的教士可以要求并获得减免部分捐税；但是里米尼宗教大会提出的希望全部减免的要求，由于时机尚不成熟，终于被君士坦丁的儿子拒绝了。

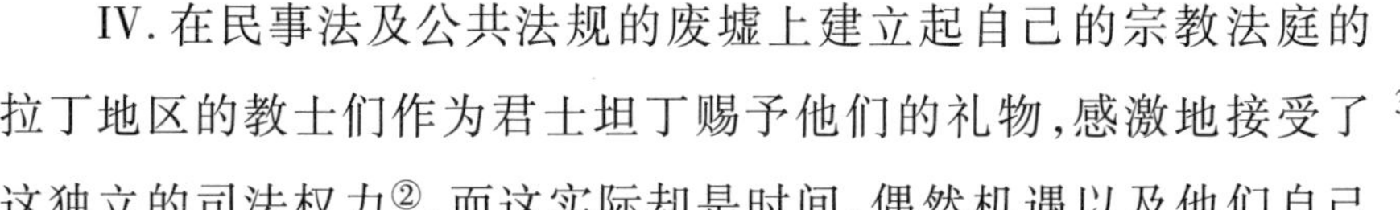

IV. 在民事法及公共法规的废墟上建立起自己的宗教法庭的
拉丁地区的教士们作为君士坦丁赐予他们的礼物，感激地接受了 306
这独立的司法权力[②]，而这实际却是时间、偶然机遇以及他们自己

① 所有来自梵蒂冈的历史资料全都有理由让人觉得可疑；但这些租税清单却似乎确为古物而较为可信；至少很明显，如果确系伪造，那它也是在教皇贪婪的目标还只限于庄园，尚未转向王国的时代伪造的。

② 从优西比乌斯和索佐门的作品中我们得知，君士坦丁扩大并明确肯定了宗教裁判权；但有一份没有被正式收入提奥多西乌斯法典的著名敕令已被戈德弗雷令人信服地证明确系伪造。奇怪的是身为法律学家兼哲学家的孟德斯鸠先生在提到君士坦丁的这份敕令时竟然丝毫不曾表示怀疑。

的勤奋所产生的结果。不过一些基督教皇帝的慷慨实际却也曾赐予他们一些司法特权，使他们得以保住，并进一步提高，圣职人员的地位[①]。1. 在一个专制政府的统治下，只有主教享有并实际做到，仅由同僚对他进行审判的无比宝贵的特权；即使是犯下最重大的罪行，也只是由同教的弟兄们组成的宗教会议来判定他是否有罪。这样的法庭，除非因为有个人仇恨或宗教思想不能相容而激起的愤怒，一般对犯罪的教士总是尽量宽容，或甚至公然偏袒的。然而，君士坦丁却对此十分满意，他认为公开的丑闻比暗中让某些人逍遥法外更为有害，他曾公开宣称，如果他碰上某位主教正在和人通奸，他将脱下他的御袍，用它把那位宗教罪犯给遮盖住，尼斯的宗教会议则更是受到了他这些话的启发。2. 主教的教内司法权对教士阶层来说既是一种特权，又是一种限制，因为他们的民事纠纷已不在一个世俗法官审理范围之内。他们的轻微的过失不会由于公开审判或处分而丢失脸面；年幼的孩子可能从他们的父母或教师那里得到温和的指责，在这里可要受到主教的较为严厉的训斥。但是，如果某位教士所犯的罪行比较严重，仅是撤销他的神圣的、待遇优厚的职务已不足以抵偿他的罪行，那罗马的行政官员便将使用他们的正义之剑，不再管什么宗教豁免权了。3. 主教的仲

① 宗教裁判权的问题一直被认为被淹没在情欲、偏见和利害关系的迷雾之中。我手头现有的两本写得最好的书，是德 · 弗勒利神父的“教令法规概要”和“詹农的那不勒斯民政史”。他们的温和态度是由他们所在环境和自身的性格决定的。弗勒利是一位法国基督教教士，他尊重议会的权威；詹农是一位意大利法学家，他害怕教会的权势。这里我必须说明，由于我所提出的总的看法是以许多特殊的不尽完备的史实作为根据的，我只能要么请读者自己去阅读那些明确阐述这个问题的现代著作，要么把这里的注释扩大到令人反感的不成比例的程度。

裁权是得到一项正式法令批准的，法官被委以执行迄今为止仅因各方均表示同意而被视为有效的宗教法规，不容上诉，也不得推延。行政官员本身以及整个帝国臣民纷纷加入基督教的情景可能逐渐消除了基督教徒的恐惧和顾虑。但是他们遇事仍旧求助于对
其能力和忠诚他们都能信赖的主教法庭，因而圣徒奥斯丁有幸满 307
意地抱怨说，他作为宗教官员的功能永远不停地总受到决定谁该得到多少金银，谁该得到多少土地、牛羊等招人怨恨的俗务的干扰。4. 古老的对罪犯的庇护权也转移到了基督教教堂；并由慷慨而虔诚的小提奥多西乌斯把它扩大到了圣地的邻近地区。逃亡的人，包括罪犯，都可以前来恳求上帝和他的使者主持正义或给予宽恕。这样，专制主义的粗暴行为由于教会的插手而有所缓和，最有地位的臣民的生命或财产可能在主教的斡旋下得以保全。

V. 主教永远是他的教民的品德的监督者，有关赎罪的一些教规也全都融入了一整套宗教法规的体系之中，它精确地规定了私下或公开忏悔的责任、取证、量罪以及量刑的原则等等。一位基督教教皇，如果他在惩罚一般人的隐蔽的罪行时，却对行政官员的明显的恶行和具有破坏性的罪行仿佛视而不见，那他就不可能真正行使这种精神监督权。而要对行政官员的行为依法审理，却又非有对政权机构的管辖权不可。某些宗教意识，或忠诚思想，或恐惧心理保护了皇帝的圣职人员，使他们不致受到主教的狂热或愤恨的伤害；但主教们却大胆谴责了那些没有穿上紫袍的下级暴君，并把他们逐出教会。圣阿塔纳西乌斯就曾将埃及的一位大臣逐出教会，他所宣布的有关火和水的禁令也被庄严地送交卡帕多西亚的教会。在小提奥多西乌斯统治时期，赫耳枯勒斯的一个后代子孙，

口才出众、彬彬有礼的叙奈西乌斯在昔兰尼古城遗址附近接替了托勒密的主教地位，这位颇有头脑的主教尽管甚不乐意担当这一角色，却仍处处表现出主教的威仪[①]。他击败了被称作利比亚怪物的安德洛奈卡首席官，此人滥用一个有利可图的职位的权力，采用了一套搜刮民财和使用酷刑的新办法，他更因渎神罪而加重了他压榨百姓的罪行。叙奈西乌斯在企图用温和的宗教方面的劝诫办法对这位傲慢的行政官员进行挽救无效之后，便不得不用宗教法庭的权威对他进行最后裁判。结果使得安德洛奈卡，他的同伙以及他的家族，全都遭到人类和上天的唾弃。那些比法拉里斯或辛那赫里布更为残酷，比战争，瘟疫或蝗灾破坏性更大的不肯悔改的罪人将被剥夺掉作为基督教徒和参加宗教活动的权利，因而也
308 就失去了进入天堂的希望。主教告诫广大教士、行政官员和人民，断绝一切与耶稣的敌人的交往，不容他们进入自己的家门，不和他们共餐，不和他们共同生活，也不让他们参加庄重的葬礼。托勒密教堂虽然名声不大并招人厌恶，却向全世界所有的姊妹教会发出了这份声明；那些拒绝遵守这项教令的俗人将被视为与安德洛奈卡及其邪恶的追随者同罪，并受到同样的惩罚。这一可怕的宗教法规被巧妙地强加于拜占庭法庭，使得惶恐万分的庭长不得不向教会乞求宽恕，而使得这位赫耳枯勒斯的后代子孙享受到了命令一位俯伏在地的暴君站起身来的快乐。这类教规和这类事例一直

① 叙奈西乌斯事先曾讲明自己如何不宜担任此一职务。他喜欢研究世俗的学问，热爱世俗的体育活动；他不能忍受独身生活；他不相信耶稣复活说；因此，如果不容许他在家里进行哲学研究，他便不能去对公众宣讲那些神话。埃及的大主教提奥菲卢斯深知他的才干，竟接受了这些不可思议的妥协条件。

都在不知不觉中为长期踩在帝王脖子上的罗马教皇的胜利铺平了道路。

VI. 每一个得民心的政府都曾经历过粗鄙或虚假辩才的效应。通过迅速传播流行的令人冲动的情绪，每一个听讲的人都同时既受到他自己的，又受到周围广大群众的情绪的影响。公民自由的彻底被破坏使得雅典的政治蛊惑家和罗马的民权保卫者都沉默下来；布道的风气似乎是基督教徒献身宗教的相当重要的一部分表现，但在古代宗教庙堂里却根本没有；而直至帝国各地的布道坛挤满享受着他们的异教前辈想也不曾想到的特权的神圣的宣讲人以前，帝王的耳朵里还从未响起过群众演说家的刺耳的声音。民权保卫者的理论和雄辩马上就会有许多熟练的、坚决的反对者，以同样多的拥护者，出面加以反驳，在这种情况下，真理和理智的事业往往可能从这种敌对情绪的斗争中获得意外的支持。而主教，或者受主教慎重委任以布道特权的地方教会监督人，则完全可以对着已被各种可怕的宗教仪式弄得服服帖帖的顺从的听众信口开河，丝毫不用担心会有被打断或被质疑的危险。基督教教会对上级的指示是如此严格服从，只要罗马城或亚历山大里亚城的大主教用他的高手定个调子[①]，从意大利或埃及的一百个布道坛便立即会响起完全相同的和声。这种制度的设计是值得称道的；但它的效果却并不总是有益的。布道者敦促大家履行社会职责；但他

① 伊丽莎白女王曾用过这一比喻，并且每当她希望使她的人民在思想上先有所准备，肯于接受政府的任何特殊政策时，她都采用这个办法。但对这种音乐可能产生的对立情绪，她的继承者却感到十分担心，她的儿子对此感受尤深。“每当布道台上响起基督教的鼓声”等等。

们所赞扬的完美的修道士的品德却是对个人极端痛苦，而对人类无益的。他们对慈善事业的规劝透露出他们暗中希望为了赈济穷人最好让教士来管理信徒们的财产。代表上帝的最崇高的属性和
309 法则遭到了形而上学的诡辩、稚气的仪式和虚构的奇迹的无聊混杂物的破坏，而他们以最大的热情所鼓吹的不外是憎恨反对者、服从教堂牧师的宗教美德。当公众的和平因异端邪说和分裂活动而受到干扰时，神圣的布道者便吹响了引起不和，或者甚至煽动叛乱的号角。他们的会众的头脑被一些神秘的论调所搅乱，许多挑逗性的言辞更激起了他们的狂热情绪，于是他们从安条克或亚历山大里亚的基督教教堂里冲了出来，决心不是自己去做，便是让别人成为，殉教者。这种在语言和文采上的堕落在拉丁区的主教们的激烈的演说词中随处可见；但格列戈里和克里索斯托姆的文章却常被和雅典，或至少是和亚洲的最辉煌的典范相比。①

VII. 这个基督教共和国的代表会议每年定期在春季和秋季召开；这些会议向罗马世界所有 1120 个行省传播基督教教规和立法精神。法律授权大主教或首席主教召集他所管辖行省的副主教举行会议，以改进他们的行为、重申他们的权利、表达他们的忠诚，并对由教士和人民选出填补红衣主教团空缺的候选人的才能进行审查。罗马城、亚历山大里亚、安条克、迦太基以及后来的君士坦丁堡的主教享有更大的司法权。可以召集所属的主教举行多种会议。但非同一般的宗教大会却只有皇帝本人有权决定。每当教会

① 这些谦虚的演说家们承认，他们没有奇迹般的天赋，他们只是要努力获得演说的技能。

中出现某种紧急情况需要采取这种重大步骤时，他会立即向各省的主教或其代理人发出强制性召唤令，并同时附有可以使用驿马并给以足够旅费津贴的命令。早些时候，那时君士坦丁还是基督教的保护人，而非新教徒，他把有关非洲问题的争论交给阿尔勒议会去处理；在这个会议上来自约克、特里尔、米兰以及迦太基的主教各自操着自己的方言，像朋友和兄弟般地坐在一起辩论与大家利害相关的有关拉丁或西部教会的问题。11 年之后，在比提尼亚的尼斯召开了一次更盛大、更著名的宗教大会；以求通过他们的最后裁决，彻底解决在埃及出现的关于三位一体问题的闲磨牙的争论。380 名主教全听从他们的宽容的君王的召唤；各级、各派、各种称号的教士总共为 2048 人；希腊教士们都亲自到场，拉丁区的
教士由罗马教皇的使者代为表示同意。这个为期近两个月的大会 310
皇帝经常御驾亲临。他让自己的卫兵等在门外，他自己（在得到会议的同意之后）就座于大厅中央的一个矮凳上。君士坦丁耐心地听别人发言，讲话时非常谦虚；如果他的话对辩论产生了影响，他总是谦恭的声名，对这些被奉为地上的宗师和神的使徒的继承人们来说，他只不过是一个仆人，而绝不是审判官。一位专制君王对自己手下的赤手空拳的臣民的组织竟然表示出如此巨大的尊敬，那唯一的先例就只有采取奥古斯都政策的那些罗马帝王一度对元老院所表示的敬意了。就在这短短 50 年之中，一位精于哲理的旁观者看到这人世的风云变幻可能不免想到罗马元老院的塔西佗和在尼斯会议上的君士坦丁。朱庇特神殿的神父和基督教教会的神父们都同样日趋堕落，在品德方面全都已无法和它们原来的创始人相比；但是，由于主教们更深地扎根于公众舆论之中，他们

还能用较为合理的傲气保持住他们的尊严，有时甚至还能以勇武的气概反对君王的意愿。随着时间的推移和迷信思想的进一步发展，曾使这些宗教会议丧失威信的软弱、意气用事和愚昧都已被人们渐渐淡忘了；整个基督教世界都无例外地完全听命于这些全国性大会的永远正确的条令。

第二十一章　阿里乌斯教派。尼西亚会议和圣父圣子同体论。有关皇帝与阿里乌斯派的论争。阿塔纳西乌斯的为人及其坎坷经历。阿尔勒会议和米兰会议。基督教各派概况。 311

君士坦丁刚开始统治不久,便面临基督教的异端邪说问题。在非洲,从迦太基的一位持不同意见的主教多纳图斯的追随者开始的分裂活动将持续300年之久——与基督教在非洲存在的时间相等。但是当时涉及范围最广、最带有根本性的争论是有关三位一体说的看法,这一原则的论争至少可以追溯到柏拉图提出宇宙论的时期。在公元1世纪里,有关圣子的性质问题导致了伊比奥尼教派和诺斯替教派的互相对立的两种异端。到了该世纪末,这两种异端都被第四福音书的作者圣约翰所驳倒,他用基督教的观点解释了柏拉图的宇宙论:他解释说,耶稣基督就是柏拉图所谓的逻各斯,或理智的化身,而这理智对于上帝则是与生俱来的。而逻各斯与圣父

> 之间的这种永恒的关系现在却受到阿里乌斯的批评。一直延续到提奥多里克和克洛维时代的阿里乌斯教派成为基督教世界的一大宗派。

在宽容的敕令使基督教恢复了平静和安宁之后，有关三位一体的论争又在柏拉图主义、才智之士和富有的人的古代聚集中心，那动荡不安的亚历山大里亚城复活了；而这种宗教纷争的火焰也迅速从学术界传到教士中，传到人民中，传到各省，并传到了东部。关于逻各斯的永恒性这个玄妙的问题在基督教大会和群众性的布道会上也有人热烈鼓吹；于是阿里乌斯的学说的离经叛道性，由于他本人和他的反对者的狂热宣扬，很快便尽人皆知了，他的一些最坚决的反对者都承认这位杰出的地方教会监督人学问渊博，在生活上无可指责。他还在过去的一次选举中拒绝了，也许可以说是慷慨地拒绝了，登上教会最高宝座的机会。而他的竞争对手亚历山大却变成了他的审判官。这一重大案件也得在他的面前进行法庭辩论；如果一开始他似乎还有些犹豫，最后他却作出判决，认为这是一个有关宗教信仰的绝对不容违背的原则问题。这位无所畏
312 惧的地方教会监督人决心要否定那愤怒的大主教的权威，因而被排斥于教会的一切活动之外。但是阿里乌斯的孤傲却得到了人数众多的一派的支持。在他的直接追随者中有 2 位埃及主教、7 位地方教会监督人、12 位副主祭以及（简直可以说是不可思议的）700 名修女。亚洲的大多数主教似乎都支持或赞成他的主张；而他们所采取的步骤是通过恺撒里亚的最博学的高级教士优西比乌斯和尼科米底亚的虽已成为政治家但仍未失去圣徒身份的优西比

乌斯的行动予以实现的。在巴勒斯坦和比提尼亚召开的宗教会议与埃及的会议相对抗。皇帝和人民的注意力也都集中到这种神学的论争上来；而在整整6年之后，最后的结论还仍然得提交具有最高权威的尼斯会议去考虑决定。

当这个有关基督教信仰的神秘性的问题危险地进入公众的公开论争中的时候，我们可以说，关于神圣的三位一体说的性质问题，按人类理解所及，实际上分为虽不完备但彼此显然不同的三大体系；而且早已有人明确指出，从绝对和纯粹的眼光看来，这三个体系中没有一个能完全免去异端邪说和错误之嫌。I. 根据阿里乌斯及其门徒最先提出的第一种假说，逻各斯是圣父按照自己的意愿从虚无中创造出来、必须有所依附的自发的产物。至于创造万物的圣子，[①]他是在一切世界出现之前诞生的；最长的天文年代也不过只能和他所存在的时间的一瞬间相比；然而，他存在的时间却不是无限的，在不可名状的逻各斯诞生之前，便已曾有过一段时间。万能的圣父在他这个唯一的儿子身上注入了自己的博大的精神，并赋予他自己的灿烂光辉。作为不可见的完美的可见的形象，他在他脚下无比遥远的地方看到了最光辉的天使长的宝座；但他只用一束折射的光照耀，同时他也和罗马皇帝的受到恺撒或奥古斯都封号的儿子们一样，按照他的父亲和君王的意愿统治着宇宙。II. 根据第二种假说，逻各斯具有宗教和哲学归之于最高神灵的一切与生俱来的、不可言传的完美。由三种互不相同的、无限的心灵

① 随着这种从无到有的绝对创造说日益被基督教教徒所接受，创造者的威仪自然随着创造本身的提高而提高了。

或物质、均等和同样永恒的灵性构成这种神圣的本质；如果说它们之中任何一个不曾存在过，或将会停止存在，那本身便是一种矛盾。那种似乎相信共有三个神灵独立存在的学说的鼓吹者则企图用三者在统治万物时永远协调、他们的意愿基本一致的说法，来解释在整个世界的设计和秩序中显而易见的第一动因的统一性。和
313 这种行动上的统一性约略相似的情况在人类社会，乃至在动物社会中也都可以找到。破坏他们之间的和谐的动因则只能来之于他们的功能上的不完备或不平等；但是由无限的智慧和美德所领导的无所不能性绝不可能不知道选择同样手段以达到同样的目标。

III. 由于自身需要而存在的三种灵性具有一切最完美的神的属性，他们存在于永恒的时间和无限的空间之中，彼此永远同在并同时存在于整个宇宙之中，他们以不可抗拒的力量令人无比惊愕地发现，他们实际是同一个神灵，只是在施恩的体系和自然的体系中，他们又可以同时以不同的形态出现，并从不同的方面加以理解。按照这种假说，实质上的真正的三位一体被加工成了一种只存在于念及他们的头脑之中的名称和经过抽象化的三位一体。逻各斯不再是一个人，而是一种属性；因而只有在比拟的意义中儿子这个称谓才能加之于一开始便与上帝同在的永恒的理性；而且是它，而不是他创造了万物。逻各斯的化身也便仅只成为神圣的智慧的一种灵感，它充满耶稣这个人的灵魂，并指导着他的行动。这样，在这个神学问题绕过一圈之后，我们惊奇地发现，塞贝里派所作出的结论正是伊比奥尼派论争的起点，而那个引起我们无限崇敬的难以理解的谜我们却无从探讨。

尼斯[①]会议和圣父圣子同体论

如果参加尼斯会议的主教们可以按照自己的公正的良心行事，阿里乌斯和他的团伙便很难有机会夸耀说，他们有希望使一种和在基督教世界中最为流行的两种观点完全针锋相对的假说得到大多数人的赞同了。阿里乌斯派很快发现了自己的危险处境，他们因而立即十分谨慎地显示出一副谦恭、和善的态度，其谦恭的程度，过去无论是在狂热的民事还是宗教纠纷中都很少有人采用过，甚至除了力量最弱小的一方也很少有人赞赏。他们建议教友们行使基督教的仁爱和宽容，强调这一论争的难以理解的性质，反对使用任何在圣经上无法找到的词句或定义，并自愿作出重大让步，以满足他们的对手的要求，而同时又不损害他们自己的原则的完整性。获胜的一派带着傲慢的怀疑情绪接受了他们所有的提议，同时又急于寻找他们之间的不可调和的差异，使得阿里乌斯派如加以拒绝便必会背上异端邪说的罪名。在一封公开宣读后又被不光彩地撕毁的信中，他们的支持者尼科米底亚的优西比乌斯巧妙地表示承认柏拉图主义者都已很熟悉的**圣父圣子同体**，或本体同一的说法是和他们的神学理论体系的原则不能相容的。控制着这个 314
宗教会议的各种决议的主教们一见这一大好的机会正求之不得，他们依照安布罗斯的生动的论述，拿起由异端邪说自身拔出剑鞘的剑来，斩断了那令人愤恨的怪物的头颅。圣父圣子同体的学说

① 在本章标题中“尼斯”(Nice)为“尼西亚”(Nicæe)，不知何故。——译者

在尼斯会议上得到了确认,后来希腊、拉丁、东方以及新教的教会都一致同意它是基督教的根本信条。但是,如果同样这个词不曾使异端邪说派受辱,并使基督教教会团结起来,它恐怕也就不能满足把它们纳入正统教义之中的大多数人的要求了。这个大多数实际又分为怀有对立情绪支持三神论的和支持塞贝里派观点的两派。但由于那些极端的对立的观点似乎势将推翻无论是自然宗教还是天启宗教的根本,因而双方都赞成减缓对各自的原则性的严格要求,并极力避免他们的对手可能正尽力促成的公正的但招人怨恨的后果。共同的事业的利害关系让他们都愿意联合在一起,暂时隐藏起不同的观点;他们之间的敌对情绪由于互相忍让的善意协商而有所缓解;而他们的争端也由于神秘的圣父圣子同体一词的采用而暂时悬置起来,因为对这个词双方都可以按照各自的特定的教义灵活地加以解释。塞贝里派的解释在大约50年前曾迫使安条克会议不得不禁止使用这个著名的专词,也曾使得一些对名称上的三位一体说暗中抱有偏爱的神学家们对它产生好感。然而,在阿里乌斯时代享誉最高的圣徒,如无所畏惧的阿塔纳西乌斯、博学的格列戈里·纳齐安岑,以及其他一些强有力而成功地支持着尼斯教义的教会支柱们却似乎都认为本体一词实际不过是本性的同义词;他们因而肯定说,如果三个人完全属于同一种类,那他们就是彼此同体或本体同一,并试图以此来说明他们对此词的理解。这种单纯的平等关系一方面受到使得这些神圣的人得以牢不可破地结合在一起的内在联系和精神渗透的干扰,另一方面又受到圣父的崇高地位的干扰,因为这一点在不使圣子失去独立性的范围内是已得到普遍承认的。只是在这个限度之内,那个几乎

不可见的颤动着的正教的球体才被允许安全地颤动。超出了这块圣地，不论哪一边，都会有暗中埋伏的异端分子和魔鬼袭击并吞噬掉那不幸的游荡者。但由于神学各派相互憎恨的程度主要取决于好战心情，而非论争本身的重要性，那些受辱的异端分子所受到的待遇比那些直接否定圣子存在的人还要严厉，阿塔纳西乌斯的一生都消磨在和阿里乌斯的渎神的疯狂行为的不可调和的斗争之中，但他在20多年的时间里一直保持着安锡拉的马塞卢斯宣扬的塞贝里主义；而在最后他被迫退出他们的教派的时候，他仍然在提 315
起他这可敬的朋友的微小过错时带着让人无法捉摸的微笑。

阿里乌斯派也被迫不得不顺从的一个全国性大会依靠它巨大的威力在正教派的旗帜上刻上本体同一这个词的神秘特点，这一做法尽管曾引起一些暗中的争吵和一些在夜间进行的争斗，在维护信仰，或至少是语言的一致，并使之长期坚持下去等方面却起了很大的作用。由于获得成功而当之无愧地被称为正统基督教教徒的本体同一主义者，对自己的信条的简洁性和稳定性深深引以为荣，而对他们的敌对教派的那种一日数变、换汤不换药的论点，以及在信仰原则问题上无定见的表现则百般加以耻笑。阿里乌斯教派主要人物的诚实或他们的狡诈、他们对法律或对人民的惧怕、他们对基督的尊敬、他们对阿塔纳西乌斯的憎恨，凡能影响和扰乱一个神学宗派的协议的一切人间天上的缘由，全在这些分裂主义者之间注入了一种不协调和无定见的精神，以致在短短几年的时间里就建立了18种不同的宗教模式，重新恢复了被破坏的教会的尊严。狂热的奚拉里由于自身处境的困难，倾向于减少，而不是增加，东部教士们的错误，宣称在他被流放的10个亚洲省份的广阔

地区内,几乎找不到一位高级教士对真正的上帝有所认识。他所感受到的压迫以及他既亲眼所见又同时身受其害的混乱局面,在很短的时间里就打消了他灵魂深处的愤怒情绪;在下面我将从中抄录几句的这段话中,可以看出这位普瓦蒂埃的主教是如何不小心地采用了一位基督教哲学家的风格。“同样可悲,”奚拉里说,“也同样危险的一件事是,人间有多少种观点就有多少种教义,有多少种思想倾向就有多少种宗教学说,有多少种错误就有多少种不敬神的缘由;因为我们全都随意制定信条,并随意对它们进行解释。对本体同一说问题接连举行的宗教会议上,在这次会上被否定,下次会上又被接受,再下次会上又被取消了。在那段令人痛心的日子里,圣父和圣子的部分或全部相似的问题竟变成了争论的题目。每一年,不,每个月,我都在制定新的信条,以描述那些看不见的不解之谜。我们为我们所做的事忏悔,我们为那些忏悔的人辩护,我们又诅咒那些我们为之辩护的人。我们或者谴责在我们之中出现的别人的学说,或者谴责在别人之中出现的我们的学说;于是,不惜相互把对方撕成碎片,我们彼此成为对方毁灭的根源。”

大家想来不会希望,甚至不能忍受,我在这里大讲这一神学问题,一一仔细分析其中大部分都不肯承认自己师承那个连名字都令人厌恶的阿里乌斯的 18 种信条。然而,以其中独特的一株为标本讲一讲它的外貌,探索一下它的发展过程,却全都会是很有趣
316 的;只是如果一味单调地描述无花之叶和无果之枝,那必然很快就会使勤奋的学生失去耐心,并打消他们的好奇心了。不论如何,我们应该注意到从有关阿里乌斯的论战中逐渐显露出来的一个问

题，因为是它帮助产生了那仅在共同反对尼斯会议的本体同一说这一点上联合起来的三个教派，并使它们彼此明确有所区分了。1. 如果有人问圣子是否与圣父相像，那些追随阿里乌斯的理论，或者还有紧跟那些似乎确认造物主和他的最神圣的创造物之间存在着无限差距的哲学理论的异端分子，都会坚决作出否定的回答。埃提乌斯支持这一明显的结论，因而他的狂热的反对者给他加上了无神论者的称号，他的时刻不安、不停追求的性格使他几乎试干过人世所有的各种职业。他先后做过奴隶，或至少做过庄稼人，做过串街的铁壶匠、医生、小学校长、神学家，最后更成为一个新教会的使徒，这个教会全是依靠他的门徒优诺米的才能兴建起来的。这位满脑子里装着圣经中的词句和亚里士多德逻辑学中的吹毛求疵的三段论法的，思想细密的埃提乌斯已得到了驳不倒的论战家的称号，在任何问题上谁也别想说服他或使他缄默。这种才能赢得了阿里乌斯派主教们的友情，但后来由于他的精确的推理损害了公共舆论对他的事业的支持，并冒犯了他们的一些最忠实的追随者的虔诚，他们不得不转而攻击他们的这位危险的盟友，甚至对他进行迫害。2. 造物主的万能对圣父和圣子相像的问题提示了一个似乎可信的体面的解释；至高无上的上帝可能传输出他的无限完美、并创造出仅只与他自己相像的生灵。这些阿里乌斯派人士受到了他们的那些既有地位又有能力的领导人的强有力的支持，这些领导人早已控制了优西比的事业，并占据了东部的主要宝座。他们厌恶，或者带着几分假装厌恶，埃提乌斯缺乏虔诚；他们公开宣称，或者无所保留或者根据圣书，相信圣子与其他一切创造物都不相同，而仅只与圣父相像。但是他们不承认他和圣父属于相同

的物质，或相似的物质；有时大胆为自己的不同意见辩解，有时又拒绝使用似乎是恰当地，或至少是明确地，说明神的属性的本体这个词。3. 肯定同质学说的教派，至少在亚洲各省人数最多。因此当两派的领导人在塞琉西亚举行会议时，他们的意见总会得到105—143 个多数主教的支持，他们选定用以表达这神秘的相似性的一个希腊词和一般使用的正统的符号是如此相近，以致历代世俗之人都对仅因 Homoousians 和 Homoiousians 两词之间有一个音
317 节之差而引起的剧烈争论大加嘲笑。常常确有一种情况，发音和符号都彼此十分相近的两个词却碰巧代表最为相反的两种含义，但如果我们确有可能，在那被不恰当地称作半阿里乌斯派的学说和正统基督教派的学说之间找到真实的、确有意义的差异来，那这种说法本身就会显得十分可笑了。那位当他在弗里吉亚流放期间曾十分明智地试图促进各派联合的普瓦蒂埃的主教曾力图证明，通过一种虔诚的、一心向主的解释，Homoiosion 就可以等于圣父圣子同体一词的含义。但他承认这个词确有其阴暗的令人可疑的一面；而似乎阴暗原是和神学的论争不可分离的，已来到教会门口的半阿里乌斯派却带着莫大的愤怒对他们进行攻击。

有关皇帝与阿里乌斯派的论争

曾经培育了希腊人的语言和处世态度的埃及和亚洲几省都深受阿里乌斯派论争的毒害。人们不很熟悉的对柏拉图思想体系的研究、一种虚夸的好辩的倾向、一种冗长的含义多变的语言，使得东方的教士和人民全都口似悬河，并善于咬文嚼字；而在他们的激

烈争论中，他们常常忘了哲学所推荐的三思和宗教所要求的顺从。西部居民一般不那么喜欢寻根问底；他们的热情不那么容易为一些看不见的东西所动；他们的头脑也不那么习惯于动辄要和人辩论；高卢的教会是如此安于无知，以致奚拉里本人在第一次宗教大会召开30多年之后，还对尼斯会议的要领完全一无所知。拉丁人通过晦涩难懂、不尽准确的翻译得到一些有关神的知识。他们自己的贫乏、呆板的语言往往为一个希腊术语，为已被福音书或教会神圣化，用以表达基督教信念的神秘的柏拉图的哲学用语，提出相应的对等语；而一个词的使用失当便有可能引入拉丁神学中一连串的错误或混乱。但是，由于西部的各教区主教十分幸运，他们从正统的教会的来源取得了他们的宗教知识，因而他们能够十分稳定地保存了他们原来恭顺地接受下来的教义；而当阿里乌斯派的瘟疫接近他们的边界时，他们又及时得到罗马教皇以慈父般的关怀及时向他们提供的本体同一这一预防药剂。他们的思想感情在令人难忘的里米尼宗教会议上已完全表现出来；由于参加这个会议的有来自意大利、阿非利加、西班牙、高卢、不列颠和伊利里亚的400多名主教，它的参加人数甚至超过了尼斯会议。从第一次辩论开始，似乎只有80多名高级教士，虽然他们装着诅咒阿里乌斯的名字和阴灵，而实际却坚持这一派的观点。而这一劣势却通过技巧、经验和纪律性的优势得到了补偿；这个少数派由伊利亚的两 318
位主教瓦伦斯和乌尔萨西乌斯指挥，他们过去便一直在法庭和议会的阴谋斗争中生活，并曾在东部宗教战争中，在优西比乌斯的旗帜下受过训练。通过他们的辩论和谈判，他们使得正直而单纯的拉丁主教们难堪、困惑，最后更对他们进行欺骗，终至靠玩弄骗术

和纠缠，而非靠公开动武从他们手中夺走了保护宗教信仰的权力。里米尼会议在一些成员鲁莽地同意接受一项信条以前是不容分离的，因为在这一信条中被塞进了一个带有异端邪说意味的词，以代替本体同一的说法。按照杰罗姆的说法，正是在这种情况下，整个世界才忽然惊奇地发现自己完全阿里乌斯化了。但是拉丁各省的主教们刚一回到各自的教区便立即发现了自己的错误，并开始痛恨自己的软弱。这一极不光彩的妥协方案最后被厌恶和愤怒地抛弃了。本体同一论的旗帜虽曾被动摇，但一直并未倒下，本体同一论的旗帜此后在西部的基督教会中更牢固地树立起来了。

以上便是曾在君士坦丁和他的儿子们统治期间使基督教教会的和平受到干扰的神学争端发生和发展的过程，以及它的自然变革。但是，由于这些皇帝总试图将宗教信仰，将所有臣民的生命、财产全置于自己的专制统治之下，他们的赞同与否决往往在宗教的天平上起着举足轻重的作用：天上的帝王的特权也得由地上的君主的内阁来制订、改变或修改。

弥漫在东部各省的宗教争端妨碍了君士坦丁的胜利进程；但这位皇帝有一段时间却仍以冷静的、不在意的从容态度观察着争执的情况。由于他还完全不了解调解神学家之间的争吵是多么困难，他给争执不下的双方，亚历山大和阿里乌斯写了一封口气温和的信[①]；这情况我们完全有理由归之于一位军人政治家的天真的意识，而非他的任何一位宗教顾问为他出谋划策的结果。他把整

① 信中所提到的忍让和宗教上的无为原则曾引起巴罗尼乌斯、蒂耶蒙等人的极大不满，他们认为皇帝左右必有一位邪恶的谋士，他不是撒旦就是优西比乌斯。

个争端的起因说成不过是由于那主教愚蠢地提出了一个难以理解
的微妙而无关紧要的法律问题，而由那位地方教会监督人草率地
作出了解释。他哀叹共有同一个上帝、同一种宗教、同一种礼拜仪
式的基督教教徒没有理由因为如此无关紧要的一点意见分歧而分
裂为几派。他一木正经地劝说亚历山大的教士们学习希腊哲学 319
家，争论归争论，绝不丧失理性，各自坚持自己的意见，也绝不致损
害彼此的友情。如果人民的情绪不是那么迅猛急躁；如果处于宗
派斗争和宗教狂热中的君士坦丁自己能够保持冷静、清醒的头脑，
那么君主的冷漠和厌恶也许可能就是把争吵压下去的最有效的办
法。然而，他的基督教的大臣们很快就极力要使行政官员们保持
公正，并唤醒那位教会监督人的热情。他被自己的塑像所遭到的
侮辱所激怒，他对日益扩大的暴乱行为的或真或假的规模感到惊
愕；从他把 300 名主教召集到王宫聚会的那一刻起，他便彻底打消
了和平和忍让的希望。君主的在场增大了辩论的重要性；他的注
意使争论变得更为复杂；他自己的十分耐心、无所畏惧的表现，更
激发了争论各方的勇气，尽管君士坦丁的口才和智慧得到了普遍
赞扬，但对一位宗教信仰尚属可疑，既未通过研究，也未因接受灵
感而使自己的头脑开窍的罗马将军来说，要让他用希腊语讨论形
而上学问题或宗教信仰问题恐怕是不够格的。但似乎曾主持尼斯
会议的皇帝的亲信奥西多斯有可能曾尽力使皇帝倾向于接近正教
派；而只要在适当的时候暗示说，就是这个不久前还曾协助过那暴
君的尼科米底亚的优西比乌斯，现在却在那里保护异端分子，就可
能会使他马上对他的反对派怒不可遏了。尼斯会议的信条已得到
君士坦丁的批准，他毫不含糊地宣称，所有曾反对过这次宗教大会

的神圣决定的人都必须做好随时被放逐的准备，这便立即消除了微弱的反对派的抱怨声；原来持反对意见的主教，人数几乎在一瞬间便从 17 人降至 2 人。恺撒里亚的优西比乌斯对本体同一的论点含糊地勉强表示同意，而尼科米底亚的优西比乌斯举棋不定的态度不过只是使得遭受贬斥并被流放的时间推迟了大约 3 个月。不敬神的阿里乌斯则被放逐到伊利里亚的一个最远的省份去。他本人和他的门徒全被按律加上波菲利[①]派的恶名；他的著作被明令焚毁，并通令凡私藏其书者，一经发现定处以极刑。至此，皇帝也完全被宗派纷争的精神所感染，他的敕令所表示的恼怒和讥讽的口气目的是要在他的居民的心中激起和他相同的对基督教的敌人的仇恨。

然而，仿佛这位皇帝的行为完全为一时冲动所决定，而并无任何指导原则，尼斯会议过后不到 3 年他就又开始对那被禁止的，一直受到他所喜爱的一个姊妹的暗中保护的教派表现出了同情，甚
320 至纵容。放逐令被撤销了，慢慢已使得君士坦丁对他回心转意的优西比乌斯也官复原职，仍旧又登上了他被屈辱地赶下台的教皇的宝座。阿里乌斯本人在整个教廷中完全受到一个无罪的遭受迫害的人应受到的尊敬。他的宗教信念得到了耶路撒冷宗教会议的承认；这位皇帝也似乎迫不及待地要挽回自己的不公正的过失，竟发布了一道严格的命令，要把他隆重迎回君士坦丁堡的正统基督教会。然而就在这个已确定的阿里乌斯胜利归来的日子里，他却与世长辞了；他暴卒这一离奇、可怕的情况可能使人们不免想到，

① 3 世纪希腊哲学家，柏拉图的信徒，曾著书多种攻击基督教。——译者

也许正统派的圣徒们在使他们的教会摆脱它的最强大敌人的控制方面所作的贡献完全超出了他们的祷告所提出的要求了①。正统基督教的三位主要领导人,亚历山大里亚的阿塔纳西乌斯、安条克的尤斯塔修斯以及君士坦丁堡的保罗,都因各种不同的指控经几次会议的判决而被免职;后来又被那位临终前不久才在尼科米底亚的阿里乌斯派主教的主持下受洗礼的第一位基督教皇帝放逐到边远的省份去。君士坦丁的基督教政府是无法逃避轻率或软弱的罪名的。但是,这位并不熟悉宗教战争方略的轻信的君主可能是受到了异端邪说派的谦恭的花言巧语的忏悔的欺骗,而他对他的心情从来都没有真正理解;而且在他尽力保护阿里乌斯,迫害阿塔纳西乌斯的时候,他仍然认为尼斯会议是基督教信仰的最后堡垒,也是他自己的统治的特殊光荣。

君士坦丁的儿子们一定从小就加入了新入教者的行列,但他们都效法他们的父亲的做法,推迟了行洗礼的时间。他们也和他一样,公然要对他们自己并未正式参与其事的神秘活动作出自己的评判:而有关三位一体的争端的成败在很大程度上将取决于承袭了东部各省,并已拥有整个帝国的君士坦提乌斯的情绪。阿里乌斯派的地方教会监督人或主教为了他的利益隐瞒住已故皇帝的遗嘱,因而更为他创造了良好的机会,使他得以成了那位对国事的意见全听一些他所宠信的家奴摆布的王子的心腹。太监和奴隶们

① 我们这里所讲的情节完全是根据阿塔纳西乌斯的说法,他显然极不愿意损伤这位死者的名声。他可能有些夸张,但由于亚历山大里亚与君士坦丁堡之间交往频繁,任意捏造显然颇有风险。那些对他的死的描写完全信以为真的人们(在厕所中有人发现他的肚子整个儿爆裂开了)一定认为他的死只能要么是毒药,要么是奇迹造成的。

在王宫里散布精神毒气，而这种危险的传染病又通过一些侍从传给卫兵，并由王后传给她的无心眼儿的丈夫[①]。而君士坦提乌斯经常对优西比乌斯教派表现出的偏爱又在这一派领导人的巧妙安
321 排下无形中得到了加强；而他对暴君马格嫩提乌斯取得的胜利使他更倾向于使用武力推进阿里乌斯派的事业。当两军在默瑟平原进行交战的时候，敌对两方的命运全取决于战场上的机遇，君士坦丁的儿子则在城里一个殉教者的教堂里度过了一段十分焦虑不安的时刻。他的精神上的安抚者，本教区的阿里乌斯派主教瓦伦斯采取十分谨慎的巧妙措施，以便及时获得，或者能保证得到他的欢心，或者保证使他逃脱。秘密连成一线、行动敏捷而又可靠的信使不断向他报告战场上的变化；而当朝臣们全都围着他们的恐惧万状的主子浑身发抖时，瓦伦斯却肯定地告诉他高卢军团已经让步了；并且，仍相当理智地暗示说，关于这一值得大加庆贺的事态变化的消息是某位天使透露给他的。这位感恩的皇帝于是把他的胜利归功于默瑟的主教的德行和参与，认为他对神的忠诚本应赢得公众和上天的奇迹般的嘉许。而把君士坦提乌斯的胜利视为自己的胜利的阿里乌斯派则对他的光荣的兴趣更胜于对他父亲的光荣[②]。

---

① 他认为太监生来都是圣子的敌人。请对照参看约丁博士的“关于基督教历史的评论”第4卷第3页和以克里斯托·哥伦布最初一批伙伴之一作为结束的《坎蒂德》(第4章)中所列家系表。

② 西里尔明确地讲，在君士坦丁执政期间，那十字架是在地心发现的；而在君士坦提乌斯执政期间这十字架却出现在天空之中了。这一相反的说法显然表明，西里尔对那一般认为是君士坦丁改变信仰根源的惊人的奇迹一无所知；而事实上君士坦丁死后不到12年西里尔就被恺撒里亚的优西比乌斯的直接继承人加冕为耶路撒冷的主教，所以他的这种无知就更显得让人难以想象了。

耶路撒冷的主教西里尔立即编出了在天空出现十字架的细节，说它四周有一圈鲜艳夺目的彩虹围绕，而且，说在圣灵降临节那天的大约3小时里，十字架的形象出现在橄榄山的上空，使得虔诚的朝圣者和那个圣城的人民都大开眼界。天空的一颗流星被越传越人；阿里乌斯派的历史学家们甚至试图断言，在潘诺尼亚平原上交战的双方都清楚地看到了；并说那位有意把自己装扮成偶像崇拜者的暴君，在这个正统基督教的吉祥的象征出现之前，早已狼狈逃走了。

一个公正的、曾以不偏不倚的态度看待内战或宗教纷争进展情况的陌生人常使我们不能不加注意：而曾在君士坦提乌斯的军队中服役并研究过他的为人的阿米阿努斯作品中的一小段文字也许比若干页神学上的谩骂文章更有价值得多。“基督教本身，”这位谦恭的历史学家说，“是十分简单的，但他却把它和愚蠢的迷信混为一谈了。他非但不利用自己的权威使各方和解，却反而通过口头上的争辩使得被他无聊的好奇心所挑起的分歧日益扩大和四处传播。大道上整天奔驰着来自四面八方前往参加他们所谓的宗教会议的主教们的马队；而在他们尽力使得整个教派统一于他们 322
的特殊观点的时候，公共驿站的全部设施几乎已被他们如此匆促、频繁的奔忙毁灭殆尽了。”如果我们对君士坦提乌斯统治时期的宗教活动的情况有更深入的了解，那我们将能对这一段奇特的文字作出充分的评论；它说明阿塔纳西乌斯担心那些教士在帝国各地奔走以寻求真正的宗教信仰的无休止的活动将引起不信教的广大人民的轻蔑和耻笑，是完全有道理的。在皇帝被从内战的恐惧中解脱出来以后，他立即把他在阿尔、米兰、西米乌姆和君士坦丁

堡的冬营地的闲暇时间全部用于进行开心的或艰苦的辩论:为了迫使这位神学家在理论上就范,那位行政官员,或甚至那暴君,全都剑拔弩张了;而由于他反对尼斯会议决定的正宗的信条,而今一般都认为他的无能和无知的程度和他专横的程度是不相上下的。左右着皇帝的虚荣、软弱的头脑的太监、妇女和那些主教们使得他对本体同一论具有无比的反感;但是他的怯懦的良心又对埃提乌斯的亵渎神灵的做法感到惊愕。那位无神论者的罪行由于受到不幸的伽卢斯的令人可疑的关怀而更为加重了;以致甚至在安条克遭到屠杀的几位帝国大臣的死也被说成是和这位诡辩家的建议有关。君士坦提乌斯的既不能以理喻之又不能因有所信仰而坚定起来的思想,由于他对左右两极端的恐惧被迫盲目地向一个黑暗、空洞的深渊的任何一侧靠近;他一时接受,一时又谴责阿里乌斯和半阿里乌斯派的观点,一会儿放逐,一会儿又召回它们的领导人。在办理公共事务的季节或节日期间,他利用整天的时间,甚至通夜地为构成他自己的飘忽不定的信条的文字字斟句酌,甚至对每一个音节进行推敲。他所思索的题目常会进入他的睡眠之中,占据他的睡眠时间:皇帝的支离破碎的梦都被他说成是上天显灵,他还心安理得地接受了那些为满足一时热情冲动而不顾教会利益的教士们授予他的主教之主教的荣誉称号。他忙着在高卢、意大利、伊利里亚和亚洲各地召开多次宗教会议,以期建立一个统一的教派的计划,由于他自己的轻率,由于阿里乌斯派的分裂,也由于正统基督教会的反对,而接连受到挫折;他最后终于下决心作为一个最后的决定性手段,召开一次全国性宗教会议,强制推行他决定的信条。但由于尼科米底亚的毁灭性的大地震,难于找到合适的会址,

以及也许还有政治方面不可告人的原因,使得这次集会改变了性
质。东部的主教被指定在伊索里亚的塞琉西亚集中,而西部的主
教则在亚得里亚海海滨的里米尼聚会商讨问题,而且前来开会的
不是每个省选出的两三名代表,而是整个教区的所有教士。东部
会议,在经过4天激烈的毫无成效的争论之后,无结果而散。西部 323
的会议则拖延了近7个月之久。禁卫军卫队长塔尔苏斯奉命,在
这些主教们达成一致意见以前不准他们散会;他可以对15名最桀
骜不驯的主教处以流刑,并可以对有能力完成这个艰巨任务的人
封以执政官爵位的权力,更使他易于按指令行事了。他的恳求和
威吓,君王的权威、瓦伦斯和乌尔萨西乌斯的诡辩,以及饥寒交迫
的痛苦和悲惨凄凉、绝望的流放生活,使里米尼的主教们只得全部
勉强同意了。东部和西部的代表们全在君士坦丁堡的皇宫里谒见
皇帝,他为自己终能强迫所有人接受了圣子只是和圣父相像而并
非父子同体的信念而自鸣得意。但阿里乌斯主义在未取得胜利之
前便已把那些软硬不吃的正统基督教士全部撤换掉了;君士坦提
乌斯的统治也因对伟大的阿塔纳西乌斯进行不公正的无效的迫害
而自取屈辱。

阿塔纳西乌斯的为人及其坎坷经历

不论是在实际生活中,或是在想象中,我们很少有机会看到,当一个人始终全心全意、坚持不懈地追求一个单一的目标时,仅是这个单一头脑的力量将能产生什么样的效果,突破多么大的障碍。阿塔纳西乌斯的不朽的名字将永不可能和正统基督教的三位一体

学说分开，为了维护这一学说，他献出了毕生的时间和精力。受教育于亚历山大里亚的一个家庭之中，对早期刚萌芽的阿里乌斯派的异端邪说便曾激烈反对：他在这位年老的高级教士手下任秘书职务时便曾发挥重要作用，参加尼斯会议的许多神父都曾以惊异和崇敬的眼光看待这位年轻的副主祭的日益令人景仰的品格。在公众遇到危难的时候，光是靠年纪老、地位高是站不住脚的，这位副主祭阿塔纳西乌斯仅在他从尼斯会议回来 5 个月之后便登上了埃及大主教的座位。他占据这个要职前后 46 年有余，而他在这漫长的任期中几乎一直不停地在和阿里乌斯派的势力进行斗争。阿塔纳西乌斯曾五次被赶下台，前后有 20 年的时间是在流放地或逃亡生活中度过的。罗马帝国的所有省份全都曾先后目睹他推行圣父圣子同体论的功绩以及他为此而遭受的痛苦，他把这工作视为他唯一的乐趣和职务，视为他的职责以及整个生命的荣誉。当这位亚历山大里亚的主教处于迫害的风暴之中的时候，他默默地服役，随时保卫着自己的名节，把个人安危完全置之度外；尽管阿塔纳西乌斯的思想受到了一些宗教狂热主义的影响，但他所表现的优越的品格和才能使他对于治理一个巨大的王国来说远比君士坦丁的堕落的儿子更为胜任。虽然他的学识远不及恺撒里亚的优西
324 比乌斯渊博，他的粗略的口才也不能和巴西尔的格列戈里的细腻的才华相比；但是无论何时在这位埃及的大主教需要为自己的观点或行为提出辩解的时候，他那种不加修饰的风格，无论用口述还是笔录，都总是那么清晰、有力和令人信服。在正教学派中，他永远被尊为基督教神学的最严格的大师之一；他一般被认为精通两种与他的主教身份不相称的世俗的学问——法理学和占卜学。对

未来的某些事情幸而料中，不怀偏见的明眼人可能会认为这是他凭经验作出的判断，但他的朋友们都把它归之于得到上天的启示，而他的敌人们又把它说成是出于某种万恶的巫术。

然而，由于阿塔纳西乌斯一直不断地与从僧侣到皇帝的各式各样人物的偏见和狂热情绪打交道，因而他首要的学问还是对人性的研究。对于不断变化的现象他始终能保持清醒的、具有连贯性的看法；从不会放过那些一般人来不及注意到的转瞬即逝，但具有决定性意义的情节。这位亚历山大里亚的主教能够清楚地分辨在什么情况下他可以大胆靠命令行事，在什么情况下他必须巧妙地细心进行安排；他知道他能够在多长的时间内和权势人物抗争。在什么时候他又必须设法逃开，免遭迫害；而当他把教会的雷霆指向异端邪说和叛乱活动时，他处在自己一派的中心地位，也完全能够保持一位稳健的领导人的灵活和宽大为怀的态度。阿塔纳西乌斯的当选免不了被人指责为不合常规和过于鲁莽，但是他的处处得体的行为举止却很快赢得了教士和一般人的好感。亚历山大里亚市民都迫不及待要拿起武器来保卫这样一位能言善辩的开明的牧师。在他遭受不幸的时候，他总是从本教区的教士对他的衷心拥护中得到支持或至少是安慰；而且埃及的一百名主教全都始终无比热情地忠于阿塔纳西乌斯的事业。他常常只是一副无碍于工作和脸面的十分简陋的服装和装备，前往从尼罗河河口到埃塞俄比亚边境属他管辖的各省进行访问；他亲切地与最下层的人民交谈，谦恭地向沙漠地区的圣徒和隐士们致敬。阿塔纳西乌斯不仅在参加者的人品学问都与他不相上下的宗教大会上显露他的超人的智慧；在许多亲王聚会的宫廷里他也同样是那样从容不迫、坚定

自信,而令人肃然起敬;在他几经波折的生活中,不论处于顺境还是逆境的时候,他从不曾失去过朋友对他的信任,也未失去过敌人对他的敬佩。

这位埃及的大主教在年轻时就对君士坦丁皇帝多次表示要恢复阿里乌斯在正统基督教中的地位的主张一贯持反对态度。这位皇帝尊重他的这种坚决态度,而且可能已予以原谅;那个把阿塔纳西乌斯视为他的最强大的敌人的教派不得不暂时掩盖住他们的仇
325 恨,暗中准备对他发起间接的远距离的进攻。他们到处散布流言飞语,把这位大主教说成是一个骄纵和专横跋扈的暴君,并公然指控他与梅勒提乌斯的分裂主义的追随者们一起破坏尼斯会议批准的协议。阿塔纳西乌斯虽公开表示反对那种屈辱的和平,而皇帝又听信谗言,相信他曾滥用他的宗教和行政职权对那些可恶的分裂分子进行迫害;并曾在他们的一个马里奥提教堂里冒犯神威打碎一个圣餐杯;说他曾残酷地鞭打了或关押了他们那一派的大主教;并说在这位大主教的残酷的双手中,该派的第七位主教阿尔塞尼乌斯也惨遭杀害,或至少被砍去了手脚。君士坦丁把这些有损他的荣誉和生命的对他的控告告知了他的兄弟,镇守在安条克的监察官达尔马提乌斯;于是在恺撒里亚和推罗相继召开了两次宗教会议;东部的主教都得到了指示,要他们在前往参加耶路撒冷新建的基督复活教堂的庆典仪式以前先对阿塔纳西乌斯的案子作出判决。这位大主教可能深信自己清白无辜;但他感觉到提出这一控告的那种仇恨情绪同样也必会左右审判的进程,并进而作出判决。他机警地拒绝出席他的敌人为他安排的法庭,对恺撒里亚宗教会议的开会通知不予理睬;而在经过一段长时间巧加拖延之后,

他终于在皇帝已威胁说，如果他拒不出席推罗会议，必将治他以抗旨不遵之罪的情况下，顺从了皇帝的武断的命令。当阿塔纳西乌斯作为 50 名埃及大主教首领从亚历山大里亚港开始航行以前，他已明智地和梅勒提安结成了同盟；而他的假想的牺牲品和他的私下的朋友阿尔塞尼乌斯本人，也被隐匿在他的随行人员之中。推罗宗教会议是由恺撒里亚的优西比乌斯主持的，对比着他的学识和经验来看，可以说是热情有余而机智不足；他所拥有的人数众多的一派也只是喋喋不休地重复着对杀人犯和暴君的咒骂；阿塔纳西乌斯表面上的平静更使得他们越叫越响；而他却正安详地等待着一个决定性的时刻把活着的、安然无恙的阿尔塞尼乌斯请到大会中来。其他一些指控的性质使他无法作出如此明确的令人满意的回答；但这位大主教却也有办法证明，在指控他打碎神圣的圣餐杯的那个村子里，从来就既没有教堂，也没有圣坛，更没有什么圣餐厅杯。但是，已秘密决定要给自己的敌人定罪的阿里乌斯派却试图借助一些司法形式来掩盖他们的违法行径；大会指派了一个由六位代表组成的教士委员会当场搜集证据；但这一做法遭到了埃及主教们的强烈反对，因而又引起一阵阵打斗和公然做伪证的行动。在来自亚历山大里亚的代表们离去以后，会议依靠多数作出了对这位埃及大主教降职和流放的判决。这份用最恶毒的语言写成、充满怨恨和报复心理的决议随即呈送给皇帝和正统基督教 326
教会；而这时，那些主教们马上恢复了一副温和、虔诚的样子，仿佛他们都是到耶稣墓前去的朝圣者一般。

然而，这些宗教法官的不公正态度并没有因为阿塔纳西乌斯的顺从，或者说由于他的默认而被含糊过去。他决心要作一项大

胆的尝试，看看真理的声音究竟能不能接近皇帝的宝座；因而在推罗的最终判决尚未及公开宣判之前，这位无所畏惧的大主教匆匆登上了一条即将扬帆向京城进发的大船。正式提出要面见皇帝的要求可能会被拒绝或者借故推脱；因此阿塔纳西乌斯根本不让人知道自己的来临，注意等待着君士坦丁从附近一处别墅返回的时候，看到他骑着马在君士坦丁堡的一条大道上走过，他便马上勇敢地站出来挡住他的愤怒的君主。如此奇特的忽然露面的方式使他十分惊诧和恼怒，他命令卫兵把这个强行求见的人赶走；但这时一种不由自主的敬意缓和了他的愤怒；皇帝的傲慢气焰竟被这位请求他主持公道、唤醒他的良心的主教的勇敢和口才所折服了。君士坦丁以公正的，甚至有所关注的心情聆听着阿塔纳西乌斯的陈述；他马上下令让参加推罗会议的人前来说明他们如此定案的理由；如果优西比乌斯派人士不曾巧妙地又为这位大主教编造了一个不可原谅的罪行——阴谋罪恶地拦截和扣押向新都城运送居民赖以为生的给养的亚历山大里亚的粮船[①]——他的计谋可能会被揭穿了。皇帝认为去掉一个受欢迎的领袖倒可以保证埃及的平静因而很高兴；但他拒绝任命一位新的大主教来填补空出的位置；在经过长时间的犹豫之后，他所作出的判决只是一种有所戒备的隔离，而并非令人难堪的流放。阿塔纳西乌斯在高卢的一个边远省

① 优西比乌斯还讲过一个说明君士坦丁在类似的情况下表现得如何凶残而轻信的离奇的例子。叙利亚的一位口才出众的哲学家索帕特尔原和他交情甚厚，但因事惹怒了禁卫军卫队长阿布拉维乌斯。粮船船队因等待南风而迟迟未能启航；君士坦丁堡的居民因此而甚为不满；索帕特尔竟被指控用巫术拘住了南风并因而遭到杀头之祸。苏伊达斯补充说，君士坦丁是希望以对他的处死来彻底破除异教的迷信。

份，但是是在受到殷勤招待的特里尔宫中，度过了28个月。皇帝的死改变了政局的外貌；在一个年轻皇帝的一切都趋于松弛的统治下，这位大主教，在小君士坦丁的一纸措辞光彩的敕令下，仍又回到他原在故乡所担任的职位，皇帝的敕令充分肯定了他的这位可敬的客人的无辜和才能。

这位年轻皇帝的去世使得阿塔纳西乌斯第二次又遭迫害；意志薄弱的东部君王君士坦提乌斯在暗中很快就成了优西比乌斯派的同谋。这一派的90名主教，在为大教堂举行庆典的幌子下在安 327
条克集会。他们制定了一个略带有半阿里乌斯派和至今仍对希腊的正教教徒有约束作用的25条语言含糊的信条，会上还作出了一项看来似乎很公正的决定，任何一位被一次宗教会议免职的主教，在未经过另一次同等级的宗教会议判定他无罪之前，均不得重新行使教会职权；这条规定立即被用在阿塔纳西乌斯身上；安条克会议宣布或者说批准了免去他的职务的决定；一个名叫格列戈里的陌生人接替了他的位置；埃及的省长费拉格利乌斯受命利用该省的行政和军事力量支持这位新主教。迫于亚洲各大主教的阴谋陷害，阿塔纳西乌斯离开亚历山大里亚，在梵蒂冈圣洁的大门之外度过了3年流亡和求见的生活。经过刻苦钻研拉丁语，他很快就能与西部的教士们谈判了；他的不失分寸的奉承话改变了高傲的尤利乌斯的态度，并使他完全接受了他的意见；这位罗马教皇终于同意把他的请求看作是属于教皇管辖范围内的一件特殊案件；并在一个有50名意大利主教参加的宗教会议上，一致肯定了他的无辜。到了第三年末，沉溺于荒淫生活但仍似十分关心正统基督教的皇帝君士坦斯在米兰的王宫召见了这位大主教。真理和正义的

事业得到了金钱的力量的推动，君士坦斯的大臣们向皇帝建议召开一次可以代替正统基督教代表大会的教士会议。来自西部的94位主教和来自东部的78位主教在位于两个帝国的交界处，但在阿塔纳西乌斯保护人的管辖范围之内的萨迪卡聚会；他们之间的辩论很快就变成了敌意的争吵；亚洲的教士担心自己的人身安全，都撤退到了色雷斯的菲利波波利斯；于是这两个敌对的会议彼此把对方看作敌人进行毫不留情的攻击，在神前把对方斥为真正的上帝的敌人。两个会议决定的信条都得到各自所在省份的批准，并公开印行：于是阿塔纳西乌斯，在西部被奉为可敬的圣徒，在东部则被斥为可恶的罪犯。萨迪卡会议第一次透露出了希腊和拉丁教会之间的不和和分裂，由于偶然的信仰上的差异以及无法克服的语言上的隔阂，它们终于分离了。

在阿塔纳西乌斯第二次在西部流放期间，他经常获得皇帝的召见——在卡普亚、洛代、米兰、维罗纳、帕多瓦、阿魁利亚和特里尔等地都曾被召见过。一般都是由当地教区的主教帮助安排召见的事宜；办公室长官总站在那神圣的房间的幔帐或帘子前面；这样，这些可尊敬的证人便可以证明这位庄重地向他们申诉的大主教始终如一地抱着谦和的态度。出于谨慎的考虑，他无疑也会采
328 取适合于一个臣民和一个主教身份的温和、恭敬的口气的。在与西部君主的这些友好的会见中，阿塔纳西乌斯也可能曾对君士坦提乌斯的错误表示失望，但他肯定大胆地指控了他的太监和他的阿里乌斯派大主教们的罪行；为正统基督教教会所遭受的不幸和危险表示痛心；鼓动君士坦斯，希望他在热情和荣誉方面能追随他的父亲。这位皇帝声称，他决定将欧洲的军力和财力用于推进正

统基督教的事业；并表示他要写一封态度明确而坚定的信给他的哥哥君士坦提乌斯，告诉他如果他不同意立即恢复阿塔纳西乌斯的职务，那他自己就将亲自率领军队和舰队前去亚历山大里亚把他请上主教的宝座。这场可怕的宗教战争，由于君士坦提乌斯及时让步得以避免了；那位东部的皇帝只得屈尊向一位他曾伤害过的臣民请求和好。阿塔纳西乌斯傲然等待着，直到他接连收到3封信，确实保证他能得到他的东部君王的保护、善待和尊敬；他在信中邀请他回去继续担任大主教职务，而且还不无屈辱地预先提出，他请他的几位主要大臣为他的真诚作证。这种真诚还表现在一些更为公开的行动上：他向埃及发出严格的命令，召回阿塔纳西乌斯的追随者，恢复他们的权力，宣告他们无罪，并从一切公共文卷中销毁在优西比乌斯派得势时期留下的不合法的审判记录。在正义或甚至情面能以提出的要求全都得到许诺和保证以后，这位大主教才不慌不忙地穿过色雷斯、亚洲和叙利亚的几个省份缓缓前进；一路上东部的主教们对他毕恭毕敬的态度，只激起了他的厌恶，却并不能蒙骗住他锐利的眼光。在安条克他和君士坦提乌斯见面了，他以谦恭而坚定的态度接受了他的君主的拥抱和辩解；他避开以同样的宽容态度对待他自己的一派为条件；在亚历山大里亚保留一个阿里乌斯派教会的建议；他的回答如出自一位独立自主的亲王之口，可能倒显得很温和、公正。这位大主教进入他的首都的情景完全是一次凯旋式；久别和他所遭受的迫害使得亚历山大里亚的居民对他倍感亲热了；他原来就严格执行的权力现在更加牢固地树立起来；他的名声从埃塞俄比亚传播到不列颠，传遍了整个基督教世界。

然而，一个曾迫使他的君王不得不公然撒谎的臣民，永远也不能希望得到他的真诚、彻底的谅解；君士坦斯的不幸遭遇马上使阿塔纳西乌斯失去了一位强有力的、慷慨的保护者。在弑君者和君士坦斯唯一幸存的一个弟兄之间进行的内战使整个帝国在三年多的时间里陷于灾难之中，却使正统基督教教会得到一段喘息时间；交战的双方现在都急于想得到一位主教的好感，因为他的个人威望可能会对一个尚未作出最后决定的重要省份的决策产生影响。
329 他曾会见过那位暴君派来的使臣，后来他因而被指控曾与那暴君秘密通信；而皇帝君士坦提乌斯多次向他最亲爱的教父阿塔纳西乌斯神父表示，不管他们的共同敌人曾散布什么样恶毒的谣言，他确实是已继承了他死去的弟兄的思想和皇位。感激之情和仁德之心都会使这位埃及大主教不能不为君士坦斯的不幸感到悲痛，而对马格嫩提乌斯的罪行深恶痛绝；但是，他清楚地知道，大家对君士坦提乌斯的畏惧是他唯一的安全保证；因而他为正义事业的胜利发出的热情的呼号声可能以稍稍压低一些为好。少数顽固派或少数滥用一个轻信的君主的愤怒的主教们已不再恶毒地企图置阿塔纳西乌斯于死地了。这位君王自己已宣布了一个在他心中积郁多年的决心，他要为他自己曾受到的伤害报仇；在他取得胜利之后在阿尔勒度过的第一个冬天，便是完全用来对付比已失败的高卢暴君还更为可恶的敌人的。

阿尔勒会议和米兰会议

如果皇帝随兴之所至下令处死共和国的一位最杰出的品德高

尚的公民，那这项残酷的命令必然马上会有他的公开使用暴力的或滥用法律的大臣毫不犹豫地加以执行。而他想控告和惩处一位受人爱戴的主教的命令却不得不十分小心，而且一再拖延，并会遇到种种困难，这便向全世界表明，教会的特权已经使秩序和自由的意识在罗马帝国的政府中复活了。在推罗会议上宣布的，并有东部绝大多数主教签名的判决一直未被明确撤销；而既然阿塔纳西乌斯曾一度被他自己的弟兄宣判，免去那崇高的教职，那他其后的一切行动都可以被看作是无理，甚至是犯罪的。但是这位埃及的大主教过去曾经受到他的西部教会的坚定的、强有力的支持的事实，使得君士坦丁在没有得到拉丁主教们的认可之前不得不延缓执行那一判决的命令。而这一教内谈判竟费去了两年的时间；这件皇帝和他的一位臣民之间的诉讼案，先在阿尔勒宗教会议上，后来在有三百多名主教参加的米兰宗教大会上进行过严肃的论争。他们的忠贞逐渐被阿里乌斯派的理论、太监们的花招儿以及一位不惜牺牲自己的荣誉以寻求报复，不惜放纵自己的情绪以影响众主教的情绪的皇帝的恳切请求所破坏。违宪行为的确切无疑的症
状行贿活动已开始大为流行了；荣誉、财物、免除赋税的许诺等都 330
作为交换宗教选票的条件私相授受[①]；而对这位亚历山大里亚大主教的判罪却被巧妙地说成是能够使正统基督教教会恢复和平的唯一办法。然而，阿塔纳西乌斯的朋友们却没有丢开他们的这位

---

① 那些天性纯正或自视甚高，不为利诱所动的主教曾愤怒地提到过使得许多主教在荣誉、财物、宴请的诱惑下自甘堕落的情况。“我们要与（普瓦蒂埃的奚拉里说）反基督分子君士坦提乌斯进行坚决的斗争，他不是在背上鞭打，而是在肚皮上抚摸；”qui non dorsa cædit, sed ventren palpat.

领袖或他们的事业于不顾。他们依仗自己的神圣地位所能给予的保护,以勇敢的气概,在公开的辩论和私下与皇帝的商谈中始终坚持维护宗教和法律尊严的立场。他们宣称,不论是皇帝可能给予他们的恩宠还是触怒皇帝的恐惧都绝不可能促使他们参与谴责一位不在场的、无辜的、令人敬佩的教友的活动,他们还似乎不无道理地宣称,推罗会议所作的不合法的、过时的判决早已被皇帝的敕令,被亚历山大里亚的主教的复职,以及被他的叫得最欢的敌人们的沉默或改变信仰的做法完全推翻了。他们强调说,他的清白无辜已得到参加埃及会议的主教们的一致证实,并在罗马会议和萨迪卡会议上得到拉丁教会的公正的裁定。他们为阿塔纳西乌斯的艰难处境深表痛心,他在他所在的地位、荣誉以及他的君王的表面信任之中刚刚安享了几年之后。如今却又一次被传唤去为这种毫无根据的夸大其词的指控辩解。他们立论充分,他们的态度诚恳;然而,在这场把帝国所有人的注意力都集中到一位主教身上的相持不下的辩论中,论战的两派都准备牺牲真理和正义以求达到于自己更为有利的目标:保住或去掉这尼斯信念的无所畏惧的卫士。阿里乌斯派仍然认为用含糊的语言掩盖住自己的真实思想和意图是一种明智的做法;但是有人民的爱戴和一次全国性宗教大会的信条作为后盾的正教的主教们却在各种场合,特别是在这次的米兰会议上,坚持要他们的敌对派先为自己清洗掉散布异端邪说的嫌疑,然后再考虑对伟大的阿塔纳西乌斯进行控诉。

但是,理性的声音(如果理性确实是在阿塔纳西乌斯这一边)却被致力于派别斗争的被收买的多数人的叫嚣声给压下去了;阿尔勒和米兰会议一直开到西部教会和东部教会的法庭都宣判这位亚历山大里亚主教有罪，并将他免职以后才散会。那些曾持反对意见的人都一定得在判决书上签字；并从此在共同的宗教之中，和那些反对派的居心可疑的领袖们团结起来。帝国的信使将一份份表示同意的表格送给不曾到会的主教们：凡不肯放弃自己的观点，并与阿尔勒和米兰会议的公开的、受到神灵启示的英明决议抗衡 331
的人，都将立即被假装着执行正统基督教会议决议的皇帝放逐。在那些作为因坚持信仰而被流放的队伍的领导人的高级教士中，特别值得一提的有罗马的利贝里乌斯、科尔多瓦的奥西乌斯，特里尔的保利努斯、米兰的狄奥尼修斯，韦尔切利的优西比乌斯、卡里亚的鲁西菲以及普瓦蒂埃的奚拉里。利贝里乌斯曾管理过帝国的首都，担任过显要职位；奥西比乌斯功绩卓著、经验丰富，一直被认为是君士坦丁的亲信而受人尊重，并且是尼斯信条的创始人；把这些高级教士安置在拉丁教会的领导地位上：他们无论是在顺从还是在据理力争方面都可能成为会众学习的榜样。然而，皇帝多次试图威胁罗马和科尔多瓦的主教或逼使他们就范的企图在一定的时间内并没有奏效。那西班牙人公开宣布他已作好准备，在君士坦提乌斯的统治下忍受苦难，过去他在他的爷爷马克西米安的统治下已经受过60年的折磨了。那位罗马人在面见他的君主的时候，则坚持阿塔纳西乌斯的无辜和他们自己的忠诚。在他被放逐到色雷斯的贝罗依后，他把一大笔提供给他作为路途费用的钱寄了回来；并出言不逊，侮慢米兰的朝廷，说皇帝和他的太监们可能需要这笔钱支付给他的士兵和主教。流放的生活和拘禁的痛苦终于磨灭了利贝里乌斯和奥西乌斯的意志。罗马大主教依靠某种犯罪的让步买得了从流放地回来的权利；后来又通过及时悔过而消

除了自己的罪名。为逼着科尔多瓦的年已衰迈的主教奥西乌斯勉强签字,说服之外更使用了暴力,他已年近百岁,不但精力不支,神志可能也有些不清了;而阿里乌斯派的目空一切的胜利却挑动某些正统基督教徒以惨无人道的毒辣手段来对待这位早期曾对基督教有过巨大贡献的不幸的老人的人身,或者应说是他的亡灵。

利贝里乌斯和奥西乌斯的屈服为那些始终以毫不动摇的坚强信念坚持阿塔纳西乌斯的事业和宗教真理的主教们更增添了新的光彩。他们的敌人的奸滑的恶毒的用心更剥夺了他们一同商量、互相安慰的机会,存心把一些杰出的被流放的教士分送到相距甚远的省份,并精心为他们挑选一个在庞大的帝国中对他们最不友好的地点①。但他们却很快体会到,利比亚的沙漠和卡帕多西亚的最野蛮的地区,比起某些城市来还对他们略好一些,在城市里那
332 些阿里乌斯派的主教们简直可以肆无忌惮地发泄他们的宗教仇恨。他们只能从自己的正直和不屈中,从他们的追随者的拜访、来信和慷慨的救济中,以及从很快高兴地看到尼斯信念的敌人出现内部分裂的满足中获得安慰。皇帝君士坦提乌斯的口味是如此刁钻古怪、反复无常,他对于在基督教教义问题上看法稍不合他的标准的是那样容易激怒,以致他对那些坚持父子同体论的人,那些主张本体同类的人,以及那些不承认圣父圣子相像的人都以同样的狂热加以迫害。观点各不相同的但同样被免职、流放的三位主教

① 西部的坚守信仰的教士先后被流放到阿拉伯或蒂巴伊斯的沙漠地带、塔尔苏斯的荒凉山区、属凶恶的山地人所有的弗里吉亚最荒无人烟的地带等。有人发现坚持异端的埃提乌斯在西利西亚的莫苏伊斯蒂亚受到了过于优厚的款待,根据阿卡西乌斯的建议,很快把他的流放地改到了野蛮人居住的、战祸和瘟疫频仍的安布拉达去。

有可能在同一流放地彼此相遇了；那时，根据他们当时的不同情绪，也可能会相互可怜，也可能一同攻击他们的敌对派的盲目的热情，相信他们目前所遭受的痛苦将来再大的幸福也难以补偿了。

西部正统基督教主教们的免职和流放完全是作为置阿塔纳西乌斯本人于死地的预备步骤安排的。在已过去的26个月里，帝国朝廷用尽各种最阴险的手段，暗中活动，要将他赶出亚历山大里亚，并减去了供他向人民慷慨施舍的津贴。然而，当这位埃及的大主教被拉丁教会抛弃并革出教会，已失去任何外来援助的时候，君士坦提乌斯派遣了他的两名使臣口头宣布并执行了将他放逐的命令。本来，这项判决已经得到全教派的公开认可，因而使君士坦提乌斯不肯给他的信使一份书面命令的唯一动机只能是他对这件事尚有顾虑。他担心如果人民决心以武力誓死保卫他们的这位无辜的精神上的父亲，那就有使他的第二大城市和帝国的最富庶的一省遭到攻击的危险。他的这种极端的谨慎便为阿塔纳西乌斯提供了一个装糊涂的机会，他可以极有礼貌地否认这命令的真实性，并说它和他的宽厚的君主一向所持的公允态度以及他从前发布的命令都无法相容。埃及的民政力量发现自己不论是劝说还是强迫都无法使这位大主教离开执掌教会大权的宝座；他们被迫不得不和亚历山大里亚深得人心的领袖们签订一项条约，规定在没有进一步摸清皇帝的真实意图之前，暂停一切彼此控诉和敌对行动。这一貌似温和的做法蒙骗了正统基督教教会，给它造成一种虚假的致命的安全感；实际上这时上埃及和利比亚的罗马军团已得到密令正迅速前进，准备包围或者袭击这座习惯于发动叛乱和已陷入宗教狂热之中的都城。亚历山大里亚一面靠海，一面靠马里乌特

湖的地理位置极便利于军队的靠近和登陆,因此来犯的军队在城
333 里还没来得及采取任何诸如关闭城门或占领重要据点的措施之前便已进入市中心了。在一个深夜里,在签订条约的第23天之后,埃及公爵叙利阿努斯亲自带领着5000名武装的作好袭击准备的士兵,出人意料地涌入了大主教正带领着一部分教士和教徒做夜礼拜的圣提奥那斯大教堂。这座神圣建筑的大门被进攻的士兵砸开。随之而来的是一片骚乱和屠杀;但是,由于被杀者的尸体和兵刃的残片第二天全可能作为无可辩驳的证据留在正统基督教教派手中,叙利阿努斯的行动也可以看作是一次成功的闯入,而并非一次完全的征服。本市其他的教堂也遭到类似的暴力蹂躏;而且在此后至少四个月里,亚历山大里亚一直暴露在一支在敌对教派的牧师鼓舞之下,任意肆虐的军队的凶残的践踏之下。大批虔诚的信徒被杀害,如果他们是无故被杀,也没有人为他们报仇,他们都应被称作殉教者;主教和地方教会监督人被残酷地横加侮辱;圣洁的修女被剥光衣服,鞭打和奸污;富有的市民的家被抢劫;这样,在宗教狂热的幌子下,兽性、贪婪和私愤全都可以尽量发泄而不受到任何惩罚,相反,还受到鼓励。亚历山大里亚人数众多、心怀不满、仍自成一派的异教徒,稍有人鼓动便抛弃掉了一个他们既惧怕又尊敬的主教。可能得到某种恩宠的希望和害怕作为叛乱分子加以惩治的恐惧,使他们都表示要支持阿塔纳西乌斯的继任者,著名的卡帕多西亚的格列戈里。这位篡位者在由一个阿里乌斯的宗教会议授职后,就在被派来执行这一重要计划的新委任的埃及伯爵塞巴斯蒂安的武力支持下登上了大主教的宝座。暴君格列戈里无论是在使用或夺取权力的时候,全都置教规、公理和仁德于不顾;因

而使得在首都出现的暴力和胡作非为曾在埃及的 90 多个设有王教的城市重演。在胜利的鼓舞下，君士坦提乌斯公然表示支持他的使臣们的做法。在公开发表的一封充满热情的信中，这位皇帝对亚历山大里亚被从一位靠口才的魔力迷惑盲目信徒而获得威望的暴君手中解放出来表示祝贺；大谈新选主教格列戈里的道德和虔诚；并以该城的庇护人和恩人自居，使自己的名声超过了亚历山大本人。但他又严正宣告，他将怀着不可动摇的决心高举着火和剑，穷追那些追随阿塔纳西乌斯的叛乱分子，这个邪恶的阿塔纳西乌斯已经承认了自己的罪行，但却逃脱了审判，逃脱了他早就罪有应得的不光彩的死刑。

阿塔纳西乌斯的确是逃过了一场险而又险的灾难；这位奇特 334
人物的冒险经历实在值得，也的确吸引着我们的注意。在圣提奥那斯大教堂被叙利阿努斯的军队占据的那个难忘的夜晚，这位大主教十分冷静而无比威严地坐在他的宝座上等待着死神的来临。在大家的礼拜活动被愤怒的吼声和惊恐的尖叫声打断的时候，他却鼓舞那些吓得发抖的会众高唱庆祝以色列的上帝战胜埃及的骄横而不敬神的暴君大卫之歌，以此表达他们的坚定的宗教信仰。教堂的门终于被撞开，雨点般的箭直射向人群；手举刀剑的士兵闯入至圣所；他们的铠甲在圣坛周围的圣灯的照耀下闪烁着阴森可怖的光芒。阿塔纳西乌斯仍在拒绝那些守在他周围的虔诚的僧侣和教士们的虔诚的请求；并无比高尚地拒绝在最后一名会众安全离开之前放弃自己的教职。那天夜晚的黑暗和混乱大大有助于这位主教的逃离；尽管他是被裹在沸腾的人流之中，尽管他曾被挤倒在地，已失去知觉，也不再动弹，但他却终于重新恢复了他的大无

畏的勇气，并躲开了士兵们的急不可待的追捕，阿里乌斯派的负责人早已告诉那些士兵，阿塔纳西乌斯的人头将是皇帝最喜欢的一份重礼。从那时以后，这位埃及大主教便完全从他的敌人的眼前消失了，他在绝对隐蔽的环境中度过了六年多的时光。

与他誓不两立的敌人的专制统治遍布整个罗马世界；这位穷凶极恶的君王通过一封致埃塞俄比亚基督教徒王子的十万火急的信件，企图将阿塔纳西乌斯从地球上最远、最荒凉的地方给驱逐出去。伯爵、禁卫军卫队长、护民官和全国军队先后都曾被用来搜捕这位逃亡的主教；皇帝的敕令让一切行政和军事力量都随时处于戒备状态；许诺对于不论死活能交出阿塔纳西乌斯的人将予以重赏；还公布了对胆敢私下窝藏这个人民公敌的人的最严酷的惩罚条例。然而，蒂巴伊斯沙漠现在已住着大群野蛮而又驯服的狂热信徒，他们宁愿听从他们的教长的命令而不管它什么君王的法令。安东尼和帕科米乌斯的众多的门徒都把这位逃亡的大主教视为他们的父亲；他们敬佩他所表现的和他们的严格的信条相一致的耐心和谦卑，把出自他口中的每一个字都当作闪烁着智慧之光的名言收集起来；他们深信，他们的祈祷、他们的斋戒和守夜等活动的功德都比不上他们为保护真理和正义所表现的热情，和为之经历的危险。埃及的修道院一般都在偏僻荒凉的地方，在高山顶上，或
335 在尼罗河的小岛上；而谁都知道，塔本涅的神圣的号角或喇叭声却能从各处召集来数千名体魄强健、意志坚强的僧侣，这些僧侣大多数是来自附近乡村的农民，而他们隐秘的藏身之处，在遭到无法抵抗的强大军队的袭击时，他们会全都一声不响引颈受戮；也绝不会改变他们的民族性格：就是说，再残酷的拷打也不用想能从一个埃

及人口中掏出他决心保守的秘密。亚历山大里亚的大主教就这样消失在一群纪律严明、誓死保卫他的安全的人民之中；每当危险临近时，他们便会用他们得力的手把他从一个隐蔽处转移到另一个隐蔽处去，直到最后他已来到了晦暗、盲目的迷信相信那里已住满妖魔和野蛮的鬼怪的可怕的大沙漠地带。阿塔纳西乌斯的隐居生活直到君士坦提乌斯死去才宣告结束。其间他大部分时间是在赤胆忠心既充当他的卫队，又充当他的秘书、他的信使的僧侣们中间度过的；但是，与正统基督教教会保持密切联系的重要性，总使他每当搜捕的风声有所缓和时，便禁不住要走出沙漠，潜入亚历山大城，把自身的安全交给他的朋友和追随者们去安排。他的种种冒险经历完全可以作为一部引人入胜的小说题材。有一次，他曾躲在一个没有水的水箱里，直到一个女奴隶将他出卖以前，他几乎一直就藏在里面；还有一次他找到了一个还要更为离奇的避难所，他躲进了一位年仅20岁，以淡雅的美貌闻名全城的修女的住房。她在多年以后追忆说，有一天的半夜时分，这位大主教只穿着宽松的内衣使她十分惊愕地突然出现在她面前，他迈着急匆匆的步子告诉她，他得到上天的启示让他来到她善良的家寻求保护，所以求她一定设法保证他的安全。这位虔诚的少女答应了他的请求，并始终信守着依靠自己的机智和勇敢所作的诺言，没有向任何人透露这个神圣的保证，她立刻把阿塔纳西乌斯引进了自己的最隐蔽的密室，从此以朋友般的关心和仆人式的殷勤注意着他的安全。在危险没有解除之前，她一直按时给他送来书籍和饮食，给他洗脚，处理他的来往信件，并十分巧妙地注意使这段在一位品德高尚，绝不能丝毫污损他的清名的圣人与一位容貌迷人，随时可能引

起最危险的冲动的少女之间的如此亲近的私下交往绝不存在任何
336 疑窦[①]。阿塔纳西乌斯在他遭受迫害和流放的六年的生活中，曾多次前往看望他这位美丽而忠诚的朋友；从他曾公开宣称他曾看到过里米尼塞琉西亚会议的进行情况看来，我们不能不相信他确实在会议召开期间曾秘密来到过会场。为了亲自与他的朋友们进行交谈，为了亲眼看到他的敌人走向分裂并扩大这种分裂，对于一个细心的政治家来说，这样一种大胆而危险的行动也许是值得一试的：何况亚历山大里亚又与地中海的每个港口都有贸易来往和航运联系。这位勇敢的大主教从他那神秘莫测的隐蔽所向阿里乌斯派的保护者发动了一场从不间歇的进攻战；他的一篇篇非常及时地到处散发、争着阅读的文章则帮着使正统基督教教派联合起来，并给他们以鼓舞。在他写给皇帝本人的公开的致歉书中，他有时也装作赞扬温和的政策，但同时在暗中的咒骂充分揭露君士坦提乌斯是一位懦弱而邪恶的君王、杀害自己家人的刽子手、与公众为敌的暴君、教会中的反基督教分子。尽管这位获得胜利的君王在他统治的极盛时期曾惩治了加努斯的鲁莽，平息了曾夺取维特兰尼奥头顶上的王冠、在战场上歼灭马格嫩提乌斯军团的叙马库斯的叛乱，但却从一只看不见的手中受到一种他既无法医治也无法进行报复的创伤；而在基督徒王国中君士坦丁的儿子却是第一位感受到这些为宗教事业效力的信条的强大威力是完全能够抗拒

① 这段故事的原作者帕拉第乌斯曾与那位少女交谈过，她年事已高后仍常常十分高兴地回想起那段神圣光荣的关系。我不能同意巴罗尼乌斯、瓦勒修斯和蒂耶蒙等人的看法，他们几乎完全不承认这段故事，认为它，在他们看来，是不配收入严肃的基督教史的。

任何行政暴力的。

基督教各派概况

仅是简单地叙述打破教会和平、玷污教会胜利的基督教会的内部分裂便等于肯定一位异教历史学家的说法和赞同一位有威望的主教的指责。阿米阿努斯自身的经历使他相信基督教教徒之间的仇恨更胜于野兽对人的仇恨；格列戈里·纳齐安岑更悲痛地哀叹，彼此不和已使天国变成一片混乱，变成了黑夜的风暴，变成了地狱。当代的一些情绪激烈的怀着偏见的作家总把一切功德都归于他们自己，而把一切罪过都归于他们的敌人；因而描绘出一幅天使与恶魔争战的图画。而我们的比较冷静的理智将完全否认这种纯粹的、绝对化的作为善或恶的化身的怪物，而把同等数量，或大致相等的善和恶归于自称为正统基督教和被称为异端邪说的敌对的两派。他们原同在一个宗教环境和政治社会中接受教育。他们对现时的以及对未来的希望和恐惧的比例是基本相同的。他们中任何一方的错误都可能是无辜的，信仰都可能是真诚的，行动都可 337
能是值得称道或用心不良的。激起他们奋斗热情的目标是彼此相同的；而且他们有可能交替滥用朝廷或人民对他们的恩宠。阿塔纳西乌斯派和阿里乌斯派的形而上学的意见并不会真正影响他们的道德品质；而且他们的行动都同样受到从福音书中一些纯真的格言中体会到的忍让思想的驱使。

有一位现代作家，出于可以理解的自信，在他自己的一部历史书前冠以许多政治和哲学方面受人尊重的称号，批评孟德斯鸠的

近于怯懦的谨慎；说他在叙述帝国衰亡原因时竟不曾提到君士坦丁的一条坚决取缔异教敬神活动，并使得相当一部分臣民失去了他们的祭司、他们的庙宇以及任何公众的宗教信仰的法令。而这位富于哲理的历史学家的对人权的热情竟使他接受了那些轻率地把他们心爱的英雄所进行的普遍迫害说成是功绩的一些基督教牧师的含糊其辞的证词。我们用不着去考虑那条假想的，可能曾在帝国法典之前放出异彩的法令，而只须求助于君士坦丁在他不再掩盖自己改变信仰的事实，不再害怕某些王位争夺者时，写给那古老宗教的信徒们的一封信的原件，便再可靠不过了。他用十分恳切的口气提请并敦促，罗马帝国的臣民们都效法他们君主的榜样；但他同时又宣称，那些仍然不愿睁眼看看出现在天边的霞光的人们仍可以在他们自己的庙宇里供奉他们假想的神灵。关于异教的宗教仪式遭到取缔的报道已由君士坦丁自己正式予以驳斥，作为他的温和政策的一项原则，他明智地提出人的习惯、偏见和迷信都是无法战胜的力量。这位足智多谋的君王在既不曾违反自己的神圣诺言，也不曾引起异教徒的恐慌，只是缓慢而小心谨慎地一步步摧毁多神教的不完备的日趋腐烂的组织。而他偶然采取的一些过于偏激的行动，尽管在暗中必然受到基督教热情的驱使，但在外表上却充分表现出为了正义，为了公共利益的色彩；在君士坦丁试图从根本上摧毁那个古老的宗教的时候，他却似乎是在整治对它的破坏活动，他仿效他的一些最明智的前任的做法，用最严厉的刑罚禁止玄虚的。亵渎神灵的、挑起人的虚幻的希望，并有时刺激一些对现状不满的人的铤而走险的占卜术。对于已被公众认为虚假和骗术的神谕不予理睬，保持了沉默；尼罗河畔的女祭司被彻底取缔；君士坦丁还自己行使监察官的职权，下令将腓尼基的几所庙宇全部拆除，因为在那里为了向维纳斯献祭竟在光天化日之下进行形形色色的淫乱活动。帝都君士坦丁堡在一定程度上可说是依靠 338
牺牲希腊和亚洲的富足的庙宇修建，并依靠从那里抢来的物品装饰起来的；它们中的神圣的财产被没收；神灵和英雄的雕像被一些人当作玩物，而非崇拜的偶像随意搬走；抢来的金银则被重新投入流通市场；那些行政官员、主教和太监则利用这些难得的机会一举同时满足了他们的欲望和贪婪。并清除了心头之恨。然而，这种掠夺活动究竟只局限于罗马世界的小部分地区；而这些省份早已习惯于忍受在某些君王和前执政的暴政下进行的这种亵渎神灵的掠夺了，他们那些人可并无企图破坏那已建立起来的宗教的嫌疑。

君士坦丁的儿子们以更大的热情和更少的谨慎循着他们的父亲的足迹前进。掠夺和压迫的借口[①]在无形中日益增多了；基督教教徒的不法活动受到百般保护，所有有争议的问题都被解释为异教徒的过失；在君士坦斯和君士坦提乌斯执政期间，毁坏庙宇的行为都被当作喜庆事而加以称颂。君士坦提乌斯的名字被加在一项可能一劳永逸使得今后再不必发布任何禁令的简明法规之首。“我们希望所有的地方，所有城市中的庙宇全都立即关闭，并派人严格看守，以使任何人都不可能加以冒犯。我们同样还希望我们的全体臣民都不再奉献牺牲。任何人如果胆敢进行此一活动，就

① 阿米阿努斯曾说到有些宫廷的太监天生是 spoliis templorum pasti。利巴纽斯也曾讲到，皇帝经常把一座庙宇像一条狗，或一匹马，或一个奴隶，或一个金盏一样随便送给别人；但这位虔诚的哲学家却特别指出，那些亵渎神灵的宠臣几乎没有一个后来有个好结果的。

得让他尝一尝惩罚之剑的滋味,并且,在他被处决之后,他的财产将被没收充公。我们还预为说明,如各省省长有对上述罪犯惩办不力者,也将对他处以相同的刑罚。”但是,我们有充分的理由相信,这道可怕的敕令不是写成以后未曾公布,便是公布以后却未曾执行。具体事实的例证和一些现存的黄绸和大理石纪念物都仍在继续证明,在君士坦丁的儿子们的整个统治期间异教徒的礼拜活动一直在公开进行。在帝国的东部,同时也在西部,在城市,同时也在乡村都有一大批庙宇仍然受到尊敬,或至少并未遭到毁坏;而那些笃信异教的群众仍然有幸在地方政府的允许,或至少在它的默许下,享受他们所热衷的奉献牺牲、整日祭祷和游行的活动。在这道血腥的敕令估计的发布日期过去约 4 年后。君士坦提乌斯亲自拜访了罗马的一些神庙,他十分得体的表现被一位异教的演说家推崇为值得后来的君王效法的榜样。“这位皇帝”叙马库斯说,
339 “已同意女灶神修女的特权神圣不可侵犯;他赋予罗马贵族以僧侣的神圣地位,批准了支付公众祭祀和牺牲费用的津贴;而且,尽管他自己信奉另一种宗教,他却绝无意在整个国家范围内取消神圣的古老宗教的活动。”元老院仍然通过一些庄严的法令,把他的过去的一些君主封为**神灵**;君士坦丁本人在死后也和那些他生前曾百般诋毁和污蔑的众神坐在一起了。由努马首先提出,并被奥古斯都用来自称的**总教主**这一头衔、徽记和特权,七位基督教皇帝都毫不犹豫地接受了;这些皇帝从这个他们自己抛弃的宗教所获得的对宗教的绝对统治权,比从他们自称信奉的宗教所获得的要大得多。

基督教的分裂延缓了异教的衰亡①;真正热心全力进行那场反对非基督教教徒的圣战的并不是皇帝和主教,因为在他们看来更为迫在眉睫的危险是罪恶的国内叛乱。根除偶像崇拜的做法,根据已建立的不宽容的原则,也许是正当的:轮番在帝国朝廷当权的敌对的各派系,彼此都害怕疏远或甚至激怒一个尽管日渐衰败,却仍然拥有强大力量的教派。一切有关权威和时尚,利害和理智的动机全都对基督教有利;只是在他们获得胜利的影响还没来得及被普遍感受到的时候,两三代人的时光却已经过去了。经历了许久时间,如此之晚才在罗马帝国建立起来的这一宗教一直似乎受到许多人的推崇,但这并非出于慎重考虑、仅仅不过是出于旧日 340
的习惯而已。国家和军队的荣誉都被随随便便赏给君士坦丁和君

① 由于我轻率地提前使用了异教徒和异教等词,在这里我将追述一下这些词的独特的变化过程。1. Παγη 在意大利人都非常熟悉的多利安语中,意思是一眼泉水,经常光顾这个水源的附近的农村人从而也就得到了 pagus 和 pagans(此即今译异教徒的本字——译者)的称呼。2. 由于在使用中词义的扩张,pagan 和"村野的"几乎变成了同义词;一些粗鄙的乡下人因而也就得到了这一名称,这名称由于发音乖误最后又变成了现代欧洲语言中的 peasants(农民)了。3. 军队人数的迅猛增加使得人们需要有一个对他们特别加以区别的名词;所有没有为君主应征服役的人民都被轻蔑地加以 pagans 的称号。4. 基督教徒是耶稣的兵士;而他们的反对者,那些不肯接受他的圣礼或不进行军人的洗礼宣誓的人,可能都应被加以这个比喻性的称呼,pagans 这个被广泛使用的蔑称早在瓦伦提乌安统治时期(365 年)就已在皇家法典和神学著作中出现了。5. 基督教逐渐在帝国的各个城市中大为盛行:旧的宗教在普鲁登修斯的时代已奄奄一息,退缩到一些边远的小村子里去。而 pagans 这个词,带着一些新的含义,又回到了它最初的出处。6. 既然对朱庇特及其家族的崇拜已不复存在,异教徒这个空洞的称呼前后曾被用来指旧大陆和新大陆的所有地区的偶像崇拜者和多神论者。7. 拉丁地区的基督教徒曾毫无顾忌地把这个名称加之于他们的死敌伊斯兰教徒;而最纯粹的唯一神教派也被不公正地斥为偶像崇拜者和异教。[此处吉本错误地以为拉丁语的 pagus 与希腊语的 πηγη 或 παγη(多利安语)有某种联系,尽管这已是一种古老的说法了。——D. M. 洛]

士坦提乌斯的所有的臣民;而相当一部分知识、财富和勇气仍然被用于为多神教效力。元老、农民、诗人、哲学家的迷信思想来源是完全各不相同的,但他们在多神教的庙宇中却全都同样表现得十分虔诚。一个被禁止的教派获得的令人感到侮辱的胜利无形中激起他们的狂热情绪;而由于他们有充分的理由相信,帝国的假定的继承人,一位从野蛮人手中解放高卢的年轻而勇猛的英雄已暗中信奉了他们的祖先的宗教,他们的一切希望又因此完全复活了。

异教的反改革斗争

第二十二章　尤利安的继位。他的人品。

君士坦提乌斯在经过一段暴虐的统治后，在与尤利安进行内战的前夕，于 361 年死去，尤利安也便成为帝国的唯一皇帝。尤利安的短暂的统治的指导思想来之于他从早期的学习中获得的两种动力。一是实现哲学家帝王的理想。他把这一理想和实际改革、经济政策以及改前代朝政的方向使之符合古代单纯体制的努力结合起来。二是他雄心勃勃，企图效法亚历山大大帝进行东征。对后人来说，尤利安的特殊意义在于他排斥基督教，企图改革和重建各种异教教派。

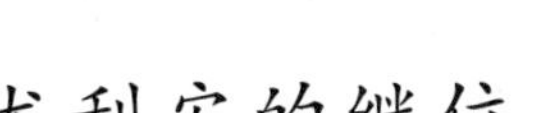

尤利安的继位

由于迫不及待地盼望重访他的出生地和帝国的新都，尤利安从纳苏斯出发，直穿进海穆斯山区和色雷斯城向前进发。当他到达赫达克利亚的时候，相距 60 英里以外的君士坦丁堡的居民全都前来欢迎他；他于是在士兵、人民以及元老们的恭敬的欢呼声中以胜利者的姿态进入城中。无数的群众满怀崇敬之心拥挤在他的身旁，而当他们看到这位在如此缺乏经验的幼小年纪就曾挫败了日耳曼的野蛮人,现在又如何一帆风顺从大西洋岸边直穿整个欧洲大陆到达博斯普鲁斯海峡的一位英雄,竟如此身材矮小,衣着简朴时,也许颇为失望了。几天以后,在去世的皇帝的遗体在港口上岸的时候,尤利安的臣民对于他们的君王所表现的或真或假的热情报以热烈的欢呼。他不戴王冠,身着丧服,步行着跟随送葬的队伍一直来到安放遗体的圣使徒大教堂:即使他的这种表示尊敬的举动可以解释为全不过出于对一位皇室成员的出身和荣耀的自私的礼拜,但他的眼泪却无疑向世人表明他已经忘记死者对他的伤害,而只记得君士坦提乌斯交托给他的责任了。在阿魁利亚军团确知
342 皇帝已去世之后,他们便立即打开了城门,并以几位有罪的首领作为牺牲,很容易便得到了小心谨慎或宽宏大量的尤利安的赦免;他这时年仅 32 岁便已毫无争论地完全占有罗马帝国了。

某些哲理曾教导尤利安应考虑行与止的得失;但他的高贵出身和生活中的特殊遭遇从来不容他有选择的自由。他可能真心喜爱学院的园林和雅典的社会;但先是由于君士坦提乌斯的意愿,后来又由于他的不公正的做法,他被迫不得不,不顾自己的身体和名声可能遭到的危险,致力于拯救帝国的伟大声誉;不得不向世人和后世保证对千百万人的幸福负责。尤利安的老师柏拉图曾说过,管理我们的羊群和牛群的工作永远必须交托给特种人物;而各个民族的行为则需要,也应该,借助于上天的智慧和众神的力量,每当他想到这些话,便不禁不寒而栗。根据这些原则,他十分正确地得出结论说,任何人要想统治一个国家便应力求使自己和神灵一样完美;他应该从自己的灵魂中清除掉属于凡人和尘世所有的那一部分;他应该消除自己的欲望,开阔自己的眼界,调节自己的热

情，并降服亚里士多德用作比喻的那头将登上专制君王宝座的野兽。尤利安的由于君士坦提乌斯之死而完全建立在独立的基础上的皇座是理性的宝座、美德的宝座，或者也可能是虚荣的宝座。他讨厌荣誉，放弃享乐，却只是永远勤奋地履行他的高位加之于他的职责：如果他的臣民也曾被迫不得不按这位具有哲学家头脑的君王用以自我约束的严格法则来安排自己的时间和行动，也没有多少人会同意让他从王冠的重负下解脱出来的。他的饮食非常简单，一位经常和他一同进餐的他的一位最亲密的朋友曾说，他那简单而清淡的膳食（通常总以蔬菜为主）使他始终保持身心康泰，随时充满活力去进行一位作家、一位教皇、一个文职官员、一位将军和一位君主的繁乱而重要的工作。在同一天里他得接见好几位大使，给他的将军们、他的文职官员们、他的私人朋友们，以及他统治下的一些城市亲笔写下或口授出大量的信函。他听人诵读刚刚收到的备忘录、考虑请愿书提出的问题，而且在说明自己的处理方案时其速度之快使得他的秘书们连速记都有些来不及。他的才思是那样敏捷，意图是那样坚定，以致他可以在同一时间内手写、耳听、口授；他还可以同时进行几个不同问题的思索，彼此不会干扰，且从无差错。在大臣们都回去休息之后，这位君王却还敏捷地处理着一件又一件的工作；然后，匆匆吃点饭便躲到书房中去读书，一 343
直到他事先安排好决定在晚间处理的公务打断他的学习。这位皇帝的晚餐比午餐还要清淡；他的睡眠从不会受到因消化不良而散发出的气味的骚扰，另外，除了在一段不长的仅出于政治考虑而无爱情可言的婚姻生活期间外，洁身自好的尤利安再没有和任何女伴同过床。他很快便被进屋来的精神饱满的秘书叫醒，他在先一

天已睡足觉了；他的仆人们也必须分班来侍候他，他们的不知疲倦的主子除了改换工作是没有别的任何调剂的。尤利安的前辈，他的叔父、兄弟以及堂兄弟都在似是而非的与民同乐的幌子下沉溺于儿童所喜爱的竞技场上的表演；他们经常把一天的绝大部分时间都作为观众，作为那盛大节目的一部分，消磨在那里，直到一般为 24 场的竞赛全部结束为止。在盛大的节日期间，这位明确表示自己不合时尚，对那种无聊的娱乐不感兴趣的尤利安，也总勉强在竞技场上露露面；但他在毫不在意地看完五六场比赛后，便匆匆离开竞技场，完全像一位不耐烦的哲学家，他认为任何一段时间如果没有被用来为公众造福或增强自己的头脑便全是浪费。由于他如此爱时如命，他的短暂的统治时间似乎被拉长了；如果不是那些日期全都确凿无疑，我们简直无法相信，从君士坦提乌斯去世到他的继承人出发前往波斯战场其间仅只有 16 个月的时间，尤利安的所作所为只能靠历史家们不辞辛劳去予以保存；但是现存的他的卷帙浩繁的著作却将永远作为展示这位皇帝的贡献和他的才智的一面丰碑。The Misopogon，那些恺撒们、他的几篇演说词，以及他反对基督教的一部巨著都是在两个冬季的长夜里完成的，其中一个冬季在君士坦丁堡度过，另一个是在安条克度过的。

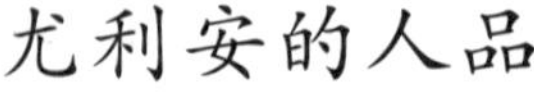

尤利安的人品

随着帝国的扩大而成倍增长的繁重的军事和民政治理工作锻炼了尤利安的才能；但他经常却以演说家和法官的身份出现，这在现代欧洲的君主中却是完全不可思议的。早期的几位恺撒热心追求的以理服人的艺术全被他们的在军事上无知、却充满亚洲式的自傲的继承人忘得一干二净了，这些人虽然也曾屈尊对他们惧怕的士兵夸夸其谈，但对他们看不起的元老却始终保持疏远的沉默，君士坦提乌斯总尽力避开的元老院的会议，在尤利安看来正是他可以大谈共和制的原则，并充分显露一位雄辩家的才能的最适当 344
的场所。他像在学校演练雄辩术时一样，轮番试验着多种方式的赞颂、批评和告诫的讲话；他的朋友利巴纽斯说，尤利安对荷马的研究使他学会模仿麦尼劳斯的言简意赅的风格，内斯特的口似悬河的气派，以及尤利西斯的哀婉而强有力的雄辩。有时和一个君主的身份颇不相称的法官的职能，尤利安也不但作为一种职责，而且作为一种乐趣来行使；尽管他完全能够信赖他的禁卫军卫队长的诚实和洞察力，他还是常常亲自坐在他们身边提出自己的判断。他的强大的洞察力一直被用于揭穿和击败那些极力掩盖事实真相，曲解法律含义的公诉人的肮脏伎俩。他有时忘记了自己所处非同一般的地位，提出一些考虑不周或不合时宜的问题，而在他不同意法官、公诉人和他们的委托人的看法，坚持己见时，他的高大的嗓门和身体的激动都显露出他内心的强烈情绪。然而，由于他完全清楚自己的脾气，这便促使他鼓励，甚至请求他的朋友和大臣们对他的话提出反驳：而每当他们大胆地对他的一时情绪冲动的表现提出异议时，在场的观众都能看出他们的君主的羞愧和感激之情。尤利安的法令几乎总以公正的原则为基础，他始终十分坚决地抵制着一位君王的法庭在同情和平等的冠冕堂皇的形式下最易出现的两种危险倾向。他在判定一件案子的是非时从不考虑当事人的处境；他虽然极愿意帮助穷人，但他的有钱有势的对手的要

求如完全合理,那穷人也将被判罪。他还十分注意分清法官和立法者的界线;尽管他曾考虑必须对罗马的法律进行改革,但他在判案时却仍然依照行政官员必须执行,广大臣民必须遵守的法律条文的明确和严格含义。

一般的皇帝,如果剥去他们的紫袍,把他们光着身子抛到广大的人群中去,他们都必会立即沉入社会的最底层,决无从一个不知名的人浮上社会顶端之望。但是尤利安的个人德能在某种程度上是和他的幸运的出身不相干的。不论他选择一条什么样的生活道路,依靠他的无畏的胆略、灵巧的机智以及强烈的进取精神,他都将得到,或应当得到他所从事的职业的最高荣誉,因而即使在一个国家中尤利安生为一个普通平民,他也完全有可能使自己上升到大臣或将军的地位。如果可厌的难以捉摸的权力转移使他的希望落空了,如果他明智地拒绝了那条通向伟大的道路,那么,把他现有的才能用于勤奋学习,那他现在的幸福和不朽名声必非任何一位帝王所敢想望。当我们仔细地或甚至以恶毒的眼光观察尤利安
345 的画像时,我们总感到似乎还缺点什么才能达到他的整体形象的完美。他的才智不如恺撒的才智那么强大而崇高,他也不具有奥古斯都的那种无比周详的审慎。图拉真的美德显得更为稳定和自然,马尔库斯的哲学显得更简单、更单纯。然而,尤利安在逆境中表现得那么坚定,在顺境中又是那么谦和。在亚历山大·塞维鲁斯去世以后,整整过去了 120 年,罗马人才又一次看到一位以履行职责为自己的欢乐;全力以赴以求减轻臣民的痛苦,振奋臣民的精神,而且始终企图把权威和才德联系起来,把幸福和美德联系起来的皇帝。即使一些小宗派,包括宗教方面的宗派都不能不感慨地

承认他无论在和平时期还是战争时期所表现出的超人的才智，承认叛教的尤利安对他的国家充满爱心，他完全可以作为一位世界帝国的主宰。

346

第二十三章　尤利安的宗教信仰。他的狂热。他对异教的复兴及改革。他对犹太人的态度。他对基督教徒的压迫。神庙及神圣的月桂树林。圣乔治。尤利安和阿塔纳西乌斯。

叛教的行为损伤了尤利安的名声，围绕着他的品德问题所产生的狂热情绪也夸大了他的真正和貌似的过失的规模。我们对他的极不全面的知识可能把他看作是一位具有哲学头脑的君王，他想方设法，要用一视同仁的态度来保护帝国所有的教派，同时减轻那自戴克里先的敕令到阿塔纳西乌斯的放逐这一时期一直在人民的头脑中燃烧的神学热。而对尤利安的性格和行为的更精确的了解便将消除掉我们对这位帝王的偏爱，他实际上并未超脱出当时普遍存在的通病。我们把他的最要好的朋友和跟他势不两立的敌人所描绘的他的不同形象加以比较，便会从中获得意想不到的好处。一位公正、热忱的历史学家，也是他的生和死的公正的见证人，忠实地描述了尤利安的种种行为。这位皇帝的同代人的异口同声的证词从皇帝本人的许多公开和私下的声名中已可以得到证

实;他的多种著作完全表明了他对宗教看法的基调,而对这个基调,从政策上考虑,他是只会尽量加以掩饰,而绝不会予以夸张的。虔诚而忠诚地崇拜雅典和罗马的众神形成了尤利安的主导情绪;一种强有力的开明思想却被充满迷信的偏见所出卖和腐蚀了;原来只存在于这位皇帝头脑中的幻影却对帝国政府产生了真实的、有害的影响。那些讨厌别人崇拜各种稀奇古怪的神灵,并推倒他们的圣坛的狂热的基督教徒们却集中他们的意志对他的臣民中的相当大一部分人保持着势不两立的状态;有时出于渴望求得胜利或出于被排斥的羞辱,他真禁不住想要破坏谨慎从事的法则或甚至正义的法律。他所唾弃而极力反对的教派竟取得了胜利,不免在尤利安的名字上涂抹了一个不可磨灭的污点;他的叛教活动的失败使他遭受到虔诚的教徒们的狂风暴雨般的谴责,而发动这次谴责的信号的则是格列戈里·纳齐安岑吹出的响亮的号角。在这位活跃的皇帝短暂的统治期间接踵而至的众多有趣的事件,很值 347
得我们详细而公正地叙述一番。他的动机、意图以及各种行为,凡与宗教史有关的部分都将在本章中加以论述。

尤利安的奇怪而致命的叛教行为的原因大约可以从他成为一孤儿,落入杀害他全家的凶手中的那段早期生活中去寻找。那时,基督和君士坦提乌斯的名字,奴隶和宗教的概念很快就在一个对任何生动的印象十分敏感的幼小的心灵中彼此联系在一起了。他的幼年生活是由尼科米底亚的大主教优西比乌斯照顾的,这位主教与他母亲一方有亲戚关系,直至尤利安满 12 岁以前,他从他的基督教导师那里所学到的不是如何成为一位英雄,而是如何成为一位圣徒。当时的皇帝对尘世的皇冠的关心远胜过天上的高位,

所以他很满意自己仅只保有一个新入教者的地位，而让君士坦丁的两个侄儿去接受洗礼。他们甚至还得以在教会中担任比较低的教职；尤利安还曾在尼科米底亚教堂当过读经师。他们刻意培养他对宗教进行研究，看来确实产生了虔心向教的硕果。他们祈祷、斋戒，他们向穷人散发救济，向教士们赠送礼物，并到殉教者的坟墓上祭扫，在恺撒里亚，伽卢斯和尤利安两人共同建立，或至少是由他们负责建立起了，圣马马斯雄伟的纪念碑。他们恭敬地和以圣洁闻名的大主教交谈，诚恳地请求那些曾将自愿接受艰苦修行生活的精神引入卡帕多西亚的僧侣或隐士们为他们祝福。但是在这两位亲王接近成年时，他们看到了在宗教问题上他们彼此的性格上的差异。迟钝而顽固的伽卢斯以其天生的热情完全接受了基督教的各种理论，但这却从来也未影响他的行为，或缓和他的欲望。弟弟的较为温和的性格使他对福音书的信条不是那么格格不入；他十分活跃的好奇心也可能因见到这种解开神的神秘实质并为看不见的未来展示出一幅无限前景的神学体系而得到满足。但是，尤利安的独立精神又使他不肯像教堂里的那些趾高气扬的牧师以宗教的名义所要求的那样，被动地、无条件地服从。他们把他们的主观臆测的意见当作不可违抗的法典强加于人，还拿无尽的惩罚的恐怖作为后盾；但是，当他们试图改变这位年轻亲王的坚定的思想、言论和行动时，当他们压制住他的反对意见、严格制止他随意发问的时候，他们实在无形中激发了他的早已难以按捺的天才，从此再也不承认他的神学导师们的权威了。他是在小亚细亚，在关于阿里乌斯思想的论争的喧嚣声中受到教育的。东部主教们的激烈争论、他们的信条的不断更换，以及似乎左右着他们的行动

的非宗教的动机，都在无形中加强了尤利安的一种偏见，认为他们 348
既不理解，也不真相信这个他们如此热烈地为之争论不休的宗教。他从来不是以更能增强他对至为可敬的基督的信心的偏爱的心情去聆听对于基督教的论证，而是始终拖着怀疑的态度，并顽固而敏锐地抵制着他早抱有无法克服的厌恶情绪的那套教义。每当这位年轻的亲王奉命对当时正进行的争论发表演说时，尤利安总是明确表示自己站在异教教派一边，并似乎很有道理地借口为力量弱小的一派进行辩护可以使他的学问和才智得到充分的训练和发挥。

在伽卢斯荣幸地穿上紫袍以后，尤利安也便可以呼吸自由空气，从事文学和对异教思想的研究了。那些被他们的这位皇家学徒的爱好和慷慨所吸引的大群舌辩之士则已在学识与希腊宗教之间建起了严格的联系；荷马的诗篇不被看作是人类本来的天才的产物而加以崇拜，却被严肃地归之于阿波罗和缪斯的灵感所致。这位不朽的诗人所描绘的奥林匹斯山的众神的形象，在最不迷信的人的头脑中也留下了深刻的印象。我们所熟悉的他们的名字和性格，外形和特征似乎已赋予这些空幻的人物以真实、具体的存在；而这种令人欣慰的迷惘又使得我们的想象暂时、不完全地接受了那些与我们的理智和经验完全格格不入的神话。在尤利安那个年月，各种情况都会有助于延长和加强那种幻觉——希腊和亚洲的神庙；艺术家们借绘画或雕刻表现那位诗人对神的体会的作品；节日及献祭活动的盛大场面；占卜艺术的成功；民间关于神谕和奇迹的传统说法；以及两千年的古老实践。多神教的软弱在某种程度上，因其要求不高而获得谅解；异教的宗教热忱和最放荡的怀疑主义也完全能够相容。这种希腊人的神学思想不要求有一个概括

全部信徒思想的不可分的、完整的体系，而是由一千个松散、灵活的部分组成，神的奴仆完全可以自由确定自己的宗教信念的深度和广度。尤利安为他自己所选定的信条范围甚广；一个奇怪的矛盾现象是，他排斥了福音教加在他身上的无害的轭头，却自愿把自己的理智献给了朱庇特和阿波罗的圣坛。尤利安有一篇祷词是献给众天神的母亲库柏勒的，她曾向她的女祭师要求血腥的牺牲，而
349 那个疯狂的弗里吉里的男童也便鲁莽地照办了。这位虔诚的皇帝不辞辛劳，既不羞惭也无笑意地描绘了这位女神从帕加马的海滨来到台伯河河口的全部航程；并讲述了一桩无比巨大的奇迹，它使得罗马的元老院和人民都相信，被他们的一些使臣远涉重洋运来的一团泥土是具有生命、情感和神力的。为了证明这一奇迹的真实性，他请求大家去观看该城的公共纪念碑；他还有几分尖刻地攻击一些人装腔作势，不识时务，竟然讥笑来自他们的祖先的神圣传统。

但是，这位虔诚的哲学家，虽然自己真诚地接受，并热情地助长在人民中存在的，迷信思想，他却为自己保留了对那些迷信思想自由解释的特权，而且他自己不声不响离开圣坛的脚下转向神庙的密室了。极端荒唐的希腊神话，用一种清晰可闻的声音宣告，一个虔诚的探索者，不能为它的表面含义吓住，或满足于它的表面含义，而必须勤奋地去探索小心谨慎的古人有意掩藏在愚昧和寓言之中的深奥难测的智慧①。柏拉图学派的哲学家，如普洛提努斯、波菲利和圣洁的扬布利科斯等都被人尊崇为致力于缓和和调整被

---

① 请看尤利安所讲的讽喻原则。他的推理并不像某些现代神学家那样荒唐，他们竟推断说一种极不合理或自相矛盾的学说**必然**是带有神性的，因为任何一个活着的人都不会想到要如此立论。

歪曲的异教形象的这种讽喻学的最有才能的大师。尤利安自己因在扬布利科斯的可敬的继承人埃得西乌斯的指导下进行这种神秘的研究，一心只希望能占有他自己认为，如果我们能相信他的庄严的声明，那价值远远高于世界帝国的一种财富。这真是一种仅从意见中产生其价值的财富；任何一位艺术家，自信从层层杂乱的石层中找到了那无比珍贵的矿脉，都同样有权利给它印上自己认为最能表达自己特殊爱好的名称和形象。阿提斯和苏贝勒的神话已由波菲利作过解释；但他的努力只不过更激发了尤利安虔诚的勤奋，他自己杜撰并出版了那段古老的、神秘的寓言故事。这种可能使柏拉图主义者的高傲情绪得到满足的随意解释的做法，暴露了他们的艺术的虚荣性。没有一些冗长的细节描写，现代读者就很难对那些怪异的隐喻、曲解的字根、夸大的无聊琐事，以及那些自认为是在揭示宇宙体系的圣哲们的难以捉摸的奥秘，形成正确的概念。由于对异教神学的传统说法甚多，研究者在进行解释时完全可以随意挑选对他最方便的情节；而由于他们翻译的是一种可以任意作解释的密码，他们可以从任何一个寓言中得出任何最适合于他们的宗教和哲学体系的解释。裸体的维纳斯的淫荡形象也被歪曲成揭示了某种道德观念，或某种具体的真理；而阿提斯的被 350
阉割则被解释为太阳在回归线之间的运行，或人的灵魂与罪恶和错误的分离[1]。

① 参看尤利安的第五篇演说。但是，出自柏拉图学派的所有喻言也比不上卡图卢斯针对这同一奇特主题所写的那首小诗。阿提斯从一种最狂乱的热情，到一种由于一种永远无法挽回的损失而感到的清醒的苦痛的转换，无疑引起了不少人的同情和阉人们的绝望感。

尤利安的神学体系似乎包括了自然宗教的最崇高、最重要的原则。但是,由于人的信念并非建立在神的启示的基础上。也便必然缺乏任何坚实的依靠,柏拉图的门徒们于是习惯性地坠入庸俗的迷信之中去;而在尤利安的行动中、著作和头脑中,一般人对神的理解似乎完全和他的哲学概念相混了。这位虔诚的皇帝承认并崇拜宇宙的第一动因,并认为他是一个无限自然中肉眼所不能看见,无能的凡人的理解所不能及的最高完美的根源。这位至高无上的神创造了,或用柏拉图的话来说,产生了不同层次的依赖于他的精神、神灵、恶魔、英雄和凡人;而每一个直接从第一动因获得生命的生灵都会得到天赋的永生。由于这如此珍贵的东西不能随便给予卑下的生物,因而造物主把制造凡人,以及安排动物、植物和矿物世界的美好、和谐秩序的任务交托给了有此技术和能力的下级神灵去做。他还把这个下级世界的具体管理工作交托给这些神圣的使臣去管;但是,他们的不完善的治理工作总不免出现矛盾和失误。于是,地球及其居住者便被他们所瓜分,而马尔斯或密涅瓦,墨丘利或维纳斯的性格则可以清楚地从他们各自的不同信徒所遵循的法则和态度中找到根源。只要我们的不朽的灵魂还被关闭在不能长存的躯壳里,那请求天神赐恩并祈求上天息怒便既符合我们的利益,也是我们的职责;因为人类的虔诚崇拜可以满足天神的骄傲情绪,而他们中的粗野部分可以假定也许会从下界所献牺牲的烟雾中得到滋补。下级的天神有时可能会在他的雕像上附体,就居住在为他修建的神殿里。他们也可能偶尔到地上走走,但上天才是他们的正座所在,才代表着他们的真正的荣誉。太阳、月亮和星星的不变的运动规律被尤利安轻率地视为它们的**永恒**存在

的证据；而它们的永恒存在便足以充分证明他们具有，不仅是下级
神灵的，而且是万能造物主的创造技术。在柏拉图主义者的理论
体系中，可见的世界是不可见世界的一种形式。各种天体、由于都
有神灵附体，完全可以被看作是最宜接受宗教崇拜的对象。而以 351
其熙和的影响弥漫整个宇宙并使之得以延续的太阳，完全应该作
为逻各斯的发出光亮的代表，作为智慧和天父的生动、合理和仁爱
的形象，受到人类的崇拜。

尤利安的宗教狂热

在任何时代，真正灵感的缺乏总会有强烈的热情的幻觉和带有欺骗性的模仿的艺术予以补充。如果在尤利安的时代，这类艺术只有异教的教士们曾加以利用，以维持他们的即将消亡的事业，这也应该说是那些祭司所特有的兴趣和习惯使然。但是，那些哲学家本人竟然也帮着滥用人类的迷信思想①，希腊的神秘的教义竟然会得到现代柏拉图主义者的魔术式的妖术的支持，这就不能不令人吃惊和茫然了。他们大言不惭地说自己能控制自然的变化，探索未来的奥秘，命令一些小鬼为自己服役，欣然与一些高级神灵当面谈叙，并通过使灵魂与她所依托的客体分离，从而使这不朽的精神与无限和圣灵重新结合起来。

① 优西比乌斯派的诡辩学家表演的奇迹和沙漠地区的圣徒们一样多；而唯一对他们有利的一个条件是他们的肤色不是那么阴暗。不但完全不是长着犄角和尾巴的魔鬼，扬布利科斯还能从相邻的两个清泉中召唤出爱神，厄洛斯和安忒洛斯。这两个英俊的少年会及时从水中出来，把他当作父亲而亲热地拥抱，然后又按他的命令隐退。

尤利安的虔诚的无所畏惧的好奇心使那些哲学家们都很容易抱着轻易便能获得成功的希望,而从他们的这位刚刚改变信仰的年轻人的地位来看,这种成功完全可能产生极关重要的后果。埃得西乌斯在帕加马建立起了他的四处游荡、备受迫害的学院,而尤利安倒是从他的口中第一次了解到有关柏拉图主义的基本知识的。由于这位受人尊敬的哲人精力日衰,已无法满足他的积极、勤奋、才思敏捷的学生们的要求,于是他的两位最有学问的门生,克里桑特斯和优西比乌斯,按照他的愿望取代了这位年事已高的老师。这两位哲学家对他们所扮演的不同角色似乎有所准备并作了分工;他们巧妙地通过暗示和假装争辩等手段,挑动那位迫不及待的追随者的希望,直至他们最后把他交给了他们的同事,最大胆,最有能耐的妖术大师马克西穆斯。就这样刚满 20 岁的尤利安便在他的安排下,在以弗所秘密地入了道门。他在雅典的住所可以让人清楚地看到这种哲学和迷信违反自然的结合。他获得了庄严加入埃琉西斯秘密教派的特权;这个教派在希腊宗教普遍衰颓的情况下还仍然保留着它的原始的圣洁的遗迹;而尤利安的宗教热情是如此之高,他竟然就为了通过神秘的仪式和奉献牺牲以完成
352 他的伟大的清洗罪孽的工作,专门把这位埃琉西斯派的教皇邀请到高卢的王宫去。由于这种仪式是在寂静的夜晚在山洞深处进行的,更由于任何新入教者都会对这种神秘仪式绝对保守秘密,我当然不能对轻信的希望入会者通过他的感官或通过他的想象体会到的阴森可怖的声音和火光回射的鬼神形象以及后来又如何在一道天光闪过的时候,出现在他眼前令他觉得茅塞顿开的舒适情景

妄加描述[1]。在以弗所和埃琉西斯的大山里，尤利安的头脑里浸透了真诚、深刻、不可改移的热情；尽管有时他也难免表现出在一些最认真的狂热信徒的性格中也能看到或至少似乎存在的出于虔诚的欺骗或伪装。从那一时刻起，他已决定献出自己的生命以为众神效力，而当战事、政务和学习似乎要占去他的全部时间的时候，他仍然必定在深夜划出一部分时间专为自己私下做礼拜之用。这位士兵和哲学家的严厉态度所以会趋于缓和是和一些有关宗教的自我克制精神的严格而又无大价值的戒律联系在一起的；而完全是为了纪念潘或墨丘利，赫卡特或伊西斯，尤利安在某些日子里，拒绝食用某些可能引起他的守护神反感的食物。这种自愿的斋戒使得他的感觉和意识都能更适宜经常接待他有幸获得的天神们的不拘礼节的访问。尽管尤利安本人出于谦虚从不谈及此事，但据他的忠心的朋友，演说家利巴纽斯说，他一直都处在与众男女天神的交往之中；他们经常就为了和这位他们所喜爱的英雄交谈从天上来到人间；他们常常触摸他的手或头发以使他从睡梦中醒来；遇有什么危险即将来临，他们总是预先警告他，并运用他们的永无失误的智慧为他一生的行动指明方向；还说，他与这些从天上来的客人的关系是那样亲密，使得他已经能够很容易分辨出朱庇特与密涅瓦的不同声音，阿波罗和赫耳枯勒斯的不同神态了。这种一般系由长期禁欲和狂热情绪引起的于睡梦中或清醒时见到幻象的情况几乎已使得这位皇帝降低到一个普通埃及僧人的地位

① 当尤利安由于一时惊慌，划了一个十字的时候，那些鬼神的形象立即消失了。格列戈里认为他们是由于害怕，但祭司们却说他们是愤怒了。读者可根据自己信仰程度回答这个深奥的问题。

了。但安东尼和帕科米乌斯的无用的一生也是在这种空幻的事务中度过的。而尤利安还能够从他的迷信的梦幻中清醒过来，拿起武器去作战，在战场上把罗马帝国的敌人消灭以后，他可以安详地回到自己的帐篷中，明智而健康地指导行使一个帝国的法令，或把自己的聪明才智用于对文学和哲学的不懈追求。

尤利安叛教的重要秘密，他曾经告诉过一些忠诚的和他具有
353 神圣的友情和宗教联系的新入道者。有一种很有趣的传闻一直在笃信那古老宗教的人们中间流传；他未来的崇高地位已变成了帝国所有各省的异教徒们的希望、祈求和预言的内容。依靠这个热忱、善良的改变宗教信仰的皇帝，他们一相情愿地希望消除一切祸害，恢复一切善行；而对他们的这种虔诚的希望和热情尤利安非但不加反对，却公然巧妙地表示，他决心要使自己达到一个既对他的国家有用，也对他的宗教有用的地位。但是对这个宗教，君士坦丁的继位者却始终抱着敌视的态度，他那变化无常的脾气时而保护，时而又威胁着尤利安的生命。公然愚蠢到惧怕巫术和占卜术的专制政府严格禁止这类活动；而如果异教徒们的迷信活动还能勉强得到宽容，以尤利安所处的地位，这一般的宽容对他自然是并不适用的。不久以后，这位叛教者已成为假定的王位继承人，现在显然只有他的死才能消除基督教徒们的正当恐惧了。但这位年轻的亲王所追求的并不是一位殉教者，而是一位英雄的荣誉，为了自己的安全，他开始隐瞒自己的宗教；而多神教的温和态度也可以容许他参加一个他内心十分厌恶的教派的礼拜活动。利巴纽斯把他这位朋友的这种虚伪态度说成是值得赞扬，而不是应该批评的行为。这位演说家说，“就像曾经被玷污过的神像又重新安置在宏伟的

圣殿里一样，真理的美丽的光辉又重新进入了尤利安的已洗去他所受教育加之于他的谬误和愚昧的头脑。他的情绪发生了变化；但由于公开承认自己的情绪变化将会给他带来危险，他只得使自己的行为仍一如既往。与伊索寓言中用狮皮把自己伪装起来的驴正好相反，我们这头雄狮是要用一张驴皮将自己隐藏起来；而同时，他完全接受理性的指导，唯谨慎和必需的法则是依。”尤利安的这种伪装持续了十年有余，从他在以弗所秘密加入道门直到内战开始；这时候，他才公开宣称他是耶稣和君士坦提乌斯的誓不两立的敌人。这种强行忍耐的状态可能更坚定了他的信仰；在他在庄严的节日为帮助几次基督教徒们集会尽了自己的义务之后，尤利安怀着一个恋爱者的急切心情又回到供奉朱庇特和墨丘利的家庭圣殿，自由、自愿地焚香膜拜。便由于处处伪装对于一个诚实的人来说必然十分痛苦，公开承认自己信奉基督教必然更增加了他对这种压制思想自由、迫使他在行动上违反人性中的高贵品德——忠诚与勇气——的宗教的厌恶。

按尤利安的思想倾向，他可能宁愿接受荷马和大、小西庇阿笔 354
下的众神，而不愿接受他的叔父在罗马帝国建立起来，他自己也曾通过神圣的受洗仪式成为其中一员的新宗教。但是作为一个哲学家，他有责任说明自己所以反对基督教的正当道理，因为现有为数众多的信徒、一系列的预言、宏伟的奇迹，和大量的证据都支持着它。在他为波斯战争作准备期间，他在一部长篇著作中所讲的，有许多都是他经过长期思索的论点的具体内容。其中有些片段曾被亚历山大里亚城他的恼怒的敌对分子西里尔抄录并保存下来；其中无不体现出智慧和学识，诡辩和宗教狂热的奇妙的结合。高雅

的风格和作者本人所处的地位使这些作品大受欢迎。而在被视为基督教敌人的恶人名单中,波菲利的名字,与品德高尚或名声远扬的尤利安相比之下,便显得大为逊色了。忠诚的教徒们或者受人诱骗,或者受人威胁,或者自己惊慌失措了;而有时也参加寡不敌众的争辩的异教徒们则可以从他们这位皇帝传教士的通俗著作中得到取之不尽的诡辩的反驳论点。但这位罗马皇帝在他对神学问题的如饥似渴的研究中,他却从一位精于辩术的神学家那里学会了一些粗鄙的偏见和狂热。他通过誓约使自己永远不能改悔地致力于支持和宣传他的宗教观点;而当他为自己使用的辩论的武器所表现的力量和灵巧暗自赞赏时,他却不免怀疑能够如此顽固地抗拒他的说理和辩才的那些对手的忠诚,或对他们的理解能力表示憎恶。

那些对叛教的尤利安心怀恐惧和愤怒的基督徒们真正惧怕的不是他的理论,而是他的权力。而那些已看到他的狂热信仰的异教徒们则也许迫不及待地盼望着立刻点燃一场横扫众神之敌的迫害的烈火;盼望着尤利安的刁钻古怪的恶毒心肠将会发明出一些超出他那些专横、但无经验,空有愤怒的前任们意想之外的残酷而精巧的死刑和酷刑刑具来。但是,所有各教派的希望和恐惧显然都对这位看重自己的名声,重视社会安宁和人权的君主的谨慎的人道主义的做法大感失望了。通过历史经验的启发和反复的思考,尤利安认识到,尽管身体的疾病有时可以用某种蛮治的办法治愈,心灵中的错误意念却不论是火或铁都无法消除的。内心不服的牺牲者可以被强拉到圣坛脚下去;但他心里却仍然对他的手所进行的亵渎神灵的活动十分憎恶并不予承认。压迫只能更加深宗

教信仰的顽固性,甚至使之疯狂;而且,等到迫害时期过去以后,那些曾经屈服的人会马上表示忏悔,照旧恢复自己原来的信仰,那些始终坚持己见的人则成了圣徒或殉教英雄。尤利安很清楚,如果他采用戴克里先及其共事亲王们所采用的并不成功的残酷政策, 355
其结果只能是自己在后人心中留下暴君的骂名,并给早就因为异教徒行政官员的严厉政策而成长和壮大起来的基督教增添新的荣誉。在这些动机的推动之下。也由于担心打乱他的尚未稳固的统治的社会安宁,尤利安出乎世人意料之外地颁布了一道表达一位政治家或一位哲学家胸怀的敕令。他许诺对罗马世界的全体臣民都实行自由的、平等的宽容政策;他对基督教徒提出的唯一严厉要求是剥夺他们折磨那些被他们恶毒地称作偶像崇拜者和异端分子的同胞的权力。异教徒也得到一项优惠的许诺或一条明令,让他们开放他们所有的神庙;他们一转眼之间完全,从在君士坦丁及其儿子们的统治之下一直忍受着的压迫性的法令和无端的折磨中,解放出来了。与此同时。那些被阿里乌斯派的君王流放的主教和教士们也被从流放地召回,回到各自的教堂去;其中包括多纳图斯派、瓦诺替安派、马其顿派、优诺米派以及那些更为富有的信守尼斯会议教义的教派。十分了解他们在神学问题上的争论并对之感到可笑的尤利安曾把敌对各派的领袖请到王宫,以便观赏他们互相激烈交锋的精彩场面。他们在争论中互不相让的声势有时使这位皇帝不禁大声喊道:“听我说! 法兰克人已听从了我的意见,还有阿勒曼尼人;”但他很快就发现,他现在遇到的却是更加顽固、更加难以征服的敌人;尽管他已施展了自己的口才,劝说他们在一起和谐地生活,或者至少和平相处,并在他让他们离开他的时候,

已感到十分满意，相信对基督教教会的联合丝毫不必担心。公正的阿米阿努斯曾把这种假装的宽厚态度解释为有意煽起基督教的内部分裂；一种从根本上推翻基督教的恶毒用心是和尤利安公开表示的恢复帝国古老宗教的巨大热情绝对分不开的。

尤利安对异教的复兴及改革

尤利安一登上王位便按照前辈统治者的惯例，立即也担任了教皇的职务；他不仅是为了一位伟大帝王的最光荣的称号，而且这也确实是一个他决心要忠诚、勤奋地加以完成的神圣而重要的职务。由于繁忙的政务使这位皇帝不可能参加臣民们公开祭祀的活动，他便在自己家中设立了一个供奉他的守护神太阳神的圣殿；他的花园里到处布满了各种神灵的雕像和祭坛；皇宫的每一个房间也都布置得像一座辉煌的庙宇。每天清晨他要用一件牺牲品向光明之父献祭；在每天太阳落下地平线的时刻还要再屠杀一只动物

356 奉上作为牺牲；夜晚月亮、星星和守护神也都会得到为敬神不知疲倦的尤利安的及时的拜祭。每逢某位神灵的确定的庄重的节日，一般总要亲自到那位男神或女神庙里去参拜，力图以自己的榜样激发起他的官员和人民的宗教热情。尤利安不但无意突出自己作为君王的显赫地位，身穿光辉灿烂的紫袍，随时有手执金盾的卫士围绕着，他却崇敬而热情地愿意尽量做一些最下贱的侍奉神灵的工作。处在一群圣洁而放荡的祭司、下级牧师和一些献身为神庙服役的舞女们中间，这位皇帝的职务就是搬木柴、吹火、使屠刀、宰杀祭物，把自己血淋淋的手伸入将死的动物肚子中，掏出它的心或

肝，然后用一位动物肚肠占卜家的高超技术，凭一些假想的朕兆预言未来的祸福。异教中比较明智的人也对这种过于荒唐的超出常情和正当节制的迷信活动提出指责。在这位严格厉行节约的君王的治下，用于宗教礼拜活动的经费竟占去了帝国税收的极大一部分，各种最美丽、最珍奇的鸟被源源不断地从遥远的地方运来，以供杀来祭神之用；尤利安常会在一天之内杀掉一百头公牛作为牺牲；当时很快便流行着一个笑话，说如果他在波斯战争中胜利归来，所有的长犄角的牛必将绝种了。然而这项花费，如果和这位皇帝亲自或命人给罗马世界中一切著名的宗教圣地送去的无比珍贵的礼物相比起来，或者和装修一些或因年久失修，或新近遭到基督教徒洗劫过的古庙的修缮费用相比起来，那就显得微不足道了。在他们的这位虔诚的君王的榜样作用、公开鼓励和慷慨支持的影响下，许多城市和家庭也都开始进行他们已放弃多年的祭祀活动。利巴纽斯曾带着虔诚的狂喜叫道："帝国的每一个角落无不呈现出宗教高于一切的景象；到处是烟火弥漫的圣坛、淌着血的牺牲、缭绕的香烟，以及再不用担惊受怕的一支支庄严的祭司和先知的队伍。祷告声和鼓声一直在最高的山顶上回响；用作祭神的牺牲的牛同时也为他们的欢快的信徒们提供一顿晚餐。"

然而，对于恢复这样一个没有神学基础，没有道德准则，也没有宗教戒律的宗教的大事业来说，尤利安的才智和权力都显然不够；因而它迅速走上了衰落和瓦解的道路，任何强有力的持久的改革措施也全都无用了。教皇的司法权力，尤其是在与帝王的权力
合并起来以后，已扩大到整个罗马帝国的范围。尤利安在好几个 357
省任命的代理人都是他认为最能和自己合作完成他的宏伟计划的

祭司或哲学家；在他的，我们也许可以叫它有关宗教事务的信函中，还可以看到对他的意愿和打算的一些十分有趣的描绘。他指示说，所有城市的祭司团成员都应由那些显然对众神和人民都最为热爱的人组成，而完全不应考虑他们的出身和财产。“如果他们犯了任何引起非议的过失，”他接着说，“他们应该受到教皇的斥责或贬职处分；但是只要他们还在职，他们就有权受到行政官员和人民的尊敬。穿一身家用粗布衣服便可以表示他们已受到斥责；他们的崇高地位也表现在他们担任的圣职的盛装上。当他们被召轮流在圣坛前服役期间，在那指定的几天内他们不得擅自离开神庙；更不得有一天擅自停止他们应负责进行的为国家和个人祈求繁荣的祷告和献祭仪式。他们在履行这些神圣职责时需要保持心灵和身体的绝对纯洁；即使在他们离开神庙回到普通生活中去以后，他们也必须十分检点，使自己在做人和品德方面始终处于一般同胞之上。一个神庙的祭司不得进入剧场和酒店。他的谈吐应当高雅，饮食应求清淡。结交的朋友应都是受人尊重的人；在他有时进入法院或皇宫时，他只应该替那些祈求正义和含冤的人讲话。他所研究的学问应与他的神圣职务相符。一切黄色故事，或喜剧或讽刺作品都应从他的书室中清除出去，在那里只应有历史书籍和哲学著作；而且必须是真实可信的历史书籍，和与宗教有关的哲学著作。伊壁鸠鲁和一些怀疑派的亵渎神明的观点都应遭到他的憎恶和唾弃[①]；他应该努力钻研毕达哥拉斯、柏拉图和斯多噶

① 尤利安要将这些不敬神的教派，甚至他们的著作都一起消灭掉的号召和他的教士身份可能是十分一致的；但是对一位哲学家来说，这样主张将那些凡与自己的意见和观点都截然不同的论点都隐藏起来，不让世人知道，则未免太不应该了。

派的学说，这些学说都异口同声地肯定众神的存在；肯定世界完全受着他们的意旨支配；他们的仁慈是人世一切短暂的幸福的根源；而且他们在未来世界为所有人的灵魂都准备下了应得的奖赏或惩罚。”这位皇帝教皇用最动人的言辞宣扬待人仁慈和友善的责任；鼓励他的下属教士全力普遍推广这种品德；许诺用国库的钱财来救济他们的贫困；并郑重宣布他决心要在每座城市建立医院，在这些医院里将不分地区和宗教信仰收治一切穷人。尤利安以妒忌的 358
眼光看待着基督教教会的明智的人道主义的规章制度；他公然声称，他打算要消除基督教教徒由于垄断了慈善机构和一些仁慈活动从而得到的赞扬和实际利益[1]。相同的模仿精神可能使得这位皇帝很想接收几个其作用和重要性都已被他的敌人已取得的成功所证实的基督教教会组织。但是，即使这些想象中的改革计划真正得以实现，这种勉强的、不完备的模仿也不会对异教徒有多大好处，倒只会更提高基督教的声望。那些平静地遵守先辈习惯的异教徒对这种从外面引进的做法可能只是感到吃惊而并不高兴；而在尤利安为时不久的一段统治时期中，他常常禁不住抱怨他自己的教派太缺乏热情了。

尤利安的宗教狂热使得他把朱庇特的朋友都当作他个人的朋友和兄弟；而尽管他未能充分认识到基督教徒始终不改变信仰的美德，他却对那些总把神的恩惠看得更胜于皇帝的恩惠的异教徒们这种高贵的永不变心的态度大加赞赏，并予以奖励。如果他们

① 但他也暗示说，基督教徒们在慈善事业的幌子下诱骗一些孩子脱离他们的宗教和父母，用船把他们运送到遥远的国家去过贫困的生活或充当奴隶。如果这种控告属实，那他便有责任进行惩罚而不光是抱怨了。

对希腊文学也和他们对希腊的宗教一样爱好，那他们便会更有权利得到尤利安的友谊了。因为他把几位缪斯也都列在自己的守护神名单之内。在他所信奉的宗教之中，虔诚和知识几乎成了同义语；大批的诗人、修辞学家、哲学家都匆匆赶到皇宫来以求占据那当初骗得君士坦提乌斯信任的主教空出的位置。但他的继位者却把同入一教门看作是比血缘更为神圣的关系；他总是从那些精通巫术和占卜一类玄奥学问的智者中间挑选他的亲信；而每一个诈称能揭示未来秘密的江湖骗子都一定能获得眼前的荣华富贵。在哲学家中，马克西穆斯在他的这位皇帝门徒的朋友中居于最崇高的地位，即使在内战最紧张时期，他也曾以莫大的信任向他通报自己的行动、思想以及他在宗教方面的计划。等到尤利安刚一进入君士坦丁堡皇宫他便立即向当时与和他一起研究技艺和学问的克里桑特斯同住在吕底亚的萨尔代斯的马克西穆斯发出了一份尊重而情词急切的邀请。一向谨慎而迷信的克里桑特斯拒绝进行这一趟旅行，因为从占卜的结果看，这次旅行充满了可怕的最大的凶险；但是他的伙伴的狂热情绪却表现得更为大胆，他一次再次继续占卜，终于似乎看到神灵已同意满足他自己和皇帝的愿望。马克
359 西穆斯的这次穿过多座亚洲城市的旅行充分显示了哲学虚名的胜利，各地的行政官员们都互相比赛着热情接待这位皇帝的朋友。尤利安在得知马克西穆斯已来到的消息时正在元老院讲话。这时皇帝立即中断自己的谈话，前去迎接他；在两人相互亲密拥抱之后，他抓住他的手把他领到会场中间，当众宣称他曾从这位哲学家的教导中得到多少帮助。这个很快赢得尤利安的信任并能左右他的思想的马克西穆斯在皇宫各种诱惑之下逐渐趋于堕落。他的穿

着变得十分豪华,举止高傲,以致在新的一位皇帝的统治时期他终于极不光彩地受到审问,让他回答他这位柏拉图的弟子是如何在受到优厚待遇的短短几年中聚集起大笔惊人的财产的。其他那些由尤利安自己选中或由马克西穆斯推荐进皇宫的哲学家和诡辩家也大都未能保持自己的清白和名声。慷慨赠与的钱财、田地和房产都无法满足他们的无厌的贪婪,而人民对他们过去的贫穷和自命清高的生活记忆犹新,也便不可能不激起正当的义愤。尤利安的敏锐洞察力,是不会长时间受骗的,但他却不愿意对那些在才智方面值得他尊敬的人的品德表示憎恶;他力图使自己避开轻率和出尔反尔的双重骂名,他也害怕在教外人眼中留下玷污文学和宗教的恶名。

尤利安把他的恩惠几乎是平等地分配给那些坚定地信奉祖先的宗教的异教徒和那些小心谨慎地皈依他们的君主的宗教的基督教徒了。看到有许多人改信新教[①]既满足了他内心深处的主导情绪,也满足了他的迷信思想和虚荣心;而且有人还曾听到他以一个传教士的热情宣称,如果他能使每一个人都变得比米达斯还富有,每一座城市都变得比巴比伦还伟大,他仍然不能认为自己是人类的造福者,除非他同时还能使他的臣民中所有起而反对不朽的众神的人们都回心转意才行。一位曾研究过人性,而又拥有罗马帝国的财富的皇帝完全可以使自己的论点、承诺和奖金适应任何一级基督教徒的需要;而及时转变宗教信仰又可能被作为一种美德

① 在路易十四统治时期,他的臣民不分阶层都渴望得到Convertisseur(法语:改变宗教者——译者)的光荣称号,这充分表明了他们诱人改变宗教信仰的热情和所取得的成功。这个词和它的含义在法语中已逐渐废弃;但愿它永远也别传到英格兰来!

以补充某位候选人的不足或甚至为一个罪犯赎罪。由于军队是专制权力的强大保障，尤利安便特别努力尽量破坏军队的宗教信仰，
360 因为如果没有他的真心实意的同意，他的任何措施都可能带来危险和难以实现，而士兵们的天性却又使得如此重要的一件事可以很容易取得成功。高卢各军团都忠于他们这位胜利的领导者的宗教信仰并愿为他的命运效忠。甚至在君士坦提乌斯去世以前，他也时常兴致勃勃地告诉他的朋友说，他们经常带着热烈的虔诚和旺盛的食欲参加常在他的营地举行的百牛祭典。而要劝服曾在十字架和君士坦提乌斯的旗帜之下受过训练的东部军队，却需要花费更大的气力和付出更大的代价才行。在庄严的盛大节日期间，皇帝接受各路军队的欢呼致敬，他同时也奖赏有功的官兵。他的皇帝宝座被罗马共和国的军旗围绕着；基督教的神圣的名字被从圣旗上去掉；象征战争、皇权和异教迷信的标志是如此巧妙地混合在一起，使得虔敬的臣民在向他们的君主本人或向他的画像恭敬地行礼时常会犯下偶像崇拜之罪。所有的士兵排队依次朝见皇帝，在尤利安按照他们不同的官阶和功绩亲自交给他们一份慷慨的赏赐之前，他们每个人都必须往圣坛上正在燃烧的火焰中丢入几粒香料。一部分坚守基督教信仰的士兵可能会抵制这种做法，也有的人可能会在事后忏悔；但是更多的士兵，在金钱的诱惑和皇帝亲自在场的威慑之下，也便参与了这种犯罪活动，至于后来他们还坚持崇拜众神那完全是出于对义务、利益等多方面考虑的结果。通过经常使用这种计谋，和付出足够买下半个西徐亚人口来为他当兵的费用，尤利安终于逐渐为他的军队获得了想象的众神的保护，并为他自己赢得了罗马军团坚决有力的支持。我们几乎可以

完全肯定，异教的复辟和再度兴盛显示出一大批自称的基督教徒，出于对眼前利益的考虑默默接受了上一位统治者的宗教，而后来，却又以同样的具有极大灵活性的良心重新回到尤利安的一些继位者所倡导的宗教中去。

尤利安与犹太人

这位虔诚的君王在不遗余力地恢复并大力宣扬他的祖先的宗教的同时，竟然又订下了重修耶路撒冷神庙的非同一般的计划。他在一封写给分散在全国各省许多地方的犹太人居住区的信中，表示哀叹他们的不幸、痛恨他们的压迫者、颂扬他们的坚贞，声称自己是他们的善意的保护者，并表示他虔诚地希望，在他从波斯战场归来以后，能有时间到全能上帝的圣城耶路撒冷去向他感恩许愿。那些满脑子充满盲目的迷信思想、过着下贱的奴隶生活的可 361
怜的流亡者必会引起一位精于哲理的皇帝的厌恶，但他们对基督教这个名称的刻骨仇恨却完全应该赢得尤利安的友情。冷落的犹太教堂对叛逆的教会的富饶既厌恶又嫉妒；犹太人的能力无法适应他们的恶毒用心，但他们的一些道貌岸然的犹太教领导人却赞成暗中杀害背教者，他们作乱的鼓噪声曾不时惊醒异教的行政长官的清梦。在君士坦丁统治时期，犹太人变成了他们的造反的孩子们的臣民，没有多久他们也便体会到了家内暴政的痛苦。塞维卢所发布或批准的民事豁免权已逐渐被几位基督教君主所废除；而由巴勒斯坦的犹太人挑起的一次骚乱似乎证明由君士坦提乌斯的宫中主教和太监们发明的十分有利可图的压迫政策倒是无可厚

非的。仍然被允许行使朝不保夕的司法权利的犹太长老都居住在太巴列，而和巴勒斯坦邻近的城市则仍到处是一心恋着希望之乡不肯离开的人们。但哈德良敕令已重新发布并加以执行，他们只能从远处观望这座在他们看来，由于十字架的胜利和基督教徒的热烈崇拜而遭到亵渎的圣城的城墙。

在一片满是岩石的荒凉地区，耶路撒冷的长约3英里的椭圆形的城墙将锡昂和阿克拉两山全包了进去。靠南，上城和大卫城堡都修建在锡昂山的高坡上；在北面，下城的建筑覆盖了宽阔的阿克拉山的山顶；该山经过人工平整的一部分，被另取名为莫利阿，那便是庄严的犹太庙宇所在地。在这座神殿被提图和哈德良的军队彻底毁灭以后，曾用犁铧在这块圣地上划出一道长线以便永久作为禁区的标记。后来锡昂山日趋荒废，而下镇的空地则被艾利安殖民者的公共或私人的高大建筑所占据，这些建筑后来一直延伸到邻近的耶稣受难的小山上。这些圣地颇受偶像崇拜纪念物的污染，而一座供奉维纳斯的神殿不知是有意安排还是出于偶然，却在耶稣死去并复活的地点建立起来。在此类重大事件发生几乎300年之后，君士坦丁才下令将维纳斯的亵渎的神殿拆除，并经过破土清理使得那神圣的墓穴重现在人们的眼前。这第一位基督教皇帝在这片神秘的土地上修建了一座雄伟的教堂，而他的这种表示虔诚的慷慨很快便传播到了所有长老、先知和上帝的儿子足迹所及的地点。

希望瞻仰一下为他们赎罪的最原始的纪念地的强烈愿望使得
362 一批批朝圣的人群从大西洋岸边以及从东方最遥远的国家来到耶路撒冷；而他们的虔诚更有皇后海伦娜的榜样可以作为依据，这位

皇后似乎竟使得老年人的轻信和新入教者的狂喜相得益彰了。曾经拜访过这表现古代的智慧或荣誉的纪念圣地的智者和英雄们都承认自己曾受到了那里的神灵的感召；而在圣墓前跪拜过的基督教徒则把自己的更生动的信仰和更热烈的虔诚完全归之于和圣灵的更直接的接触。耶路撒冷的教士们的宗教热情，或者也可能是贪婪，使他们非常珍视并因而扩大了这类给他们带来收益的朝拜。他们根据无可辩驳的传统的说法，确定下所有重大事件实际发生的地点。他们还展示出曾用以折磨耶稣的实物；穿透他的手、脚和他的身体的钉子和长矛，戴在他头上的带刺的花环，他被鞭打时绑住他的柱子；更重要的他们还展示了耶稣受难的十字架，它是在那几位把十字架的形象用于罗马军团的战旗上以作为基督教象征的君主们统治时期，从地下挖掘出来的。这样一些为表明它能出奇地经久不坏，又恰好能被及时发现的显然十分必要的奇迹，在无人反驳的情况下，逐渐传播开了。这个只有在复活节的礼拜日才向公众慎重展示的**真正的十字架**的管理权属于耶路撒冷的主教；而且只有他有权满足虔诚的朝圣者的好奇心，赠送给他们一小块碎片，这碎片他们总是用金银或珠宝镶嵌起来，无比得意地带回各自的家乡去。但是，这项一本万利的买卖必会很快便无物可卖了，于是他们立即想到一个十分便利的办法，说是那神奇的木料具有奇妙的自行生长的能力，因而尽管它被不断地分割，却始终保持完整无损。或许有人希望，保留这样一块不断出现奇迹的圣地和信念将会对人们的道德品质和宗教信仰产生有益的影响。然而，最受人尊敬的教会作家也不得不承认，不仅耶路撒冷的街头随时可见因买卖或娱乐活动引起的骚乱，而且这座圣城里的居民对各式各

样的罪恶——通奸、偷窃、偶像崇拜、投毒、谋杀——都莫不司空见惯。耶路撒冷的财富和声望一直就使阿里乌斯教派和正教派候选人十分垂涎；死后一直被尊为圣徒的西里尔的美德也不过表现在他行使主教职权的时候，而非在取得这一职位之前①。

按尤利安充满虚荣和野心的思想，他可能是希望恢复耶路撒
363 冷神庙古代的光辉。鉴于基督教徒们都相信对于全套摩西戒律早已作出永加取缔的判决，这位皇帝诡辩家完全可以把这一计划的胜利成果转变为驳斥先知的可信性和神的启示的真实性的颇为可信的证据②。他不喜欢犹太教的精神礼拜；但他对不肯随便采纳埃及的许多教规和仪式的摩西教规却甚为赞同。犹太民族信奉的地方神灵也真诚地受到了一位只希望增加神的数目的多神论者的崇拜；而尤利安对于杀生祭神的胃口可能是受到了所罗门狂热态度的启发，他曾在一次祭祀大典中杀死 2 万头牛和 12 万只羊。这些考虑可能会影响他的计划；但面对眼前的重大利益，将不允许这位性情急躁的君王去对遥远的吉凶未卜的波斯战争的前景抱很大的希望，他决心不再迟延，立即动手在俯视一切的莫利阿山的最高处建立一座其壮丽程度可能使邻近的耶稣受难山上的耶稣复活教堂为之失色的宏伟的神庙；组建一批由于本身的利益将能识破敌

① 他曾放弃了正教委派他以副主祭的任命，并由阿里乌斯派重新委以圣职。但西里尔见风使舵，后来又谨慎地表示接受尼斯信条。以温和而尊敬的态度评论他的蒂耶蒙在正文中讲到他的种种美德，而只是在他的作品的最后部分，在注文中，委婉、模糊地提到他的一些缺点。

② 新近去世的格洛斯特主教博学而好武断的沃伯顿揭示出了尤利安的秘密意图；沃伯顿以一个神学家的权威讲述了至高无上的神的意图和行动。而那题为《尤利安》的文章强烈表现出一般认为沃伯顿派所独有的特点。

对的基督教徒的计谋并抗拒其野心的教士队伍；并邀请大批犹太人前来殖民，因为他们的坚强的宗教狂热会使他们随时准备着对付或甚至预先防范异教政府的敌对政策。在这位皇帝的朋友中（如果皇帝和朋友这两个词能够相容的话），按皇帝自己的意见，处在第一位的是品德高尚、博学多才的阿利皮乌斯。阿利皮乌斯仁德待人，但却不忘严格主持正义和正人君子的坚毅；当他在不列颠的行政工作中施展才能的时候，他在他的诗作中却一味模仿萨福颂诗中的和谐和轻柔的韵味。正是这位尤利安毫无保留地把一切无关紧要的小事，和事关重大的治国大计都直言相告的教士们受到了一项特殊的委托：要他们去重建耶路撒冷神庙，并使它恢复昔日光芒四射的光彩；阿利皮乌斯的勤奋工作需要而且也得到了巴勒斯坦省长的大力支持。在他们的伟大救星的号召之下，帝国各省的犹太人都聚集到他们的祖先曾居住过的圣山上来，他们的目空一切的胜利者的姿态使居住在耶路撒冷的基督教徒们感到惊愕并为之震怒。多年以来，重修这一神庙一直是以色列的臣民的最迫切的愿望。在这激动人心的时刻，男人都忘记了贪婪，女人也
忘却了她们的娇气；摆阔的富豪拿出银制的铲和锅；运出的泥土上 364
面都盖着紫色的丝绸。所有的钱袋都慷慨解开，所有的人都争着要为这圣洁的工程出力；一位伟大君王的命令得到了全体人民的热情支持。

然而，在这件事情上，权力与热情的联合努力却并未获得成功，这犹太神庙的地基上现在仍为一座穆罕默德的清真寺所占据，看上去仍是一片发人深思的荒凉的废墟。这项浩大的工程所以会停工可能是由于皇帝的离去和死亡以及一代基督教统治的新政策

所致;这工程只是在尤利安去世前六个月开工的。然而基督教徒们却很自然地抱有一种虔诚的想法,认为这场难忘的竞争中应该有某种表明天意的奇迹出现,以重振宗教的荣誉;是一次大地震、一场龙卷风,和地下喷出的烈火把新建的神庙的地基掀翻、捣毁等等其说不一的说法,在当时人的记忆中都能找到可信的证据。关于这桩人所共知的事件,米兰主教安布罗斯在写给提奥多西乌斯皇帝的一封必会引起犹太人谴责的信中,曾加以描述;能言善辩的克里索斯托姆可能根据他的安条克会众中一些年岁较大的人的记忆也谈论过此事;还有格列戈里·纳齐安岑就在同一年里也发表了一篇描述这一奇迹的文章,上述作者中的最后一位还大胆宣称,对这桩不可思议的奇迹连一些不信教的人也没有异议;而他这一说法,不管看来多么奇怪,却得到了阿米阿努斯·马尔克利努斯无可怀疑的证实。这位精通哲理、喜爱他主子的美德但并未接受他的偏见的军人,在他记载当时历史的公正、诚实的作品中,也记录了使重建耶路撒冷神庙的工程中途停止的那件不可思议的奇迹。"正当阿皮利乌斯在该省省长的协助下,不辞辛劳地督促加快工程进度的时候,一串串可怕的火球突然从地基附近的地下迸发出来,火球时断时续不停地迸发,使得一些被灼伤或炸伤的工人无法向那里靠近;这一无法抗拒的自然力量就这样始终不停地继续着,似乎下决心要把这里的人全给赶走,那工程于是也便被迫放弃了。"这种权威性的叙述虽可能使相信这一套的人信服,但却会使不肯轻信的人感到吃惊。但一个有头脑的人可能还得要去寻找不带偏见的、有知识的目睹者所能提出的原始证词。在那样一个无比重大的时刻,任何一件奇特的偶然发生的自然现象都会很容易被看作是真正的奇迹，并实际产生那种效果。而这种奇妙的说法很快便会由耶路撒冷虔诚的教士们的花言巧语和基督教世界的积极的轻信加以改进和夸大；而在事隔 20 年之后，一位对神学论争毫不感兴趣的历史学家便很可能会再拿起这个似乎可信的绚丽的奇迹来装点他的作品。

尤利安对基督教徒的压迫 365

重建犹太神庙的计划是与破坏基督教教堂的活动暗中联系在一起的。尤利安仍然公开维持着宗教信仰的自由，但这种容忍究竟是出于正义感还是出于宽厚政策，却完全难以区分。他装着十分同情在人生的最重要的目标方面走入歧途的不幸的基督教徒；但他的同情浸透了蔑视，他的蔑视更充满了仇恨；而尤利安又经常以一种俏皮的讥讽口气表达他的感情，这类话一出自一位君王之口，便会造成极重的，甚至致命的伤害。他清楚地知道，基督教徒永远以他的救世主的名字为荣，他却纵容，或可能有意让人使用另一个不那么光彩的名称，加利利派[①]。他把加利利派描述为一个为人所厌恶，为神所唾弃的狂热教派，并声称由于他们的愚蠢，整个帝国已一度濒临毁灭的边缘；他还在一份公开的敕令中暗示说，对一个有疯病的病人来说，适度的暴力整治有时可能能治好他的病。在尤利安的思想和政策的观念中显然出现了一种不公正的分

---

① 加利利为以色列境内一地名，是基督最早传教的地区。故加利利人成了对他的轻蔑的称呼，同时也用以指称基督教徒，而成为加利利派。——译者

界线，那就是根据他们的不同宗教情绪，一部分臣民应得到他的恩宠和友情，而另一部分则只配享受他的正义感使他对一个顺从的人民不得不给予的一般照顾。根据一条充满恶意和压迫精神的原则，这位皇帝把原由君士坦丁和他的儿子们授予基督教教会管理，由国家税收拨出大笔慈善事业津贴的权力转交给了他自己的教派的大主教。原来花费大量心血和劳力才兴建起来的充满荣誉并享受种种豁免权的教士体系一下子被彻底粉碎了；接受遗赠的希望有严厉的法律规定从中阻挠；基督教派的教士们已落到了和人民中最下等、最卑贱的人同一地位。这些看起来似乎对于遏制教士们的野心和贪婪很有必要的规章制度后来很快有一位属于正教的亲王起而效法。政策规定给予特殊优惠，或迷信团体自发给予优惠的，都必须仅限于那些承认信奉国教的教士。但这位立法者的意志中也难免掺杂有偏见和意气用事之处；尤利安的险恶政策的目的是要剥夺掉基督教徒所以能在世人眼里显得高尚的一切世俗的荣誉和特权。

对于那禁止基督教徒教授语法和修辞技术的法令曾有人给以正当和严厉的批评。这位皇帝生前为了为这不公正的高压政策辩护而申说的自己的动机，完全可以使奴隶们沉默，而使那些献媚的
366 人拍手叫好。尤利安胡乱使用了一个可以不加区分使用于希腊人的语言和宗教用语的模糊含义；他十分轻蔑地说，凡是公开赞赏绝对信仰的人都不配得到或享受科学带来的好处；他还自以为是地争论说，如果这些人拒绝崇拜荷马和德谟斯提尼所讲的众神，那他们就只配在加利利派的教堂里解说路加福音和马太福音。在罗马世界的所有城市里，教育年轻人的工作完全交托给语法和修辞学

家,他们由行政官员选出,一切费用由国家负担,并额外享有许多金钱和荣誉方面的特权。尤利安的这项敕令似乎也包括医生和其他一些自由技艺从业者;皇帝本人由于保留下候选人的最后批准权,实际是依据法律有权破坏或惩罚一些最有学问的基督教徒的坚定信仰。等到最顽固的教师们的辞职使得异教的雄辩家确立了他们的没有竞争对手的统治权之后,尤利安号召新成长起来的一代自由地到公立学校去学习,他正确地相信他们的幼稚的心灵必会对文学和偶像崇拜留下深刻的印象。如果大部分基督教青年出于自身或其家长的疑虑,不肯接受这种危险的教育方式,那他们也便同时必须放弃这接受自由教育的机会。这样,尤利安就有充分的理由相信,在短短的几年之后,基督教教会将会退回到它过去的简陋状态,目前具有当代足够的学识和辩才的神学家将被一代盲目、无知的狂热分子所代替,他们将无能为自己所信奉的原则进行辩护,也没有能力揭露多神教的一些愚蠢做法。

毫无疑问,尤利安的愿望和计划是要剥夺掉基督教徒在财产、知识和权力方面的优越地位,这种将他们从所有肩负重托和有利可图的职位上排斥出去的不公正做法,似乎是他所推行的总政策的结果,而并非由某一项法令直接造成。非凡的才能应受到,也实际得到非常的待遇,但绝大多数的基督教徒官员都被逐渐解除了他们在国家机关、军队和各省所担任的职务。一位皇帝公开表明的偏见更完全打破了他们在将来再次任职的希望,因为他曾阴险地提醒他们,让一个基督教徒,不论是为了正义,还是为了战争,拿起刀来都是违法的,他还坚持不懈地用各种偶像崇拜的标记守护着军营和法院。政府的权力都被交托给那些公开宣称无比崇拜古

老宗教的异教徒们;而由于皇帝用人的选择常常为占卜所支配,他所选定他认为最合众神口味的亲信往往并不合人民的心意。处于敌对教派的统治下的基督教徒已吃尽苦头,更时刻担心有更大的
367 苦难来临。尤利安天生不赞成残暴,而世人有目共睹的他对名声的重视更使这位有哲学头脑的君王绝不肯轻易破坏他自己在不久前刚刚建立起来的公正和宽容的法度。然而,他所派遣的地方官员所处的地位就不那么引人注目了。他们在任意行使权力时所考虑的往往是他们的君主的愿望,而不是他所颁发的命令;而且他们更试着对他们不得随便加以殉教者荣誉的敌对教派的成员暗中施行一种骚扰性的暴政。对那种以他的名义进行的不公正的做法,皇帝本人却尽可能佯装不知,最后更通过对他的官员们仅给以象征性的责备却给以实质性的奖励而表达了他自己的真实感情。

用以进行压迫的一个最有效的工具是一条规定基督教徒必须为他们在前代皇帝统治期间所毁坏的神庙给以充分的巨额补偿。那时获胜的基督教教会完全凭着热情,常常很少考虑到官方的批准;而那些主教们肯定自己不会受到惩罚,经常走在会众的前边前往捣毁这些魔鬼的堡垒。那些曾赖以增加君主或教士财产的划定的圣地原都有明确的界限,很容易恢复。但在这些圣地上,以及在一些异教迷信建筑的废墟上,基督教徒大都又修建了他们自己的宗教建筑;由于必须先拆除基督教教堂才能建筑神庙,在这里皇帝的公正和虔诚只有一方为之欢呼,而另一部分人则不禁哀叹并斥之为亵渎神明的暴行。在土地平整好以后,重新修建那已被夷为平地的雄伟建筑,并把那些已转用于基督教建筑的贵重装饰品再恢复原样,显然形成一笔数额巨大的赔偿和债务。原来进行破坏

的那些人现在既无能力也根本不愿满足这越来越大的要求：在这种情况下，一位公正、明智的立法者必会通过平等对待，态度温和的调停以求在敌对的双方之间取得平衡。但是，这时整个帝国，尤其是东部地区，已经被尤利安的冒失的敕令置于一片混乱之中；那些被狂热信仰和复仇心理所激怒的异教行政官员于是便滥用罗马法律所赋予他们的严厉的特权，使得他，在他的财力不足的情况下，变成了永远无法清债的债务人。在前一代皇帝统治期间，阿瑞托萨的主教马尔可曾致力于使他的教民改变信仰，但显然他觉得采用武力比说服的办法更为有效。现在执政官们要他按原价赔偿他一时出于意气用事的狂热捣毁的一座神庙；而由于他们看到他的确十分贫穷，便转而为了制服他的刚毅精神只要求他许诺作极少量的赔偿。他们把这位年迈的高级教士抓来，残酷地鞭打他，揪他的胡子；还把他满身涂上蜂蜜，将他赤身裸体地用一个大网兜吊在上不着天下不着地的高处，任凭各种蚊虫叮咬和叙利亚的烈日 368
暴晒。尽管身在半空中，马尔可仍然坚持以自己的罪过为荣，并对那些无计可施的迫害者百般嘲弄。他最后终于被救走，使他尽量去享受神圣胜利者的光荣。阿里乌斯教派教徒为他们的这位虔诚、坚定的信徒隆重庆功；正统基督教教会也贸然把他引为同道，而那些异教徒可能不免感到羞愧或悔恨，再也不愿重复这种无用的残暴行为了。尤利安饶恕了他的性命；但是，如果这位阿瑞托萨的主教确曾救过年轻的尤利安的性命，后人怕只会谴责这位皇帝忘恩负义，而不会赞扬他的宽厚了。

神庙及神圣的月桂树林

在距离安条克5英里的地方，叙利亚的马其顿国王们早已决定把这异教徒世界最美好的一个地方作为圣地奉献给阿波罗。一座为这光明之神修建的雄伟庙宇兴建起来了；其中阿波罗的巨大神像几乎充满了宽敞的内殿。内殿里到处装饰着金银珠宝，装饰工作完全出于技艺精湛的希腊名家之手。这位天神手执一金杯，呈略向前弯腰神态，正向大地奠酒；他好像正在恳求尊贵的大地母亲让美丽而冷酷的月桂女神[①]投入自己的怀抱：因为这个地方已因充满许多传说的色彩而显得更崇高了；一些叙利亚诗人凭着自己的想象把这段爱情故事从佩纽斯河畔移到奥龙特斯河畔来。安条克的皇家殖民地也跟着效法古希腊的宗教仪式。其可信程度和声望可以和德尔斐神谕[②]媲美的一条先知河，从月桂树林的卡斯塔里亚[③]泉流了出来。在它附近的田野中，还从伊利斯买下一份特权，建起了一座运动场；在这里举行奥林匹克运动会的费用由该市自己负担；而且每年拨款3万镑以供公共娱乐之用。于是在神庙和规模宏大、人口众多的月桂树周围一个朝圣者和观光者的永久性的活动区便自然形成了；它未有省城的称号，而在辉煌方面却可以与之抗衡。这神庙和村庄深藏在一大片茂密的月桂树和柏树林的包围之中，树林向外延伸已达方圆10英里，在最闷热的夏天

① 希腊神话，一林中女神因逃避阿波罗的追逼化作一棵月桂。——译者

② 德尔斐为帕纳萨斯山一小镇，为太阳神庙及其神谕所在地。——译者

③ 通过卡斯塔里亚山的一股泉水，当时被称为诗的灵感的源泉。——译者

为人们提供一片凉爽的浓密的树荫,1000条纯净的清泉从一座座小山上流下,维持着土地的青葱和空气的清爽;到处是鸟语花香,令人心旷神怡;这片安谧的树林实际已成为有益健康和欢乐、有利于享受生活和爱情的圣地。充满青春活力的青年像阿波罗一拜,追逐着心爱的情侣;而含羞的少女,以月桂女神的遭遇为戒,不再过于愚蠢地忸怩作态。那位士兵和哲学家明智地避开这个情欲的天堂的诱惑;在这里,寻欢作乐活动在宗教的幌子下,瓦解着人的 369
坚强意志。然而这片月桂树林多少世代以来却一直受到当地和外地人的崇敬;这块圣地所享受的特权随着后来的几代皇帝的慷慨而更为扩大;每代人也都给这座辉煌的神殿增加一些新的装饰。

在一年一度的节日里,当尤利安匆匆赶去祭拜月桂树林的阿波罗神像的时候,他的宗教热忱表现出了极度的焦躁不安。他的丰富的想象力早在设想那大排的牺牲、众人奠酒和焚香的壮丽场面;大队的童男童女身着白袍以象征他们的纯洁和为数众多的人民的喧闹的集会。但是安条克人的热情自基督教得势以来却表现在完全不同的另一方面。这皇帝抱怨没见到一个富足城市的部族向他们的守护神奉献百牛大祭,却只见到由这座破败的神庙里的一个面色苍白的孤独的祭司敬献的一只鹅而已[①]。祭坛已被荒废,神谕已归于寂静,这片圣地已因基督教徒的进入和在这里举行葬礼而遭到亵渎。在巴比拉斯(在德基乌斯的迫害下死于狱中的安条克的一位主教)在自己的墓中已沉睡了将近一个世纪之后,

① 尤利安(Misopogon)面对这一 naiveté,或这一包含真正幽默的平淡的纯朴,不免显露出了他自己的天性。

他的遗体,在恺撒伽卢斯的命令之下,被迁往该月桂树林中。在他的骸骨上修建了一座雄伟的教堂;这片圣地的一部分被强占去作为维持教士的生计和埋葬安条克的一些渴望安息在他的这位主教的脚下的基督教徒之用;于是阿波罗神庙中的祭司,连同他们的既害怕又愤恨的会众一起撤走了。直到另一场革命似乎要重新使异教徒得势的时候,圣巴比拉斯教堂又被拆除,虔诚的叙利亚国王们早年修建并已开始毁败的高大建筑旁边又增修了一些新建筑。而尤利安首先最为严重关心的是把他的遭受压迫的神灵从那些可恶的已死的基督教徒,和那些成功地压制下自己的欺骗性的或狂热的呼声的还活着的基督教徒的包围中解救出来。受到玷污的地点都按古老的仪式加以净化;原葬于此的遗骸按礼迁走,该教堂的教士获准将圣巴比拉斯的遗骨迁回到他们在安条克城内的原住处去。这种可能缓和一个敌对政府的嫉妒心理的温和措施在这里却被狂热的基督教徒们忽略了。装载巴比拉斯遗骨的高大马车后面跟随着,一路陪伴着无数的人群。路边还有无数的人迎送,他们用雷鸣般的吼声高唱着赞歌,歌声震天,全是最明显地表示蔑视偶像和偶像崇拜的大卫的《诗篇》。这位圣徒的回归形成一大胜利,而这胜利乃是对皇帝的宗教的一大侮辱,他只得用一股傲气掩盖住
370 自己的愤恨。就在这个考虑欠周的游行队伍告一结束的当天晚上,月桂树林的神庙已处在一片火光之中,阿波罗的圣像也化成了灰烬,这座建筑仅剩下了一些光秃秃的点缀着可怕的废墟的断壁残垣。安条克的基督教徒,根据他们的宗教信念,都认为,是由于圣巴比拉斯的强有力的参与才使得上天的雷电击中了供奉神灵的殿宇;但在尤利安面临必须在罪犯或奇迹之间进行选择时,他毫不

犹豫，并无证据，但也似乎有其可能性地把月桂树林的大火归之于加利利教徒的报复行为。他们的这种罪行，如能充分证明属实，那尤利安马上下令采取的报复行动也许是无可厚非的；他关闭了安条克的基督教教会，并没收了它的财产。为了查出制造这次骚乱、放火，或隐匿教会财产的主犯，有好几位基督教教徒受到了折磨；有一位名叫提奥多雷的主教被东部法庭判处斩刑。但是这种过于草率的行动受到了皇帝的斥责，他出于真诚或伪装的关心，担心他的大臣们的这种不恰当的热情将给他的统治带来无理进行迫害的恶名。

尤利安手下的大臣的热情由于他们的君主一皱眉头而立即有所收敛；但当他的国家的国父宣称自己是一个宗派的首领的时候，在人民群众中爆发起来的愤怒却不那么容易控制，也不可能一个个予以惩罚了。尤利安在一份公开的文告中赞扬了叙利亚的圣洁的城市的坚贞和忠诚，那里的居民在听到第一声召唤的时候便捣毁了加利利的墓地；但他也隐约提到，他们对损伤众神的行为所采取的报复行动比他所希望的过激了一些。这种勉强作出的，不完全的表白，似乎可以证实了一些基督教教士的叙述——在加沙、阿什克伦、恺撒里亚和海伦诺波利斯等地，异教徒们在他们得势期间不知检点，毫不愧悔地一味胡作非为；受到他们残酷迫害的不幸的对象只能从死亡中求得解脱；当他们的血肉模糊的尸体被人在大街上拖过的时候，还有人用（当时群众的愤怒情绪正无比激昂）厨子烤肉用的叉子刺，被激怒的妇女们用缝衣针乱扎；那些基督教教士和修女们的内脏在被那些嗜血的狂热分子品尝过之后，和上大麦被厌恶地投给城里的肮脏的牲畜去吃。这种表现宗教疯狂的情

景反映出了人性中最可鄙、最丑恶的一面；然而亚历山大里亚的大屠杀事件，则由于其可靠的真实性、受害者的较高地位，和事情发生在非同一般的、伟大的埃及首府而更引人注意。

圣　乔　治

乔治出生于西利西亚的伊皮凡尼阿一个布匹漂洗工的家庭，依他父母，或以所受教育关系，以卡帕多西亚为姓。从这个低下贫贱的出身，凭着寄人篱下者的奋斗才能使自己获得了较高的地位，
371 他尽力巴结的那些恩主们，最后为他们的这个无出息的吃闲饭的人弄到一份收入丰厚的为军队提供咸肉的委任状或合同。这个差事本来很低贱；他却更把它搞得臭名远扬。他用尽各种最卑鄙的欺骗和贿赂手段为自己积累了大笔财富；但由于他的贪污行贿行为已变得臭名昭著，他不得不远走他乡以逃避法律的惩罚。在这段以名誉为代价却似乎保住了财产的丢人经历之后，乔治开始以真诚的或伪装的热情皈依了阿里乌斯教派。出于对知识的热爱或炫耀，他收藏了大批有价值的历史、修辞、哲学及神学方面的书籍①；由于这卡帕多西亚的乔治所选择的正是当时占优势的教派，因而使他终于登上了阿塔纳西乌斯教会的最高宝座。这位新上任

① 乔治被杀以后，皇帝尤利安多次下令保护他的藏书以便供他自己使用，并严刑拷问有私藏书籍嫌疑的奴隶。他对这些藏书十分赞赏，当他在卡帕多西亚勤奋攻读期间，他曾从这里借走并抄录了多份手稿。他可能真希望将所有加利利人的作品全部消灭掉；但他要求，甚至对那些有关神学的著作，要有个准确的清单，唯恐其他一些更有价值的书籍被一同销毁了。

的大主教的到任完全等于引进一个野蛮的征服者。他在职期间的每一分钟无不受到残暴和贪婪行径的污染。亚历山大里亚和埃及的正统基督教教徒被置于一位从他的天性到所受教育都完全适宜于奉行残酷迫害政策的暴君的统治之下；不过，他对自己广大教区的各种不同居民都一视同仁地百般压迫。埃及的大主教摆出了他的应有的排场和傲慢气概；但这仍然掩饰不住他的卑劣下贱的出身和他的邪恶本性。由于他的横行霸道，获得了垄断硝石、食盐、纸张和丧葬的权利，亚历山大里亚的商人们全都处于贫困之中。一个伟大民族的精神父亲竟堕落到从事卑贱、恶毒的告密活动的地步。亚历山大里亚的居民永远不会忘记，也不能原谅的是，他以早已过时的借口对城内所有的住房征税，理由是王国的奠基人已把土地的永久拥有权移交给他的继承人，那些托勒密和恺撒了。那些曾被许以有获得自由和宽容之望的异教徒也刺激起他的贪婪之心；亚历山大的富有的神庙不是被这位高傲的高级教士掳掠，便是遭他凌辱，他公然大声威胁说，“还能容忍这些坟墓在这里待多久呢？”在君士坦丁乌斯的统治下，他被愤怒的人民，或者应说主持正义的人民所驱逐，而后来他却又能恢复国家的行政和军事方面的巨大权力，并因而能恣意进行报复，不是没有经过激烈斗争的。在亚历山大里亚宣告尤利安即位的使者同时也宣告了那位大主教的倒台。乔治和他手下的两名谄佞的教士，狄奥多罗斯伯爵和铸币厂的负责人德拉康提乌斯一同被毫不客气地戴上枷锁关进了公共监狱。24 天之后，监牢的门被一群愤怒的迷信的群众冲开，他们对于徒有形式的乏味的审判程序已无法忍耐了。在他们残酷的百般侮辱之下，这几个众神和人的敌人当场死去；兴高采烈 372

的群众将这位大主教和他的两个同事的失去生机的尸体让骆驼驮着在街上走过；而阿塔纳西乌斯教派对此事全然泰然处之则被看作是表明福音教耐性的一个光辉的范例。这几个可怜的罪人的尸骸全被抛进大海里去，这起骚乱的群众领袖公开宣称他们决心要挫败基督教教徒的宗教热忱，并将阻止这几个和他们的先辈同样被他们的教敌处死的教徒们成为光荣的殉教烈士。异教徒的担心是不无道理的，他们的预防措施也完全无效。这位大主教的壮烈牺牲消除了人们对他生前种种的记忆。阿塔纳西乌斯的对手这个称呼对阿里乌斯派来说是亲切而神圣的，而那些宗派似乎已完全归依的情况更使他进入正统基督教教会的庙堂受到崇拜。这位可恶已极的陌生人，掩盖住有关时间、地点问题的一切细节、立即戴上了殉教者、圣徒以及基督教英雄的面具①；这位臭名远扬的卡帕多西亚的乔治竟摇身一变②成了著名的英格兰的圣乔治，并被尊为兵器、骑兵和高级骑士的保护人③。

大约在尤利安得到亚历山大里亚发生骚乱的消息的同时，也

---

① 卡帕多西亚的圣巴西尔和格列戈里都不知道他们的这位神圣的同伴。第一个承认圣乔治的正统基督教教徒基拉乌斯教皇（公元 494 年）把他和那些殉教者归在一起“qui Deo magis quam hominibus noti sunt.”他把他的一些法规都视为异端邪说而予以抛弃。那些似是而非的法规也许并不是最古老的，至今依然存在；而且透过一层真假难辨的迷雾，我们仍可分辨出，在亚历山德娜女王时期，卡帕多西亚的圣乔治，为反对魔术师阿塔纳西乌斯所进行的斗争。

② 摇身一变之说不能绝对肯定，但可能性非常大。

③ 从 6 世纪以来（此时他已在巴勒斯坦、亚美尼亚、罗马城以及高卢的特里尔等地都受到尊崇），关于崇拜圣乔治的一段奇特的历史可以从海林博士（圣乔治生平）和博兰派（17 世纪荷兰南部的耶稣会教士们，以其主要代表人物博兰的名字命名，他们编有圣徒的传记。——译者）的作品中见其大概。他在欧洲，尤其在英格兰的声望从十字军东征时便已开始。

得到来自埃德萨的情报，说高傲而富有的阿里乌斯教派欺负瓦伦提尼安派弱小，犯下了任何一个治理有方的国家都不能听之任之不予惩罚的制造骚乱的罪行。这位被激怒的皇帝不耐烦等待缓慢的司法程序的进行，立即下令给埃德萨的行政官员，没收教会的所有财产：现款分给士兵；土地划归地方；这条压迫性的法令再加上这种最不留情的讽刺就更加使人难堪了。尤利安说，"我清楚地表明自己一直是加利利派的忠实的朋友。他们的令人钦佩的教义许诺让穷人进入天堂；我现在帮助他们除去占有世俗财产这个沉重负担之后，他们就可以更加专心致志地推行仁德和朝着拯救世人的道路上前进了。不过要注意，"这位君主接下去以更为严肃的口吻说，"注意你们正如何刺激我的耐心和仁慈。如果这种骚乱还会继续发生，我将把人民的罪行在行政官员身上加以惩治；那时你们有理由感到害怕的将不仅是财产被没收和被流放，而且还 373
有火与剑的惩罚。"亚历山大里亚的骚乱无疑具有更残暴、更危险的性质：但是，一位基督教徒的主教已被异教徒杀害了；而尤利安发布公告又充分证明了他的行政机关的偏袒态度，他对亚历山大里亚公民的谴责夹杂着推崇和关心的情绪；而在这一情况下，他担心他们会背离了可以证明他们的希腊出身的温和和慷慨性格。他十分严厉地谴责了他们违反法律、正义和人道主义所犯下的罪行；但他又显然十分得意地追述了他们在亵渎神灵的暴君卡帕多西亚的乔治统治下长期忍受的刁难。尤利安也承认，一个明智而强有力的政府必须制止人民的傲慢态度的原则；但因考虑到他们的建造者亚历山大和保护神塞拉皮斯，他却对这座有罪的他对它再次感到兄弟般情谊的城市采取了宽宏大量的原谅态度。

尤利安和阿塔纳西乌斯

在亚历山大里亚的骚乱平息之后,阿塔纳西乌斯便在人民的欢呼声中登上了他的无行的竞争对手从上面一头栽下的宝座:由于这位大主教的宗教热情多于受到一定程度的小心谨慎的约束,不免使他在行使权力的时候更倾向于在思想上和人民取得和解,而非煽起他们的对立情绪。他在教区工作方面的努力并不仅限于狭窄的埃及境内。他的活跃而博大的头脑想到的是整个基督教世界的状况,而阿塔纳西乌斯以其年龄、品德和声望都使他在危急存亡的时刻能够担负起基督教独裁者的重任。这距离西部的大多数主教或出于无知,或出于无奈在里米尼宣言上签字的时间还不到3年。他们忏悔,他们相信,但又害怕他们的正教教派的弟兄们的不分场合的严厉做法;如果他们的傲气胜过了信仰,他们或许会投入阿里乌斯派的怀抱,以避免当众的悔罪的屈辱,并使自己从此降到与下等俗人一样的地位。关于圣体的合与分问题在基督教内部的纷争也在正统基督教学者们之间愈演愈烈了;而这个形而上学的论争大多逐步扩大以致在希腊教会和拉丁教会之间形成公开的永久性的分裂之势。由于一次特别宗教会议的明智(这次会议由于使用了阿塔纳西乌斯的名义和他亲自参加而具有宗教大会的权威性),所有那些一时不小心误入歧途的主教们,只要简单地在尼斯信条上签个字,就可以并不需正式承认过去的错误,也不对他们原来所持的学术意见加以深究,便可以恢复教内活动。埃及大主教的建议早已使高卢和西班牙,意大利和希腊的教士们对接受这

种健康的措施有所准备了；同时，尽管还有一些强硬派坚决反对，374
对于一个共同的敌人的恐惧，却增进了基督教内部的和平和协调。

这位埃及大主教凭着他的高明的手段和努力，在皇帝的敌对性的敕令对局势进行干预以前，已设法使和平局面更为稳定下来。一直厌恶基督教徒的尤利安把他的发自内心的特有憎恨全不客气地加在阿塔纳西乌斯的头上。完全为了他的缘故，他随意作出了一种至少是与他过去发布的宣言相抵触的区分。他坚持说他曾下令从流放地召回的加利利人并不能依靠那次普遍的宽恕便全可以恢复原来在教会的领导职位了；他对一个曾由多位皇帝判刑的罪犯，竟敢无视法律的尊严，不等得到君主的命令便狂妄地擅自登上亚历山大里亚大主教最高宝座的行径感到震惊。作为对这一莫须有的罪名的惩罚，他再次将阿塔纳西乌斯逐出该城；并由于自己想到他这一正义举动必然会得到他的虔诚的臣民们的拥护而甚为高兴。然而，人民接连提出的强烈要求很快就使他明白了，亚历山大里亚的大部分人都是基督教徒；而大部分基督教徒都是坚决和这位受尽苦难的大主教的事业连系在一起的。但弄明白了他们的真实思想并没有使他收回成命，却是反使他变本加厉把他流放阿塔纳西乌斯的命令扩大为适用于整个埃及。广大人民群众的宗教热情使得尤利安变得更加一意孤行：他对于让一位敢作敢为并深得人心的领导人来作为一个已经十分混乱的城市的首领可能产生的危险十分惊恐，他的那些愤怒的言辞不免露出他对阿塔纳西乌斯的勇气和能力的真实看法。这道命令，由于埃及的省长埃克狄乌斯的谨慎或疏忽，一直拖延着，直到一次严厉的斥责使他从迷糊中清醒过来。尤利安说，“尽管你在其他一些问题上也没有及时向

我报告情况，至少你有责任告诉我，你在对待众神的敌人阿塔纳西乌斯的问题上所采取的态度。我早已把我的意图告诉过你。我以塞拉皮斯的名义起誓，如果在12月里阿塔纳西乌斯还不曾离开亚历山大里亚，不，还不曾离开埃及，我将对你的政府的官员罚款100磅黄金。我的脾气你是知道的，我不轻易责骂人，但更不轻易饶恕人。”为了强调问题的严重性，这封书信的最后还加上了皇帝亲笔写的一段附言，“这种对众神的轻慢态度使我非常悲伤和气愤，没有什么能比我看到，也没有什么能比我听到阿塔纳西乌斯被赶出整个埃及更使我感到快慰的了。这个可厌的恶棍，在我的统治下有几位身份极高的妇女接受了洗礼，这都是他进行宗教迫害的结果。”他并没有明确命令将阿塔纳西乌斯处死，但埃及省长很
375 清楚，在执行这位盛怒的君主的命令时，过比不及对他来说安全得多。这位大主教谨慎地隐退到大沙漠中的几座修道院里去；靠他一贯的机智巧妙地避开了敌人设下的圈套；胜利地活下去直到他看到皇帝的死，这皇帝曾用最恶毒的语言宣称，他相信所有加利利派的毒箭都集中于阿塔纳西乌斯一身。

这里，我尽力忠实地叙述了尤利安试图采用的，不使自己蒙受进行迫害的罪责或恶名，但能收迫害实效的整套如意算盘。但是，如果那就是那种必置对手于死地的宗教狂热精神毒害了一位仁德的君王的心和意识，那我们同时也必须承认，基督教徒所遭受到的真正苦难是由于人的激情和宗教狂热所造成的。最原始的传播福音的使徒所具有的温良、恭顺的美德对他们的后继者来说，只是一种值得赞颂的品德，而并非效法的榜样。现在已掌管帝国的行政和宗教管理机构达40余年之久的执政的基督教徒，已染上了在顺

境中常会滋生的狂傲的恶习，并习惯于相信，只有圣徒才有资格统治世界。怀有敌意的尤利安决定剥夺掉君士坦丁的仁厚慷慨给予一些教士的特权，他们便立即大叫遭受到了最残酷的迫害；而对崇拜偶像者和异端传播者的广泛宽容却被正统基督教教派看作是可悲的不能容忍的事。对于暴力活动，虽然行政官员们已不再纵容，但带有宗教狂热的人民却仍在继续进行。在佩西努斯，塞贝勒的祭坛几乎是当着皇帝的面被推翻了；在卡帕多西亚的恺撒里亚城，异教徒们仅剩的几处做礼拜的场所，命运之神神殿也被愤怒的群众在骚乱中捣毁。在这种种情况之下，一位关心众神荣誉的皇帝也还没有想到要干预正常的司法程序，而当他发现那些理应并实际受到纵火犯的惩罚的宗教狂热分子却被尊为殉教烈士时，他实在感到难以忍受了。尤利安治下的基督教臣民都清楚地知道他们的君王一心和他们为敌；而他们也更止不住担心，他们的政府不论出现何种情况都可以成为对他们不满和怀疑的理由。在正常的司法活动中，在整个人口中所占比例如此之大的基督教教徒自然必有人常被判刑；但他们的更为宽容的弟兄们却对问题的是非曲直不加深究，认定他们无罪，承认他们的要求，并把法官的严厉判决说成是出于恶毒偏见和宗教迫害。眼前的这些虽似已难以忍受的苦难被说成不过是一场即将到来的大灾难来临前的小小的序幕。基督教教徒们把尤利安看成是一个凶残而狡猾的暴君，他把他将进行的报复行动，等待从波斯战场上得胜归来后再动手。他们想着，一旦他打败了罗马的国外的敌人凯旋，他就将抛弃那令人厌
烦的伪装，各大竞技场上将会流淌着隐士和主教的鲜血；那些仍 376
然公开坚持自己信仰的基督教教徒将被剥夺掉一切人身权利和社

会权利。一切可以用来损伤这位背教者的名声的恶言恶语将被他的充满恐惧和憎恨的反对者到处传播,并全都信以为真;他们的考虑不周的喧闹声完全激怒了一位从职责上讲他们应当尊敬,从利益上讲他们应尽力讨好的君王。他们仍公开叫嚷,他们能用以反对这位暴君的武器只有祈祷和眼泪,他们已将这位暴君的头交给了正义的被激怒的上天去处置。但他们却同时怀着阴郁的决心暗示说,他们的顺从已不再是懦弱的表现;在这人的品德尚不够完善的情况下,依原则而产生的人的耐心,完全可以在长期受迫害中耗尽。我们无法断定,尤利安使自己的理性和人道主义精神在何种程度上屈从于他自己的宗教狂热;但是,只要认真想一想基督教会强大的精神力量,我们就必将深深相信,不等这位皇帝能够完全消灭基督教教会,他便必将使他的国家卷入可怕的内战之中。

第二十四章　约维安的当选。尤利安之死及其反响。 377

在与波斯的交战中，尤利安取得一定的胜利。然而他却被迫撤退，在底格里斯河对岸的一次关键性战役中，他身受重伤。他于 363 年 6 月 26 日去世。

约维安的当选

基督教的胜利以及帝国的巨大灾难，在某种程度上可以说应由尤利安自己负责，因为他竟没有想到，为了实现自己未完成的计划，及时公正地选定一个合作者和继承人。但属于康斯坦提乌斯·克洛卢斯皇族的仅只剩下他自己一人了。而且如果他认真考虑要在罗马人中挑选一个最高尚的人来让他穿上紫袍，挑选的困难，舍不得让人分享自己的权力，害怕选中的人忘恩负义，还有很自然的，自信很健康，年纪很轻，前途还大有可为的种种考虑都会动摇了他的这一决心。他的突然死亡使帝国忽然无主，也没有一个继承人，从而使国家处于自戴克里先当选以后 80 年来从未经历过的混乱和危险之中。在一个几乎早已忘掉什么纯粹的高贵血统的政府中，高贵出身已无关紧要，所居职位的高低不过是暂时现象，难以作准；那么可以有希望登上空出的皇帝宝座的人便只能凭别人心目中的个人才能或是否有希望受到人民的爱戴了。但当时一支饥饿的军队处于野蛮人四面包围之中的实际情况使人不得不尽快结束这段痛苦的、细加斟酌的时间。在这可怕的痛苦环境中，已死的皇帝的遗体按照他的遗愿如仪涂抹上香膏，然后在黎明时分，几位将军召开了军事内阁会议，在会上决定邀请军团司令官、骑兵和步兵的官员一起来协助工作。而在当天夜里会议之前的三四个小时里，各种勾心斗角拉帮结派的活动可是一刻也没有停止；因而在大会上有人一提出一个皇帝的人选，宗派斗争马上便会搅得会议无法进行。维克托和阿林泰乌斯纠合起当初君士坦提乌斯宫廷中的旧人成为一派；而尤利安的朋友们则集中在高卢领袖达
378 伽莱孚斯和涅维塔的周围另成一派；由于这两大派的特性和利害关系互相敌对，执政的纲领互相敌对，甚至宗教原则也是如此相互敌对，它们之间的不和有可能会导致最严重的灾难性的结果。而唯一能弥合它们的分歧，使它们能同意同一候选人的便只有品德高尚的塞卢斯提了；如果不是他十分坚决，谦虚而诚恳地一再称自己年高体弱，实难当此重任，这位德高望重的禁卫军卫队长肯定马上会被推选为尤利安的继承人了。那些将军们对他的推辞颇感到吃惊和不解。也不免很愿听听一位下级军官的可行的建议。他劝他们应该像皇帝因故不在时的情况一样进行工作；应该尽自己的一切能力使这支军队摆脱目前的困境；然后，如果他们还能够幸运地到达达科米底亚境内，他们可以再本着团结的精神共同商讨，选举出一位合法的君主来。在他们正进行辩论的时候，有几个声音向当时最多不过算得是内廷侍从头儿的约维安高呼皇帝和奥古斯

都。在一片混乱中，这称呼立即传到在帐篷四周站岗的卫兵口中，并在短短的几分钟内传到了最远地方的军营。这位新皇帝为自己的好运深感意外，匆匆穿戴上皇帝的服饰，对着他刚刚还在求他们照顾并保护他的将军的面前宣誓效忠。约维安的最突出的一个条件是他的父亲瓦罗尼安伯爵的功绩，他曾长时间为国效力，后来光荣退休，一直过着安闲生活。他的儿子自由自在作为一个不为人知的列兵，一味嗜酒和追逐女人，不过大家知道，他却也始终未离开一个基督教教徒和士兵的本分。在那些引起人的羡慕和嫉妒的出尽风头的特点方面，约维安虽无明显表现，但他的朴实的外貌、愉快的性格、随和机灵的谈吐，却使他赢得了他的战友们的好感；而两派的将军们对于这个不曾被自己的敌人的计谋操纵，纯粹由群众选出的人物也便都默认了。这一意想不到的一步登天的际遇所引起的骄傲情绪，当时就被就在当天随时都可能结束新皇帝的性命和统治的正当恐惧所冲淡了。591 情况紧迫的呼吁声全都只能立即听从；约维安在他的前任去世不过几小时之后发布的第一道命令是，进行一次唯一可能使罗马军队从实际困境中解脱出去的行军。

敌人的尊重的最真切的表现莫过于他的恐惧；而恐惧的程度又可以从他在庆贺脱身时的欢欣程度中准确地衡量出来。一个逃兵向沙普尔军营报告尤利安已死，这个大受欢迎的消息立即使那位沮丧的君王忽然感到胜利在望了。他立即派遣他的皇家骑兵队，也许就是那一万神兵，作为追击部队的后续增援部队；他把他派出的全部兵力一起压向罗马军队的后卫。罗马军的后卫完全陷入一片混乱之中，以戴克里先和他的善战的同僚们的名字命名的几个著名的罗马军团被敌人的大象冲散、践踏；三位护民官在企图 379

阻止他们的士兵逃跑时送掉了性命。最后战斗终因罗马士兵的坚决奋战而有了转机；波斯军队由于人员和大象伤亡惨重被迫后退，罗马军队在酷暑中经过整整一天的行军和战斗，终于在天晚时候到达底格里斯河岸泰西封上游约 100 英里的萨迈拉。第二天，野蛮人再次对行进中的军队进行骚扰，却袭击了安置于一深山幽谷中的约维安的营帐。波斯的弓箭手从山上侮辱、骚扰疲倦已极的罗马军团的士兵们，一支亡命冲进禁卫军守护的门户的骑兵队，在一阵混乱的厮杀后，在皇帝的营帐旁边被完全打散。当天晚上，卡尔克的营帐完全靠底格里斯河上的大坝作为保护工事，罗马军队尽管不断受到追击的萨拉逊人的令人厌烦的骚扰，在尤利安死去后仍在杜拉扎下营帐达 4 天之久。这时底格里斯河还处在他们的左面；而他们已弹尽粮绝，濒临绝望的境地；一些急躁的妄以为帝国的边界就在前面不远的士兵向他们的新君王提出准许他们冒险渡河的要求。约维安与他的一些最有头脑的官员力图阻止他们的这种冒失行动，告诉他们即使他们确有能力、有勇气渡过这条深不可测的急流，他们也只会赤身裸体、毫无抵御能力地落入已占据对面河岸的野蛮人手中。但在他们的一再请求之下，他只得勉强同意由 500 名从小便熟悉莱茵河和多瑙河水性的高卢人和日耳曼人作这一冒险尝试，以便为全军作个榜样或向全军提出一个警告。在那个寂静的夜晚，他们游过了底格里斯河，袭取了一个没有戒备的敌军岗哨，等天一亮便在彼岸发出了表明他们的勇气和幸运的信号。这项尝试的成功使约维安立即听从了他的几位建筑师的建议，他们说，他们可以用充气的羊皮、牛皮等连接起来，上面再铺上泥土和木柴便可以在河上建起一座浮桥。无比重要的两天的时光

花费在这无效的劳动上；已经每日忍受着饥饿苦难的罗马人这时只能绝望地观望着底格里斯河前面的野蛮人，他们的兵力和决心都随着皇家军队的苦难的加深更为增加了。

处在这种无望的境地中，罗马人的已完全崩溃的意志忽然在一阵和平的呼声中又复苏了。在沙普尔心中一度出现的狂妄想法很快消失了；他十分不安地看到，在多次胜负难分的较量中，他失去了他的最忠实、最勇敢的高级官员，他的最勇敢的部队和他的大部分大象部队，而且这位经验丰富的君王也惧怕挑起殊死的抵抗、惧怕命运的无常、惧怕罗马帝国竭尽全部兵力，前来解救尤利安的 380
继承者，或甚至为他复仇。苏雷纳斯本人带领另一位波斯总督来到了约维安的营帐，声称他的君主宽大为怀，将不反对在他将提出的一定条件下同意给恺撒和他的已被俘虏的残余部队留一条生路；并放他们回去。生还的希望立即瓦解了罗马人的斗志，皇帝在他的军事会议的建议下和士兵们的呼声中不得不同意接受和平协议；他立即派出禁卫军卫队长萨卢斯提和阿林泰乌斯将军一起前去听取大国王的意见。而这位狡猾的波斯人却寻找各种借口拖延时间，制造新的问题，要求进一步解释，提出某种变通办法，从他们已经同意的条款中后退，提出更高的要求等等，就这样使尽谈判的手段，足足拖延了 4 天时间，以致耗尽了罗马军团仅存的一点给养。如果约维安能够采取大胆而慎重的步骤，他应该毫不松懈地继续他的行军，议订和约的进程必会暂时阻止野蛮人的进攻；那么在这四天时间里，他可能便已安全到达相距仅一百英里的忠心的科尔杜恩省了。这个优柔寡断的皇帝，不知道冲破敌人的计谋，却一味地耐心等待命运的安排，最后不得不完全接受了他已无力拒

绝的屈辱的和平条件。原由沙普尔的祖父割让给罗马的底格里斯河以南的五个省份又归还给了这位波斯君王。他就凭一纸文书马上得到了坚不可摧的尼西比斯城,这座城曾经受住了他的三次大军压境的围攻。辛加拉和摩尔人的城堡这些美索布达米亚的最坚强的据点,也都一并从罗马帝国的疆域中被分割出去。当时还作为一个优惠条件,容许这些要塞的居民在撤离时带走自己的财产,但这位战胜者强硬地坚持罗马人必须永久放弃亚美尼亚国王和王国的要求。这两个敌对国家签订了长达30年的和平,或更应说是停火协议;并为保证信守条约进行隆重的宣誓和宗教仪式;同时双方还交换了特殊地位的人物充当人质,以保证协议条款的执行。

那位安条克诡辩家利巴纽斯愤怒地看到他的英雄的权杖落入一个软弱的基督教继承人手中,不禁公开表示,他认为沙普尔的温和态度实在令人钦佩,他竟然仅从罗马帝国割去这么小一块地方就满足了。他还说,如果他把自己的狂妄的领土要求一直扩展到幼发拉底河畔,他保险不会遭到拒绝的。而且即使他确曾要把奥龙特斯河、库努斯河、桑迦阿里乌斯河,甚至色雷斯的博斯普鲁斯作为波斯的边界,约维安宫廷中也一定不乏向这位懦弱的君主保
381 证剩下的国土仍完全足以满足他的权势和奢侈的要求了。对于这种恶意的讥讽,我们虽不能完全接受,但我们必须承认,这一如此屈辱性的条约所以会顺利签订,的确与约维安的个人野心有关。这位默默无闻的侍仆头目凭运气,而非凭才能一举登上了皇帝的宝座,迫不及待地要从波斯人手中脱出身来,以便他能阻止统率着美索不达米亚军队的普罗科皮乌斯的阴谋计划,并使他能在那些对这次在底格里斯河畔的军营的混乱中匆匆进行的选举尚一无所

知的军团和省份中，也建立起自己的胜败难卜的统治。于是，同在这条河的附近，在距离要害地点杜拉不远的地方，10000 名希腊人，没有将领、没有向导、没有给养，就这样，在距离他们的家园 1200 多英里的地方被完全抛弃掉，任凭一位得胜的君王去处置。他们的行动和胜败结果的不同主要取决于他们的性格，而非他们的处境。他们拒绝恭顺地把自己的命运交托给一个个人，让他凭他个人的见解去做出决定，这些希腊人的联合会议完全表现出了一次群众大会的慷慨激昂的情绪，在那一会议上，每一个公民的思想中都充满了对荣誉的热爱、对自由的自豪感以及对死亡的藐视。他们很清楚自己在武器和训练方面都优于野蛮人，他们不能甘心屈服，他们决不投降，一切困难都可以依靠他们的耐心、勇敢和军事技术得到克服；这值得怀念的万人大撤退完全暴露出并嘲弄了波斯王国的虚弱。

作为作出屈辱性让步的代价，罗马皇帝也可能曾提出为他的饥饿的部队提供足够的食物，容许他们通过波斯人架设的桥梁渡过底格里斯河等要求。但看来如果约维安敢于提出这种合法合理的条款，也一定遭到了这位曾宽宏大量饶恕他的国家的入侵者不死的傲慢的东方暴君的严厉拒绝。萨拉逊人不时阻截掉队的罗马士兵，但沙普尔的官兵们却信守停火协议，并容许约维安寻找最合适的地点渡河。从大火中救出的他的船队中的几条小战船发挥了最主要的作用。靠这些小船皇帝和他的亲信们被首先渡过河去，然后，经过多次往返，把大部分官兵都渡了过去。但是，由于每个人都为自身安全担心，又害怕最后被抛弃在敌区的岸边，有些士兵等不及行动迟缓的船只，冒险靠一些轻巧的竹篱或充气的牛皮渡

河，在他们后面还拽着他们的战马，企图这样游过河去，有一些成
功了。但进行这种大胆冒险的人有许多被大浪吞没；还有很多被
382 湍急的水流裹挟而去，最后成了贪婪、凶残的野蛮的阿拉伯人的送
上门的猎物；部队这次渡过底格里斯河所遭受的损失不亚于一天战斗的伤亡。在罗马军队全部到达西岸以后，他们算是摆脱掉了充满敌意的野蛮人的追击；但在穿过美索不达米亚200英里的大平原的艰苦行军中，他们又忍受了极度的饥渴的折磨。他们必须横穿一片绵延70英里的沙漠，一路看不见一叶绿草或一眼甘泉，而另外那些冷漠的荒凉地带则从未出现过不论是敌人还是朋友的足迹。军营中如能发现少量的面粉，每20镑便有人抢着花10块金子买去，部队的运载的牲畜早都被杀来充饥，沙漠上随处可见罗马士兵丢弃的武器和行囊，他们的破烂不堪的衣服和面黄肌瘦的容颜充分表现出他们过去的苦难和实际痛苦。在部队还远在吾珥城堡时，有人带着少量给养前来迎接；由于这件事表明了塞巴斯蒂安和普罗科皮乌斯的忠心，因此这点给养愈显得令人感激。皇帝在提尔萨法塔非常亲切地接见了美索不达米亚的几位将军，这支曾经十分兴盛的部队的残余人员现在终于能在尼亚比斯城下好好休息一阵了。约维安的信使早已用恭维的言辞向国人宣布了他的当选，他的和约和他的归来，并说这位新君已采取了最有效的措施，以保证欧洲部队和各省对他的忠诚，办法是把军队指挥权交给了那里的官员，这样他们出于利害或思想倾向方面的动机必将坚定地支持他们的恩主的事业。

早先，尤利安的朋友们曾满怀信心地宣称，他这次远征必将取得胜利。他们因而一相情愿地相信众神的神殿将堆满东方掳掠来

的战利品，整个波斯将成为由罗马法令和行政官员统辖的一个处于附庸地位的省份；野蛮人将改变他们的征服者的服饰，采用他们的习俗和语言，而且阿克巴塔纳和苏撒的年轻人都将拜希腊老师，学习艺术和修辞学。尤利安的军事进程中断了他与帝国的联系，而他渡过底格里斯河以后，他的那些拥戴他的臣民便对他们的君王的命运和前途一无所知了。他们对胜利的美好的憧憬不幸被皇帝已死的传说搅乱；直到他们对这一传说不能不信的时候，他们仍一直坚持对这个重大噩耗的真实性表示怀疑。约维安的信使开始散布有关议和的明智和必要性的似是而非的说法，但更为响亮和真实的传闻的声音却明白告诉他们新皇帝如何丧权辱国，并透露出了他所接受的屈辱的条约内容。当人民得知尤利安的卑贱的继位者断送了当年伽勒里乌斯一战而胜取得的五个省份，并毫不知
耻地把东部诸省的重要城市、最坚强的堡垒尼西比斯都拱手奉献 383
给了野蛮人，心中无不充满震惊和悲伤、愤怒和恐惧。一个深刻和危险的问题，在公众信念已变得和公众的安全不能相容的时候，人民还应不应该坚持那种信念，在人民的谈话中不时引起激烈的争论，更有些人抱着一种希望，相信皇帝会玩弄一次光辉爱国主义的背信弃义的活动，以为自己的贪生怕死的行径赎罪。罗马元老院的顽强精神一向拒不承认罗马军队在被敌人俘虏后会被迫接受不平等的条款，如果为了维护帝国的尊严确有必要将一位有罪的将军交给野蛮人去处置，约维安手下的臣民中绝大多数都将接受古代的先例，欣然默许。

但这位皇帝，无论他在宪法上的权力应有何种限制，他却是这个国家的法律和军队的绝对主人，当初迫使他签订和约的动力现

在照样逼迫他履行协议。他一心急于牺牲掉几个省以换取帝国的安全,而那些可尊敬的宗教和荣誉的名称全不过用来掩盖约维安内心的恐惧和他的野心而已。尽管尼西比斯居民理所当然地一再请求他住下,谨慎和体面都不容许这位皇帝住进尼西比斯的皇宫;在他到达的第二天早晨,波斯的特使宾涅塞斯便进入了皇宫,从阁楼上扬起了伟大国王的旗号,并以他的名义宣布不服从者将处以流放或苦役的残酷刑罚的条例。在这个决定性的时刻到来之前,还一直唯愿他们的君王能保卫他们的尼西比斯的绝大部分市民这时都匍伏在他的脚下。他们恳求他不要抛弃他们,或至少不要把这个忠诚的殖民区就这样交给盛怒之下的野蛮人的暴君,他由于曾在尼西比斯的城下连续三次进攻受挫已气得快发疯了。他们仍然有武器,也有勇气,逐出入侵他们国家的敌寇,他们只求皇帝允许他们用自己的力量进行自卫,一旦他们获得独立自主能力,他们仍会恳请恩准作为他的臣民。他们的慷慨陈词,他们的合情合理的言论和眼泪全都无济于事,约维安显得有些语无伦次地一味强调他已发过誓,无法更改;当他带着几分勉强接受下一顶金王冠的礼物时,市民们完全看清一切已绝无希望,他们的一个代表叙瓦努斯忍不住叫道,"啊,皇帝陛下,但愿您统治下的所有城市都会这样为您加冕!"在短短的几周时间内约维安便俨然摆出了君主的架子①,他对自由十分反感,对真理更是厌恶;根据他的推断,人民
384 的不满情绪可能使他们投向波斯政府,因而他发布了一项敕令,限

① 在尼西比斯他便已开始行使王权了。一个与他同名的勇敢军官,曾有人认为他可以当皇帝,没有经过任何形式的审判,也没有任何犯罪的证据,便被从饭桌上拉走,扔进一口井里,用乱石砸死了。

所有的人在三天之内离开这座城市，否则将被处以死刑。阿米阿努斯曾用形象生动的语言描绘了当时普遍感到万分绝望的情景，仿佛一切都是他以无比同情的眼光亲眼所见。年轻的战士们怀着愤怒和悲伤的心情离开了他们曾全力保卫的城池；哀悼死者的人们来到儿子或丈夫的坟前最后挥洒几滴告别的眼泪，他们眼看便将落入野蛮的新主人手中惨遭亵渎了。上年纪的人亲吻他们家的门坎，抓住自己的屋门不放，因为就在这里他们曾度过他们的无忧无虑的快乐的童年。大路上挤满了凄凄惶惶的人群，在这人人难逃的灾难中，什么地位高低、男女之别、长幼之分，全都不复存在了。每个人都尽最大力量要带走可以带走的自己的家产，但由于不可能马上弄到足够的马匹或车辆，他们还是不得不把绝大多数的值钱的家产都扔下。约维安的无动于衷的冷酷似乎更加重了这些不幸的逃亡者的苦难。他们终于在阿弥达新建的住处待下了；这座新兴的城市现在由于这数量可观的大批殖民者的来临而很快就恢复了往日的光辉，成为美索不达米亚的首府。对于辛加拉和摩尔人的城堡，皇帝也下达了同样的疏散命令，同时下令将底格里斯河以东五省归还波斯。沙普尔对这次胜利所带来的荣誉和果实十分高兴；而这次屈辱性的议和则被正当地视为罗马帝国走向衰亡的重要转折点。在约维安以前的统治者有时也曾放弃过对一些边远的、无利可图省份的主权；但自从建立罗马城以来，罗马的守护神，守卫着共和国疆界的护界神，还从未曾在进逼的敌人的战刀的威胁下后退过。

尤利安之死及其反响

约维安在履行了人民的呼声几乎要迫使他违反的协议之后，他匆匆离开了这片使他蒙受羞辱的地方，带着他的全部朝臣，前往安条克去享受奢侈的生活。他完全没有考虑宗教热情的巨大力量，只是从人性和感激的思想出发，向已死的君王遗体表示了最后的一次尊崇；因为失去亲人而真正十分痛苦的普罗科皮乌斯，在要让他护送灵柩的冠冕堂皇的借口之下免去了他对军事上的指挥权。尤利安的遗体被从尼西比斯运到塔尔苏斯，一路行进缓慢，共用了 15 天时间，在队伍走过东部各城市的时候，同时受到敌对两派的痛心的哀悼和破口大骂。异教徒早已把他们的这位可爱的英雄归入由于他的力量才得以享受人间香火的众神之列，而基督教徒们的咒骂声则直将这位背教者的灵魂追入地狱，将他的躯体送入坟墓。一派人痛心他们的祭坛将面临毁灭，而另一派人则欢庆
385 可喜教会又将获得解放。基督教徒们用傲慢的含糊的曲调欢呼，早就悬在尤利安的头上的神圣的复仇之剑终于落了下来。他们宣扬说，这位暴君之死，就在他在底格里斯河对岸咽气的时候，埃及、叙利亚以及卡帕多西亚的圣徒们就已得到了神的启示；他们还不承认他是死于波斯人的箭下，却说这一英雄壮举乃是出自某位不为人知一心向主的凡人或神人之手。这个极欠考虑的论断却立即被不怀好意或出于轻信的敌对派接了过去，他们有的盲目地跟着喊叫，有的公然断言，教会的领导人指使并领导了这次出于宗教狂热的谋杀活动。尤利安死去十六七年以后，利巴纽斯还在他呈提

奥多西乌斯皇帝的一篇公开文告中，严肃而激烈地提出这项指控。他的怀疑并没有事实根据或理论根据，我们也只能因这位安条克的诡辩家对他的死去已久的朋友所表现的一片赤诚表示钦佩而已。

按照古老的习俗，罗马人在举行葬礼以及祝捷大会时，赞美声应用一些讽刺和嘲笑声加以冲淡，在盛大的表现生者或死者荣耀的庆典上，也应将他们的缺点暴露于世人眼前。这一习俗在尤利安的葬礼上可是充分体现出来了。那些对他向来轻视和厌恶戏剧表演十分痛恨的喜剧演员们在基督教教徒观众的掌声中，生动而夸张地表演了这位已死的皇帝的种种错误和愚蠢行为，他的多变的性格和独特的处世态度，为滑稽和讽刺性的表演提供了大量素材。在施展他的超人的才能方面，他常常忘了自己的高贵地位和尊严。亚历山大一变而为狄奥根尼斯[①]——从哲学家又降而为传教士。他的纯真的品德被极度的虚荣心所玷污；他的迷信思想扰乱了伟大帝国的平静并危及其安全；他那动辄大发脾气的做法，看上去似乎是费尽心机有意装出，甚至是一种病态的表现，实在应该尽力收敛。尤利安的遗体被埋葬在西利西亚的塔尔苏斯；但他的位于该城中寒冷而荒凉的库努斯河畔的庄严的墓地却为那些对这位故去的特殊人物十分爱戴的忠诚的朋友们所不善。那位哲学家曾表明他们合情合理的愿望，柏拉图的门徒可能应该安息在学院的园林之中，而那位军人却又用更响亮的声音喊道，尤利安的骨灰应该在战神的土地上，在古罗马高尚品德的丰碑中，与恺撒的骨灰

① 公元3世纪希腊犬儒学派哲学家。——译者

混合在一起。在全部帝王史中像他这样具有多方面成就的皇帝实不多见。

基督教的再度受宠

第二十五章　约维安统治下的基督教徒

尤利安的死使帝国公共事务陷入无所适从的危险境地。罗马军队靠一个屈辱性的，但也许是必要的和约得到了挽救①；虔诚的约维安把最初的一段和平时期用以恢复教会和国家的内部安宁。由于他的前代皇帝的冒失，他非但不曾使各派和解，反倒有意酝酿了宗教战争；他似曾致力于在两个敌对教派之间寻求的平衡只不过更使得双方的争斗，在得胜的希望和失败的恐惧瞬息变化中，在争得自己的权势和皇帝的实惠的恩宠中，无休止地进行下去。基督教教徒忘记了福音的教义，异教徒吸收了教会的精神。在各自的家庭内部，天生的人的感情被盲目的宗教狂热和复仇心理所消灭；法律被践踏或滥用；东部的城市到处血迹斑斑；罗马人的最为势不两立的敌人却就在国家内部。约维安在开始受教育时便已公开表示信仰基督教；在他从尼西比斯向安条克进发的时候，在罗马军团的最前边高举起的十字架旗帜，那君士坦丁的拉伯兰军旗，便已向人民表明了他们的新皇帝的宗教信仰。等到他一登上皇帝宝

① 约维安的各种勋章上都装点着战争胜利、桂冠和匍伏在地的俘虏图案。巧言献媚是一种愚蠢的自杀行为；它是用自己的手消灭自身。

座，他立即向各省的总督发出通知，宣告上帝的存在，确立了基督教的合法地位。尤利安的居心叵测的敕令被废止，基督教的各种特权得到了恢复，并有所扩大，约维安还关切地抱歉说，由于时局动乱，他不得不削减对慈善事业的拨款。基督教教徒们在对尤利安的这位虔诚的继位者发出热烈而由衷的赞美声时大家的心情是完全相同的；但是，他们还不了解他将选定哪一种教义或哪一次宗教会议作为正统基督教教会的标准，于是教会内部的和平立即使得在教会受迫害期间搁置下来的激烈争论又复活起来了。这时各教派彼此竞争的领导人物，根据过去的经验，相信自己的前途完全
387 取决于在这位稚嫩的军人的头脑中形成的最早的第一印象，全都急匆匆奔向埃德萨的朝廷或安条克。东部的大道上挤满了持本体同一论的阿里乌斯派和半阿里乌斯派，和优诺米派的主教，在这场神圣的赛跑中尽全力你追我赶；皇宫的各个房间都回响着他们的乱哄哄的叫喊声，皇帝的耳朵已充满了形而上学的争论与无情的咒骂离奇地混杂在一起的叫嚣，也许使他不免感到很惊诧。约维安要求彼此和睦、互相谅解，以及等待召开一次宗教大会，来最后解决他们的争端的温和的建议被理解为一种漠不关心的表现；但他对伟大的阿塔纳西乌斯的天神般的美德所表示的敬仰则终于让世人看到，也表明，他完全忠于尼西亚教义。这位坚韧不拔的老信徒已是 70 高龄，一得到暴君已死去的消息便立即从他的隐居地走出来，在人民的热烈欢呼声中，他又一次登上了大主教的宝座，并且明智地接受了，或者说预先准备接受了，约维安的邀请。阿塔纳西乌斯的可敬的形象，冷峻的勇气和令人信服的辩才都使他始终保持住在以往四代皇帝时期早已赢得的名望。在他一得到这位基

督教皇帝的信任，并肯定了他的信仰以后，他便立即返回自己的教区，以老练的手法和毫不衰减的精力在埃及的亚历山大里亚和正统基督教教会的管理部门继续执政达10年之久。在他离开安条克之前，他曾向约维安保证说，他这样皈依正统基督教，必将为他的统治带来长治久安的盛世。阿塔纳西乌斯有理由希望，后人或者会称赞他作了一次成功的预言，或者会原谅他不过作了一次虽然无效但却表示了他的感激心情的祷告。

约维安仅仅当政8个月便死去。在约维安之后，瓦伦提尼安当了皇帝，并与他的兄弟瓦伦斯共同执政。这时西部和东部诸省已正式划分开。瓦伦提尼安在西部继续执行他的宽容政策。瓦伦斯则在东部奉行阿里乌斯主义。

在不同的边界地区野蛮人的压力日益增大，在高卢有阿勒曼人和勃艮第人，在不列颠有皮克特人和苏格兰人，在多瑙河畔有哥特人和萨尔马提亚人。这些民族现在都受到匈奴人的驱赶。在这种压力之下，哥特人已被允许在多瑙河河岸定居。但他们在这里进行叛乱，威胁着君士坦丁堡。瓦伦斯在阿德里安堡与他们交战，在一次决战中战败而被杀；这一战役在战术上肯定了骑兵对于步兵的优越性，这优越性一直保持到克雷西一战，使罗马军队在人员和财物方面遭受重大损失，它的声威也因而从此一蹶不振。在随之而来的大灾难中，提奥多西在东部登上皇帝宝座，形成了世俗和基督教政府的一
个转折点。他击败了高卢人，并与他们签订和约，但条约内容 388
仍牵涉到容许他们在帝国内定居问题。提奥多西由于他进一

步加强了正统基督教的正统性而得到了大帝的称号。在格拉喜安、瓦伦提尼安二世和篡位者尤金尼乌斯死去之后，提奥多西便成了最后一个独自统治着西部和东部罗马帝国的皇帝。本章的后半部和第26章讲述了这一部分历史[①]。

① 吉本在第26章中对匈奴人起源的讨论似仍有些让人不得要领，有关这部分历史的最佳现代作品是E. A. 汤普森的《阿提拉和匈奴人》。

第二十七章　米兰大主教安布罗斯。提奥多西的功与过。安条克的叛乱和塞萨洛尼卡的大屠杀。提奥多西的悔罪。瓦伦提尼安其人及其死亡。提奥多西之死。 389

君士坦丁堡在40年间一直是阿里乌斯派的据点。提奥多西是按三位一体的正教信念受洗的第一位皇帝。公元380年,格列戈里·纳齐安岑被选为君士坦丁堡的正教大主教,阿里乌斯便被赶出了东部地区。在381年于君士坦丁堡召开的宗教大会上,在尼西亚会议上提出的三位一体的神学体系终于圆满完成了。在公元380到394年间,提奥多西颁布了一系列反对异端邪说的严格敕令。

与此同时,西部皇帝格拉喜安的无所作为的统治一直使罗马军队极为不满。马克西穆斯领导一支在不列颠发难的叛军在提奥多西还没来得及前来救援之前在里昂附近一举将他击败。格拉喜安被刺杀了,提奥多西与马克西穆斯结成联盟,言定由马克西穆斯统治阿尔卑斯山以西地区，并确定了格拉喜安的兄弟瓦伦提尼安在意大利的统治权。

米兰大主教安布罗斯

在为提奥多西的统治增添光彩的基督教人士中，格列戈里·纳齐安岑是一位以其才干著称的善辩的牧师；图尔的马丁以其非凡天赋的名声更增加了他凭教士的美德赢得的威望；但教士中精力最充沛、才能过人的锦标仍非坚韧不拔的安布罗斯莫属。他出身于一罗马贵族家庭；他的父亲曾担任过高卢的禁卫军卫队长要职；这位儿子在经过一段自由教育的学习之后，通过几次正常的提升，获得了利古里亚省的总督职位，该省包括了皇宫所在地米兰。在他34岁正式接受洗礼之前，出乎他自己以及所有人的意料，安布罗斯突然从总督改任为大主教。正像一般人所说，其中丝毫不掺杂任何手腕或阴谋，全体人民异口同声加给他那一宗教头衔；他们这种统一的经久不变的态度，人们认为是出于某种超自然力量
390 的影响；于是这位文职官员只得勉强接受了这个在他过去的生活中，从习惯和职务方面说，毫无准备的宗教职位。但尽管如此，他的积极进取的才智很快就使他完全能够以充满热情和谨慎的态度，行使他所负担的基督教司法大权；他一方面欣然抛弃掉华而不实的世俗的种种高贵的排场，一方面心甘情愿地为了教会的利益，指引皇帝不偏离自己的良心，并控制着帝国的行政事务。格拉喜安像对待父亲一样敬他爱他；那篇论三位一体信仰的长文便是专为教导这位年轻的君王而作的。在他悲惨地死去后，在皇后贾斯

蒂娜为她自身及其儿子瓦伦提尼安的安全胆战心惊的时候，这位米兰的大主教身兼两个不同的大使职务被派往特里尔宫廷。他以同样的坚定态度和灵巧手段行使了他作为宗教官员和政界官员所执掌的权力；而且还很可能，通过他的威望和天才，约束住了马克西穆斯的野心，保卫了意大利的和平。安布罗斯把毕生的精力都贡献给了教会事业。他藐视财富，他放弃了自己的世袭家产；为了赎回俘虏，他毫不犹豫地卖掉了敬神用的金银餐具。米兰的教士和人民都热爱他们的大主教；对那位软弱的君主来说，他完全无愧于他的尊重，但他却从未向他祈求过恩惠，或害怕触怒了他。

意大利的以及这位年轻皇帝的政权自然都落到了他母亲贾斯蒂娜的手中。她是一位美丽而精明的女性，但她处于一伙正教人士之中，却不幸信奉了阿里乌斯派的邪说，并且还极力想把她的信仰灌输给她的儿子。贾斯蒂娜自认为，罗马皇帝有权在自己的统治区内向公众推行自己所信的宗教；因而她，作为一个温和的合理的让步，向这位大主教提出要他不论在米兰城内或郊区，一律放弃只容许单一教会的做法。但安布罗斯的行为准则却是和这截然不同的。世上的一切宫殿可能确实都归恺撒所有，但教堂却是上帝的住所；而且在他的教区范围之内，他本人作为使徒的合法继承人，是上帝的唯一的侍者。一切基督教的特权，不论是世俗的，还是宗教方面的，只为真正的信徒所有；安布罗斯由于自己的神学观点代表着正教的真理的标准而感到十分满意。这位不与撒旦的走狗举行任何会议或谈判的大主教，相当坚定地宣称，他宁可作为殉教者死去也不与亵渎神明的罪恶行为妥协；而贾斯蒂娜把他的拒绝看作是无礼和犯上行为大为不满，便匆匆决定要行使她儿子的

君主权力。由于她希望在复活节即将来临之际，当众显示她的宗教热忱，她下令让安布罗斯前来宗教会议上受审，他按一个忠顺的
391 臣民应有的规矩听从了召唤，但却有无数的群众未经他同意跟着一起来了：他们群情激昂地用力推挤皇宫的大门；这时瓦伦提尼安手下的大臣们不禁惊恐万状，他们非但不敢对这位米兰大主教判处流刑，却反而低三下四地求他利用他的威望保护皇帝的安全。恢复都城的和平。然而安布罗斯当时所得到并已转达给大家的他的许诺却很快就被不讲信用的朝廷推翻；于是虔诚的基督教教徒专用于宗教活动的那段最庄严的日子里足足有6天全城完全陷于一片狂热、骚乱的强烈震撼之中。皇家的官员们立即奉命，先是在波提安，后来又在巴西里卡[①]准备立即迎接皇帝和他的母亲。皇帝的宝座仍按规矩加上金碧辉煌的顶盖，四周挂上帷幔，但人们马上发现必须有强大的卫队把守才能使他们免受群众的侮辱。那些敢于走上街头的阿里乌斯派基督教教徒都随时面临极大的生命危险；安布罗斯以自己具有从愤怒的群众手中救出他本人的仇敌的能力和威望而甚感欣慰。

但在他尽力阻止人们的狂热情绪造成严重后果的时候，他那沉痛而令人激动的布道演说却继续不断激起米兰人民的义愤和叛乱情绪。夏娃、约伯的妻子、耶洗别以及希罗底的性格全被胡乱加在皇帝的母亲的头上[②]。她企图为阿里乌斯派建立一所教堂的愿望也被人拿来与在异教统治时期基督教所遭受的最残酷的迫害相

① 巴西里卡(Basilice)为拥有某种特权的一种特殊类型的基督教教堂。——译者

② 此处所列分别为《圣经》和历史中人物，全都以淫荡和残暴著称。——译者

比。朝廷所采取的一些措施只是更向人展示了动乱的巨大规模。商人和制造商的法人团体被处以200金镑罚款：以皇帝的名义向一切司法机关的官员和下级工作人员发布命令，要他们在社会骚乱未结束之前都不得离家外出，而瓦伦提尼安的大臣们却愚昧地公开宣称，米兰的绝大多数体面的公民都站在他们的大主教一边。他又一次被请求及时按照他的君王的意愿使他的国家恢复和平。安布罗斯的回答尽管用了最恭敬的语言，却完全可以解释为是一份严重的内战宣言。“他的生命和荣辱完全操在皇帝手中，但他却永远不会背叛耶稣的教会，或使他的神圣的尊严遭到损害。为了这项事业他已准备承受魔鬼所能加之于他的一切毒害；他唯一的愿望就是死在他的虔诚的人民面前，死在圣坛的脚下；他并不曾挑起人们的愤怒，但却只有上帝有力量让它平息：他绝不希望看到 392
可能即将发生的流血和混战的情景；他热忱地祈祷，希望自己不要活到可以亲眼看到一座繁荣的城市变成废墟，或甚至整个意大利变成一片荒凉的时候。”在这场与教会和米兰人民的较量中，顽固不化的贾斯蒂娜如果确有一支唯命是从的皇家军队可以依赖，她必会使她的儿子的帝国遭受极大的危险。一大队哥特人马曾开过来要占领当时争夺的目标巴西里卡；从阿里乌斯派的原则和这些外国雇佣兵的野蛮人的习惯来看，都可以预料，让他们去执行什么样的残暴命令他们也不会含糊的。他们在教堂的神圣的大门口与这位大主教相遇，他用雷鸣般的声音宣布他们将被逐出教会，并以父亲和主子的口吻质问他们，他们之所以前来请求共和国的保护，难道就是为了侵犯上帝的住所吗？野蛮人的犹豫不决提供了几小时的进一步谈判的时间；皇太后终于接受了她的一些明智的谋士

的建议，同意让正统基督教教会拥有米兰所有教堂，她本人也暂时掩饰住了报复的念头，等待更为合适的时机。瓦伦提尼安的母亲对安布罗斯的胜利是永远不会原谅的；年轻的皇帝也不禁激动地大声疾呼，他自己的奴仆也随时准备把他出卖给一个专横的教士。

帝国的法规，甚至有些附有瓦伦提尼安的签名的法令，仍明确谴责阿里乌斯派的异端邪说，却似乎原谅了正统基督教的反抗。在贾斯蒂娜的影响之下，向所有隶属于米兰朝廷的省份颁布了一项宽容的敕令；对那些承认信仰里米尼教义的人给予完全的宗教自由；皇帝还宣布，凡违犯这条神圣的、有益的法令的人都将被看作是公共和平的敌人而处以极刑。米兰大主教的性格和言论使人完全有理由怀疑，他的行为的确给那些一直注视着他，希望他在一条被他奇怪地称作血腥的暴政法令的问题上犯下错误，以便借机对他进行突然袭击的阿里乌斯派，提供了适当的理由，或至少是一个可以利用的借口。于是轻而易举、正大光明地作出了将他流放的判决，根据该判决书，他可以自己选择流放地点和陪同人员的数目，但必须立即离开米兰。然而对安布罗斯来说，一直宣讲并实践绝对忠诚原则的圣徒们的权威和教会所面临的迫在眉睫的危险，相比起来是无足轻重的。他勇敢地拒绝服从，而他的拒绝又得到了虔诚的人民的一致支持。他们轮流值班保护这位大主教；大教堂和圣殿的大门都被严密把守着；而已实行封锁的帝国军队却不
393 愿冒险攻打那坚不可摧的堡垒。大批曾接受过安布罗斯慷慨施舍的穷人都利用这个好时机表现自己的宗教热情和感激之情；考虑到长时间单调的守夜活动可能会慢慢使得人们失去耐心，他于是

十分明智地在米兰教堂里建立起定时大声朗读圣诗这一十分有用的制度。在他全力坚持着这场艰苦斗争期间，他在一次梦中得到启示，告诉他在某处挖掘，便能找到两位圣徒热尔瓦修斯和普罗塔修斯的遗骸。果然在教堂铺设的砖石的地面之下找到了两具完整无缺的骨骼，头与身体分离，还有大量淌血的痕迹。于是通过严肃的仪式将这两具圣骨展示出来，供人们瞻仰；这一幸运发现的每一个细节都恰好有利于推动安布罗斯的计划。殉教者的骨头，他们的血，他们的衣服都被认为有某种医药效用；而且不论把它们拿到多远的地方去，这种神奇的疗效也依然存在，不会有丝毫的丢失。一个盲人奇迹般的得以治愈。以及几个原来着魔的人十分不愿意作出的陈述似乎都证实安布罗斯的信念和神圣绝非虚假；这些奇迹的真实性安布罗斯本人，他的秘书保利努斯，以及他的新皈依的教徒，当时正在米兰传授修辞学的著名人士奥古斯丁，都曾予以证实。有理性的现代人可能定会赞同贾斯蒂娜和阿里乌斯派的朝廷根本不相信其事的态度，他们讥笑这些戏剧性的表演完全是那位大主教的诡计，而且他自己终将身受其害。然而，在人民的思想中，它的作用可是十分迅猛，势不可当的；以致这位软弱的意大利君王发现自己竟无能与这位上天的宠儿抗衡了。而且大地上的各种力量也都出面来支持安布罗斯；提奥多西的不带私心的建议表现出了真正的虔诚和友谊；而宗教狂热的面具却掩盖住了高卢暴君的敌对的野心勃勃的计划。

马克西穆斯于387年侵入意大利。瓦伦提尼安和他的母亲逃往塞萨洛尼卡的提奥多西处。提奥多西娶瓦伦提尼安的

姐姐为妻，击败了马克西穆斯，并将他斩首，从而结束了这场内战。

提奥多西的功与过

这位演说家，他可以沉默不语而不会遭到危险，也可以毫无困难、毫不勉强地对人大加颂扬之词；后人不能不认为提奥多西的为人完全足够写一部由衷的洋洋大观的赞美诗。他的那些法规的明智以及他的军队所取得的胜利都使他的统治，不论在他的臣民还是敌人眼中，都具有相当高的威望。他喜爱并实际享受着高雅的家庭生活，而这在帝王们的宫殿中是很难找到的。提奥多西性情

394 纯真、温和，乐于享受正当的饭食和男女方面的生活，但从不过火；而他对异性的温存和热情始终只限于用于他的合法的对象。在他作为帝国伟人的值得骄傲的称号之外，他还得到忠诚的丈夫、和善的父亲的美誉；出于对他叔父的敬爱，他把他推崇到第二父亲的地位；提奥多西就像对待自己的孩子一样对待他的兄弟姐妹的孩子，他的热忱的关怀遍及他的众多姻亲和本家中最遥远的支系。他的亲密朋友全都明智地选自在和他平等的私交中从不弄虚作假的人群之中；由于清楚意识到他自己的超群的才能，他对偶然穿上一身紫袍表示轻蔑，他的行为表明他对自己登上罗马帝国的王座之前所受到的伤害全已忘怀，而对所受过的任何帮助和恩惠却牢记在心。他讲话声调的严肃或轻快，全视他所接待的臣民的年龄、地位和性格而定；而他那和蔼可亲的态度正反映出他真实的心灵。提奥多西尊重简朴的善良和仁德；任何有用的技艺或才能都会得到

他的赏识而给予公正慷慨的报酬；除了他以不可调和的仇恨对异端邪说决不留情以外，他的恩泽所及范围实在遍及全人类。一个庞大帝国的政务无疑完全足够占去一个凡人所有的时间和精力；然而，这位勤奋的君王，虽无意不切实际地获得一个博学多才的名声，却总要抽出一些空闲时间用以享受人类生活的画卷；而且早有人特别注意到，每当他读到有关秦纳、马略或者苏拉的残暴行径时，他对这些人道主义和自由的敌人总表示出极大的愤慨。他对过去的历史事件的公正评判常被用来作为自己行动的准则，而且提奥多西完全有资格得到很少人能够得到的美誉；他的优秀品德似乎是与他的地位同步增高的；他的事业最顺利的时候，他表现得最为谦和，而他的宽宏大量的态度似乎在内战已取得胜利、危机已过去以后显得尤为突出。暴君的摩尔人卫兵在胜利的第一股热潮中便全被杀死，少数可恶已极的罪犯也受到了法律的制裁。然而这位皇帝的注意力却始终集中于释放无辜，而非惩治有罪。西部的受压迫的臣民重新获得失去的土地已是大喜过望了，而使他们更为惊异的，是他们还得到了一笔相当于他们所遭受全部损失的现款；这位宽宏大量的胜利者还在生活上照顾马克西穆斯的年迈 395
的母亲，并负责让他的几个已成孤儿的女儿接受教育。演说家帕卡图斯曾荒唐地假定，如果大布鲁图斯能够重游地球，这位坚定的共和主义者一定会拜倒在提奥多西的脚前，彻底改变对帝王的憎恨，并不得不坦率承认，这样的君主真正是罗马人的尊严和幸福的最忠实的捍卫者，而他的如此完美的品格简直可以让人觉得那假定并非全无道理了。

然而，这位共和国的缔造者的洞察一切的眼光又必会看到两

个重要缺点，冲淡了他对独裁统治刚刚产生的好感。提奥多西的仁德的思想常常因懒惰而松弛，有时又为激情所左右。为了达到某个重要目的，他能够奋不顾身地勇往直前；但一旦他的计划已经完成，或危险已经过去，这位英雄便会不顾一切地松懈下来，去纵情享受豪华的宫廷生活中无伤大雅但也十分无聊的乐趣，忘记了一位君王所有的时间都是人民的财产。提奥多西的天性比较急躁，而且易怒；处在一种没人能反抗他，很少人能劝阻他不要因一时之怒造成严重后果的情况下，这位仁慈的君王每一意识到自己的弱点和权力不免理所当然地感到十分惊愕。他一生都在不断地研究如何压制或调节自己的不时发作的暴躁的性格；而他的努力所获得的成功更增加了他宽宏大量的美德。然而，这种苦苦追求的应能保证胜利的美德不幸却终于面临失败的危险；而且，这位明智而仁厚的君王的统治却被一件可以在尼禄和图密善的史册中找到的残暴行径所玷污。在短短3年时间之内那位为提奥多西作传的自相矛盾的史学家不得不一方面叙述他对安条克人民的宽宏大量的宽恕，一方面又记录下他在塞萨洛尼卡进行的惨无人道的大屠杀。

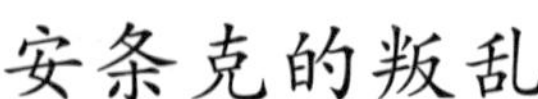

安条克的叛乱

安条克的活跃、焦躁的居民一直便对自己的处境和他们的历代皇帝的作为深感不满。提奥多西的阿里乌斯派的臣民们因失去他们的教会感到痛心；同时，由于有三位敌对的主教争夺安条克的教会的宝座，最后归于一派的判决，不免激起了两个失败的教派的不满。哥特战争的急需费用以及最后签订和约所必然带来的巨大开支都使这位皇帝不得不加重人民的赋税负担；亚洲各省，由于它们并未曾卷入这场灾难，不那么愿意为解救欧洲的困难出力。在他统治下的盛世现在已接近10周年了；一次盛大的庆祝活动虽使士兵们感到满意，因为他们各得到了一笔数目可观的奖金，而一般臣民却因为他们过去自愿拿出的捐赠早已变成额外强加于他们的沉重负担而甚不高兴了。一道道征税的敕令打破了安条克人民的平静和安逸的生活；于是请愿的群众围住了行政官员的法庭，他们 396
一开始用还很尊重的哀求口气，请求官府为他们做主。由于那些蛮横的当官的傲慢无理，把他们的诉苦说成是抗拒皇命的犯罪行为，他们便慢慢越来越动火了；他们的俏皮的讥讽逐渐变成了愤怒的咒骂；而且人民的叫骂，一开头还只限于对政府的下级机关，进而无形中发展为对皇帝本人的神圣人格的攻击。他们的被无力的反击进一步激起的愤怒于是倾泻在原为供人民瞻仰、在市里各显要位置建立的皇帝家人的雕像上。提奥多西的雕像、其父、其妻弗拉克基拉的雕像、他的两个儿子阿尔卡狄乌斯和霍诺留的雕像，全都被轻蔑地从基座上推倒下来，砸成碎块或鄙夷地在街上拖过；这种对象征帝国威严的形象表现出的蔑视完全足以说明人民的不忠和叛逆的愿望。这场骚乱几乎是立即被开来的一批弓箭手镇压下去；安条克人民完全有时间来思考一下他们的罪行的性质和后果了。该省的总督，因其职责所在，写下一篇如实说明全部事实真相的报告，这时提心吊胆的市民把他们认罪和获得悔罪的机会全交托给了他们的主教弗拉维的热情和元老伊拉里于斯的口才，伊拉里于斯是利巴纽斯的朋友，更极有可能是他的门徒，他的天才在遇

上这种不愉快的事件的时候对他的国家是不会完全无用的，安条克和君士坦丁堡这两座都城相距800英里之遥，尽管有帝国驿站的不懈努力，这座有罪的城市因长时间得不到确信，担惊受怕而受尽折磨。每一个谣传都能使安条克充满希望和恐惧；他们惊恐万状地听说，皇帝由于人们对他本人的，尤其是对他心爱的王后的雕像进行的侮辱感到恼怒万分，已决心将这座罪恶的城市夷为平地，并将其罪恶的居民不分男女老幼统统斩尽杀绝；有许多居民由于心怀恐惧实际早已逃进叙利亚山区和附近的沙漠地带避难去了。最后，在骚乱已过去24天之后，赫勒比库斯将军和行政长官恺撒里乌斯宣布了皇帝的意旨和对安条克的判处。这座骄傲的首都不再享有城市称号；这座东部名城将被剥夺掉原有的土地、各种特权和岁收，从此改用村庄这个可耻的名称，归属于拉奥狄凯亚的管辖之下。这里的浴池、马戏场以及剧院等等全部关掉；所有的财路和娱乐项目可能也都将终止。根据提奥多西严格的禁令，谷物分配也完全取消。他还派出专员来对个人的罪责进行追查、哪些人曾直接参与过捣毁那些神圣雕像的活动，哪些人袖手旁观不加制止。
397 赫勒比库斯和恺撒里乌斯的审判法庭就建在竞技场的中央，四周有武装的士兵把守。安条克最富有的市民被捆绑着带到他的面前，审讯使用酷刑逼供，对他们的处理，或立即宣判，或暂缓判决，全凭这几位特派大员裁定。罪犯的房产被公开出卖，他们的妻子和儿女立即从富足、奢侈的生活堕入贫贱不堪的境地，人们估计，这一天大约将以大批血腥的处决而告终，因而安条克的牧师，口才出众的克里索斯托姆生动地把它比作将进行最后审判的世界末日。但是，提奥多西的使臣们对交托给他们的这一残酷任务却颇不愿执行，他们对广大人民的严重灾难不免洒下了同情之泪，他们怀着极大的敬意聆听着成群结队从山上下来的僧侣和隐士的紧迫的申诉。赫勒比库斯和恺撒里乌斯终于在他们的劝说下同意缓期执行已作的判决；大家商定，赫勒比库斯继续留在安条克，恺撒里乌斯以最快的速度返回君士坦丁堡，大胆地再次请皇帝考虑此事。此时提奥多西的怒气已经消了下去，作为民众代表的那位主教和演说家都有幸得到了皇帝的亲切召见；皇帝的指责像是一位受伤害的朋友发出的报怨；而并非依仗权势发出的威胁。他一概宽恕了安条克城及其市民的罪行，监牢的门立即全部敞开；那些正在担心自己性命不保的元老们又重新领回了自己的房屋和田产；这座东部的首府重新又恢复了它昔日的地位和光辉。提奥多西甚至还嘉奖君士坦丁堡的元老院，称赞他们曾慷慨地为他们的受难的弟兄奔走；他授予伊拉里以斯巴勒斯坦的统辖权，以奖励他的出众的口才，并在送走安条克的主教时说了许多表示敬意和感谢的言辞。为感谢提奥多西的宽宏大量，一千座新雕像重新建立起来；他的臣民们对此发出的欢呼声也得到了他由衷的赞许；这位皇帝曾公开表示，如果伸张正义是皇帝的最重要的职责，宽大为怀的行为则是他所能享受到的最大的乐趣。

塞萨洛尼卡的大屠杀

一般认为塞萨洛尼卡的叛乱的起因更为荒唐，其所产生的后果也更为可怕。为了保护这个作为所有伊里利亚各省首府的巨大城市免遭哥特战争的战祸，这里一直修有坚强的防护工事，配备有

一支数量可观的宪兵，军队的统帅名叫博特里克，从他的名字看，他似乎应是野蛮人，在他手下的奴隶中有一个漂亮的男孩引起了
398 马戏团中一位车术表演者的欲望。这个凶残无理的情人被博特里克下令关进了监狱；他坚定地拒不接受群众不能忍受在公开表演的那一天看不到他们最喜欢的车技表演的呼声，在他们看来对于一个车技表演者来说，重要的是他的技术而并非他的品德。更由于过去的一些争吵和不满情绪借此机会一起爆发出来；而因为军队的主要兵力被抽调去支援意大利战争，又加之常有士兵逃走，剩下的兵力已不足以保护住不幸的将军不受狂怒的人群的袭击，致使博特里克和他的几位主要官员惨遭杀害。有人还拖着他们那遍体鳞伤的尸体在街头示众。这时皇帝住在米兰，得到了有关塞萨洛尼卡人民如此胆大妄为的暴行的情报以后感到十分震惊。这时，一位不动感情的法官的审判将会对行凶的首要分子加以严厉惩处；尽管博特里克的功绩可能会使他的主子感到无限悲痛和愤怒。但火爆脾气的提奥多西不能等待司法部门按部就班的审讯，他匆匆决定他的副职将军的鲜血必须用行凶手的鲜血来偿还。不过他这时的思想还正犹豫于究竟是采取宽大政策还是进行血腥报复之间；主教们的热情的劝导几乎使得皇帝勉强同意全面宽恕了；但他的大臣鲁费努斯的几句谄媚的话不禁使他的怒火再度燃烧起来；而且，在他已派出信使下达死亡命令之后，他还曾试图阻止对他的命令的执行，只是时间已经太晚了。于是一座罗马城市的复仇计划就这样盲目地由一群不分青红皂白的野蛮人执行了；而且这一敌对行动的计划还是和一个阴暗、险恶和非法的阴谋一同进行的。塞萨洛尼卡的市民们得到一份以皇帝的名义发给他们的请

帖，假意邀请他们前去观看马戏；由于他们对这类娱乐永远也看不够，又加上观众是如此众多，一切恐惧或怀疑念头竟全被打消了。在观众全部来到以后，事先埋伏于竞技场周围的士兵们就在一声号令中行动起来，不是进行比赛，而是开始大屠杀。这场不分外地人与本地人，不分年龄、性别，不分有罪，无罪的血腥的大屠杀持续了 3 个小时，被杀人数，根据最保守的估计，不下七千人；更有些作家肯定，至少有 15000 人成为奉献给博特里克的英灵的牺牲品。一位外国来的商人可能不曾想到自己会被杀，因而提出用自己的生命和全部财产来换取他的二子之一的性命，正在他对两个儿子都同样舍不得，不知该选定哪一个、牺牲哪一个犹豫不决的时候，士兵们帮他做出决定：用匕首同时刺进了这两个毫无防卫能力的
孩子的胸膛。这些刽子手们所说的他们不得不拿出足够的人头交 399
令的借口只是使这场看来有领导、有预谋，并系按照提奥多西的命令行事的大屠杀更显得骇人听闻而已。由于这位皇帝经常长时间在塞萨洛尼卡居住，他的罪责就更为严重了。这座不幸的城市的位置，它的街道和建筑的外貌，它的居民的衣着和形容对他都十分熟悉。以致都随时浮现在他的眼前；提奥多西甚至十分亲切地感到遭他屠杀的那些人还依然存在。

皇帝对正教牧师怀有的敬意，使他对安布罗斯的性格不免格外喜爱和钦佩。因为他的身上可说凝聚着一切主教的最高美德。提奥多西的朋友和大臣们处处效仿他们的君主；而他却只是有些惊讶，而并无不快地发现，他所有的秘密打算转眼便传到这位大主教的耳朵里，而他的行为总根据一个值得赞扬的信念：民事政府的一举一动都可能和神的荣誉及真正宗教的利益有某种联系。波斯

边境上的一座不知名的小镇卡利尼库姆的僧人和市民受到他们自己的以及他们的主教的狂热情绪的激励，曾在暴乱中烧毁了一处瓦伦提尼安派集会的场所和一所犹太教堂。煽动闹事的高级教士受到该省行政官员的判处，或者重建那所犹太教堂，或者赔偿全部损失，这项温和的判决也得到皇帝的认可。但却没有得到米兰大主教的批准。他为此口授了一封批评和指责的信函，那口气简直仿佛皇帝曾受过割礼，已背叛了他曾受洗礼的宗教信仰。安布罗斯认为对犹太教的宽容就是对基督教的迫害，并大胆声称，他自己以及每一位真正的信徒都迫切希望，就这一行动的功过以及授予殉教烈士头衔问题，和卡利尼库姆的主教进行一次评论；他并以十分悲痛的口气抱怨说，这次判决如加以执行，将对提奥多西的声誉和得救产生不堪设想的后果。由于这一私下的告诫没有立即产生效果，这位大主教又站在他布道的讲台上向在位的皇帝公开发表讲话；而且在得不到提奥多西的严肃、明确的保证不惩治卡利尼库姆的主教及僧侣之前，绝不同意提供祭坛上的祭品。提奥多西郑重地收回了原来的判决；并且在他居住米兰的那段时间里，他对安布罗斯的敬爱之心一直伴随着他们的虔诚的推心置腹的交谈而有增无已。

提奥多西的悔罪

安布罗斯得知提奥多西的大屠杀的消息，他心中充满惊愕和痛苦。他躲到乡下去以便尽情发泄自己的悲伤并避免和提奥多西相见。但由于这位大主教意识到这种怯懦的沉默将会使他成为他

的罪恶的帮凶，因而他在一封私人信中诉说了这一罪恶的严重性，400
并提出只有真诚的忏悔才能予以消除。安布罗斯在为宗教热情所激动的情况下，也注意到要小心谨慎，他只能满足于通过宣称上帝对他显灵，警告他不能以提奥多西的名义或当着他的面祭神，并建议他关起门来专心祈祷，不要妄自接近神坛，也不要用他那仍旧沾满无辜人民鲜血的双手去接受圣餐，这样采取了一种间接将他逐出教会的办法。皇帝通过他自己的反省和他这位教父的影响已经深感痛心；因而在他为自己的一时狂怒所造成的罪恶的、无法挽回的严重后果万分悲痛之后，他仍和以往一样又前往米兰大教堂进行礼拜活动。他走到教堂入口时被大主教拦住了，他用上帝使者的口吻和语言对他的君王说，仅是私下的忏悔是不足以清偿公开犯下的罪恶，也难以安抚被激怒的神灵的义愤的。提奥多西诚恳地说，如果说他犯下了杀人罪，那最合上帝心意的大卫不但犯有谋杀罪，而且还犯有通奸罪。这时无所畏惧的安布罗斯的回答却是，“你犯罪既是以大卫为榜样，那你也就应该学他一样忏悔。”他终于接受了极其苛刻的和解和赦免的条件；提奥多西皇帝的公开忏悔一直作为一个极为光荣的事件写入教会历史。根据公元 4 世纪时基督教教规，对杀人罪最温和的惩罚也需要 20 年的苦行赎罪：而把在塞萨洛尼卡大屠杀中所杀人数累计起来，在一个有限人生中是无法赎偿的，因此，这个杀人犯便应从此被逐出神圣的教会，直至死亡。但是大主教在充分考虑宗教政策的各种原则之后，鉴于这位非同一般的悔罪人的特殊地位，尤其是他已不顾王者之尊深自忏悔，决定对他适当放宽条件；而对他进行公开教诲也可作为缩短他的苦行期的一个重要理由。对于一位罗马皇帝来说，让他

剥去作为皇帝标记的一切服饰,以痛苦乞怜的姿态出现在人们眼前,并在米兰的教会中痛哭流泪,请求宽恕他的罪恶便已经足够了。在这次精神治疗的过程中,安布罗斯采用了多种温和的和严厉的方法。在经过大约 8 个月的时间之后,提奥多西便又恢复了和信徒们在一起的生活;而那份把已做出的判决的执行时间推迟 30 天的敕令则可视为他的忏悔的重要结果。后人一直赞赏这位大主教的正直和坚毅:而提奥多西所作出的榜样却也足以证明那
401 些能够使一位不怕一切人世刑罚的君王却不得不慑服于看不见的审判者的法令及其执法人的教规的重要作用。孟德斯鸠曾说,“那些在行动上为宗教方面的希望和恐惧所左右的帝王可以比作被豢养的狮子,它们只屈服于主人的叫喊声,也只在他手下才服服帖帖。”因此这头狮王的一举一动都得听命于已获得可以控制住它的权威的人的意图和兴趣;而手中掌握着一国之主的良心的牧师则完全可以煽起或缓和他的带有杀机的冲动。同一个安布罗斯以同样的热情为人道主义的事业和迫害活动出力,而且都同样获得了成功。

在高卢的暴君战败死去以后,罗马帝国便全归提奥多西所有了。他根据格拉喜安的选择而光荣地拥有东部各省;早已依靠战胜者的权利占有了西部;他在意大利度过的三年时间被有效地用来恢复法律的权威性,并纠正了在马克西穆斯篡权时期和瓦伦提尼安的幼小所造成的许多人长期胡作非为而无人过问的局面。在公布的法令上一般都加上了瓦伦提尼安的名字,但贾斯蒂娜的这个年纪尚小、尚无一定信仰的儿子所需要的似乎应是有一位信仰正教的监护人来加以精心照顾,那样他的不切实际的野心可能会

使这个不幸的年轻人毫无抵抗，甚至也毫无怨言地被排出在政府之外，甚至被剥夺掉对帝国的继承权。如果提奥多西依据利害关系和策略需要的冷酷原则行事，他的行为完全可以得到他的朋友们的谅解。而他在这个极关重要的问题上所表现的慷慨却使得他的多年的宿敌也不得不拍手叫好。他把瓦伦提尼安扶上了米兰的宝座，不曾对眼前或将来的利益提出任何要求，便把他被马克西穆斯用武力赶出的所有省份的统治权全部交还给他。除了完全归还他的大批世袭领地外，提奥多西还慷慨地把在格拉喜安被杀后他靠自己的英勇收复的阿尔卑斯山以外的国土全奉送给他。在满意地获得了为恩人之死复仇并把西部帝国从暴政的枷锁下拯救出来的荣誉之后，这位皇帝便从米兰回到了君士坦丁堡，安定地统治着东部各省，渐渐又回到了他昔日的奢侈和懒散的生活习惯中去。提奥多西把国事的重担全交托给瓦伦提尼安的哥哥，却对他的妹妹表现了无限的夫妻柔情；后人在赞成他的纯真和独特的崇高品格的同时，还必将为他在利用自己取得的胜利时所表现的无与伦比的慷慨所倾倒。

瓦伦提尼安其人及其死亡

太后贾斯蒂娜在回到意大利后不久便去世，虽然她曾目睹提奥多西的胜利，却没有机会插手她儿子的政府工作。瓦伦提尼安因受她的影响和教导形成的对阿里乌斯教派的有害的依恋，很快便被更多的正教的教育所消除。他对尼斯信条的日益增长的热情 402
以及他对安布罗斯的人品及权威地位的父子般的尊重，使正统基督教教徒对西部的这位年轻皇帝的品德甚为赞赏①。他们赞赏他的忠贞和自我克制,他无心寻欢作乐,却勤勤恳恳工作,以及他对他的两个姐妹爱护备至,但她们却又绝不能动摇他秉公执法的宗旨,让他哪怕是对一个最下贱的平民作出不公正的判决。然而,在这位和蔼可亲的年轻人尚未满 20 岁的时候,他却受到了国内叛乱行为的困扰,致使整个帝国再次陷入可怕的内战之中。一个名叫阿波加斯特斯的骁勇的法兰克军人曾在格拉喜安时期任军中第二要职。在他的主子死去之后,他来到提奥多西的麾下,以其勇敢善战加速了暴君的毁灭,胜利以后,便被任命为高卢部队的最高司令。他的真实的才能和虚假的忠诚为他赢得皇帝和人民的信赖;他的无边慷慨则破坏了他的部队对帝国的忠诚;因此在他被视为国家的中流砥柱受到广泛尊重的时候,这个大胆奸诈的野蛮人却在暗地密谋或者由他来统治,或者彻底搞垮西部帝国。军队的重要指挥权全都落在几个法兰克人手中;阿波加斯特斯的亲信被提升到受人尊敬的重要的岗位上工作。随着这一阴谋的进一步发展,瓦伦提尼安身边所有忠诚的臣仆都被清除掉;这位皇帝现在既无权力,也无向他传递信息的耳目,在不知不觉中完全变成了一个处境危险,一切不由自主的囚徒。他所表达的愤怒可能只不过是年轻人的鲁莽和冲动,但也可以认真地归之于一位并不认为自己无能统治的君主的气恼。他暗中邀请米兰大主教担任调解人的职务,一方面作他的真诚的见证,同时保护他的安全。他设法告知东

① 这位年轻皇帝在大宴宾客时自己却不进食;他还拒绝会见美貌的女演员等等。由于他曾下令把他养的野兽杀掉,菲洛斯托吉乌斯便因而指责他喜爱这类娱乐显然是不公正的。

部皇帝他的危急处境，并明白声称如果提奥多西不火速派兵相助，他便不得不冒险逃离这座在高卢境内的维埃纳王宫，或监狱；他当时不该自不小心选择了这个处于反对势力包围之中的地方作为自己的住处。然而，由于得到救援的希望是那么遥远和渺茫，更由于每天都会遭到一些新的刺激，于是这位皇帝，在既无兵力又无谋臣的情况下，竟贸然决定立即冒险与他的重兵在握的将军进行一次较量。他在皇宫的大殿上接见了阿波加斯特斯，而在这位伯爵带有几分尊敬的表情刚一走近他的跟前，他便递给他一纸文书，免去他的一切职务。而阿波加斯特斯讥讽地冷笑说，“我的威望可不
是一位君王一时的喜或怒所能改变的。”并轻蔑地把文书扔在地 403
上。愤怒的皇帝一把抓住身边卫兵的佩刀，努力将它从刀鞘中抽出，然后经过了一番激烈的争斗之后，他终于未能将那致命的武器刺进他敌人或他自己身上。在这场暴露出瓦伦提尼安愤恨和无能的非同一般的争斗过去几天以后，有人发现瓦伦提尼安被勒死在自己的住房里，显然曾采取种种办法以掩盖阿波加斯特斯的无可怀疑的罪行，并让世人相信，年轻的皇帝的死完全是他自己感到绝望而采取的行动的结果。他的遗体被隆重地送往米兰的墓地，大主教在一篇悼词中沉痛悼念他的美德和他的不幸。在这种情况下，安布罗斯在人道主义思想的驱使下，额外在他的神学戒律中开方便之门，为了安慰瓦伦提尼安的两个以泪洗面的姊妹，一再向她们保证，她们的虔诚的兄弟尽管没有接受神圣的洗礼，已毫无困难地进入了永恒幸福的天堂的大门。

做事谨慎的阿波加斯特斯早就为实现自己的野心做下了各种准备，在西部各省境内，在人们心中，爱国主义和忠君思想早已消

灭尽净。大家全带着听天由命的思想，观望着不知何人将按一个法兰克人的心意被推上皇帝的宝座充当新君。但残存的民族骄傲和偏见仍不赞同让阿波加斯特斯本人登基，而这位机智的野蛮人也感觉到自己假手于一个听命的罗马人来进行统治将更为得计。因而他把皇帝的紫袍给修辞学家尤金尼尼乌斯穿上了，此人在此之前便已从他的私人秘书提升为办公室长官了。无论在私事或公务方面，这位伯爵一直对尤金尼乌斯的忠心和能力十分赞赏；他的学识和口才，再加上他那端庄的风度，使他颇受广大人民的尊敬，而他似乎并不愿当皇帝的表示则更使人们对他的美德和谦逊产生对他有利的偏见。马上新皇帝的使臣被派往提奥多西的王宫，以伪装的悲伤，通报了瓦伦提尼安不幸意外死亡的消息，并完全不提阿波加斯特斯的名字，请求东部君王接受由西部的军队和各省一致推选的一位可敬的公民作为合法的西部皇帝。提奥多西完全有理由担心，一个野蛮人的背信弃义活动一转眼便会将他过去的努力和胜利的成果毁于一旦；更加上他心爱的王后哭泣着要求他去为她的弟弟报仇的激励，他再次决定使用武力恢复皇位的尊严。但是，由于第二次西征将是一次十分困难和危险的任务，他于是用一份丰厚的礼物和一个含混的答复打发走了尤金尼乌斯的使者；
404 然后花了几乎两年的时间准备这次内战。这位虔诚的皇帝在作出任何重要决定之前急于想知道上天的意愿究竟如何；而由于基督教的发展早已使特孚斐和多多纳等地的神谕无从得到了，他因此决定求教于一位在当时被认为具有知晓未来的奇异天赋的埃及僧人。于是君士坦丁堡宫中一位十分受宠的宦官尤特罗皮乌斯便被派乘船前往亚历山大里亚，从这里再溯尼罗河而上，直到遥远的省份蒂巴伊斯的吕科波利斯或恶狼城。在该城附近的一座高山顶上,这位神圣的约翰亲手建造了一间简陋的小屋,已在里面居住了50多年,从不开门,从不曾见过任何女人一面,也不曾尝过一口用火烧过或经人加工过的食物。他每周5天闭门祈祷或思考,只在礼拜六和礼拜日打开一扇小窗户,接见接连不断从基督教世界各个角落前来的大批求见者。提奥多西的宦官尊敬地一步一步来到他的窗前,向他提出了关于内战的问题,他很快便带着十分吉利的神谕回到宫中,这神谕肯定内战将是残酷的,但必将获得胜利,大大鼓起了皇帝的勇气。为实现这个预言,人的智慧所能想到的办法全都用上了。部队的两位主帅,斯提利科和提马西乌斯,奉命全力招募新兵和重新整顿罗马军团的纪律。凶猛的野蛮人的部队全在他们各自的酋长的旗帜下列队。伊比利亚人、阿拉伯人和哥特人彼此都感到十分惊讶,但却同在一位君王的麾下效力;著名的阿拉里克曾在提奥多西的学校里学到许多作战的知识,后来他正是全力使用这些知识造成了罗马的毁灭。

西部皇帝,或者更确切地说,他的将军阿拉里克,从马克西穆斯的失误和不幸中吸取了教训,知道面对一个完全可以任意加紧或停止,收缩或张开他的各种进攻方式的有经验的敌人,把自己的防线拉得过长将是多么危险。阿拉里克因而把自己的阵地完全安置在意大利境内;允许提奥多西的部队,在没有任何抵抗的情况下占领了潘诺尼亚各省,直达尤利安山山脚下;甚至还出于疏忽,或者出于有意的计谋,连各个山口也无人把守,任凭胆大的入侵者出入。他从山上下来,颇有些吃惊地看到哥特人和日耳曼人的兵器和巨大营寨漫山遍野,一直伸展到了阿魁利亚的城墙和弗里基吐

斯阿或冷河河边。这样一片处于阿尔卑斯山和亚德里亚海之间的狭长的战场实不容有多少发挥军事才能的余地；阿波加斯特斯的顽固气焰不容他请求赦免；他的罪行之重已破除了进行谈判的希
405 望；而提奥多西则急于惩办杀害瓦伦提尼安的凶手，以完成自己的光荣的复仇计划。这位东部皇帝不曾认真考虑横亘在他前进道路上的天然的和人为的障碍，便贸然进攻敌人的防线，把最光荣最危险的任务交给哥特人承担，心里暗暗希望通过这血腥的一战可能会杀一杀这些征服者的威风并减少他们的人数。这支辅助部队中的 10000 人和伊比利亚的将军巴库里乌斯都英勇战死了。但他们付出的血的代价并未赢来胜利。高卢人仍保持着优势，只是由于夜幕降临才使得提奥多西的部队得以溃逃，或者撤退出来。皇帝退到附近的一片山区，在那里度过了一个凄惨的夜晚，没有入睡，没有食物，也没有希望①，只除了坚强的头脑在面临绝境。出于对命运和生命的鄙视而产生的坚强信念。尤金尼乌斯在他的营地放荡地狂欢以庆祝胜利，而这时机警、活跃的阿波加斯特斯却暗中派出一支数量可观的部队占领了各个山口，并从后面把东部军队包围起来。天亮时候，提奥多西看到的是自己的极度危险的处境，但他的恐惧很快就被一个可喜的消息驱散了，对方部队的一些指挥官表示他们准备背叛他们的那位暴君。他们所提作为归顺代价的有关荣誉和财物方面的条件他毫不犹豫一概接受。由于当时难于找到纸笔，他就在自用的便条上写明批准这一协议。这一及时的

① 提奥多雷肯定说，圣约翰和圣菲利普曾出现在睡着或醒着的皇帝面前，他们骑着马等等。这是最早的说使徒骑马的例证，此后这一说法在西班牙以及在十字军东征时期十分盛行。

援兵的出现又使士兵们重新振作起来，他们再次信心百倍地去向一个其手下主要将领似乎既不承认他的武力的正义性，也不相信他有获得胜利希望的暴君的营帐进行袭击。正在战斗处于白热状态的时候，自东方刮来一阵在阿尔卑斯山区常常见到的强烈的狂风。提奥多西的部队因正好背风而免遭狂风的直接危害，但狂风卷起漫天沙土却直扑敌人的脸面，马上使他们的队伍大乱，一个个都抓不住手中的武器，投出的标枪也被风吹回或改变其方向而完全失去作用。这一意外出现的有利条件还意外获得奇妙的发挥：这风暴的凶猛无端大大增加了进犯的高卢人的恐惧，他们都毫不以为耻地向看不见的强大的天神投降，而他看来是在为虔诚的皇帝帮忙。他这一仗的胜利是决定性的，而他的那两个对头的死也因其性格不同而有所不同。几乎要登上统治世界的宝座的修辞学家尤金尼乌斯只得恳求征服者的饶恕，但一群无情的士兵却在他 406
屈身俯伏在提奥多西脚前的时候砍下他的头来。阿波加斯特斯在那场战争中执行了一个军人和一位将军的职务，在战斗失败后，曾接连数日在一片山区中流窜。但当他意识到自己的事业已全然无望，还想逃命已不切实际的时候，这位勇猛的野蛮人便以古代罗马人为榜样，用剑刺进了自己的胸膛。帝国的命运就这样在意大利的一角决定了；瓦伦提尼安家族合法继承人接纳了米兰的大主教，也不加指责地接受了西部各省的重新归顺。那些省份犯下了参与谋反的罪行；而那时只有安布罗斯一人坚定不移地拒不承认那篡权活动已取得成功。这位大主教以他那或许出现在任何其他人身上都会招来杀身之祸的无所顾忌的气概，拒绝尤金尼乌斯送给他的礼物，退回他的信件，并毅然离开米兰，以避免见到那个暴君的

可憎的面目，而他的败亡，他早以谨慎而含混的语言作出预言了。安布罗斯的美德得到了获胜的君王的赞誉，他自己也因忠于基督教教会而得到人民的拥护：一般都认为，提奥多西的仁德也应归功于这位米兰大主教的仁慈的诱导。

提奥多西之死

在打败尤金尼乌斯以后，提奥多西的功勋及威望已为整个罗马世界居民所欣然承认。他以往在位的经历使得人们对他今后的统治都抱着无比美好的希望；这位皇帝的年龄也尚不满 50 岁，这便似乎预示着将有一段时间较长的太平盛世。他在那次胜利以后仅仅四个月的去世被人民看作是一件完全出乎意料的严重打击，它转眼之间粉碎了新的一代人的希望。但过于放纵的奢侈、安逸生活早已暗中种下了病根。骤然从皇宫转到军营生活的巨大转变使提奥多西的身体已无法承受；越来越严重的水肿现象说明皇帝的身体正迅速崩溃。人民的意见，也或者从他的利害考虑，全都赞同东、西帝国的划分；早被热爱他们的父亲加以奥古斯都称号的两位年幼的王子阿尔卡狄乌斯和霍诺留势将分别在君士坦丁堡和罗马登位。皇帝不曾让两个儿子分享内战的危险和荣誉。但提奥多西在击败平庸的敌人以后却马上召唤他的小儿子霍诺留前来分享胜利成果，并从他临死的父亲手中接过统治西部的权杖。霍诺留抵达米兰时马戏团进行精彩表演以示欢迎；这时皇帝虽已病得十分沉重，仍然亲自到场以加强群众的欢欣。但是，他又勉强支撑着
407 参加清晨的盛会的努力终于耗尽了他所仅剩的一点精力。那一天

的其他活动只好由霍诺留代替他父亲来主持；伟大的提奥多西在当天晚上便与世长辞。尽管还存在着刚刚结束的内战的仇恨，他的死亡还是受到全体人民的哀悼。被他征服的野蛮人和曾制服他的教士们都由衷地高声赞颂这位在他们眼里无与伦比的皇帝的优秀品德。罗马人对软弱的、分割的统治必将带来的危险十分担心，而阿尔卡狄乌斯和霍诺留的不幸统治每一出现失误都会使他们不免又想起那无法弥补的不幸。

人们在如实描绘提奥多西的优秀品德时从来也不曾隐瞒他的缺点；残暴的行动和懒惰的习性损伤了这位罗马史上少有的亲王之一的光辉形象。一位始终对提奥多西的虚名表示不满的历史学家不惜夸大他的罪恶行径及其有害影响；他大胆肯定，全国上下各个阶层的人士都莫不效法他们的君主的女人气作风；说各种各样的腐败行为彻底毒化了当时的社会和个人生活；还说那勉强维持住的微弱的社会秩序和礼仪全不足以抗拒日益严重的堕落趋势，而这种趋势正越来越使得人们，丝毫不以为耻地为图个人安逸或放纵个人情欲而不顾个人责任和社会利益。那些哀叹人民生活日趋奢靡，社会风气日趋堕落的当代作家所发出的责难，大多数是从他们自己的特殊感受或处境出发的。能够对社会的变革具有清醒、全面的认识，并能真正看清足以朝一个方向推动一个群体的盲目和随时变化的激情的精巧而隐秘的动力的观察家是从来不多见的。如果我们依据任何约略可信的理由，可以肯定，提奥多西统治期间的罗马的奢侈生活，比君士坦丁或者也许比奥古斯都时期都更为可耻，更为荒唐，这种变化也绝不能归之于有什么有利的变革使国家的财富有所增加了。长时间的灾难或腐败只会导致百业荒

废，减少了人民的财富，所以他们的肆意挥霍，只能是因为他们的无心挣扎的绝望思想使他们全都只顾眼前享乐，而不再考虑未来了。由于感到自己所拥有的财产朝不保夕，提奥多西的臣民全都无心从事那些要马上拿出钱来，但获利缓慢的有用的劳苦行业。眼前频繁出现的一家家破产、毁坏的情况促使他们不惜把随时有可能遭到残暴的哥特人抢夺的祖传的财产挥霍掉。在一艘将沉的船或一个被围的城市的混乱中，必然出现疯狂的挥霍，完全可以用来解释，在一个行将没落的国家的不幸和恐惧中为什么人们会越来越不爱惜钱财了。

408 影响宫廷和城市社会生活的令人志气消沉的奢侈风气也在暗中毒化和腐蚀着罗马军团；一位曾仔细研究过有关罗马军风的真正古代宗旨的军人曾记录下了军队的堕落情况。据维格提乌斯的精当、重要的观察，自罗马城始建之初直至格拉喜安统治时期，步兵都毫无例外地穿着防身铠甲。但随着军纪的松懈和缺少训练，士兵们从体力和意志方面都不愿承受服兵役所带来的劳累，他们抱怨铠甲太沉，也很少穿着了；逐渐他们也便获准把铠甲和头盔都放在一边了。他们的先辈所使用的沉重兵器，那曾使世界屈服的短刀和坚固的皮龙，不知什么时候便从他们的手中消失了。由于使用盾牌便不能使用弓箭，他们在勉强开赴战场时就注定不是受刀剑之苦，便是无耻地临阵逃脱，而一般他们总选择可耻的后一条路。而哥特人、匈奴人以及阿兰人的骑兵却都看到了护身铠甲的好处，普遍加以采用；再加上他们在使用投掷武器方面的优势，他们就很容易打败光着上身、浑身发抖的罗马军团的士兵，他们的头部和胸部全都袒露着，完全不能抵挡野蛮人射来的箭。军队的伤

亡、城池的丢失以及罗马人名声的衰落都未能使得格拉喜安的继位者完全恢复步兵穿戴盔甲的做法。软弱无能的士兵们不但使他们自身,也使国家失去了防护能力;他们的怯懦和懒惰可说是帝国败亡的直接原因。

409 第二十八章　异教的了结。塞拉皮斯神庙的被毁。对异教仪式的查禁。对基督教殉教者的崇拜和多神教活动的复兴。

异教在提奥多西时代的毁灭可以说是在人类思想史中仅有的一个古老的、流行的迷信归于彻底灭绝的例证。基督教徒们，尤其
638 是教士们，已经勉强容忍了君士坦丁审慎的拖延政策和老瓦伦提尼安同样宽容的政策，而在他们的敌人还能与他们同在的时候，他们便不会感到自己已取得真正的决定性的胜利。安布罗斯和他的教友们对年轻的格拉喜安和虔诚的提奥多西所产生的影响全被用来向他们的新入教的君王们灌输迫害异己的思想。两项有关宗教法令的貌似有理的原则得到了承认，他们从中更演绎出了一个直接针对帝国臣民中仍然信奉他们祖先的宗教仪式的人极为不利的结论：其一，行政官员如对某些罪行不加制止，不予以惩罚，他便也在一定程度上犯下那一罪行；其二，对假想的神灵和真正的魔鬼的崇拜是对造物主的至高无上的权威所犯下的最不可宽恕的罪行。教士们还把摩西的戒律和犹太历史上的一些案例草率地，也许是错误地，用于温和的基督教的普遍统治。这几位皇帝被激发起来

的宗教狂热全被用于维护他们自身的和神的尊严；罗马世界的各种神庙在君士坦丁改变宗教信仰的60年后全都被破坏了。

从努马时代直至格拉喜安统治时期，罗马人让几个祭司团一直保留下来。十五位大祭司对为神服务的一切事物和人行使着最高司法权；不断地产生于松散的传统体制的众多问题则交由他们神圣的法庭裁决。十五位严肃的、饱学的鸟占官观察着天空，根据鸟的飞行情况预言英雄们的行动。十五位西卜林神谕的守护者（亦称 QUINDECEMVIRS，这个名字亦即十五人之意）则看来是在遇到意外的事件时，偶尔查阅一下未来的历史。六位守护灶神殿
的处女奉献出自己的童贞，守护着任何人敢于窥伺必将受到严惩 410
的那圣火和那不可知的罗马的气运。七位司膳［EPULOS］负责侍候众神用餐，指挥庄严的行进队伍，并组织每年的庆典活动。三位朱庇特，马尔斯和基林努斯[①]的祭司被认为是这三位掌管着罗马和世界命运的最强有力的天神的特别使臣。而献祭之王则指的是努马本人及其在宗教职能方面的继承者，这种职务是只能由帝王来亲手完成的。由萨里法兰克[②]人和鲁柏卡斯[③]组成的兄弟会，尽管他们举行的各种仪式难免使任何一个稍有见识的人嗤之以鼻，他们却很自信，认为自己一定能得到不朽的诸神灵的青睐。罗马祭司过去拥有的干预共和国国事的威武地位已随着君主制的建立和帝国中心位置的转移而逐渐消失。但他们的神圣身份的崇高地位却仍然受到他们所在地区的法律和习俗的保护，他们，特别是大

① 希腊神话中早期的战神。——译者

② 指4世纪在荷兰艾瑟尔河一带定居的法兰克族一部落。——译者

③ 鲁柏卡斯为古罗马牧神。——译者

祭司团，在首都，有时在各省，还仍在行使他们的宗教和民事的管辖权。他们身穿的紫袍，他们出入乘坐的华贵的四轮马车以及他们豪华的酒宴都令人十分羡慕；他们能从人们献给神灵的土地和国库收入中得到极丰厚的俸给，完全足够他们维持大祭司的气派和支付国家宗教庆典活动的费用。由于在祭坛前效力和指挥军队的工作并无任何矛盾，罗马人在当过执政官取得胜利之后都渴望得到大祭司或鸟占官的职位；在公元4世纪时，占据西塞罗和庞培的宝座的都是元老院中最杰出的成员；他们的高贵的出身更为他们的僧侣地位增添了光彩。那十五位组成祭司团的教士由于随时可以面见君主因而更为身价10倍；而一些基督教皇帝也乐于屈尊接受最大祭司穿戴的袍子和各种标记。但当格拉喜安登位以后，由于更为谨慎，或头脑更为清醒，他严厉拒绝了那些渎神的穿戴；他把拨给祭司和灶神处女们的固定俸给改用于社会或教会福利事业；取消他们的荣誉地位和各种特权；并彻底打破了那古老的、在舆论和习惯势力的支持下盛行达1100年之久的罗马迷信体系。异教当时还仍是元老院的合法宗教。元老们集会的殿堂或神庙都供奉着胜利女神的雕像和祭坛；雕像是一位站在一个圆形球体上的庄严的女性，袍服飘动，双翅高展，一只向外伸出的手中托着一顶桂冠。元老们都在这位女神的祭坛前宣誓保证忠于皇帝和帝国的法律；他们正式参与政事之前，大都要先在这里庄严地献上几杯酒，烧上几炷香。拆除这一古老纪念物是君士坦提乌斯所作唯一
411 一件有损于罗马迷信活动的事。此后尤利安曾重修胜利女神的祭坛，瓦伦提尼安则听之任之，到狂热的格拉喜安却再次将它赶出了元老院。但这位皇帝却仍然饶过了在公共地点一直有人礼拜的神

像：一共有424座庙宇或寺院仍然保留着，以满足人民的宗教热忱，因而在罗马的各个角落，基督教徒的脆弱心情总不断受着偶像崇拜者所奉祭物的烟雾的骚扰。

然而，在罗马元老院中基督教派的人数最少，因而对异教徒多数派所赞同的，尽管亵渎神明但却完全合法的议案，他们只能靠拒绝出席以表示他们的反对。在那个会议中，自由的死灰在宗教的吹嘘下曾一度复燃，并有趋于旺盛之势。但经过表决接连有四位有威望的代表奉派往帝国朝廷申述祭司团与元老院的不满，并请求重新恢复胜利女神的祭坛。此一重任主要交托给一位富有、出身高贵、口才出众的元老叙马库斯，他曾经身居阿非利加总督及本市禁卫军长官的行政要职，并兼有大祭司和鸟占官的神圣资格。叙马库斯内心充满了振兴行将消灭的异教事业的狂热信念，他的宗教上的敌对分子既以他滥用自己的天才和空有一副良好的品德。这位演说家的请愿书使皇帝瓦伦提尼安颇感惊异，而他自己却清楚看到了自己所承担的任务的艰巨和危险。他极力避免谈到任何可能触及他的君王本人的宗教信仰的话题，谦卑地宣称祈祷和请求是他唯一的武器；并巧妙地依赖使用动听的词句提出自己的论点，而不求真从思想上解决问题。叙马库斯企图通过展示胜利女神的各种品质来诱导这位富于想象力的年轻皇帝就范；他巧妙地暗示，收回每年原定用于祭祀众神的那笔税款，其数目之微，以他的慷慨、豁达的性格论，实在不值得一谈；他还坚持认为，罗马的献祭活动如果不以共和国的名义并由它支付所需费用便必将失去作用和效力。甚至连怀疑主义也被用来为迷信辩护了。宇宙的伟大不可理解的奥秘非人力所能探其究竟。在理智无能为力的情

况下,完全可以依靠习惯的指引;每一个民族似乎遇事都要通过谨慎思考,但实际不过是忠实地追随着经过几代时间考验的各种仪式和认识。如果这几代的时间曾获得极大的光荣和繁荣,如果虔诚的人民经常能得到他们在神的祭坛前所祈求的福分——那似乎让人感到人们更应该坚持以往的一套健康的做法,而不应该冒险尝试那些可能带来不定什么危险的冒失的变革。以古老和成就论,努马的宗教**信仰**绝对**出类拔萃**,就连主宰该城命运的女神**罗马**
412 本人,也被这位演说家请到帝王们的法庭上来为她自己的事业辩护。“最尊贵的亲王们,”这位德高望重的夫人说道,“你们的国家的国父们,请尊重和怜悯我始终在虔诚的生活中度过的古老的岁月吧!既然我并不后悔,那就让我继续奉行过去的一切仪式吧。既然我生来是自由的,那就容许我继续遵循我自幼熟悉的一切制度吧。这一宗教已经使整个世界被置于我的法律管制之下,这些仪式已由汉泥拔从该城驱逐出去,并由高卢人逐出了朱庇特神庙。我活到两鬓斑白的今天难道就是为了接受这种难以忍受的羞辱吗?对于要求我接受的新体系我一无所知,但我清楚地知道,对古老事物的任何改变都是不光彩的可耻行为。”人民的恐惧补充了那位演说家出于谨慎含而未吐的意见,那困扰威胁着日趋败落的帝国生存的巨大灾难则被普遍归罪于基督和君士坦丁的新教。

然而,叙马库斯的希望却因米兰大主教坚决而巧妙的反对接连遭到了挫折,这位大主教竭力使皇帝们坚决反对这位罗马的辩护人的虚妄的诡辩。在这场辩论中,安布罗斯不惜屈尊采用哲学家的语言轻蔑地问道,那些胜利明明全都靠罗马军团的勇猛善战和军纪严明得来,究竟为什么偏要另找一个想象的、看不见的力量

来作为获得那些胜利的根据？他还极有道理地嘲笑那种荒唐的一味厚古薄今的做法，认为那只会阻碍技术的进步，把人类重新投入原始的野蛮人生活中去。从这里他进而用一种更高昂的神学家的口气说，只有基督教才是代表真理并能使人类得救的学说，而任何形式的多神论则只能引导他们的受蒙骗的会众通过完全错误的道路走向永久毁灭的深渊。这样一些由一位受宠爱的大主教提出的论点完全有力量阻止恢复胜利女神祭坛的主张，同样的论点却以更大的力量和效果出自一位征服者之口，于是古代的众神便被拴在提奥多西乌斯凯旋的战车上了。在一次元老院全体会议上，这位皇帝，根据共和国的规章提出了一个重要的问题，在崇拜朱庇特和崇拜基督之间罗马人究竟应选择何者作为他们的宗教？尽管他极力表示允许大家自由投票，但是他的在场所引起的恐惧和希望却不免从中作梗；而新近发生的叙马库斯随便被流放的事实更告诫大家，违背君主的意愿行事将是十分危险的，在元老院的一次正常的分组讨论会上，朱庇特被一个相当大的多数所否定和废除；这时如再有一些成员在他们的讲话和投票中，敢于大胆地表示仍忠于那已被废除的神明，那倒会让人感到十分惊奇了。元老院所以会如此仓促地改变信仰，可以归之于某种超自然的神力，也可以归之于一些具体的动机，而这些勉强改变宗教的人中有许多在 413
气候许可的情况下都透露出恨不能立即抛弃掉他们内心隐情所披的可厌伪装。但由于那古老的宗教看来越来越无指望，他们也便对新宗教逐渐适应了；他们屈服于皇帝的权势，屈服于当时的时尚，也屈服于他们的那些不断受到罗马教士和东部僧人怂恿和控制的妻子儿女的请求。安尼西安家族的堪为表率的榜样很快就为

其他贵族家庭所效法;巴锡、保利尼和格拉古家族都皈依了基督教;“世界辉煌之光,那举世瞩目的加图家族(这是普鲁登修斯曾使用过的耸人听闻的词句),都迫不及待地要剥去自己祭司的外衣;蜕去已老化的蛇皮;穿上为洗礼所净化的洁白的长衫;并把代表执政官权威的束棒拱手送到殉教者的墓前。”靠自己的勤劳谋生的市民和由公共福利事业养活的人,川流不息,全作为虔诚的改变信仰的新教徒挤满拉特兰和梵蒂冈大教堂。元老院发出的禁止偶像崇拜的命令得到了罗马人的普遍支持;辉煌的朱庇特神庙的外观被彻底破坏;一些孤立的殿堂也从此任其毁败,听人随意作践。罗马已完全屈服于福音教的轭下;但已被征服的各省却还没有完全放弃对罗马的名称和权威的景仰。这些皇帝们对先辈的孝心不免使他们在重新改造这座不朽的名城时有所顾忌,也十分谨慎。那些专制的君主对各个地方的成见是不十分在意的。自君士坦提乌斯去世后搁置了将近30年的在宗教方面的努力,在充满宗教狂热的提奥多西手中再次活跃起来,并获得了最后的成功。当这位好战的君王,目的不是为了共和国的荣誉,而是为了它的安全,还在与哥特人交战的时候,他便不惜冒犯他的大部分臣民,大胆采用了一些也可能有助于保卫天堂,但在明智人看来却显得过于鲁莽和不近情理的行动。他反对异教的第一回合的胜利促使这位虔诚的皇帝重申并大力推行他的禁令:最初曾在东部各省发布的法令,在马克西穆斯被击败以后,又在整个西部的帝国推行;提奥多西还将正教取得的每一个胜利都归之于基督教和正统基督教信仰的胜利。他从最要害的部位下手来打击迷信活动,首先禁止奉献牺牲,并把它说成是既有罪也不道德的行为;而如果从词句上

看，他的敕令更为严厉谴责的是好奇地掏出作为牺牲的牲畜的肠肚加以研究的做法，接下去的许多说明，事实上把构成异教宗教核心广泛流行的杀生献祭仪式列为同样严重的罪行了。由于那些神庙都是以献祭为目的修建起来的，一位仁德的皇帝有责任设法使 414
他的臣民免遭这种违反他所推行的禁令的危险的诱惑。因此他先委派给东部禁卫军长官西内吉乌斯，后又委派给西部两位身居高位的官员约维乌斯伯爵和高邓提乌斯伯爵一项特殊使命，让他们安派关闭各个庙宇，收缴或捣毁用于偶像崇拜的各种设施，免去祭司们的特权，并没收所有的庙产以充作皇宫、教会或军队的经费。这种扫除活动到此原可告一结束：那些四壁空空，无人用于偶像崇拜的大殿堂原可能受到某种保护，免被宗教狂热的浪潮所摧毁。这些庙宇中有许多最壮丽、辉煌的希腊建筑艺术的瑰宝；皇帝本人也绝不愿意损坏他自己的城市的绚丽风貌，不愿意破坏他所拥有的财富的价值。那许多雄伟的建筑完全可以听其存在下去，以作为表明基督教胜利的永久纪念物。在艺术日益衰落的情况下，这些建筑完全可以改作军火库，作坊或集会场所之用：也或许那些庙宇的墙壁在经过神圣的礼拜仪式予以充分净化后，也可以在那里礼拜真正的神，从而消除过去的偶像崇拜的罪孽。但只要那些庙宇仍然存在，那些异教教徒却一相情愿地暗暗存着希望，盼着有一天局势朝着有利于他们的方向转变，再出现一位尤利安，重建众神的祭坛；而他们徒劳无益地在皇帝的御座前所作的坦诚的哀哀求告则更增加了基督教改革者们毫不留情从根铲除迷信活动的决心。几位皇帝所发布的法令显示出某些趋于温和的迹象，但他们的冷淡、消极的努力却不是足以堵住由教会的精神领袖们领导的，

或激发起的，狂热和肆意抢劫的怒潮。在高卢，图尔的主教圣马丁①亲自带领着他的忠实的僧侣前往捣毁在他的广大教区之内的偶像、庙宇，并砍掉所有献给神灵的圣树，细心的读者看到他们所进行的这项艰巨的任务，完全可以判断出，支持马丁的究竟是某种神奇的力量还是嗜血的兵刃。在叙利亚，被沉浸在使徒狂热中的一个主教提奥多雷称之为神圣、超群的马塞卢斯，决心把阿帕美亚教区境内的一切庄严宏伟的庙宇夷为平地。他的破坏计划却被当年修建朱庇特神庙的精巧技术和坚固程度给阻止住了。这座庙宇建筑在一个高地上：那高大的屋顶的四边各有 15 根周长 16 英尺的粗大的柱子支撑着；砌成大柱子的石块全用铅和铁浇缝。试用各种最坚硬、最锋利的工具拆毁，全都无用。后来想到必须挖空这
415 些柱子的地基才行；于是那些临时支撑的木桩被烧掉以后，那些柱子全都倒了下来；这一任务的艰巨已被一个名为黑色的精灵的寓言记述下来；这黑色精灵虽不曾挫败，却也推迟了基督教工匠们的破坏行动。为这一胜利所鼓舞，马塞卢斯亲临战场与黑暗势力进行斗争：一支人数众多的由士兵和格斗士组成的队伍在基督教的旗帜下前进，他们袭击了阿帕美亚教区的一些乡村和农村庙宇。但是在预见到会有任何抵抗或危险的时候，这位虔诚的勇士，由于自己的跛足既不能真参加战斗又不能逃跑，便把自己安置在离战场一定距离，弓箭达不到的方便地方。但是，正是这谨慎措施构成了他的死因；一群被激怒的乡下人向他发动袭击，杀死了他；该省

① 参看苏尔皮西乌斯·塞维卢的《马丁传》。这位圣徒有一次（完全像堂·吉诃德一样）误将一队毫不相干的送葬队伍当作偶像崇拜的游行活动，并莽撞地演出了一幕奇迹。

的宗教会议立即毫不犹豫地宣称，马塞卢斯是为了上帝的神圣事业献出了生命。为了支持这项事业，僧侣们全发疯一般由沙漠地区汹涌而来，一个个竞相表现自己的热忱和勤奋。他们的行为必然引起异教徒的仇恨；其中有些确应因贪婪和放纵而受到谴责——贪婪，指他们打着神圣旗号的抢劫，放纵，指他们大量挥霍那些愚蠢地崇拜他们的褴褛的衣衫、大声诵读的赞美歌和假装出的病容的人民的钱财①。只有少数几座庙宇被民政和宗教的负责人出于惧怕、受贿、个人偏爱或谨慎等原因给保护下来。迦太基的天神维纳斯神庙圣区占地周长两英里，整个被合理地改建为基督教教堂；同样这种使之神圣化的办法也使罗马万神庙宏伟的殿堂完整无损地保存了下来。但是几乎在罗马世界的每一个省都有大队无领导、无纪律的狂热分子侵犯那些安静的居民；一些最珍贵的古建筑的残骸至今还向世人展示着那些野蛮人的疯狂，也只有他们才会有时间和兴趣专门从事这种艰巨的破坏工作。

塞拉皮斯神庙的被毁

在这一片广阔的形形色色的大破坏活动的图景中，一位旁观者也许会从中看出亚历山大的塞拉皮斯神庙的废墟。塞拉皮斯看来并不像是从迷信的埃及的多产土壤中诞生出来的土生的神灵或魔鬼。第一位托勒密受到一个梦的启示，让他请进这位在本都海

① 利巴纽斯，他责骂那些穿黑衣的人，那些比大象吃得还多的基督教的僧人。可怜的大象：它们可是温和的动物。

岸长期受到锡诺普居民礼拜的陌生的神灵；但是人们对他的性质
和他统治的范围完全弄不清，以至于他所代表的究竟是统治白昼
的神还是阴曹地府的黑暗中的君王也成了大家争论不休的问题。
416 顽固坚持信奉父辈宗教的埃及人拒绝让这位外国神进入他们的城
中。但那些曾受到托勒密家族的慷慨赐予的低三下四的祭司们却极为顺从地承认了这位来自本都的神的权威。他们为他编制了一部体面的、就发生在本地区的家史，于是这位幸运的篡权者便被推上了伊西斯的丈夫，埃及的神王俄塞里斯的宝座和床榻。声称受到他的特别保护的亚历山大里亚城也因获得塞拉皮斯之城的美称而自豪。他的一座在名声和宏伟方面可以与朱庇特神庙争胜的庙宇修建在一个宽阔的人工堆积的小山顶上，这小山比周围的城市地面高出、一百步，小山内部的空处由坚固的穹隆支撑着，并分成若干条相连的拱道和一间间地下房屋。这座神圣的建筑被一个四边形的柱廊包围着；雄伟的神殿和精美的雕像显示出了艺术的最高成就。在废墟上以新的辉煌的姿态重新恢复起来的著名的亚历山大图书馆珍藏着各种古代学术文献。在提奥多西发布敕令严禁异教徒的祭祀活动以后，这类活动在塞拉皮斯城里和塞拉皮斯神庙里却仍然容许进行；这一独特的宽容被轻率地归之于基督教徒本身的迷信的恐惧；仿佛他们真不敢禁绝这只有它才能防止尼罗河水泛滥，保佑埃及农业丰收，并使君士坦丁堡得以生存下来的古老的宗教仪式。

那时候，荣登亚历山大里亚城大主教宝座的是和平和善良的死敌提奥菲卢斯；他是一个胆大妄为的恶棍，双手随时被不义之财或鲜血所沾染。塞拉皮斯神庙的荣誉激起了他虔敬的愤怒；而他

对一座古老的巴克斯神殿施加的侮辱使异教徒相信他正在筹划更
大、更危险的阴谋。在动荡不安的埃及首府,一点点轻微的挑衅行
为都有可能引发一场内战。数量和力量远不及他们的对手的塞拉
皮斯的信徒们在哲学家奥林匹乌斯的煽动下拿起武器,决心以生
命捍卫众神的祭坛。这些异教的狂热信徒固守在塞拉皮斯神庙,
或者说,塞拉皮斯堡垒之中;以勇猛的出击和顽强的防守击退了敌
人的包围;他们还采用极不人道的残酷手段折磨捕获到的基督教
徒俘虏,以求在绝望中寻得最后一点安慰。小心谨慎的行政官竭
尽全力,力求做到暂时休战,等待着提奥多西乌斯的最后答复以决
定塞拉皮斯的命运。双方都不带兵器,全在中心广场上集中,当众
宣读了皇帝的命令。在读到拆除掉亚历山大城的一切偶像一句
时,在场的基督教徒爆发出一阵欣喜若狂的欢呼,而那些不幸的异
教徒,原来的狂热化作了愤怒,一个个哑口无言匆匆溜出会场,靠
着逃跑的速度或无人认识,避开他们的敌人的侮辱。提奥菲卢斯 417
立即动手拆除塞拉皮斯神庙,这时除了这座建筑本身的坚实厚重
之外,已再没有任何其他困难。但这个困难确实也无法克服,最后
也不得不扔下地基不管,只求把这建筑的上层捣毁成一堆废墟了
事,其中有一部分不久就被清理干净,以便腾出地方修建一所纪念
一些殉教者的教堂。亚历山大里亚图书馆的珍贵图书全被抢走或
破坏,直到20年后,那里的空荡荡的书架还不免激起每一个没有
被宗教狂热冲昏头脑的参观者的无限惋惜和愤慨。许多从此无可
挽回地永远消失的古代天才的作品,也完全可以不遭受因打倒偶
像崇拜而引起的劫难,以供后代人消遣,或从中求得知识;而那位
大主教的狂热或贪婪从那些作为他们的胜利报酬的大批俘获物中

也完全得到满足了。他们把用金银铸造的神像或花瓶精心地溶化
开,而把那些不值钱的金属制品砸烂后随意扔在大街上,提奥菲卢
斯不遗余力地揭露崇奉偶像的祭司们的欺骗和邪恶行为:说他们
如何利用天然磁石捣鬼,如何设法在空心的神像中暗藏一个活人,
以及他们如何无耻地利用虔诚的丈夫和毫无戒备的妇女们对他们
的天真的信赖①。这些指控看来有一定的可信性,因为它们与迷
信活动的欺骗和谋利思想并无矛盾。但同样的那种精神也很容易
使人下流地倾向于对一个被击败的敌人竭尽污蔑和漫骂之能事;
只要想到杜撰一段奇妙的故事比查明一项真正的骗局要容易得
多,我们对那些指控的真实性便不免大打折扣。塞拉皮斯的巨大

塑像随着他的圣殿和他们宗教的被毁也一同遭了殃。大量不同种
类的金属餐具被人拼凑成这位神灵的巨大形象,其宽度直达至圣
650 所两侧的墙壁。这座塞拉皮斯像呈端坐状,左手握着权杖,整个外
貌和一般的朱庇特塑像极为相似。他与朱庇特的不同之处在于放
在他头上的是一顶筐状或斗状的帽子,以及在右手中抓住的一个
带有典型意义的妖怪;一条蛇的头和身子分为三支,每一支的末端
各有一狗头、一狮头和一狼头。有人十分肯定地声称,如果有人胆
敢亵渎这位神灵的神威,那么天和地便会立即又回复到原来的混
沌之中去。有一位胆大的士兵,在宗教狂热的激励下,手执战斧,
418 爬上了梯子,这时,甚至连在场的基督教徒群众全都捏一把汗,不

① 鲁菲努斯曾提到那位农神的祭司,自己装扮成农神,和许多上流社会的虔诚的妇女交往甚密;直至有一次因过于兴奋,他无法不露出自己本来的声音才终于败露。埃斯基涅斯的真实公正的描述和蒙杜斯的冒险经历都可证明这种色情的骗局曾时有发生。

知将出现什么结果。他奋力向塞拉皮斯的面颊砍了一斧;半边脸应声落地;但却没有出现闪电雷鸣,天和地仍旧保持着原有的秩序和安宁。那得胜的士兵继续挥斧砍杀,那座巨大的偶像轰然倒下,摔成了碎片;塞拉皮斯的肢体还被胡乱拖着走过亚历山大里亚城的街头。他的已被砍烂的尸体则在大竞技场上,在人群的一片叫喊声中,被烧成灰烬;许多人把自己所以改变宗教的原因归之于亲眼看到他们的保护神全然无能。这种群众性的、赋予崇拜对象以可见的物质形体的宗教,有使人们易于从感觉上对它们熟悉因而加以接受的优点;但这种优点常会因为许多难免会发生的偶然事件揭穿了偶像崇拜者的虔诚全属虚妄,而立即全部破灭。按照一个人的思想倾向,他几乎不可能不对一件凭自己的肉眼和下贱的双手觉察不出,它和天生或经人制作的一般物件有何不同的任何偶像或圣物,长期保持着崇敬之心;而且,如果在危难时候这些偶像的秘密、神奇的威力连保全自身都无能为力,他便会立即鄙弃他的祭司们的那些无根据的胡吹,很正常地感到那偶像,和自己过去死抱着的迷信思想,是多么可笑。塞拉皮斯倒掉之后,异教徒们还存着一线希望,认为尼罗河将不再每年向埃及的亵渎神明的统治者们提供足够的水了;而尼罗河水迟迟不再泛滥似乎就已表明了这河神的愤懑。但这次的迟延却很快又被河水的迅速猛涨所补偿。大水突然更超过了正常的水位,于是对那些心怀不满的人又形成一个安慰,他们高兴地想着洪水马上就要来临了。一直到这条平静的河流终于恢复大家熟悉的最有利的水位 16 肘①,或大约

① 古代长度单位,约等于 18—22 英寸。——译者

30英尺的时候。

对异教仪式的查禁

罗马帝国中的神庙是都被荒废或毁灭掉了，但异教徒的深刻的迷信思想使他们却仍然多方设法逃避提奥多西对任何奉献牺牲的活动都将严加惩处的禁令。乡村中的居民的行动一般不易为怀有恶毒的好奇心的人所注意，他们用聚会宴饮的形式掩盖他们的宗教活动。遇上重大的节日，他们大批聚集在某些圣树的广阔的树荫下；杀牛宰羊，然后加以烧烤；这种乡村的宴饮活动按俗原可以焚烧香烟和为众神唱赞歌，以示庄重。而且，一般认为只要不用牲畜的任何一部分焚烧祭神，只要不设置承接牲畜鲜血的祭坛，只要注意免去仪式开始前的奉献醎饼和结束时的奠酒，这种节日聚

419 会便不会使参加的客人蒙上非法以牺牲献祭的罪名或因此受到惩罚。不论事实的真假如何，也不论这种区分有无道理，这些遮遮掩掩的活动终于被提奥多西对异教徒迷信活动给以致命打击的一纸敕令一扫而光了。这道禁令使用了最绝对、最明确的措辞。“我们决定并希望，”这位皇帝说，“我们的任何臣民，无论是行政官员还是普通公民，无论职位多高或社会地位和处境如何低下，都不得在任何城市或任何地方，用无辜的牲畜作为牺牲向一个无知觉的偶像献祭。”杀生祭神和用牺牲的内脏占卜的做法，不管这样做的目的何在，都将被视为谋反的叛国罪，非处死不足以偿其辜。异教徒的其他一些不那么充满血腥味，不那么可怕的迷信活动也被视为十分有害于宗教的真实性和尊严而严加取缔；其中特别提出，使

用发光球、花环和乳香，还有祭酒活动都在必禁之列；就连供奉无害的家庭守护神一类的家神也被列入这项严格的禁令之中。如有人在家中进行这类渎神的非法活动，其从事该活动的房屋和产业便将被没收；如果他巧妙地利用别人家的房舍来进行这种亵渎活动，则他将当即被强制处以二十五磅黄金，或至少一千金币的罚金。那些玩忽职守发现宗教的秘密敌人进行偶像崇拜不予告发或惩罚的人，也将处以数目与此大致相等的罚金。这些就是提奥多西的迫害法令的主要精神，这些法令在他的儿子和孙子们的手中一再推行，因而受到基督教世界的普遍赞扬和欢呼。

在德基乌斯和戴克里先的残酷统治时期，基督教曾被作为对古代和传统宗教的反叛而加以禁止；但对一个不知名的危险的教派所抱有的不公正的怀疑却对紧密团结的、迅速取得胜利的正统基督教会表现了某种程度的宽容。但同样出于恐惧和无知的借口却不能适用于那些粗暴践踏人性和福音精神的基督教皇帝们。多少人的经历已暴露出异教的弱点和愚昧；理性和信仰之光也已向人类的大多数表示了偶像的虚妄；那个仍坚持自己信仰的日趋没落的教派，原也有可能可以在平静和默默无闻中继续维持他们的祖先的宗教习俗。如果异教徒也具有原始基督教徒所具有的那种无所畏惧的精神，那基督教的胜利便必将沾满了血迹；朱庇特或阿波罗的殉教者也可以抓住这个光荣的机会把自己的生命财产奉献在他们的祭坛前。然而这种执著的狂热情绪和多神教的松懈、散 420
漫的精神是不相容的。那些正统基督教帝王们的不停的猛烈攻击总以被击物质的松软柔顺而被化解；异教徒们的逆来顺受的态度使他们可以免受提奥多西法令的折磨和惩罚。他们不但不再宣传

众神的权威高于皇帝，而且只是低声抱怨几句，从此停止举行那些被皇帝禁止的神圣的仪式。如果说他们因一时的冲动，或觉得有希望可以秘密进行，忍不住冒险一试他们所喜爱的迷信活动，他们的恭顺的悔过表现也能使基督教行政官员们的严厉态度无用武之地，而且，尽管内心可能有几分不满，他们几乎从不拒绝接受福音教的约束，以作为对自己的莽撞行为的惩罚。各个教堂里都充满了这种无价值的改教者，日益增多的会众，他们都是为了眼前利益接受了占统治地位的宗教；在他们虔诚地模仿着基督教信徒的姿势，念诵祷文的时候，他们却虔诚地默默召唤古代的诸神以安慰自己的良心。如果说异教缺乏忍受苦难的耐心，他们也同样缺少反抗精神；散在各地的数以万计的人，只对神庙的毁败不胜悲伤，却毫无反抗地屈服于他们的敌手加之于他们的命运。叙利亚农民和亚历山大里亚市民反对个人盲信的怒潮的无组织地反抗活动被皇帝的名望和权威很快压了下去。西部的异教徒，并不能帮助提高尤金尼乌斯的地位，却由于他们的半心半意的追随反使这位篡位者的事业和名誉都受到损害。教士们大声疾呼说，他的叛教罪更加重了他叛逆的罪行，说在他的许可下胜利女神的祭坛又被重新修复了；还说象征朱庇特和赫耳枯勒斯偶像的形象公然和战无不胜的十字架旗帜一同出现在一片田野上。然而，异教徒的虚幻的希望很快就随着尤金尼乌斯的失败而破灭了；他们因此完全被暴露在这位征服者的仇恨之下，他不惜尽一切力量消除偶像崇拜，以使自己不负上天的恩宠。

一个奴隶国家随时准备对他们的宽大的主子欢呼，即使他经常滥用他的绝对权力，但只要并不曾把无法无天的做法和残酷压

迫推向极端。提奥多西可能确曾向他的异教臣民提出过接受洗礼
或者死亡的选择，而善辩的利巴纽斯一直都赞扬了一位不曾通过
一纸严格命令迫使他所有的臣民立即皈依并奉行他们的君王所信
仰的宗教的皇帝的温和态度。信奉基督教并没有定为拥有社会公
民权的起码条件，那些轻信并接受奥维德[①]的神话传说，坚决不承
认福音书奇迹的宗派并未遭受到任何特殊的苦难。皇宫、学校、军
队，以及元老院中都充满直言不讳的虔诚的异教徒，他们全能毫无
区别地享受帝国的行政和军事方面的荣誉。提奥多西通过授予叙 421
马库斯执政官的荣誉，并通过对利巴纽斯的个人交情，表明他对崇
高品德和才华的深刻关怀，对这两位善辩的异教的辩护士，从来也
没有人要求他们改变或隐瞒住他们的宗教观点。异教徒们都可以
享受到最大的言论和写作自由；欧纳皮奥斯、佐西穆斯以及柏拉图
学派的狂热的教师们的历史和哲学遗著，对他们的获胜的敌对教
派的情绪和作为表现了，并进行了最激烈的抨击。如果这些明目
张胆的攻击当时就尽人皆知，我们不能不对那些基督教君主仅是
以轻蔑的微笑来对待迷信和绝望的最后斗争的宽宏大量表示赞许
了。但是，帝国有关禁止异教徒使用牺牲和进行祭祀活动的法令
却是严格执行的；几乎每过去一个小时都有助于进一步消除那一
靠传统习俗，而非靠理论，维系着的宗教的影响。那位诗人，或哲
学家的虔诚可以在祈祷、思考和学习中秘密加以培植；但公开进行
的礼拜活动似乎才是这种需要从模仿和习惯中获得力量的人民的
宗教思想的唯一坚实的基础。这种公开活动的中断，在短短几年

① 罗马诗人（公元前43年—约公元17年）其作品中有神话故事多种。——译者

的时间里,便可能完成一次民族革命的重大工作。没有祭司、寺庙和书籍等的有意的帮助,对神学观点的记忆便不可能长久保存下去。那些自己的思想尚未摆脱迷信带来的盲目希望和恐惧的无知的俗人很快就被地位较高的人们的诱导,转而信奉在当时居于统治地位的神灵;而且还会在不知不觉中感染上,对最初由于精神上饥渴被迫接受的教义,进行支持和传播的巨大热情。在这些帝国法令颁布以后成长起来的一代人都被吸引到正统基督教教会的范围之内来;而异教的瓦解是那样迅速,又是那样温和,以致在提奥多西死去仅 28 年之后,立法者已再也看不到它的丝毫细微的踪迹了。

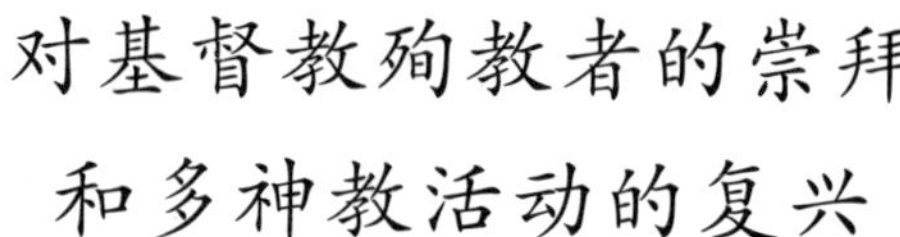

对基督教殉教者的崇拜和多神教活动的复兴

诡辩家们把异教宗教的毁灭说成是使大地陷入一片黑暗之中,使世界重新进入远古的混乱和黑夜中去的一件可怕的惊人的灾异。他们用庄严而悲伤的调子说,庙宇都变成了坟墓,原来用许多神像装点着的圣殿都惨遭基督教殉教者的骨骸的玷污。"僧侣"(一种肮脏的牲畜,欧纳皮奥斯企图把他们划在人的范围之外)是那种用最下贱、最可鄙的奴隶取代理性所能接受的众神的
422 宗教创始人。那些由于罪大恶极被可耻地正当处死的罪犯们的头颅已被用盐腌制起来;他们的身体上仍然留着被行政官员判处的刑罚所造成的鞭痕和伤疤,这(欧纳皮奥斯接着说)"就是大地在我们这个时代所产生的众神;这就是那些他们的墓地已被定为人

民崇敬对象的殉教者——我们向最高神灵进行祈祷和请求时的最高中间人”。一场革命已把那些罗马法律的卑贱的牺牲者推上了帝国的看不见的保护神的地位,不必一定怀有同样的恶意,我们也会很自然地理解作为这场革命见证人的诡辩家的惊讶。基督教徒对这些殉教烈士出于感激之情的崇敬,随着时间的推移和胜利的取得,逐渐进而变成了宗教的崇拜;那些最出色的圣经和先知也都理所当然地同样享受到殉教者的殊荣。在圣彼得和圣保罗光荣死去 150 年后,梵蒂冈路和奥斯提亚路都因为有这些精神英雄的坟墓,或更应该说是有这些纪念物的存在,而远近闻名。在君士坦丁改变信仰之后的一个时代中,那些皇帝、执政官,以及军队的将领都曾虔诚地前往这个帐篷工人和渔夫的墓前祭扫;他们的受到人们敬仰的骨骸被安置在耶稣的祭坛之下,在这里帝国都城的主教们经常前来供奉非杀生的祭品。不能由本身提供古老纪念物的东部世界的新都城,依靠向下属各省搜罗也显得十分富有。圣安德鲁、圣路加和圣提摩提已在鲜为人知的坟墓中沉睡了近 300 年之后才被隆重地迁移到极度慷慨的君士坦丁在色雷斯的博斯普鲁斯海峡岸边修建的圣徒教堂去。又过了大约 500 年后,这同一海岸边又荣幸地接纳了以色列人的法官和先知萨母耳。他的骨灰装在一个金瓶中,覆盖着绸纱,由一排主教一个个亲手传递。萨母耳的遗骨也由人们以同样的欣喜和崇敬接受过去,以便将来以示活着的先知,从巴勒斯坦到君士坦丁堡城门前的大路上排满了连绵不断的迎送的队伍;皇帝阿尔卡狄乌斯本人走在地位最高的教士和元老们的前面,前往迎接他的这位始终应受到,也有权利受到,皇帝们的膜拜的非同一般的客人。罗马和君士坦丁堡作出的先例进

一步肯定了基督教世界的信仰和纪律。圣徒和殉教者的威望,经过一阵出于世俗原因的软弱无力、不起作用的抱怨之后,就普遍建
423 立起来了;在安布罗斯和杰罗姆时期,直至依靠一部分神圣的遗物稳定并激化信徒们的狂热的虔诚之后,人们仍感到基督教会似乎从某些方面讲还不够圣洁。从君士坦丁的统治到路德的宗教改革这段长达1200年的时间中,这种对圣徒和圣物的崇拜破坏了基督教简洁模式的纯朴与完美:这种堕落的某些迹象甚至在接受并推崇这一有害的变革的第一代人身上就已可看到了。

I. 圣徒遗物比金子或宝石还更贵重的令人动心的体验刺激着教士们,一心想增加教会的财富。他们根本不去考虑是真是假,或有无可能性,随意给一些骷髅取个名字,然后利用这个名字编造一段故事。使徒的名声,以及一些曾效法他们的高尚品德的圣徒们的名声都被这些宗教上的虚构故事所淹没了。在那些无可辩驳的真正的、原始的殉教烈士的队伍中,他们加进了成千上万,除了在奸诈或轻信的人们的神话传说中根本不曾存在过的想象的英雄;因而我们完全有理由相信,图尔可能并非是唯一的一个将一个犯罪分子的遗骨,而不是圣徒的遗骨,作为崇拜对象的教区[①]。一种有助于增强作伪和轻信的诱惑力的迷信做法在不知不觉中,熄灭了基督教世界的历史和理论的指路明灯。

II. 但是,如果人民的信仰不曾及时得到在幻境和奇迹的帮助下证明那些极端可疑的圣物真实可靠并确有灵性,那迷信的发展

① 图尔的马丁从这位死者口中逼出了这段供词。那类错误也可能是很自然的;这发现看来也确算得一个奇迹。二者中究竟何者更为常见呢?

也肯定不会如此迅速，取得如此巨大的胜利了。在小提奥多西统治时期，耶路撒冷的地方教会监督人，距城约20英里的卡帕伽马拉村传教士琉善讲述了一个十分奇特的梦，为了消除他的怀疑，他一连三个礼拜六都重复做了这同一个梦。在那个寂静的夜里，一位十分可敬的留着长须、身穿白袍、手执金棒的人物站在他的面前；他自称叫加梅尔；他向这位十分惊讶的地方教会监督人透露，他自己的尸体，他儿子阿巴斯、他的朋友尼科迪墨斯，以及著名的基督教信仰的第一位殉教者斯蒂芬的尸体都秘密埋葬在附近的田野里。他还不耐烦地说，现在是把他自己和他的同伴们从那个不为人知的监牢里解放出来的时候了；还说他的露面将对一个充满苦难的世界大有好处；说他们是特意选中他把他们的处境和愿望告诉给耶路撒冷的圣徒的。仍然使这个重大发现迟迟不得完成的疑虑和困难被接踵而来的新幻境一一消除了；这位主教在有无数群众的围观下挖开了那块墓地。加梅尔、他的儿子，以及他的朋友
的棺材都规规矩矩地摆在那里；但是，盛着斯蒂芬遗骨的第四口棺 424
材重见光明时，大地忽然抖动起来，人们马上闻到一股类似天堂的气息，闻到这种气味的73名助手的疾病立即给医治好了。斯蒂芬的同伴们仍被留在卡帕伽马拉村的安静的墓穴中，但那第一位殉教者的遗骨由一支庄严的队伍护送着，运往在锡昂山上专为供奉这类遗骨而建立的教堂里去；这些细碎的一块块遗骨和一滴血[①]，或从那遗骨上刮下一点碎屑，几乎在罗马世界的所有省份都被认

① 在圣斯蒂芬被亚努阿里乌斯取代之前，每年都要在那不勒斯稀释一小瓶他的血液。

为是具有神性和神奇特性的。严肃博学的奥古斯丁[①],以他的理解能力论,我们几乎不能指责他轻信,却也证实了圣斯蒂芬的遗骨在非洲表现的数不清的奇迹。这段奇妙的描述被收在希波的主教意欲借以确实地、一劳永逸地证实基督教的真实性的巨著《上帝之城》一书中。奥古斯丁庄严声称,在这里所选的这些神奇事迹都是经那些不是亲身体会到,就是亲服见到,这位殉教者的神力的人公开予以证实的。还有很多奇迹被省去;或是被遗忘了;而过去希波在这方面所受到的恩惠一直不如该省的其他城市。然而这位主教仍列举出70多桩奇迹,其中三桩是仅在两年时间里,在他自己的教区内发生的,死而复生的例子。[②] 如果我们再把眼光扩大到基督教世界所有教区和所有的圣徒,那从这个无穷无尽的源泉中更说不清将会产生多少神话、传说和谬误了。然而我们却完全可以有理由认为,在那迷信和轻信的时代,任何一桩奇迹,由于它几乎不可能被看作是一般已公认的自然规律的变异,便不免名实俱亡了。

III. 围绕着殉教者陵墓这个永恒舞台出现的数不清的奇迹,向这位虔诚的信徒揭示了那个看不见的世界的实际状况和结构;他的关于宗教问题的思想看来是建立在事实与经验的牢固的基础之上的。不论世俗人的灵魂,从与肉体分离到肉体重新复活这段漫

① 奥古斯丁在公元413到426的13年时间里完成了22卷的巨著《上帝之城》(*de Civitate Dei*)。他的学识过多地窃自他人,而他的论点又过于自作主张;但整部著作在强劲有力、技巧纯熟和构思宏伟方面却也令人钦佩。

② 见奥古斯丁的《上帝之城》xxii、c、22及其附录,其中包括两卷乌扎利斯主教埃沃迪乌斯所著的圣斯蒂芬的奇迹。弗雷库尔普斯的作品中保留了一句高卢或西班牙的谚语,“凡声称读过全部有关圣斯蒂芬奇迹的人,都是撒谎。”

长的时间中，处于何种状态，十分显然的是，那些圣徒和殉教者的
超凡的魂魄却绝不会在沉默的无所作为的睡眠中度过那一段时
光。同时十分明显的是（我们用不着弄清他们住在什么地点或他 425
们究竟如何幸福），他们必然生动而明确地意识到自己的幸福、美
德和威力；他们也早已保证自己将始终享有这永恒的报偿。他们
的智能经过无限扩张超出了人类的想象所能及的范围，因为经验
已经证明，他们能够同时听到并理解他们的无数信徒，在同一时间
但在世俗世界各个最遥远的不同地区，呼唤斯蒂芬或马丁的名字，
祈求帮助的各种不相同的请求。向他们祈祷的人的信心是以相信
这些与耶稣共同主宰世界的圣徒们必然满怀恻隐之心注视着大地
的想法为基础的；还相信他们随时都十分关心正统基督教的繁荣；
并相信谁要是效法他们，做到和他们一样的坚定和虔诚，都会成为
他们最密切关心和特别喜爱的对象。实在说，有时候他们的友谊
也可能会受到一些不那么崇高的想法的影响：他们以偏爱的心情
看待那些由于他们曾在那里出生、居住、死亡、埋葬或拥有他们的
遗骨而被封为圣地的地方。骄傲、贪婪和报复等较低级的情绪可
能被视为不应玷污他们的天神般的胸怀；但这些圣徒们却全不顾
自己的身份明确表示，他们对他们的信徒们的慷慨十分满意和感
激；而最严厉的惩罚的利剑只投向那些亵渎他们的崇高的神龛或
不相信他们的超凡威力的不信神的可怜虫。如果确有一伙人顽固
地拒不承认，各种自然物事、世间所有生灵，以及进行着最细微、最
隐蔽的活动的人的头脑都不得不服从的一位神的代理人所作出证
明，那他们的罪行便必然万恶已极，他们的怀疑也就过于奇特了。
据说会在祈祷或犯罪活动之后很快，甚至立即，出现的报应，使基

督教徒们对圣徒在上帝身边所享受到的宽厚的恩惠和权威甚为满意;现在再去追究他们是否必须不断在圣座前支应,或者他们是否不能以他们的宽厚和公正的程度为据,行使委托给下级牧师的权力,看来似乎都是多余的了。经过艰辛的努力才升华为一种对普遍动因的沉思和崇拜的想象必会急切地接受这类卑下的崇拜物,认为它们和它的笼统的概念和不完备的功能都更相适应。原始基督教徒的崇高、简洁的神学观点已逐渐失去作用;而已经蒙上一层微妙的形而上学思想阴影的天上王国,由于引入了一种倾向于恢复多神教统治的群众性的神学思想,也大为失色了。

IV. 随着宗教的崇拜对象日渐趋于以想象为标准,新采用的各种宗教仪式似乎都能对粗俗人的感官产生强有力的影响。如果在
426 5 世纪初德尔图良或拉克坦提乌斯从死亡中复活过来,帮着安排某位流行的圣徒或殉教者的庆典,他们对取代基督教会众的纯洁的精神崇拜方式的那种亵渎神明的景象,必会感到惊愕和愤怒。等到教堂的大门一敞开,他们肯定会对那香烟的烟雾、花的香味,以及那在中午时分散发出一种鄙俗、多余,和在他们看来亵渎神明的光芒的灯光和烛光感到十分厌恶。如果他们要走近圣坛的护栏,他们便必须穿过那主要由在举行欢宴的夜晚来到这座城市的外地人和香客构成的匍伏在地的人群;这些人早已被强烈的宗教狂热,或者,也许被酒所陶醉。他们在这座神圣建筑的墙壁和地上印上他们的虔诚的亲吻;而他们的虔诚的祷告,无论他们的教会使用何种语言,全都是对那位圣徒的遗骨、血液,或骨灰而发,这些东西一般都用一块纱布或绸缎覆盖着,不让普通人见到。基督教徒们常常来到一些殉教者的墓地,主要是借助于他们的强有力的影

响，获得一切精神的，但更特别是世俗的，幸福。他们祈求长久保持健康，治愈他们的疾病；让他们不孕的妻子多生孩子，或让他们的孩子平安、幸福。在他们要进行任何长途或带有危险性的旅行的时候，他们请求神圣的殉教者一路指引和保护他们；如果回来后一路没有遇到任何不幸，他们又急匆匆赶到那殉教者墓前，带着无限感激之情，表示他们对这些天上的保护人的英灵和遗物的感激。墙上挂满了他们所受恩惠的象征性的标记；金银制作的眼睛、手或脚；还有表现这位保护神般的圣徒的形象、功德及其所演奇迹的具有教育意义的图片，只是这些图片很快便将被不小心的偶像崇拜者的虔诚表示所毁坏[①]。同样一种统一的原始迷信精神在最远古的时代和最遥远的国土都可能会自动提出同样的欺骗轻信的人和影响人类感官的办法；但我们必须坦率承认，正统基督教的牧师们也效法了他们急于要摧毁的异教徒所采取的模式。最受尊敬的主教们也都相信，那些无知的乡下人，如果能在基督教的内部找到一些和异教的共同之处，使他们得到一些补偿。那他们便会高高兴兴地自动放弃异教的迷信了。君士坦丁的宗教在不到一百年的时间内完成了最后征服罗马帝国的业绩；但这些胜利者自己却在不知不觉中被他们所征服的对手的计谋制服了。

在提奥多西之后，帝国的西部和东部终于分离了。他的儿子阿尔卡狄乌斯和霍诺留分别统治着东部和西部。霍诺留生性软弱，因而在西部的实际掌权人物是他的总管鲁费努斯 427

① 意谓在那些图片上没完没了地亲吻、抚摸。——译者

和一位既是出色的将军又是谈判能手的汪达尔人斯提利科。他在谈判方面所表现的才能现已无从查考，他在战争中的成就因东、西部之间日益增长的敌对情绪而受挫。

在395年至398年间，哥特人在阿拉里克的领导下进犯希腊，在伯罗奔尼撒几乎被断绝退路。阿拉里克在斯提利科的默许下脱身，并和东部政府订立了一项秘密协议，成为东部伊利里亚军队的总司令，并被推为西哥特人的国王。阿拉里克第一次进犯意大利，被击退。霍诺留在罗马庆祝胜利之后在拉文纳定居。406年拉达伽伊苏斯入侵意大利，他的军队被斯提利科歼灭，后者随即开始与阿拉里克进行谈判。但他被一次宫廷政变推翻并处死。

吉本在第二十九章和第三十章中记述了这些事件。

图书在版编目(CIP)数据

罗马帝国衰亡史. 上/(英)爱德华·吉本著;黄宜思,黄雨石译. —北京:商务印书馆,2017
(汉译世界学术名著丛书:120年纪念版:珍藏本)
ISBN 978-7-100-14224-3

Ⅰ. ①罗… Ⅱ. ①爱… ②黄… ③黄… Ⅲ. ①罗马帝国—历史 Ⅳ. ①K126

中国版本图书馆CIP数据核字(2017)第137839号

汉译世界学术名著丛书
(120年纪念版·珍藏本)
罗马帝国衰亡史
(D. M. 洛节编本)
上 册
〔英〕爱德华·吉本 著
黄宜思 黄雨石 译

商 务 印 书 馆 出 版
(北京王府井大街36号 邮政编码100710)
商 务 印 书 馆 发 行
北京通州皇家印刷厂印刷
ISBN 978-7-100-14224-3

2017年12月第1版　开本710×1000 1/16
2017年12月北京第1次印刷　印张43
定价:215.00元